Barbara Beuys

Vergeßt uns nicht

Menschen im Widerstand
1933–1945

Rowohlt

Umschlagillustration «Die Verhaftung»,
Linolschnitt von Clément Moreau (i. e. Carl Meffert)
Foto der Autorin: Sonja Calvert

1. Auflage September 1987

Gesetzt aus der Linotron-Baskerville
Gesamtherstellung Clausen & Bosse, Leck
Printed in Germany
ISBN 3 498 00511 1

Es ist nicht möglich, die
Vergangenheit zu schildern,
ohne ihr die Färbung
unserer eigenen Gefühle zu geben.

Heinrich Heine

Inhalt

Einleitung 9

1918–1929
Die Demokratie von Weimar:
Ihre Feinde – ihre Freunde 25

1930–1932
Die Agonie der Republik 70

1933
Die Arbeiter gehen in den Untergrund 95

1934
Man muß Gott mehr gehorchen als den Menschen 215

1935
Der Widerstand der Massen bleibt aus 287

1936
Die Instrumente des Terrors werden ausgebaut 322

1937
Nur im KZ finden die NS-Gegner zueinander 351

1938
Die «September-Verschwörung» der Militärs 373

1939
Der Krieg macht alle zu «Verrätern» 392

1940
Die Männer der Mittwochs-Gesellschaft 417

1941
Der Überfall auf Rußland setzt neue Kräfte frei 431

1942
Grafen, Jesuiten, Studenten:
Verstellung wird zum Alltag 459

1943
Die Genossen trennen sich von alten Dogmen 499

1944
Konservative und Kommunisten: Gescheitert 535

1945
Die Zeugen des Unrechts sollen nicht überleben 562

Literaturverzeichnis 569

Register 586

Einleitung

Im Jahre 1964 antworteten auf die Frage «Wenn Sie von einem Deutschen hören, er habe als Soldat oder Beamter während des Krieges insgeheim in einer Widerstandsgruppe gearbeitet, spricht das für oder eher gegen ihn?» nur 29 Prozent der Deutschen in der Bundesrepublik, es spreche für ihn. Zwanzig Jahre später waren 60 Prozent aller Bundesbürger der Meinung, daß der Widerstand gegen das NS-Regime «einen Menschen auszeichnet». Knapp 70 Prozent der 1984 Interviewten fiel zum 20. Juli 1944 der Name Stauffenberg ein. Doch obwohl dieses Datum in der Geschichte der Bundesrepublik zum Synonym für Widerstand geworden ist, konnten sich nur 12 Prozent an Carl Goerdeler erinnern, und auch andere Männer aus dem engsten Verschwörerkreis um Stauffenberg sind längst aus dem Gedächtnis entschwunden.

Wie der Widerstand im «Dritten Reich» nach 1949 in den beiden deutschen Staaten aufgenommen, verarbeitet oder verdrängt wurde, das ist selbst schon wieder Geschichte geworden. Die Bundesrepublik stellte die Männer des 20. Juli – Adlige, Militärs, hohe Beamte, einige Sozialdemokraten – aufs Podest und nannte ihr Handeln eine patriotische Tat. Die gleichen ehrenhaften Motive sprach sie den kommunistischen Widerstandskämpfern ab und schloß diese 1952 im Bundesentschädigungsgesetz von Wiedergutmachungszahlungen aus, weil die Kommunisten «nach dem 23.5.1949 die freiheitlichen Grundrechte» bekämpft hätten. Die Ermordeten und Gefolterten mußten im Zeichen des Kalten Krieges herhalten für die politische Auseinandersetzung. Die DDR machte den Widerstand der Kommunisten zum Bestandteil ihrer Staatsdoktrin, ließ keinerlei kritisches Nachdenken über die Rolle der KPD im Nationalsozialismus zu und verbannte ihrerseits die Verschwörer des 20. Juli aus der ehrenvollen Erinnerung. «Monopolbourgeoisie» und «reaktionäre Militärs» hatten angeblich mit dem Attentat nichts anderes im Sinn, als den «deutschen Imperialismus» zu retten.

Mitte der sechziger Jahre wurde die Bundesrepublik durch den Frankfurter Auschwitz-Prozeß jenseits aller Feiertagsreden sehr konkret mit den Verbrechen der jüngsten Geschichte konfrontiert. Das Schweigen brach auf, historische Tabus wurden zerstört, die «Widerstandshelden» vom Sockel gestoßen. Die Täter von damals, die sich so nahtlos im emsigen Treiben von Wiederaufbau und Wirtschaftswunder in die Demokratie gefügt hatten, endlich zur Rechenschaft zu ziehen; den Juristen und Professoren, den Medizinern und Theologen, die den NS-Machthabern so willfährig gedient hatten, endlich die biedermännische Tarnkappe zu entreißen – auch das war Antrieb für die 68er Revolte der Studenten.

Dann schlug das Pendel wieder zurück. Das Erbe Preußens erlebte in Ausstellungen und Aufsätzen eine Renaissance – diesseits und jenseits der Demarkationslinie. Nicht nur Luther und Bismarck wurden von der DDR neu entdeckt. Zum 40. Jahrestag des Attentats in der Wolfsschanze wurde aus der «reaktionären Aktion» eine «mutige Tat von historischem Rang».

In der Bundesrepublik fanden sich seit den siebziger Jahren Historiker, die den Widerstand der Kommunisten und der Arbeiterbewegung insgesamt erforschten. Schülergruppen und engagierte Bürger gingen zu den Überlebenden, um deren Erinnerungen festzuhalten, und machten den Widerstand zu einem

Thema der jungen *oral history*. Verdrängte Stätten der Verfolgung wurden entdeckt, ausgegraben – nicht selten gegen den Protest der heute dort Lebenden.

Immer umfangreicher wurde die Literatur zum Widerstand. Es erschienen Einzeluntersuchungen über «Widerstand und Verfolgung» in Mannheim und Essen, Duisburg und Braunschweig, Köln und Bremen und vielen anderen Orten (wenngleich es immer noch etliche weiße Flecken gibt). Das ist ein großes Verdienst, und nur auf Grund solcher regionalen Detailarbeiten ist dieses umfassende Buch über «Menschen im Widerstand» erst möglich geworden. Auch etliche zusammenfassende Darstellungen liegen vor. Aber sie spalten den Widerstand, die Namen, Statistiken und Dokumente kapitelweise nach Sachgruppen auf. Die Kirchen und die Jugend, die SPD und die KPD, die Konservativen und die Militärs werden jeweils für den gesamten Zeitraum von 1933 bis 1945 zusammengefaßt.

Dieses Buch ist der Versuch, den deutschen Widerstand in der Zeit des Nationalsozialismus zusammenhängend chronologisch zu *erzählen*. Jahr für Jahr wird geschildert, welche Menschen und welche Gruppen sich den Zwängen und Verführungen der Diktatur nicht anpaßten. Es wird der Alltag im Nationalsozialismus aufgezeigt, weil nur so zu verstehen ist, wie einsam die Widerstandskämpfer aller politischen und gesellschaftlichen Strömungen handelten, litten und starben. Es ist von Strukturen die Rede, von Parteiprogrammen und allgemeinen Entwicklungslinien. Aber daneben kommen die Menschen zu Wort, die für ihre Überzeugungen ihr Leben aufs Spiel setzten und das ihrer Familie dazu. Widerstand bedeutete im Alltag: untertauchen in die Illegalität, gehetzt werden, ständig das Quartier wechseln, vor verschlossenen Türen stehen, kein Geld haben, stets auf der Hut und in Angst vor den Verfolgern leben, Lüge und Verstellung praktizieren, keinen Kontakt mehr zur Familie und den Freunden haben. Und immer lebte man mit der Gewißheit, daß am Ende nicht nur KZ oder der Henker standen, sondern Brutalität und Folter warteten, mit denen die Gestapo aus ihren Opfern die Namen von Mitstreitern herauspreßte.

Damit es kein Mißverständnis gibt: Die Deutschen unter Hitler waren kein Volk von Widerstandskämpfern. Die große Mehrheit hat sich ohne Zwang dem «Führer» anvertraut und dem Terror gegenüber allen, die sich dem nationalsozialistischen Regime nicht beugten, zustimmend bis tatenlos zugesehen. Wer nicht mitjubelte, wer den Arm zum «Hitler-Gruß» nur hob, um nicht aufzufallen, war völlig isoliert und sehr einsam. Doch es gilt auch: Die Zahl der Menschen, die trotzdem Widerstand leisteten, ist viel größer, als es vom öffentlichen Bewußtsein bisher wahrgenommen wird. Auch neuere Veröffentlichungen in der Bundesrepublik haben den Kampf der Kommunisten und der kleinen radikalen Parteien und Gruppen vom linken Rand des politischen Spektrums gegen den Nationalsozialismus nicht in die Traditionen dieser Republik integrieren können. Der Widerstand der Arbeiterbewegung ist bei uns immer noch ein unbekannter Widerstand. Ebenso hat mancher Geistliche, ob evangelisch oder katholisch, mancher Mediziner und Lehrer, mancher Gewerkschafter keine Beachtung gefunden neben den übermächtigen «Helden» des 20. Juli.

Unbestritten ist, daß keine Gruppierung so entschieden vom ersten Tag an den Nationalsozialisten Widerstand leistete wie die KPD. Von den 360000 Mitgliedern haben zwischen 1933 und 1945 rund 150000 für längere oder kürzere Zeit in Gefängnis, Zuchthaus oder KZ gesessen, wohl 20000 Kommunisten sind ermordet worden. Die deutsche Sozialdemokratie entschied sich 1933 zuerst gegen den Kampf im Untergrund, weil dies ihrer Tradition zutiefst widersprach. Sie setzte auf Legalität und Vernunft und hoffte, die neuen Machthaber durch Zugeständnisse zu besänftigen, als diese den Untergang der Arbeiterkultur schon längst beschlossen hatten. Gemeinsam war SPD und KPD bis weit in das Jahr 1934 hinein die Illusion, der Hitlerspuk werde über Nacht verschwinden bzw. die Mehrheit sich in einem Volksaufstand erheben.

Dem Jahr 1933 gilt in diesem Buch ein ausführliches Kapitel, weil nichts so lehrreich ist, wie die Anfänge einer Entwicklung zu kennen, und weil Widerstand vom Januar 1933 an geleistet wurde. Es gab nicht nur im Frühjahr wilde Folterorgien der SA-Trupps, sondern das ganze erste Jahr der Diktatur war – vor den Augen der Bürger – erfüllt von systematischem Terror gegen Andersdenkende. Die Gewerkschaftshäuser wurden ebenso gestürmt wie die Redaktionen von SPD-Zeitungen. Akten und Mobiliar flogen auf die Straße und wurden angezündet, tagelang brannten die Feuer. Aus ordentlichen Sitzungen wurden SPD-Stadtverordnete hinausgeprügelt, ohne daß es Protest gab. Mit Erstaunen erlebten selbst die Nationalsozialisten, wieviel an Brutalität die Deutschen duldeten, wenn sie jene traf, die als verfemte Außenseiter galten wie Juden und Kommunisten, oder als Vertreter der verhaßten Republik von Weimar wie die Sozialdemokraten.

Und weil die Motive der Widerstandskämpfer des Jahres 1933, ihre Differenzen und ihre Hoffnungen, nur zu verstehen sind im Rahmen der Entwicklung seit 1918, wird zu Beginn dieses Buches die Zeit der Republik ausführlich geschildert: Wie jene sich zur Demokratie von Weimar verhielten, die – früher oder später – gegen das NS-Regime Stellung bezogen. Es wird erinnert an die blühende Kultur der Arbeiterbewegung, die den Verfolgten Kraft gab, ihren Idealen treu zu bleiben, und die doch von den Verfolgern innerhalb weniger Wochen bis auf den Grund zerstört wurde und bis heute keinen angemessenen Platz gefunden hat in den Museen und Traditionen der Bundesrepublik.

Die Organisationsformen von KPD und SPD konnten sich in der Illegalität nicht halten, 1935 waren sie weitgehend zerschlagen. 1937 hatte die Gestapo auch die kleinen Gruppen im Untergrund vernichtet. Trotzdem ging der Widerstand weiter und führte in den Kriegsjahren zu erstaunlichen Aktivitäten. Neue Zentren der KPD bildeten sich in Berlin und Sachsen, in Thüringen und im Ruhrgebiet, in München gab es Ableger und in Pommern, in Hamburg wie in Magdeburg. Illegale Zeitschriften und Flugblätter wurden wieder in größerer Zahl gedruckt. Und das zu einer Zeit, als der Terror der Machthaber immer mörderischer wurde und der Widerstandskämpfer bei der Mehrheit als doppelter Verräter galt: weil er die Niederlage Hitler-Deutschlands herbeisehnte, ohne die es keine Befreiung vom Nationalsozialismus gab.

Es waren die Kriegsgefahr 1938 und dann der Krieg, die zur Opposition der Konservativen – der Adligen, Militärs und Beamten – führten. Es war eine Elite, die erkennen mußte, daß sie dem Diktator zur Macht verholfen hatte, um die 1918 verlorenen Privilegien zurückzuerhalten. Die allermeisten waren keine Demokraten, ihre Visionen für die Zeit nach Hitler wollten Frieden und Gerechtigkeit, aber auch Deutschlands Stellung als Großmacht erhalten. Manche träumten gar, den «guten Kern» des Nationalsozialismus in die neue Zeit zu retten.

Auch die Kommunisten wollten keine Demokratie, erbittert hatten sie die Republik von Weimar bekämpft und die Sozialdemokraten als «Sozialfaschisten», das heißt Steigbügelhalter Hitlers, beschimpft. Sie erschreckten die Mehrheit der Deutschen mit ihrem politischen Programm, eine Räterepublik nach sowjetischem Muster einführen zu wollen und sich sklavisch mit den Interessen der Sowjetunion zu verbinden. Erst in den Kriegsjahren, von der Moskauer Zentrale abgetrennt, kam es bei deutschen Kommunisten im Widerstand zu einer vorsichtigen Abnabelung von diesem übermächtigen Vorbild, rückten eigene deutsche Interessen in den Vordergrund und wurde die Verteidigung demokratischer Rechte beschworen.

War das nur Taktik, um die alten Ziele zu vernebeln? Hatte der Wolf Kreide gefressen? Niemand kann diese Frage überzeugend beantworten, denn die führenden kommunistischen Widerstandskämpfer der letzten Kriegsjahre sind alle ermordet worden. Ein Beispiel für die gnadenlose Verfolgung der Kommunisten ist die blutige Statistik der Mitkämpfer und Sympathisanten um den KPD-Funktionär Wilhelm Knöchel, der im Januar 1942 illegal von Amsterdam ins Reich reiste, um den Widerstand seiner Genossen neu zu organisieren und auszuweiten. Im Januar 1943 begann die Gestapo, die Knöchel-Gruppe aufzurollen, bis zum Sommer waren über 200 Menschen verhaftet: 23 von ihnen wurden zum Tode verurteilt und hingerichtet; 9 wurden während der Untersuchungshaft ermordet, in den Tod getrieben oder nahmen sich in letzter Freiheit das Leben; einer tötete sich im Augenblick der Verhaftung; 4 starben nach der Verurteilung im Zuchthaus; 7 wurden ins KZ verschleppt und dort umgebracht; 4 wurden im April 1945 bei Nacht und Nebel erschossen; 3 starben nach der Befreiung an den Folgen der Haft.

Es brauchte drei Jahre hartnäckiger Bemühungen und vieler Diskussionen, bis im April 1987 ein sozialdemokratischer Senator in Hamburg seine Zustimmung gab, die Gesamtschule Altona in Bruno-Tesch-Schule umzubenennen. Der Arbeiterjunge war 1932 von einem ordentlichen Gericht freigesprochen worden, den Tod von SA-Männern beim «Altonaer Blutsonntag» mitverschuldet zu haben. Die Nationalsozialisten, kaum an der Macht, verhafteten Bruno Tesch und verurteilten ihn zum Tod auf dem Schafott. Im Morgengrauen des 1. August 1933 wird der 20jährige, mit drei Gesinnungsgenossen, enthauptet. Sein letzter Brief ist erhalten geblieben: «Wir sterben, wie wir gekämpft haben. Vergeßt mich nicht! Vergeßt mich nicht!»

Bruno Tesch war im Kommunistischen Jugendverband aktiv, deshalb das Zögern der SPD-Behörde, 55 Jahre nach seinem Tod. Denn immer noch ist die positive Bewertung des gesamten Widerstandes umstritten, wird nicht Gerechtigkeit geübt, sondern werden Vorurteile gepflegt und Argumente vorgetragen, die den Widerstand – immer noch – für den aktuellen politischen Alltag dienstbar machen sollen. Dabei bedeutet eine Würdigung des kommunistischen Widerstandes keineswegs, seine Fehler, Versäumnisse und Irrwege zu verschweigen. So muß diskutiert werden, ob die KPD in den ersten Jahren des NS-Regimes den Opfermut und die Leidensfähigkeit ihrer Mitglieder leichtfertig für irreale Ziele ausgenutzt hat. Aber für kommunistische wie für konservative Widerstandskämpfer müssen die gleichen Kriterien gelten: daß sie alle aus Fehlern und Erfahrungen gelernt und am Ende als deutsche Patrioten ihr Gewissen über die Interessen eines Standes oder einer Partei gestellt haben.

Der Widerstand der Männer um Stauffenberg und Goerdeler war lange zwiespältig. Doch als am Ende die Bombe gezündet wurde, wußten die Verschwörer, daß sie als Verräter enden würden und es nur noch darum ging, für die Nachgeborenen ein Zeichen zu setzen. Auch für die Opfer vom kommunistischen Teil der Arbeiterbewegung muß gelten, was als Maßstab und Motivation für die Toten des 20. Juli akzeptiert wird: daß sie für ein besseres, ein menschliches Deutschland starben und ihre Nation vor dem Verderben bewahren wollten. Gemessen am Erfolg sind Kommunisten wie Konservative gescheitert. Die einen konnten die Arbeiter nicht zum Aufstand bewegen, die anderen nicht genug Mitstreiter unter ihresgleichen in den Machtzentralen gewinnen, um den Diktator zu stürzen. Aber unbestritten muß die moralische Lauterkeit sein, mit der die einen wie die anderen das eigene Leben und die Existenz ihrer Familie riskierten, um Werte vor der Vernichtung zu bewahren, die den besten Traditionen europäischer Geschichte entstammen.

Judith Vallentin arbeitete während des Krieges in der illegalen KPD-Gruppe um Robert Uhrig in Berlin mit. Sie reiste als Kurier nach Thüringen und Sachsen und verwaltete die Gelder der Gruppe. Zum Tode verurteilt, schrieb die 39jährige Ende Oktober 1944 an ihre Tochter: «Im Augenblick mußt Du ja einen großen Schmerz tragen. Vergrab Dich nicht darin… ‹Freude schöner Götterfunken› ist Beethovens schönstes Werk, und er schrieb es in seiner elendsten Zeit… Ich muß jetzt Schluß machen, bleib stark und tapfer... Ich ertrage alles mit innerer Ruhe und Gefaßtheit.» Robert Uhrig schrieb seiner Frau Charlotte zum Abschied: «Mein letzter Gedanke gilt Dir und einer freien Menschheit.» Solche letzten Briefe sind typisch für kommunistische Widerstandskämpfer. Nicht politische Dogmen werden beschworen, obwohl diese Frauen und Männer als treue Parteigenossen gestorben sind, sondern die humanistischen Ideale einer bürgerlichen Welt, die die Arbeiterkultur sehr ernst genommen hat und ihren Söhnen und Töchtern tief ins Herz pflanzte. Es waren Arbeiter, die im «Dritten Reich» für diese Ideale starben, während die Bürger zu Zynikern wurden oder die Menschlichkeit und die Würde des einzelnen im Rausch nationaler Größe mit Füßen traten.

Die moralische Verurteilung des kommunistischen Widerstandes in der Bundesrepublik entspringt einem aggressiven Antikommunismus, der zur Zeit des «Dritten Reiches» alle Kreise umfaßte – von Ausnahmen abgesehen bis zuletzt auch die konservativen Widerstandskämpfer – und von den Nationalsozialisten geschickt ausgenutzt und geschürt wurde. In den fünfziger Jahren zur Zeit des Kalten Krieges wurde Antikommunismus dann zum Kitt der eben entstandenen Republik und mündete in die «Totalitarismusthese»: Kommunismus und Nationalsozialismus, totalitäre Ideologien, sind identisch, – wodurch jede Auseinandersetzung mit dem kommunistischen Widerstand überflüssig wurde. Diese alte These ist im Historikerstreit des Jahres 1986 wieder hochgekommen, als es darum ging, ob die NS-Verbrechen den Untaten Stalins vergleichbar sind, vielleicht sogar von ihnen angeregt wurden.

Jean Améry, ein österreichischer Jude, ein Widerstandskämpfer, dem die Erfahrungen des Exils, der Folter und der Haft in Auschwitz 1978 das Leben nahmen, wehrte sich gegen solche Gleichsetzung: «Man hat uns bis zum Überdruß Hitler und Stalin, Auschwitz, Sibirien, die Warschauer Gettomauer und die Berliner Ulbrichtmauer zusammen genannt wie Goethe und Schiller, Klopstock und Wieland. Nur andeutend sei hier im eigenen Namen und auf jede Denunziationsgefahr hin wiederholt, was in einem vielbefeindeten Interview Thomas Mann einmal gesagt hat: daß nämlich der Kommunismus, wie schrecklich er sich zeitweilig auch darstellen möge, immerhin eine Idee vom Menschen versinnbildliche, während der Hitlerfaschismus überhaupt keine Idee war, sondern nur eine Schlechtigkeit.»

Es ist zu billig, mit dem Hinweis auf die Verbrechen von Hitler und Stalin Nationalsozialismus und Kommunismus über einen Leisten zu schlagen. «Erkämpft das Menschenrecht» singen die Arbeiter vieler Nationen seit Generationen. Niemals wäre solches einem Nationalsozialisten in den Sinn gekommen. Menschenrechte waren für ihn «Humanitätsduselei». Folter an einzelnen, die Versklavung ganzer Völker waren nicht Abirrungen, sondern Wesen der NS-Ideologie, die im «Rassegedanken», durch «Zuchtwahl» und «Ausrottung», ihre Vorstellungen von einer besseren Welt realisieren wollte.

Indem die deutschen Kommunisten gegen diese Ideologie kämpften, wurden sie nicht zwangsläufig zu Handlangern stalinistischer Verbrechen. Wer käme auf die Idee, Stalins westlichen Verbündeten im Weltkrieg ähnliches vorzuwerfen? Daß die deutschen Kommunisten damals in Stalin und der Sowjetunion ihr einziges Heil sahen, ist ihnen nicht anzulasten. Auf wen sonst hätten sie in KZ, Zuchthaus und Untergrund – abgeschnitten von allen ungefilterten Informationen – hoffen sollen? Eine nachträgliche kritische Auseinandersetzung mit dem Hitler-Stalin-Pakt ist dadurch allerdings nicht überflüssig geworden.

Der Widerstand der Arbeiterbewegung ist ein Schwerpunkt dieses Buches, der sich von selbst ergibt, wenn man nicht vergißt und nicht verdrängt. Darüber werden die bekannten Namen nicht vernachlässigt. Aber in einem solchen Gesamtzusammenhang verschieben sich liebgewordene Proportionen, kommen auch andere zu ihrem Recht. Es schmälert den Ruhm und den Mut der Geschwister Scholl nicht, wenn man von einer ähnlichen Gruppierung in Hamburg weiß oder von zwei Münchner

Kommunisten, die zur gleichen Zeit im Alleingang Flugblattaktionen durchführten. Das Attentat vom 20. Juli 1944 ist nicht weniger verdienstvoll, wenn man im chronologischen Zusammenhang erzählt, was Stauffenberg zur Zeit der «Köpenicker Blutwoche» Ende Juni 1933 schreibt, als in diesem Berliner Arbeiterviertel rund 500 Menschen verhaftet und 91 von ihnen zu Tode gefoltert werden: «Bei aller gleichschaltung und dem gesetz der totalität: für uns ist das alles nicht neu und schon jetzt ist zu sehen: keine partei, sondern herren machen umwälzungen und jeder der für seine herrschaft einen sicheren sockel sich baut, ist ob seiner klugheit zu loben.»

Im Zusammenhang erst wird deutlich, welche treibende Kraft im Widerstand junge Menschen waren: nicht nur als einzelne oder in Jugendgruppen wie zum Beispiel in der katholischen Kirche, sondern als engagierte Genossinnen und Genossen bei SPD und KPD. Sie hielten in den ersten Jahren der Diktatur die Arbeit im Untergrund aufrecht, als die bekannten Funktionäre – vor allem bei den Kommunisten – fliehen mußten oder von der Gestapo gefaßt wurden.

Es gibt sehr unterschiedliche Meinungen über die Definition von Widerstand, und gewiß darf man mit dieser Bezeichnung nicht leichtfertig umgehen. Nicht jeder Jugendliche, der bei den Edelweißpiraten oder anderen Gruppierungen mitmachte, war ein Gegner des NS-Regimes. Doch als die Gestapo 1938 die jugendlichen «Meuten» in Leipzig entdeckte, kam der Erste Senat des Volksgerichtshofs aus Berlin in die Messestadt. Die Jugendlichen wurden in zwei Prozessen des Hochverrats angeklagt, weil sie «bei der Ablösung des nationalsozialistischen Staates durch den Kommunismus entscheidend mitwirken» wollten und zu Zuchthausstrafen zwischen einem und acht Jahren verurteilt.

Die Protestanten der Bekennenden Kirche leisteten lange einen «Widerstand wider Willen». Immer wieder beteuerten sie ihre Loyalität zum NS-Staat und zum «Führer». Ihre jungen Pfarrer drängten sich zum Wehrdienst, Pastor Martin Niemöller hat 1933 NSDAP gewählt. Das hinderte die Machthaber nicht, ihn und andere Theologen ins KZ zu stecken, viele Geistliche mit Predigtverbot zu belegen und in der Bekennenden Kirche ihren Feind zu sehen.

Ob man von Widerstand spricht oder neuerdings von Resistenz, ob man Aktionen meint wie das Verschicken von Flugblättern, ob man auf die eindrucksvollen Prozessionen der katholischen Arbeiter in den Jahren 1934/35 sieht oder an das Abhören feindlicher Sender denkt, das während des Krieges meist mit dem Tode bestraft wurde – die Grenzen des Begriffs sind fließend; letztlich bestimmte die Gestapo, was Widerstand war. Jede Definition engt ein, schließt aus. Im Nationalsozialismus war jeder ein Gegner, der sich dem totalen Anspruch des Staates auf Leib und Seele entzog; der sich Hitlers Warnung «biegen oder brechen» nicht unterwarf, sondern Rechte und Werte hochhielt oder aktiv verteidigte, die nicht nur ihn selbst oder seine Gruppe betrafen, sondern ebenso den Nachbarn, den Mitmenschen.

Was über den deutschen Widerstand in Dokumenten, Interviews, Aufsätzen, Einzel- und Sammelwerken vorliegt, ist in diese Gesamtdarstellung eingegangen. Sie soll ein repräsentatives Bild ergeben, auch wenn viele Namen und viele Schicksale unerwähnt bleiben mußten und längst nicht alle Verästelungen ausgebreitet werden konnten. Die Auswahl fiel schwer, weil alle, die sich dem Unrecht nicht beugten, ein Anrecht darauf haben, daß ihre Qualen und ihre Standhaftigkeit nicht vergessen werden. Aber ein Buch, das gelesen werden möchte und nicht nur im Regal stehen soll, darf einen gewissen Umfang nicht überschreiten.

Deshalb auch können die Deutschen, die außerhalb Deutschlands den braunen Ungeist bekämpften, hier nur summarisch erwähnt werden: Rund 400000 Deutsche gingen ins Exil und verloren ihre Heimat, 40000 aus politischen Gründen, die übrigen, weil sie «rassisch» Verfolgte waren; in allen von Deutschland besetzten Ländern engagierten sich Deutsche in der dortigen Résistance, in Frankreich waren es ungefähr tausend. Das

Strafbataillon 999 wurde 1942 aufgestellt, damit «Wehrunwürdige» sich «bewähren» konnten, rund 30 Prozent dieser Soldaten waren politisch Verfolgte. Auch in den Arbeitslagern und im KZ wurde unter schwierigsten Bedingungen der Widerstand organisiert. Einige Schriftsteller gingen in die sogenannte Innere Emigration. Ob ihr Rückzug und ihre Anpassung an manche Mechanismen des Regimes Kapitulation und politische Naivität waren, ist umstritten. Doch darüber darf nicht vergessen werden, daß die Schriften von Ernst Wiechert, Werner Bergengruen, die Gedichte von Oskar Loerke und Reinhold Schneider von Hand zu Hand wanderten, immer wieder neu abgeschrieben wurden und den Zeitgenossen als Ermutigung erschienen.

Wer den langen Zug der Opfer sieht, der Gequälten und Ermordeten, wird die Vokabel «Widerstand» auf andere Zeiten nur mit äußerster Vorsicht anwenden, aber um so entschiedener dafür eintreten, die allerersten Anzeichen von Menschenverachtung und Minderheitenverteufelung, von Unrecht und Gewaltanwendung zu bekämpfen. Wer die Geschichte des Widerstandes der Deutschen gegen den Nationalsozialismus in seiner ganzen Breite kennt, fragt, warum im neu entfachten Streit um die nationale Identität der Widerstand als Teil dieser Identität nicht genannt wird. Dabei könnte er Beispielhaftes aus dunkler Zeit dokumentieren und den Deutschen die Licht- wie die Schattenseiten ihrer jüngsten Geschichte in Erinnerung halten.

Viele der Opfer für eine menschliche Welt haben den letzten Gang aufrecht angetreten, weil sie überzeugt waren, daß ihr Schicksal nicht vergessen würde. Es war das Trachten ihrer Gegner, die Erinnerung an jene, die Widerstand leisteten, auszulöschen. Das galt nicht erst für die Toten des 20. Juli, deren Asche über die Rieselfelder von Berlin verstreut wurde. Die Sozialdemokratin Minna Cammens wurde im März 1933 in Breslau verhaftet, als sie Flugblätter verteilte. Nach wenigen Tagen erhielt ihr Mann per Post eine Zigarrenkiste mit Asche zugeschickt und einen Zettel, auf dem stand: «Minna Cammens, geborene Hannen, am 25. 3. 1933 verhaftet, starb in Schutzhaft an Herzschlag. Auf eigenen vor ihrem Tod ausgedrückten Wunsch wurde sie eingeäschert. Es ist nicht gestattet, die Öffentlichkeit von ihrem Ableben zu unterrichten.» Der Hamburger KPD-Mann Edgar André, seit März 1933 in Haft, wurde am 4. November 1936 mit dem Handbeil hingerichtet. Aus den Akten: «Die Beisetzung ist in aller Stille und unter strengster Verschwiegenheit vorzunehmen. Ferner wird gebeten, die Grabnummer dem beauftragten Beamten der Staatspolizei zu übergeben, die Eintragung in das dortige Buch so vorzunehmen, daß der Name des Toten nicht daraus hervorgeht.»

Wer die Erinnerung an diese Toten verdrängt und nicht wachhält, verschafft den Mördern einen späten Sieg. Wer jedoch der Erinnerung nicht ausweicht, sondern in ihr eine erlösende Kraft für Gegenwart und Zukunft sieht, wird allen Versuchen wehren, die Opfer mit den Tätern auf eine Stufe zu stellen.

Die Kommunisten im Untergrund wie die konservativen Verschwörer in den Hinterzimmern der Macht wußten, daß ihre Pläne und ihre Aktionen Außenstehenden sinnlos erscheinen mußten und daß direkte Erfolge fast aussichtslos waren. Im Januar 1942 schrieb Helmuth James von Moltke seiner Frau: «Ohne Mut ist gar nichts zu machen. Man muß sich nur vornehmen, daß man sich durch nichts kleinkriegen und von dem rechten Weg abbringen läßt.» Am Ende des gleichen Jahres kämpfte der Kommunist Wilhelm Knöchel in der illegalen Zeitschrift «Der Friedenskämpfer» gegen die Devise vom «Abwarten» in den eigenen Reihen: «Was heute nottut, ist Mut und nochmals Mut, Begeisterung, Kühnheit, Todesverachtung jedes einzelnen...»

Jenseits aller politischen Differenzen, die tief gingen und eine vielleicht erfolgreiche Zusammenfassung aller Kräfte unmöglich machten, und jenseits aller zeitbedingten Unterschiede, geben die Frauen und Männer des Widerstandes ein Beispiel, worauf es in extremen, scheinbar aussichtslosen Situationen ankommt. Die uralte Hoffnung, daß David den Goliath mit einem Stein besiegen kann, stirbt nicht, solange es Menschen gibt, die nicht zögern und nicht abwarten, wenn es um Gut und Böse geht; die nicht nach dem Nutzen fragen, sondern ihren Idealen und damit sich selber treu bleiben, während alle um sie herum dem Diktator zujubeln. Der Schriftsteller Primo Levi, italienischer Jude, ein Widerstandskämpfer, der zusammen mit Jean Améry in Auschwitz den Tod überlebte, der immerzu gegen das Vergessen anschrieb und sich darüber im April 1987 das Leben nahm, hat den jüdisch-russischen Partisanen des Zweiten Weltkriegs ein Lied als Denkmal gesetzt. Der Refrain heißt: «Wer für mich, wenn nicht ich? Wie, wenn nicht so? Wann, wenn nicht jetzt?»

In der Nacht vom 7. auf den 8. September 1943, Berlin war gerade bombardiert und auch das Zuchthaus in Plötzensee getroffen worden, ordnete der Reichsjustizminister eine beschleunigte Vollstreckung der Todesurteile an. In den folgenden fünf Nächten und Tagen wurden in Plötzensee 250 deutsche und ausländische Häftlinge erhängt, darunter ein katholischer Jugendführer aus dem Rheinland, ein Sozialdemokrat aus Dresden, Kommunisten aus Berlin und der tschechoslowakische Journalist Julius Fučík. Im Frühjahr 1943 war der Widerstandskämpfer Julius Fučík in Prag von der Gestapo entdeckt und verhaftet worden. Dort schmuggelte ein Aufseher aus der Zelle, was der Gefangene für die Menschen in glücklicheren Zeiten aufgeschrieben hat:

«Um eines bitte ich: Ihr, die ihr diese Zeit überleben werdet, vergeßt nicht. Vergeßt weder die Guten noch die Bösen. Sammelt geduldig Zeugnisse über alle, die für sich selbst und für euch gefallen sind. Eines Tages wird das Heute Vergangenheit sein, man wird von der großen Zeit und von den namenlosen Helden sprechen, die Geschichte machten. Ich möchte festhalten, daß es keine namenlosen Helden gab. Daß sie Menschen waren, die einen Namen, ein Gesicht, die Sehnsüchte und Hoffnungen hatten, und daß deshalb der Schmerz auch des allerletzten unter ihnen nicht geringer war als der Schmerz des ersten, dessen Name überdauert. Ich möchte, daß sie allesamt euch immer nahebleiben wie Bekannte, wie Verwandte, wie ihr selbst.»

1918–1929
Die Demokratie von Weimar: Ihre Feinde – ihre Freunde

Am 10. November 1918 erstürmte das Erste Garde-Regiment zu Fuß erfolgreich die Höhe 249 bei Sedan. Am Tag danach akzeptierte eine deutsche Delegation im Wald von Compiègne bei Paris die Waffenstillstandsbedingungen der Siegermächte. Die Waffen schwiegen. Das Reich war geschlagen. Am 11. Dezember zog das Erste Garde-Regiment blumengeschmückt, mit klingendem Spiel und silbergewirkten Fahnen in die traditionsreiche Garnisonsstadt Potsdam ein, an der Spitze eines Zuges Henning von Tresckow, Träger des Eisernen Kreuzes und mit 17 Jahren jüngster Leutnant der Armee. Einer Armee, deren oberster Kriegsherr nach Holland geflüchtet war und die seit dem 9. November 1918 einer Republik zu dienen hatte. Denn an jenem Tag war die Staatsmacht dem Parteivorsitzenden der SPD, Friedrich Ebert, zugefallen, weil die Planer und Antreiber dieses Krieges sich nun vor der Verantwortung der Niederlage drückten.

In diesen Novembertagen schrieb der 38jährige Major im Oberkommando des Heeres, Ludwig Beck, nach Hause: «Im schwersten Augenblick des Krieges ist uns die... von langer Hand her vorbereitete Revolution in den Rücken gefallen.» Wie Beck waren von nun an Millionen Deutsche überzeugt, daß «Revolution» und «Demokratie» identisch wären und das Reich um den Sieg gebracht hätten. Die «Dolchstoßlegende» vergiftete von

Anfang an das Klima in der Republik. Ebenfalls im November 1918 erhielt der pommersche Gutsbesitzer Ewald von Kleist in Schmenzin eine Vorladung des soeben gebildeten Arbeiter- und Soldatenrates. Er solle sich zur nächsten Sitzung einfinden. Der adlige Landmann zerriß das Papier. Für ihn gab es keine Demokratie, sondern war der König von Preußen wider alles Recht an der Ausübung der Regierung gehindert.

Was Gutsbesitzer und Offiziere demonstrierten, entsprach den Überzeugungen und Erwartungen der großen konservativen Mehrheit in Adel und Bürgertum. Eine Mehrheit, auf die sich das wilhelminische Deutschland bei seinem demokratiefeindlichen Kurs im Innern und seinen Expansionsversuchen hatte stützen können. Ihre Vertreter gaben nach dem äußerlichen Zusammenbruch ihrer Welt sofort die Losung aus, mit der die soeben mehr zufällig geborene Weimarer Republik fertig werden mußte und an deren trotzigem Anspruch sie schließlich scheitern sollte: Im Felde unbesiegt! Das hieß: Rache für den Frieden von Versailles, in den der Waffenstillstand von Compiègne schließlich mündete. Es bedeutete zugleich die grenzenlose Verachtung jener, die diesen Frieden akzeptierten und für die Republik standen. Als «Novemberverbrecher» und «Vaterlandsverräter» waren sie abgestempelt.

Die deutschen Kirchen, die im Krieg gepredigt hatten, daß Gott auf seiten der deutschen Bataillone stand, verbündeten sich mit den Feinden der Republik und sagten ungeniert, was sie von der Außenpolitik der jungen Demokratie hielten. Wenn der Pastor Paul Konrad im Winter 1918/19 in der Berliner Kaiser-Wilhelm-Gedächtniskirche die Kanzel bestieg, war das Gotteshaus stets gefüllt – von Kaisertreuen, die wußten, daß sie Trost und Zuspruch erhielten. Seinen Konfirmanden gab der Pastor den Leitspruch mit ins Leben: «Evangelisch bis zum Sterben. Deutsch bis in den Tod.» Als im September 1919 in Dresden der 1. Deutsche Evangelische Kirchentag nach dem Krieg zusammenkam, sagte dessen Präsident: «In einem Weltkrieg ohnegleichen, nach einem mehr als vierjährigen heldenmütigen Ringen ohnegleichen, gegen eine ganze Welt von Feinden ist unser Volk zusammengebrochen. Die Herrlichkeit des deutschen Kaiserreichs, der Traum unserer Väter, der Stolz jedes Deutschen ist dahin... Dem furchtbaren Krieg hat ein furchtbarer Friede kaum ein Ende gesetzt.»

Das traditionelle Bündnis von «Thron und Altar» hatte die deutschen Lutheraner so fest an das Schicksal des Reiches gekettet – der Kaiser war ihr oberster geistlicher Leiter –, daß mit dem Zusammenbruch dieses Reiches auch ihr Schicksal besiegelt schien. Das Leben in einer anderen Staatsform und die Absage an einen militärischen Nationalismus waren für die meisten Protestanten undenkbar. Erst im November 1918 wagten alle diejenigen evangelischen Theologen, die sich zum 400. Geburtstag Luthers im Oktober 1917 gegen den Krieg erklärt hatten, ihren Namen preiszugeben: «Wir deutschen Protestanten reichen im Bewußtsein der gemeinsamen christlichen Güter und Ziele allen Glaubensgenossen, auch denen in den feindlichen Staaten, von Herzen die Bruderhand.» Selbst dieses Minimum evangelischer Solidarität blieb weiterhin rar. Die Kirchenleitungen ordneten 1919 einen jährlichen Trauersonntag an – als Protest gegen Versailles und die «Kriegsschuldlüge». Die Anordnung wurde zehn Jahre später ausdrücklich erneuert.

Der Feuerofen des Krieges hatte nur wenige geläutert. In den Stahlgewittern an der Front, in Blut und Dreck hofften die Älteren auf ein größeres Deutschland und die ganz Jungen noch dazu auf eine Bewährung: Der Adel der Schlacht sollte sie zum Manne machen.

Zu den jungen Soldaten, die im Winter 1918/19 heimkehrten, gehörte auch Adolf Reichwein. Er war ein überzeugter «Wandervogel», Vertreter einer Generation, die in der Jugendbewegung ihren Protest gegen die verknöcherte Welt der Erwachsenen auslebte – und nach dem Abitur sofort und freiwillig in den Krieg gezogen war. Der 18jährige, der im Ausbildungslager auf etliche

«Wandervögel» traf, hatte im April 1917 an seine Eltern geschrieben: «Wir Wandervögel wünschen uns natürlich nichts anders als möglichst bald einen Transport nach Frankreich, denn es wäre bitter, wenn wir das Kriegsende im Rekrutenlager erleben müßten.» Im Juli war es soweit: «...denn am 1. August gehts zur Front! Ein denkwürdiger Tag, und ein gutes Vorzeichen, am 4. Jahrestag unsres siegreichen Krieges in die Reihen der Kämpfer vorne zu treten.» Adolf Reichwein kam aus einer liberal-bürgerlichen Lehrerfamilie. Bei aller nationalen Begeisterung war ihm ein kritischer Blick auf die Schlachtfelder ringsum noch möglich. Er machte den Versuch, das Völkermorden zu analysieren, ohne ihm eine radikale Absage zu erteilen: «Der moderne Krieg wühlt derart alle Kräfte und Gegenkräfte durcheinander, daß keine Partei ohne ernste Krise ihn überstehen kann. Diese Krise birgt unwillkürlich in sich das wirkliche positive Kulturmoment des Krieges, indem sie als Heilmittel gegen sich selbst soziale Reformen auslöst.» Der Krieg nicht als Instrument, um die alten Strukturen zu bewahren, sondern im Gegenteil als Katalysator einer besseren, gerechteren Zeit.

In Darmstadt trug im November 1918 ein Flugblatt die Konsequenz solcher Gedanken der jungen Kriegsgeneration an die Öffentlichkeit. Eine Zeitschrift warb unter neuem Namen und neuem Programm um Leser: «Die ‹Dachstube› ist zu Ende. Sie hat gesammelt, gesichtet, geschult. Das ist erfüllt. Jetzt gilt es mehr, gilt den Umriß der neuen Welt aufzuzeichnen, für ihn kämpfen; Schweigen ist Verrat. Ein neues Publikum marschiert herauf. Größere Ziele gebietet uns die Zeit. Wir errichten das Tribunal. Wir stehen zu dem Neuen gegen das Verrottete.» Monatlich für 50 Pfennig sollte das «Tribunal» erscheinen, als Herausgeber zeichnete Carlo Mierendorff. Im Frühjahr 1914 hatte der Darmstädter Bürgersohn sein Abitur gemacht, im Herbst war er als Kriegsfreiwilliger in Rußland eingesetzt werden. Von der Front schickte er literarische Versuche in die Heimatstadt, wo Gymnasiasten die «Dachstube» gegründet hatten. Eine von vielen radikalen Zeitschriften, die ein Zeichen setzen wollten. Die Sprache sollte die Spießbürger aufrütteln, provozieren, als ein erster Schritt, den Lauf der Dinge verändernd zu gestalten.

An die westliche Front zurückgekehrt, bei Langemarck, wo Hunderte von jungen Freiwilligen zwecks Erstürmung einer Anhöhe in den Tod geschickt wurden, erhielt Carlo Mierendorff aus der Hand des Kaisers das Eiserne Kreuz. Trotzdem kam er zurück aus dem Krieg mit der Überzeugung: Nie wieder. Der gleichaltrige Carl Zuckmayer wurde Autor für das «Tribunal» und Mierendorffs Freund: «Wir waren vom Krieg geprägt und gezeichnet, aber wir fühlten uns vom Krieg nicht zerstört. Wir hatten ihn überlebt und überwunden, wir hatten unsere heile Haut heimgebracht, jetzt wollten wir vorwärts, in ein anderes Stadion, wo es galt, neue, kühnere Kämpfe zu wagen. Wir blickten auf die Kriegszeit zurück, ohne verklärende Romantik, aber auch ohne Selbstmitleid, Bitterkeit oder Klage.»

Es war die Einsicht der Außenseiter. Den meisten Kriegsteilnehmern, auch den jüngeren, ging es in diesem November 1918 wie dem 29jährigen Gefreiten Adolf Hitler, der sich wegen einer Gasvergiftung im Lazarett befand und das Ende des Krieges als «die entsetzlichste Gewißheit» seines Lebens empfand: «Während es mir um die Augen wieder schwarz ward, tastete und taumelte ich zum Schlafsaal zurück, warf mich auf mein Lager und grub den brennenden Kopf in Decke und Kissen. Seit dem Tage, da ich am Grabe der Mutter gestanden, hatte ich nicht mehr geweint... Nun aber konnte ich nicht mehr anders.» Die Zeitgenossen am Ende des Ersten Weltkrieges sahen voller Ängste in die Zukunft; verzweifelt klammerten sie sich an das Vergangene; trauerten, ohne nach der eigenen Schuld zu fragen; blieben überzeugt, daß im Kampf die Lösung für alle Probleme zwischen den Menschen und den Völkern liege. Die militärischen Kategorien von «Freund und Feind» wurden als Richtschnur in die Demokratie übernommen.

Das trotzige Aufbäumen der Mehrheit gegen alles Neue, die

Verweigerung jeden Dialogs mit denen, die Erben der Niederlage geworden waren, werden um so schwerer begreifbar, wenn die Scheinwerfer sich auf die neuen Repräsentanten staatlicher Macht richten: An ihrer Spitze Friedrich Ebert, erst Übergangskanzler, dann Präsident der verfassunggebenden Versammlung in Weimar und schließlich bis zu seinem Tod 1925 vom Volk gewählter Präsident der Republik. Niemand konnte diesem Sozialdemokraten vorwerfen, Wegbereiter der Revolution zu sein. «Verlaßt die Straßen! Sorgt für Ruhe und Ordnung!» lautete sein erster Aufruf am 9. November 1918. Und gemäß dieser Maxime hat er stets versucht, Politik zu betreiben, mochten die Zeiten auch noch so verworren sein. Friedrich Ebert war ein Sozialist und Demokrat, und nichts konnte ihn in seiner Überzeugung wankend machen, daß die parlamentarische Demokratie die sozialistische Gesellschaft bringen würde – ohne blutige Revolution.

Damit war er nicht allein. Die Arbeiter- und Soldatenräte, die im Winter 1918/19 überall als Organe der Selbstverwaltung entstanden, waren keineswegs Horte von Radikalität und Anarchie. Nur ihre Gegner haben sie so diffamiert und Geschichtsschreiber diese Verzeichnung allzu lange übernommen und als historische Wahrheit ausgegeben. In fast allen Räten hatten gemäßigte Sozialisten die Mehrheit, und auch Rosa Luxemburg vom radikalen linken Flügel war überzeugt: «Die Revolution braucht keinen Terror.» Die sozialistische Front hatte sich allerdings gespalten und viele Arbeiter waren an ihrer SPD irre geworden. Im August 1914 hatte Karl Liebknecht als einziger SPD-Abgeordneter im Reichstag gegen die Bewilligung der Kriegskredite gestimmt, im Dezember 1915 waren es schon 43 Abgeordnete. Ab 1916 kam es zu immer größeren Streiks gegen den Krieg und für einen baldigen Frieden. Als der Rausch der Kriegsbegeisterung verflog, waren es die Arbeiter, die als erste zur Besinnung kamen und von ihrer Partei eine andere Politik forderten. Als diese Politik ausblieb, verließ eine beachtliche Minderheit die SPD und fand sich 1917 in der Unabhängigen Sozialistischen Partei Deutschlands

(USPD) zusammen. Ganz links im sozialistischen Spektrum stand der Spartakusbund, der trotz seiner geringen Anhängerschaft durch die politische Begabung von Rosa Luxemburg und Karl Liebknecht Aufsehen erregte. Die Abspaltungen und Auseinandersetzungen in der Arbeiterbewegung waren auch deshalb so bitter, weil sich alle Fraktionen selbstverständlich weiterhin zur sozialistischen Familie zählten. Ihr Traum von einer besseren Welt war der gleiche geblieben, mochten sich auch die Wege dorthin getrennt haben. Alle hatte die Arbeiterkultur tief geprägt.

Der Münchner Robert Eisinger war 1918 mit 18 Jahren in die USPD eingetreten. Von seinem Vater – einem kleinen Angestellten und SPD-Mann – beeinflußt, hatte er die Haltung der SPD zum Krieg als Verrat empfunden. Sein Ideal war ein internationaler Sozialismus und Pazifismus. Der junge Eisinger war Marxist. Aber seine Vorstellung von der «Diktatur des Proletariats» trug wenig klassenkämpferische Züge: «Ich dachte dabei keineswegs an die Verstaatlichung aller Industriezweige, sondern vielmehr an deren Übergang in den Allgemeinbesitz eines Volkes. Ich dachte auch niemals bei diesem Gedanken an das sogenannte Proletariat als nur einer Klasse der Arbeiterschaft, sondern immer an das Volksganze, an die Herrschaft des Volkes im Gegensatz zur Herrschaft des Kapitals.» Es ging Eisinger, der im Dezember 1918 Kurier für die Münchner Räteregierung wurde, um ein großes allgemeines Ziel. Und der Münchner hätte sicherlich unterschrieben, woran der Bochumer Arbeitersohn Heinrich König, der schwer verletzt aus dem Krieg heimkehrte und wie sein Vater aktives SPD-Mitglied war, 1918 felsenfest glaubte: «Die Idee des Sozialismus wird alle Stürme und Krisen siegreich überstehen.»

An den Realitäten gemessen, schien solche Überzeugung naiv. Ein Aufstand der Spartakisten im Januar 1919 in Berlin gegen die Regierung Ebert endete im Desaster. Rosa Luxemburg, die von der Weisheit dieses Kampfes keineswegs überzeugt war, und Karl Liebknecht wurden brutal ermordet. Ihre Mörder gehörten zu den sogenannten Freikorps, Freiwilligenverbände, die alle aufnahmen, die dieser Republik den Kampf geschworen hatten. Es waren Männerbünde, in denen ehemalige Berufssoldaten und Bürger, die sich nach dem Krieg nicht mehr in die zivile Ordnung fügen konnten, hemmungslos ihren Haß auf das «rote Gesindel» auslebten. Haus für Haus durchkämmten sie in Berlin die Bezirke, in denen die Spartakisten kämpften. Die Männer der Freikorps jagten die Aufständischen wie Tiere in die Hinterhöfe und erschossen sie dort in Gruppen zu 15 oder 20 Mann.

Eine Mehrheit in der SPD war bereit, den angeblichen Teufel mit Beelzebub auszutreiben. «Einer muß halt den Bluthund machen», sagte Gustav Noske, ein alter SPD-Kämpfer, der nicht zögerte, wenn einmal eine Entscheidung gefallen war. Und für ihn hieß die Entscheidung in diesem Winter 1919: gegen die radikalen linken Brüder und Schwestern, die ihre Utopien auch mit Gewalt durchsetzen wollten, ist jeder Verbündete recht. Männer wie Ebert und Noske waren eher bereit, den traditionellen Machteliten aus den Zeiten des Kaiserreiches – und Feinden der SPD – zu trauen, als den Abweichlern aus den eigenen Reihen. Bei den Funktionären der Partei war die Angst vor der Spontaneität der Massen und vor ungewohnten Situationen größer als die Risikofreude, die Chance zu einem wirklichen Neuanfang in Staat und Gesellschaft wenigstens auszuloten und Reformen zu wagen, statt bestehende Strukturen um jeden Preis zu bewahren. Man darf nicht die Augen verschließen vor dem Haß, mit dem die verschiedenen Lager der Arbeiterbewegung gleich zu Beginn der Republik einander tiefe Wunden schlugen. Die Spartakisten gingen mit ihren Waffen gegen Sozialisten vor, als sie das Regierungsviertel stürmten. Der sozialdemokratische «Vorwärts» schrieb nach dem Mord über Rosa Luxemburg und Karl Liebknecht: «Sie haben sich selbst bekannt als Bürgerkriegshetzer, als Proletariermörder, Brudermörder, und ewig muß ihnen das furchtbare Wort in den Ohren gellen: Unstet und flüchtig sollst du sein auf Erden.»

Die Art, wie Gustav Noske mit den Spartakisten fertig wurde, imponierte einem Mann, der aus ganz anderem Holz geschnitzt war. Als Noske während des Aufstands im Berliner Süden Quartier nahm und dann mit den kämpfenden Truppen in die Stadt marschierte, wich der Kapitänleutnant Wilhelm Canaris nicht von seiner Seite. Er hatte Noske schon in Kiel assistiert, wo der SPD-Mann beim Arbeiter- und Soldatenrat für Ordnung sorgte. Canaris war in einer großen Villa in Duisburg mit Kindermädchen, Gärtner und Chauffeur aufgewachsen und Marineoffizier geworden. Mit der Demokratie konnte er sich kein Leben vorstellen. Führernaturen faszinierten den zierlichen, nervösen Canaris ebenso wie das verschwörerhafte Tun der rechtsradikalen Freikorps, unter denen er bald viele Freunde gewann.

Den Gegnern der Republik blieb nicht verborgen, in welchem Dilemma die SPD aufgrund der Regierungsverantwortung steckte. Rücksichtslos versuchten sie, der Demokratie von Weimar den Todesstoß zu versetzen. Im März 1920 wurde wieder das Regierungsviertel gestürmt, diesmal von der rechtsradikalen Freiwilligenbrigade Ehrhardt, die Wolfgang Kapp zum Reichskanzler ausrief. Ewald von Kleist, auf seinem pommerschen Besitz gut unterrichtet, gehörte zu denen, die sofort auf Kapps Seite traten. Eigenmächtig ließ er den Landrat in die Kaserne sperren und übernahm selbst die Amtsgeschäfte. Es ist fast ein Wunder: Der Putsch von rechts scheiterte, obwohl die Regierung von Berlin nach Stuttgart flüchten mußte und die Reichswehr sich weigerte, gegen die Putschisten vorzugehen.

Es waren die Arbeiter, die sich in diesen Märztagen 1920 mit einem Generalstreik eindeutig hinter die Republik stellten und sie am Leben hielten. Doch als im Ruhrgebiet bewaffnete Arbeiter – nachdem Kapp aufgegeben hatte – den Streik für mehr Demokratie fortsetzten, ließen die regierenden Berliner Genossen die Reichswehr aufmarschieren und die Freikorps eingreifen. Es war ein ungleicher Kampf, und wieder wüteten jene mörderisch im Namen der Republik, die ihre ärgsten Feinde waren. Ein Freikorpssoldat, der im Ruhrkampf eingesetzt wurde, schrieb nach Hause: «Selbst die Verwundeten erschießen wir noch. Die Begeisterung ist großartig.» Ende März war alles vorbei. Unübersehbar waren die Menschenmassen, die den gefallenen Arbeitern in den Städten an der Ruhr das letzte Geleit gaben. Die meisten Toten erhielten ein Grab auf dem Ehrenfriedhof. Rote Fahnen mit Trauerflor ragten aus der Menge, der Arbeitersängerchor sang, Arbeiter schossen eine Ehrensalve über die Särge. Auch bürgerliche Beobachter konnten sich der Eindringlichkeit dieser Demonstrationen nicht entziehen. Von der Gewalt besiegt, zeigten die Arbeiter auf ihre Weise, daß der Kampf um mehr Gerechtigkeit und soziale Reformen nicht gegen die Republik gerichtet war, sondern geradezu ein Beweis für ihren Glauben an das Neue, das sich im November 1918 angekündigt hatte.

Im gleichen Jahr, 1920, zog sich die SPD aus der Regierung zurück und blieb bis 1928 in der Opposition. Sie verlor viele Wähler und kam nie mehr über 30 Prozent hinaus. Trotzdem war sie bis 1932 die stärkste Partei der Republik und konnte sich auf ihren Rückhalt in der Arbeiterschaft verlassen. Denn während die Bürger den Zerfall ihrer Welt und ihrer Werte beklagten und mit dem Untergang der alten Ordnung Halt und Hoffnung verloren hatten, retteten die Arbeiter ihr Milieu, ihre sozialen Strukturen und Tugenden in die neue Zeit. Sie waren fest in der Arbeiterkultur verankert, gleichgültig, ob sie rechte oder linke Sozialdemokraten waren, oder ob sie zur KPD gehörten, die seit 1920, als die USPD sich spaltete und ihre Mehrheit zur damals winzigen KPD überwechselte, eine Massenpartei geworden war.

Mit dem Augenblick der Geburt entschied sich, wer zur großen sozialistischen Gemeinschaft gehörte. Nicht Programme, nicht Rebellion gegen die Eltern, nicht grüblerisches Suchen machten damals den Sozialisten, sondern die Familie. Als der Bergmann Wilhelm Honecker Ende 1918 aus dem Krieg in seine

Heimatstadt Wiebelskirchen an der Saar zurückkam, hatte sein ältester Sohn Erich gerade die Hälfte des ersten Schuljahres hinter sich gebracht. Honecker, zusammen mit seiner Frau seit vielen Jahren in der SPD, trat nach seiner Heimkehr in die USPD über, weil er die Unterstützung der Kriegspolitik durch die SPD nie verstanden hatte. Viele Jahre später erinnerte sich Erich Honekker, der nach 1945 in der DDR Karriere machen würde, an diese Zeit: «Ab Ende 1918 trafen sich Kollegen und Freunde meines Vaters bei uns zu Hause in Wiebelskirchen. Er hatte nichts dagegen, wenn ich ins Zimmer kam, ich durfte nur nicht stören. Man diskutierte politische Themen, vor allem die Situation im Bergbau und in der Stahlindustrie ... An vielen Abenden hörten alle zu, wie mein Vater aus den Werken von Karl Marx, Friedrich Engels, Rosa Luxemburg und Karl Liebknecht vorlas. Natürlich verstand ich damals so gut wie gar nichts. Aber die Atmosphäre dieser Zusammenkünfte, das entschlossene Bemühen, Zusammenhänge zu verstehen, das Vertrauen untereinander, ihr Wunsch nach politischen Veränderungen und auch die Namen der großen Revolutionäre, deren Worte mein Vater vortrug, faszinierten mich und machten einen unauslöschlichen Eindruck auf mich.»

Im November 1918 erlebt der Sechsjährige, daß eine Gemeinschaft von Menschen – über die Familie hinaus – von einer Idee begeistert und fest zusammengehalten werden kann. Und in der Familie erfährt er, wie die Welt draußen beschaffen ist und wie man sie verstehen kann: «Mein Vater erklärte mir auf seine einfache Weise, warum die Reichen reich und die Armen arm sind; warum es Kriege gibt, wer von ihnen profitiert und wer unter ihnen leidet.» Der Rückblick des Erich Honecker ist kein verklärtes Kindheitsidyll und keine plumpe Propaganda. Es gibt zu viele ähnliche Erinnerungen von Männern und Frauen aus Arbeiterfamilien, die keinen Zweifel lassen: Es waren die Eltern, die ihren Kindern durch ihr Vorbild, durch eine sorgfältige und verantwortungsbewußte Erziehung ohne Zwang oder große Worte etwas mit auf den Weg gaben, das bei den meisten Heranwachsenden zur eisernen Ration wurde, zu einem Teil ihrer Persönlichkeit und ihres Lebens, dem sie treu blieben.

Auf drastische, aber ebenso selbstverständliche Weise erlebte in Augsburg der achtjährige Eugen Nerdinger, in was für einer Tradition er stand. Im Frühjahr 1919 zogen die Truppen, die die Münchner Räterepublik zusammengeschossen hatten, durch die Stadt und räumten dort gleich mit auf – wie sie es verstanden. Vater Nerdinger, Arbeiter und Sozialdemokrat, nahm seinen Sohn zum Anschauungsunterricht mit auf die Straße: «Bei diesem Stadtrundgang habe ich einen für mein ganzes Leben entscheidenden Eindruck erhalten... Ich sah die Kanonen, die von den Anlagen der Maria-Theresia-Schule aus gegen die Stadt, gegen das Rathaus gerichtet waren. Plötzlich bemerkte ich an einem Gully an der Volkhartstraße eine braune Blutlache. Ich fragte meinen Vater, was da geschehen sei, und er sagte: ‹Da werden's halt einen von uns erledigt haben!› Und ich habe mich dann in einer instinktiven Bewegung zum Gully niedergebeugt und meine Handfläche auf die Blutkrusten gepreßt. Noch heute fühle ich die Empfindung, die ich dabei hatte.» Die Worte der sozialistischen Theoretiker und die Erinnerung an sozialistische Traditionen wurden für die Kinder in den Arbeiterfamilien zu moralischen Wegweisern, zu Werten und allgemeinen Regeln, die das Leben in der Familie und weit darüber hinaus prägten.

Willi Bohn wurde 1900 in Gotha geboren. Seine Mutter kam aus einer Bauernfamilie, sein Vater baute Instrumente und war in der SPD aktiv. «In unserem Elternhaus, da stand die Losung meines Lebens angeschrieben. Wo wir wohnten, da gab's noch kein Gas und kein elektrisches Licht, das Wasser mußte aus dem Keller herauf in den dritten Stock geholt werden. Und in unserer Wohnküche war ein großer Handtuchhalter mit einem Überhandtuch, auf dem stand: ‹Edel sei der Mensch, hilfreich und gut!›» Was wie eine Phrase fürs Poesiealbum klingt, war für Willi und seinesgleichen eine Aufforderung, nach der man handelte. Willi Bohns Vater starb früh. Doch die Arbeitskollegen sammelten über Jahre an jedem Weihnachtsfest, damit die Familie keine Not litt und der Junge eine bessere Schule besuchen konnte. Sozialistische Moral im besten Sinn war handfeste, praktizierte Humanität.

Als die Väter 1914 in den Krieg ziehen mußten, wurden die Mütter zu Alleinerziehenden. Nicht selten waren sie berufstätig und versuchten, allen Anforderungen gerecht zu werden. Elisabeth Ostermeier war ein Jahr alt, als ihr Vater eingezogen wurde: «Meine Mutter mußte damals als Gleisarbeiterin bei der Eisenbahn arbeiten. Trotzdem habe ich nur gute Erinnerungen an meine Kindheit... So weit ich mich zurückerinnern kann, war unsere Mutter immer für uns da, immer zugänglich und ausgeglichen. Ja, ich kann wohl sagen, daß ich als Kind umsorgt wurde.» Die Mutter stand 1917 als «Aufrührerin» vor Gericht, weil sie die Arbeiterinnen einer Schuhfabrik in Harburg bei Hamburg dazu angestiftet hatte, mehr Lohn zu fordern. Für die Kinder bedeutete das ganz und gar keine Schande, sondern die Konsequenz dessen, wofür ihre Eltern eintraten: «Daß mein Vater aktiver Sozialdemokrat war – wie eigentlich alle Väter aus unserem Freundeskreis –, war für uns Kinder so selbstverständlich, daß wir nie darüber gesprochen haben. Offenbar hatte das ja auch seine Ordnung; Lebenshaltung und Vorbild unserer Eltern ließen keinen Zweifel daran aufkommen.»

Keinen Zweifel gab es auch über die Mittel, mit denen ein Arbeiter im Leben etwas werden und die Gesellschaft insgesamt verändern konnte. Elisabeth Ostermeier: «Wir wurden zu dem Bewußtsein erzogen, daß Wissen und Argumente im Leben ausschlaggebend sind und daß Gewalt keine geistige Auseinandersetzung ersetzen kann, also unangebracht und dumm ist. Ein schlichtes Konzept – aber ungeheuer eindringlich. Ein roter Faden für das ganze Leben.» Bildung: Sie war für Arbeiterkinder der Schlüssel zum Erfolg, zu qualifizierteren Berufen, zu besserem Verdienst, um den meist elenden Wohnverhältnissen zu entkommen. Aber sie bedeutete für die Arbeiterfamilie noch mehr. Mindestens so intensiv wie die bürgerliche Klasse hatten die Proletarier die Ideale der Aufklärung aufgenommen. Wissen sollte nicht nur die Verbesserung materieller Verhältnisse bringen, sondern die volle Entfaltung des Menschen. Der neue, der bessere Mensch, an den sie glaubten, für dessen Reich der Freiheit sie kämpften, kannte seinen Schiller, seinen Goethe. Er war unersättlich in seinem Hunger nach Information und seinem Wunsch nach Erkenntnis. Der Sozialismus erklärte die Welt und deckte die Gesetze auf, nach denen die Geschichte ablief.

Bildung ist Macht: Die Arbeiter nahmen die Devise der bürgerlichen Welt ernst. Und weil die Bürger ihre Bildungsprivilegien teuer zu Markte trugen, schufen sich die Arbeiter ihre eigenen Institutionen. (Sie konnten kein Schulgeld zahlen, sich kein Studium und keine Referendarzeit leisten, in der man nichts verdiente.) So hart die Arbeit auch war und so lang der Arbeitstag, am Abend wurde weitergelernt. Dann wurden die Bücher aus dem Schrank geholt, die man über die «Büchergilde Gutenberg» oder den «Bücherkreis» besorgt hatte. Dann ging man zu Vorträgen, die der Ortsverein organisierte. Die Gegenwelt der Arbeiter hatte sich zu Kaisers Zeiten entwickelt, als die Sozialisten per Gesetz verfolgt wurden. Damals machte man die Erfahrung: Wissen ist ein Schatz, den niemand fortnehmen kann und mit dem sich die Welt verändern läßt. Das war die Botschaft, die die Eltern an ihre Kinder weitergaben. Und sie hatte trotz Krieg und Zusammenbruch der alten Ordnungen für die Arbeiter nichts von ihrer Glaubwürdigkeit und Faszination verloren.

Die Kinder und Enkel nahmen in den zwanziger Jahren das Erbe der Arbeiterbewegung mit Begeisterung auf: «Wir hatten starke Bildungsinteressen, geistige Bedürfnisse, die zu stillen uns die uns umgebende Welt verwehrte. Darum hatten wir ein System der Schulung entwickelt. Wir haben Vorträge von Genossen gehört, die meist Lehrer waren; wir haben die Bindung an die Tradition der Arbeiterbewegung und ihrer Geschichte gesucht, Sprach- und andere Kurse an der Volkshochschule belegt und uns um

Verständnis für Kunst und Kultur bemüht.» So Eugen Nerdinger, der die Blutlache eines erschossenen Arbeiters in Augsburgs Straßen nicht vergessen konnte. Wie alle Arbeiterkinder verbrachte er seine Freizeit mit seinesgleichen: im Arbeitersportverein, beim Arbeitersängerbund und vor allem in der SAJ, der Sozialistischen Arbeiterjugend.

Das Gemeinschaftsgefühl in einer Gruppe außerhalb der Familie begann für die Arbeiterkinder bei den «Kinderfreunden». Ursprünglich als Elternorganisation gegründet, die Ausflüge und Spielnachmittage für Kinder durchführte, entwickelte sich daraus eine Institution, in der Kinder ihre Freizeit selbst organisieren konnten und sich ihre eigene Ordnung gaben. Ältere Kinder, die meist den «Roten Falken» angehörten, gaben den Ton an. Leitbild war die sozialistische Erziehung, die bei den «Roten Falken» in neun Geboten zusammengefaßt war. Unter anderem hieß es: «Wir bekennen uns zur Arbeiterklasse und treten für sie ein... Wir sind hilfsbereit... Wir schützen die Natur und achten alles, was zum Nutzen der Gesellschaft geschaffen wird... Wir meiden und bekämpfen den Alkohol- und Nikotingenuß... Wir halten uns sauber und gesund.»

Mary Fried, 1906 in eine Münchner Arbeiterfamilie geboren, verbrachte Anfang der zwanziger Jahre ihre Freizeit bei den «Kinderfreunden»: «Wir haben mit den Kindern, fast alles Arbeiterkinder, Ausflüge gemacht oder auch Lesenachmittage... Wir hatten einen wunderbaren Kontakt zu unseren Kindern, dabei waren wir ja auch nicht älter als 17, 18... Wir waren Helfer, keine Funktionäre. Wir waren keine Autoritätspersonen, im Gegenteil, wir haben oft heftig diskutiert mit den Jugendlichen.» Solche Freizeit war Einübung in die Solidargemeinschaft, als die sich die Arbeiterklasse verstand: Edel sei der Mensch, hilfreich und gut; eine Gemeinschaft, die unter sich blieb. Die Gesellschaft war in eine bürgerliche und eine proletarische Kultur gespalten. Ob Sportler oder Sänger, Jäger oder Kraftfahrer, Schach- oder Freidenkerenthusiast – die Arbeiter hatten für alles ihre eigenen Vereine. Die

Kneipen und Gaststätten, in denen man sich abends traf, waren fest in sozialistischer Hand.

Die Arbeiterkultur beeinflußte wesentliche Entwicklungen in der Pädagogik und den freien, weltlichen Schulen. Dort gab es für alle eine Chance, an offener Bildung und solidarischer Moral teilzuhaben. Elisabeth Ostermeier, aus der Arbeiterfamilie in Harburg, südlich von Hamburg, hat davon profitiert – zumindest eine Zeitlang: «Meine Eltern haben auch versucht, uns allen dreien so viel Wissen mitzugeben, wie sie nur irgendwie selbst vermitteln oder bezahlen konnten. Der Besuch einer höheren Schule kostete damals ja noch Geld. Wir Mädchen kamen zunächst genauso wie der Sohn auf die Mittelschule. Uns mußten die Eltern aber bald schweren Herzens wieder runternehmen... Nur für den Sohn war es nach aller Voraussicht unbedingt nötig, daß er einen guten Beruf ergreifen und eine Familie ernähren konnte... Ich hatte dann das Glück, auf die Freie Weltliche Schule in Harburg zu kommen. Sie entstand durch Zusammenarbeit von Lehrern und Eltern mit dem Ziel, Arbeiterkindern bessere Bildung zu vermitteln. Die Gründer waren Sozialdemokraten. Mein Vater war im Vorstand dieser Schule, in der das Wissen nicht autoritär eingepaukt wurde.» Diese Schulen versuchten, die Isolierung des einzelnen aufzuheben: «Die Schule hatte sogar ein Schullandheim, wo die Eltern mitarbeiteten. Hier haben wir Kinder gelernt, in einer Gemeinschaft eigene Wünsche auch mal zurückzustellen, mehr in größerer Verantwortlichkeit, für andere mitzudenken.» Nahtlos wuchs Elisabeth Ostermeier in andere Gemeinschaften hinein: «Ähnlich waren die Ziele der Kinderfreunde, denen ich seit meinem zwölften Lebensjahr angehörte, und später der Arbeiterjugend, in die ich selbstverständlich wie andere Jugendliche, mit denen ich vertraut war, hineinkam.»

Arbeiterkinder waren stolz auf ihre Herkunft. Denn es gab ja einen Ort, wo die Welt mit ihren Ungerechtigkeiten erklärt und das proletarische Rückgrat gestärkt wurde. Auch für Erich Honecker in Wiebelskirchen oder Mary Fried in München gilt, woran sich Elisabeth Ostermeier erinnert: «In unserer Familie waren politische Gespräche so selbstverständlich, daß wir als Kinder nicht auf die Idee gekommen sind, das könnte woanders nicht so sein. Mir ist auch sehr früh – ich denke so mit zwölf Jahren – bewußt geworden, um was es meinen Eltern und den anderen Erwachsenen, die wir kannten, ging: Sie wollten die Lebensbedingungen der arbeitenden Bevölkerung verbessern ... Ich hole so weit aus, um klarzumachen, was für mich meine Familie bedeutete – und der gleichgesinnte Kreis, der sie umschloß: Eine Insel von Redlichkeit und Anständigkeit...»

Nach der Familie wurden die Jugendorganisationen der Arbeiterparteien den Arbeiterkindern zur zweiten Heimat. Eugen Nerdinger trat 1923 in Augsburg in die Sozialistische Arbeiterjugend (SAJ) ein: «Ich habe in der SAJ Heimat gefunden – sie war mir mehr als Familie in den folgenden Jahren. Die SAJ war Teil jener sozialistischen Gegenwelt, welche die Arbeiterbewegung gegen die sie umgebende bürgerliche Welt aufrichtete. Mehr als die Partei machte sie schon damals den Versuch, einen sozialistischen Lebensstil zu entwickeln und vorzuleben.» Käthe Jacob, ein Kölner Arbeitermädchen, schloß sich mit Gleichgesinnten zur Florian-Geyer-Gruppe zusammen, weil ihnen die traditionellen sozialistischen Jugendgruppen zu wenig aufmüpfig waren: «Wir hatten unsere Probleme, auch manches Persönliche. Aber was ein junger Mensch braucht und sucht, das gab mir unsere Gemeinschaft: Kameradschaft, Kennenlernen von Schönem, Freude am Schönen, politische Diskussionen.» Es war ein optimistisches Weltbild, das die Arbeiterkinder in dieser prägenden Phase ihres Lebens entwickelten, das ihnen Schwung und Hoffnung gab und den Glauben, die Welt auf friedlichem Wege schöner und lebenswerter für alle zu machen. Käthe Jacob vergaß nicht, was sie von einer kommunistischen Lehrerin in einem Vortrag hörte: «‹Wir wollen nicht nur Wein trinken, wir wollen ihn auch aus schönen Gläsern trinken.› Sie hatte damit ein Wort ausgesprochen, das auf mich hätte zugeschnitten sein können. Die Erkenntnis, daß die

Probleme des Kättchen us der Kasparstroß, die Probleme der meisten Arbeiterkinder, daß sie erklärbar und überwindbar sind – bestimmt zu einem großen Teil, ließ mich Kommunistin werden.»

Gertrud Mayer, die aus einer Hamburger Arbeiterfamilie kam, ging ebenfalls in die Kommunistische Partei. Es war ein Entschluß, der das Leben bestimmte und auch so verstanden wurde, Verheißung und Verpflichtung zugleich: «Und ich erinnere mich noch gut, was ich damals machte, weil ich wußte, an dem Tag gab es das Parteibuch. Ich habe mich schön gemacht, habe mein bestes Kleid angezogen, mir die Haare hübsch gemacht und alles so richtig zurecht gemacht. Ich weiß, daß ich ungeheuer stolz war, als ich das Buch bekam, und ein ähnliches Gefühl hatte, nur war das sehr viel intensiver, wie damals, als ich in die Jugendbewegung eintrat: so, nun bin ich zu Hause, also das Gefühl der persönlichen Verbundenheit mit der Partei. Ich habe mich einfach ein Stück größer gefühlt.»

An ihrer Treue zum sozialistischen Erbe gab es keine Zweifel, aber nicht wenigen Arbeiterkindern war die SPD zu träge, zu sehr eine Partei der Alten geworden. Die meisten Funktionäre und Politiker schreckten vor grundlegenden Reformen zurück, weil sie zu Kaisers Zeiten so am besten gefahren waren. Auch der Statistik nach wurde die Partei in der Republik zusehends älter. Waren 1907 rund 75 Prozent aller Mitglieder in der SPD unter 40 Jahren, so sank ihr Anteil am Ende der zwanziger Jahre auf gerade 44 Prozent. Das Durchschnittsalter der SPD-Fraktion im Weimarer Reichstag betrug 50 bis 55 Jahre, 1890 waren es knapp 40 Jahre gewesen. Einer wie Julius Leber, Jahrgang 1891, Redakteur am sozialdemokratischen «Lübecker Volksboten», galt den Genossen als jugendlicher Heißsporn. Leber, studierter Volkswirt, aus einfachsten Verhältnissen aus dem Elsaß stammend, nannte die bürgerliche Gesellschaft «ebenso denkfaul wie gefräßig» und forderte 1923 im Lübecker Wahlkampf von seiner Partei einen «Kampf ... bis dem reaktionären Senat das Genick gebrochen» sei. Doch viele Wähler, die bis dahin in Lübeck SPD gewählt hatten, schreckten solche Töne ab. Grund genug für die Partei, wieder leiser zu treten. Der Jugend allerdings gefiel solche Kompromißbereitschaft nicht, sie wanderte weiter nach links.

Nicht nur die Arbeiterjugend faszinierte die Kompromißlosigkeit der Kommunisten. Töchter und Söhne aus bürgerlichem Hause, die 1918 als verdienten Zusammenbruch der bürgerlichen Welt begriffen, wurden angezogen von einem Kontrastprogramm, das die brüchigen Werte der Väter entlarvte und ganz neue Möglichkeiten aufzeigte: «Ich war neunzehn Jahre alt, und alles war mir klar... Alles war festgestellt, alles war beschrieben. Man brauchte nur richtig bei Marx, Engels und Lenin nachzulesen und diese Anleitung zum Handeln sinngemäß schöpferisch anzuwenden und weiterzuentwickeln... Unser Leitbild, unser Enthusiasmus, das hohe Gefühl, teilzuhaben an der solidarischen Gemeinschaft der internationalen revolutionären Arbeiterbewegung, hob uns aus dem grauen Alltag, erfüllte uns ganz und gar.» So empfand Heinz Brandt, Bürgersohn aus Berlin, den Umbruch der Zeiten. Sein Leitbild war Rußland und die Große Revolution, die in einer gewaltigen Anstrengung den Weg frei gemacht hatte für einen Neuanfang ohnegleichen, eine sozialistische Gemeinschaft, in der sich der neue Mensch verwirklichen würde. Rot war die Farbe der Zukunft, mochte der Alltag noch so grau sein. Es war ein Traum, der die Kinder der Arbeiter und einige wenige Bürgerkinder verband, mochten die Realitäten ihm auch noch so sehr entgegenstehen: der Traum von einer klassenlosen Gesellschaft; die Vision vom Ende aller Unterdrückung und Kriege und vom Beginn einer humanen, gerechten Gesellschaft.

Wer solche Träume als naive Wunschvorstellungen belächelt, übersieht die Wurzeln, aus denen sie stammten. Da war eine verbitterte, geschlagene Gesellschaft, an Demokratie und Selbstverantwortung nicht gewöhnt, die sich in den neuen republikanischen Formen nicht zurechtfand, sie in großen Teilen ablehnte. Es gab viel zu wenig Arbeit in Deutschland, die traditionelle wurde durch neue Techniken wegrationalisiert. Der Geldwert sank ins Bodenlose. Arbeitslose standen Schlange vor den öffentlichen Wärmehallen und Suppenküchen, saßen in den Parks und Anlagen, um das Elend zu Hause nicht ansehen zu müssen. Die zwanziger Jahre waren so golden nicht, mochte auch in der Metropole Berlin das Leben wild und gierig sein Recht verlangen und eine Avantgarde aus Dichtern, Dramatikern, Schauspielern und Malern die Spießbürger schockieren. Der Alltag sah anders aus. Rund eine Million Frauen entschieden sich pro Jahr für eine lebensgefährliche Abtreibung. Von ihnen starben jährlich 40000, die sich Kurpfuschern und Engelmacherinnen ausliefern mußten. Eine Million Menschen erkrankte pro Jahr an Tuberkulose, zehntausend starben daran, weil sie weder Sonne und Luft, noch winters Wärme in ihren Wohnungen hatten; weil sie nicht satt wurden und sich Arzt und Medikamente nicht leisten konnten. Ein Berliner Arzt schildert 1927 die Situation: «Noch nicht ⅕ der Bevölkerung wohnt in einigermaßen menschenwürdigen Verhältnissen... Schlechte Luft, Geruch von Speiseresten und schmutziger Wäsche, Tabaksqualm, eine dauernde Unruhe im Hause und in der Wohnung, die Anwesenheit von vielen Menschen in einer Wohnstube, in der jeder dem anderen im Wege ist, gestaltet das Wohnen, die Gemeinschaft, die Familie zu einer unerträglichen Hölle.»

Der Medizinstudent Georg Benjamin zog 1920 aus der elterlichen Villa in Berlin-Grunewald aus und nahm sich im proletarischen Osten der Stadt ein möbliertes Zimmer. Ende 1922, nach erfolgreichem Studium, wurde Benjamin Mitglied der KPD und arbeitete aktiv im «Verein sozialistischer Ärzte» mit. Eine kleine Schar: Von den rund 50000 Ärzten, die in den zwanziger Jahren ihren Beruf ausübten, waren 45000 in konservativen Standesorganisationen organisiert. Die meisten Mediziner hielten es mit ihrem Kollegen Rudolf Degkwitz. Der Kinderarzt schloß sich 1919 einem Freikorps an und machte 1923 in München beim mißglückten Hitler-Putsch mit.

Auch die bürgerliche Jugend verlangte nach Änderungen, ließ sich anstecken von einer unruhigen Erwartung auf etwas Neues. Doch dieses Neue lag für die meisten in den Entwürfen der Vergangenheit und in den Traditionen einer bürgerlichen Protestbewegung, die schon zu Kaisers Zeiten gegen die Welt der Väter rebelliert hatte, ohne die Kluft zur Welt der Arbeiter zu schließen. Der «Wandervogel», so alt wie das Jahrhundert, predigte in der Republik eine Werteskala, bei der Nation und Volkstum oberste Priorität hatten. In jugendbewegten Kreisen entstand die Jugendmusikbewegung, die das Volkslied wiederentdeckte. Es sollte nicht nur ein romantischer Ausklang am abendlichen Lagerfeuer sein, sondern die Jugend zur Gemeinschaft des Volkes zurückführen. Was auf dem Weg dorthin noch fehlte, drückte sich 1924 im Weihelied der Finkensteiner Singbewegung aus:

«Wir heben unsre Hände
Aus tiefer bittrer Not,
Herrgott, den Führer sende,
Der unsern Kummer wende
Mit mächtigem Gebot.»

Immerhin gab es einige Gruppierungen in der Wandervogel-Bewegung, die Raum für republikanische Gesinnung und antiautoritäre Ideale ließen. Stärker allerdings wurde in den zwanziger Jahren die «Bündische Jugend», die die Freiheit des einzelnen rigoros dem Dienst am Ganzen unterordnete. Andere Gruppen schlossen sich in der «Deutschen Freischar» zusammen. Dort träumte man vom «Neuen Reich» und praktizierte eine strenge Führer-Hierarchie. Trotzdem fanden Sozialdemokraten hier Aufnahme, weshalb die «Freischar» von rechtsaußen als «liberalistisch» beschimpft wurde, obwohl auch sie der Jugend Ehre und Treue, Blut und Boden und die Volksgemeinschaft als höchste Werte einhämmerte.

Die Jugendbewegung war eine Domäne der bürgerlichen Welt.

Nur selten schlossen sich ihr Arbeiterkinder an. Auch der adlige Nachwuchs verkehrte nicht in diesen Bünden. Es war ungewöhnlich, daß der Gymnasiast Claus von Stauffenberg sich in Stuttgart der Gruppe der «Neupfadfinder» anschloß. Er war ein junger Mann auf der Suche nach seiner Rolle in einer Gesellschaft, die die alten, angeborenen Privilegien nicht mehr anerkannte. Stauffenberg träumte von einer Welt, die ihm, dem Sproß aus altem schwäbischem Adel, neue Aufgaben und Verpflichtungen ermöglichte. Er war überzeugt, daß eine Elite – in Verantwortung gegenüber dem Ganzen – führen müsse und daß sein Platz bei den wenigen Führenden sei. 1923 dichtete der Sechzehnjährige:

«Ich wühle gern in alter helden sagen
Und fühle mich verwandt so hehrem tun
und ruhmgekröntem blute...

Nur kleine schar ist zu der sicht berufen...
So ist in mir zu herrschen dunkles wissen
Und jugend künftig kraft und größe ahnend.»

Im gleichen Jahr lernte Stauffenberg den Dichter Stefan George kennen und wurde in dessen Kreis aufgenommen. Der 55jährige George war das Idol einer Jugend, die in ihm den Künder und Propheten eines «Neuen Reiches» sah. Ein Reich sollte es sein, in dem die Dichter Könige waren und sich am Geschäft der Politik nicht die Hände schmutzig machten. Deutschland war nach George dazu ausersehen, solche Visionen in einer «nationalen Wiedergeburt» zu verwirklichen. Die Demokratie wurde in diesem Kreis verachtet, denn sie bedeutete Herrschaft der vielen. Sie war eine Ausgeburt des technischen Zeitalters. George predigte die Rückkehr zum Boden, die Heimkehr zum einfachen, ländlichen Leben. Der Prophet vermied politische Stellungnahmen. Das war unter seiner Würde. Eine «neue Gesinnung» wollte er erwachen lassen. Und am Anfang dieser neuen Zeit sollte ein

Kreis von Jüngern stehen, die der Meister um sich sammelte.

Im Unterschied zu manchem anderen Jünger war Claus von Stauffenberg kein sklavischer Verehrer des Meisters. Doch Georges Einfluß hat er nie geleugnet. Alexander von Stauffenberg, der Bruder, erinnert sich: «Die ersten Jahre, die wir, meine Brüder und ich, mit den Freunden im Umkreis des Dichters verbrachten ... waren in seinem Anhauch tief in Glück getaucht und erweckten ein unerhörtes, nie wieder empfundenes Lebensgefühl.» Zu diesem Lebensgefühl gehörte die romantische Verklärung des Landes, in das man geboren war, seiner Berge, seiner Wälder. Ein Jahr vor dem Abitur, 1925, verläßt Stauffenberg zu früher Morgenstunde mit einem Freund das väterliche Schloß. Von einem Fels der schwäbischen Alb schweift der Blick weit ins Tal. Der Freund erinnert sich: «Wir sprachen von der Zukunft, von dem schmerzensreichen Werden eines neuen Deutschland, von Aufgaben des Staates, den Möglichkeiten, in ihm zu wirken, von Berufswünschen und Hoffnungen.» Claus von Stauffenberg, stets ein wenig kränklich, künstlerisch veranlagt, ein guter Cellospieler, entscheidet sich nach dem Abitur zum Erstaunen seiner Freunde für die Reichswehr, um Berufssoldat zu werden.

Das demokratische Deutschland hatte nach 1918 genug zu tun, um die Gegenwart zu überleben, um sich der Feinde zu erwehren, die nicht müde wurden, die Republik in den Abgrund zu reißen. Harry Graf Kessler, der «rote Graf» genannt, überzeugter Pazifist und Demokrat, schreibt am 25. Juni 1922, es ist ein Sonntag, in sein Tagebuch: «Vormittags Massendemonstration im Lustgarten. Über zweihunderttausend Menschen; ein Meer von Menschen, über dem zahlreiche rote und schwarzrotgoldene Fahnen wehten.» Die Berliner, die an diesem Tag demonstrieren, geben ihrer Wut und Empörung über die Ermordung von Außenminister Walther Rathenau durch ein rechtsradikales Mordkommando Ausdruck. Wer diesen Mann der Republik, der für eine realistische deutsche Politik stand, auf dem Gewissen hatte, sagt mit seltener Deutlichkeit am Mittag des gleichen Tages der

Reichskanzler Josef Wirth von der katholischen Zentrumspartei im deutschen Reichstag.

Graf Kessler ist auch dort anwesend und notiert über Wirths Rede: «Und dann begann er, während sich das Haus füllte, mit warmen Worten des Nachrufs und der Trauer über Rathenau und stieg dann auf zu einer Rede, die um so gewaltiger wirkte, je ungezwungener und unvorbereiteter sie schien. Schließlich hatte er drei Fünftel des dichtgefüllten Hauses auf den Beinen und gegen die Rechte gewendet, die blaß und schweigend dasaß wie auf einer Angeklagtenbank.» Wirth, ein moderater Zentrumspolitiker, sagte an diesem Sonntag im Sommer 1922 im Reichstag mit Blick auf die rechte Seite des Hohen Hauses: «Da steht der Feind, der sein Gift in die Wunden eines Volkes träufelt. Da steht der Feind – und darüber ist kein Zweifel: dieser Feind steht rechts.» Die Massen im Berliner Lustgarten verführen Graf Kessler zu einer optimistischen Analyse über den Zustand der deutschen Demokratie: «Die Erbitterung gegen die Mörder Rathenaus ist tief und echt, ebenso der feste Wille zur Republik, der viel tiefer sitzt als der vorkriegsmonarchische Patriotismus.»

Am 27. Juni war Rathenaus Begräbnis, die Regierung hatte Staatstrauer angeordnet. Wie an anderen Orten hatte in Heidelberg die Universität an diesem Vormittag geschlossen und verfügt, daß auf sämtlichen Haupt- und Nebengebäuden die schwarzrotgoldene Fahne der Republik auf Halbmast gesetzt werde. Bürger und Arbeiter formierten sich zu einem Trauerzug, um am Ehrenmal der Stadt für den Ermordeten einen Kranz niederzulegen. Carl Zuckmayer und Carlo Mierendorff, der vier Jahre zuvor das rebellische «Tribunal» gegründet hatte, waren als Studenten unter den Trauernden. Da sprach sich herum, daß Philipp Lenard, Professor und radikaler Nationalist, in seinem physikalischen Institut nicht geflaggt habe und nicht die Arbeitsruhe einhalte. Wegen eines toten Juden, so sein Kommentar, lasse er seine Studenten nicht müßig gehen.

Mierendorff machte auf der Stelle kehrt, ging mit einem Trupp

Arbeiter ins Institut und nahm den Professor im Namen der Republik für einige Stunden fest, ohne ihm ein Haar zu krümmen. Carl Zuckmayer schreibt in seinen Erinnerungen: «Am Abend des Trauertages traf sich unser Freundeskreis im Goldenen Hecht. Wir wollten Carlos Mut und Tatkraft feiern, aber wir waren eher bedrückt als festlich gestimmt. Draußen zogen Trupps von Burschenschaften und anderen Randaleuren herum – zum erstenmal hörten wir jene Sprechchöre, von denen später, als Hitlers braune Banden die nationale Erhebung inszenierten, die deutschen Städte widerhallten: ‹Verreckt ist Walther Rathenau, / Die gottverdammte Judensau!› Wir saßen zusammen – ein kleiner, ernst entschlossener Kreis. Wir hörten die Stimmen der Mörder.»

Die große Mehrheit der bürgerlichen Studenten und Professoren sah ihre Privilegien und ihre Elitestellung von der demokratischen Verfassung bedroht, obwohl es gerade zwei Prozent aller Arbeiterkinder waren, denen der Aufstieg zum Studium gelang. Die Studenten scharrten unwillig mit den Füßen, als Thomas Mann 1922 zu Gerhart Hauptmanns 60. Geburtstag in der Frankfurter Universität versuchte, sie für die Republik zu gewinnen. «Jugend und Bürgertum», rief der Dichter den Studenten zu, «euer Widerstand gegen die Republik, die Demokratie ist wortscheu ... Die Republik – als ob das nicht immer noch Deutschland wäre! Die Demokratie – als ob das nicht heimlichere Heimat sein könnte als irgendein strahlendes, rasselndes, fuchtelndes Empire!» Thomas Mann predigte tauben Ohren – nicht nur bei der akademischen Jugend. Als unpolitisch stellten sich die deutschen Professoren gerne dar; und hatten doch 1921 demonstrativ den Gründungstag des deutschen Kaiserreiches von 1871 zum festlichen «akademischen Tag» erklärt.

Als die Universität München 1923 diesen Reichsgründungstag feierte, nannte ihr Rektor Georg Pfeilschifter, Professor für katholische Theologie, drei Grundsätze unumgänglich für das Wohl des Staates: «Christlich muß das Reich sein! Unser Volk hat sich versündigt an seiner gottgewollten Bestimmung, als es die Waffen weggeworfen hat!... Fort mit der Schande des Völkerbundes! Wir brauchen einen großen Siegfried, aber er darf nicht zu lange säumen. Der zweite Eckstein muß Macht heißen... Auf dem dritten Eckstein unseres Reiches steht schwarz-weiß-rot geschrieben: Deutsch muß er sein! In mühevoller Arbeit müssen wir das Volk erziehen für den Staat, den nationalen Stolz, den nationalen Opfersinn!» Der Theologe aus München war kein Einzelgänger. In Erlangen verkündete aus gleichem Anlaß 1928 der Historiker Adolf Schulten: «Der Held ist etwas Wunderbares, das wir nie verstehen werden, etwas Göttliches. Um so mehr wollen wir den Helden verehren, uns an seinem Werk erbauen und auf einen neuen Helden hoffen.»

Im Februar 1926 hatten neun Berliner Hochschullehrer ihre Kollegen aus ganz Deutschland zu einer Tagung nach Weimar eingeladen. In ihrem Einladungsbrief stand: «Allzu stark haben sich die Stimmungen des Mißtrauens und der inneren Abneigung gegen die Neuordnung unseres Staatslebens in den Kreisen der Hochschullehrer festgesetzt.» Um der antidemokratischen Gesinnung entgegenzuwirken, sollte ein Kreis verfassungstreuer Akademiker gegründet werden. Knapp siebzig Professoren erschienen. Ein zweites Mal trafen sich die demokratischen Professoren noch 1927. Dann starb der Versuch wegen Desinteresse. Den Ton an den Universitäten gaben andere an. Das bekam der Jurastudent Klaus Bonhoeffer zu spüren, der wenige Wochen vor dem Rathenau-Mord seinem Freund Hans von Dohnanyi über seine Mitstudenten schrieb: «Ich habe sie jetzt in politischer Hinsicht kennengelernt, aber wenn ich daran denke, habe ich Brechgefühle... Neulich war eine Versammlung, da sprach Prof. Goetz-Leipzig, über ‹Der Student und die neue Zeit› in sehr feiner Art, völlig frei von persönlichen oder parteipolitischen Animositäten, aber auf demokratischer Grundlage. Da haben die Studenten gegrölt, gescharrt und ihn persönlich angepöbelt... Hans, denk doch, daß wir es mit den Brüdern später zu tun haben werden.»

Studentischen Alltag beim Corps Saxonia schildert der Jurastudent Adam von Trott zu Solz 1927 in einem Brief an seine Eltern: «Am Sonnabend war ‹Landwehr›, also erster ordentlicher Mensurtag, wo das Blut in Strömen floß. ... Ich betrachte das Fechten als die Grundlage und das Hauptpositivum des Corpsstudenten, weil es sich da wirklich zeigt, ob man sich zusammenreißen kann. – An das Trinken, das schlimmer aussieht, wie es ist, habe ich mich schon ziemlich gewöhnt.» Das Corps Saxonia gehörte zum Hochschulring Deutscher Art, in dem sich fast alle studentischen Verbindungen zusammengefunden hatten. Sein politisches Ziel war eine «über die jetzigen Grenzen hinausreichende wahrhaft deutsche Volksgemeinschaft». Einer der Mitbegründer des «Hochschulrings» war Caesar von Hofacker, ein Vetter des Claus von Stauffenberg. In der Grazer Universität, wo er einen österreichischen Ableger des «Hochschulrings» aufbaute, hatte Hofacker 1921 eine zweistündige Rede vor Dozenten und Studenten gehalten: «Weil der deutsche Hochschulring grundsätzlich die wahre Volksgemeinschaft als sein höchstes Ziel hinstellt, deswegen lehnt er auch jene Formaldemokratie, in der der einzelne nur als Stimme innerhalb der Masse zählt und alles politische Geschehen von dem Zustandekommen einer zahlenmäßigen Mehrheit abhängt, als dem innersten Wesen der Volksgemeinschaft widersprechend ab und bekennt sich zu der aristokratischen Auffassung, in dem Bewußtsein, daß ein wahrer Führer nicht durch Stimmenzählung gewählt werden kann, sondern immer aus dem Volk herauswachsen wird, wenn er mit ihm wurzelfest verbunden ist.» Der Jurastudent Hofacker sagte auch: «Was unsere Stellung zum Judentum anbelangt, weshalb wir rücksichtslos jeden Juden und Judensprößling aus unserer Bewegung ausschließen, das, glaube ich, ist so sonnenklar, daß es geradezu paradox wäre, in diesem Kreis auch nur ein Wort darüber zu verlieren.»

Alexander Mitscherlich studierte damals in München Geschichte. Er hatte gleich nach dem Krieg aus Sympathie mit den radikalen antidemokratischen Männerbünden einen ausführlichen Briefwechsel mit einem Freikorpsführer begonnen. In seiner Autobiographie schreibt Mitscherlich nach 1945 über die deutschen Studenten der Weimarer Republik, «daß ihre Hauptbeschäftigung in der gemeinsamen Entwicklung eines neurotischen Verhaltens bestand, in welchem Realitätsverleugnung, kollektive Omnipotenzphantasien, verdrängte depressive Trauerreaktionen hervorstechend waren». Die Trauer hing mit der Einstellung zum neuen Staat zusammen und der Fixierung auf das Vergangene: «Wir konnten ihn nicht realistisch als Beginn einer demokratischen Staatsbildung und als die Konsequenz eines von uns verlorenen Krieges begreifen. Für die tragenden Schichten blieben die Deutschen entgegen der nachprüfbaren Realität ‹im Felde unbesiegt›. Diese Auffassung war auch die meines Elternhauses. Niemand hielt mich zu der Identifikation mit dieser neuen Republik an. Nicht nur Nichtidentifikation, sondern Haß und Dolchstoßphantasien verstellten die Einsicht in die faktische Realität. Als ob die junge Republik und nicht das Wilhelminische Reich den Krieg begonnen und vor allem verloren hätte.»

Sozialistisch gesinnte Studenten standen überall auf verlorenem Posten. Als Maria Grollmuß 1920 in Leipzig mit 24 Jahren ein Studium begann, um Lehrerin zu werden, hatte der Sozialistische Studentenbund dort gerade zwei Dutzend Mitglieder. Die Studentin kam aus einem gutbürgerlichen Elternhaus, erzogen nach den Idealen des Kaiserreiches. Jetzt arbeitete sie aktiv in einem internationalen akademischen Bund «Für die Gemeinschaft der Nationen». Ein Mitstudent aus dem Sozialistischen Studentenbund erinnert sich: «Sie versäumte kaum eine der Versammlungen, die wir alle 8 bis 14 Tage abhielten. Meistens erschien sie mit dem jungen Reinmuth, der wie sie aus der katholischen Jugendbewegung kam.» Nach dem Examen ging Maria Grollmuß als Journalistin zur «Rhein-Main-Zeitung», die der ehemalige Reichskanzler Joseph Wirth herausgab.

Ob im Kaiserreich oder in der Republik: Wer im Staat etwas werden wollte, studierte Jura. Aus diesem Grund hatte sich 1920 Fritz-Dietlof von der Schulenburg in Göttingen als Student der Rechts- und Staatswissenschaften eingeschrieben. Fritz, oder «Fritzi», wie ihn alle in der Familie nannten, Jahrgang 1902, stammte aus Altmärkischem Uradel. Sein Vater war Berufsoffizier, Diplomat und gehörte am Kriegsende zur nächsten Umgebung des Kaisers. Daß der Sohn sich im Corps Saxonia schlug und die Republik verachtete, war selbstverständlich. Kam die Familie in den Ferien auf Gut Tressow in Mecklenburg zusammen, das einem ausgestorbenen dänischen Zweig der Familie gehört hatte, wurde stets heftig diskutiert. Auch «Fritzis» Schwester Elisabeth, das schwarze – in diesem Fall linke – Schaf der Familie, war daran beteiligt: «Die ‹Klage um Deutschland› hob an, um nicht wieder zu verstummen... In nicht endenden Gesprächen mit Vater, mit Vaters Besuchern, mit den Brüdern untereinander wurde nach dem einen, anscheinend kleinen Rädchen in der Maschinerie gesucht, das versagt und dann dieses Ende über Deutschland gebracht hatte.» Die Frage drehte sich immer wieder um eines: «Wer rettet das Reich und holt seine verlorene Größe und Herrlichkeit zurück?» Für «Fritzis» ältere Brüder gab es nur eine Antwort: «Jener, dem die Wiedererwekkung des verlorenen Nationalgefühls und der verschütteten nationalen Tugenden, Treue, Tapferkeit, Opfersinn, Redlichkeit, Pflichtgefühl, Gottesfurcht gelingt.» Dem stimmte der jüngste Schulenburg zu, er war ein glühender Nationalist. Doch er sah darüber hinaus, daß die moderne Zeit ein Problem gebracht hatte, das man nicht ignorieren durfte. Es war mit den alten Tugenden allein nicht zu lösen, und man durfte es nicht den Sozialisten überlassen: die soziale Frage. Auch Fritz von der Schulenburg träumte von einer Revolution – aber konservativ mußte sie sein.

Als der junge Adlige 1925 in Pommern Regierungsreferendar wird, versucht er, seine Vorstellungen unbürokratisch in die Praxis umzusetzen. Ein Jahr später steht in seinem Dienstzeugnis:

«Graf von der Schulenburg ist ein über den Durchschnitt befähigter Mensch. Er ist in der Lage, alle Situationen, in die er gestellt wird, nüchtern und klar zu beurteilen und das Wesentliche in ihnen zu erkennen... Sein Auftreten ist natürlich, bescheiden und frei von der Betonung irgendwelcher persönlicher Selbstgefälligkeit; er ist unterschiedslos gleichmäßig gegenüber den Angehörigen aller Stände. Diese Eigenschaften haben ihm namentlich bei den einfachen Leuten aus den Kreisen der arbeitenden Bevölkerung, mit denen er oft zu tun hatte, warme Sympathie eingetragen.»

Der junge Referendar ist fasziniert von einer Synthese zwischen Preußentum und Sozialismus. Die Arbeiterschicht ist für ihn eine entscheidende Zukunftskraft. Nur muß man sie herausholen aus ihrem Getto und mit allen anderen Teilen der Bevölkerung zu einer Volksgemeinschaft verschmelzen. Auf diesem Weg wird die Nation, davon ist Schulenburg überzeugt, wieder zu alter Größe zurückfinden und schließlich die anderen europäischen Mächte überflügeln. Bewußt läßt er sich 1928 als Assessor an das Landratsamt von Recklinghausen mitten in das rote Ruhrgebiet versetzen, um sich in der Praxis mit der Arbeiterfrage auseinanderzusetzen. Schulenburgs Antworten auf die soziale Frage waren nicht nur ein Produkt eigener Überlegungen. Bevor er nach Westdeutschland ging, kam er für anderthalb Jahre nach Potsdam, um dort das Referendarexamen abzulegen. Hier fand er Kontakt zu August Winnig, einem Gewerkschaftsführer, der sich im Alter immer mehr von seinen Ursprüngen entfernt hatte. Der gelernte Maurer war für die SPD in die verfassungsgebende Versammlung von Weimar gewählt und 1920 zum Oberpräsidenten von Kurland und Ostpreußen ernannt worden. In diesem Amt zeigte er erstmals seine konservativen Neigungen, unterstützte den Kapp-Putsch und wurde dafür aus der SPD ausgeschlossen.

Nun begann August Winnig in der Hauptstadt eine zweite Karriere als Schriftsteller. Seine Autobiographie «Frührot» wurde ein Bestseller. In seinen Leitartikeln, die er für die angesehene bürgerliche «Berliner Börsenzeitung» schrieb und in seinen Büchern rechnete er nun mit dem ab, was er einst enthusiastisch vertreten hatte. Der ehemalige Sozialist entwickelte eine antisozialistische, nationale Befreiungstheorie für die Arbeiterschaft: «Der Daseinskampf des Arbeiters muß der Befreiungskampf der Nation werden.» Für Winnig wurde die Geschichte nicht von Klassenkämpfen, sondern von einem anderen Gesetz geprägt: «Alle Geschichte hat zwei Elemente: den Menschen und die Landschaft. Blut und Boden zeugen das Geschehen.» So stand es 1924 in Winnigs Aufsatz «Der Glaube an das Proletariat». Zwei Jahre später übertrug Winnig diese Blut-und-Boden-Theorie in seinem Buch «Befreiung» auf die internationale Politik: «Der Kampf der Völker ist der Kampf um Lebensraum.» Zu den politischen Abenden, die August Winnig in Potsdam abhielt, kam auch Fritz von der Schulenburg. Der Ältere, Jahrgang 1878, imponierte dem jungen Mann aus preußischem Adel, der die Interessen der Arbeiterschaft mit denen der ländlichen Bevölkerung verbinden wollte.

Die Gedanken des Arbeitersohns Winnig zum Thema «Blut und Boden» waren im Deutschland der zwanziger Jahre weder abstrus noch selten. Was seit dem Ende des 19. Jahrhunderts in Europa die Gehirne zu vernebeln begann, nahm in der Gesellschaft der Weimarer Republik konkrete Formen an. «Rasse» hieß das Zauberwort, das die Menschen in Gute und Böse teilte. Die Gesellschaft für Rassenhygiene wurde 1905 gegründet, und Eugenik gelangte als Fach zu akademischen Ehren.

Die Überzeugung vieler Wissenschaftler wurde schnell Allgemeingut. Landauf, landab tönte es in diesem Sinne – in den Hörsälen, auf den Kanzeln, an den Stammtischen. Der protestantische Theologe Reinhold Seeberg predigte 1924 auf dem Akademikertag seinen Zuhörern: «Rasse, ist sie Glaube oder ist sie Erkenntnis? ... Der Laie antwortet da immer: Er wisse es nicht, aber es sei bewiesen. Ach, es braucht ja gar nicht bewiesen zu sein, durch unbewiesene Gedanken sind Tausende selig hindurchgegangen... Unser Blut ist ein besonderes Blut; wir besinnen uns unseres Volkes. Und dann erkennen wir, daß wir mit schuld haben an seinem Tiefstand und alles versuchen müssen, seine Feinde zu bekämpfen, den praktischen Materialismus und das unglückselige Wirken der Sozialdemokratie.» Für diesen deutschen Theologieprofessor gehörte alles zusammen: der Glaube an ein deutsches Wesen, das berufen ist, dem Rest der Welt das Heil zu bringen; der Kampf gegen die, die Republik und Demokratie repräsentieren; die Verachtung gegenüber kritischem Denken und rationalen Überlegungen. Der Theologe war nicht allein: Schon lange grassierte unter deutschen Intellektuellen die Sehnsucht nach dem Irrationalen, der masochistische Wunsch, jene Grundlagen zu zerstören und zu verleugnen, auf denen die eigene Existenz beruhte. «Das Gehirn ist ein Irrweg. Wir wollen den Traum. Wir wollen den Rausch», schrieb Gottfried Benn, Mediziner, Schriftsteller, Intellektueller, schon 1914.

Ein Mann wie Benn war den deutschen Bildungsbürgern ein Greuel. Doch über alle Abgründe hinweg verband sie mit dem Dichter der Glaube an das Starke, Gesunde, die Stimme des Blutes. Der Arzt und Freizeitliterat Heinrich Mohr dozierte 1928 auf der Jahreshauptversammlung der Wilhelm-Raabe-Gesellschaft: «Nur ein Wandel der Weltanschauung kann unser Volk wieder emporführen. Die moderne Rassenkunde betont mit Recht, daß zu solch einem Wandel auch eine neue Verantwortlichkeit gegenüber dem Bluterbe des Volkes, eine vertiefte Auffassung von der Bedeutung von Familie, Heimat und Stamm gehören. Raabes echt deutsche Kunst kann uns auch hier führen; fast alles, was den Niedergang unserer Rasse und unseres Volkstums verursachte und noch verursacht, hat er in den Kreis seiner Betrachtungen gezogen...» Und den Gebildeten, die ihren Goethe und Raabe und Hölderlin zitierten, war der Begriff der Rasse gerade recht, um ihrem Antisemitismus neue Nahrung zu geben. Der Zoologie-Professor Ludwig Plate sagte seinen Studenten 1924:

«Die Judenfrage ist zweifellos eine Rassenfrage und gehört daher in eine zoologische Vorlesung.»

Der Mythos von Blut, Boden und Rasse verband sich nach dem Zusammenbruch von 1918 mit dem Wunsch nach einem einfachen, natürlichen Leben. Was in der Jugendbewegung angelegt ist, entfaltet sich nun vehement. Eine Reformbewegung entsteht, die den Menschen angeblich als Ganzes sieht. Gesunde – vegetarische – Nahrung, locker fallende Kleidung, Nacktkultur, Siedlungen auf dem Land, Ablehnung von Nikotin und Alkohol, Heilpraktiker und eine homöopathische Medizin – alles zusammen soll einen neuen, glücklicheren Menschen hervorbringen; seinen Körper wie seine Seele stärken. Was seit dem letzten Drittel des vergangenen Jahrhunderts als Fortschritt in eine bessere Zeit enthusiastisch gefeiert wurde, war fragwürdig geworden. Die großen Städte, die mehr Lebensqualität bringen sollten; die Industrialisierung, von der man Arbeit und Brot für viele erhoffte; die Überzeugung, Krankheiten und Elend in überschaubaren Zeiträumen aus der Welt zu schaffen und dank Wissenschaft und Technik alle Fragen lösen, alle Probleme beseitigen zu können – getrogene Hoffnungen, verflogene Illusionen.

Immer stärker wurde die Angst des einzelnen, ein Rädchen in einem undurchschaubaren, durchrationalisierten System zu werden. Wo lag der Sinn eines solchen Ameisenschicksals? Weil Vernunft, Aufklärung und die neue, moderne Zeit als die einzigen Götter bedingungslos und ohne kritische Fragen angebetet worden waren, verloren sie nun allen Kredit. Eine diffuse Angst vor allem Neuen ließ die Konjunktur jener Propheten steigen, die das Heil in einer weit zurückliegenden, mythischen Vergangenheit versprachen. Nationalismus und Antimodernismus wurden Verbündete.

Fort mit der «seelenverpestenden und nervenzerrüttenden Zivilisationswelt» und hin zum «Gemeinschaftsgewissen» wollte die Freiland-Siedlung Donnershag bei Sontra in Hessen. Ihr Ziel: «Die im Jahre 1919 begründete Siedlung verwirklicht zum erstenmal ein geschlossenes deutschgläubiges Gemeindeleben auf der Grundlage arischer Rasse und germanischen Boden- und Gemeinschaftsrechtes und erstrebt die Wiedergeburt unserer Volkheit an Seele und Leib durch ein gesundes, vernünftiges Leben, durch bewußte Sippenpflege und rassische Auslese sowie durch gemeinsame Pflege aller Werte und Güter deutschen Wesens.» Wer in Donnershag aufgenommen werden wollte, mußte «an Eides Statt versichern, daß er deutscher Abkunft und seines besten Wissens von jüdischem und farbigem Einschlag frei ist». Heinrich Pudor, einer der Begründer der Nacktkultur, hämmerte seinen Anhängern ein, sich in frischer Luft zu ertüchtigen, damit «wir ein starkes, zähes, ausdauerndes, hartes, lebensfähiges Volk bekommen, daß die Sterblichkeit zurückgeht, daß die Gebärfähigkeit zunimmt, daß die Rasse verbessert wird».

Nicht jeder, der solche Ideen von sich gab, und längst nicht alle Stammtischschwätzer dachten über konkrete Ausführungen und politische Konsequenzen der Rassenideologie nach. Doch einer auf jeden Fall machte sich darüber um die Mitte der zwanziger Jahre in seinem Buch «Mein Kampf» und im kaum bekannten Folgeband sehr genaue Gedanken und verband damit ganz konkrete politische Ziele. Adolf Hitler, Führer der bedeutungslosen Nationalsozialistischen Deutschen Arbeiterpartei (NSDAP), schrieb, «daß in ferner Zukunft Probleme an den Menschen herantreten können, zu deren Bewältigung nur eine höchste Rasse als Herrenvolk, gestützt auf die Mittel und Möglichkeiten eines ganzen Erdballs, berufen sein wird». Als sein Ziel nannte er den «endgültigen Sieg der Gesünderen und Stärkeren». Als Volk mit dem besten «Rassekern» und als «endgültiger Sieger» kam für Hitler nur das deutsche in Frage. Und daraus folgerte er, daß dieses deutsche Volk zur Weltherrschaft berufen war: «Ein Staat, der im Zeitalter der Rassenvergiftung sich der Pflege seiner besten rassischen Elemente widmet, muß eines Tages zum Herrn der Erde werden.»

Während die demokratischen Politiker in der Regierungsverantwortung sich abmühten, daß die Deutschen wieder Arbeit fanden und aus ihrer internationalen Isolation herauskamen, wuchs die Zahl der Republikfeinde stetig. Der antidemokratische Geist hatte seine Hochburgen in den Palästen, wo Recht gesprochen wurde. Die Justiz der Weimarer Republik war auf einem Auge blind. Die Männer, die die demokratische Verfassung vor ihren Feinden schützen und verteidigen sollten, taten alles, um zuungunsten der Republik zu entscheiden. Für die deutschen Richter gab es zweierlei Maß: Angeklagte von rechts waren bloße Mitläufer. Ihnen wurde zugebilligt, das Wohl des Staates im Sinn und eine vaterländische Gesinnung zu haben. Rund neunzig Prozent aller politischen Morde, die die Rechten auf dem Gewissen hatten, blieben ungesühnt. Angeklagte von links waren von Haus aus Staatsfeinde und Verführer und mußten deshalb hart bestraft werden. Zwar gab es einen Staatsgerichtshof und ein Gesetz zum Schutz der Republik, doch es fehlte an demokratischen Juristen, um der Republik und ihren Vertretern Gerechtigkeit widerfahren zu lassen.

In einer Gaststätte der thüringischen Stadt Gotha hatten vier Männer im Frühjahr 1923 gesungen «Wir brauchen keine Judenrepublik, pfui Judenrepublik». In Gotha gab es noch verfassungstreue Juristen: Die vier wurden wegen Republikbeschimpfung angeklagt und zu je drei Monaten Gefängnis verurteilt. Die Verurteilten gingen beim Reichsgericht in Revision. Das Urteil wurde zu ihren Gunsten aufgehoben. Die Begründung: «Der Ausdruck ‹Judenrepublik› kann in verschiedenem Sinn gebraucht werden... Gemeint kann sein die übermäßige Macht und der übermäßige Einfluß, den die im Verhältnis zur Gesamtbevölkerung kleine Anzahl der Juden nach Ansicht weiter Volkskreise in Deutschland tatsächlich ausübt.»

Auf die Einsicht der alten Eliten und tonangebenden Schichten konnte die junge Republik nicht rechnen. Auch jene, die den Menschen von Amts wegen an Schuld und Unzulänglichkeit erinnerten, waren nicht bereit, den Zusammenbruch des Kaiserreiches als Chance zu einem neuen Anfang zu sehen und Verständnis für die «Revolution» von 1918, die so wenig revolutionär vor sich gegangen war, aufzubringen. Kardinal Michael von Faulhaber, Erzbischof von München, predigte 1922 auf dem Katholikentag: «Die Revolution war Meineid und Hochverrat und bleibt in der Geschichte erblich belastet und mit dem Kainsmal gezeichnet. Auch wenn sie den Bekennern des katholischen Glaubens den Weg zu höheren Ämtern weit mehr als früher erschloß – ein sittlicher Charakter wertet nicht nach den Erfolgen, eine Untat darf der Erfolge wegen nicht heiliggesprochen werden.» Der Vorsitzende des Katholikentages, der Kölner Oberbürgermeister Konrad Adenauer, widersprach diesem Urteil in seiner Rede vehement. Es gab Katholiken in der Gewerkschaftsbewegung und in der Zentrumspartei, die sich mit allem Engagement für die Demokratie einsetzten. Doch der Klerus war nicht davon abzubringen, daß mit dem neuen Staat ein Zerfall von Sitte und Moral einherging, dem die Kirche sich entgegenstemmen müsse, und daß auf dieser Republik Gottes Segen nicht ruhe.

Der evangelische Pastor und ehemalige U-Boot-Kommandant Martin Niemöller hätte seinen katholischen Amtsbrüdern aus vollem Herzen zugestimmt. Im Rahmen einer theologischen Woche in Bethel stellte ein Theologe mit aller Behutsamkeit die Frage, ob Deutschland am Ausbruch des Weltkrieges nicht auch eine gewisse Verantwortung trage. Da verließ Niemöller demonstrativ die Versammlung. Als die französische Armee 1923 während der Besetzung des Ruhrgebiets den jungen Albert Leo Schlageter erschoß, war die ganze Familie Niemöller zum feierlichen Totengottesdienst anwesend und Martin Niemöller unter den Sargträgern. Ein Jahr später wählte er bei einer Landtagswahl die rechtsradikale, aber noch völlig unbedeutende NSDAP. Der Pastor Martin Niemöller war kein Einzelgänger und kein Außenseiter in seiner Kirche. Viele Theologen teilten seine politischen Ideale und Sehnsüchte: zurück ins Kaiserreich, fort mit dem schändlichen Frieden von Versailles und den sozialistischen Agitatoren, die für die Republik und damit für alles Unglück verantwortlich waren.

Der Kaplan Max Josef Metzger allerdings war eine Ausnahme. 1887 im evangelischen Teil von Baden geboren, engagierte er sich früh für eine Überwindung der konfessionellen Spaltung und kam aus dem Krieg – wo er ein Jahr Divisionspfarrer war – als überzeugter Pazifist zurück. Metzger veröffentlichte schon 1917 ein internationales katholisches Friedensprogramm und war Mitbegründer des Friedensbundes Deutscher Katholiken. Für seine Oberen war der Kaplan, der auf internationalen Friedenskongressen für Verständigung warb, eine «traurige Figur» und die Friedensbewegung von Kommunisten gesteuert.

Zu den spektakulären Erinnerungen an die zwanziger Jahre gehört der Schwarze Freitag am 24. Oktober 1929, der Sturz der New Yorker Börse ins Bodenlose, der auch die europäische Wirtschaft in eine tiefe Krise führte. Tatsächlich hatten sich die wirtschaftlichen und sozialen Strukturen der Weimarer Republik nie wirklich stabilisiert. Die Arbeitslosenzahl sank nach 1926 nie unter 1,3 Millionen. Und was entscheidend war: Die Unternehmer rückten sehr schnell von den Vereinbarungen mit den Gewerkschaften wieder ab, die sie unter dem Schock von 1918 geschlossen hatten. Die sozialen Reformen – vor allem der Acht-Stunden-Tag – sollten wieder rückgängig gemacht werden. Die steigenden Arbeitslosenzahlen waren das Druckmittel, sinkende Löhne und längere Arbeitszeiten durchzusetzen. Beim Streik der Arbeiter an der Ruhr im November 1928 wurden 250000 Arbeiter ausgesperrt. Den Gewerkschaften sollte endgültig das Rückgrat gebrochen werden. Der Historiker Golo Mann über die wirtschaftlichen Verhältnisse der Weimarer Republik: «Die Industrie arbeitete für Staat und Export, nicht für den mählich sich hebenden Wohlstand der Massen.»

Der Jurastudent Helmuth James von Moltke arbeitete in den Osterferien 1927 im Landratsamt des schlesischen Waldenburg in der Nähe seines elterlichen Gutes Kreisau. Das ehemalige

Kohlengebiet war verelendet. Viele Familien besaßen nur ein Zimmer. Moltke entschloß sich, die Öffentlichkeit zu alarmieren. Mit Freunden gründete er im nahegelegenen Löwenberg die «Löwenberger Arbeitsgemeinschaft», die gemeinsame Arbeitslager für Bauern, Arbeiter, Studenten und Wissenschaftler organisierte. Auf allen Seiten mußte viel Mißtrauen beseitigt werden, bevor das Arbeitslager im März 1928 tatsächlich stattfand. Am Morgen arbeiteten alle Teilnehmer zusammen vier Stunden beim Straßenbau und Gräbenausheben. Am Nachmittag wurde diskutiert. Moltkes Mutter, die auch teilnahm, schrieb an ihre Eltern: «Meinungen aller Schattierungen waren vertreten, vom Großgrundbesitzer bis zum Kommunisten ... Alle waren dort gleich (keine Titel wie Herr Professor oder Herr Bischof usw., die die Deutschen doch so lieben). Alle Meinungen sollten zum Ausdruck kommen, alle gleich stark.» Wie der «rote Graf» Fritz von der Schulenburg spürte auch der junge Moltke das Verlangen, das soziale Elend in einer solidarischen Anstrengung zu überwinden.

Die Parteien aber, die für den Arbeiter sprachen, waren in Auseinandersetzungen verstrickt, die immer heftiger wurden. Schon 1924 nannte Stalin die deutschen Sozialdemokraten einen gemäßigten Flügel des Faschismus, eine Beschimpfung und eine Fehlanalyse, die sich bei den deutschen Kommunisten gegen alle internen Kritiker durchsetzte und die SPD zum Hauptfeind machte. Es durfte mit ihr keine Kompromisse und keine Bündnisse geben. Das Ziel der Kommunisten war, die SPD und die Gewerkschaften zu spalten. Die SPD reagierte schroff und unflexibel auf abweichende Meinungen in den eigenen Reihen und war schnell mit dem Ausschluß, vor allem jugendlicher Mitglieder, bei der Hand. Der tiefe Riß innerhalb der Arbeiterbewegung lähmte nicht nur ihre politischen Wirkungsmöglichkeiten. Er ging zum Teil mitten durch die Familien.

Trotz vieler Vorbehalte schickte der sozialdemokratische Arbeiter-Athletenbund 1927 eine Mannschaft zu den Allunionswettkämpfen der Sowjetunion nach Moskau. Erfolgreichster deutscher Sportler dort wurde der Ringer Werner Seelenbinder. Beim Abschiedsbankett in Leningrad hielt der 23jährige Arbeiter aus Berlin eine Rede: «Ich will ehrlich sein. Ich bin kein Kommunist, und ich bin mißtrauisch hergekommen. Was hat man mir alles von der Sowjetunion erzählt: Staatskapitalismus, Arbeitszwang, Hunger, Unfreiheit, Chaos... Sie wollten verhindern, daß der deutsche Arbeiter von euch lernt, daß er die Wirklichkeit in der Sowjetunion erkennt... Aber ich werde überall in Deutschland von meiner Reise erzählen. Und ich verspreche Ihnen, auch wenn ein Verbot besteht: Im nächsten Jahr komme ich zur Spartakiade nach Moskau.»

Das Verbot bestand seit wenigen Tagen. In Helsinki hatte ein Kongreß der Sozialistischen Arbeitersportinternationale den Beschluß gefaßt, 1928 nicht nach Moskau zu fahren, weil die Spartakiade «eine rein kommunistische Parteiveranstaltung» sei. Werner Seelenbinder fuhr nach Moskau und wurde damit automatisch aus dem Arbeiter-Athletenbund ausgeschlossen. Doch der hatte inzwischen auch eine kommunistische Fraktion, und bei ihr meldete sich der erfolgreiche Ringer sofort nach seiner Rückkehr und legte das schwarze Mitgliedsbuch der KPD auf den Tisch. Werner Seelenbinder war arbeitslos. Mit andern arbeitslosen Genossen, die von sozialdemokratisch orientierten Sportvereinen ausgeschlossen worden waren, organisierte er nun Übungsstunden und Wettkämpfe in leerstehenden Fabrikhallen.

Es war um diese Zeit, daß der Journalist und Kommunist Axel Eggebrecht in den Hinterzimmern Berliner Lokale höchste Funktionäre seiner Partei bei Diskussionen erlebte: «Was ich da zu hören bekam, verstörte mich tief. Fragen revolutionärer Politik wurden als Rechenexempel behandelt. Begriffe wie Menschenwürde, Freiheit, Kampf gegen die kapitalistischen Unterdrücker spielten keine Rolle. Es ging um Taktik, um das, was beide das Problem der Macht nannten.» Die Basis ahnte nichts von solchen Manipulationen. Sie war überzeugt, daß allein die KPD eine neue und gerechte Ordnung anstrebte und sich deshalb jeder Einsatz lohnte. Der Berliner Arzt Georg Benjamin verschob seinen Urlaub, wenn eine Demonstration seiner Partei, der KPD, angesagt war. Er sprach auf Versammlungen, verkaufte die «Rote Fahne» und machte Propagandabesuche von Tür zu Tür. Er malte Transparente, und seine Wohnung war Quartier für Genossen, die in die Hauptstadt kamen. Auch seine Frau Hilde war Kommunistin: «Wir blickten mit Stolz und Zuversicht auf die Sowjetunion, die unserem ganzen Leben Richtung und Vertrauen gab.» Unter Kommunisten – wie unter Sozialdemokraten – war es selbstverständlich, daß sich die Eheleute für die gleiche Partei entschieden.

Willi Bohn, der in Gotha als Junge zusammen mit seiner Mutter die SPD-Tageszeitung austrug, 1921 mit 21 Jahren der jüngste Stadtverordnete wurde und sich dann den Kommunisten anschloß, lernte seine Frau auf einer Parteiversammlung kennen. Er erkundigte sich nach dem Mädchen, das ihm gefiel, aber dessen Namen er nicht kannte und erhielt zur Antwort: «Das ist eine Schmidt-Tochter, prima Arbeiterfamilie. Sie arbeitet in der Keksfabrik Trüller am Fließband, ist Mitglied bei uns und leitet die Kindergruppe.» Zwischen den beiden gab es keine Diskussion, welche Rolle die Politik in ihrem Leben spielen würde: «Mein Mädel und ich waren uns völlig einig, daß wir überall dort zusammen sein wollten, wohin die Partei uns stellen würde.»

Die KPD wurde im Laufe der zwanziger Jahre immer mehr eine Partei der Arbeitslosen. Doch auch für Intellektuelle und Künstler behielt sie ihre Anziehungskraft. Ihre Radikalität war ungebrochen, während die SPD nicht loskam von ihrem Dilemma: die Zustände in der Republik ließen keinen Zweifel daran, daß die marxistischen Ideale einer gerechten, klassenlosen Gesellschaft in weiter Ferne lagen. Zugleich blieb die große Mehrheit der SPD überzeugt, nur mit gewaltlosen Reformen diesem Ziel näher zu kommen und mit der von so vielen verachteten Republik auf dem richtigen Weg zu sein, während eine Minderheit für eine radikalere Politik votierte. Auf dem Heidelberger

SPD-Parteitag von 1925 rief Paul Levi, der einstige Kampfgefährte und Freund von Rosa Luxemburg, den Delegierten zu: «Wir glauben, eine wahre Demokratie ist nur in einem anderen Staat zu verwirklichen, als in dem, der vom Bürgertum beherrscht wird.» Von 285 Delegierten stimmten 81 seinem Antrag zu, mit den bürgerlichen Parteien keinerlei Kompromisse einzugehen. Die Debatte darüber wurde mit soviel Schärfe und Leidenschaft geführt, weil es um eine grundsätzliche Weichenstellung ging: Ob und um welchen Preis sich die SPD, die seit 1922 in der Opposition war, an einer Regierung mit den Bürgerlichen beteiligen sollte.

So vehement, wie Paul Levi für eine totale Opposition kämpfte, warb Rudolf Hilferding, Fachmann für Finanzen und Wirtschaft, auf dem Kieler SPD-Parteitag 1927 für ein Bündnis zwischen SPD und der Republik von Weimar: «Die Demokratie ist unsere Sache. Wir haben sie dem Bürgertum in zähem Kampf abringen müssen.» Bei den Reichstagswahlen im Jahr darauf gaben über neun Millionen Deutsche der SPD ihre Stimme, die weiterhin stärkste Fraktion im Reichstag blieb. Nach langen Koalitionsverhandlungen stellte sie mit Hermann Müller den Reichskanzler. Sie saß nun mit Politikern zusammen in einer Regierung, die zum Teil nicht mehr an das parlamentarische System glaubten; die eifrig an einer schlagkräftigen Wiederaufrüstung arbeiteten und den sozialen Ausgleich zugunsten des großen Kapitals und auf Kosten der Arbeiter rückgängig machen wollten. Auch außerhalb der politischen Arena war es unüberhörbar: Die Feinde der Republik traten am Ende der zwanziger Jahre immer ungenierter auf und immer lauter erklang der Ruf nach einem Führer. Es waren die «vaterlandslosen Gesellen» aus der SPD, die «Novemberverbrecher» von 1918, die trotz aller Bedenken fest zur Republik standen und mit verzweifelter Anstrengung für ihr Überleben kämpften. Hatten sie gegen die Übermacht der Feinde eine Chance?

Ewald von Kleist, Gutsbesitzer auf Schmenzin, war inzwischen Mitglied bei den Deutschnationalen geworden, obwohl der pommersche Adlige eigentlich alle Parteien prinzipiell ablehnte. Sie waren – wie das ganze parlamentarische System – für ihn ein Übel, das man schnellstens abschaffen mußte. Zu diesem Zweck ließ er sich 1929 zum neuen Vorsitzenden des Hauptvereins der Konservativen wählen und wenig später seine «Konservativen Richtlinien» absegnen: «Unter dem parlamentarischen System geht das deutsche Volk unaufhaltsam politisch, sittlich und wirtschaftlich zugrunde. Daher ist seine Beseitigung vaterländische und religiöse Pflicht.» In seiner Broschüre «Reformation oder Revolution?» läßt Ewald von Kleist niemanden im Unklaren, was sein Ziel ist: eine Revolution der bestehenden Verhältnisse im konservativen Sinn.

«Die Geusen» nannte sich ein radikaler nationalistischer Zweig der Jugendbewegung. Auch sie hielten 1929 nicht hinter dem Berg, wofür ihre Mitglieder sich einsetzten: «Diesen Staat lehnen wir als uns nicht wesensgemäß ab. ... Nicht Reaktion, Änderung irgendwelcher Äußerlichkeiten, sondern Revolution, grundstürzende Erneuerung, ist unser Ziel. Diesem streben wir fanatisch zu!»

Der Reichsverband der Deutschen Industrie ließ es sich im gleichen Jahr nicht nehmen, in diesen Chor mit einzustimmen. «Aufstieg oder Niedergang» hieß die Denkschrift, in der der Reichsverband eine drastische Senkung der Lohnkosten und einen weiteren Abbau der sozialen Leistungen forderte. Schützenhilfe leistete den Unternehmern der allseits geachtete Oberbürgermeister von Leipzig, Carl Goerdeler, der ebenfalls 1929 in einer «Wirtschaftsdenkschrift» für eine Diktatur plädierte, weil das parlamentarische System die Krise nicht meistern könne. In dramatischen Tönen beklagte Goerdeler den Egoismus der Parteien, verlangte im Interesse des Staates ein «Ermächtigungsgesetz» und eine «Mobilmachung aller Volkskräfte».

Um diese Zeit meldete sich der Dichter Stefan George wieder zu Wort, der ein Prophet für das Reich des Geistes sein wollte. Seine Worte waren doppeldeutig, verführerisch mißverständlich und bei aller politischen Abstinenz jenen nahe, die – wie er – von Rasse, Blut und Volk redeten, von Führer und Elite und sich nicht einrichten wollten im mühsamen Alltag einer Republik. 1928 veröffentlichte George «Das Neue Reich». Claus von Stauffenberg gehörte zu den Auserwählten, denen der Meister das neue Werk vortrug:

«Wenn je dieses volk sich aus feigem erschlaffen
Sein selber erinnert der kür und der sende:
Wird sich ihm eröffnen die göttliche deutung
Unsagbaren grauens … dann heben sich hände
Und münder ertönen zum preise der würde
Dann flattert im frühwind mit wahrhaftem zeichen
Die königsstandarte und grüßt sich verneigend
Die Heren die Helden!»

Es mußte anders werden. Glanz und Größe der Vergangenheit nahmen im gleichen Maße zu wie der Haß auf die Gegenwart und die Verachtung ihrer republikanischen Ausdrucksformen. Da erschien eine Formation auf der politischen Bühne, die die Unzufriedenheit der verschiedenen Schichten, die Ängste unterschiedlichster Motivationen bündelte und skrupellos allen Änderung und Besserung versprach. Die NSDAP, die 1928 in den Reichstagswahlkampf ging, mühte sich nicht um differenzierte Aussagen und scheute keine inhaltlichen Widersprüche. Ihre Parolen waren einfach und von einer Aggressivität, wie sie die Republik noch nicht gekannt hatte. Die kleine, aktive Partei des Adolf Hitler warb um die Jugend und verhöhnte die Spießer. Sie versprach den Bürgern, ihre Welt gegen den Ansturm der Moderne zu verteidigen und die alte Ordnung wiederherzustellen. Die Bauern sollten der erste Stand im neuen Reich werden. Die Angestellten durften auf Aufstieg hoffen, der Mittelstand sollte nicht mehr vernachlässigt werden. Volksgemeinschaft hieß das Zauberwort. Die einen erhofften sich von der neuen Partei die Revolution und das Ende der bürgerlichen Welt. Die anderen waren überzeugt, daß die NSDAP Deutschland zur alten Größe und zu den Werten der Väter zurückführen würde.

Von Gemeinschaft sprachen die Vertreter der Nationalsozialisten und vom Ende allen Streits. Doch sie brachten ein Klima der Gewalt, der Brutalität in den Wahlkampf und darüber hinaus in den politischen Alltag, wie es gegen Ende des Jahrzehnts endlich überwunden schien. Und sie machten keine Anstalten, ihre Terrormethoden zu kaschieren. Joseph Goebbels, einer ihrer geschicktesten Redner, feuerte 1929 seine Anhänger an: «Pflanzt die Fahne des Widerstandes und des Aufruhrs. Die Straße frei.» Die Partei sagte offen, daß Rücksichtslosigkeit im Kampf gegen das parlamentarische System ihre stärkste Waffe sei, und man bedingungslos auf die Macht der Emotionen setze.

Rund 810000 Wähler gaben der NSDAP 1928 ihre Stimme, 2,6 Prozent aller Wähler. Grund genug für ihren Führer Adolf Hitler, von nun an konsequent um die Stimmen des national gesinnten Bürgertums zu werben und noch primitiver, noch emotionaler, noch radikaler zu polemisieren. Für alle Probleme der Republik wie des einzelnen gab es für diese Partei immer die gleiche Lösung: Kampf dem Judentum, dem Marxismus und Kampf der Idee der Völkerverständigung. Seit die «Sturmabteilungen» der NSDAP mitmischten, waren Straßenkämpfe, Verwundete, sogar Tote nichts Besonderes mehr. Bürgerlicher Wohlanständigkeit entsprach das nicht. Aber bei diesen Rabauken von rechts nahmen die Bürger es nicht so genau und übersahen solche «Auswüchse» großzügig zugunsten der nationalen Sache, um die es angeblich ging. Auch der Adel ließ sich gerne verführen, wenngleich er manche grobschlächtigen Äußerlichkeiten der neuen Partei mit Naserümpfen bedachte. Aus Göttingen schrieb der Student Adam Trott zu Solz seinen Eltern nach dem Besuch einer Parteiversammlung, in der Hitler geredet hatte:

«Er ist schon ein ganzer Kerl, aber die Leute, die ihm zuhören, ungebildet und unfähig bis dorthinaus.» Henning von Tresckow, der einst als jüngster Leutnant aus dem Krieg zurückgekehrt war und nach einem Intermezzo als Bankkaufmann Dienst bei der Reichswehr tat, warb im Potsdamer Offizierskasino in einem Vortrag offen für die Politik der NSDAP. Und einer Verwandten empfahl er: «Wenn du klug bist, wählst du Hugenberg – wenn du feurig bist, wählst du Hitler.» Im August 1929 gab es die erste Heerschau der NSDAP in Nürnberg. Fünfunddreißig Sonderzüge der Reichsbahn fuhren zum Parteitag, 30000 SA-Leute standen Spalier. Fahnenweihe, Heldengedenken, Hitlerrede – bei diesem Ritual sollte es nun für etliche Jahre bleiben. Und der geplante Eindruck in der Öffentlichkeit wurde nicht verfehlt: So gaben sich Sieger.

Zehn Jahre, nachdem die erste deutsche Republik ins Leben gerufen worden war, hatte sich die Mehrheit der Deutschen gegen sie entschieden und war stolz darauf. Die Arbeiterbewegung war gespalten, die Kommunisten taten alles, um das Ende von Weimar zu beschleunigen. Und niemand artikulierte so präzise die dumpfe Sehnsucht der Nation nach Veränderung um jeden Preis und nach dem starken Mann wie die Nationalsozialisten.

1930–1932
Die Agonie der Republik

Wo die Verachtung parlamentarischer Regierungsformen so tief und weitverbreitet war, konnte Reichspräsident Paul von Hindenburg auf breite Zustimmung rechnen, als er im März 1930 Heinrich Brüning, den Führer der katholischen Zentrumspartei, zum Reichskanzler machte, nachdem die SPD aus der Koalition ausgeschieden war. Die Weimarer Verfassung gab dem Präsidenten in Notzeiten mit dem Artikel 48 die Möglichkeit, den Reichstag auszuschalten, eventuell aufzulösen und ohne dessen Mitwirkung den Kanzler und die Regierung zu ernennen und wieder zu entlassen. Was als Mittel gedacht war, um die Republik in Krisenzeiten funktionsfähig zu halten, wurde unter dem greisen Feldmarschall zum Hebel, die Parteien von der Regierung fernzuhalten. Auf legalem Wege steuerte man auf ein autoritäres Regime zu, das die Interessen der traditionellen Machteliten – Industrie, landbesitzender Adel östlich der Elbe, Reichswehr – zur Richtschnur seiner Politik machte. Aber zur Wahl gehen durfte das Volk, während die führenden Kreise alles taten, um die Demokratie abzuschaffen. Und jene Kräfte, die trotz der Eingriffe des Präsidenten noch an die Lebensfähigkeit der Weimarer Republik glaubten, versuchten beschwörend, sich selber Mut zu machen und die Bürger doch noch für diese Republik zu gewinnen. Die Parole der Sozialdemokraten hieß: An der Wahlurne, mit dem Stimmzettel müssen die Gegner der

Demokratie besiegt werden. Der Bürgerkrieg, den die Nationalsozialisten ab 1930 immer brutaler und entschlossener auf die Straßen trugen, sollte vom Reichsbanner Schwarz-Rot-Gold – einer Freiwilligentruppe, die der SPD nahestand – abgewehrt werden. Im Bochumer Schützenhof wurde Heinrich König, Fraktionsvorsitzender der SPD im Stadtparlament, Ende August 1930 stürmisch umjubelt, als er seinen Zuhörern zurief: «Die Republik ist von Feinden umlagert und soll angegriffen und vernichtet werden. Sie hat aber eine Schutzorganisation: Das Reichsbanner Schwarz-Rot-Gold. Rund 4000 Reichsbannerleute sind hier anwesend. Die Feinde der Republik werden auf Granit beißen, wenn sie zum Angriff übergehen. Wenn nicht anders, wird das Reichsbanner mit seinen Leibern einen Wall bilden, um die Republik zu schützen.»

Es war Wahlkampf für den Reichstag. Während die altgedienten Funktionäre der Sozialdemokratie die Wähler mit den üblichen Reden zu begeistern versuchten, machten die Jungen politisches Kabarett für die Republik. «Die Roten Spatzen» in Leipzig waren das bekannteste, aber etliche taten es ihnen nach. Martin Albert, Mitglied der Sozialistischen Arbeiterjugend in Nürnberg, holte sich 1930 junge Leute aus dem Jugendchor und gründete die «Roten Raketen»: «Um auch in kritischen Bezirken die Versammlungssäle drückend voll zu bekommen, waren auf den Plakaten neben der Ankündigung des Redners immer häufiger Aufkleber zu sehen: ‹Die Roten Raketen kommen.› Dann hieß es, nach einem langen Arbeitstag, den Lastwagen mit Scheinwerfern, der Stilbühne und allen möglichen Requisiten schnell zu beladen, wir selbst mußten auch noch drauf. Und fehlen durfte auch keiner, das galt für die fünf Musiker ebenso wie für die Darsteller und den Beleuchter. Private Interessen konnte es nicht geben, und von Bezahlung war keine Rede ... Natürlich konnten wir nur noch unter dem Schutz des Reichsbanners auftreten. Manchmal warnte uns die Polizei vor auflauernden Nazis, dann mußten wir auf der Heimreise einen Umweg fahren.»

Nach dem Mord an Außenminister Walther Rathenau hatte Reichskanzler Joseph Wirth von der Zentrumspartei im Reichstag ausgerufen: «Der Feind steht rechts!» Mit der gleichen Warnung schickte die Katholische Arbeiterbewegung ihre Mitglieder in die Septemberwahl von 1930: «Die nationalsozialistische Bewegung ist eine Zeitkrankheit, eine geistige Seuche, eine Epidemie... Aus dem Geleise geworfene Menschen, Entwurzelte, Verbitterte, Verwirrte, unerfahrene Jugend, das flüchtet irgendwie erregt in die Arme von Narren und Demagogen, die das Land durchziehen... Weil das so ist, ist diese nationalsozialistische Bewegung nicht nur eine Ausgeburt kranker Phantasie, sie ist im wahren Sinne des Wortes volksverwüstend ... Wo man im Land öffentliche Versammlungen anberaumt, da darf in der Einladung nicht der Satz fehlen: ‹Freunde sind willkommen! Nationalsozialisten sind ausgeschlossen.› Die Sprache werden sie respektieren. Alles andere ist von Übel.» Nicht um Argumente ging es, sondern nur noch um Stimmungen und Emotionen. Der liberale Publizist Leopold Schwarzschild analysierte im August in einem Kommentar die Gegenwart und schrieb Prophetisches über die Zukunft: «Wer nach einigen Wochen Abwesenheit wieder deutschen Boden betritt, empfindet kontrastverschärft, wie unheimlich die Situation des Landes ist. Was an objektiven Mißhelligkeiten zu verzeichnen ist, melden auch dem fernen Leser die Zeitungen. Die Stimmung aber, die dir wie ein Pesthauch aus jedem Gespräch, ausnahmslos aus jedem, entgegenschlägt, sechzigmillionenfache Mischung aus Versorgtheit, Unruhe, Müdigkeit, Ratlosigkeit, Widerwillen, Erbitterung und Hysterie – diese Stimmung, unbeschrieben und schwer beschreibbar, ist ein Übel für sich... Ein brennender Durst nach Veränderung, aber weithin kein Schimmer, wie sie beschaffen sein soll! Und eben dies ist die Gefahr!... Irgendwo kann einer oder können mehrere plötzlich aufschreien: ‹Nun aber Schluß!›, die Umstehenden, von dem Anfall angesteckt, rufen ihm nach... jedenfalls gehorcht man dem Kommando, befolgt man rasch niederprasselnde Gesetze. Es wird verboten und gegründet, gekämpft und gestorben, zerstört, umgestülpt, gebastelt, gebaut, bestraft, belohnt – und wenn langsam die Besinnung wieder erwacht, ist Unwiderrufliches geschehen: zu spät.»

Die Nationalsozialisten setzten nicht nur auf die Gewalt der Straße. Ihre führenden Redner – Hitler und Goebbels voran – hetzten von einer Wahlveranstaltung zur anderen. Wenn einem NSDAP-Funktionär keine rednerische Begabung gegeben war, erhielt er schriftliche Anweisungen, wie vor dem Spiegel überzeugende Posen und eindrucksvolle Gebärden einzustudieren seien. Entlarvten sich diese Demagogen, die allen alles versprachen, nicht selbst? Die nur Verleumdungen und Blut-und-Boden-Phrasen anboten statt praktischen Rezepten und rationalen Lösungen? Hatte die SPD, die stärkste Partei im Reich, nicht die besseren Argumente, wenn sie an die Wähler appellierte: «Die Sozialdemokratie kämpft für die Beseitigung der Wirtschaftskrise durch Steigerung der Kaufkraft der breiten Massen, für den Ausbau der Sozialgesetzgebung, für die restlose Durchführung des Acht-Stunden-Tages und weitere Verkürzung der Arbeitszeit, für stärkere Heranziehung der besitzenden Klassen zu den Leistungen für den Staat, für umfassende, vorbeugende, heilende und vorsorgende Maßnahmen auf allen Gebieten der Volkswohlfahrt, insbesondere der Erziehungs-, Gesundheits- und Wirtschaftsfürsorge.» Die Erwartungen der Demokraten, die gegen alle Stimmung auf die Vernunft setzten, wurden tief enttäuscht. Ein Schock traf das Land nach der Septemberwahl 1930: Der Wähleranhang der NSDAP war von 2,6 auf 18,3 Prozent gestiegen. Statt 12 schickten sie nun 107 Abgeordnete in den Reichstag. Die Zahl der Kommunisten stieg von 54 auf 77 – auf Kosten der SPD, die statt 153 nur noch 143 Abgeordnete in den Reichstag schickte.

Die Sieger genossen ihren Triumph hemmungslos. Am Montag, den 13. Oktober 1930, wurde in Berlin der neue Reichstag eröffnet. Graf Kessler notierte in seinem Tagebuch: «Den ganzen Nachmittag und Abend große Nazimassen, die demonstrierten und am Nachmittag in der Leipziger Straße die Fensterscheiben der Warenhäuser Wertheim, Grünfeld usw. einschlugen. Abends auf dem Potsdamer Platz Ansammlungen, die ‹Deutschland erwache›, ‹Juda verrecke›, ‹Heil, Heil› riefen und fortwährend von der Schupo, die auf Lastwagen und zu Pferde patrouillierte, auseinandergetrieben wurden... Daß die Unruhen organisiert waren, bezeugen... die Zerstörungen in der Leipziger Straße, die nur Geschäfte mit jüdischen Namen getroffen und sehr demonstrativ die äußerlich christlichen Geschäfte ungeschoren gelassen hatten... In das Palast-Hotel sind die Nazis eingedrungen und haben in der Halle ‹Deutschland erwache› und ‹Juden heraus› gebrüllt. Der Ekel überkommt einen vor so viel verbohrter Dummheit und Bosheit.»

Der offene Terror der Nationalsozialisten war mehr als Dummheit und Bosheit. Er war System und keineswegs nur das Mittel von «halbwüchsigem Lumpenproletariat». In Lübeck verbreiteten die Wahlsieger die Parole: «Zwei Stunden nach unserm Sieg hängt Dr. Leber auf dem Marktplatz.» Und im Stadtparlament sagte ein Vertreter der NSDAP dem Julius Leber, der die SPD in der Lübecker Bürgerschaft und im Berliner Reichstag vertrat, Ende Oktober ins Gesicht: «Es kommt noch einmal die Stunde, wo wir an Ihre Tür anklopfen werden mit den Worten: Herr Dr. Leber, es ist soweit.» In Darmstadt rügte der hessische Innenminister Wilhelm Leuschner im November 1930 auf einer großen Kundgebung für die Republik, daß viele Geschäftsleute mit der NSDAP sympathisierten. Als daraufhin der Landesverband des hessischen Einzelhandels protestierte, antwortete der sozialdemokratische Minister: «Sie werden mir darin beipflichten müssen, daß es für aufrechte Anhänger unseres demokratischen Staates geradezu ein Gebot der Selbstachtung ist, in keiner Weise Anhänger einer Bewegung zu unterstützen, die nicht nur eindeutig auf den gewaltsamen Umsturz des heutigen Staates hinarbeitet, sondern auch sie und ihre Führer mit den Methoden übelster Verleumdung und schwerster Bedrohung verfolgt.» Als wenige Tage später mit Fahnen, Marschmusik und lauten Heil-Rufen in Darmstadt eine Kundgebung der NSDAP stattfand, rief der Hauptredner des Abends zum Kampf gegen das «System Demokratie» auf: «Brüder, lernt hassen! Hassen ein System, das zum Mörder geworden an Millionen Brüdern, am Geist unseres Volkes! Nur wenn der Haß groß geworden ist, werden wir auch die Kraft finden, wenn der Sturm über Deutschland braust, das alte Morsche zu zerschmettern und das neue Reich zu bauen.»

Der Zeitgenosse, der am Jahresende 1930 versuchte, sich ein Bild von der Entwicklung im Reich zu machen, sah auf ein verwirrendes Panorama von Meinungen. Der Sozialdemokrat Julius Leber sagte seinen Feinden in der Lübecker Bürgerschaft, daß es schon 1924 einen ähnlichen Aufschwung der Nationalsozialisten gegeben hätte: «Wo sind die Vertreter von damals? Genau so werden Sie über kurz oder lang vergessen und verweht sein.» Zahlreicher und gewichtiger waren die Stimmen, die in der neuen Bewegung einen guten Kern sahen und in Gewalt und Terror der Nationalsozialisten nur Kinderkrankheiten, die vergehen würden. Der Schriftsteller Stefan Zweig, ein Liberaler aus jüdischem Bürgerhaus, charakterisierte den Ausgang der Septemberwahlen als eine «vielleicht unkluge, aber im Innersten natürliche und durchaus zu bejahende Revolte der Jugend gegen die hohe Politik». In einer Ulmer Kaserne feierte Oberst Ludwig Beck, Kommandeur des fünften Artillerieregiments, den Wahlsieg Hitlers. General a. D. Hans von Seeckt, Schöpfer der Weimarer Armee und stets auf ihre Neutralität bedacht, beantwortete am Jahresende die Frage der «Deutschen Allgemeinen Zeitung» nach einer möglichen Regierungsbeteiligung der NSDAP mit einem «uneingeschränkten Ja». Seine Begründung: «Das, was in dieser Bewegung den Kern bildet, das nationale Empfinden, der Wehrwille, das soziale Verständnis, alles getragen von einem jugendlichen, reformbestrebten Auftrieb, alle diese Elemente sind ein notwendiger Bestandteil der Regierung der Zukunft. Diese Regierung muß die Form eines Keils haben, dessen stählerne Spitze die Vernunft ist, die von der Macht vorwärtsgetrieben wird gegen die Wand wirtschaftlicher Hemmnisse und äußerer Feindschaft.» Der ehemalige General prophezeite eine gewalttätige Entwicklung, aber sie schreckte ihn nicht: «Bei dem Stoß dieses Keils werden Späne fliegen, das ist unvermeidlich. Die Formalisten und Bürokraten werden beiseite geschoben, und es wird nicht schade um sie sein.»

Die Partei Adolf Hitlers ließ keinen Zweifel an ihrer Strategie aufkommen, sich an Legalität und Formalien zu halten, bis man die Macht hatte, sie zu beseitigen. Der Jurist Wilhelm Frick, ein langjähriges Parteimitglied, schrieb 1930 im NS-Organ «Völkischer Beobachter»: «Dieser Schicksalskampf wird zunächst mit dem Stimmzettel geführt. Er kann aber nicht von Dauer sein, denn die Geschichte hat uns gelehrt, daß beim Kampf Blut fließt und Eisen gebrochen wird. Genauso wie Mussolinis Diktatur die Marxisten ausgerottet hat, so muß auch bei uns durch Diktatur Terror errichtet werden.» Und Joseph Goebbels sagte in einer Wahlveranstaltung, wie es ablaufen würde: «Dann machen wir die Revolution. Dann jagen wir das Parlament zum Teufel und begründen den Staat auf die Kraft deutscher Fäuste und deutscher Stirnen.» Im November 1930 nach dem großen Wahlerfolg legte Hitler den Professoren und Studenten der Erlanger Universität seine außenpolitische Konzeption dar, von der er bis zu seinem Ende in den Trümmern der Reichskanzlei nicht mehr abgelassen hat: «Wir wissen folgendes: Jedes Wesen strebt nach Expansion und jedes Volk strebt nach Weltherrschaft. Nur wer dieses letzte Ziel im Auge behält, gerät auf den richtigen Weg. Ein Volk, das zu feige ist oder den Mut oder die Kraft nicht mehr besitzt, sich dieses Ziel zu stellen, betritt den zweiten Weg, und zwar den des Verzichtes und der Selbstaufgabe, die in der Vernichtung seinen Abschluß findet.»

Es gab Menschen, die nicht darauf vertrauten, daß der radikale nationale Spuk über Nacht von selbst verschwinden würde und die auch keinen guten Kern in dieser «nationalen Bewegung» erkennen mochten, sondern ganz im Gegenteil einen «Rückschlag, der die allein lebensspendenden Kräfte des Unbewußten, Dynamischen, Dunkelschöpferischen auf den Schild hob und den Geist, unter dem man schlechthin das Intellektuelle verstand, als lebensmörderisch verpönte». Als Thomas Mann am 17. Oktober 1930 im Berliner Beethoven-Saal in seiner «Deutschen Ansprache, ein Appell an die Vernunft» mit diesen Worten für die bürgerlichen Freiheiten als einer Frucht intellektueller Anstrengungen plädierte und gegen das «Seelendunkel», bekam er eben diese irrationalen Kräfte zu spüren. Sein Sohn Klaus hat es im nachhinein glossiert: «Der Aufruhr im Saal brach los, als der Redner das deutsche Bürgertum mit dringlichem Ernst ermahnte, Frieden zu machen mit der organisierten Arbeiterschaft und die Idee der sozialistischen Demokratie endlich zu akzeptieren, auf daß die Schmach und Katastrophe des Dritten Reiches verhütet werde. An dieser Stelle erhob sich die gekränkte deutsche Ehre von ihrem Sitz und ließ bellende Töne hören.»

Einer von denen, der als Sympathisant der Randalierer im Saal saß, war der Student Alexander Mitscherlich, der schon als Schüler Kontakt zu radikalen rechten Kreisen gesucht hatte. Er schreibt in seiner Autobiographie: «Thomas Mann blickte irritiert ins Publikum; ich sehe ihn noch an seinem weißen Tuch nesteln und sich die Stirn trocknen. Die Polizei drängte dann die Störenfriede aus dem Saal. Es ist mir heute noch schmerzlich, damals auf der falschen Seite gestanden zu haben. Es war mir seinerzeit nicht klar, daß in solchen Augenblicken die Humanität, wie sie Thomas Mann vertrat, mit der antihumanen Welt des heroischen Nihilismus zusammentraf. Die Verkünder dieser Lehre waren ganz konsequent dabei, die Weimarer Republik zu zerstören.»

Sie mußten nicht allein ans Werk gehen, sondern hatten Helfershelfer bei denen, die es eigentlich besser wußten. Der Ton in den liberalen Zeitungen änderte sich im Laufe des Jahres 1931 unmerklich. Plötzlich wurde ausführlich über deutsche Minderheiten außerhalb der Reichsgrenze berichtet. Kommentare gegen die Westmächte wurden zahlreicher und aufgeregter. Arthur Koestler, damals überzeugter Kommunist, arbeitete als Journalist bei der «Berliner Zeitung am Mittag»: «Es war nicht nötig, die Redakteure und Auslandskorrespondenten zu diesem Kurswechsel aufzufordern. Nachdem der Ton einmal angeschlagen war, paßten sie sich an – instinktiv und automatisch.» In einer Konferenz aller Chefredakteure des Hauses Ullstein, das jahrelang eine Kampagne gegen die Todesstrafe geführt hatte, wurde aus Anlaß des Prozesses gegen den Massenmörder Harmann in wenigen Minuten und ohne Widerspruch beschlossen, nicht mehr für Begnadigungen einzutreten, «weil wir uns das zur Zeit nicht leisten können» – auch Koestler protestierte nicht.

Bei aller öffentlichen Aufgeregtheit, bei aller Verwirrung der Geister setzte sich eine Gewißheit immer mehr durch, die auch den Reichswehroffizier Claus von Stauffenberg nicht unberührt ließ. Im Juli 1931 schrieb er an Stefan George: «Das unvermeidliche wird doch kommen und daß es auf einige jahre und einige menschenleben und schicksale mehr oder minder nicht ankommt glaube ich inzwischen gelernt zu haben.»

Im März des gleichen Jahres bekannte sich ein Mann aus altem Adel zum Nationalsozialismus und versuchte, auch andere von dessen unvermeidlichem Aufstieg zu überzeugen: «Die nationale Bewegung wird in den nächsten Monaten die Macht ergreifen.» Mit dieser Prophezeiung überraschte Fritz-Dietlof von der Schulenburg, der junge Regierungsassessor im roten Ruhrgebiet, Kollegen, denen er einen Vortrag über «Preußisches Beamtentum» hielt. Doch wer glaubt, hier hätte jemand noch schnell sein Mäntelchen nach dem Wind hängen und sich dem neuesten politischen Trend anschließen wollen, irrt.

Der «rote Graf», wie man Schulenburg in seinem Bezirk um Recklinghausen, Gladbeck und Bottrop nannte, wurde im Herbst 1931 Mitglied der NSDAP, weil er von dieser Bewegung zweierlei erhoffte: Zucht und selbstlose Pflichterfüllung und zugleich Sinn für moderne rationelle Arbeitsmethoden; eine Symbiose bester Traditionen mit den effektivsten Errungenschaften des Fortschritts. Das war für den Adligen aus der Mark Brandenburg «preußischer Sozialismus». Wenn Schulenburg über das preußische Beamtentum sprach, hatte er die Vision einer umfassenden Veränderung der bestehenden Verhältnisse: «Es bedarf dazu einer radikalen Umwälzung aus einer neuen preußischen Staatsgesinnung, aus einer neuen deutschen Weltanschauung, die... mit wahrhaft revolutionärem Willen das ganze Leben des deutschen Volkes mit neuem Inhalt erfüllen, den ganzen Staat beherrschen und völlig neu gestalten will, ohne Verzicht und ohne Kompromiß.» Als sein Vorgesetzter, ein Mitglied der Zentrumspartei, hörte, daß Schulenberg in die NSDAP eingetreten war, sagte er: «Sind Sie verrückt geworden?» Und die Vermieterin des Grafen, eine Arbeiterfrau, rief: «Wie kann man nur diesem größenwahnsinnigen Malergesellen, diesem ewigen Meldegänger nachlaufen!»

Die Stimmung, Zeuge einer schicksalhaften Wende zu sein und sich ihr nicht entziehen zu dürfen, erfaßte immer weitere Kreise. Große Teile der evangelischen Kirche, von dem Trauma geprägt, im 19. Jahrhundert die Arbeiterschaft verloren zu haben, wollten nicht noch einmal abseits stehen. Im Frühjahr 1931 schlug das Landeskirchenamt der evangelischen Kirche in Braunschweig den Pfarrern vor, sich schriftlich mit dem Thema auseinanderzusetzen: «Die religiöse Richtung der völkischen Bewegung, insbesondere des Nationalsozialismus in ihrem Verhältnis zum Christentum und zur Kirche.» Die Mehrheit kam zu dem Schluß: «Für die evangelische Kirche wäre es ein schwerer Fehler, wenn sie an der nationalsozialistischen Bewegung vorbeigehen wollte, ihr neutral, kühl, unbeteiligt, ablehnend gegenüberstehen oder sie gar von Kirchen wegen bekämpfen würde... Es sind viele Fäden, die sich zwischen dem, was der Nationalsozialismus will und dem, was die Kirche will, hin und her spinnen, und es sind auf seiten des Nationalsozialismus ausgestreckte Arme. Und ausgestreckte Arme sollte man niemals zurückweisen.» Im Herbst 1931 sprach der evangelische Pastor, ehemalige U-Boot-Kommandant und NSDAP-Wähler Martin Niemöller im Rundfunk. «Ruf nach dem Führer» hieß die Sendung, und Niemöller fragte: «Wo ist der Führer? Wann wird er kommen? Unser Suchen und unser Wollen, unser Rufen und unser Sehnen bringen ihn nicht herbei. Wenn er kommt, wird er ein Geschenk von Gott sein.»

Die römische Kirche war gegen ein nationales Christentum besser gefeit. Ermutigt vom Ausgang der Septemberwahl 1930 hatte die Gauleitung Hessen der NSDAP in Offenbach das Ordinariat des Bistums Mainz gefragt, ob es richtig sei, daß kein Katholik Mitglied der Partei sein dürfe und in diesem Fall von den Sakramenten ausgeschlossen bliebe. Die Antwort kam noch Ende September vom Mainer Generalvikar, dem Vertreter des Erzbischofs: «Kann ein Katholik eingeschriebenes Mitglied der Hitlerpartei sein? Kann ein katholischer Pfarrer gestatten, daß Mitglieder dieser Partei korporativ an kirchlichen Beerdigungen oder sonstigen Veranstaltungen teilnehmen? Kann ein Katholik, der sich zu den Grundsätzen dieser Partei bekennt, zu den heiligen Sakramenten zugelassen werden? Wir müssen dies verneinen.» Damit traf die Nationalsozialisten der gleiche katholische Bannstrahl wie schon zu Beginn der zwanziger Jahre die Kommunisten und die Sozialdemokraten. Mochte dieses Verbot in der Praxis auch durchlöchert werden und mochten die Bischöfe durchaus uneins sein, wie strikt oder wie flexibel es anzuwenden sei. Es ist keine Frage, daß die katholische Kirche bis zum März 1933 an dieser klaren Entscheidung festgehalten hat und der neuen Bewegung als geschlossene Front gegenübertrat. So haben es die Gläubigen in den Gemeinden verstanden. Erst den Nachgeborenen wird in Kenntnis der weiteren Entwicklung beim Lesen der Dokumente deutlich, daß diese katholische Gegnerschaft nicht total war und eine Kooperation mit den Nationalsozialisten nicht prinzipiell ausgeschlossen wurde. Die bayerische Bischofskonferenz verkündet im Frühjahr 1931 ihrem Klerus: «Die Bischöfe müssen also als Wächter der wirklichen Glaubens- und Sittenlehre vor dem Nationalsozialismus warnen, solange und soweit er kulturpolitische Auffassungen kundgibt, die mit der katholischen Lehre nicht vereinbar sind.»

Ob der Abgeordnete Julius Leber in Lübeck den Nationalsozialisten ein schnelles Ende prophezeite oder Minister Wilhelm Leuschner ihnen in Darmstadt einen entschiedenen Kampf ansagte – für Sozialdemokraten aller Schattierungen gab es keinen Zweifel, wer ihr eigener Todfeind und der der Republik war. Aber wie stets seit dem revolutionären November 1918 war man sich in der Partei uneins, wie der politische Kampf für die Republik geführt werden sollte. Die rechten Sozialdemokraten tolerierten das Notstandsregime des Heinrich Brüning, um Schlimmeres zu verhüten und weil sie ihm – trotz rigoroser Sparmaßnahmen – ein soziales Gewissen nicht absprechen wollten. Die Linken in der SPD drängten, keine Koalitionen mit den bürgerlichen Parteien einzugehen, und sich entschiedener zum Klassenkampf zu bekennen und die Herrschaft der Funktionäre in der Partei zu beenden.

Im Herbst 1931 konnten sich die beiden Lager in der SPD nicht länger ertragen, Ausschluß aus der Mutterpartei und Gründung einer neuen linken Partei gingen ineinander über. Sozialistische Arbeiterpartei (SAP) nannte sich die neue Gruppierung, die ihre Anhänger vor allem unter jungen Sozialisten fand. In Köln mußte sich Heinz Kühn, Vorsitzender des Sozialistischen Studentenbundes entscheiden, ob er seine alte Partei – wie so viele seiner Freunde – verlassen sollte, um sich den Abweichlern anzuschließen. Er tat es nicht, sondern trat in das von der SPD gestützte Reichsbanner Schwarz-Rot-Gold ein: «Jetzt kam es nicht mehr auf theoretisches Rechthaben, sondern allein auf gemeinsames Handeln an. Und dies konnten nur, wie sehr auch ihre Führer irrten und ihre Organisationen unvorbereitet sein mochten, die sozialdemokratischen und republikanischen Massenorganisationen.» In Hamburg spaltete sich die Sozialistische Arbeiterjugend. Die Mehrheit unterstützte als Sozialistischer Jugendverband die SAP. Helmut Heins, gelernter Maschinenschlosser aus sozialdemokratischer Arbeiterfamilie, ging zur Sozialistischen Arbeiterpartei – und machte eine enttäuschende Erfahrung: «Von der SPD wurden wir als Spalter beschimpft und von den Kommunisten als Sumpf. Das haben wir Jungen überhaupt nicht begriffen. Wir waren so voller Illusionen, daß wir glaubten, das bindende Glied zwischen der SPD und der KPD sein zu können.»

Wo die Kommunisten immer noch ihren Hauptfeind sahen, getreu der Diffamierung der Sozialdemokraten als Sozialfaschisten durch Stalin, zeigte sich im Sommer 1931. Die KPD unterstützte zusammen mit der NSDAP ein Volksbegehren in Preußen für Auflösung des Parlaments und Neuwahlen. Das Ziel dieses erfolglosen Manövers war der Sturz der sozialdemokratischen Regierung in Preußen, auf Grund seiner Größe und dank seiner republiktreuen Polizei wichtigstes Bollwerk gegen die ansteigende braune Flut im Reich. Da war es verständlich, daß sich die SPD als alleinige und alleingelassene Verbündete der Republik fühlte. Im Januar 1932 schrieb die «Rheinische Zeitung»: «Im furchtbarsten Krisenwinter, unter schwerster Verantwortung, verleumdet und gehetzt, rechts und links die ganze wilde Meute gegen sich, veranstaltet die deutsche Sozialdemokratie die größten Kundgebungen ihrer Geschichte.»

War es die Tragik von Weimar, daß die beiden großen sozialistischen Parteien sich nicht im Kampf gegen die Nationalsozialisten zusammentaten? Für manche Historiker ist dies eine Legende, weil die linken Parteien in dieser Republik nie eine Mehrheit hatten. Aber den erbitterten Bruderkrieg rechtfertigt auch dieses Zahlenspiel nicht. In der DDR wird bis heute die Sozialdemokratie auf die Anklagebank gesetzt, weil sie die Einheitsappelle der Kommunisten abgelehnt habe. In der Bundesrepublik verteilen viele Historiker die Schuld auf eine SPD, die nicht bereit war, auf die Angebote der Kommunisten auch nur im Ansatz einzugehen und auf eine KPD, die faktisch eine Spaltung der Arbeiterbewegung oder die totale Kapitulation und Anpassung der SPD im Sinn hatte. Vor allem aber nahm die KPD-Zentrale trotz aller Aufrufe zum gemeinsamen Kampf – die immer nur der Basis und nie den Funktionären galten – den Vorwurf nicht zurück, daß die SPD eine faschistische Partei und damit Komplize der Nationalsozialisten sei.

Im März 1932 rief das Zentralkomitee der KPD den Wählern zu: «Laßt Euch von diesem gemeinsamen Kampf nicht durch die verräterischen Führer der SPD und des ADGB abhalten, die die rote Einheitsfront hassen und im Dienst des Kapitals zu vereiteln suchen.» Ein Rundschreiben der KPD-Bezirksleitung im Ruhrgebiet erläuterte ihren Funktionären im Februar 1932, wie sie sich gegenüber der «Eisernen Front», einem neuen republikanischen Schutzverband, der vor allem von Sozialdemokraten getragen wurde, verhalten sollten: «Unsere Aufgabe ist es, durch schriftliche und mündliche Aufklärung in gesteigertem Maße die Führer der ‹Eisernen Front› als Sozialfaschisten anzuprangern, ihre betrügerischen Manöver zur Sabotage der roten Einheitsfront zu entlarven und zu bekämpfen und die rebellierenden Anhänger und Mitglieder der Sozialdemokratie und der ‹Eisernen Front› in geschlossenen Gruppen zur roten Arbeiterfront zu führen.» Die Sozialdemokraten zahlten mit gleicher Münze heim. In ihrem «Kasseler Volksblatt» stand im März 1932: «Der Kampf gegen den Faschismus muß zugleich ein Kampf um die geistige und moralische Säuberung der deutschen Arbeiterbewegung von den Mamelucken Moskaus sein! Fort mit dem Faschismus! Fort auch mit den Handlangern Hitlers im kommunistischen Lager.»

Am allergefährlichsten erschienen den Kommunisten linke Sozialisten, wie sie sich in der SAP zusammenfanden. Von ihr heißt es im Rundschreiben der KPD-Bezirksleitung Ruhrgebiet, «daß diese Partei auf der anderen Seite der Barrikade steht und es mit ihr nur rücksichtslosen Kampf bis zur Vernichtung dieser Organisation geben kann». Damals hieß der Schlachtruf bei KPD-Demonstrationen: «Wer hat uns verraten? Sozialdemokraten.» Obwohl der Berliner Journalist Axel Eggebrecht damals ein überzeugter Kommunist war, behagte ihm nicht, was er 1932 in Berlin sah: «In lokalen Versammlungen erlebte ich, daß die KPD ihre Attacken überwiegend gegen die Sozialdemokraten richtete. Es machte wenig Eindruck, wenn ich davor warnte, die erbitterte Feindschaft zwischen den Linken könne der Reaktion zugute kommen...» Konsequent hielt die KPD an einem radikalen Entweder-Oder fest: «Die Fronten sind klar. Deutschland, das größte Industrieland Europas, steht vor der Entscheidung: Entweder Diktatur des Faschismus, um die heranziehende proletarische Revolution abzuwenden, oder Diktatur des Proletariats – Sowjet-Deutschland.» Es war diese rigorose Kompromißlosigkeit, die weiterhin Töchter und Söhne aus bürgerlichem Elternhaus faszinierte. Zum Beispiel Robert Havemann, der 1931 als Student der Chemie nach Berlin kam: «Innerhalb eines Jahres verwandelte ich mich von einem ziemlich unpolitischen, normalen wissenschaftsinteressierten jungen Mann aus der Bürgerschicht in einen leidenschaftlich politisch engagierten Menschen. Alles Halbe schien mir ganz unmöglich. Ich kam gleich mit sehr radikalen linken Leuten zusammen, die eine scharfe Kritik an der damaligen Politik der Sozialdemokraten übten. Und ich wollte einfach zu den Leuten gehören, die sich politisch ohne jede Einschränkung entschieden – ohne irgendwelche taktischen Manöver. Für mich waren Kommunisten eben diejenigen, die rücksichtslos, bedingungslos und vollständig konsequent gegen den Kapitalismus kämpfen wollten und natürlich gegen die Nazis.»

Die bürgerliche Intelligenz war eine winzige Minderheit in der Partei. Achtzig Prozent der KPD-Mitglieder zählten inzwischen zu den Arbeitslosen, von denen es 1932 gemäß der amtlichen Statistik 6,042 Millionen gab. Tatsächlich waren es rund acht

Millionen. Nur noch ein Drittel aller Arbeiter und Angestellten war jetzt voll beschäftigt. 23 Prozent mußten Kurzarbeit machen, über 44 Prozent waren arbeitslos. Der größte Teil der Arbeitslosen bekam inzwischen kein Arbeitslosengeld mehr und war auf die Wohlfahrt angewiesen. Rund 1,5 Millionen – darunter vor allem die Frauen und Jugendlichen – erhielten keinerlei Unterstützung mehr. In Freiburg sanken die wöchentlichen Fürsorgebeträge im September 1932 für einen alleinstehenden Arbeitslosen auf 8 bis 8,40 Reichsmark, für ein Ehepaar gab es 10,20 RM und pro Kind 2,25 RM. Immer wieder wurden die Löhne gesenkt. Von der arbeitenden Bevölkerung lebten rund 45 Prozent unter dem Existenzminimum. Die Haushalte der Gemeinden waren längst bankrott. Öffentliche Speisungen wurden organisiert, um dem schlimmsten Hunger zu begegnen. Die Allerärmsten bekamen dort einen Liter Suppe und 150 Gramm Brot. Unzählige Familien, die ihre Miete nicht mehr zahlen konnten, wurden von der Polizei aus den Wohnungen geholt und in kalten und feuchten Behelfsunterkünften einquartiert.

Die Verelendung brachte dem Bürgerkrieg neue Munition. 1932 wurde das blutigste Jahr der Republik. Ende Juli sollte ein neuer Reichstag gewählt werden. Im Wahlkampf rief der Vertreter der NSDAP auf einer Kundgebung in Kassel den demokratischen Politikern zu: «Die Burschen werden noch was erleben, wenn Hitler an der Macht ist. Wir sagen euch, euch wird nichts geschenkt, ihr Lumpen und Volksverräter! Ich garantiere diesen Schweinehunden, daß sie gehenkt werden, und wir werden sie so lange hängen lassen, bis die Krähen sie gefressen haben.» 139 Arbeiter wurden während des Jahres bei Straßenkämpfen, Saalschlachten und Überfällen allein von den Nationalsozialisten getötet. Theaterstücke wurden durch Randalierer abgebrochen, Filmaufführungen mit Stinkbomben und weißen Mäusen gestört. Zu jeder Kundgebung marschierten Hundertschaften der Polizei auf – und standen im Zweifelsfall auf seiten der NSDAP. Pflastersteine flogen, Messer wurden gezückt.

Die Nationalsozialisten erzwangen Demonstrationsmärsche durch die Arbeiterviertel und wurden blutig zurückgeschlagen. Als sie es im Juli 1932 in Hamburg-Altona versuchten und die Polizei die Demonstration nicht verbot, kam es zum «Altonaer Blutsonntag». Die Arbeiter dort verhinderten das Eindringen der braunen Kolonnen – und beklagten am Ende 17 Tote. Unter den Altonaer Arbeitern, die gegen die Provokation der NSDAP auf die Straße gingen und dann verhaftet wurden, war der junge Bruno Tesch. Ursprünglich war er Sozialdemokrat. Als die SAP sich abspaltete, sagte er zu seinem Genossen Helmut Heins, der mit der neuen Partei ging: «Euer Glaube, das einigende Band zwischen den Arbeiterparteien zu sein, ist eine Illusion.» Bruno Tesch wechselte direkt zum Kommunistischen Jugendverband. Im Juli 1932 änderte auch Helmut Heins seine Meinung: «Das Schicksal Brunos, unseres alten Kameraden, und die Tatsache, daß wir mit eigenen Augen die Ereignisse des ‹Blutsonntags› sahen, hat uns nach links getrieben... Ich trat dem Kommunistischen Jugendverband im September 1932 bei und wurde Unterbezirksleiter in Hamburg-Altona.»

Während die Funktionäre von SPD und KPD weiter gegeneinander kämpften, brachten Mord und Totschlag manche Anhänger der Parteien eher zueinander. Im Januar 1932 ermordeten SA-Trupps in Dortmund zwei junge Arbeiter. Der eine war Kommunist, der andere Christ. Rund 7000 Menschen der unterschiedlichsten sozialistischen Gruppierungen begleiteten den Trauerzug für die beiden Toten. Im Juni starb ein parteiloser Arbeiter in Duisburg an Verletzungen durch die Nationalsozialisten. Zu seiner Beisetzung kamen rund 40000 Menschen, und 22 Hafenbetriebe traten in einen einstündigen Proteststreik. Zwei Tage später, am 26. Juni, wurde in Essen ein ermordeter Jungarbeiter von rund 10000 Mitbürgern zu Grabe getragen. Auf dem Friedhof sprach der KPD-Funktionär Anton Saefkow: «Dein Tod... hat dazu geführt, daß heute an deinem Grabe Schulter an Schulter sozialdemokratische und kommunistische Arbeiter stehen.» Doch so mächtig diese gemeinsamen Demonstrationen auch wirkten, sie blieben ohne Einfluß auf die Politik der Arbeiterparteien.

Im April 1932 war bei den Wahlen zum preußischen Landtag die NSDAP von 9 auf 160 Abgeordnete geschnellt. Im Mai entließ Reichspräsident Hindenburg Kanzler Heinrich Brüning und ernannte im Schutz des Paragraphen 48 der Weimarer Verfassung den nationalkonservativen Franz von Papen zum neuen Reichskanzler. Am 20. Juli nutzte Papen den Wahlausgang in Preußen – wo sich keine Regierungsmehrheit fand –, setzte die sozialdemokratische Landesregierung ab und unterstellte Preußen der kommissarischen Gewalt des Reichskanzlers. Die republiktreue preußische Polizei kam damit in die Hände der Republikverächter. Überall in Preußen wurden Beamte entlassen, die aus ihrer demokratischen Gesinnung keinen Hehl gemacht hatten. War das der Augenblick für alle Demokraten, Widerstand zu leisten? Mochte der Handstreich gegen Preußen nach dem Buchstaben des Gesetzes legal sein, wer politischen Verstand hatte, wußte, daß dies eine offene Kampfansage an die Republik von Weimar war. Wo aber blieben ihre Verteidiger?

An diesem 20. Juli 1932 gehörte der Kölner Reichsbanner-Mann Heinz Kühn zu den Tausenden, die auf einen Befehl aus der Berliner Zentrale warteten: «Wo blieb der Widerstand? Was war aus den großen Worten der Kundgebungen geworden?... Wir warteten ungeduldig, wir Jungen am ungeduldigsten. Die Hundertschaften waren in Bereitschaft gerufen, wir hofften auf das Losungswort – bis abends der Telefonruf aus Berlin kam: Wir haben das Reichsgericht angerufen!» Überall in deutschen Städten fanden spontan Protestkundgebungen gegen das Vorgehen der Reichsregierung in Preußen statt. Die Parole der SPD-Politiker und Gewerkschaftler lautete: «Den Führern die Treue halten und ihre Weisungen befolgen.» Die SPD-Zeitung «Vorwärts» schrieb am 21. Juli: «In den Versammlungen der ‹Eisernen Front›, die gestern abend in allen Teilen Berlins abgehalten wurden, herrschte eine Kampfstimmung von solcher Leidenschaftlichkeit und Entschlossenheit...» Wovor Reichskanzler von Papen und seine antidemokratischen Freunde Angst hatten, konnte man offen in der «Berliner Börsenzeitung» lesen, nämlich «ob Gewerkschaften und Sozialdemokraten den Generalstreik proklamieren würden». Doch die Feinde der Republik konnten ruhig schlafen. Die Führer der Gewerkschaft sprachen sich gegen einen Streik aus. Die SPD argumentierte, man werde sich vor dem Reichsgericht sein Recht holen und der Bürger könne bei der bevorstehenden Wahl zum Reichstag mit dem Stimmzettel dem Herrn von Papen und allen, die ähnlich dächten, einen Denkzettel verpassen.

Der Streit der Historiker, was in dieser Situation die «richtige» Reaktion der SPD gewesen wäre, ist bis heute offen. Wahr ist: Adolf Hitler und seine aktiven Anhänger warteten nur auf einen Bürgerkrieg, um sich den verängstigten Bürgern als Retter des Vaterlandes zu empfehlen. SA und SS standen kampfbereit. Wie viele von denen, die Arbeit hatten, tatsächlich bereit waren, kämpferische Solidarität zu üben, wird sich niemals berechnen lassen. Doch es läßt sich auch argumentieren, daß ein Generalstreik gegen den «Papenschlag» zum Kristallisationspunkt des Widerstandes hätte werden können, der die Demokraten aus den verschiedenen Lagern geeint hätte. Eine Konstellation, die es auf der immer abschüssiger werdenden Bahn zur Diktatur nicht noch einmal gab. Ein gescheiterter, aber ehrenhafter Widerstand hätte wohl nicht demoralisierender wirken können als die tiefe Resignation, die jetzt auf der Linken um sich griff. Nun fühlten sich alle bestärkt, die die Republik für abbruchreif und ihre Verteidiger für feige und besiegbar hielten. Noch mehr Zauderer und Opportunisten wurden mitgerissen von denen, die offensichtlich die stärkeren Bataillone hatten. Bei der Reichstagswahl am 31. Juli 1932 wählten 13779111 Deutsche die NSDAP. Damit wurde sie von 18,3 Prozent auf 37,4 Prozent katapultiert, 230 Männer Adolf Hitlers würden in den neuen Reichstag einziehen.

Die Aggressivität, mit der die neue Partei sich nach oben kämpfte, hinderte ihren Führer Hitler nicht, immer wieder das Christentum als Maßstab seines Handelns auszugeben. Auch diese Botschaft hörte die bürgerliche Welt mit Freuden. Als ein einsamer Rufer predigte Dietrich Bonhoeffer im Juni 1932 in der Berliner Kaiser-Wilhelm-Gedächtniskirche ein anderes Christentum: «‹Im Namen Gottes, Amen›, soll es wieder heißen. Religion soll wieder gepflegt und christliche Weltanschauung ausgebreitet werden. Wie dürftig, wie schwach, wie jämmerlich klingt das alles: Glauben wir, daß wir uns das zweite Mal wirklich gefangennehmen lassen würden von diesem ‹Im Namen Gottes, Amen›? Daß wir uns von ihm bestimmen lassen würden in unserem Tun? Daß wir uns, reich und arm, deutsch und französisch, zusammenbinden lassen würden durch diesen Namen Gottes? Oder versteckt sich nicht gerade hinter unseren religiösen Tendenzen unser unbändiger Drang nach... Willkür –, im Namen Gottes das zu tun, was uns gefällt, im Namen der Christlichen Weltanschauung das eine Volkstum gegen das andere auszuspielen und aufzuhetzen?» Eine Woche später stand der 29jährige Theologe wieder auf der gleichen Kanzel und las seiner lutherischen Kirche, die sich in einer falschen Zufriedenheit wiege, die Leviten: «Wir müssen uns nicht wundern, wenn auch für unsere Kirche wieder Zeiten kommen werden, wo Märtyrerblut gefordert wird. Aber dieses Blut, wenn wir denn wirklich noch den Mut und die Treue haben, es zu vergießen, wird nicht so unschuldig und leuchtend sein wie jenes der ersten Zeugen. Auf unserem Blut läge große eigene Schuld: die Schuld des unnützen Knechtes.» Für die Nachgeborenen hat Dietrich Bonhoeffer mit diesen prophetischen Worten sein eigenes Schicksal beschworen. Den Zeitgenossen versuchte er klarzumachen, daß sie vor einer radikalen Alternative standen. Die Mehrheit jedoch wollte nicht ständig neue Herausforderungen, sondern endlich Ruhe und Ordnung und eine feste Hand.

In Lübeck kommentierte Julius Leber den Ausgang der Juliwahl als «Umschwung» – zugunsten seiner SPD. Hitler war für ihn «die Mode von gestern». Kaum sechs Monate nach dem zweiten Erdrutsch zugunsten der NSDAP innerhalb von drei Jahren war diese Einschätzung Allgemeingut bei den Meinungsmachern im demokratischen Lager geworden. Denn trotz allem Elend signalisierten die Daten aus der Wirtschaft, daß die Talsohle der Krise offensichtlich erreicht war und es nur noch aufwärts gehen konnte. Als im November 1932 die Deutschen wieder einen neuen Reichstag wählten, verloren die Nationalsozialisten rund zwei Millionen Wähler und rutschten auf 33,1 Prozent. Für eine Partei, die wie sie immer nur vom totalen Sieg redete, war das eine empfindliche Niederlage.

Der «Simplizissimus» spottete: «Eins nur läßt sich sicher sagen, / Und das freut uns rundherum: / Hitler geht es an den Kragen. / Dieses ‹Führers› Zeit ist um.» Der liberale Publizist Leopold Schwarzschild schrieb zum 31. Dezember 1932: «Die Entwicklung dieses deutschen Jahres 1932... war zunächst ein so taumelnder Endgalopp zur Katastrophe, zum Kladderadatsch des plebejisch- oder feudal-faschistischen Umsturzes – mit allem, was ihm folgen mochte: Terror, Reichsverfall, Hunger, Barbarei –, daß heute noch gar nicht verstanden werden kann, welches geschichtliche Mirakel in fast letzter Minute die Linie plötzlich abseits bog... Offenkundig ist die politische Kräfteströmung in ihrer Richtung verändert, in ihrer Gewalt abgeschwächt... Obwohl Entwicklungen nicht gradlinig verlaufen und obwohl niemand weiß, an welchem Punkte sie sich totlaufen, ist am Horizont dieses Silvestertags 1932 doch zum erstenmal wieder nach langer Zeit ein Riß in den Wolkenwänden zu sehen.» Der SPD-Ortsverein Nürnberg stellte in seinem Jahresbericht fest: «Das Kampf- und Wahljahr 1932 war das stürmischste seit 1923, ja vielleicht überhaupt das ereignisreichste seit Bestehen der Deutschen Republik... Trotzdem, der Marsch des Faschismus ist aufgehalten, die nationalsozialistische Bewegung ist im Rückgang begriffen... Freudig können wir am Jahresschluß feststellen, daß die Einheit und Geschlossenheit unserer Bewegung unerschütterlicher denn je dasteht. Unerschütterlich ist bei all unseren Anhängern der Glaube an den Sieg, die Hoffnung auf den Sozialismus... Eine Organisation, die sich stützen kann auf die Treue ihres Funktionärskörpers, auf die Entschlossenheit und Tatkraft ihrer Anhänger, wird und muß siegen.»

Der Mißerfolg der Nationalsozialisten bei der Novemberwahl war für ihre Gegner aber offensichtlich kein Anlaß, sie um so entschiedener zu bekämpfen und endgültig von der Macht fern zu halten. In Lübeck überlegte Julius Leber laut, daß ein Reichskanzler Hitler nicht mehr «im Blut waten» würde, sondern in den «Stiefeln der Verfassung». Sein Charisma würde sich selbst bei seinen Anhängern schnell abnutzen, und dann sei die Stunde der SPD gekommen. Der Gewerkschaftsfunktionär und Zentrumsabgeordnete Jakob Kaiser hatte im Frühjahr 1932 entscheidend dazu beigetragen, daß die christlichen Gewerkschaften sich ohne Wenn und Aber gegen den Nationalsozialismus stellten: «Sein Rassenglaube ist unchristlich. Die christliche Arbeiterschaft hat die marxistische Auffassung leidenschaftlich bekämpft, daß alle Kultur nichts als Ausstrahlung der Wirtschaft ist. Genauso lehnt sie die nationalsozialistischen Theorien ab, die verkünden, daß wahre Kultur abhängig sei vom Blut der nordischen Rasse.» Der engagierte Katholik hatte seinen Zuhörern in der großen Kölner Messehalle am 6. März 1932 zugerufen: «Wir sind zum Kampf entschlossen. Jedem Willen zur Reaktion und Diktatur treten wir in eiserner Entschlossenheit entgegen.» Doch im Dezember 1932 gehörte Jakob Kaiser zu denen in der Zentrumspartei, die Verhandlungen seiner Partei mit der NSDAP zustimmten, um sie an der Regierung zu beteiligen: «Es entspricht ja unserer Auffassung, daß die Nationalsozialisten irgendwie in den Staat eingebaut werden müssen. Ihre positive Kraft muß irgendwie dem Staate dienstbar gemacht werden. Kann es ohne die Gefahr einer Parteidiktatur geschehen, dann muß es geschehen. Auch Hitler als Reichskanzler braucht man dann nicht zu fürchten, immer natürlich unter der Voraussetzung, daß ausreichende Sicherungen und Abmachungen gegen ein Abgleiten in die Diktatur getroffen werden können.»

Wo sind an diesem Jahresende die zu finden, die Hitler und seine Partei nicht nur ideologisch bekämpfen – aber bei aller Gegnerschaft unterschätzen –, sondern die sehr konkrete Gefahr sehen und Maßnahmen dagegen treffen? In den etablierten Institutionen sind es Einzelgänger wie das SPD-Mitglied Rudolf Küstermeier. In der Gewißheit, daß die Demokratie nicht mehr lange leben würde, hatte er im Oktober begonnen, in Berlin Gleichgesinnte aus der SPD – vor allem Arbeiter –, aber auch Studenten und Parteilose zusammenzubringen. Der «Rote Stoßtrupp» nannten sie sich und bereiteten sich in aller Stille darauf vor, Strukturen und praktische Maßnahmen für den Kampf in der Illegalität vorzubereiten. Der ursprünglich aus der kommunistischen Jugend kommende Walter Löwenheim baute strikt zentralistisch geführte Kleingruppen auf, die innerhalb von SPD und KPD Reformer sammelten und – unerkannt und konspirativ – für eine gemeinsame kampfbereite sozialistische Politik warben. Die Heimlichkeit ging so weit, daß man anfangs überhaupt keinen Namen hatte. «O» für Organisation wurde schließlich das Kodewort dieser Sozialisten, die ausschließlich im linken Untergrund arbeiteten. Vorbereitungen für die Illegalität trafen auch die Sozialistische Arbeiterpartei (SAP) und der Internationale Sozialistische Kampfbund (ISK), kleine sozialistische Splittergruppen ohne Einfluß auf die politischen Hauptströmungen. Illusionen aber machten sie sich – im Gegensatz zu den großen Schwesterparteien SPD und KPD – keine.

Den Studenten Alexander Mitscherlich hatte das Störmanöver seiner rechtsradikalen Freunde bei dem Berliner Vortrag Thomas Manns im Oktober 1931 nachdenklich gemacht. Er bewegte sich auf dem rechten Spektrum nach links und gehörte bald zum Kreis um einen Mann, der versuchte, radikale rechte und linke Ideen auf einen Nenner zu bringen. Ernst Niekisch, geboren 1889, Feilenhauermeister, hatte 1926 die «Blätter für sozialistische und nationalrevolutionäre Politik» mit dem zündenden Titel «Widerstand» gegründet. Er sympathisierte mit dem Ex-Sozialdemokraten August Winnig, der dem Klassenkampf abgeschworen hatte, einen neuen Nationalismus predigte und den «roten Graf» Fritz-Dietlof von der Schulenburg zu seinen Bewunderern zählte. Niekisch, von dessen Anhängern viele aus der Jugendbewegung kamen, kämpfte an zwei Fronten. Er verachtete die Verständigungspolitik der Weimarer Demokraten mit den Westmächten und den Antikommunismus der bürgerlichen Parteien: «Die Abwendung vom Westen bedeutete zugleich Abwendung vom bürgerlich-kapitalistischen Prinzip und Anlehnung an das weltrevolutionäre Rußland.» Niekisch berief sich wie Schulenburg auf preußische Traditionen – antiliberal, antieuropäisch – und war stolz darauf, ein Nationalbolschewist genannt zu werden. So verworren und widersprüchlich seine Vorstellungen auch waren, so sehr sie dem Nationalsozialismus in einigen Punkten ähnelten, dem Faschismus erteilte Niekisch eine eindeutige Absage. Erreichen wollte er sein Ziel mit einer geistigen Elite. Und er brauchte sich um Nachwuchs nicht zu sorgen.

Ein nationaler Bolschewist und Revolutionär, der die Nationalsozialisten haßte, war Harro Schulze-Boysen. Der Student, der im Berliner Arbeiterviertel Wedding wohnte, war Großneffe eines kaiserlichen Großadmirals. Er verachtete die einflußreichen bürgerlichen Kreise, aus denen er stammte – und war doch nicht frei von jenen deutschnationalen Begriffen und Werten, die sein Kieler Elternhaus geprägt hatten und mit denen die NSDAP auf Stimmenfang ging. 1932 schrieb Schulze-Boysen: «Dem mechanischen Staatsdenken und dem Begriff der Nation stellen wir den Gedanken der Volks-Gemeinschaft gegenüber. Das Volk wird als neues Ziel und neue Wesenheit erlebt und der Sinn des Staates im Dienst an der steten Verjüngung des Ganzen erschaut.» Der junge Antidemokrat plädierte für einen starken Staat, der auch außenpolitisch die «Konsequenzen eines revolutionären Mythos» ziehen sollte, und verhöhnte die «liberale Scheinfreiheit des einzelnen».

Zu denen, die die Demokratie von rechts bekämpften und zugleich kompromißlos gegen die Nationalsozialisten auftraten, zählte seit 1932 auch Ewald von Kleist aus dem pommerschen Schmenzin, der das ganze Jahrzehnt unermüdlich für die Wiederherstellung der Monarchie geworben hatte. Davon ließ er zwar nicht ab. Doch er versuchte seine nationalistischen politischen Freunde mit der Schrift «Der Nationalsozialismus – eine Gefahr» zu überzeugen, daß ihr Partner von rechtsaußen sie verschlingen würde: «Es ist nicht mehr tragbar, daß die Vorspiegelung, als ob der Nationalsozialismus die rettende nationale Bewegung sei, weiter geduldet wird. Dieser Wahn muß zerstört werden. Ebenso das völlig falsche Bild, das sich die Menschen von Hitler machen.» Hitler, das hämmerte Ewald von Kleist bei politischen Versammlungen in diesem Jahr 1932 seinen Zuhörern beschwörend ein, bedeute den Untergang Deutschlands. Aber der Mann aus Pommern schien selbst geschworenen Demokraten wie einer, der die Zeichen der Zeit verkannte. Die Rabauken in den braunen Uniformen – das war doch eigentlich schon überstanden. Der Wirtschaftsjournalist Gustav Stolper, der seit 1930 als Abgeordneter der Deutschen Demokratischen Partei im Reichstag saß, schrieb zum Jahresende 1932: «Das Jahr 1932 hat Hitlers Glück und Ende gebracht.»

1933
Die Arbeiter gehen in den Untergrund

Am Vormittag des 30. Januar 1933 trafen sich Fraktion und Vorstand der SPD mit Vertretern des ihr nahestehenden Allgemeinen Deutschen Gewerkschaftsbundes im Berliner Reichstagsgebäude und veranstalteten politische Sandkastenspiele. Hindenburg werde wohl ein Kabinett der Beamten und Fachleute berufen, irgendwelche Entscheidungen müsse die Partei in dieser Stunde nicht treffen. Wenn Hitler auf verfassungsmäßigem Weg ins Kabinett komme, so argumentierte der Gewerkschaftsvertreter, sei dagegen nichts zu machen. Nur der Mann von der Schutztruppe der Eisernen Front drängte auf eine kämpferische Entscheidung. Die Masse erwarte, daß man eine eindeutige Linie gegenüber den Feinden der Republik ziehe. Aber Otto Braun, im Juni 1932 durch die Regierung Papen staatsstreichartig als preußischer Ministerpräsident aus dem Amt gedrängt, drückte die allgemeine Stimmung aus, als er zu solcher Forderung meinte: Abwarten solle man, statt irgendwelchen Unsinn zu machen; die ostelbische Herrenklasse wolle den Malergesellen gar nicht an die Macht kommen lassen. Um 12.40 Uhr schlug eine Nachricht im Fraktionszimmer wie eine Bombe ein: Reichspräsident Hindenburg hat Adolf Hitler zum Reichskanzler ernannt.

In ihrer Heimatstadt Dresden erlebte die junge Malerin Lea Grundig, Jüdin und Mitglied der KPD, was sich an diesem Tag so in vielen Gemeinden Deutschlands zugetragen hat: «Wir traten aus dem Hause und sahen, daß etwas anders geworden war. Es lachten und ereiferten sich die Zigarrenladenbesitzer und andre kleine Händler. An den Fenstern erschienen Hakenkreuzfahnen, und Extrablätter schrien das Neue: Hitler war Reichskanzler geworden, von Hindenburg berufen. Wie ein Taumel ergriff es die Stadt. Brüllende Umzüge marschierten, Braunhemden ohne Zahl. Sie trugen ihr johlendes Triumphgeheul durch alle Straßen, und wer am Wege stand und nicht den Arm hob, wurde angerempelt oder verprügelt.» Begeisterung überall, der abendliche Fackelzug der SA-Männer durch Berlin, ein gerührter Adolf Hitler am Fenster, so ist dieser Tag in Erinnerung geblieben. Es war auch nicht alles Show, nicht alles inszeniert, um die Unentschlossenen mitzureißen, die Gegner einzuschüchtern, die Anhänger aufs neue zu mobilisieren. Unbekannte fielen sich auf der Straße um den Hals. Eine Feiertagsstimmung ergriff das Land, und mancher Skeptiker dachte: Soll er sie haben, seine Chance. Um so schneller ist der ganze braune Spuk vorbei.

Doch es gibt auch andere Umzüge an diesem Tag und diesem Abend. Es kommt zu spontanen Demonstrationen, die Menschen nicht aus Freude, sondern aus Wut und Enttäuschung zusammenführen. In Düsseldorfer Vororten formieren sich Arbeiter zu mehreren Zügen in die Innenstadt und werden erst in Bilk von der Polizei zerstreut. In Frankfurt diskutieren Gruppen auf Straßen und Plätzen. Es kommt zu Rangeleien, Schlägereien. Die Polizei ist ständig im Einsatz. Der Neumarkt in Köln ist voller Menschen, die offensichtlich nicht begeistert sind. Am Abend marschieren in Barmen Tausende von Arbeitern vor das Rathaus und rufen: «Nieder mit Hitler!» Als die Polizei die Demonstration sprengen will, geht es weiter zum Rathaus nach Elberfeld. In Wuppertal wagt sich an diesem Abend kein SA-Mann aus dem Haus. In Wiesbaden und Kassel dröhnen die gleichen Sprechchöre durch die Straßen. In Dortmund ruft die KPD für den Nachmittag zu einer Großkundgebung auf den Hansaplatz. In Bochum schützen Kommunisten und Sozialdemokraten gemeinsam die Arbeiterviertel vor Überfällen der Nationalsozialisten.

Als die Arbeiter im Ruhrgebiet am nächsten Morgen zur Frühschicht gehen, sagt ihnen die KPD, was zu tun ist: Generalstreik. In Dortmund hatte der Jungkommunist Willi Rattai die ganze Nacht am Vervielfältigungsapparat gestanden. Ohne Schlaf machte er weiter: «Ich selbst stand mit anderen Genossen vor Beginn der Frühschicht an einem Tor der ‹Westfalenhütte› und verteilte Flugblätter. Die Arbeiter nahmen die Flugblätter an, ohne sich jedoch auf Diskussionen einzulassen. Nur vereinzelt hörte man solche Kommentare wie: ‹Auch der Hitler wird bald abgewirtschaftet haben!› oder: ‹Wartet nur ab, das ist bald wieder vorüber.› Wir standen nach Beginn der Frühschicht noch vor dem Tor herum, doch es ereignete sich nichts weiter.» Wie in Dortmund war es fast überall. Der Appell der KPD fand bei den Arbeitern, die noch Arbeit hatten, keine Resonanz, denn sie waren ihrer alten Partei, der SPD, treu geblieben. Die rund 360000 Mitglieder der KPD waren über 80 Prozent arbeitslos, meist unter 30 Jahre alt und der Partei erst vor wenigen Jahren beigetreten. SPD-Mitglieder überzeugte es nicht, wenn das Extrablatt der kommunistischen «Neuen Zeitung» am 30. Januar zum «gemeinsamen Kampf gegen die faschistische Reaktion» aufrief und behauptete, der SPD-Vorstand habe alle Vorbereitungen des Verrats getroffen und gehe mit den Faschisten durch dick und dünn. Da half es auch nichts, wenn ein KPD-Flugblatt in Selb – wie vielerorts – beteuerte: «Wir wollen keinen Bruderkampf zwischen SPD- und KPD-Arbeitern.»

Es gab eine Minderheit in der SPD, die die Passivität ihrer Funktionäre und deren großes Vertrauen in die Organe der Republik kritisierte. Die SPD hatte jetzt gut eine Million Mitglieder, fast zweieinhalb Millionen Menschen bekannten sich zum Reichsbanner Schwarz-Rot-Gold. Nicht wenige wünschten, die Feinde der Republik entschiedener zu bekämpfen und waren bereit, mit den Kommunisten gemeinsame Sache zu machen. Aber Stalins nie aufgegebener und von der KPD ständig wiederholter Vorwurf, die Sozialdemokraten seien Handlanger des Faschismus, zerstörte solche Ansätze. Kein Arbeiter konnte solche maßlose Kritik an seiner Partei und seinen Funktionären in der Stunde zulassen, wo der Nationalsozialismus Triumphe feierte. Das sozialdemokratische «Hamburger Echo» konnte bei vielen Lesern auf Zustimmung hoffen, wenn es am gleichen Tag vor den Generalstreikplänen der KPD warnte und seinerseits den Bruderzwist schürte: «Die sinn- und gewissenlosen Radau- und Revoluzzermethoden der Kommunisten sind der faschistischen Reaktion nur erwünscht.»

Das war die Strategie der SPD: Den Nationalsozialisten keinen Vorwand liefern, und sollten diese dennoch gegen die Arbeiterschaft vorgehen, gab es für das «Hamburger Echo» keine Zweifel: «Die sozialdemokratische Arbeiterbewegung ist mit ihrer disziplinierten Geschlossenheit mit Bismarcks Gewaltmethoden fertig geworden. Die sozialdemokratische Arbeiterbewegung hat mit ihrer disziplinierten Geschlossenheit das Kaiserreich Wilhelms II. niedergerungen. Die sozialdemokratische Arbeiterbewegung wird durch disziplinierte Geschlossenheit auch mit der neuen, faschistisch-großkapitalistischen Reaktion fertig werden.» Neben dem Stolz auf die eigene Geschichte, auf die Verfolgungen und die Standhaftigkeit vergangener Generationen klingt diese Aussage wie Selbstbeschwichtigung: Wir haben es bisher geschafft, wir werden es auch diesmal schaffen.

Während die einen vor den Fabriktoren Flugblätter verteilen, sitzen andere im Zug und fahren aus allen Ecken Deutschlands durch die Nacht in Richtung Berlin. Alle, die auf irgendeine Weise mit der SPD verbunden sind – Arbeitersportler, Kinderfreunde, Arbeiterwohlfahrt, Arbeiterjugend, Gewerkschaft – haben ihre Vertreter zu einer Sitzung am 31. Januar 1933 im Reichstag geschickt. Der Reichstagsabgeordnete Rudolf Breitscheid hält das Einführungsreferat. Er beschwört die Tradition der Arbeiterpartei und die verfassungsmäßige Ordnung der Republik, die seiner Partei zur Richtschnur geworden ist, mögen auch deren Verächter an die Regierung gekommen sein: «Wenn Hitler den Weg der Verfassung beschreitet, steht er an der Spitze einer Rechtsregierung, die wir bekämpfen können und müssen, mehr noch als die früheren, aber es ist dann eben eine verfassungsmäßige Rechtsregierung.» Breitscheid fordert die Genossen auf, kaltblütig zu bleiben, jetzt nichts zu unternehmen. Sein politisches Resümee heißt: «Bereit sein ist alles.» Einer nach dem andern kommen die Vertreter der Organisationen zu Wort. Der Arbeitersportler: «Ich bin mit den Ausführungen Breitscheids restlos einverstanden und möchte besonders den Satz unterstreichen, daß die Arbeiterschaft jetzt mit Ruhe und Würde den Kampf aufnehmen muß und daß es gefährlich wäre, Unruhe in die Arbeiterschaft zu tragen.» Der Vertreter des Freien Angestelltenbundes: «Restlos einverstanden... Für den Fall, daß die führenden Parteigenossen in Schutzhaft genommen oder irgendwelche anderen Maßnahmen getroffen werden... Treffpunkte für außergewöhnliche Fälle festlegen, damit die Parteigenossen wissen, wo sie sich treffen können.» Der Gewerkschaftler: «Wenn die Arbeiterschaft sich jetzt zu verfrühtem, unzweckmäßigem politischen oder gewerkschaftlichen Vorprellen bereit findet, tastet man eventuell die Gewerkschaften selbst an, nimmt die Führer in Schutzhaft, beschlagnahmt die Häuser und Kassen usw.... wir richten uns ein auf ein Bereitsein für längere Dauer. Das kostet Nerven, das fordert Takt.»

Sofort nach Ende der Sitzung eilen die angereisten Teilnehmer wieder zum Zug, um noch am gleichen Abend überall im Land die Linie der Partei vorzutragen und durchzusetzen. Es gibt Kritik. Die Jungen vor allem wollen nicht mehr stillhalten. Doch noch immer ist Solidarität die größte Tugend der Sozialdemokraten. Der Aufruf in der Parteizeitung «Vorwärts» vom 31. Januar 1933 faßt zusammen, mit welchem Programm die Arbeiterpartei die neue Regierung aus dem Sattel heben will: «Wir führen unseren

Kampf auf dem Boden der Verfassung. Die politischen und sozialen Rechte des Volkes, die in Verfassung und Gesetz verankert sind, werden wir gegen jeden Angriff mit allen Mitteln verteidigen... Zu diesem entscheidenden Kampf sind alle Kräfte bereitzuhalten. Undiszipliniertes Vorgehen einzelner Organisationen oder Gruppen auf eigene Faust würde der gesamten Arbeiterklasse zum Schaden gereichen.» Manche SPD-Zeitungen in der Provinz wundern sich über die ganze Aufregung. Am 1. Februar 1933 steht im Bochumer «Volksblatt»: «Was ist denn eigentlich geschehen? Doch weiter nichts, als daß Adolf Hitler zum Reichskanzler ernannt worden ist... zum Reichskanzler der Kapitalisten.» In Augsburg schreibt die «Schwäbische Volkszeitung»: «Dieses Kabinett ist der vollständige Sieg der feinen Leute. Diese Regierung wartet auf die Gelegenheit, auf den Vorwand, um die Grenzen der Verfassung zu sprengen. Wir werden ihr diesen Vorwand nicht liefern.»

Die erfolgreichen Praktiken der Nationalsozialisten waren nicht ohne Wirkung auf ihre Gegner geblieben. Auch die SPD wollte mit Massenaufmärschen die Anhänger stärken und dem Gegner Kampfbereitschaft signalisieren. Ihre Parole für diesen Februar hieß: «Auf die Straße für die Freiheit!» In Hamburg kamen am 1. Februar 1933 Zehntausende unter freiem Himmel zusammen und hörten von der Rednertribüne: «Die Herren können unsere Presse verbieten. Aber es wird ihnen nicht gelingen, den zähen Widerstand der sozialistischen Arbeiter zu brechen.» In Augsburg rief der SPD-Reichstagsabgeordnete Kurt Schumacher einen Tag später den Menschen im Herrlesaalbau zu: «Wir werden uns wehren. Wir werden nicht ruhmlos untergehen.» Als der neue Reichskanzler Adolf Hitler am 4. Februar entgegen den Zusagen an seine konservativen Verbündeten Neuwahlen durchsetzte, fühlte sich die SPD nur bestätigt. Am 5. März würde man Hitler mit dem Stimmzettel besiegen.

Mit dieser Zuversicht ging die SPD nun erst recht auf die Straße. In Nürnberg standen bei einer Kundgebung der Eisernen Front am 12. Februar rund 60000 Menschen auf dem Hauptmarkt. Die SPD-nahe «Fränkische Tagespost» meldete: «Gestern marschierte das rote Nürnberg ... Zehntausende werden bereit sein, die Freiheit zu schützen, mit ihren Leibern die Errungenschaften der Revolution zu verteidigen.» Auf einer Wahlveranstaltung in Hof erklärte der SPD-Redner: «Hitler hat Hoffnungen geweckt, die er nie erfüllen kann. Er wird deshalb keine vier Jahre den Sessel Bismarcks drücken ... Wenn die andern es aber wagen sollten, mit Gewalt gegen uns vorzugehen, dann kann der Kampf nur zum besten der Arbeiterklasse enden.» Am 19. Februar demonstrierte die Lübecker Arbeiterschaft. Hauptredner war Fritz Solmitz, Redakteur der SPD-Zeitung «Lübecker Volksbote»: «Seid ihr ein zusammengelaufener Haufen, der auseinanderströmt, wenn der erste Schuß fällt? Das Gegenteil ist wahr, davon bin ich überzeugt. Alle Drohungen und Terrorakte schließen uns immer enger zusammen.» Und es gab davon nicht wenige.

In Frankfurt hatte Anfang Februar eine gewaltige Demonstration der Eisernen Front stattgefunden. Es sprach Konrad Arndt, SPD-Stadtverordneter in Wiesbaden und Sekretär beim Allgemeinen Deutschen Gewerkschaftsbund. Was wenige Tage später passierte, erzählt seine Frau Betty: «Konrad und ich saßen mit unseren Söhnen beim Abendessen. Plötzlich schellte es und ich ging an die Tür. Dort stand ein Zivilgekleideter, der sich als Arbeiter ausgab ... Arglos wie ich war, rief ich meinen Mann aus der Küche. In diesem Moment drangen drei SA-Leute, die alle in Zivil gekleidet waren, in unsere Wohnung ein und begannen sofort, auf meinen Mann einzuschlagen und einzustechen. Dann flohen sie die Treppe hinunter, weil sie seine heftige Gegenwehr sicher nicht erwartet hatten. Konrad wollte ihnen noch ein Brotmesser nachwerfen, das er aus der Küche geholt hatte, brach dann aber zusammen, weil er durch mehrere Stiche, darunter auch in der Lungengegend, verletzt worden war.» Über drei Wochen lag Konrad Arndt im Krankenhaus.

Nicht immer ging es so glimpflich für das Opfer ab. Männer und Frauen zahlten schon in diesen ersten Wochen der Regierung Hitler mit ihrem Leben, weil sie aus ihrer kompromißlosen Haltung gegenüber dem Nationalsozialisten keinen Hehl machten. Vor allem die Trauer um diese Toten wog schwerer als die Differenzen zwischen Kommunisten und Sozialdemokraten, und auch die christlichen Gewerkschafter bezeugten den Toten ihren Respekt. Mehr als zehntausend kamen zur Trauerfeier für den SPD-Bürgermeister von Staßfurt im Bezirk Magdeburg, den die Nationalsozialisten am 5. Februar ermordeten. Zwei Tage später erschoß ein brauner Trupp den parteilosen Gewerkschafter Martin Leuschel in Harburg bei Hamburg. Rund zwanzigtausend begleiteten seinen Sarg. Als am 10. Februar drei junge ermordete Arbeiter in Berlin zu Grabe getragen wurden, sprachen ein Vertreter der kommunistischen und der sozialistischen Jugendorganisation. Weil die Nationalsozialisten in Duisburg die Arbeiterin Wilhelmine Struth ermordeten, traten die Hafenarbeiter am 14. Februar in den Streik.

Die Anhänger des neuen Reichskanzlers sagten ihren Gegnern offen, was sie erwartete, nachdem Hitler das ersehnte Ziel erreicht hatte. Der NS-Gauleiter für Düsseldorf verkündete am 31. Januar: «Unsere Gegner haben kapituliert. Die Festung ist genommen. Aber unser Kampf geht weiter. Nationalsozialisten! Unsere Aufgabe heißt: als Träger des neuen deutschen Volksgeistes die undeutsche Geisteswelt in unserem Vaterland zu vernichten... Die Fahne hoch, die Reihen fest geschlossen! Den Feind im Auge! Und angreifen, nachsetzen bis zur Vernichtung!» Der oberste Nationalsozialist dagegen gab sich erst einmal staatsmännisch. Hitler selbst verlas am 1. Februar 1933 den Aufruf der neuen Reichsregierung im Rundfunk. Es war eine salbungsvolle Deklaration, die die Einheit des Volkes beschwor, sich auf das Christentum als Basis aller Moral und auf die Familie als Keimzelle des Staates berief. Nur einen Feind nannte er ausdrücklich beim Namen: «Deutschland darf und wird nicht in anarchischem

Kommunismus versinken.» Am Ende wurde der neue Reichskanzler zum Hohenpriester: «Möge der allmächtige Gott unsere Arbeit in seine Gnade nehmen, unseren Willen recht gestalten, unsere Einsicht segnen und uns mit dem Vertrauen unseres Volkes beglücken. Denn wir wollen nicht kämpfen für uns, sondern für Deutschland.» An diesem Tag hat Adolf Hitler vielen Deutschen aus dem Herzen gesprochen. Es entstand der Mythos vom «Führer», der nur das Beste wollte und der nicht wußte, was in den Niederungen des politischen Alltags geschah, und nicht ahnen konnte, welche schmutzige Arbeit seine Anhänger im Land verrichteten.

Wer sich so suggestiv auf Gott, auf christliche Familie und Moral berief, dem standen die Türen der Kirche weit offen. Am 7. Februar ging der katholische Reichskanzler zu einer Trauerfeier in den evangelischen Berliner Dom, wo die Särge von zwei SA-Männern, die während einer Straßenschlacht erschossen worden waren, standen. Im Lustgarten marschierten die braunen Kolonnen auf, rund 40000 Mann. Im Mittelgang des Doms bildete die SA Spalier, ihre Fahnen füllten den Kirchenraum. Das NS-Blatt «Völkischer Beobachter» hat die Feier ausführlich beschrieben: «Punkt ein Uhr erschien der Führer im braunen Ehrenkleide der SA, um die tapferen Kämpfer zum letztenmal zu ehren... Parteigenosse Pfarrer Hossenfelder hielt die Gedenkrede, der er das Bibelwort zugrunde legte: ‹Niemand hat größere Liebe denn die, daß er sein Leben lasse für seine Freunde.›» Für die Protestanten schien die gute alte Zeit wieder anzubrechen: im preußischen Geist eine nationale deutsche Kirche zu bilden, die für Gott und Vaterland im festen Bündnis mit der Obrigkeit steht; wo der gottlose Marxismus ausgetrieben ist und der politische Katholizismus, der in der Weimarer Republik durch die Zentrumspartei zu Macht und Einfluß gekommen war, keine Bedeutung mehr hat.

Auch in Magdeburg schmückten im Februar 1933 Hakenkreuzfahnen den Dom, und der Domprediger sagte seiner Gemeinde: «Es ist einfach das Symbol der deutschen Hoffnung geworden. Wer uns dies Symbol schmäht, der schmäht unser Deutschland. Um den Altar die Fahnen mit dem Hakenkreuz, sie strahlen die Hoffnung aus: es wird einmal licht werden!» Eine ganz andere Auffassung von der Kirche und ihrem Auftrag vertrat der evangelische Theologe und Universitätsdozent Dietrich Bonhoeffer in der Berliner Dreifaltigkeitskirche: «Wir haben in der Kirche nur einen Altar, und das ist der Altar des Allerhöchsten... vor dem alle Kreatur auf die Knie muß... Wer etwas anderes will als dies, der bleibe fern, der kann nicht mit uns im Hause Gottes sein.» Die Gottesdienste, in denen ganze Parteiformationen vom Pfarrer freudig begrüßt wurden, die Massentrauungen von SA-Leuten, die Rückkehr vieler zum Glauben ihrer Kindheit, das alles schien gegen Bonhoeffer zu sprechen, machte ihn einsam in seiner Kirche.

Adolf Hitler verstand es, sich glaubwürdig als Werkzeug Gottes darzustellen und zugleich den Kampf gegen die gottlosen Marxisten immer eindeutiger und gnadenloser auszurufen: «Die Parteien dieser Klassenspaltung aber mögen überzeugt sein, solange der Allmächtige mich am Leben läßt, wird mein Entschluß und mein Wille, sie zu vernichten, ein unbändiger sein. Niemals, niemals werde ich mich von der Aufgabe entfernen, den Marxismus und seine Begleiterscheinung aus Deutschland auszurotten. Und niemals will ich hier zu einem Kompromiß bereit sein.» Deutlicher als in dieser Rede am 10. Februar im Berliner Sportpalast brauchte Hitler nicht zu werden: Das Vernichten und Ausrotten war beiden zugesagt, den Kommunisten und den Sozialdemokraten, die alle für ihn Marxisten waren. Doch die SPD wollte noch nicht glauben, daß sie das gleiche Schicksal erwartete wie die Kommunisten. Ein Kasseler SPD-Funktionär erinnert sich an die Wahlkampfwochen Anfang 1933: «Eine Beschäftigte auf unserem Büro sagte auf einmal: ‹Man meint ja gerade, wir wären bei den Kommunisten. Jetzt kommt jeden Tag die Kriminalpolizei und hält Haussuchungen...› Und da sag ich: ‹Das Schlimme kommt erst. Das Schlimme kommt, wenn die Verhaftungen kommen.› – Da sagt mein Kollege: ‹Was du bloß hast, die werden doch zu uns nicht kommen und uns verhaften.›»

Auch die katholische Kirche sah im Marxismus ihren Hauptfeind. Sie schwieg in diesem Wahlkampf, ohne jedoch ihr Wort zurückzunehmen. Nationalsozialismus und Christentum blieben für sie unvereinbar und braune Uniformen hatten in katholischen Kirchen immer noch nichts zu suchen. Einzelne gingen weiter. Der unbequeme Pfarrer Max Josef Metzger, der sich im Friedensbund deutscher Katholiken engagierte, notierte im Februar über eine Rede des Reichskanzlers: «Gestern abend hörten wir im Radio Hitler. Meine schlimmsten Befürchtungen wurden übertroffen... Nach dem Vortrag habe ich geäußert, daß ich keine Bedenken trüge, ihn zu erschießen, um dadurch die Tausende von Menschen, die um seinetwillen das Leben lassen müssen, davor zu bewahren.»

Laut und eindeutig mischte sich die organisierte katholische Jugend ein. Ihre Zeitschrift «Junge Front», viel gelesen und oft nach der Sonntagsmesse an der Kirchentür verkauft, trug am 19. Februar auf ihrer Titelseite die balkendicke Überschrift: «Schreie, Wahrheit!» Sie warnte vor dem Bürgerkrieg: «Wir sind wieder soweit, daß wir meinen, ein Volk sei im Taumel der Begeisterung zusammenzuschweißen. Wir sehen eine Welle von Blut über unser Volk hingehen.» Und es gab Katholiken, die der Antikommunismus nicht blind gemacht hatte, die nicht innerlich frohlockten, weil die eigenen Gegner nun von den Nationalsozialisten erledigt wurden. Was der christliche Gewerkschafter Jakob Kaiser Ende Februar 1933 seinen Zuhörern in den Kölner Messehallen zurief, war keineswegs selbstverständlich: «Auch die Sozialisten haben geblutet und sind tapfer gestorben für Deutschland. Feierlich erkenne ich es hier an... Auch wenn es heute unpopulär geworden ist.»

Hitler dachte nicht nur an die Stimmen der Älteren, die vergangenen Zeiten nachtrauerten. Er wollte die Jugend für sich haben, die die Sehnsucht nach Idealen, für die es sich zu sterben lohnt, ebenso bestimmte wie die Lust an den technischen Errungenschaften der modernen Zeit. Drei Tage nach seiner Ernennung ging der neue Reichskanzler zur Premiere des Ufa-Films «Morgenrot». Es war kein NS-Film, kein Goebbels hatte da hineinregiert. Es wurde nur auf die Leinwand projiziert, was viele dachten und was viele hofften. «Ich könnte zehn Tode sterben für Deutschland», sagt der Filmheld, ein U-Boot-Kommandant im Ersten Weltkrieg, dessen Mannschaft sich für den kollektiven Tod entscheidet, weil die Rettungsringe nicht für alle reichen. Deutschland höher zu schätzen als das eigene Leben, und nicht irgendein Deutschland, sondern das Bild, das die Nationalsozialisten sich von ihm machten, war auch das Leitmotiv, das die Lieder der Hitlerjugend durchzog: «Vorwärts! Vorwärts! Jugend kennt keine Gefahren. Deutschland, du wirst leuchtend stehn, mögen wir auch untergehn.»

Die Zustimmung vieler war offensichtlich. Aber Hitler blieb noch unsicher, ob sich der dickste Brocken, die deutsche Arbeiterbewegung, widerstandslos zerschlagen ließ. Nicht wenige ihrer Anhänger waren geachtete Bürger, bei denen der Vorwurf, das Vaterland in Anarchie und Verderben stürzen zu wollen, geradezu lächerlich wirkte. Zuerst waren die Kommunisten an der Reihe, und sie wußten es, auch wenn sie noch gar nicht lange dabei waren, wie der junge Chemiker Robert Havemann in Berlin: «Für uns, die wir aktiv und tätig waren, bedeutete die Machtübernahme den Beginn einer sofortigen Reinigungsaktion unserer Wohnung. Wir vernichteten viele Dokumente, Zeitschriften, Zeitungen und Bücher und bereiteten uns auf die Illegalität vor. Wir erlebten ja schon den Beginn der ersten wilden Orgien der SA gegen Kommunisten und andere Verdächtige. Ich verbrannte im riesigen Kanonenofen unseres Ateliers in der Bismarckstraße viele hundert Bücher, viele Schriften, viel Material... Jemand, der so einen wirksamen Ofen hatte, war damals sehr begehrt. Und wir haben Parteibücher eingemauert, Kacheln im Badezimmer losgeschlagen, Löcher gebohrt, Parteibücher reingesteckt, wieder zugemauert, die Kacheln wieder drauf gemacht.» Lea Grundig handelte nach ihrem Ausflug am 30. Januar in Dresden ebenso: «Zu Hause angekommen, verbrannten und vernichteten wir alles, was uns hätte gefährlich werden können. Unsre Parteibücher versteckten wir unterm Küchenfenster in einem Mauerspalt.»

Seit dem Herbst 1932 rechnete die KPD mit einem Parteiverbot und bereitete sich auf die Illegalität vor, für sie nur ein weiteres Zeichen, daß die Revolution und der Zusammenbruch der bürgerlich-kapitalistischen Ordnung nicht mehr fern waren. Ihre Funktionäre mieteten Wohnungen unter einem Decknamen, schafften Schreibmaschinen und Vervielfältigungsapparate dorthin. Sie machten Hausbesuche bei den Mitgliedern, um sich zu überzeugen, daß alles verdächtige Material beiseite geschafft war. Sie lernten chiffrieren und Regeln für das Leben im Untergrund. Viele waren jung und arbeitslos, die Partei wurde ihr Leben. Wie der Kölner Jacob Zorn glaubten sie daran, «daß dieser Klassenkampf in Deutschland zur Revolution sich ausbreiten würde. Wir waren noch fest davon überzeugt, also ich wenigstens, daß wir damals die Kraft in Deutschland wären, die die Revolution durchführen könnte.»

Ganz legal wurde ihr Wahlkampf mit Terror klein gehalten. Die Polizei löste kommunistische Veranstaltungen auf, beschlagnahmte tonnenweise Flugblätter, Zeitungen wurden verboten. Allein im Ruhrgebiet kamen bis Ende Februar 1933 sechs Kommunisten durch die Nationalsozialisten zu Tode. In Düsseldorf wurde ein Arbeiterviertel durchgekämmt und 50 «Rote» verhaftet. Ähnliche Razzien gab es in Köln und Wuppertal. Trotzdem kamen Zehntausende in den Großstädten zu den KPD-Kundgebungen und Hunderte demonstrierten in der Provinz für ihre Überzeugung. Je härter die staatliche Macht zuschlug, desto größer wurde die Zuversicht der Kommunisten und desto stärker ihr Glaube, für die richtige Sache zu kämpfen und am Ende zu siegen. Im oberfränkischen Hof erschienen am 16. Februar 400 Personen zur letzten genehmigten Wahlveranstaltung der KPD. Der Landtagsabgeordnete Jakob Boulanger sagte ihnen, man könne die Partei verbieten, aber nicht ihre revolutionäre Arbeit. Es sei jetzt an der Zeit, die Massen zum revolutionären Widerstand aufzurufen. Das deutsche Volk habe noch den Weg des Massenwiderstands. Der gelernte Schlosser Hans Beimler saß für die bayerische KPD im Reichstag. Bei der letzten öffentlichen Wahlversammlung der Münchner Kommunisten am 12. Februar im Zirkus Krone erinnerte er die Nationalsozialisten an die kurze Zeit der Räterepublik, die 1919 die Truppen ihrer konservativen Gegner bei Dachau besiegt hatte: «Wenn sie den Krieg haben wollen, wir sind gerüstet, wir haben die Erfahrungen der bayerischen Räterepublik für uns. Bei Dachau treffen wir uns wieder.» Zwei Monate später wurde diese Prophezeiung für Hans Beimler und seine Genossen Wirklichkeit, aber anders, als sie es sich je hatten vorstellen können.

Am 27. Februar brennt in Berlin der Reichstag. In einer Sondernummer meldet der «Völkische Beobachter»: «Jetzt wird rücksichtslos durchgegriffen... Sofortige Verhaftung aller kommunistischen Abgeordneten, Verhaftung des kommunistischen Zentralrats, Immunität gibt es nicht. Verbot der gesamten marxistischen Presse, Beschlagnahme sämtlicher Plakate und Druckschriften. Nun aber Schluß! Jetzt wird ein radikales Ende gemacht.» Am 28. Februar unterzeichnet Reichspräsident Hindenburg die «Verordnung zum Schutz von Volk und Staat», mit der der Ausnahmezustand eingeführt und die Grundrechte außer Kraft gesetzt werden können: «Es sind daher Beschränkungen der persönlichen Freiheit, des Rechts der freien Meinungsäußerung, einschließlich der Pressefreiheit, des Vereins- und Versammlungsrechts, Eingriffe in das Brief-, Post-, Telegrafen- und Fernsprechgeheimnis, Anordnungen von Hausdurchsuchungen... auch außerhalb der sonst hierfür bestimmten gesetzlichen Grenzen zulässig.» Ein neuer Begriff wird mit dieser Verordnung alltäglich. Schutzhaft heißt er und ist von verharmlosender Doppeldeutigkeit.

Die «Hildesheimer Zeitung» informiert ihre Leser im Mai 1933 über das neue Stichwort: «Die Schutzhaft ist eine Einrichtung von noch jungem Alter. Der Name ist heute in aller Munde... Früher kannte man nur eine gerichtliche Haft und eine zeitlich begrenzte Polizeihaft. Aus letzterer ist die Schutzhaft hervorgegangen. Sie wird ohne Richterspruch auf dem Verwaltungswege angeordnet. Daß diese Anordnungen gegenwärtig in großem Umfang getroffen werden, liegt an den Zeitumständen, liegt an der Tatsache des revolutionären Umschwungs der Verhältnisse. Wie schon der Name besagt, dient die Schutzhaft dem Schutze, und zwar dem Schutze der festgenommenen Person vor anderen, die sie gefährden, oder aber dem Schutze der bedrohten Gesellschaft vor dem Festgenommenen... eine zeitliche Begrenzung ist für die Schutzhaft nirgends vorgeschrieben, so daß sie sich unter Umständen recht in die Länge ziehen kann. Sie endet mit Erreichen ihres Zwecks.» Ebenfalls am 28. Februar unterzeichnet der Reichspräsident die «Verordnung gegen Verrat am deutschen Volke und hochverräterische Umtriebe», die für Brandstiftung und Beschädigungen von Eisenbahnen die Todesstrafe einführt und andere Strafmaße drakonisch heraufsetzt.

Noch in der Nacht des 27. Februar zieht die SA längst vorbereitete Namenslisten aus den Schubladen, befiehlt Reichstagspräsident Hermann Göring die Verhaftung der Abgeordneten und führender Funktionäre der KPD. Tausende von Kommunisten sind verhaftet, bevor es Morgen ist. August Baumgarte wird in Hannover festgenommen: «Morgens, 5 Uhr, erschien die Polizei und holte uns aus den Betten. Wir erfuhren, daß in der Nacht der Reichstag gebrannt habe. Mein Bruder und ich wurden mit Polizeieskorte durch die Straßen zur Wache am Klagesmarkt geführt. Von dort ging es mit einem Polizeiwagen in die Haftstation des Präsidiums in der Hardenbergstraße. Als wir eingeliefert wurden, waren schon über 150 Bürger dort – überwiegend Kommunisten, aber auch Sozialdemokraten, Parteilose und Gewerkschafter. Wir wurden in zwei große Säle gesperrt. Dann sortierte man. Ich kam in eine winzige Einzelzelle, in der schon drei Mann lagen. Von draußen hörten wir Arbeiterlieder und glaubten, daß unsere Kameraden kämen, um uns zu befreien. Überall ging das Wort um, daß Hitler bald ‹abwirtschaften› würde... Im März wurden wir als ‹Schutzhäftlinge› nach Moringen überführt und in das sogenannte Arbeitshaus eingesperrt. In zwei großen Sälen lagen 280 Kommunisten, 30 Sozialdemokraten und 20 Mitglieder anderer Parteien.» In Oberhausen werden am Tag nach dem Reichstagsbrand 200 Funktionäre verhaftet, und je kleiner der Ort, desto geringer die Chance, zu fliehen oder unentdeckt zu bleiben.

Im Ruhrgebiet werden bis zum 2. März rund 2000 Menschen, vor allem Kommunisten, verhaftet. Für den Regierungsbezirk Düsseldorf meldet die «Essener Volks-Zeitung» am 4. März die Festnahme von 1000 führenden Kommunisten, allein am 28. Februar wurden hier 350 Personen inhaftiert. Im Kölner Braunkohlenrevier verschwinden über 100 Kommunisten hinter Gittern, die gesamte Unterbezirksleitung ist zerschlagen. Im oberfränkischen Selb verfügt die Polizei: «Sämtliche als Kommunisten bekannte Personen sind auf der Straße zu kontrollieren und zu visitieren.» Bei Verhaftung ist die «frische Tat nicht immer erforderlich». Innerhalb einer Woche findet sich die gesamte KPD-Führung von Selb, 33 Mann, im Gefängnis wieder. Bis Mitte März werden allein in Preußen rund 10000 Kommunisten festgenommen, Frauen und Männer, Junge und Alte. Die Gefängnisse sind bald überfüllt, Schulen und Fabriken dienen als Ersatzquartiere. So wie in Essen geht es überall am 28. Februar zu, und zwar am hellichten Tag: SA und Polizei stürmen gemeinsam das Büro der KPD und die Redaktion nebst Druckerei des kommunistischen «Ruhr-Echos». Alle Anwesenden werden verhaftet, die Einrichtung kurz und klein geschlagen. In Oldenburg wird der KPD-Abgeordnete Johann Gerdes morgens um 5 Uhr aus seiner Wohnung gelockt und durch fünf Schüsse schwer verletzt. Kurz darauf stirbt er an den Folgen des Attentats. Am 18. März veröffentlichen die Oldenburger «Nachrichten für Stadt und Land» eine amtliche Mitteilung: «Das Staatsministerium kann diese Tat keineswegs billigen. Es hat aber trotzdem das Verfahren gegen die in Haft genommenen Personen niedergeschlagen, da die Tat im Kampfe für die nationale Erhebung und in der Erregung über die niederträchtigen Terrorakte und Terrorpläne der KPD begangen ist.»

Heinrich Böll geht damals in Köln aufs Gymnasium: «Die Straßen links und rechts der Severinstraße, über die mein Schulweg führte (Alteburger-, Silvan-, Severinstraße, Perlengraben) – das war durchaus kein ‹national zuverlässiges› Gelände. Es gab Tage, nach dem Reichstagsbrand, vor den Märzwahlen, in denen das Viertel ganz oder teilweise abgesperrt war; die am wenigsten zuverlässigen Straßen lagen rechts von der Severinstraße: welche Frau schrie da im Achtergäßchen, welcher Mann in der Landsberger, wer in der Rosenstraße?» Menschen werden aufgestachelt, ihren gemeinsten Trieben im Dienste einer vermeintlich guten Sache freien Lauf zu lassen, persönliche Rechnungen beglichen. Da wird gequält und gefoltert. Und die Nationalsozialisten machen eine Entdeckung, die selbst für sie noch erstaunlich ist: Niemand will die Schreie der Geschundenen hören. Niemand vertritt die Sache der Kommunisten, die «auf der Flucht» ermordet werden. «Kommunistenweib erschossen» meldet der «Völkische Beobachter», und niemand regt sich auf, im Gegenteil. Von Ausnahmen abgesehen gilt der Polizeibericht über die Verhaftung der Kommunisten in Selb für das ganze Land: «Ein Großteil der hiesigen Bevölkerung bekundet durch rege Anteilnahme die Zustimmung zu den getroffenen Maßnahmen.»

Die Dresdner Malerin Lea Grundig gehört zu denen, die nicht fortgeholt werden. Doch von nun an wird die Angst sie begleiten: «Jeder Tag brachte entsetzliche Neuigkeiten. Geheim trafen wir uns mit den andern Genossen. Hast du gehört? Der ist verhaftet, und den hat man im Volkshaus erschlagen, dieser sitzt, und jener wurde geholt. Von diesem Mord und diesem Totschlag, von jenen Foltern und jenen Menschenjagden flüsterte man. Der war nicht mehr, und von dem gab es keine Nachricht. Hast du gehört? Diesem darfst du nicht trauen, und den sah man den Arm heben. Jeder Tag brachte furchtbare Neuigkeiten. Und die Menschen wurden andre. Mit dem du gestern noch vertraut gesprochen, der sah dich heute nicht mehr an, der konnte dich morgen denunzieren.» Die SPD versuchte immer wieder, ihre Anhänger zu machtvollen Kundgebungen auf die Straße zu bringen. 30000 Menschen kamen am 4. März in Bremen zusammen. Doch am gleichen Tag wurden in der Hansestadt 40 KPD-Funktionäre in «Schutzhaft» genommen.

Am 5. März 1933 wurde gewählt. Otto Knab war damals leitender Redakteur des Starnberger «Land und Seeboten». Jahre später erinnert er sich: «Beim Eintritt ins Wahllokal wurde man von uniformierten SA-Leuten eingeladen, sich nicht erst in die vorhandenen Wahlzellen zu bemühen, sondern den Wahlzettel gleich hier vor den Augen der höflich lächelnden SA-Leute auszufüllen. Wozu Wahlgeheimnis, wenn doch alle für den Führer sind? Freilich konnte man seinen Wahlzettel auch in eine der mit Vorhängen verschlossenen Wahlzellen tragen, um ihn dort auszufüllen. Nur war (wenigstens in dem Lokal, wo ich zu wählen hatte) quer vor diesen Wahlzellen ein langes Banner mit großer Aufschrift gebreitet, worauf zu lesen war: ‹Für Volksverräter.› Man war natürlich frei, in diese Zellen hineinzugehen. Aber die meisten Wähler wollten das nicht erst ausprobieren. Auch ich nicht.» Denn Otto Knab hatte gesehen, was mit «Volksverrätern» geschah: «Auf dem Weg zum Wahllokal war uns übrigens bereits ein armer Kerl begegnet, der mit blutigem Kopf und begleitet von lachenden SA-Leuten ein auf Brust und Rücken befestigtes Plakat durch die Straßen tragen mußte, auf dem zu lesen stand: ‹Ich bin ein Volksverräter. Ich habe gegen den Führer gestimmt.›» Von einer freien legalen Wahl konnte keine Rede sein.

Wo es irgend ging, versuchte das sozialdemokratische Reichsbanner Schwarz-Rot-Gold mit seinen Schutzformationen einen geregelten Ablauf der Wahlen zu gewährleisten und die Demokraten vor den Brutalitäten der SA-Trupps zu schützen. In Offenbach gehörte der 23jährige Artur Egon Bratu dazu: «Als einer unserer Reichsbanner-Trupps von einem Wahllokal zum nächsten wechselte, kam er am Hauptbahnhof vorbei. Gegenüber vom Bahnhof lag eine Wirtschaft, die ein SA-Lokal war. Vor der Tür dieser Wirtschaft standen ein paar SA-Leute herum; ein Offenbacher SA-Mann namens Georg Weismantel fing an zu brüllen und darauf gleich zu schießen. Dabei wurde unser Reichsbanner-Kamerad Christian Pleß getroffen. Als Pleß bereits auf dem Boden lag, wurde ihm noch mit dem Schaftstiefel der Schädel zertreten. Drei weitere unserer Genossen wurden bei diesem Zusammenstoß durch Messerstiche schwer verletzt.» Drei Tage später hielt Artur Bratu die Ehrenwache für seinen toten Kameraden auf dem Alten Friedhof.

Das Ergebnis der Märzwahl 1933 machte die Nationalsozialisten wieder zum Sieger. Aber die Mehrheit hatten sie mit ihren Parolen nicht überzeugt. Es stimmten 17277185 Deutsche (43,9 Prozent) für die NSDAP; 7181633 (18,3 Prozent) für die SPD; 5498457 (13,9 Prozent) für das Zentrum; und trotz allen Terrors 4848079 (12,3 Prozent) für die KPD. Erst die etwas über drei Millionen Stimmen der Deutschnationalen Volkspartei, die stets die Republik bekämpft hatte, brachten dem alten und neuen Reichskanzler Adolf Hitler eine absolute Mehrheit.

Die Stimmen waren noch nicht ausgezählt, da richtete der neu ernannte preußische Innenminister Hermann Göring ein Telegramm an alle preußischen Regierungspräsidenten: «Gewählte kommunistische Reichs- und Landtagsabgeordnete nach Annahme der Wahl festnehmen. Mit Sammeltransport dem Polizeipräsidium Berlin zuführen. Namen sofort von Kreiswahlleiter erfragen. Für lückenlose Durchführung der Anordnung sorgen. Liste der voraussichtlichen Abgeordneten folgt mit Schnellbrief.» Wie in Preußen überrollte überall im Reich eine zweite

Verfolgungswelle, die den ganzen März und April anhielt, KPD-Mitglieder und kommunistische Funktionäre. Sie hatten nur noch eine Alternative: Verhaftung oder Flucht.

Innerhalb von zwei Monaten wurden im Rhein-Ruhr-Gebiet rund 8000 Kommunisten verhaftet, in Bayern insgesamt 4500. In Iserlohn war es die gesamte 60köpfige Ortsgruppe, in Essen waren es 450 von 2000 Mitgliedern. In Augsburg wurden 230 Menschen verhaftet, die meisten von ihnen Kommunisten. In Unterfranken befanden sich Ende März 261 KPD-Funktionäre in Schutzhaft. Die Augsburger NS-Zeitung höhnte: «Nicht so drängeln, meine Herren.» In Nürnberg wurden 250 Funktionäre verhaftet. Auf alle warteten nicht nur reguläre Gefängnisse, sondern vor allem die Folterkammern der SA. Getreten und geschlagen wurde in den stillgelegten Zechen «Herkules» in Essen und «Gibraltar» in Bochum wie im Kasino des Stahlwerks «Bochumer Verein»; im alten Fabrikgebäude der «Kemna» in Wuppertal wurde ebenso gefoltert wie in einem Raum des Rathauses von Coburg, den man sehr schnell das «Halleluja»-Zimmer nannte. Wie vielerorts hatte man in Oberhausen eine Turnhalle zum Gefängnis umfunktioniert. Zwei Kommunisten wurden auf dem angrenzenden Schulhof am 6. März 1933 «auf der Flucht» erschossen. Folterungen in alten SPD-Wirtshäusern, Partei- und Gewerkschaftshäusern mußten dazu herhalten, den physischen Schmerzen der Gequälten die psychische Demütigung hinzuzufügen.

Am 21. März 1933 berichten die «Münchner Neuesten Nachrichten» von einer Pressebesprechung bei Heinrich Himmler, dem kommissarischen Polizeipräsidenten von München und Reichsführer SS: «Am Mittwoch wird in der Nähe von Dachau das erste Konzentrationslager errichtet. Es hat ein Fassungsvermögen von 5000 Menschen. Hier werden die gesamten kommunistischen und – soweit notwendig – Reichsbanner- und marxistischen Funktionäre, die die Sicherheit des Staates gefährden, zusammengezogen... Wir haben diese Maßnahme ohne jede Rücksicht auf kleinliche Bedenken getroffen in der Überzeugung, damit zur Beruhigung der nationalen Bevölkerung und in ihrem Sinn zu handeln.» Einen Tag später wird in einer ehemaligen Pulverfabrik bei Dachau das KZ eröffnet, und 54 Polizisten sind als Wachmannschaft abgeordnet.

Am 26. März meldet die gleiche Zeitung: «Im Dachauer Konzentrationslager sind nun die ersten Kommunisten eingetroffen. In vier großen Kraftwagen der Landespolizei wurden etwa 200 Mann unter starker Bedeckung (vorbei an zahlreichen Neugierigen, die sich seit Stunden am Einfahrtstor der ehemaligen Pulverfabrik eingefunden hatten) an ihren neuen Internierungsort gebracht.» Am 2. April wird das Lager der SS unterstellt. Es dauert nicht lange, bis in München ein Gebet populär ist: «Lieber Gott, mach mich stumm, daß ich nicht nach Dachau kumm.»

Es blieb nicht bei Dachau. Überall im Land konnten die Gefängnisse die Verhafteten nicht mehr fassen. Bögermoor, Esterwegen, Heuberg, Fuhlsbüttel, Moringen, Dürrgoy, Lichtenburg, Dürrheim, Oranienburg, Sonnenburg, Sachsenhausen, Kislau – es sind Dutzende von Orten, die mit der Verfolgung Unschuldiger verbunden sind. Nirgendwo hatten die Zeitungen 1933 Hemmungen, ihre Leser über die neuen Einrichtungen zu informieren. Die «Kasseler Post» berichtet am 5. April über das Karlshospital, wo eine «Schutzhaftstelle» eingerichtet wurde: «Die schärfsten Maßnahmen müssen und werden auch angewandt werden, alle zu fassen, die der nationalen Bewegung offen oder verschleiert sich entgegenstellen... Da sind sie nun alle zusammen, aus den verschiedensten politischen Lagern, mit den verschiedensten Anschauungen. Sie alle spüren, wie der Ernst der Zeit und die Not des Volkes eine persönliche Stellungnahme von ihnen fordert... Die SA-Kameraden versuchen, im Zueinanderstehen mit den Schutzbefohlenen, ihnen Richtung und Weg zu zeigen.» Von den 30000 Häftlingen, die im April 1933 in preußischen KZs festgehalten wurden, waren rund 80 Prozent Kommunisten. In Hamburg sind 753 Kommunisten in Schutzhaft, die meisten werden ins KZ Wittmoor gebracht. Aber auch ein reguläres Gefängnis schützte nicht vor dem Terror. Albert Funk, Reichstagsabgeordneter der KPD, wurde nach seiner Verhaftung erst in das Dortmunder Polizeigefängnis Steinwache gebracht, wo 400 Menschen in Zellen für maximal 180 Gefangene eingesperrt waren. Dann kam er nach Recklinghausen ins Polizeigefängnis. Dort wurde er am 27. April nach stundenlangen blutigen Verhören in solche Verzweiflung getrieben, daß er sich aus dem Fenster stürzte.

Die Sozialdemokraten machten nach dem 5. März 1933 die Erfahrung, daß sie die eigene Haut nicht retten konnten, indem sie zum Unrecht schwiegen, das den Nachbarn geschah. Am Wahlabend erklärte der Sozialdemokrat Fritz Ulrich im Stuttgarter Landtag im Namen seiner Fraktion, das oberste Ziel müsse die Hebung der sozialen, kulturellen und nationalen Wohlfahrt sein: «Dieses Ziel kann jedoch nur erreicht werden auf dem Boden des Rechtsstaates, in dem die Achtung vor Gesetz und Verfassung höchste Pflicht von Volk und Regierung ist.» Als Ulrich den Landtag verließ, wurde er verhaftet. Am gleichen Abend hatte sich Artur Egon Bratu im Offenbacher Gewerkschaftshaus mit seinen Genossen auf eine lange Nacht eingerichtet: «Wir wußten zwar nicht genau, was passieren würde, aber wir waren der festen Überzeugung, daß die SPD, das Reichsbanner und die sozialdemokratischen Staatsmänner uns nicht im Stich lassen, sondern uns im Gegenteil bewaffnen und mit Aufträgen versehen würden, damit die Machtergreifung der Nazis verhindert werden könnte... Gegen halb drei Uhr früh in der Nacht vom 5. zum 6. März kam dann, nachdem er mit dem SPD-Parteivorstand in Berlin telefoniert hatte, der führende Metallarbeiterfunktionär und langjährige Sekretär des ADGB-Gewerkschaftskartells in Offenbach, Wilhelm Weber, zu uns (er war seit 1931 auch sozialdemokratischer Reichstagsabgeordneter) und erklärte uns sinngemäß: ‹Also, jetzt will ich euch was sagen. Ihr habt in den letzten Wochen und Monaten sehr viel geleistet, und ihr seid jetzt sicher müde und erschöpft! Jetzt geht schön nach Hause! Wer Angst hat, allein zu gehen, der soll's sagen, dann schicken wir

euch ein Begleitkommando mit. Schlaft jetzt erst einmal aus!›
Das war für mich das Ende der Republik.»

Am Tag nach der Wahl schrieb in Augsburg die sozialdemokratische «Schwäbische Volkszeitung»: «Die Gesinnung kann uns niemand rauben. Wir kämpfen ja nicht mit den Mitteln des Terrors, sondern mit Vernunft und Überlegung... Der schmachvollen Zeit des Sozialistengesetzes folgte ein glänzender Sieg der Sozialdemokratie.» Die Schwaben konnten sich im Einklang fühlen mit ihrer Berliner Führung, mit jener Mehrheit in der SPD, die sich durch eine lange Tradition in der SPD legitimiert fühlte, auch in diesem Augenblick allen außergesetzlichen Aktionen eine Absage zu erteilen. Die tiefe Überzeugung, daß Gewalt nicht mit Gewalt besiegt werden kann und die Vernunft, die für sie eindeutig auf seiten der sozialistischen Sache stand, ohne Kampf auf den Barrikaden siegen wird, ließ sich auch nicht beirren, als die braunen Rollkommandos Kommunisten wie Sozialdemokraten aus den Betten holten, auf Lastwagen pferchten und die Erben August Bebels sich mit den Nachfolgern Rosa Luxemburgs in den Gefängnissen wiederfanden. Der SPD-Parteivorstand gab am 7. März den Genossen die Traditionen aus der Zeit des Kaiserreichs als geistige Wegzehrung mit auf den Weg und die Zuversicht, mit den Mitteln der Vergangenheit die Gegenwart zu meistern und die Ideale der Arbeiterbewegung in eine bessere Zukunft zu retten: «Ihr habt standgehalten! Unerschüttert, kampferprobt, gerüstet steht die Partei. Noch fester ist ihr Zusammenhalt. Neue große Anforderungen wird die nächste Zeit an die Sozialdemokratie stellen. Wir sind ihnen gewachsen. Der Kampf um die Wiedereroberung der Bewegungsfreiheit der Arbeiterschaft, um ihr politisches und soziales Recht geht weiter... Haltet der Partei die Treue!»

Am gleichen Tag stürmten in Trier über hundert SA-Männer das Karl-Marx-Haus, in dem sich Verlag und Redaktion der sozialdemokratischen «Volkswacht» befanden. Die Anwesenden wurden unter Beschimpfungen aus dem Haus gedrängt, die schwarz-rot-goldene Reichsflagge heruntergerissen, verbrannt und an ihrer Stelle die Hakenkreuzflagge aufgezogen. Am 9. März war Sepp Schober, Gewerkschafter, aktiv in der Sozialistischen Arbeiterjugend, mit Waffen ins Münchner Gewerkschaftshaus gegangen: «Wir hatten Meldungen gehabt über Vertrauensleute, daß die SA das Gewerkschaftshaus und auch die Münchner Post stürmen wollten. Ich muß sagen, wir waren froh, daß man endlich etwas machen konnte und nicht immer zusehen mußte, wie wir Demokraten Schritt für Schritt zurückgedrängt wurden.» Doch dann gab die Führung den Befehl, die Waffen abzuliefern. Die Gewerkschafter glaubten dem Versprechen, die Polizei werde den Schutz übernehmen. Wer tatsächlich kam und das Haus besetzte, war die SA: «Ich war damals ein junger Kerl, ich glaub, ich muß bleich gewesen sein, nicht aus Angst, sondern aus Scham. Unsere Führung hat uns politisch verraten mit ihrem selbstmörderischen ‹legal sein›. Ich habe dann immer gesagt, und wenn wir wenigstens dabei draufgegangen wären! Aber so kläglich, so kläglich kapitulieren, das war, also mir sind die Tränen in den Augen gestanden, das war ein furchtbares Erlebnis.»

Auch in Mannheim wurde an diesem Tag eine schwarz-rot-goldene Reichsflagge verbrannt, und zwar auf dem Paradeplatz. Der SPD-Oberbürgermeister Hermann Heimerich war von der SA gezwungen worden, vom Balkon des Rathauses zuzusehen, wie das Symbol der Republik in Flammen aufging und an seiner Behörde die Fahne der Nationalsozialisten in die Höhe stieg. Wenige Stunden später stürmten die braunen Trupps das Redaktionshaus der sozialdemokratischen «Volksstimme» und verwüsteten alles, was ihnen in die Hände kam.

Der 9. März bedeutete auch das Ende der SPD-Zeitung «Volksfreund» in Braunschweig. Die Redaktion hatte die Eingangstür sorgfältig verriegelt. Doch SA und SS kamen einfach durch die Schaufenster der Buchhandlung und schossen sich den Weg frei. Ein Angestellter wurde getötet, die andern erst nach stundenlangen Mißhandlungen entlassen. Das Mobiliar wurde systematisch zerstört, Bücher, Filme, Platten, Akten, Fahnen verbrannt. Das Feuer brannte drei Tage und drei Nächte. Als beim Polizeipräsidenten eine Anzeige einging, hieß die Antwort, es habe sich um «völlig legale Maßnahmen» gehandelt. Die braune Truppe nistete sich anschließend im Redaktionshaus ein und machte es zur Braunschweiger Folterzentrale. Auch in Nürnberg war es der 9. März, als die Redaktion der «Tagespost» und das Gewerkschaftshaus besetzt wurden. Drei Tage später wurden die Druckmaschinen zerstört, Akten und Möbel auf die Straße geworfen. In Köln wurde der SPD-Mann Wilhelm Sollmann am 9. März so mißhandelt, daß er nur auf der Bahre ins Krankenhaus gebracht werden konnte.

Am 10. März 1933 sagt Preußens Innenminister Hermann Göring auf einer Veranstaltung in Essen: «Jahrelang haben wir dem Volk gesagt: Ihr dürft abrechnen mit den Verrätern. Wir stehen zu unserm Wort.» In Bochum marschieren am gleichen Abend über 30 SA-Männer, alle gerade dreißig Jahre alt und unbescholten, zur Wohnung von Heinrich König, dem SPD-Vorsitzenden von Groß-Bochum und seit vielen Jahren erfolgreicher Kommunalpolitiker. Als sein Sohn Lärm hört, sagt er nur: «Vater, die Nazis sind da.» Die Familie weiß Bescheid und verbarrikadiert sich im Schlafzimmer, denn Heinrich König ist nicht bereit, sich widerstandslos illegal festnehmen zu lassen. Er greift zum Revolver, seine Söhne zum Gewehr. Es kommt zum Feuergefecht. Der Trupp stürmt das Haus, kann aber nicht ins Schlafzimmer eindringen. Als nach endlos langer Zeit die Polizei erscheint, beugt sich der SPD-Politiker der legalen Staatsgewalt und läßt sich in Schutzhaft nehmen. Kommentar der SA-Leute: «Ihr werdet ja doch vor dem Rathaus aufgehängt.» Am Ende der Schutzhaft gelingt es Heinrich König dank einem Täuschungsmanöver seiner Frau mit der Familie ins Saarland zu fliehen, das erst 1935 «heim ins Reich» kam und bis dahin letzte Zuflucht vieler Verfolgter wurde.

Am 14. März trifft sich der Parteiausschuß der SPD in Berlin zu einer Sitzung. Paul Löbe, viele Jahre Präsident des Reichstags, kommentiert die Verhaftungen der Genossen im Land: «Die Ängstlichkeit für diejenigen, die in Schutzhaft genommen sind, ist bis auf einige Ausnahmefälle unangebracht. Sie sind meistens, wenn der Grund zur Inhaftierung gefunden war, wieder entlassen worden. Göring hat mir gesagt: Etwas hätten die Herren für ihre Sicherheit auch selber tun müssen.» Otto Wels, der Parteivorsitzende, redet von einer «gewitterschwangeren Zeit», von Spannungen im neuen Kabinett Hitler und versucht, Mut zu machen: «Der sieghafte Gedanke des Sozialismus, der Glaube unserer Anhänger an unsere Idee ist ungebrochen.» Hat sie nichts falsch gemacht, die alte Arbeiterpartei? Nichts versäumt in diesen schicksalhaften Wochen?

Otto Wels hält sich weiter an die demokratischen Spielregeln und die Erfahrungen der Vergangenheit. Für ihn hat sich die Hälfte des Volkes zu einer Auffassung bekannt, «die nicht im Barrikadenkampf niedergerungen werden kann, sondern durch die Entwicklung und den geistigen Kampf... Jede andere Abwehr wäre Illusion... Wir sind eben geschlagen worden und müssen wieder von vorn anfangen... Es laufen zwar Propheten herum, die die Auflösung der Partei prophezeien, es ist ja auch möglich, daß sie kommt. Wer aber an der Schwelle des Aufbaus der jetzigen Organisation der Partei stand, wird wissen, daß die Organisation der Partei so elastisch sein muß, daß sie immer und immer wieder sich zusammenfindet.» Marie Juchacz lobt die Frauen in der SPD, die zielbewußt und mutig in diesen Wochen gehandelt hätten und jede Arbeit übernehmen würden, bei der die Männer vielleicht zu gefährdet seien. Für den 17. Oktober 1933 wird von ihr auf 10.30 Uhr eine Sitzung der Arbeiterwohlfahrt anberaumt.

Otto Wels hatte – mehr sich selber – gefragt: «Was bleibt uns sonst zu tun übrig?» Niemand gab ihm Antwort. Niemand forderte Alternativen. Am 21. März beschloß die Fraktion der SPD nicht dagegen zu protestieren, daß die 81 Abgeordneten der

KPD nicht zur ersten Sitzung des neuen Reichstags eingeladen wurden. Die Sozialdemokraten bekannten sich immer noch zum demokratischen System, doch sie blieben nicht unbeeinflußt von den Dingen, die um sie herum geschahen. Wo plötzlich alle mitmachten, wollten auch sie nicht abseits stehen. Dem Wechselbad der Stimmungen und Ereignisse, dem pathetischen Appell an die Volksgemeinschaft, den Fackelzügen, dem Gejohle der Menge, wenn ein «Volksverräter» durch die Straßen geführt wurde, den großen Worten derer, die bisher Einfluß und Verantwortung hatten – wer konnte sich dem völlig entziehen?

Nichts hat die Zeitgenossen so beeindruckt, so betäubt wie der «Tag von Potsdam». Am 21. März 1933, als der neue Reichstag eröffnet wurde, begegneten sich in der Potsdamer Garnisonskirche das angeblich alte und das neue Deutschland; der greise Feldmarschall gibt dem jungen Kanzler seinen Segen über den Gräbern der Preußenkönige. Es predigte der Generalsuperintendent der Kurmark, Otto Dibelius, über den Satz des Paulus: «Ist Gott für uns, wer mag wider uns sein?» Der Repräsentant der lutherischen Kirche scheute sich nicht, die Politiker an ihre Verantwortung zu erinnern: «Staatliches Amt darf sich nicht mit persönlicher Willkür vermengen! Ist die Ordnung hergestellt, so müssen Gerechtigkeit und Liebe wieder walten, damit jeder, der ehrlichen Willens ist, seines Volkes froh sein kann.» Aber um diese Ordnung – welche Ordnung? – zu erreichen, stellt der Kirchenmann den neuen Herren einen Freibrief aus: «Ein neuer Anfang staatlicher Geschichte steht immer irgendwie im Zeichen der Gewalt. Denn der Staat ist Macht. Neue Entscheidungen, neue Orientierungen, Wandlungen und Umwälzungen bedeuten immer den Sieg des einen über den anderen. Und wenn es um Leben und Sterben der Nation geht, dann muß die staatliche Macht kraftvoll und durchgreifend eingesetzt werden, sei es nach außen oder nach innen.» Der Generalsuperintendent weiß sich einig mit der überwältigenden Mehrheit der Pfarrerschaft. Wie

Martin Niemöller, Pfarrer in Berlin-Dahlem, hatten viele die Partei Adolf Hitlers gewählt.

Im ganzen Land versammelt man sich an diesem Tag um die Altäre und gibt der politischen Wende die kirchliche Weihe. Im ostfriesischen Aurich predigt ein evangelischer Pastor: «Wie wunderbar hat sich erfüllt, worum unser geliebter Führer Adolf Hitler und seine nationalsozialistische Freiheitsbewegung in jahrelangem bitteren Ringen gekämpft haben! Wie unsagbar glücklich müssen wir sein, daß in allerletzter Stunde die rettende Faust auf das Teufelswerk des Bolschewismus niedersauste... Das Dritte Reich ist im Werden... Adolf Hitler aber ist der Baumeister des neuen Deutschland.» In Starnberg marschiert die SS zum feierlichen Hochamt der Katholiken, die SA zum evangelischen Gottesdienst. In gemeinsamer Prozession ziehen die Konfessionen anschließend zum Kriegerdenkmal. In Göttingen meldet sich der bedeutende protestantische Theologe Emanuel Hirsch zu Wort: «Wenn man die politische Tat der letzten Wochen erlebt hat und in den heißen Worten des Führers ihren großen mächtigen Sinn vernommen hat... dann bricht es wieder heraus: Gott sei Dank, hier ist ein neuer ehrlicher Grund im Werden.» Sein katholischer Kollege Professor Michael Schmaus fordert, sich nicht nur «rückhaltlos dem neuen Staat einzuordnen, sondern auch die geistigen Grundlagen der nationalsozialistischen Weltanschauung zu würdigen».

Der Christliche Verein Junger Männer erklärt: «Das Volk steht auf. Eine Bewegung bricht sich Bahn, die eine Überbrükkung der Klassen, Stände und Stammesgegensätze verheißt. In dieser Stunde soll die evangelische Jugend Deutschlands wissen, daß ihre Führerschaft ein freudiges Ja zum Aufbruch der Deutschen Nation sagt.» Der katholische Lehrerverband bekennt: «Durch den Mahn- und Weckruf Adolf Hitlers und durch seine Bewegung und seine Arbeit ist der Durchbruch durch den undeutschen Geist, der in der Revolution von 1918 zum Sieg kam, gelungen. Jetzt ist das ganze deutsche Volk in allen seinen Gliedern, auch den katholischen, zur Mitarbeit und zum Aufbau des Neuen aufgerufen.»

Am 15. März geht ein Beschluß der Magdeburger Domgemeinde an die preußische Regierung in Berlin: Man solle Ernst Barlachs Ehrenmal für die Gefallenen einem Museum überweisen. Es errege bei allen vaterländisch denkenden Menschen Anstoß. Ende April 1933 mahnt der katholische Bischof von Rottenburg die Priester seines Bistums: «Im übrigen haben wir zu unseren Geistlichen das Vertrauen, daß sie in der gegenwärtigen Zeit eine besonnene und versöhnliche Haltung einnehmen... und ihre ganze Kraft einsetzen für die sittliche Erneuerung unseres Volkes im christlichen und vaterländischen Geist.»

Am 28. März hören die deutschen Katholiken von den Kanzeln ein Hirtenwort ihrer Bischöfe, das viele an ihren Seelenführern irre werden läßt. Die Hierarchie gibt ihre bis dahin eindeutige Ablehnung des Nationalsozialismus über Nacht auf, weil der «Führer jener Bewegung» der «Unverletzlichkeit der katholischen Glaubenslehre und den unveränderlichen Aufgaben und Rechten der Kirche Rechnung getragen» habe. Der Freiburger Erzbischof Conrad Gröber predigt der Synode seines Bistums Ende April nichts anderes als sein protestantischer Amtsbruder am «Tag von Potsdam»: «Wir müssen unter Zurückstellung der Personen und dessen, was wir selber als persönliche Ansichten gesammelt, die Sache in den Vordergrund rücken und manches Turbulente als Begleiterscheinung der Umwälzung bewerten.» Der Führer des katholischen Jungmännervereins in Eichstätt notiert am 10. April in seinem Tagebuch: «Wir jungen, nicht hitlerischen Menschen stehen z. Zt. ganz frei und verlassen da. Die Alten, vor allem Lehrer, Beamten usw. laufen alle zu den Nazis über...» Im Mai schmücken bei einem Festgottesdienst auch die Hakenkreuzfahnen den Eichstätter Dom.

Die Kirchenmänner waren nicht allein mit ihrer nationalen Begeisterung. Das Protokoll einer Besprechung der Befehlshaber der Reichswehr vom 1. März hat festgehalten, was die Militärs über die neuen Herren dachten: «Erkenntnis notwendig, daß wir in einer Revolution stehen. Morsches im Staat muß fallen, das kann nur mit Terror geschehen. Die Partei wird gegen den Marxismus rücksichtslos vorgehen. Aufgabe der Wehrmacht: Gewehr bei Fuß. Keine Unterstützung, falls Verfolgte Zuflucht bei der Truppe suchen.» Ludwig Beck, einer der führenden Offiziere der Reichswehr, der 1918 den «Dolchstoß» in den Rücken der Armee für die Niederlage verantwortlich gemacht hatte, schreibt über den politischen Umbruch: «Ich habe ihn seit Jahren erhofft und freue mich, daß die Hoffnung nicht getrogen hat, es ist der erste große Lichtblick seit 1918.»

In Oslo beobachtet Ernst von Weizsäcker, Gesandter an der deutschen Botschaft, die Ereignisse in der Heimat aus der Sicht eines weltläufigen Konservativen, der die Monarchie immer noch für die beste Regierungsform hält und die Niederlage von 1918 nicht verwunden hat. Aus einem Brief vom 23. März: «Selbstverständlich treten an jeden einzelnen jetzt Entscheidungen heran, die ans Gewissen gehen. Aber eine einfache Wahrheit ist doch, daß dieses Regime nicht umschmeißen darf. Denn welches Negativ davon käme hinter ihm! Man muß ihm alle Hilfe und Erfahrung angedeihen lassen und mit dafür sorgen, daß die jetzt einsetzende zweite Etappe der neuen Revolution eine ernsthaft konstruktive wird ... Eben hörte ich die Reichstagsrede Hitlers gegen die Sozialdemokraten. Eine Referentenrede ist das ja nicht! Ich spüre darin aber doch einen Grundton der Mäßigung und Versöhnung.»

Geradezu eilfertig huldigte die akademische Welt den neuen Herren. Die Technische Hochschule Stuttgart verlieh Adolf Hitler die Ehrendoktorwürde, dem Mann, «der durch seinen sieghaften Kampf für deutsche Art den Boden bereitet hat, auf dem allein deutsche Baukunst wachsen kann». Der Historiker Alexander von Müller lehnte es ab, die Dissertation des Studenten Alexander Mitscherlich, dessen jüdischer Doktorvater plötzlich gestorben war, weiter zu betreuen. Mitscherlich erinnert sich an seine Studentenzeit im Frühjahr 1933: «Um mich herum vollzog sich der Glaubenswandel – anders kann ich es nicht betrachten –, und ich wurde von Tag zu Tag deutlicher ein gefährlicher Ungläubiger, nämlich ein Ketzer... Wenn man bedenkt, daß es in den ersten drei Monaten des Jahres 1933 kaum einen Professor gab, der gezwungen gewesen wäre, seine bisherigen Bildungsideen aufzugeben, auf die objektive Wahrheit zu verzichten, statt dessen Volk und Rasse als die letzten Kriterien anzusehen, so muß man doch wohl sagen, daß sich die Universität, die deutsche Universität, damals selber aufgegeben hat.»

Am «Tag von Potsdam» dirigierte Karl Böhm den «Lohengrin» als Festvorführung in der Hamburger Staatsoper. Zehn Tage zuvor machte die Dortmunder NS-Zeitung «Rote Erde» über eine geplante Aufführung der «Meistersinger» publik: «In Anbetracht dessen, daß in dieser kerndeutschen Oper eines urdeutschen Komponisten, der in seinen Schriften erklärt hat, die Juden seien unfähig, seine Werke zu deuten, fünf Juden auftreten sollten, sahen wir uns genötigt, gegen die Rollenbesetzung Protest zu erheben.» Die Inszenierung wurde vorläufig vom Spielplan abgesetzt. Am gleichen Tag kamen abends in Düsseldorf über tausend Jugendliche vor dem Planetarium zusammen. Die Vertreter des Deutschnationalen Handlungsgehilfenverbandes, evangelischer Jugendgruppen und der Hitlerjugend wurden von den umstehenden Erwachsenen lautstark ermuntert, als sie die Bücher jüdischer Autoren ins Feuer warfen. Am 15. März meldete die «Rote Erde», daß die «Meistersinger» wieder auf dem Programm standen: «In den Hauptrollen sind keine Juden beschäftigt.»

Den Schlager der Saison hatten in diesem Frühjahr 1933 die Comedian Harmonists auf den Markt gebracht, eine populäre Gesangsgruppe, in der Christen und Juden miteinander harmonierten. Sie brachten in schmelzende Töne, was den Deutschen offensichtlich aus dem Herzen sprach:

«Ein neuer Frühling
Wird in die Heimat kommen,
Schöner noch, wie's einmal war...
Und man wird wieder das Lied der Arbeit singen,
Gerade so, wie's einmal war.
Jetzt geht im Schritt und im Tritt
Auch das Herz wieder mit,
Und dann fängt ein neuer Frühling an.»

Wie zu Kaisers Zeiten wurde am 20. April 1933 ein öffentlicher Geburtstag, der 44. des Reichskanzlers Adolf Hitler, gefeiert. Und es waren nicht nur die Nationalsozialisten, die zu den Jubelfeiern drängten. Gottesdienste, Fackelzüge, Aufmärsche, Flaggen überall – viele kamen freiwillig, wollten nicht abseits stehen, wo alles suggerierte, daß eine neue, große Zeit angebrochen sei. Am 21. April meldeten die bürgerlichen «Münchner Neuesten Nachrichten»: «In einem noch vor wenigen Wochen kaum für möglich gehaltenen Gleichklang der Herzen bekannte sich die Bevölkerung zu Adolf Hitler als Führer des neuen Deutschlands... Die begeisterte Anteilnahme an dem persönlichen Ehrentag des Kanzlers hat den Beweis dafür geliefert, daß Adolf Hitler im Bewußtsein des ganzen Volkes als Führer anerkannt ist und daß ihm das Herz Deutschlands gehört.»

Die Nationalsozialisten gingen unverzüglich ans Werk, um wahr zu machen, was sie angekündigt hatten. Ende März begann es mit den Aufrufen an Litfaßsäulen, mit Schmierereien und SA-Wachen vor den Geschäften, mit Pöbeleien in den Straßen: «Kauft nicht bei Juden», hieß die Parole. Die ersten Juden wurden inhaftiert, jüdische Ärzte entlassen, Staatsanwälte aus den Gerichten getrieben, jüdische Richter beurlaubt. Unter starkem Applaus eines großen Teils der Bürgerschaft teilte der Regierende Bürgermeister von Hamburg am 10. Mai mit, daß 44 jüdische Juristen von ihrer Arbeit an der Börse ausgeschlossen seien. Ärztliche Spitzenverbände forderten ihre Untergliederungen auf, «beschleunigt dafür Sorge zu tragen, daß aus Vorständen und Ausschüssen die jüdischen Mitglieder ausscheiden und Kollegen, die sich innerlich der Neuordnung nicht anschließen können, ersetzt werden.»

An einem Freitagabend im März holte die SS wieder einmal Heinrich Heeren, den zweiten Vorsitzenden der Sozialistischen Arbeiterjugend im hessischen Reinheim, ab. Es ging zur jüdischen Synagoge: «Meine Mutter stand auf einmal neben mir und weinte. Ich sagte zu ihr: ‹Geh nur heim, ich habe keine Angst. Wehrlos ist noch lange nicht ehrlos!› Wie die Juden bekam ich einen Eimer in die Hand.» Der Trupp mußte zum Ortsausgang ziehen, um Wahlparolen abzuwaschen. «Die ganze Zeit waren wir von einer hysterisch johlenden Menge begleitet... Da es mittlerweile dunkel wurde, halfen Autoscheinwerfer, den Schaulustigen den Spaß nicht zu nehmen. Die jüdischen Männer hatten alle ihre schwarzen Anzüge an und sahen bald zum Erbarmen aus. Ihre Hüte wurden mit den Gummiknüppeln aufgespießt und unter die Menge geworfen... Ich sah gerade noch, wie ein SS-Mann dem Juden Blum, einem kleinen Mann mit Glatze, seinen Gummiknüppel auf den Kopf schlug, daß das Blut spritzte. Ich werde die Schreie dieses Mannes nie vergessen, und es wurde einen Moment ganz still unter dem Volk.»

Am 30. März verkündet der Vorstand der israelitischen Gemeinde Marburgs: «Wahrheitsgemäß und aus innerem Bedürfnis heraus erklären wir, daß bis zum heutigen Tage keinem Juden in Marburg auch nur ein Haar gekrümmt wurde... eine große Anzahl der Marburger Juden hat an der Front für Deutschlands Größe gekämpft und geblutet. Die Größe und das neue Erstarken Deutschlands liegen auch ihnen am Herzen.» Aus Oslo schreibt der deutsche Gesandte Ernst von Weizsäcker entschuldigend von einer «Judenschwemme» – als ob die Juden nicht ebenso Deutsche waren wie Katholiken oder Protestanten: «Die anti-jüdische Aktion zu begreifen, fällt dem Ausland besonders schwer, denn es hat diese Judenüberschwemmung eben nicht am eigenen Leib verspürt. Das Faktum besteht, daß unsere Position in der Welt darunter gelitten hat...»

Was die Arbeiter betraf, so wußten die neuen Herren, daß es nicht damit getan war, einzelne Funktionäre zu verhaften. Eine ganze Kultur mußte vernichtet werden. Auch im schwäbischen Göggingen waren die Arbeiter fest in ihren Vereinen verwurzelt. In der zweiten Märzwoche schloß der SA-Sonderkommissar die «Waldschenke» des Arbeitersportvereins, die Turnhalle des Vereins wurde der SA, SS und Hitlerjugend überstellt. Verboten wurde der Gögginger Radfahrerbund «Solidarität», der Sängerbund «Vorwärts» und der Theaterverein «Schiller». Überall im Reich suchten die drangsalierten Arbeitersportvereine Unterschlupf bei den bürgerlichen Organisationen, die Ende März die geschlossenen Aufnahmen von Vereinen ablehnten. Nur einzelne Arbeitersportler wurden nach gründlicher Prüfung übernommen. In Baden erging am 30. März an die Bezirksämter und Polizeipräsidien dieser Funkspruch: «Auf Grund § 1 der Verordnung des Reichspräsidenten zum Schutz von Volk und Staat vom 28. Februar 1933 werden die in Baden bestehenden Spitzenverbände der marxistischen Turn-, Sport- und Kulturvereine, die örtlichen Kartelle und sämtliche Ortsgruppen dieser Verbände aufgelöst und ihr Vermögen beschlagnahmt.» Einzelne Nationalsozialisten bereicherten sich hemmungslos an fremdem Eigentum. Sie entwendeten Konzertflügel und Ruderboote, enteigneten Bootshäuser und Sportanlagen. Naturfreunde und Kegler, Schachspieler und Freidenker, Freunde der Feuerbestattung und Kraftfahrer sollten ihr Milieu und die Nestwärme Gleichgesinnter verlieren. Von nun an war das sozialistische Gemeinschaftserlebnis strafbar. Im Frühjahr 1933 wurde in wenigen Wochen die deutsche Arbeiterkultur vernichtet, wurden die Traditionen von Generationen zerstört.

Ab März häuften sich die Parteiaustritte aus der SPD. Ein SPD-Funktionär aus Selb teilte seinem Arbeitgeber Ende März mit: «Am 27.3. legte ich mein Amt als Vorsitzender der Sozialdemokratischen Partei nieder und stellte die Beitragsleistung ein, was gleichbedeutend mit der Beendigung der Mitgliedschaft ist.» Zur gleichen Zeit traten sieben Beamte in Selb aus der SPD aus. Ein Beamter in Hannover argumentierte, er habe sich zu entscheiden, «ob ich meine Mitgliedschaft bei der SPD aufrechterhalten und demgemäß aus dem Staatsdienst scheiden oder ob ich weiterhin Beamter bleiben und meine Beziehung zu Ihrer Partei lösen soll. Nach gewissenhafter Überlegung habe ich mich entschlossen, diesen zweiten Weg zu gehen. Bestimmend war dabei für mich der Gedanke, daß der Dienst am Volke höher steht als die Gefolgstreue zu einer Partei...» Dahinter stand nicht bedenkenloser Opportunismus, sondern berechtigte Existenzangst. Mit dem Gesetz zur «Wiederherstellung des Berufsbeamtentums» vom 7. April konnten nicht nur Juden, sondern alle entlassen werden, die «politisch verdächtig» waren. Und wo die Nationalsozialisten konnten, handelten sie schon vor diesem Datum in diesem Sinne, ohne jede legale Grundlage. Der Augsburger Sozialdemokrat Eugen Nerdinger hat diese Wochen in deprimierender Erinnerung: «Nach der Märzwahl konnte man kaum noch jemandem vertrauen. Traf man zufällig einen Genossen auf der Straße, so mußte man sich fragen, darfst du dem noch trauen? Die Masse der Parteimitglieder begann auseinanderzulaufen.» Der Geschäftsführer des Bezirks Hannover beschwört am 21. März die Genossen: «Wir ermahnen... noch einmal sämtliche Ortsvereine zum treuen Festhalten an der Organisation. Mögen die politischen Zeiten auch außerordentlich verworren sein, so dürfen wir doch nicht an unserer Organisation und an der Partei verzweifeln. Sicher ist, Genossinnen und Genossen, daß nach diesen politischen Winterstürmen auch wieder ein Frühling für die Partei kommen wird.»

Standhalten, in Treue fest – die Partei hatte nicht mehr zu bieten als Worte, und die lösten nun lähmende Enttäuschung und Resignation bei denen aus, die sich gemäß früheren Worten

Taten erhofft hatten. Die Republik, die man hatte verteidigen wollen, ging schutzlos unter. Und jeder einzelne mußte nun entscheiden, wie weit er gehen wollte und konnte, um für die Überzeugungen, die bisher sein Leben ausgemacht hatten, in der Öffentlichkeit einzutreten. Hielt er öffentliche Bekenntnisse angesichts der augenblicklichen Machtverteilung für sinnlos, wollte aber für die SPD im Untergrund, in der Illegalität arbeiten, war er vorerst von seiner Partei nicht nur allein gelassen, er hatte sie gegen sich.

«Der Führer» hieß die Zeitschrift der Sozialistischen Arbeiterjugend. Erich Ollenhauer, einer der Funktionäre der Jugendorganisation, schrieb dort nach der Märzwahl: «Wir bleiben, was wir waren, junge Sozialisten... Darum gilt es zunächst, die Nerven zu behalten und mit Besonnenheit und kühlem Blut die Entwicklung der nächsten Zeit abzuwarten.» Eine Berliner Gruppierung der SAJ hatte intern beschlossen, illegal weiterzuarbeiten und sich die Freiheit politischer Betätigung nicht legal scheibchenweise nehmen zu lassen. Sie wurde am 11. April mit Zustimmung der SAJ-Führung aus der SPD ausgeschlossen.

Trotz aller Ungewißheit über die Zukunft und aller Enttäuschung über die Haltung der SPD wurde doch langsam einigen Genossen klar, daß die Nationalsozialisten schnellstens kurzen Prozeß mit den Arbeitern und der Arbeiterbewegung machen würden. Nicht nur die wenigen Waffen, die manche Reichsbannerleute besaßen, wurden versteckt, sondern vor allem die stolzen Symbole der Arbeiterbewegung. In Coburg vergrub man die Instrumente der Schalmeienkapelle. Während im nahe gelegenen Neustadt die Nationalsozialisten das Parteihaus der SPD durchsuchten, trug eine Frau die Fahne des Ortsvereins unbemerkt unter ihrem Rock nach Hause. Zwölf lange Jahre hielt sie die Fahne unter ihrem Bett versteckt. Das klingt harmlos und war doch ein Akt, der Mut voraussetzte und gute Nerven. Die Nationalsozialisten wollten nicht nur die Lebenden einschüchtern, sondern alle Erinnerungen an die Traditionen der Arbeiterbewegung vernichten. Auch die Zeit, als Arbeiter in ihrem Viertel, in ihrer Straße sicher waren und selbstbewußt auftreten konnten, war vorbei. Dieser offene Terror traf Kommunisten und Sozialdemokraten. «Am 6. April 1933 morgens etwa um 5 Uhr ist unser Stadtviertel, ein Vorort von München, von 300 Mann SA umzingelt worden, und man hat genau die zwölf Genossen, mit denen ich zusammengearbeitet habe, aus den Betten geholt und dann zur Polizei gebracht. Nach zwei Tagen bei der Polizei, zwei Tagen in Stadelheim im Untersuchungsgefängnis, kamen wir dann am 10. April nach Dachau, alle miteinander.» Die Razzien in den Arbeitervierteln galten den Sozialisten aller Schattierungen und wurden zum Teil von regulärer Polizei durchgeführt. Am frühen Morgen des 10. April wurde in der Augsburger Vorstadt links der Wertach das «Soziviertel», ein Gebiet mit rund 8000 Bewohnern, abgeriegelt und bis in die Nachmittagsstunden Haus für Haus durchgekämmt.

Die Nationalsozialisten wüteten hemmungslos in der Überzeugung, nicht nur die von ihnen erzwungenen Gesetze auf ihrer Seite zu haben, sondern auch mit keinem rechnen zu müssen, der sich ihnen im Namen von Moral, Anstand oder Menschenwürde in den Weg stellen würde. In der Nacht zum 18. März holten über 20 SS-Männer den Sozialdemokraten Wilhelm Hansmann aus seiner Wohnung in der Nähe von Dortmund. In einer SS-Unterkunft in Körne wurde Hansmann mehrmals besinnungslos geprügelt. Dann warfen die Peiniger ihr Opfer in Aplerbeck in einen Wassergraben. Mit letzter Kraft konnte sich der Schwerverletzte zum Bahnhof Brackel schleppen. Am 30. März flüchtete Hansmann ins Saargebiet. Noch einmal Heinrich Böll in seiner Erinnerung an die Schulzeit: «Sozialdemokraten verschwanden (Sollmann, Görlinger und andere), Zentrumspolitiker, Kommunisten ohnehin, und es war kein Geheimnis, daß in den Kasematten rings um den Kölner Militärring von der SA Konzentrationslager eingerichtet wurden: die Wörter ‹Schutzhaft› und ‹auf der Flucht erschossen› waren geläufig, es traf auch Freunde von uns, die später stumm und steinern wiederkamen; Bekannte meines Vaters; Lähmung breitete sich aus, Angst ringsum, und die Nazihorden, brutal und blutrünstig, sorgten dafür, daß der Terror nicht nur Gerücht blieb.»

Immer mehr SPD-Funktionäre, vor allem in der Provinz, wo die Chancen zum Untertauchen sehr viel geringer waren als in einer Großstadt, mußten sich fragen, ob sie fliehen oder bleiben sollten. Fritz Eckers war Stadtrat in Weiden in der Oberpfalz, saß im Kreisrat und Bezirkstag, war hauptamtlicher Sekretär im Partei-Unterbezirk Nördliche Oberpfalz. Am 9. März ließ er die Karteikarten der SPD-Betriebsvertrauensleute durch seine Frau verbrennen und flüchtete am selben Tag zusammen mit einem Gewerkschaftssekretär in die Tschechoslowakei. Schon am nächsten Tag waren beide wieder zu Hause. Ein Jahr später, nach KZ-Haft und erneuter Flucht, schrieb Fritz Eckers: «Ich brachte es doch nicht über mich, zu fliehen, während meine Freunde das harte Los der Verhaftung trugen. Es war ein harter und folgenschwerer Entschluß! Der Gedanke an Frau und Kinder wurde verdrängt durch ein – wie ich heute erkannt habe – falsches Pflichtbewußtsein. Damals aber glaubte ich, es dem Ansehen der Sozialdemokratischen Partei schuldig zu sein, die Gefängnishaft auf mich zu nehmen.»

In Kassel verbrannte der Bezirkssekretär Rudolf Freidhof Akten und Mitgliederlisten der SPD: «Für mich war das einzige Prinzip, allen zu sagen: Wir haben eine Aufgabe zu versuchen, über diese Zeit hinwegzukommen und nachher die Partei wieder neu aufzurichten. Das ist das Entscheidende. Es hat gar keinen Zweck, Märtyrer zu sein.» Auch Artur Egon Bratu wollte nicht Märtyrer sein, noch dazu für eine Partei, in die er keine Hoffnung mehr setzen konnte. Als er merkte, daß sein Telefon überwacht wurde, nutzte er die Einladung der «Internationalen Antikriegsorganisation» und fuhr Ende März von Offenbach zu einer Sitzung nach Gent. Dort erreichte ihn ein Brief seiner Mutter, er solle nicht nach Hause kommen, die Familie sei schwer krank. Es war eine verschlüsselte Botschaft, die ein holländischer Freund, der für ihn nach Offenbach fuhr und Bratus Habe in zwei Koffern zurückbrachte, interpretieren konnte: «Die Polizei kommt jeden Tag und fragt nach dir. Sie haben schon Hausdurchsuchungen gemacht und Bücher von dir und alle möglichen Papiere mitgenommen. Du sollst um Gottes willen vorläufig nicht zurückkommen.»

Am 23. März 1933 setzte die verfolgte und geschmähte Partei der Arbeiterbewegung ein Zeichen. In der Kroll-Oper, Ausweichquartier für das abgebrannte Reichstagsgebäude, stand das «Gesetz zur Behebung der Not von Volk und Reich» zur Abstimmung. Die Regierung sollte in Zukunft mit diesem «Ermächtigungsgesetz» ohne die Zustimmung des Reichstags Gesetze verabschieden können. Es bedeutete, daß das Parlament bzw. die Abgeordneten, die noch in Freiheit waren, sich selbst entmachtete und der Republik von Weimar und ihrer Verfassung den Todesstoß versetzte. Vor der Oper waren SS-Einheiten aufmarschiert, in den Fluren patrouillierten SA-Trupps, Hitler war im Braunhemd erschienen. Von den 120 Abgeordneten der Sozialdemokraten waren noch 94 in Freiheit. Den Lübecker Sozialdemokraten Julius Leber hatte man in Fesseln abgeführt, als er die Kroll-Oper betreten wollte. Der SPD-Parteivorsitzende Otto Wels wandte sich in seiner Ablehnungsrede direkt an die Nationalsozialisten: «Kein Ermächtigungsgesetz gibt Ihnen die Macht, Ideen, die ewig und unzerstörbar sind, zu vernichten. Das Sozialistengesetz hat die SPD nicht vernichtet. Auch aus neuen Verfolgungen kann die Sozialdemokratie Kräfte schöpfen. Sie können uns das Leben nehmen, die Ehre nicht. Wir grüßen die Verfolgten und Bedrängten. Wir grüßen alle Freunde im Reich. Ihr Bekennermut verbürgt unsere Zukunft.»

Das mag allzu pathetisch klingen. Doch an diesem Tag gehörte Mut dazu, sich den Pressionen der Nationalsozialisten zu widersetzen und für die verachtete Demokratie zu stimmen. Niemand außer der SPD tat es. Theodor Heuss, der als Reichstagsabgeordneter der Demokratischen Volkspartei dem Gesetz zustimmte, hat nach dem Krieg geschrieben: «Jeder von uns, der als Publizist oder als ‹Politiker› zu Entscheidungen gezwungen war, die er später bedauerte, hat Dummheiten gemacht. Doch dieser Begriff ist zu schwach für die Zustimmung zu diesem Gesetz, und auch das Wort ‹später› trifft nicht die innere Lage, denn ich wußte schon damals, daß ich dieses ‹Ja› nie mehr aus meiner Lebensgeschichte auslöschen könne.» Jakob Kaiser, christlicher Gewerkschafter und Zentrumsabgeordneter, hatte mit einer Minderheit seiner Zentrumspartei bis zur letzten Minute für die Ablehnung gekämpft, nun stimmte er aus Solidarität mit seiner Fraktion dem Gesetz zu: «Ich hätte in den Boden versinken mögen, denn die Haltung von Wels war politisch und moralisch die einzig mögliche Haltung.» Der «Völkische Beobachter» konnte zu Recht verkünden: «Ein historischer Tag. Das parlamentarische System kapituliert vor dem neuen Deutschland. Das große Unternehmen nimmt seinen Anfang! Der Tag des Dritten Reiches ist gekommen.» Vor dem Leipziger Stadtrat erklärte Oberbürgermeister Carl Goerdeler, das Ermächtigungsgesetz biete erstmals seit Bismarck die Möglichkeit, die Verfassung von Reich, Ländern und Gemeinden so zu ändern, wie es Deutschlands «nationalem Willen und seiner Ehre entspricht». Der angesehene Bürgermeister plädierte für die «Stärkung der guten Kräfte in der Partei» und wollte durch seine Zusammenarbeit mit den Nationalsozialisten «den Lauf der Ereignisse zum besten unseres Volkes beeinflussen».

Genau eine Woche nach ihrer Ablehnung des Ermächtigungsgesetzes tritt die SPD aus der Sozialistischen Arbeiter-Internationale aus, um damit ihren Beitrag zur «nationalen Erhebung» zu leisten. Niemand soll sagen können, die internationale Gemeinsamkeit der Arbeiterklasse stehe den Sozialdemokraten näher als die Volksgemeinschaft aller Deutschen. Es ist ein Versuch unter vielen, die alten Ideale hochzuhalten und zugleich mit dem Trend der Zeit und der Stimmung der Mehrheit zu gehen und die neuen Machthaber zu besänftigen. Das «Offenbacher Abendblatt» trug von alters her den Untertitel «Organ der Sozialdemokraten des Bezirks Offenbach-Dieburg». Seit Mitte März nannte es sich «Unabhängige Zeitung für freies Volkstum». Die Offenbacher SPD-Fraktion bot dem von Nationalsozialisten beherrschten Stadtrat an, «sachlich» mitzuarbeiten. Im bayerischen Landtag protestierte ein Vertreter der SPD gegen die Unterdrückung der persönlichen Freiheit und der freien Meinungsäußerung. Gleichzeitig versprach er für die SPD, «die Regierungsarbeit nicht durch kleinliche Nörgelei zu erschweren» und pflichtbewußt wie bisher mitzuarbeiten.

Es gibt kaum eine Stadt in Deutschland, die in diesem Frühjahr nicht einen Platz oder eine Straße nach Adolf Hitler umbenennt, den Reichskanzler zum Ehrenbürger erhebt. Auch Sozialdemokraten stimmen dem zu. Dabei hatten die Nationalsozialisten gleich am Wahltag gezeigt, wie sie mit gewählten Gemeindevertretern umgehen würden. Das Spektakel, das am 5. März in Stuttgart inszeniert wurde, lief an vielen Orten nach gleichem Muster ab und brachte in wenigen Wochen die «Gleichschaltung» von Ländern und Gemeinden im ganzen Reich. Junge Leute hißten am Stuttgarter Hauptbahnhof die Hakenkreuzfahne, die Polizei holte sie wieder herunter. Am nächsten Tag, dem 6. März, erklärte der NS-Gauleiter: «Auch in Süddeutschland muß jetzt Ordnung geschaffen werden.» Bevor es Abend wurde, hatte die demokratische Regierung zugestimmt, auf öffentlichen Gebäuden die Fahne der Nationalsozialisten anzubringen. Zwei Tage später übernahm die Reichsregierung nach Paragraph 2 der Verordnung zum Schutz von Volk und Staat die vollziehende Gewalt im Lande Württemberg. Angeblich konnte die gewählte Landesregierung nicht mehr für Ruhe und Ordnung garantieren. Sie protestierte, trat aber widerstandslos zurück. Eine fast elegante Aktion verglichen mit dem, was in Bochum ablief. Dort marschierte am 11. März eine SA-Formation vor das Rathaus. Eine Abordnung begab sich in das Dienstzimmer des Bürgermeisters und forderte ihn auf, sofort sein Amt niederzulegen, «andernfalls er im Interesse seiner persönlichen Sicherheit in Schutzhaft genommen werden müsse». Oberbürgermeister Otto Ruer, parteilos, wich der Gewalt. Im April wurde er verhaftet, ein Prozeß wegen angeblicher Dienstvergehen angestrengt. Auf Grund fehlender Beweise mußte Ruer freigesprochen werden, doch er kam über diesen Versuch der Ehrabschneidung nicht hinweg. Im Juli beging Ruer Selbstmord.

Im hessischen Bad Schwalbach erschienen am 20. März etwa hundert Leute vor dem Landratsamt. Ein SS-Trupp besetzte die Fernsprechzentrale. Als der Landrat es ablehnte, sein Amt niederzulegen, stürmte die Menge das Gebäude: «Man beschimpfte mich vor allem wegen meiner Schulbauten, Wasserleitungen und Kochküchen und wegen der dadurch hervorgerufenen hohen Steuern sowie zu geringer Wohlfahrtsunterstützung... Sachliche Erklärungen von mir wurden niedergeschrien. Die Unterschrift unter die mir vorgelegte Abdankungserklärung lehnte ich mit aller Entschiedenheit ab. Schließlich drängte die wilde Menge immer näher auf mich ein; ich wurde gewürgt, an den Haaren gerissen, an der Stirn blutig geschlagen und mit Büchern beworfen. In dieser Situation begab ich mich in die Schutzhaft der SS.» In Kassel marschierte Roland Freisler, Rechtsanwalt, NS-Landtagsabgeordneter und seit dem Machtwechsel Ministerialdirektor im Preußischen Justizministerium, an der Spitze derer, die am 24. März das Rathaus von Kassel besetzten. Freisler meldete vom Balkon des Rathauses die Absetzung des Oberbürgermeisters. Dann wurden alle Beamten, die nicht der NSDAP nahestanden, festgenommen und von der SA unter Mißhandlungen und Musikbegleitung durch die Straßen in die Bürgersäle geführt. Einige der Festgenommenen wurden anschließend mit Gummiknüppeln zusammengeschlagen.

Terror und Legalität, Braunhemd und dunkler Anzug, Volksgemeinschaft und Volksverräter – Deutschland war in zwei Welten gespalten. Für die Herrschenden allerdings gab es keine

Schattenseiten, sondern nur das Recht des Stärkeren. Bei einer Siegesfeier nach der Machtübernahme in Württemberg sagte der neue Staatspräsident Wilhelm Murr, zuvor NS-Gauleiter: «Die Regierung wird mit aller Brutalität jeden niederschlagen, der sich ihr entgegenstellt. Wir sagen nicht Aug' um Aug', Zahn um Zahn; nein, wer uns ein Auge ausschlägt, dem werden wir den Kopf abschlagen, und wer uns einen Zahn ausschlägt, dem werden wir den Kiefer einschlagen.» In der Stadtverordnetenversammlung von Köln am 30. März tönte es von der Seite der NSDAP: «Wir lassen aber keinen Zweifel daran, daß wir alle Volksschädlinge radikal zu vernichten gewillt sind.» In der Nürnberger Stadtratssitzung am 27. April erklärte der NS-Mann Julius Streicher: «Als ich hier oben stand am Fenster... da glaubte ich zu wissen, daß es Tausende nicht verstanden, daß nicht irgendeines der Oberhäupter am Strange hinausgehängt wurde.»

Doch diese Drohgebärden und diese Sprache, die jeden braven Bürger das Fürchten hätten lehren müssen, waren gar nicht nötig. Denn die Gewalt dieser Tage war ganz einseitig. Keiner wollte den Nationalsozialisten die Augen ausschlagen oder gar einen Bürgerkrieg anzetteln. In Essen, München, Nürnberg wurden die SPD-Stadtverordneten einfach aus dem Saal geprügelt – ohne Protest, ohne Gegenwehr. Andere verzichteten angesichts des Terrors freiwillig auf ihr Mandat. In Augsburg beschloß das Kommunalparlament am 28. April einstimmig, den Königsplatz in Adolf-Hitler-Platz umzutaufen. Bei der anschließenden Arbeitsverteilung wurden die SPD-Politiker wortlos übergangen. Als sie zaghaft ihre Ansprüche anmeldeten, bekamen sie zu hören: «Weil wir erkannt haben, daß Sie ganz ungefährlich sind, haben wir Ihnen noch diese Gelegenheit gelassen, einige Stunden im Stadtrat zu verbringen.» Es gilt überall, was der Augsburger Regierungspräsident, ein Nationalsozialist, am 22. März meldete: «Die Sozialdemokraten halten sich völlig zurück und suchen sichtlich, jede Reibung mit den nationalen Verbänden zu vermeiden.»

Währenddessen wurden die Direktoren von Bibliotheken, Gas-

und Wasserwerken entlassen, Straßenkehrer, Krankenschwestern verloren ebenso ihren Arbeitsplatz wie Volksschullehrer und Gymnasialdirektoren. Leitende Gemeindebeamte wurden aus den Ämtern gejagt, Oberbürgermeister abgesetzt. Republikfreundliche Polizeipräsidenten wie einfache Schutzpolizisten wurden entlassen. «Am Tag von Potsdam», während alles jubelte, hatte der greise Reichspräsident Paul von Hindenburg zwei Verordnungen unterzeichnet, mit denen ab sofort jede Art von Opposition zum Schweigen gebracht werden konnte. Die eine Verordnung war das sogenannte «Heimtückegesetz», das jede Kritik, selbst die harmloseste, an der neuen Regierung mit Gefängnis, sogar mit Zuchthaus belegte. Die zweite Verordnung führte zur Einrichtung von Sondergerichten und schuf damit ein willfähriges Instrument, das ausschließlich politische Vergehen – im Sinn der neuen Sondergesetze – aburteilte. Rechtsmittel gegen die Entscheidungen der Sondergerichte gab es nicht. Der legale Weg in den Terror und das systematische Verbrechen waren gesichert, eine Justiz im Namen der Unmenschlichkeit nahm ihre Arbeit auf. Das Sondergericht in Stuttgart fällte am 8. April seine ersten Urteile: einen Monat Gefängnis für die öffentlich geäußerte Bemerkung «Die Nazis haben den Reichstag angezündet»; 300 Reichsmark Geldstrafe für einen 23jährigen Juden, weil er unbefugt das Hakenkreuzabzeichen getragen hatte.

Am 26. April wurde das «Gesetz zur Wahrnehmung von Aufgaben der politischen Polizei neben den oder an Stelle der ordentlichen Polizeibehörden» erlassen. Während bisher die Politische Polizei der allgemeinen Polizei untergeordnet war, haben die Nationalsozialisten das Verhältnis umgekehrt. In der Berliner Prinz-Albrecht-Straße residierte nun das «Geheime Staatspolizeiamt» – «Gestapo» –, vom preußischen Innenminister Göring am 24. April gegründet und ihm unterstellt. Mit den Jahren wird die allgemeine Polizei nur noch vollziehen, was die Gestapo nach politischen Gesichtspunkten entscheidet.

Was Heinrich Himmler, Reichsführer SS, 1936 als Chef der

deutschen Polizei in einem Vortrag an der Akademie für Deutsches Recht über die neue Zielsetzung der Polizei sagte, galt schon 1933: «Sie war ein hilfsbedürftiges, an allen Ecken und Enden eingeschnürtes Gebilde. Überall mußten sich die Beamten vorsehen, daß sie nicht bei der Verhaftung eines Verbrechers selbst hereinfielen und der Verbrecher leer ausging. Wir Nationalsozialisten haben uns dann – es mag absonderlich klingen, wenn ich das in der Akademie für Deutsches Recht sage, aber Sie werden das verstehen – nicht ohne Recht, das wir in uns trugen, wohl aber ohne Gesetz an die Arbeit gemacht. Ich habe mich dabei von vornherein auf den Standpunkt gestellt, ob ein Paragraph unserem Handeln entgegensteht, ist mir völlig gleichgültig; ich tue zur Erfüllung meiner Aufgabe grundsätzlich das, was ich nach meinem Gewissen in meiner Arbeit für Führer und Volk verantworten kann und dem gesunden Menschenverstand entspricht.» Und nochmals Himmler über die Aufgaben der Polizei im nationalsozialistischen Reich: «Die Polizei hat das deutsche Volk als organisches Gesamtwesen, seine Lebenskraft und seine Einrichtungen gegen Zerstörung und Zersetzung zu sichern. Die Befugnisse einer Polizei, der diese Aufgaben gestellt sind, können nicht einschränkend ausgelegt werden.»

Juristen beeilten sich, gleich 1933 den Nationalsozialisten die Begründung für ihr Faustrecht zu liefern. Ernst Forsthoff, Professor für öffentliches Recht in Frankfurt, schrieb in seinem Buch «Der totale Staat»: «Das bürgerliche Zeitalter wird liquidiert, und es ist die Verheißung einer besseren Zukunft, daß es mit rücksichtsloser Entschlossenheit und dem Mut zur äußersten Konsequenz geschieht.» Der Jude wurde für diesen Rechtswissenschaftler zum «Feind und mußte als solcher unschädlich gemacht werden». Ende April meinte der Ausschuß des Württembergischen Richtervereins, daß nach Überwindung der Parteipolitik politische Zurückhaltung nicht mehr am Platze sei und forderte seine Mitglieder auf, in die NSDAP einzutreten.

Wie gut das neue deutsche Recht funktionierte, davon sollten sich alle überzeugen. In Württemberg war auf dem ehemaligen Truppenübungsplatz Heuberg bei Stetten ein KZ für 1500 bis 2000 Gefangene eingerichtet worden. Der Württembergische Staatsanzeiger berichtete am 23. März, Zweck des Lagers sei es, «alle ruhe- und ordnungsgefährdenden Elemente laufend bis auf weiteres zu entfernen, sicherzustellen und damit die örtlichen Polizeidienststellen zu entlasten». Als in der Nacht vom 24. zum 25. April in Stuttgart und Umgebung 270 Kommunisten verhaftet wurden, kamen sie auf den Heuberg. Sozialdemokraten folgten bald.

Ende April wird unter den vielen Neuankömmlingen im KZ Dachau einer eingeliefert, dem im Mai die Flucht gelingt und der im August 1933 in Moskau die Broschüre «Im Mörderlager Dachau» veröffentlicht: «Während zwei von der linken und zwei von der rechten Seite her auf mich einschlugen, sekundierten die anderen mit Zwischenrufen. Wenn ich mich vor Schmerzen krümmte und auf die Seite wälzte, schlugen sie so lange auf die Arme und Beine, bis ich mich wieder auf den Bauch wälzte. Es ist nicht übertrieben, wenn ich sage, daß jeder von den Bestien mindestens vierzig bis fünfzig Schläge geführt hat. Dann mußte ich erst die linke und dann die rechte Hand wie dem Lehrer hinhalten, damit sie mir mit dem Ochsenziemer je zehnmal auf die Fingerspitzen schlagen konnten, darauf ebensooft auf den Handrükken. Finger und Handrücken waren so aufgeschwollen, daß ich tagelang kaum etwas anfassen konnte.»

Der Schreiber war Hans Beimler, jener kommunistische Reichstagsabgeordnete, der nur zwei Monate zuvor den Nationalsozialisten im Münchner Zirkus Krone zugerufen hatte: «Bei Dachau treffen wir uns wieder.» In einem Gartenhäuschen bei München versteckte er sich und stellte Flugblätter her. Am 11. April wird er in der Nähe des Münchner Waldfriedhofs bei einem illegalen Treff von sechs SS-Männern verhaftet. In Dachau muß Beimler mitansehen, wie Genossen zu Tode gequält oder in den Selbstmord getrieben werden. Auch ihm bringt man einen Strick in die Zelle: «Du brauchst jetzt nur den Kopf hineinzustecken... Es ist doch nichts dabei – außerdem kommst du ja doch nicht mehr lebend aus der Zelle raus.»

Als Hans Beimler die Flucht gelingt, nimmt man statt seiner seine Frau und seine Schwägerin fest, «Sippenhaft» nennen das die Nationalsozialisten. Bis 1936 werden beide in der Strafanstalt Stadelheim wie Verbrecherinnen behandelt, dann überstellt man sie ins Frauenkonzentrationslager Moringen. Beimlers zwölfjähriger Sohn wird in ein nationalsozialistisches Internat gesteckt, der ständigen Schikane ausgesetzt. Nach anderthalb Jahren kann er fliehen.

Die meisten Arbeiter waren zweifach organisiert, in der Partei und in der Gewerkschaft. Während die Funktionäre der SPD und KPD in Gefängnissen und KZs verschwanden, wurden Gewerkschafter geschont, wurde die wilde Besetzung von Gewerkschaftshäusern auf Anordnung von oben wieder rückgängig gemacht. Hitler zögerte, war unsicher, ob sich die Arbeiterschaft wirklich kampflos ergeben würde. Dabei wiesen die Zeichen auch hier auf Anpassung, auf Kapitulation.

Am 22. März 1933 trat der Allgemeine Deutsche Gewerkschaftsbund aus der internationalen Gewerkschaftsbewegung aus. Am 29. distanzierte sich die Führung in einem Brief an den Reichskanzler von ihrer traditionellen Bindung an die SPD. (Nach diesem Muster trennten sich in Hamburg im Mai 1933 sechs sozialdemokratische Bürgerschaftsabgeordnete von ihrer Partei und bildeten eine eigene Fraktion, die der NSDAP ihre Mitarbeit anbot.) Am 17. April notierte Joseph Goebbels in seinem Tagebuch: «Den 1. Mai werden wir zu einer grandiosen Demonstration deutschen Volkswillens gestalten. Am 2. Mai werden dann die Gewerkschaftshäuser besetzt. Gleichschaltung auch auf diesem Gebiet. Es wird vielleicht ein paar Tage Krach geben, aber dann gehören sie uns... Sind die Gewerkschaften in unserer Hand, dann werden sich auch die anderen Parteien und Organisationen nicht mehr lange halten können.»

Der 1. Mai wurde zum arbeitsfreien, bezahlten «Tag der Arbeit» ausgerufen und sollte nach dem Willen der Regierung mit Paraden, Musik, Festgottesdiensten vom ganzen Volk gefeiert werden. Der Gewerkschaftsbund rief seine Mitglieder auf, geschlossen bei den staatlichen Maifeiern zu erscheinen. Zu den Gewerkschaftsfunktionären, die sich solcher Kollaboration mit den Nationalsozialisten widersetzten, gehörte Adolph Kummernuß: «Viele Kollegen und Genossen waren am 1. Mai nicht in Hamburg. Sie kamen in irgendwelchen Lokalen in und um Hamburg zusammen. Wir hatten von unserer Organisation einen Kreis von Freunden in unser Urlaubsheim nach Undeloh eingeladen, wo ich die Mairede hielt.» Die Hamburger Kommunisten organisierten aus der Illegalität eine Demonstration im Stadtteil Barmbek, an der etwa 500 Menschen teilnahmen. Der Haupteindruck aber an diesem Tag war ein anderer, und viele Gewerkschafter haben ihn in schmerzlicher Erinnerung.

Albert Lehmann, Gewerkschafter und in der Sozialistischen Arbeiterjugend aktiv, war zum 1. Mai nach zwei Monaten Schutzhaft entlassen worden und sah in Darmstadt durch einen Schlitz seiner Wohnungstür dem Aufmarsch zu: «Und als ich dann die Standarte vom ADGB und die Standarten von Arbeitersportverein und Arbeitersamaritern in einem Zug mit den Nazis gesehen habe, da sind mir die Tränen gekommen und ich habe geweint wie ein Schloßhund.» Auch der Kommunist Heinrich Galm war zum 1. Mai entlassen worden: «Ich habe die Stadt nicht wiedererkannt: Offenbach im Hakenkreuz! Überall Hakenkreuzfahnen... Die Hasenbachgasse, mein Hauptstützpunkt: aus jedem Fenster eine Hakenkreuzfahne. Das war schwer zu verkraften. Das war eine große Enttäuschung.» Albert Mayer, Erster Vorsitzender der Gewerkschaft Holz in Darmstadt, hatte sich mit seinen Kollegen dem großen Aufmarsch angeschlossen: «Man war der Meinung, man könne sich mit diesen Leuten irgendwie arrangieren; man hatte einfach keine Vorstellung von der wirklichen Gefahr.» Als der SPD-Landtagsabgeordnete Georg Kaul in diesen Wochen in Offenbach Selbstmord begeht, findet man bei ihm einen Zettel: «Vor soviel Gesinnungslumperei schäme ich mich. Ich werde versuchen zu gehen.»

Die Nationalsozialisten hatten keine Hemmungen, einen Tag nach den pompösen Feiern zuzuschlagen. Was Adam Wolfram, Bezirkssekretär des Bergarbeiterverbandes in Halle an der Saale, erlebte, wiederholte sich überall: «Das schreckliche Erwachen erfolgte am nächsten Tag. Am 2. Mai marschierten frühmorgens bewaffnete SA-Trupps durch die Straßen der Städte und besetzten die Gewerkschafts- und Volkshäuser... In Gruppen drangen sie in die Büroräume ein. Kurz darauf führten sie leitende Sekretäre der Verbände heraus, ließen sie auf Lastwagen steigen und brachten sie durch Posten begleitet ins Polizeigefängnis. Führungskräfte, die nicht im Büro waren, verhaftete man in ihren Wohnungen und lieferte sie ebenfalls ins Polizeigefängnis ein... Da das Polizeigefängnis in Halle nicht ausreichte, um alle Verhafteten aufzunehmen, wurde ein großer Teil von ihnen in eine Artilleriekaserne verlegt. Hier waren über hundert Menschen in einem Saal zusammengepfercht. Sie mußten auf Strohsäcken auf der Erde schlafen. Für viele Kollegen, die bereits über 60 Jahre alt waren, war das eine harte physische Belastung. Am nächsten Morgen hatten alle auf dem Kasernenhof anzutreten, wo ihnen der SA-Führer erklärte: ‹Damit ihr wieder arbeiten lernt, werdet ihr eine Aschenbahn für den Polizeisportplatz bauen.›»

In Duisburg wurden die Gewerkschaftsfunktionäre am späten Vormittag aus ihren Wohnungen geholt und zum Gewerkschaftshaus in der Ruhrorter Straße gefahren. Hermann Müsken war damals Sekretär im Metallarbeiterverband: «Wir wurden in die Kellerräume gestoßen, am Eingang standen der Kriminalkommissar Busch und der SS-Sturmbannführer Dr. Weyand. Wir waren verhaftet. Im Keller saßen schon einige. Es kamen dann noch mehrere durch die Tür gestolpert... alles Gewerkschafter, die meisten Sozialdemokraten... Neben mir hockte Rodenstock... Schlösser, Birk und Rentmeister waren auch da.»

Diese vier Männer werden plötzlich in einen anderen Raum geführt und kehren nicht mehr zu ihren Familien zurück. Sie blieben verschollen, bis im April 1934 Spaziergänger im Hünxener Wald die Leichen der Ermordeten entdeckten. Ihre Genossen werden an diesem 2. Mai 1933 anderthalb Stunden durch Duisburgs Straßen getrieben. Wer nicht schnell genug läuft, bekommt Peitschenhiebe. Ein älterer SPD-Mann bricht zusammen und wird von seinen Genossen getragen. Immer wieder müssen sie die Internationale singen. Die Menschen am Straßenrand sehen schweigend zu.

Der Führung des Allgemeinen Deutschen Gewerkschaftsbundes geht es in Berlin nicht anders. Hier johlt die Menge auf der Straße sogar, als die Männer auf Lastwagen gestoßen und ins KZ Oranienburg gefahren werden. In den Kellerräumen hören sie die Schreie der Gefolterten, müssen unzählige Kniebeugen machen, ihren Aufsehern Gedichte hersagen, Lieder singen, auf einem Bein hüpfen. Wen die Kräfte verlassen, der bekommt einen Schlag auf den Kopf. Die meisten der gefangenen Gewerkschafter hatten sich in der zweiten Aprilhälfte zu geheimen Verhandlungen getroffen. Ganz offiziell veröffentlichten sie noch vor dem 1. Mai eine Bekanntmachung des «Führerkreises der vereinigten Gewerkschaften», zollten erst einmal den neuen Verhältnissen ihren Tribut: «Die nationale Revolution hat einen neuen Staat geschaffen.» Und man war «zu positiver Mitarbeit am neuen Staat bereit». Aber was dann folgte, war eine Kriegserklärung an die Machthaber in diesem Staat, der keine Gewerkschaften, schon gar keine Einheitsorganisation dulden wollte: «Die deutschen Gewerkschaften sind des Glaubens, daß sie der großen Aufgabe des neuen Staates, alle Kräfte des deutschen Volkes zu einer stärkeren Einheit zusammenzufassen, am besten dienen, wenn sie sich über alle Trennungen der Vergangenheit hinweg zu einer einzigen umfassenden nationalen Organisation der Arbeit vereinigen.»

Noch im KZ Oranienburg beschlossen die Vertreter der verschiedenen Gewerkschaften, daß Wilhelm Leuschner, der als sozialdemokratischer Innenminister von Hessen die Nationalsozialisten entschlossen bekämpft hatte, von nun an ihr Vorsitzender sein sollte. Kaum entlassen, traf sich Leuschner Mitte Mai im Café Kranzler am Kurfürstendamm mit Jakob Kaiser, der als christlicher Gewerkschafter ebenso kampfbereit war und sich auf eine breite Zustimmung unter der katholischen Arbeiterschaft verlassen konnte. Leuschner und Kaiser gaben sich bei dieser Zusammenkunft die Hand darauf, daß ihr Ziel die Einheitsgewerkschaft war, die alle Demokraten zusammenfassen sollte und daß sie dafür alle ihre Kräfte einsetzen würden – gleichgültig, wohin sie diese Arbeit führen würde.

Doch das war eine sehr ferne Zukunft. Erst einmal traf der 2. Mai einfache Mitglieder und Funktionäre wie ein Schock. Der Gewerkschaftssekretär Adam Wolfram aus Halle: «Tagelang ließ sich keiner auf der Straße oder in einem Lokal sehen. Niemand wußte, wer bereits verhaftet, wer noch frei war... Ein Kollege des Fabrikarbeiterverbandes ließ durch seine Frau bestellen, es solle ihn niemand besuchen. Die Angst vor weiteren Verhaftungen war verbreitet. Es kam vor, daß Kollegen, die sich auf der Straße begegneten, aneinander vorbeigingen, ohne sich zu grüßen... Von Berlin und von anderen Städten, in denen die Gewerkschaften ihre Hauptverwaltungen hatten, gab es nur Meldungen der Nazis. Jede Verbindung mit den Zentralstellen war abgebrochen.» Wieder hatte sich der Terror vor aller Augen vollzogen. Erich Ebermayer, ein junger Leipziger, schreibt am 9. Mai in sein Tagebuch: «Man wird immer einsamer. Überall bekennen sich die Freunde zu Adolf Hitler. Es ist, als ob sich eine luftleere Schicht um uns Wenige lege, die unbekehrbar bleiben.»

Der Schock ließ die SPD nicht unberührt. Auf einer Krisensitzung am 4. Mai beschließt der Parteivorstand einmütig, daß der Erste Vorsitzende Otto Wels das Land verlassen soll, um wie einst zu Kaiserszeiten im Ausland eine politische Leitung aufzubauen. Wels läßt sich am 2. Juni endgültig in Prag nieder. Aber noch sind nicht alle Illusionen verflogen. Nach erbitterten internen Auseinandersetzungen stimmen am 17. Mai 65 SPD-Abgeordnete im Reichstag einer «Friedensresolution» zu, die die NSDAP eingebracht hat. Hitler springt nach der Abstimmung auf und klatscht der SPD zu. Die sozialdemokratische Reichstagsabgeordnete Toni Pfülf, eine Lehrerin aus München, begeht Selbstmord.

Am 13. Juni wird in Frankfurt der Reichstagsabgeordnete Carlo Mierendorff verhaftet. Mierendorff, der als Student in Darmstadt die aufmüpfige Literaturzeitschrift «Tribüne» leitete und seit 1923 für die SPD arbeitet, ist verzweifelt über die Passivität, mit der die Partei ihrem Schicksal entgegensieht. Im März hatte er einen Aufenthalt in der Schweiz abgebrochen, um «die Freunde nicht allein zu lassen». Nun lebt er schon wie auf der Flucht und wird im Hotel Excelsior am Frankfurter Hauptbahnhof verhaftet, als er sich mit seinem Anwalt treffen will. Am 14. Juni wird er von den Nationalsozialisten durch Darmstadt geführt. In seiner Heimatstadt muß er sich öffentlich als «Lump» und «Arbeiterverräter» beschimpfen lassen. Über den ersten Tag der Verhaftung notiert Mierendorff heimlich: «Schläge – Fußtritte. Leib – Gesicht – Genick. Menschen?» Carlo Mierendorff wird ins KZ Osthofen gebracht. In Hamburg treffen sich am 16. Juni in der Parteizentrale dreißig SPD-Funktionäre und diskutieren kontrovers über die «Prager Lösung». Eine Entscheidung – sich noch weiter anzupassen oder Widerstand zu leisten – nimmt ihnen die Polizei ab, die in das Haus eindringt und alle dreißig festnimmt.

Am 18. Juni erscheint in Prag die erste Nummer des «Neuen Vorwärts»: «Zerbrecht die Ketten! Die Geschlagenen von heute werden die Sieger von morgen sein.» Am 19. trifft sich eine Reichskonferenz der SPD im Preußischen Landtag. Die Mehrheit ist für eine scharfe Trennung von den Prager Emigranten: «Wir müssen den Faden der Legitimität weiterspinnen.» Man wählt ein Direktorium, das den alten Vorstand ablösen soll. Der 22. Juni 1933 bringt das Ende aller Illusionen: Die Sozialdemokratische Partei wird von Staats wegen verboten, ihr Vermögen beschlagnahmt, ihre Parteihäuser besetzt. In Berlin wird das gesamte Direktorium inhaftiert, überall im Reich verschwinden sozialdemokratische Funktionäre und Mandatsträger in Gefängnissen und KZs, rund 3000 in dieser letzten Juniwoche. Die übrigen Parteien lösen sich selber auf, am 15. Juli als letzte das katholische Zentrum. Unter dem bewußt irreführenden Titel «Der gallische Krieg» gibt der SPD-Vorstand in Prag unmittelbar nach dem Parteiverbot eine Broschüre heraus: «Gegen die Despotie gibt es keine parlamentarische oder verfassungsmäßige Opposition, sondern nur noch das Mittel der Revolution.»

Am 23. Juni besteigt Wilhelm Leuschner in Basel den Zug nach Freiburg. Als er dort sieht, daß ein Mann ganz offensichtlich statt seiner verhaftet wird, stellt er sich freiwillig der Polizei. Seiner Frau kann er noch einen Zettel zukommen lassen: «Mache Dir keine Sorgen, ich werde in jeder Situation Haltung bewahren.» Am 26. Juni 1933 schreibt Claus von Stauffenberg, soeben unerwartet früh zum Oberleutnant befördert, an sein Idol, den Dichter Stefan George: «Im übrigen hat die letzte wie jede revolution gelegenheit zu recht interessanten betrachtungen menschlicher werte gegeben... bei aller gleichschaltung und dem gesetz der totalität: für uns ist das alles nicht neu und schon jetzt ist zu sehen: keine partei sondern herren machen umwälzungen und jeder der für seine herrschaft einen sicheren sockel sich baut ist ob seiner klugheit zu loben.»

Als der 26jährige Berufsoffizier sich diese elitären Gedanken macht, geht gerade die «Köpenicker Blutwoche» zu Ende. Bei Razzien in dem Berliner Arbeiterviertel werden 500 Menschen – vor allem Kommunisten – verhaftet, 91 von ihnen zu Tode gefoltert. Unter den Toten sind der Sozialdemokrat und alte Gewerkschafter Johann Schmaus und sein Sohn Anton. Den Mördern war das noch nicht genug. Frau Schmaus wird ins Amtsgericht eingeliefert und vor den Augen ihrer dreizehnjährigen Tochter so gefoltert, daß sie zusammenbricht und ins Krankenhaus gebracht werden muß. Am Ende seines Briefes schreibt Claus von Stauffenberg, es komme bei Revolutionen «auf einige jahre und einige menschenleben und schicksale mehr oder minder» nicht an.

Während Teile der Sozialdemokratischen Partei sich das Frühjahr über noch der Illusion hingeben, die Strukturen und Ideale ihrer Partei halbwegs unzerstört über die schlimmen Zeiten retten zu können, nimmt die Jagd auf Kommunisten kein Ende. Durch Untertauchen und Verhaftungen höherer und mittlerer Funktionäre reißen im März die Verbindungen der 28 Bezirksleitungen zur Zentrale nach Berlin und in den Städten die Verbindungen der Stadtteilgruppen untereinander endgültig ab. Die Mitglieder und Sympathisanten, die von der Polizei unbehelligt bleiben, halten sich erst einmal völlig zurück. Zwar ist man wortreich auf die Illegalität und Verfolgung vorbereitet worden, doch mit soviel Brutalität und einem so umfassenden Vernichtungsfeldzug hat die Partei nicht gerechnet. Nicht nur Intellektuelle verlassen in diesen Wochen das Land. Auch Arbeiter gehen bei Nacht und Nebel in die Emigration, weil es für sie als Kommunisten in der Heimat keine Möglichkeit mehr gibt, ihrer Familie eine Existenz zu bieten oder auch nur das eigene Leben zu sichern. Doch völlig zum Erliegen kommt die Parteiarbeit selbst in diesen Wochen, als Schock und Überraschungseffekte für die Verfolger arbeiteten, nicht. Während die Partei ums Überleben kämpft, gibt es keine Abstriche an ihren Zielen: «Die Durchführung der Massenaktionen hängt wesentlich davon ab, wie es die Parteiorganisation versteht, unmittelbar mit illegalen Arbeitsmethoden den Massenkampf zu organisieren.»

Die gleiche Zuversicht, nämlich die Massen gegen die faschistische Diktatur zu mobilisieren, zugleich der SPD zu entfremden und so für den Kommunismus zu gewinnen, spricht aus der Analyse des Zentralkomitees der Kommunistischen Internationale vom 1. April 1933: «Die augenblickliche Stille nach dem Sieg des Faschismus ist nur eine vorübergehende Erscheinung. Die Errichtung der offenen faschistischen Diktatur, die alle demokratischen Illusionen in den Massen zunichte macht und die Massen aus dem Einfluß der Sozialdemokratie befreit, beschleunigt das Tempo der Entwicklung Deutschlands zur proletarischen Revolution.»

Noch bevor das Netz illegaler Strukturen fest geknüpft ist, reisen Kuriere der Partei heimlich durch das Land, schreiben Berichte, Adressen, Kodewörter auf möglichst weiches Papier, das man im Fall einer Verhaftung leicht hinunterschlucken kann. Briefe dagegen werden per Post geschickt und prompt von der Polizei abgefangen und dechiffriert. In Osnabrück erhält die Polizei auf diese Weise Mitte März Kenntnis von Ort und Zeitpunkt eines geheimen Treffs. Der angegebene Kiosk wird observiert, ebenso die Genossen, die dort eintreffen und in eine Wohnung weitergeschleust werden. Dort verhaftet sie dann die Polizei.

Carola Karg, von ihren Freunden «Rola» genannt, war 23 Jahre alt, von Beruf Verkäuferin und im Kommunistischen Jugendverband Deutschlands (KJVD) aktiv. In Erwartung des Parteiverbots bestimmte man sie Anfang 1933 zur illegalen Leiterin des Bezirks Thüringen. Im Februar ging Carola Karg in den Untergrund: «Die Verbindung zum Jugend-Zentralkomitee und auch zur Partei war abgerissen. Ohne einen Pfennig Geld, nur von der Solidarität der Jugendgenossen lebend, oft hungernd, frierend, ohne Nachtquartier, in den Wäldern übernachtend, durchwanderte ich per Fahrrad, meist zu Fuß das Land Thüringen. Eine schöne Landschaft. Aber unheimlich die langen, endlosen Nächte im Freien bei Regen und Kälte, ständig von der Angst verfolgt, entdeckt zu werden. Jeden neuen Morgen der Freiheit betrachtete ich als Geschenk und als Verpflichtung, den Kampf gegen das unmenschliche Naziregime weiter zu organisieren. Immer wieder gingen Jugendgenossen ‹hoch› (sprich: wurden verhaftet) und mußten durch neue Kämpfer ersetzt werden. Vorsichtig nahm ich Verbindung zu Orts- und Kreisleitungen auf, und am 1. April 1933 gab es im Bezirk Thüringen wieder

20 intakte Unterbezirksleitungen.» Für Carola Karg und die anderen kommunistischen Funktionäre stand das oberste Gebot illegaler Arbeit außer Zweifel: die KPD im Untergrund genauso zentralistisch und durchorganisiert aufzubauen, wie sie in der Freiheit funktioniert hatte. Dabei kam der Bezirksleitung als Scharnier zwischen den örtlichen Gruppen und der Berliner Zentrale eine entscheidende Bedeutung zu. Mit Beginn der Illegalität wurden die 28 Bezirke im Reich zu acht Oberbezirken zusammengefaßt, an deren Spitze ein Instrukteur oder Oberberater stand. Seinen Anweisungen hatte man bedingungslos zu folgen.

Anfang April 1933 fuhr der KPD-Funktionär Hans Pfeiffer im Auftrag des Zentralkomitees als Instrukteur des Oberbezirks West für die Bezirke Ruhr, Niederrhein und Mittelrhein nach Düsseldorf, wo er sich illegal niederließ. Seine Wohnung wurde zur Anlaufstelle für Kuriere, Besprechungen, Post. Mit den Leitern der Bezirke traf er sich jede Woche an einem anderen Ort. Ein beliebter Treffpunkt war das Café Noth in Elberfeld. Hans Pfeiffer verfaßte Lagebeurteilungen für die Parteileitung in Berlin und überbrachte sie zum Teil selbst. Am 10. Juni wurde er verhaftet. Die Polizei entdeckte sein Archiv und dechiffrierte seine Berichte. Trotzdem gelang es ihr nicht, über Pfeiffer alle Fäden zu den Bezirken aufzurollen. Sein Nachfolger begann sofort mit einer Aktion, die überfällig gewesen war: die ersten illegalen Leiter auszuwechseln, da das Netz der Polizei immer engmaschiger wurde. Die Genossen aus Thüringen gingen zum Beispiel nach Bayern und umgekehrt, aus Hannover wechselte man nach Hamburg und so weiter.

Es gehörte zur Parteiarbeit der KPD, ihre Mitglieder über Zeitungen und Schulungsmaterial im Sinn der Partei zu schulen, den Zusammenhalt zu stärken und Außenstehende zu überzeugen. Diese wichtigen Aufgaben wurden sogleich mit dem Neuaufbau der Partei im Untergrund in Angriff genommen. Druckmaschinen, Schreibmaschinen und Vervielfältigungsapparate hatte man zuallererst in Sicherheit gebracht. Die Polizei entdeckte etliche bei ihren Razzien, doch es blieben genug, um sich bemerkbar zu machen. Ohne Unterbrechung erschien «Die Rote Fahne», das zentrale Organ der Partei, dreimal monatlich mit 60 000 Exemplaren, aber auch eine erstaunliche Anzahl von Schriften in den Bezirken: an Rhein und Ruhr das «Essen-Wester Ruhr-Echo», der «Kämpfer», die «Niederrheinische Arbeiterzeitung», das «Echo des Ostens» in Ostpreußen, in Pommern die «Volkswacht», die «Hamburger Volkszeitung» und das «Thüringer Volksblatt». Es dauerte nicht lange, da gab es in Hannover wieder die «Kleine Neue Arbeiterzeitung», die als NAZ eine lange Tradition hatte. Ein Mitarbeiter erinnert sich: «Willi Weber, Landarbeiter aus Stöcken, und der Contiarbeiter Willi Hellwig befanden sich damals lungenkrank im Heidehaus in Hannover-Stöcken. Sie ließen uns mitteilen, daß sie helfen wollten... Wir schmuggelten ihnen einen Abziehapparat ins Krankenhaus und beim nächsten Besuch das nötige Material. Hinter dem Krankenhaus war ein großer Wald. Hier verabredeten wir eine Stelle, wo sie die Druckerzeugnisse versteckten. Wir holten sie dort ab und legten gleichzeitig neubeschriebene Wachsmatrizen hin... Die Gestapo mit den Schlägerkolonnen der SS suchte Tag und Nacht nach den Herstellern und Verteilern unserer Zeitung, deren Auflage ständig stieg.»

Ohne ein Verteilernetz konnten die Druckschriften niemanden erreichen. Es fanden sich immer wieder Genossen, die es riskierten, die Zeitungen und Flugblätter weiterzugeben, weil sie überzeugt waren, durch ihren Einsatz mitzuhelfen, einen Aufstand der Bevölkerung auszulösen und die Nationalsozialisten in Kürze aus der Regierung zu vertreiben. Propagandamaterial von «Volksverrätern» zu verteilen war keine Kleinigkeit, und die Nationalsozialisten sorgten dafür, daß sich niemand, der dabei erwischt wurde, mit Unkenntnis herausreden konnte. Nach der «Verordnung zum Schutz von Volk und Staat» erfüllten kommunistische Schriften seit dem 28. 2. 1933 den Tatbestand der Vorbereitung zum Hochverrat. Ergänzend dazu gab es die «Verordnung gegen Verrat am deutschen Volk und hochverräterische Umtriebe» vom 1. März: «Für jeden, der sich mit der Herstellung oder Verbreitung solcher Schriften befaßt, wird damit eine Rechtspflicht begründet, die Schrift vorher auf ihren Inhalt zu prüfen. Mit dem Einwand, er habe die Schrift nicht gelesen, kann er nicht gehört werden...» Die in Untergrundarbeit gänzlich ungeübten Verteiler nahmen ein hohes Risiko auf sich, über das sie sich in diesen ersten Monaten meist nicht im klaren waren: «Heini, Brötchenausträger bei einem Bäckermeister, wurde im Laufe der Zeit zu dreist. Er legte neben jede Brötchentüte, die er vor die Türen stellte, als ‹Morgengruß› eine ‹Kleine NAZ›. Das konnte nicht lange gut gehen. Die SS griff ihn und mißhandelte ihn dermaßen, daß er lange Zeit im Krankenhaus lag. Anschließend wurde er, wie die meisten anderen, zu langjähriger Gefängnisstrafe verurteilt.» Im September 1933 klagte der Generalstaatsanwalt in Hamm gemäß den bestehenden Gesetzen achtzehn Arbeiterinnen und Arbeiter an, im Frühjahr an der Herstellung und dem Vertrieb von kommunistischen Druckschriften beteiligt gewesen zu sein und damit «das hochverräterische Unternehmen, die Verfassung des Deutschen Reiches gewaltsam zu ändern, vorbereitet zu haben.»

Vor allem an den Sondergerichten, deren Vorsitzender und zwei Beisitzer Berufsrichter waren, wurde im Frühjahr und Sommer 1933 wegen solcher «hochverräterischer Umtriebe» verhandelt. Wie unvorsichtig die Angeklagten oft vorgingen, erzählt rückblickend Adolf Maislinger aus München: «Beim Verteilen der Flugblätter gingen wir mit 10–15 Mann in zwei oder drei Häuser, die damals meist nicht abgesperrt waren. Dann ging es links rechts, links rechts von oben bis unten, und wir verschwanden wieder sofort.» Mit solchen Aktionen hatte die Polizei leichtes Spiel. Doch auch bei Zetteln und Parolen, die in den ersten Monaten der Illegalität gar nicht so selten an Wände, Brücken und Litfaßsäulen geklebt und gemalt wurden, ging die illegale KPD bewußt ein hohes Risiko ein. Die Bevölkerung sollte davon überzeugt werden, daß die Partei trotz aller Verfolgungen nicht kleinzukriegen war und einen langen Atem für den Widerstand besaß. Die Partei wollte nicht im Untergrund erst einmal abwarten, sondern ihren Führungsanspruch innerhalb der Arbeiterbewegung – gerade angesichts einer schwankenden SPD – offensiv nach außen vertreten.

Im Mannheimer Stadtteil Neckarstadt wurde im April von der Bezirksleitung ein Flugblatt unter die Leute gebracht, angeblich zehntausendmal: «Einzig und allein die Kommunistische Partei, die in Hunderten Kämpfen bewiesen hat, daß sie rücksichtslos für die Interessen des gesamten werktätigen Volkes eintritt, steht auch heute nach wie vor an der Spitze des Kampfes gegen die faschistische Diktatur.» Da jede illegale Aktion der Kommunisten den Terror der Nationalsozialisten zu rechtfertigen schien, wurde – vorläufig jedenfalls – die Öffentlichkeit informiert. Am 14. April meldete die «National-Zeitung» in Duisburg ihren Lesern: «Die KPD, die trotz gegenteiliger Meinung gutgläubiger Spießer im geheimen ihre verderbliche Hetzarbeit nach wie vor weiterbetreibt, ließ in den letzten Nächten in den Kolonien Handzettel ankleben, in denen Pg. Göring u. a. als Bluthund, der täglich zum Arbeitermord hetze, bezeichnet wird.»

Die Kommunisten verkannten, daß solche Meldungen die Vorurteile der großen Mehrheit gegen die KPD nur schürten. Sie glaubten, darin eine Schwäche des Regimes zu sehen. Überzeugt, daß die proletarische Revolution dicht bevorstand, hielten sie jedes Opfer für gerechtfertigt und ängstliche Vorsicht für fehl am Platz. Noch im Juli, als die ersten illegalen Bezirksleitungen von der Polizei zerschlagen waren, als Hausdurchsuchungen und individueller Terror gegen Kommunisten längst zum Alltag gehörten, als der Polizeistaat immer perfektere Methoden entwikkelte, ging dieses Rundschreiben des Zentralkomitees über «Neue Methoden unserer Agitprop-Arbeit» von Berlin aus auf illegalen Wegen an die 28 Bezirksleitungen: «Ein Mittel, das noch zu wenig angewandt wird, ist das Malen von Symbolen und Losungen... Eine Flasche mit Farbe und ein Schulpinsel, der durch ein Loch im Korken gesteckt wird, kann leicht in der Tasche untergebracht werden. Damit können Losungen wie ‹Die KPD lebt› oder ‹Nieder mit Hitler› gemalt werden. Ferner Hammer und Sichel, Sowjetsterne. Noch primitiver ist das Malen mit Kreide. Hierzu können auch Kinder angehalten werden.»

Die Partei unterschlug nicht, welche Opfer der Einsatz für ihre Sache bisher gefordert hatte: «Sie gedenkt dabei mit revolutionärer Anerkennung der Tausende von Funktionären und Mitgliedern, die der Hitler-Faschismus in den Kerker warf, in Konzentrationslager schleppte, an die tapferen Genossen, die seit der Übernahme der Macht durch Hitler das Opfer faschistischer Mordkolonnen wurden.» So stand es in der Resolution eines Geheimtreffens führender Funktionäre des Bezirks Ruhr vom 11. Juni. Doch im gleichen Papier wurde denen, die als «Avantgarde des Proletariats in grenzenloser Ergebenheit ihre Arbeit fortsetzten», der Sinn aller Opfer sehr konkret vor Augen gestellt: «Das deutsche Proletariat wird unter Führung der Kommunistischen Partei den Weg aus der Krise des Kapitalismus finden, indem es den Faschismus stürzt und die Diktatur des Proletariats aufrichtet.» Optimistisch meldete die Bezirksleitung vom Niederrhein zur gleichen Zeit: «Je härter der Kampf, je zäher werden wir, und hoffnungsfroh sagen wir: Je eher kommt unser Sieg, und um so schöner wird er sein.»

Es war die KPD, die in diesen blutigen Monaten in ihren Flugblättern die gewalttätige Politik der neuen Regierung anprangerte; die sich dem Terror nicht beugte und ihre Ideale um keinen Preis aufgeben wollte. Mit dieser Standfestigkeit aber verband sich eine Hoffnung auf eine schnelle Änderung der Situation, die von der eigenen Lagebeurteilung Lügen gestraft wurde. Doch wie hätte man in diesen Anfangsmonaten der Diktatur die Härte der Verfolgung, die Zerstörung der Parteistrukturen ertragen und weiterkämpfen können, wenn man nicht an einen baldigen Sieg geglaubt hätte? Natürlich gab es viele, die sich den neuen Gegebenheiten anpaßten und alles leugneten, was an ihre politische Vergangenheit erinnerte. Natürlich schüchterte der tägliche staatliche Terror ein, schuf die Angst um die Familie, um das eigene Leben keine Helden. Kommunisten traten demonstrativ in eine der vielen NS-Organisationen ein oder verbrannten heimlich das Propagandamaterial, das ihnen ihre Bezirksleitung zum Verteilen zuschickte. Eine exakte Statistik des Widerstands gibt es nicht. Trotzdem ist gesichert, daß zwischen 1933 und 1945 rund 150000 Kommunisten mindestens einmal über kurz oder lang verhaftet wurden, weil sie illegal für ihre Partei im Einsatz waren; rund 20000 haben dafür mit ihrem Leben gezahlt.

Es war weltfremd, als im Mai 1933 den Genossen in Nordbayern per Post ein Rundschreiben zugeschickt wurde, in dem die Bezirksleitung sie unverschlüsselt «dringend» aufforderte, «sofort mit der kassenmäßigen Erfassung aller Mitglieder wieder zu beginnen». Ein Vertreter der Bezirksleitung werde in den kommenden Wochen auftauchen, um die Fortführung der illegalen Parteiarbeit zu besprechen. Nicht wenige der Adressaten saßen längst in Gefängnissen oder KZ, ihre Post wurde überwacht und der angekündigte Besuch, als er eintraf, von der Polizei in Empfang genommen.

Die Mitglieder zu erfassen, Parteibeiträge zu kassieren, schien der Partei ein unverzichtbares Mittel, um die Moral der Mitglieder auch im Untergrund hochzuhalten und den Parteizusammenhalt sichtbar zu dokumentieren. Die Gestapo ermittelte, daß Frieda Spöker, Hauptkassiererin der ersten illegalen Bezirksleitung von Nordbayern, im Mai in ihrer Nürnberger Wohnung 50000 Beitragsmarken aufbewahrte. Ein Kurier hatte sie ihr aus Berlin gebracht. Neben 5000 Sammelmarken mit dem Aufdruck «Trotz alledem» sollten sie an die Mitglieder weiterverkauft werden. Im Untergrund zu kassieren, war ein besonders gefährliches Unterfangen, das nicht selten von Frauen durchgeführt wurde. Zigtausende von KPD-Marken in der Wohnung zu lagern, widersprach den einfachsten Regeln der Konspiration, da ein Kommunist jeden Augenblick mit Wohnungsdurchsuchungen rechnen mußte. Am 5. Mai riegelte die Polizei das Arbeiterviertel in Düsseldorf-Gerresheim ab und verhaftete 280 Kommunisten. Der «höhere Polizeiführer West» meldete für das Rhein-Ruhrgebiet vom 14. bis 18. Mai 2830 Verhaftungen, 1571 Kommunisten und 1128 Sozialdemokraten.

Nach umfassenden Verhaftungen war von den führenden KPD-Funktionären Augsburgs im April 1933 nur noch Josef Wagner in Freiheit. Es gelang ihm, aus seinem Versteck in der Morellstraße Kontakt zu den Stadtteilgruppen aufzunehmen und Genossen für eine öffentliche Aktion zu gewinnen. An den Ostertagen wurden vor der «Schauburg», einem Kino in Lechhausen-Süd, Handzettel verteilt: «Nieder mit der faschistischen Diktatur, schließt die Einheitsfront! Nieder mit dem Verrat der SPD-Bonzen! Es lebe die Arbeiter- und Bauernregierung!» Aber Wagners Kontaktpersonen standen schon unter Beobachtung. Sie wurden am 19. April verhaftet. Josef Wagner traf es einen Tag später, als er gerade ein zweites Flugblatt fertiggestellt hatte: «Arbeiter der SPD, der Bayernwacht und der übrigen Arbeiterorganisationen! Wartet nicht, bis Hitler abgewirtschaftet hat. Hitler wird nicht von selbst gehen, er muß von euch verjagt werden... Bildet überall gemeinsam mit den Kommunisten antifaschistische Häuserschutzstaffeln zur Niederschlagung der faschistischen Henkersknechte!» Am 7. April meldeten die «Mündenschen Nachrichten» in Hannoversch-Münden: «Wie die Polizei mitteilt, sind noch in neuester Zeit von linksradikaler Seite hier Flugblätter verteilt worden, in welchen zum Hochverrat bzw. Generalstreik aufgerufen wurde. In 2 Fällen ist es der Polizeiverwaltung gelungen, 2 Verteiler festzunehmen. Die Polizei ersucht das nationale Publikum, beim Feststellen von Verteilern der vorgenannten Flugblätter der Polizeiverwaltung auf dem kürzesten Wege Mitteilung zu geben. Es wird alsdann ohne Verzug das Weitere veranlaßt.»

Emil Carlebach, ein junger Frankfurter Kommunist, war mit seinen Freunden entschlossen – auch nach der Zerschlagung der Parteiorganisation Anfang Mai –, Aktionen zu starten und nicht nach dem Sicherheitsrisiko zu fragen: «Wir nahmen einen Stapel mit illegalem Material, wickelten ihn in Packpapier ein, aber so, daß er nicht geschlossen war und jederzeit aufplatzen konnte. Dieses Päckchen nahm Paul Bloch unter den Arm, legte einen alten, verschlissenen Mantel darüber und ging ins Kaufhaus Tietz an der Hauptwache. Mit dem Aufzug fuhr er ganz nach oben, wo das Café war, bestellte sich dort eine Tasse Kaffee und legte den Mantel, unter dem das Päckchen verborgen war, auf die Brüstung, wo es in den Lichthof zum Parterre hinunterging. Er trank seinen Kaffee, bewegte sich dann und stieß dabei scheinbar versehentlich mit dem Ellenbogen an den Mantel. Der rutschte natürlich über die Brüstung, und Paul Bloch fuhr hoch: Ach, mein Mantel! und rannte weg... Daß unter dem Mantel ein Päckchen war, das sich beim Fallen öffnete und so Hunderte von Flugblättern von der Galerie ins Parterre hinunter flatterten, das haben die Leute in der Cafeteria nicht gesehen.» Emil Carlebach nennt dies rückblickend eine «Mischung aus antifaschistischer Jugendbewegung und Gewerkschaftstätigkeit mit einer gehörigen Portion Abenteurertum». In der Nacht zum 12. Mai wurde die kleine Gruppe beobachtet, wie sie in Sachsenhausen Flugblätter in die Briefkästen steckte: «Die SA umzingelte daraufhin die Häuserblocks und marschierte konzentrisch nach innen.» Die jungen Kommunisten hatten Glück und kamen mit Freiheitsstrafen von vier bis acht Wochen davon.

Bis Anfang Mai 1933 hatten die meisten Bezirksleiter die Kontakte zur Berliner Zentrale und – was das Schwierigste war – die Verbindungen zur Basis in den Stadtteilgruppen wiederhergestellt. Das illegale Leben der führenden Funktionäre war mühsam und asketisch. Die Untergetauchten konnten sich nur bei Sympathisanten aufhalten, die der Polizei nicht als Kommunisten bekannt waren. Ihre Bewegungsfreiheit war minimal. Die

Stadtteilgruppen hielten untereinander nur durch Kuriere Kontakt. Jeder Gang auf die Straße am hellichten Tag war ein Risiko. Niemals durfte man sich durch ein Zeichen zu erkennen geben, wenn man zufällig einen Genossen traf. Denn man mußte damit rechnen, daß der andere verhaftet worden war und von der Polizei als «Lockvogel» durch die Straßen geführt wurde. Nicht weniger gefährlich war das zufällige Wiedersehen von Bekannten, die nicht der Partei angehörten. Würden sie zur nächsten Polizeistelle gehen? Kam man zur Wohnung zurück, stand vielleicht schon das Polizeiauto vor der Tür oder warteten ein paar Herren mit entsicherten Pistolen im Flur.

Trotz alledem: Die Partei war im ersten Ansturm nicht ausgelöscht worden. Die alten Strukturen schienen auch im Untergrund zu funktionieren, der Gegner konnte keinen Sieg melden. Zwar übertrieben Gestapo und andere Institutionen, um bei Verhaftungen von Kommunisten die eigenen Anstrengungen in ein möglichst günstiges Licht zu rücken. Doch das streng vertrauliche Schreiben des Kasseler Landrats vom 22. Juni entspricht der Realität: «Die neuerlichen politischen Beobachtungen im ganzen Staatsgebiet lassen ein Wiederaufleben der kommunistischen Propagandatätigkeit, wenn auch zunächst nur befehlsmäßig, erkennen... Die Verbreitung zersetzenden Materials hat sich nicht nur auf das polizeilich schwer zu erfassende Abwerfen und Ankleben von mit primitiven Mitteln herzustellenden Handzetteln beschränkt; neben den mit Schreibmaschine und Abziehapparaten gefertigten Betriebs-, Straßen- und Häuserblockzeitungen tauchen bereits wieder in größeren Auflagen gedruckte Flugblätter und Zeitungen auf, die wohl überwiegend aus dem Ausland eingeschmuggelt, z. T. aber auch innerhalb Deutschlands hergestellt worden sind.»

In Hamburg meldet die Polizei im Mai, «daß hochverräterische Flugschriften der KPD, insbesondere Flugblätter sowie die verbotene Hamburger Volkszeitung und sonstige marxistische Schriften hergestellt und auf der Straße und in den Häusern verbreitet werden». Zur gleichen Zeit stellt ein Bericht der Bayerischen Politischen Polizei mit Blick auf Augsburg fest, dort hätten «in fast allen Stadtteilen geheime Sitzungen ... fast ausschließlich in den Wohnungen neutraler Personen oder in abgelegenen Wirtschaften unter dem Deckmantel geheimer Zusammenkünfte» stattgefunden. Für die Observierungen der Polizei gilt überall im Reich, was der Kasseler Landrat den Landjägerbeamten des Kreises einschärft: «Grundsätzlich ist davon auszugehen, daß in jedem Bezirk das Heranwachsen der neuen Führerschicht zunächst lediglich zu beobachten ist und der Zugriff erst dann zu erfolgen hat, wenn der Aufbau einen gewissen Abschluß erreicht hat; es liegt auf der Hand, daß die Wegnahme eines vollständig aufgebauten Apparates die Organisation schwerer treffen muß als der Ausfall einzelner sofort wieder ersetzbarer Funktionäre.»

Die Polizei hatte richtig beobachtet: der Strom illegaler kommunistischer Literatur schwoll an. Sie kam einmal mit Kurieren aus Berlin, aber in zunehmendem Maße aus dem angrenzenden Ausland, wohin verfolgte Kommunisten geflüchtet waren. Sie bauten in ihren Gastländern Grenzsekretariate auf, die fest umrissene Gebiete in der Heimat betreuten, mit Geld und Literatur versorgten und Anweisungen für den Wiederaufbau der Partei gaben. Anfang Juni hatte ein Team Nürnberger Kommunisten die Schmuggelwege und in Hof, Würzburg, Darmstadt und Amberg die Verteilung der Literatur von der Tschechoslowakei in den süddeutschen Raum organisiert. Bei nächtlichen Gängen über die Grenze wurde das Material in der Tschechoslowakei abgeholt. Mal hatten die Grenzgänger gefälschte Papiere, mal keine. Hin und wieder kam es zu Schießereien mit der deutschen Grenzpolizei. Man ging vorsichtig zu Werk: «Willy Klug hatte eine Kiste besorgt, die innen mit Blech ausgeschlagen war. Sie wurde ... im Wald eingegraben und mit Erde und Laub zugedeckt, so daß sie nicht gesehen werden konnte. In ihr wurden die aus der Tschechoslowakei über die Grenze transportierten Zeitungen und sonstigen Druckwerke deponiert. Erst einige Tage später wurde sie dann nach Hof gebracht.» Anfang August entdeckte die Polizei in Nürnberg eine zentrale Verteilungsstelle und beschlagnahmte insgesamt 436 Zeitungen.

Alle an dieser Nürnberger Aktion Beteiligten waren Jungkommunisten und gehörten dem Kommunistischen Jugendverband Deutschlands (KJVD) an. Ihr Vorteil war nicht nur ihr jugendlicher Wagemut. Vor allem standen sie – im Gegensatz zu den älteren KPD-Funktionären – noch nicht auf den Fahndungslisten der Polizei. Immer mehr verzahnten sich im Sommer 1933 die bis dahin strikt getrennten Strukturen der Mutterpartei und des Nachwuchses. Junge Menschen füllten bereitwillig die Lükken, die Verhaftung oder Flucht immer aufs Neue in die Partei rissen. Der Bericht der Bayerischen Politischen Polizei hatte recht, wenn er feststellte, daß «der Tätigkeit der Jungkommunisten mit besonderer Aufmerksamkeit begegnet werden» müsse. «Gerade die letzten Jahre haben gezeigt, daß aus den Reihen der Jungkommunisten stets die zuverlässigsten Haupt- und Spitzenfunktionäre der KPD hervorgegangen sind.»

Der KJVD hatte 1933 rund 50000 Mitglieder, die zu einem großen Teil und relativ reibungslos in der Illegalität zusammenhielten und für ihren Verband weiterarbeiteten. In Hamburg zum Beispiel blieben auch nach dem Machtwechsel fast alle zweitausend Mitglieder dem KJVD treu. Sie versuchten in diesem Frühjahr 1933 die Öffentlichkeit auf das Schicksal von Bruno Tesch aufmerksam zu machen. Der Klempnergeselle und KJ-Funktionär war von den Nationalsozialisten verhaftet worden und stand unter der Anklage, beim «Altonaer Blutsonntag» 1932, den die Nationalsozialisten mit einem Durchzug durch das Arbeiterviertel provoziert hatten, den Tod von SS-Männern mitverschuldet zu haben. Ein ordentliches Gericht hatte ihn 1932 freigesprochen. Hamburgs junge Kommunisten fühlten sich stark für illegale Aktionen, weil sie viele waren. Helmut Heins war dabei: «Am Freitag vor Pfingsten fand nachmittags – mitten im Einkaufszentrum um den Münzmarkt Altona – eine illegale Demonstration des KJVD Groß-Hamburg statt... Die Demonstration, an der sich ca. 200 Jugendliche beteiligten, hinterließ einen nachhaltigen Eindruck. Obwohl sich SA- und SS-Leute unter den Passanten befanden, beherrschten wir mit Sprechchören wie ‹Rettet Bruno Tesch und Genossen› minutenlang die Straße... Die Steenkamper Gruppe übernahm es, in der folgenden Zeit eine Reihe nächtlicher Malaktionen durchzuführen. Ihre besondere Aufmerksamkeit galt dabei dem Altonaer Stadion, in dem ein großer Aufmarsch der SA stattfinden sollte. Noch lange danach waren die Losungen ‹Rettet Bruno Tesch und Genossen› zu lesen.»

Bruno Tesch wurde nicht gerettet. Am 2. Juni lautet das Urteil für ihn und drei seiner Genossen: Tod auf dem Schafott. In der Todeszelle schreibt der Zwanzigjährige seine Gedanken und Gefühle in ein kleines Heft. Es beginnt mit der Schilderung der Urteilsverkündung: «Nur einmal wäre es beinahe mit meiner Fassung vorbei gewesen, als ich das Weinen meiner Mutter heraushörte.» Die ersten Tage ist er ruhig: «Der große Umschwung in der Stimmung kam erst ein paar Tage später, als die richtige Überlegung wiederkehrte, als ich mir vorstellte, daß ich erst zwanzig Jahre alt bin, wirklich nichts getan hatte und dennoch zum Tode verurteilt wurde... Für mich ist es immer noch ein Trost, zu wissen, daß, wenn ich hingerichtet werde, ich in der Arbeiterschaft nicht vergessen werde. Aber wenn ich mir vorstelle, wie meine liebe Mutter jetzt leiden und bangen wird, so könnte ich wild werden.» Im Morgengrauen des 1. August 1933 wird das Urteil vollstreckt. Kommunisten aus dem KZ Fuhlsbüttel müssen als Zeugen des Terrors zusehen, Rundfunk und Zeitungen berichten in großer Aufmachung. Der letzte Brief des Bruno Tesch ist erhalten geblieben: «Wir sterben, wie wir gekämpft haben. Vergeßt mich nicht! Vergeßt mich nicht!»

Ende Mai 1933 trafen sich im Grunewald die Frauenleiterinnen der Berliner KPD. Nur fünf kannten den Tagungsort. Zu zweit fuhren rund dreißig Genossinnen mit der U-Bahn bis Krumme Lanke. Dort leitete sie ein Kontrollposten mit Handzeichen weiter zu einem Gartenlokal. Als Hausfrauenkränzchen getarnt, machte man sich dann auf zu einem gut versteckten Platz im Wald. In Dresden gehörten über hundert Frauen zur Vereinigten Kletterabteilung, ein getarnter sozialistischer Verein von Bergsteigern, die Menschen und Material über die tschechoslowakische Grenze schleusten.

Die Münchner KPD wird durch umfangreiche Verhaftungen besonders hart getroffen. Aber das Arbeitermilieu bleibt resistent. In seinem Schutz bilden sich im Laufe des Mai wieder kleine Gruppen, in denen Jungkommunisten und Mitglieder roter Sportvereine immer wichtigere Funktionen erfüllen. Zu denen, die die ersten Initiativen im Untergrund ergriffen, gehörten die Brüder Ernst und Albert Lörcher. Ihr Vater war in der Münchner Räterepublik von 1919 aktiv gewesen. Ernst, geboren 1907, hatte nach einer Mützenmacherlehre auf dem zweiten Bildungsweg das Abitur gemacht und studierte seit 1932 Jura und Volkswirtschaft. Albert, geboren 1913, war gelernter Kürschner. Ihre Gruppe traf sich im Lesesaal des Münchner Arbeitsamtes, wo angeregte Gespräche und Zeitungslesen nicht auffielen. Hier sammelten sie die Nachrichten und Meldungen ausländischer Zeitungen, die sie in ihre ab Juni selbstgemachte Zeitschrift «Die Junge Garde» aufnahmen.

Die Brüder Lörcher standen sehr bald auf der Fahndungsliste der Polizei: «Die erste Zeit der Illegalität war sehr schwierig; es herrschte Hochstimmung in der Bevölkerung, und man mußte sehr aufpassen. Mit meinem Bruder schlief ich nachts an der Isar im Laub. Im Lesesaal des Arbeitsamtes trafen wir uns... Im Hochwasserbecken der Pupplinger Au, unter einer überdachten Brücke, richteten wir uns einen Standort ein. Dort hausten wir mit einem Autozelt, einem Schlafzelt, einem Abziehapparat und einer Schreibmaschine. Mittags verpflegten wir uns im Kloster Schäftlarn und pendelten ansonsten zwischen Lesesaal und Kanal. Eine Weile ging das gut, aber eines Tages, wir kauften gerade… ein, kam das Hochwasser und spülte außer unseren Fahrrädern alles fort.» Albert Lörcher wurde im August verhaftet, vom Sondergericht München wegen der Weitergabe von 25 Exemplaren der «Jungen Garde» zu elf Monaten Gefängnis verurteilt, ins KZ gesteckt und im Krieg ins Strafbataillon. Sein Bruder Ernst kam nach der Flucht 1936 als illegaler Funktionär ins Ruhrgebiet zurück.

Die wenige Zeit, die die Brüder hatten, reichte aus, andere Jugendliche für die Arbeit im Untergrund und zunehmend für Aufgaben der Partei zu gewinnen. Der 16jährige Hilfsarbeiter Andreas Zinner organisierte die illegale Arbeit innerhalb Münchens und wurde Kontaktmann für Gruppen im übrigen bayerischen Raum. Als er im Herbst für die Produktion und Verteilung der KPD-Zeitung «Neue Zeitung» sorgte, hatte diese Schrift schon eine abenteuerliche Geschichte hinter sich. Die «Neue Zeitung», das illegale Blatt der KPD Südbayerns, erschien im Juli 1933 mit ihrer Nummer 6 und umfaßte 14 eng beschriebene Seiten. Die Nummer 7 im August hatte sogar 26 Seiten. Die Auflage schwankte zwischen 1000 und 2000 Stück. Die Zeitschrift brachte Nachrichten, Spendenaufrufe, um den verhafteten Genossen zu helfen, Augenzeugenberichte aus der «Hölle von Dachau», Warnungen vor Spitzeln und die Aufforderung an die «ehrlichen SPD-Arbeiter», sich der KPD anzuschließen. Wie weit die in den Untergrund Gezwungenen sich schon von der Realität entfernt hatten, zeigt der Aufmacher der Juni-Ausgabe: «Hitler-Deutschland eilt mit Riesenschritten dem Chaos entgegen.» Im Sommer war noch ein Redakteur der Zeitung in Freiheit, Mitglieder der ehemaligen Kampfgemeinschaft für rote Sporteinheit hatten die Aufgaben der höheren und mittleren Funktionäre übernommen, die verhaftet oder im Untergrund waren. Da fand sich als Mitarbeiter der Zeitung ein Sympathisant, der als Mitglied einer katholischen Studentenorganisation völlig unverdächtig war.

Der 19 Jahre alte Hugo Scheurer war Bühnenmeister einer kleinen Laientheater-Bühne im Münchner Asamhaus in der Sendlinger Straße, wo die Studentenorganisation ihren Sitz hatte. Scheurer, kein Kommunist, besaß sämtliche Schlüssel für das Gebäude. Er schmuggelte eine Schreibmaschine ins Bibliothekszimmer, verhängte die Fenster und schrieb dort – zusammen mit einem KPD-Funktionär – im Juni und Juli die Matrizen für die «Neue Zeitung» und anderes KPD-Material. Am 10. August wurden in München 68 Kommunisten verhaftet. Eine Woche später umstellte die Polizei eine Werkstatt in Obersendling. Sie nahm vier Mann fest, darunter auch Scheurer, die gerade dabei waren, die Augustausgabe zu heften. Aber schon die September-Nummer der «Neuen Zeitung» wurde wieder illegal verteilt. Die Gruppe der Jungkommunisten um Andreas Zinner im Münchner Westend hatte die Herstellung übernommen.

Am 20. August klebten an den Häusern des Augsburger Arbeiterviertels Wertachvorstadt rund 30 Zettel: «Befreit vom Joch der kapitalistischen Tyrannen werden alle Unterdrückten nur durch den Kommunismus!... Von Reden und Aufmärschen, Festen und Feuerwerken werdet Ihr nicht satt! Erkennt das und kämpft mit uns. KPD.» Wenige Tage später meldete die «National-Zeitung», man habe «die Inwohner der betreffenden Viertel doch wieder einmal kräftig daran erinnert... daß sie von der Polizei immer noch genau beobachtet werden, wenn auch an Festtagen aus noch so vielen Dachluken Hakenkreuz-Fahnen wehen.» Aber außer der «kräftigen Erinnerung» an den Terror brachte die einstündige Razzia nichts. Schon am 27. August konnten die Straßenpassanten auf angeklebten Zetteln lesen: «Proleten, Klassengenossen! Unaufhaltsam wütet der Mordfaschismus weiter. Täglich fordert der Aasgeier des Kapitalismus neue Opfer. 50000 revolutionäre Arbeiter schmachten im Kerker... Arbeiter heraus! Duldet es nicht länger. Es ist Blut von Eurem Blut. Darum kämpft mit uns Kommunisten.» Um diese Zeit hatte ein jugendlicher Polizeispitzel die Organisatoren der

Klebeaktionen schon unter Beobachtung. Am 1. September wurden die drei Hauptakteure in der Wertachvorstadt festgenommen, Schreibmaschine und Abzugapparat entdeckt.

Was die Polizei nicht herausfand: Es gab eine Verbindung nach München. Anna Nolan, eine 17jährige Verkäuferin aus Augsburg, war Mitte April mit dem Fahrrad nach München gefahren, hatte Andreas Zinner getroffen und nach ihrer Rückkehr in die alte Kaufmannsstadt mit einigen Getreuen durch ihre Klebeaktion den Deutschen beweisen wollen, daß die Partei noch lebte. Anna Nolan war seit 1931 im Kommunistischen Jugendverband, sicherlich nicht unbeeinflußt von ihrem Vater, einem Webermeister, der im gleichen Jahr in die KPD eintrat. Nach ihrem Osterausflug kam Anna Nolan im Juli 1933 ein zweites Mal mit Andreas Zinner und Ernst Löscher in München zusammen und bekam Schreibmaschine, Abziehapparat und einige Klebezettel. Ein Kurier hielt den Kontakt zwischen den beiden KJ-Gruppen in München und Augsburg aufrecht. Als Anna Nolan verhaftet wurde, saß ihr Vater wegen «Vorbereitung zum Hochverrat» im Gefängnis, hatte Arbeit und Werkswohnung verloren, und die Familie lebte in einer ärmlichen Mietskaserne in der Vorstadt rechts der Wertach. Nach ihrer Verhaftung gab die 17jährige zu Protokoll: «Ich war der Überzeugung, daß der arbeitenden Klasse nur durch den Kommunismus zu einer besseren Lebenshaltung verholfen werden kann.»

Bei der Herstellung von Zeitungen und Broschüren fanden sich mancherorts die Sozialisten aus den verschiedenen Lagern wieder zusammen. Es gab Sozialdemokraten und Kommunisten, die nicht mehr an der jeweils offiziellen Parteilinie, die auf kompromißlose Gegnerschaft ausgerichtet war, festhielten und die eigene Position der vergangenen Jahre kritisch überdachten. Vor allem unter den jüngeren Parteimitgliedern kam es zu konkreten Versuchen, den gemeinsamen Feind gemeinsam zu bekämpfen. In Hildesheim wurde von Juli bis August «Ran, Zeitschrift revolutionärer Marxisten» von Sozialdemokraten und Kommunisten gemeinsam hergestellt und verteilt: «Arbeiterinnen und Arbeiter! Ran! Das ist unser Losungswort, es soll aber auch Parole für unsere zukünftigen Kämpfe sein... Wir Sozialdemokraten, Kommunisten und Reichsbannerleute haben diese Streitschrift geschrieben... Wir wollen, daß aus den Fehlern der Vergangenheit gelernt wird, daß die gewonnenen Einsichten umgesetzt werden in neue, klügere, kühnere Taten.» Die Schreiber ließen keinen Zweifel daran, daß sie den Führern von gestern nicht mehr trauten: «Immer noch hat sich die Arbeiterklasse aus tiefsten Niederungen den Aufstieg gebahnt. Deshalb mit unbelasteter Führung vorwärts zu neuen Ufern, zur Vorbereitung des Entscheidungskampfes für den klassenlosen Staat, für wahre Freiheit.» Und am Ende stand die Aufforderung: «Nach dem Lesen an Bekannte weitergeben.»

Noch vor dem Parteiverbot hatten die Nürnberger Kommunisten im Februar 1933 den Druckapparat aus ihrem Parteibüro entfernt und in einem Gartenhäuschen versteckt. Dort druckte der 23jährige Ludwig Göhring im Juli die erste Nummer der «Blätter sozialistischer Freiheitsaktion». Sie sollten die offizielle Zeitschrift der KPD für Nürnberg und den nordbayerischen Raum werden. Ein Mitglied der illegalen Bezirksleitung und die 23jährige Kontoristin Kunigunde Schwab wählten die Artikel aus anderen illegalen KPD-Schriften aus, und Kunigunde Schwab schrieb die Wachsmatrizen. Weil der Druckapparat verräterischen Lärm machte, wich man bald in ein ideales Versteck aus. Die zweite und dritte Nummer der «Blätter» wurden in einer nur schwer zugänglichen Kalksteinhöhle in der Nähe von Königstein im Fränkischen Jura nachts im Schein einer Karbidlampe angefertigt. Die Höhle konnte man nur über eine Strickleiter erreichen.

Mitte August wartete Ludwig Göhring am Nürnberger Ostbahnhof auf die Kuriere, die die Nummer 3 übernehmen und weiterverteilen sollten. Mehrere Abholer verspäteten sich, Göhring wurde beobachtet, die SA informiert, die ihn mitsamt dem restlichen Material verhaftete. Der junge Kommunist kam in die ehemalige Samariter-Wache am Nürnberger Kornmarkt, wo die SA ihre zentrale Folterstätte eingerichtet hatte. Die Folterer preßten Göhring das Höhlenversteck ab, die Namen aktiver Kommunisten im Untergrund und sogar den Namen des Mannes, der die Strickleiter angefertigt hatte. Es war der Mechaniker Oskar Pflaumer, kein Kommunist, aber ein Gegner der Nationalsozialisten. Seine Schwägerin war Kunigunde Schwab. Pflaumer wurde am 16. August verhaftet und von der Polizei den SA-Männern am Kornmarkt übergeben. Gegen Ende der Nacht lieferte die SA ihn in der Rathauswache ab, wo Pflaumer einem gerade verhafteten Jungkommunisten in die Zelle geworfen wurde: «Er war bewußtlos und stöhnte in seiner Bewußtlosigkeit, wobei er seine Hände in den Leib verkrampfte. Zwischendurch kam er zur Besinnung und redete von den Folterungen, denen er ausgesetzt war... So war er an eine hydraulische Pumpe, die zum Aufpumpen der Autoreifen diente, angeschlossen und Preßluft in seinen Leib getrieben worden. Dabei muß er schwere innere Verletzungen erlitten haben. In der Frühe zwischen fünf und sechs Uhr ist Oskar Pflaumer in der Zelle gestorben.» Seine Mutter erhielt die Nachricht zusammen mit einem Bündel blutiger Wäsche.

Wer als Kommunist im Untergrund weiterarbeitete, wußte schon in diesem Sommer 1933, daß er mit Sicherheit eines Tages der Polizei ins Netz gehen würde. Die Partei gab ihm nur eines mit auf den Weg: «Ein Revolutionär macht keine Aussagen.» Das war eine Verpflichtung, die angesichts der brutalen Foltern kaum jemand einhalten konnte und auf den Verhafteten demoralisierend wirken mußte. Unmittelbar nach der ersten Folterung Ludwig Göhrings verhaftete die Nürnberger Polizei rund 40 Kommunisten. Ende September waren es insgesamt schon weit über 120 Personen. Damit gelang es der Polizei, in wenigen Wochen den gesamten illegalen Apparat der KPD, die Jugendorganisation und sogar die kleinen Stadtteilgruppen zu zerschlagen. Im Herbst 1934 kam es dann zu einem Mammutverfahren gegen 122 Angeklagte, 31 von ihnen wurden schließlich zu fünf Jahren Zuchthaus und 42 Jahren Gefängnis verurteilt.

Doch die Partei machte keine Anstalten, durch flexiblere Organisationsformen den Verfolgungen zu entgehen. Starr hielt die oberste Führung an ihrem Prinzip fest, die traditionell zentralistische Leitungsstruktur trotz aller Einbrüche immer aufs neue aufzubauen. Sie hielt daran fest, daß die zahlreichen Verhaftungen die Partei im Kern nicht getroffen hätten. Doch gerade die Situation in Nürnberg – und das war kein Einzelfall – strafte diese Einschätzung Lügen. Im September schickte das Berliner Zentralkomitee einen Instrukteur nach Nürnberg, um zum drittenmal seit dem Parteiverbot eine Bezirksleitung in der Illegalität aufzubauen. Vor Ort konnte er nur noch auf zwei Studenten aus Erlangen zurückgreifen. Schon einen Monat später waren die beiden nebst weiteren Genossen verhaftet.

Inzwischen kannte die Polizei auch die jüngeren Funktionäre. In Essen wurde im Sommer die gesamte Führung des Kommunistischen Jugendverbandes verhaftet. Anfang August reiste unter falschem Namen, aber mit seinen echten Papieren der Genosse Erich Honecker aus dem Saarland nach Essen, um den Jugendverband wieder aufzubauen. Die abgerissene Hälfte eines Bildchens aus einer der damals so beliebten Serien, die in jeder Zigarettenschachtel lag, war Erkennungszeichen für den Kontaktmann, der die andere Hälfte vorzeigen konnte. Ein junger Kommunist in Oberhausen war Heizer und Chauffeur im katholischen St. Josephs-Hospital, wo er unbehelligt Schreibmaschine und Vervielfältiger im Heizungsschacht versteckte und heimlich Flugblätter herstellte. Zur gleichen Zeit häuften sich schon wieder die Verhaftungen.

In Düsseldorf versuchte Fritz Richter, die Arbeit der Kampfgemeinschaft Rote Sporteinheit im Untergrund weiterzuführen. Er wechselte die Wohnung und nahm Kontakt zu einem illegalen Funktionär der KPD auf. Ihre Absprache: die Leitungen von Partei und Sportorganisation sollten getrennt bleiben. Die Sportler sollten versuchen, in bürgerliche Vereine einzutreten und dort unbemerkt illegale Gruppen bilden. Richter war arbeitslos und hatte Zeit. Mit dem Fahrrad fuhr er zu den Genossen, kassierte Beiträge, fand Verbindungsmänner, organisierte für sie eine Wochenendwanderung ins Sauerland und vervielfältigte auf einem versteckten Abziehapparat «Informationsblätter». Eines Tages kam es zu einem Treffen mit einem KPD-Instrukteur aus Berlin: «Er erschien zu dem vereinbarten Treff in Gerresheim... Er belehrte uns u. a. auch über illegale Methoden und zeigte uns offen in einem Café eine Liste von Genossen und verschlüsselten Anlaufstellen, die er auf der Innenseite seiner Handmanschetten säuberlich aufgeschrieben hatte. Hans Wenzel und ich luden ihn ein, in meiner Mansarde ein Glas Wein zu trinken, und verlangten, sofort seine Manschetten abzuschneiden, was er nach längerer Belehrung durch uns auch tat. Wir verbrannten sie und empfahlen ihm, nach Rückkehr in Berlin einen Kursus über Gedächtnisübung zu machen.»

Der Vervielfältigungsapparat stand in einem Lagerhaus für leere Eisenfässer am Düsseldorfer Rhein-Hafen: «Die dort arbeitenden Sportgenossen hatten in Fensternähe (Fensterhöhe 2 m) einen Raum freigelegt, der nur durch einen kunstvollen Gang zu erreichen war. Sobald ich mich im Fensterraum befand, wurde der Gang ebenso geschickt mit Eisenfässern wieder verschlossen. Mit einem dieser Kumpel zog ich dann am hellichten Tag die zweite Ausgabe der Informationsblätter ab.»

Ob unbekannter Sportgenosse oder Idol der Massen – die Linie der Partei galt für alle. In Berlin erhielt der Ringer Werner Seelenbinder, der nach einer Moskaureise 1928 in die KPD eingetreten war, von seiner Partei den Auftrag, in die bürgerliche Sportvereinigung Ost einzutreten, die vielen Arbeitersportlern eine neue Heimat bot. Der Plan der Partei, den Seelenbinder aber nicht kannte: Der Ringer sollte auf Grund seiner Erfolge in die Olympia-Mannschaft aufgenommen werden und bei seinen

Auslandsreisen insgeheim als Kurier für die kommunistische Sportinternationale, den Zusammenschluß der kommunistisch beeinflußten Arbeitersportvereine, arbeiten. Im August 1933 wurde Werner Seelenbinder im überfüllten großen Saal am Märchenbrunnen im Berliner Friedrichshain Deutscher Meister im Halbschwergewicht. Die Rechnung schien aufzugehen. Zur Siegerehrung spielte die Kapelle das Deutschlandlied. Die Menge im Saal hob – wie es Pflicht war im Staat Adolf Hitlers – stehend den rechten Arm zum Hitlergruß. Doch der Sieger verweigerte deutlich sichtbar das NS-Ritual. Seelenbinder umklammerte den Pokal mit beiden Händen und sang das Deutschlandlied nicht mit. Die Menschen verstanden. Der Gesang wurde dünner, die erhobenen Hände sanken herunter. Ein Beifall brach los, der die nationale Hymne übertönte. Eine Woche später wurde Werner Seelenbinder verhaftet und ins berüchtigte Columbiahaus der Gestapo gebracht. Er hatte Glück. Der Vernehmungsmann war ein begeisterter Anhänger des neuen Deutschen Meisters. Seelenbinder kam in eine Einzelzelle. Neben der Tür wurde eine Tafel angebracht: «Deutscher Meister. Nicht mißhandeln!» Nach 14 Tagen war er wieder frei.

Die Razzien in den Arbeitervierteln rissen nicht ab. In Hannover kam es allein im August fünfmal zu großen Polizeiaktionen. 80 Menschen wurden festgenommen, außer marxistischen Schriften 25 Fahrräder, 1 Motorrad, 1 Schreibmaschine, 1 Vervielfältigungsapparat beschlagnahmt. Vielerorts schrieben die Polizeipräsidenten einen monatlichen Bericht über den «Stand der kommunistischen Bewegung» an den Regierungspräsidenten, ein Durchschlag ging an die Gestapo in Berlin. Es waren Berichte, die Erfolg bei der Jagd auf Menschen und Materialien dokumentieren sollten. Mochten sie auch übertrieben sein, die Zahlen sprechen eine eindeutige Sprache. Hannover meldete für den September 34 Festnahmen während einer Konferenz der illegalen KPD-Bezirksleitung in Steinhude. Im Oktober waren es 22 Verhaftete, darunter ein Instrukteur. Im November gab es zwei Razzien in Hannover-Linden, bei denen rund 100 SA-Männer und halb so viele Kriminalbeamte eingesetzt wurden. 33 Kommunisten wurden festgenommen, auch Kurt Willkomm, 28 Jahre. Seit 1931 war der Pädagoge Redakteur bei der «Neuen Arbeiter Zeitung», seit dem Machtwechsel Mitglied der illegalen Bezirksleitung. Elf Tage nach seiner Verhaftung starb Kurt Willkomm infolge der Mißhandlungen der Gestapo. Seine Tochter war noch kein Jahr alt.

Carola Karg, die im Frühjahr den thüringischen Kommunistischen Jugendverband im Untergrund wieder aufgebaut hatte, war um diese Zeit schon zweimal in eine andere Gegend Deutschlands gewechselt, um der Verhaftung zu entgehen und um weiterhin im Sinn der Partei Widerstand zu leisten. Es gab für sie keinen Zweifel, daß dieser Widerstand in erster Linie den Zweck hatte, immer wieder Menschen zu finden, die die Reihen der verhafteten Funktionäre auffüllten: «Das Heranschulen neuer Kader war sehr wichtig, wenn die Widerstandsarbeit weitergehen sollte. Und sie mußte weitergehen. Das war für jeden von uns eine selbstverständliche Pflicht.» Es war kommunistisches Dogma, daß ohne die Partei kein Klassenkampf möglich war. Nur unter ihrer Führung wurde der richtige Weg zum Umsturz der bestehenden Verhältnisse eingeschlagen. Im Zweifelsfall galt als ehernes Gesetz: die Partei hat immer recht.

Von Juli bis September 1933 hatte Carola Karg den Bezirk Baden-Pfalz reorganisiert. Dann wurde der Boden dort zu heiß. Vierzehn Tage gab es in der Berliner Zentrale für sie eine Verschnaufpause: nach Monaten zum erstenmal wieder ein gutes Bett für die Nacht und regelmäßige warme Mahlzeiten. Dann fuhr sie mit dem Auftrag, den niederrheinischen Bezirk des Jugendverbandes zu übernehmen, nach Düsseldorf, wo gerade wieder eine umfassende Verhaftungswelle angelaufen war.

Drei Kontaktanschriften hatte sie mitbekommen, doch keine konnte sie anlaufen, da die Polizei gerade bei allen Hausdurchsuchungen vorgenommen hatte. Gegen alle konspirativen Regeln gab Carola Karg schließlich an eine Berliner Deckadresse ein Telegramm auf: «Bruder gestorben» – das hieß: kein Kontakt zum Jugendverband möglich –, «Eltern erkrankt» – das hieß keine Verbindung zur Partei –, «bitte postlagernd Nr... Hauptpost Düsseldorf» – das war die Bitte nach einer neuen, sicheren Adresse. Drei Tage und drei Nächte lebte die 24jährige vogelfrei an einem für sie fremden Ort: «Ich hatte keine Verbindung und kein Quartier. Tagsüber konnte ich mich in der Stadt in Kaufhäusern aufhalten und aufwärmen. Brötchen und Milch waren mein Essen, denn ich mußte mit meinen paar Mark haushalten. Abends mußte ich dann, um nicht Polizeistreifen aufzufallen, aus der Stadt hinauswandern. Am Tage hatte ich die Parkanlage Grafenberger Wald am Stadtrand ausgemacht, zu der mich jeden Abend mein Weg führte. Es war Mitte Oktober 1933, kalte, regnerische Tage. Nie werde ich diese drei Nächte vergessen, die ich hungernd, frierend, in zehrender Ungewißheit und grenzenloser Einsamkeit auf den nassen Bänken dort verbrachte. Es waren oft sehr schwere Stunden, die ich in der Illegalität verlebte. Immer gehetzt, verfolgt, in Nächten allein, verlassen im Freien, diese Stunden im Grafenberger Wald zu Düsseldorf zählten zu meinen schwersten. Es waren die Nächte, in denen mein Verlobter Hans Scholz an den Mißhandlungen der Gestapo starb. Man bekam in dieser erbarmungslosen Verfolgungszeit so etwas wie einen sechsten Sinn. Er verhalf mir manchmal, der Gestapo im letzten Augenblick zu entkommen. Auch in dieser einsamen Nacht ahnte ich und verspürte es fast körperlich, daß mit Hans, meinem Verlobten, etwas Entsetzliches passierte.»

Am vierten Tag lag eine Antwort auf der Hauptpost mit zwei Adressen: «Ich bin zu der ersten hin und traf ein jüdisches Ehepaar. Es waren Intellektuelle aus bürgerlichem Haus. Ich sagte mein Losungswort, und sie nahmen mich herzlich auf... Vom Jugendverband war inzwischen die ganze illegale Bezirksleitung hochgegangen... Ich habe dann über die Partei die Verbindungen in Wuppertal, Solingen, Remscheid aufgesucht, neue Unterbezirksleitungen geschaffen und ein illegales Bezirkssekretariat des KJVD aufgebaut.» Länger als drei Tage durfte sich Carola Karg in keinem ihrer Quartiere aufhalten, weil das Risiko von Hausdurchsuchungen zu groß war. Immer wieder mußte sie in Parks und Kirchen übernachten. Ende Oktober wagte Carola Karg es, den katholischen Kaplan Joseph Rossaint vor seinem Pfarrhaus neben der Marienkirche in Düsseldorf-Eller anzusprechen. Rossaint war Pazifist und einen Tag nach der Zustimmung des Zentrums zum Ermächtigungsgesetz aus der Partei ausgetreten. Bis 1932 hatte der 31jährige in Oberhausen gearbeitet, seine Liebe galt der Jugendarbeit. Schon vor 1933 hatte Rossaint – im Gegensatz zu den Richtlinien seiner Kirche – Kontakte zum Kommunistischen Jugendverband geknüpft. Jetzt war er überzeugt, daß der Kampf gegen die Nationalsozialisten alle Gegner zusammenführen müsse.

Der Kaplan nahm die junge Frau nach kurzem Gespräch mit ins Pfarrhaus. Im Verlauf einer ausführlichen Diskussion gewannen die beiden Vertrauen zueinander, während Carola Karg im Studierzimmer nach langer Zeit wieder einmal eine richtige Mahlzeit zu sich nehmen konnte: «Von da ab war ich während meiner mehr als dreimonatigen Tätigkeit im Bezirk Niederrhein mit Kaplan Rossaint und über ihn mit dem Reichsführer der politisch sehr engagierten Katholischen Sturmschar, Franz Steber, in Verbindung.» Die beiden riskierten es, bei einem Treffen katholischer Jugendleiter aus allen deutschen Bistümern am ersten November in Düsseldorf die untergetauchte Kommunistin als «ehemalige Gewerkschaftsfunktionärin» eine Stunde lang über den gemeinsamen Widerstand reden zu lassen. Man tauschte Adressen für illegale Anlaufstellen, und die Herstellung gemeinsamer Flugblätter wurde verabredet.

Am 30. Januar 1934 gab es vor dem Kölner Dom ein Treffen zwischen Carola Karg, Kaplan Rossaint, Franz Steber und einem Vertreter vom Zentralkomitee des Kommunistischen Jugendverbandes, das inzwischen nach Paris emigriert war. Rossaint lotste alle in ein nahe gelegenes Pfarrhaus, dessen Hausherr keine Ahnung hatte, wer sich da in seinem Studierzimmer versammelte. Ein gemeinsamer Aufruf wurde diskutiert und beschlossen. Der Genosse aus Paris fuhr noch in der Nacht zurück.

Carola Karg saß am nächsten Tag kurz nach 13 Uhr auf dem Düsseldorfer Hauptbahnhof im Zug nach Hagen, den Koffer voller Wachsmatrizen und Flugblätter. Noch einmal blickt sie aus dem Fenster, da ihr Kontaktmann entgegen einer Verabredung nicht eingetroffen war. «In diesem Moment sah ich unseren I-Mann [verantwortlich für illegale Quartiere, Verbindungen]. Er war unseres Wissens 14 Tage vorher verhaftet worden. Jetzt stand er auf dem Bahnhof, und neben ihm erkannte ich einen Gestapomann. Ich sah, wie mager, abgehärmt, entsetzt unser I-Mann aussah, und daneben sah ich die stechenden Augen des Gestapomannes. Ich wußte sofort, jetzt hat die Stunde geschlagen! Ich griff schnell nach meiner Handtasche und hatte nur den einen Gedanken, den Koffer dürfen sie nicht sehen. Da stürzte der Gestapomann schon rein, es ging alles furchtbar schnell, und sagte: ‹Machen Sie kein Aufsehen, es wird scharf geschossen.› Ich ging mit meiner Handtasche mit, da rief eine Frau aus dem Fenster: ‹Fräulein, Sie haben Ihren Koffer vergessen!›»

Sechs Wochen, bis Mitte März 1934, wurde Carola Karg von der Gestapo verhört, gefoltert und bis zur Bewußtlosigkeit geschlagen: «Sie wollten mich unbedingt zum Geständnis bringen. Ich begreife noch heute nicht, wie ich das überstand.» Als sie anschließend in Untersuchungshaft kam, wog sie noch 86 Pfund. Am 25. Juni 1935 endete die Untersuchungshaft, und vor dem Volksgerichtshof begann der Prozeß wegen «Vorbereitung zum Hochverrat». Die junge Frau machte falsche Angaben, um ihre Genossen nicht zu verraten, zugleich bekannte sie sich vor dem Unrechtstribunal offen zu ihrem eigenen Widerstand: «Weil ich davon überzeugt bin, daß Hitler unser Volk, die deutsche Jugend in den Abgrund, in einen zweiten Weltkrieg, in ein unermeßliches Leid und Elend führt, deshalb kämpfe ich gegen dieses unheilvolle Regime und deshalb stehe ich hier und vertrete die Wahrheit und wirklichen Interessen unserer deutschen Jugend.» Carola Karg wurde zu 15 Jahren Zuchthaus mit erschwerten Haftbedingungen verurteilt. Fünfeinhalb Jahre davon lebte sie in strenger Isolierhaft in einer modrigen halbdunklen Zelle. Am 6. Mai 1945 kam mit der Roten Armee für Carola Karg in einem sächsischen Zuchthaus die Befreiung.

Die Einsamkeit und der Zwang, immer auf der Flucht zu sein, blieben keinem im Untergrund erspart. Der Kommunist Eugen Weickert tauchte im Februar 1933 in Rostock unter und arbeitete ab April illegal in Hamburg als Redakteur für Zeitschriften und Flugblätter: «Unsere Wohnsitze und Arbeitsräume waren Kohlenkeller, Dachböden, Elbkähne, Hafenspeicher, Schrebergartenlauben und dergleichen mehr. Krisenzeit und intensivste Gestapofahndung gestanden uns z. B. nur selten warmes Essen zu. Äußerste Hingabe an seine Ideale, viel List, ständig neue Methoden, große Entbehrungen und Glück waren die hauptsächlichsten Ingredienzen im Leben eines Illegalen.» Die Führung der KPD ging im Herbst 1933 über die Grenze nach Prag, weil ihre versteckten Quartiere zu gefährdet waren. Nur John Schehr blieb in Berlin, um mit den Sekretären der Bezirke Sachsen, Berlin und Rheinland eine neue zentrale Leitung zu bilden. Im November waren drei von ihnen verhaftet, der vierte Anfang 1934. Am 1. Februar 1934 wurde John Schehr mit einem zweiten Kommunisten von der Gestapo «auf der Flucht erschossen». In den meisten KPD-Bezirken war am Jahresende 1933 auch die zweite Führungsmannschaft seit Beginn der Illegalität von der Polizei gefaßt.

Im Dezember beurteilte ein deutsches Mitglied der Kommunistischen Internationale bei einer Sitzung in Moskau die Lage so: «Die jetzige faschistische Welle ist kein Zeichen der Stärke, sondern ein Zeichen der Schwäche und Erschütterung des ganzen kapitalistischen Systems... der Sieg des Faschismus wird nur dort unvermeidlich oder möglich, wo es der Sozialdemokratie gelingt, ihre proletarischen Anhänger... von der revolutionären Einheitsfront mit den Kommunisten abzuhalten... Wir gehen der Revolution entgegen... In Deutschland erproben es die Massen, wie, in welcher Weise und in welcher Form man gegen die faschistische Diktatur auftreten kann. Es braucht bloß irgendein großer Streik, irgendeine große Demonstration einzusetzen, und der Weg für den Durchbruch der Unzufriedenheit der Massen wird gefunden sein.» Die deutschen Kommunisten, die im Land mühsam illegale Arbeit betrieben, sahen die Situation inzwischen realistischer. Im gleichen Monat berichtete ein Instrukteur über den Frankfurter Raum: «Die Verhaftungen unserer Freunde... sind so stark gewesen, daß von der Leitung nichts mehr übrig blieb und noch tief hinein die ganze Organisation erschüttert wurde... Alles lag brach. Mit Mühe und Not habe ich eine Leitung, aus 4 Mann bestehend, geschaffen.» Wer unter solchen Bedingungen überlebte, wußte, wie allein er war in seinem Kampf gegen Diktatur und Terror. Die revolutionären deutschen Massen, auf die so viele einfache Parteimitglieder gehofft hatten und von denen so mancher Spitzenfunktionär im Ausland noch träumte, gab es nicht. Die Deutschen waren einem Mann gefolgt, der offensichtlich ihren Wünschen entsprach. Sie lasen zum Frühstück in der Zeitung von KZs und Verhaftungen. Einige schwiegen bedrückt. Die Mehrheit jubelte und fühlte kein Mitleid mit den Verfolgten; sie wollte das Unrecht nicht sehen, das im Namen der Deutschen geschah.

Als es im August 1933 in München 68 Verhaftungen gab, meldeten die «Münchner Neuesten Nachrichten»: «Schlag gegen den Kommunismus.» Die «Kasseler Post» schrieb am 5. September über eine Razzia von Staatspolizei und SA: «Die einzelnen Häuser wurden vom Boden bis zum Keller und alle Wohnungen genauestens durchsucht. Ihr besonderes Augenmerk schenkte die Polizei den zu den betreffenden Wohnungen gehörenden Gartenlauben, in denen auch das meiste Material gefunden wurde.» Acht Personen nahm man wegen «Verdachtes staatsfeindlicher Betätigung» fest: «Den Marxisten und Kommunisten dürfte es klargeworden sein, daß auch die Kasseler Staatspolizeistelle jede staatsfeindliche Betätigung im Keim ersticken und sofort gegen solche gemeingefährliche Elemente vorgehen wird.»

Die «Bodensee-Rundschau» kommentierte am 21. August: «Ohne empfindlichen Denkzettel kommen sie nicht zur Vernunft, die widerlichen Maulhelden, die das Empfinden aller ehrlichen Deutschen durch anmaßende und unverantwortliche Redensarten über das neue Deutschland und seine Führer verletzen! Im Konzentrationslager sollten diese Burschen samt und sonders zur besseren Einsicht gebracht werden, der sie sich in der Freiheit aus purer Böswilligkeit verschließen. Das gesamte ehrliche Deutschland ist voller Vertrauen in die neue nationalsozialistische Ordnung und lebt in Zuversicht auf!»

Ende Januar 1934 verkündete der Reichsstatthalter von Baden, der nun statt einer Landesregierung das Regiment führte: «Es konnten in den letzten drei Monaten des vergangenen Jahres mehr Verhaftungen vorgenommen werden als in den vorangegangenen Monaten des Jahres.» Das Berliner Kammergericht verurteilte 1933 in knapp tausend Prozessen Einzelpersonen und Gruppen wegen illegaler Tätigkeit für die KPD. Hitler schuf Ordnung in seinem Sinn, und die Deutschen waren es zufrieden. Zugleich beeindruckte der Aktivismus, mit dem die Regierung der wirtschaftlichen Misere zu Leibe rückte. Adam Wolfram, der als Betroffener die Zerschlagung der Gewerkschaften im Mai 1933 in Halle erlebt hatte, machte sich keine Illusionen: «Als stiller Beobachter beim Stempeln auf dem Arbeitsamt, bei Gesprächen auf der Straße mit Arbeitern und bei Veranstaltungen der Nazis mußte ich immer wieder staunen, wie die Massen der Bevölkerung den neuen Herren zujubelten. Die Parolen, Phrasen und Versprechungen der Nationalsozialisten fanden vielfach Glauben bei den verbitterten und notleidenden Menschen.» Aber nicht nur bei denen, die aus Existenzangst und Verelendung sich den Nationalsozialisten zuwandten.

Unter freiem Himmel hoben am 25. Oktober 1933 vor dem Reichsgericht in Leipzig rund zehntausend Richter, Staatsanwälte und Rechtsanwälte die rechte Hand zum Hitlergruß und schworen donnernd, daß «wir unserem Führer auf seinem Weg als deutsche Juristen folgen wollen bis ans Ende unserer Tage». Im gleichen Monat legten tausend Universitätsprofessoren aller Fakultäten ein öffentliches Bekenntnis «zu Adolf Hitler und dem nationalsozialistischen Staat» ab, darunter so ehrenwerte Männer wie der Philosoph Martin Heidegger, der Chirurg Ferdinand Sauerbruch, der Kunsthistoriker Wilhelm Pinder. Württembergs Katholiken erfuhren im September von ihren Seelenführern, daß «einer kirchlichen Weihe der Hakenkreuzfahnen nichts im Wege» stehe. Bittere Erfahrungen machte die katholische Jugend, die von der SA drangsaliert und geprügelt wurde, weil sie sich den neuen Verhältnissen nicht anpassen wollte. Beim Eröffnungsgottesdienst zur Wallfahrt und Ausstellung des Heiligen Rocks im Trierer Dom Ende Juli wurde Hitlers SA als Ordnungsdienst eingesetzt, und die Vertreter der NSDAP gehörten zu den Gästen, die von den Kirchenmännern vor dem Portal begrüßt und feierlich in den Dom geleitet wurden.

Es herrschte Ordnung im Land. Das vermerkte der Redakteur bei der «Bodensee-Rundschau» genauso erleichtert wie die Bischöfe der großen Konfessionen, die die Weimarer Republik unentwegt für die «öffentliche Unsittlichkeit» verantwortlich gemacht hatten. Erleichtert nahmen die traditionellen Eliten in den Offizierskasinos und Ministerien diese Ordnung zur Kenntnis. Was der Diplomat Ernst von Weizsäcker Ende August notierte, entsprach dem, was viele dachten: «Als Gewinn ist heute zu buchen: Die Aufrüttelung aus einer Schicksalsergebenheit, der Sinn für Haltung und Disziplin, geschärftes Auge für reinliche Geschäftsführung, Anerkennung der Familienwerte, kurzum ein moralischer Aufschwung.» Zwar stand nicht alles zum besten. Aber für Männer wie Weizsäcker waren die Pluspunkte so gewichtig, daß sie dem Ganzen ihren Segen gaben, überzeugt, durch Kooperation die Entwicklung in ihrem Sinn zu beeinflussen: «Es ist durchaus notwendig, daß hier der Sachverstand zum idealen Schwung kommt, sonst wird die erste Etappe der nationalen Revolution abgelöst durch eine zweite, die alles in Frage stellt. Jeder Spezialist sollte sich in den Dienst der Sache stellen, um ein Unglück zu verhindern.»

Der amerikanische Historiker William Shirer, damals Korrespondent in Berlin, erinnert sich: «Die Menschen in diesem Land schienen überhaupt nicht zu spüren, daß sie von einer gewissenlosen und brutalen Diktatur geknebelt und niedergehalten wurden. Im Gegenteil, sie unterstützten sie mit aufrichtiger Begeisterung. Auf irgendeine Weise schien sie sie mit neuer Hoffnung und neuem Vertrauen zu erfüllen und mit einem erstaunlichen Glauben an die Zukunft ihres Landes.» Von dieser Begeisterung ließen sich auch die drei Kinder des Ulmer Steuerberaters Robert Scholl mitreißen. Sophie war 12, Hans 15 und Inge 16 Jahre alt. Die Älteste hat nach dem Krieg über dieses Jahr 1933 geschrieben: «Wir hörten viel vom Vaterland reden, von Kameradschaft, Volksgemeinschaft und Heimatliebe. Das imponierte uns... Das Vaterland, was war es anderes als die größere Heimat all derer, die die gleiche Sprache sprachen und zum selben Volk gehörten... Und Hitler, so hörten wir überall, Hitler wolle diesem Vaterland zu Größe, Glück und Wohlstand verhelfen; er wolle sorgen, daß jeder Arbeit und Brot habe; nicht ruhen und rasten wolle er, bis jeder einzelne Deutsche ein unabhängiger, freier und glücklicher Mensch in seinem Vaterland sei. Wir fanden das gut, und was immer wir dazu beitragen konnten, wollten wir tun.»

Hans Scholl trat in die Hitler-Jugend ein und erhielt in feierlicher Zeremonie einen Dolch mit der Inschrift «Blut und Ehre» überreicht. Seine beiden Schwestern gingen zum BDM, dem Bund deutscher Mädel. In der Gemeinschaft wanderten sie durch die Schwäbische Alb, sangen abends am Lagerfeuer zur Klampfe. Was sie faszinierte, waren die «marschierenden Kolonnen der Jugend mit ihren wehenden Fahnen, den vorwärtsgerichteten Augen und dem Trommelschlag und Gesang». Und außer dem Rausch des Aufbruchs empfand die Jugend noch etwas anderes: «Wir wurden ernst genommen, in einer merkwürdigen Weise ernst genommen, und das gab uns einen besonderen Auftrieb. Wir glaubten, Mitglieder einer großen, wohlgegliederten Organisation zu sein, die alle umfaßte und jeden würdigte.»

Die Volksgemeinschaft, die von der «Regierung der nationalen Erhebung» ständig beschworen wurde, war kein abstraktes Gebilde. Sie verlangte Riten und Zeichen, die den einzelnen mit der Gemeinschaft und ihren Taten auf magische Weise eins werden ließ. Wer sich diesen Ritualen entzog, war sogleich als Verräter entlarvt. Der Mediziner Ferdinand Hoff, ein überzeugter Demokrat, lehrte an der Universität Königsberg: «Ein primitives, aber raffiniertes Ritual begann das Leben zu beherrschen. Der Gruß ‹Heil Hitler› mit erhobenem Arm wurde allgemein erzwungen. Ich erinnere mich an die tiefe Beschämung, mit der ich zum erstenmal diesen Gruß beim Betreten des Hörsaals ausgesprochen habe.» Die Frau des Professors grüßte eines Tages im Geschäft mit «Guten Morgen» und erhielt von der Verkäuferin die Antwort: «Sie grüßen also nicht mit ‹Heil Hitler› Frau Doktor?» Der NS-Blockwart klingelte wenig später bei der Familie und erklärte, im Wiederholungsfall werde er Meldung nach oben machen. Ferdinand Hoff: «Die Anhänger Hitlers, damals wohl die Mehrheit der Bevölkerung, überwachten mit der Lust an ihrer eigenen Macht als freiwillige Büttel die Durchführung der Parteiverordnungen. Bespitzelung und Gesinnungsschnüffelei vergifteten das öffentliche Leben.»

Am 16. August 1933 wurde Oskar Pflaumer in Nürnberg verhaftet, weil er seinen Freunden, engagierten Kommunisten, eine Strickleiter gebunden hatte, mit der sie eine Höhle im fränkischen Jura, in der sie illegale Zeitungen herstellten, erreichen konnten. Am nächsten Morgen starb der junge Familienvater qualvoll an den Folterungen der SA. Der Monat August war noch nicht vergangen, da läuteten in Nürnberg alle Kirchenglokken den Parteitag der Nationalsozialisten ein. Getragen von breiter Zustimmung galt der Haß des neuen Staates längst nicht mehr nur den Kommunisten, sondern den «Marxisten» aller Richtungen.

Noch am 10. Juni hatte der sozialdemokratische Reichstagsabgeordnete Hans Dill in einer internen Diskussion illegale Arbeit für seine Partei «unter allen Umständen» abgelehnt. Vierzehn Tage später ist die SPD verboten, und Dill befindet sich jenseits der Grenze im tschechoslowakischen Eger. Später hat er sich selbstkritisch erinnert: «Zur Emigration und damit zur Leistung illegaler Arbeit habe ich mich nur äußerst widerwillig entschlossen.» Im Gegensatz zur Mehrzahl seiner Genossen, die das NS-Regime noch bis Ende 1933 für einen vorübergehenden Spuk hielten, sagt Hans Dill in diesem Herbst: «Innenpolitisch sind keine Kräfte da, die das Regime stürzen können, und außenpolitisch wird er so lange verhandeln, bis er stark genug ist zum Auftrumpfen. Dann wird der Krieg unvermeidlich werden... Die kleinen Schulkinder werden nur im Kriegsgeist erzogen, und die ältere Jugend wird dementsprechend eingestellt. Das deutsche Volk wird zur Mißachtung des Menschenlebens, zur Barbarei systematisch erzogen.» Weniger aus kämpferischem Geist, sondern aus Pflichterfüllung und Solidarität mit seiner Partei läßt Dill sich in der tschechoslowakischen Stadt Mies, vierzig Kilometer von der deutschen Grenze entfernt, nieder und übernimmt das Grenzsekretariat für Franken und die Oberpfalz.

Vom Prager Exilvorstand der SPD, der zum Unterschied von der Zeit vor dem Verbot statt SPD das Kürzel «Sopade» verwandte, werden die Grenzsekretariate – sechs in der Tschechoslowakei, je zwei in Polen, Belgien, Frankreich – als Schaltstellen für illegale Arbeit im Reich organisiert. Über sie soll der Kontakt zu den deutschen SPD-Gruppen im Untergrund laufen, da man die Existenz einer zentralen illegalen Parteileitung in Deutschland für sinnlos, weil zu gefährlich hält. Ab Sommer 1933 wurden über die Sekretariate Zeitschriften, Flugblätter und Gelder ins Reich geschmuggelt. Umgekehrt gelangten durch ein Netz von Vertrauensleuten Informationen aus dem Reich an die Stützpunkte jenseits der Grenze, von wo sie gebündelt als monatliche Berichte nach Prag weitergingen. Hauptdruckort für alle SPD-Schriften in der frühen Emigration wurde Karlsbad. Hier erscheint seit November 1933 die «Sozialistische Aktion», zuerst wöchentlich vier, ab Februar 1934 täglich acht Seiten aus hauchdünnem Seidenpapier mit winziger Schrift eng bedruckt. Die «Aktion» soll die Sozialdemokraten im Reich informieren und ermutigen. Der «Neue Vorwärts» war mehr für die Emigranten und die außerdeutsche Öffentlichkeit bestimmt.

Von der «Aktion» wurden zwischen Juli 1933 und September 1934 rund 1460000 Exemplare in Deutschland verbreitet. Die Auflage der illegalen Flugblätter betrug rund 950000 Stück. Broschüren, die aus Anlaß eines bestimmten Ereignisses gedruckt wurden, hatten Auflagen von 10000 und mehr. Bei den Pragern waren jene in der Mehrheit, die die alte SPD-Linie fortsetzen wollten. Sie forderten in der Tarnschrift «Der gallische Krieg», daß sich «die neue sozialistische Kampffront... mit aller Entschiedenheit von den Kommunisten absetzen» müsse.

Am Anfang gingen Einzelkuriere über die Grenzen. Dann versuchte man, größere Sendungen unauffällig in normalen Verkehrsmitteln wie Schiffen und Güterzügen zu transportieren, um das Risiko zu verringern. Die Botschaften aus dem Reich, die nach draußen gingen, wurden in Kleider eingenäht, mit Geheimtinte aus Zitronensaft oder Milch aufgeschrieben. Der Mannheimer SPD-Funktionär Georg Reinbold, Vorsitzender des SPD-Landesverbandes Baden, hatte schon im März 1933 um sein Leben fürchten müssen und war nach Straßburg geflüchtet. Reinbold gründete dort eine Buchhandlung, die zum Hauptstützpunkt für die illegale Arbeit der Sozialdemokratie in Südwestdeutschland wurde. Zusammenhalt der eigenen Mitglieder und das Überleben sozialistischer Ideale trotz NS-Terror und Vernichtung der Arbeiterkultur waren das Ziel des sozialdemokratischen Widerstandes.

Der Ausgangspunkt solcher Untergrundarbeit war katastrophal. Die eiserne Regel der Partei vom Anfang des Jahres 1933, ausschließlich legale Kampfmittel einzusetzen, auf die demokratischen Spielregeln zu vertrauen und in der Gewalt kein Mittel zur Veränderung zu sehen, entsprach den Zielen und Traditionen der deutschen Sozialdemokratie. Um so schmerzlicher war die Erkenntnis, damit an einem Gegner gescheitert zu sein, der innerhalb weniger Monate die bestorganisierte Arbeiterbewegung der Welt zerschlagen und ihre Kultur ausgelöscht hatte.

Als «unendlich bedrückt» schildert Hans Dill die Stimmung der Genossen im Land. Weil die Führung bis zuletzt vor der Arbeit in der Illegalität gewarnt hatte, waren Resignation, Verwirrung und Zerfall die Folgen. Die Meldung der Geheimen Staatspolizei Kassel vom Juli 1933 entspricht den Realitäten fast überall im Land: «Die Tätigkeit der SPD ist völlig lahmgelegt. Alle bedeutenden Funktionäre befinden sich in Schutzhaft, die Unterfunktionäre, die sich nicht in Schutzhaft befinden, sowie die Mitglieder enthalten sich jeder Betätigung, da sie befürchten, in Haft genommen zu werden. Bei der breiten Masse der Bevölkerung genießt die SPD keinerlei Sympathien mehr. Von ehemaligen Sozialdemokraten hört man allenthalben die schärfsten Urteile über die Führung.» Der Staat machte sich daran, dem verhaßten politischen Gegner durch Terror endgültig den Todesstoß zu versetzen.

In Essen wurde am 16. Juli 1933 der Sozialdemokrat Peter Burggraf von der SA zu Tode gequält. Ende Juli wurden zwei Arbeiter in der oberfränkischen Stadt Hof wegen «Flugblattverteilung mit hochverräterischem Inhalt» verhaftet. Was dann folgte, hat einer von ihnen nach Gefangenschaft und Ausweisung ins Ausland im «Neuen Vorwärts» beschrieben: «Sobald ich das Portal des Polizeigebäudes überschritten hatte, erhielt ich von hinten mit dem Zuruf ‹Flink, du Hund!› einen heftigen Fußtritt, der mich zum Fallen brachte. Sofort stürzten sich die SA-Leute auf mich, rissen mich an den gefesselten Händen in die Höhe und stießen mich mit Faustschlägen in das Wachzimmer. Dort erhielt ich mit den Worten: ‹Wo sind die Hetzschriften?› zwei Ohrfeigen... Als ich auf alle Fragen nach Verbleib und Herkunft der Propaganda-Schriften schwieg, wurde ich ins Nebenzimmer gezerrt und mit Gummiknüppeln und Fäusten von der SA bearbeitet.» Nachts geht das Folterverhör weiter. Am nächsten Abend wird der Gefangene – ohne einen Bissen bekommen zu haben – in das Landgerichtsgefängnis eingeliefert.

Mancher hatte es eilig, sich von den politischen Freunden zu distanzieren. Am 2. Juli veröffentlichte das «Hamburger Tageblatt» die Schreiben einiger ehemaliger SPD-Senatoren. Der neue Staat hatte sie vor die Alternative gestellt, auf ihre Pension zu verzichten oder die Trennung von ihrer alten Partei glaubhaft zu machen. Senator a. D. Adolf Schönfelder: «Ich versichere, daß ich mich niemals mehr für die SPD in irgendeiner Form betätigen werde.» Für den Gewerkschafter John Ehrenteit hatte seine Tochter geantwortet: «Mein Vater hat mir, wie ich hiermit eidesstattlich erkläre, mitgeteilt, daß er auf das Schreiben der SPD... nicht antworten werde, da ihm gleichgültig sei, was die SPD mache, der er seit längerer Zeit nicht mehr nahestände.» Als sich Theodor Haubach von der ehemaligen SPD-Führung im Spätsommer mit fünf Hamburger Spitzenfunktionären im Tangstedter Forst traf, um die Partei im Untergrund neu zu organisieren, lehnten alle ab. Nicht jeder, der so reagierte, war feige oder opportunistisch. Viele waren ehrlich überzeugt, daß konspirative Arbeit dem Wesen der SPD widersprach und sie sich damit für Aufgaben in der Zeit nach Hitler, die nicht mehr lange auf sich warten lassen würde, nur kompromittieren könnten. Nicht wenige verzagten vor einer Brutalität, die keineswegs etwa im Überschwang einer «nationalen Revolution» spontan ausbrach, sondern von Staats wegen immer perfekter und skrupelloser organisiert wurde.

Und dann gab es jene Sozialdemokraten, vor allem jüngere, die von den führenden Männern ihrer Partei tief enttäuscht waren, weil diese alle Warnungen vor der Gefährlichkeit der Nationalsozialisten in den Wind geschlagen und alle parteiinternen Kritiker autoritär zum Schweigen gebracht hatten. Die Entschlossensten unter den Rebellen hatten schon im Frühjahr 1933, als die Partei noch versuchte, unter den neuen Verhältnissen zu überleben, Vorbereitungen für den Kampf in der Illegalität getroffen. Weil sie sich über ihren Gegner keine Illusionen machten, ahnten diese jungen Sozialisten in der SAJ (Sozialistische Arbeiterjugend), was ihnen bevorstand. Walter Pöhls war damals in der Hamburger SAJ aktiv. Er erlebte, wie Eltern begannen, ihre Kinder aus der SAJ abzumelden, Funktionäre von den Trupps der SA halb totgeschlagen wurden: «Aber die Jugend war trotz allem der Ansicht: Auflösen ist Verrat... praktisch blieben die Gruppen zusammen, wenn sie natürlich auch kleiner geworden waren... Bald gingen auch illegale politische Materialien von Hand zu Hand; ich erinnere mich noch besonders an den Neuen Vorwärts und an die Sozialistische Aktion... Dieses Material wurde dann zum großen Teil in Hamburg vervielfältigt. Ich fuhr selbst im Herbst 1933 zu Genossen nach Holland, um Informationen für die Partei zu besorgen.»

Auch in Süddeutschland sind es vor allem die Jüngeren, die bei allem Groll auf ihre Partei dafür sorgen, daß sich die alten Strukturen nicht völlig auflösen und weiter Verbindung untereinander gehalten wird. Der gelernte Porzellanmaler Christoph Schardt, 1907 geboren, ging mit 14 Jahren in die SAJ, mit 17 wurde er SPD-Mitglied. Seit 1925 war er arbeitslos. Schardt leitete 1933 den SAJ-Unterbezirk Nordostoberfranken: «Wir versuchten natürlich immer wieder im kleinen Kreis zusammenzufinden, im großen war es nicht mehr möglich. Von auswärts kamen die jungen Leute zu mir... und fragten, was sie tun sollten. Auch von Nürnberg von der Bezirksleitung kamen Leute, mit denen ich zusammen beriet: Wie wollen wir uns denn jetzt verhalten? Wollen wir etwas riskieren?... Wir beschlossen, die SAJ heimlich aufrechtzuerhalten und mit SAJ-Gruppen in der ČSR in Verbindung zu treten, um von dort Anweisungen zu beziehen.» Aber auch die Jungen machten sich Illusionen: «Wir glaubten damals noch, daß es nicht lange dauern würde, bis die Nazis wieder weg wären. So wollten wir etwas in den Händen haben, auf dem wir aufbauen könnten, wenn es soweit wäre.» Schardt wurde im August verhaftet, doch man konnte ihm nichts nachweisen. Gerade weil er so hartnäckig leugnete, bezeichnete ihn der Staatsanwalt als «gefährlichen Staatsfeind» und beantragte sechs Monate Gefängnis. Im Februar 1934 wurde Christoph Schardt entlassen.

Der Schock vom 5. März 1933, als die SPD-Führung am Abend der Reichstagswahl ihre kampfbereiten jungen Leute nach Hause geschickt hatte, lähmte die einen. Andere spornte er zu einem trotzigen «Jetzt erst recht!» an. Der 22jährige Sepp Schober kam aus einer Münchener Arbeiterfamilie und war Schneider. Er erlebte den Abzug der Genossen bei der Besetzung des Gewerkschaftshauses durch die SA als tiefe Demütigung: «Dieser Schock ist uns natürlich noch eine Zeitlang in den Gliedern gesessen, aber ich weiß, Pfingsten 1933 haben wir schon unser erstes Treffen von der SAJ Neuhausen organisiert, und zwar waren wir an den Osterseen in der Lauterbacher Mühle... Man hat also doch gesehen, daß ein Teil der Genossen bei der Stange geblieben ist... Wir waren so ungefähr 20 Leute.» Wie so oft spielten freundschaftliche Kontakte innerhalb des Arbeitermilieus eine wichtige Rolle: «Meine Schwester ist mit dem Linsenmeier Sepp befreundet gewesen. Durch ihre Arbeit bei den Kinderfreunden hatten sie sich kennengelernt. Da kommt einmal mein zukünftiger Schwager und sagt: ‹Also, wie ist es, wir haben da eine Verbindung, und wir wollen eine illegale Organisation aufbauen.› Da habe ich gesagt: ‹Na klar, da bin ich mit dabei.›»

Der 27jährige Josef Linsenmeier war Glasmaler und der 25jährige Johann Fried, der ebenfalls zur Gruppe stieß, Schreiner. Sie waren entschlossen, langfristig eine illegale Organisation aufzubauen: «Wir hatten zwar keinerlei Erfahrung mit der völlig neuen Situation, aber eines war uns schnell klar: Keiner durfte von des anderen Tätigkeit die Personen, die Gruppen, die Namen und Zahl kennen... Mit großer Sicherheit war anzunehmen, daß eines Tages einer oder mehrere von der Gestapo erwischt würden. Darum mußte alles so abgeschottet sein, daß keiner, trotz der Verhörmethoden der Gestapo, etwas sagen kann, weil er wirklich nicht mehr weiß.» Zuerst nahm man Kontakt zu drei anderen Münchener SPD-Gruppen auf, die sich im Laufe des Sommers gebildet hatten. Die eine Gruppe bestand nur aus zwei Mann, die andere war eine sehr lockere private Gruppe, mit der es vorläufig keine Zusammenarbeit gab. Der größte illegale Zusammenschluß organisierte sich um den 32jährigen Reichsbahnarbeiter Franz Faltner, der gute Verbindungen zu Reichsbannerleuten und Arbeitersportlern hatte, die fast alle jünger waren als er. Ihr Kurier zur Exil-SPD in der Tschechoslowakei wurde Joseph Lampersberger. Der 21jährige Hotelkellner, Sozialdemokrat und aktiver Gewerkschafter, hatte eine ideale Tarnung: Er arbeitete seit 1932 als Speisewagenkellner der Mitropa-Speisewagengesellschaft.

Im Sommer ging Sepp Schober mit einem illegalen Flugblatt nach Augsburg, um einen alten Bekannten aus der SAJ zu treffen. Es war Eugen Nerdinger, inzwischen Schriftsetzer, 22 Jahre alt. Nerdinger, der als Junge 1919 bei einem Spaziergang durch Augsburg seine Hand in die Blutlache eines ermordeten Arbeiters gedrückt hatte, tat sich mit seinem Freund Josef – «Bebo» – Wager zusammen, 28 Jahre alt, Eisendreher bei MAN und ebenfalls früher in der SAJ aktiv. Sepp Schober: «Ich habe mit denen besprochen, wir sollten uns doch wieder allmählich organisieren und sollten etwas unternehmen, damit wir nach der Zeit wieder geschulte Leute haben... Und auf der anderen Seite sollten sie versuchen, über die Stimmung der Menschen in Augsburg und in der Umgebung Berichte wieder zurückzubringen, damit die Exil-SPD draußen wieder eine Ahnung bekommt und sich mosaikartige Bilder machen kann, wie's bei uns in Deutschland echt ausschaut... Das haben wir dann auch gemacht, und der Augsburger Kreis ist dann auch gewachsen. Ich habe aber nur drei Personen gekannt.» Die Augsburger suchten sich gezielt Verbündete in unterschiedlichen Industriebetrieben und in der Stadtverwaltung, um möglichst breitgefächerte Nachrichten zu erhalten. Eugen Nerdinger nennt drei entscheidende Qualitäten bei der Auswahl der Mitstreiter: Sie mußten mutig, zuverlässig und treu sein.

Die illegale Arbeit der Münchener Gruppe zog Kreise. Wieder waren es alte Kontakte aus dem Milieu, auf die man bauen konnte. Josef Linsenmeier erinnert sich: «Bis eines Tages der Fried Hans zu mir gekommen ist und sagte, der Hans Weber aus Regensburg – den kannte er von der Sozialistischen Arbeiterjugend –, der wäre bei ihm gewesen und hätte gefragt, ob wir eventuell interessiert wären an einer Zeitung der SPD, die im Ausland herauskam. Wir haben dann ein Treffen ausgemacht. Der Weber Hans, der Fried Hans und ich trafen uns in der Großmarkthalle. Das war der unverfänglichste Treffpunkt... Das war so, daß aus Regensburg immer ein Gemüseauto runtergefahren kam. Der Weber Hans ist mit diesem Auto gekommen, und so haben wir mit ihm Kontakt aufgenommen. Er hat uns diese kleine Zeitung gegeben, die auf ungefähr 300 Seiten Dünndruckpapier gedruckt war, etwas größer als eine Zündholzschachtel. Das war der ‹Neue Vorwärts› und später die ‹Sozialistische Aktion›.» Die Regensburger hatten sich mit Hans Dill in Verbindung gesetzt und wurden von ihm mit Schriftmaterial beliefert.

Mary Fried, die jede freie Stunde bei den sozialistischen «Kinderfreunden» mitarbeitete, wurde von ihrem Mann Hans zwar nicht in die aktive Arbeit einbezogen, aber sie wußte, worum es ging: «Mein Mann war gelernter Schreiner, war dann aber arbeitslos. Dann ist er mit Genossen mit den Rädern in den Bayerischen Wald gefahren und hat Zeitungen und Flugblätter von der tschechischen Grenze rübergeholt und hat sie dann verteilt...

Wir waren nicht vorbereitet auf den Widerstand. Ich habe damals immer Angst gehabt, ich kam aus der Angst gar nicht raus. Es war sogar so, daß man schon erschrocken ist, wenn in der Früh die Klingel gegangen ist, man wußte, die Gestapo ist immer in der Frühe gekommen... Ich habe nichts dagegen gesagt, daß mein Mann da mitmacht. Weil ich selbst der Meinung war, daß da etwas getan werden mußte.»

Die Hochburg der bayerischen Arbeiterbewegung war Nürnberg. Über die Regensburger Genossen bekam Hans Dill Verbindung zu Konrad Grünbaum in Nürnberg-Fürth, der zur treibenden Kraft für die illegale sozialdemokratische Organisation im nordbayerischen Raum wurde. Der 27jährige Metallarbeiter, früher Bezirksvorsitzender der SAJ und in den kämpferischen Schutzformationen des Reichsbanners Schwarz-Rot-Gold engagiert, hatte als Arbeitsloser viel Zeit, seine alten Kontakte zu jüngeren Genossen aus Reichsbanner, SAJ und Vereinen der Arbeitersportbewegung zu aktivieren. Unermüdlich reiste er ab August 1933 mit Fahrrad und Motorrad über Land und gewann Mitarbeiter in Würzburg, Bamberg, Schweinfurt, Landshut, Ansbach, die er mit illegaler Literatur belieferte.

Neben Nürnberg hatte im oberpfälzischen Weiden der 18jährige Schlosser Josef Mörtl ein zentrales Depot für den Literaturschmuggel über die tschechische Grenze eingerichtet. Die Kuriere tarnten sich als Skiläufer oder Wanderer und gingen illegal über die Grenze. Obwohl Konrad Grünbaum und Josef Mörtl bei einem Treffen in Weiden im November denunziert und verhaftet wurden, blieben der Polizei die zwischen den ehemaligen elf Nürnberger SPD-Bezirken wieder aufgebauten Verbindungen und das weitläufige Verteilernetz verborgen. Waren sie zu Anfang ziemlich dilettantisch vorgegangen, so beachteten die Sozialdemokraten bei ihrer illegalen Arbeit jetzt streng die Regeln der Geheimhaltung, um sich – und damit ihre Sache – nicht zu gefährden. Sie verzichteten auf breitflächige Flugblattaktionen, bei denen die Verteiler nur zu leicht dem Zugriff der Polizei ausgeliefert waren. Weil sie, anders als die Kommunisten, die Weltrevolution nicht gewaltsam erzwingen wollten und an ihr baldiges Eintreffen nicht glaubten, widersprach es ihrem Konzept, ihre Botschaften um jeden Preis unters Volk zu bringen. Die Emigration beendete zwar nicht den parteiinternen Streit um den richtigen Weg angesichts der NS-Herrschaft, und die Mehrheit versuchte der Minderheit in der Partei ihre Einsichten aufzuzwingen. Trotzdem waren die Sozialdemokraten bei ihrer illegalen Arbeit Anweisungen aus der Zentrale weniger ausgesetzt als die Kommunisten. Nicht zuletzt, weil die oberste Führung nach dem März 1933 erst einmal ausgefallen war und zum Teil gegen jede Form von Widerstand agitiert hatte.

Auch in Hamburg machten sich die unteren Funktionäre und einfachen Parteimitglieder selbst an die Arbeit, eine neue Bezirksleitung bildete sich. Walter Schmedemann im Bezirk Eilbek hatte als einer der ersten wieder die Initiative ergriffen. Der 32jährige Krankenpfleger war mit 15 Jahren in die SAJ eingetreten: «Zunächst wurde ein Mitteilungsblatt für alle als zuverlässig angesehenen Mitglieder der früheren Partei herausgebracht... Mehrfache Versuche, bei früheren Genossen, die führend politisch und journalistisch beim ‹Hamburger Echo› tätig gewesen waren, uns Beiträge für unsere Zeitung zu liefern, schlugen fehl... wir, [die] wir von der Jugend an im Geiste des Widerstandes gegen die Gegner der Demokratie erzogen waren und noch bis in die letzten Tage hinein von dem unbeugsamen Willen unserer Partei gesprochen hatten, [waren] nunmehr völlig auf eigene Füße gestellt.» Zuerst einmal sollten die Mitglieder, die sich wieder regelmäßig zu Gruppenabenden trafen, ermutigt und mit illegalen Schriften des Exil-Parteivorstandes versorgt werden. Wichtige Unterstützung leisteten ausländische Mitglieder der Internationalen Transportarbeiterföderation, Matrosen und Eisenbahner, die unbehelligt das Land durchquerten und illegale Druckschriften, die im Ausland hergestellt wurden, an deutsche Genossen weitergaben.

Immer wieder machten kampfbereite Sozialdemokraten die Erfahrung, daß die älteren Funktionäre übervorsichtig waren und trotz allem, was geschehen war, immer noch daran glaubten, Hitler würde nicht weiter gehen als Bismarck. Das jedenfalls sagte der frühere Reichstagsabgeordnete Fritz Henßler aus Dortmund den jungen Leuten, die ihn im Laufe des Jahres 1933 für die Mitarbeit in einer illegalen SPD gewinnen wollten. Henßler lehnte Kontakte zur Exil-SPD und die Verbreitung von illegalen Schriften strikt ab. Doch die jungen Leute, die alle aus der SAJ kamen, wollten trotz aller Enttäuschung über ihre Partei nicht aufgeben und handelten auf eigene Faust. Sie nahmen Kontakt zu geflüchteten Sozialdemokraten in Holland auf, fuhren selbst nach Amsterdam und lieferten den dortigen Genossen später eine Liste ehemaliger Sozialdemokraten, an die man geheimes Material schicken konnte. Die Liste war als Bestellkatalog für Tulpenzwiebeln getarnt.

Nicht alle Funktionäre reagierten wie der Dortmunder. Es gab andere, die nicht bereit waren, ihre Vorstellungen von Politik, von Menschlichkeit und Zusammenleben kampflos aufzugeben, den Kopf einzuziehen und auf bessere Zeiten zu warten. Georg Reinbold, der im Straßburger Exil nicht nur eine Buchhandlung, sondern das Grenzsekretariat für den deutschen Südwesten aufbaute, war Jahrgang 1885 und noch vor dem Ersten Weltkrieg in die SPD eingetreten. Sein Schreiben an den Exil-Vorstand in Prag vom 26. September 1933 zeigt, daß seine rastlose Tätigkeit Erfolg brachte: «Ich bitte um sofortige Lieferung von mindestens 300 (dreihundert) Mitgliederkarten. Zweihundert Stück habe ich erhalten. Als ich an die Verteilung heranging, stellte sich heraus, daß die Mannheimer Genossen die zweihundert Karten für sich allein beanspruchen.» Im roten Mannheim, das auf eine lange Tradition der Arbeiterbewegung stolz war, gab es ein dichtes Netz sozialer, freundschaftlicher, familiärer Kontakte, die unter Gleichgesinnten den Widerstandswillen förderten. Ohne Angst vor Denunzianten konnte man unter Kollegen und Freunden neue Mitglieder für die SPD werben. Darum die Bitte Reinbolds um mehr Mitgliedskarten.

In Mannheim waren es wohl 150 bis 200 Menschen, die aktiv wurden, und 800 bis 1000 Personen, die als Sympathisanten passiv im Hintergrund blieben, aber Geld gaben und regelmäßig illegale Schriften bezogen. Es war eine lockere Organisation mit hartem Kern und breitem schützenden Rand. Erst drei Jahre später entdeckte die Polizei das ganze Ausmaß der geheimen SPD-Organisation: «Im Laufe der gegen die illegale SPD in Südwestdeutschland unternommenen Aktion wurden drei große Zentren in Mannheim für Nordbaden, in Freiburg für Südbaden und in Stuttgart für Württemberg festgestellt. In Mannheim befand sich außerdem die Zentralablegestelle der aus dem Ausland eingeführten Druckschriften, von der aus die illegalen SPD-Gruppen in Nordbayern, Württemberg und Hessen beliefert wurden... Der Bezirk Mannheim war wieder in Unterbezirke eingeteilt... Die Unterbezirksleiter verteilten in der Regel nicht selbst die Druckschriften an die Anhänger, sondern bedienten sich zu diesem Zweck und zum Geldeinzug mehrerer Unterverteiler...»

Was die Polizei als straff geführte Organisation darstellte, hatte sich tatsächlich nur in der Mannheimer Neckarstadt entwickelt, dem Stadtteil mit den meisten illegalen Mitgliedern. Paul Laas hat damals in einer Fünfer-Gruppe mitgearbeitet: «Diese Gruppen bestanden aus vier einfachen Mitgliedern und einem Gruppenleiter. Über den Gruppen war der Bezirksleiter tätig, der jeweils vier Gruppen betreute... Der Bezirksleiter nahm nur mit dem Gruppenleiter Kontakt auf, so daß er den übrigen Gruppenmitgliedern nicht bekannt war. Der Gruppenleiter hatte über den Bezirksleiter hinaus keine Verbindung zu höheren Funktionären. Auf diese Weise waren wir relativ gut geschützt gegen eine Aufdeckung.»

Kurz nach dem Parteiverbot im Juni 1933 versuchten die Mitglieder von Arbeitervereinen aller Art geschlossen in bürgerliche Vereine überzutreten. Ob sie dort angenommen wurden oder durch einige Zugeständnisse sogar ihre eigene Gemeinschaft retten konnten, hing oft von Zufällen und der individuellen Situation ab. Ein fränkischer Sozialdemokrat erzählt: «Während der Zeiler Arbeitergesangverein ‹Liederkranz› zerschlagen wurde und dessen Fahne mehrmals von den Nazis gesucht wurde, rettete sich der Arbeitergesangverein ‹Frohsinn› in Haßfurt nahtlos über das Dritte Reich. Der Ortsgruppenleiter erschien des öfteren, die Zusammenkünfte wurden laut ‹Haßfurter Tagblatt› zumeist mit ‹Sieg Heil› geschlossen.» Unpolitische Trachtenvereine dienten als Tarnung, und beim Bayerischen Kranken- und Sterbekassenverein «Solidarität» stieg die Mitgliederzahl von knapp 5000 (1933) auf rund 15000 (1939). Im Nürnberger Stadtteil Gostenhof trafen sich im November 1933 einige ehemalige SAJ-Mitglieder in der Gaststätte «Grober Wanderschuh» und gründeten den Wanderverein «Albfreunde». Die meisten von ihnen waren jünger als zwanzig. Es sah aus, als kämen sie nur zum Wandern und Musizieren zusammen, insgeheim setzten sie ihre politische Arbeit fort und waren an das Verteilernetz für illegale sozialdemokratische Schriften angeschlossen.

Am 7. Dezember 1933 zog Georg Reinbold in einem Brief an die Exil-SPD, den Sopade-Vorstand in Prag, eine Bilanz seiner bisherigen Straßburger Tätigkeit: «Die Materialübermittlung erfolgt durch Zubringerdienst, wodurch es bis heute möglich war, die hauptsächlichsten Funktionäre dem Zugriff zu entziehen... Die Verbindung mit dem Innern Deutschlands ist im allgemeinen gut zu nennen... Zusammengefaßt muß aber festgestellt werden, daß von einer organisatorischen, einheitlichen Bewegung gegen den Faschismus noch nicht gesprochen werden kann. So aktiv an den einzelnen Orten einige Gruppen sein mögen, so entfesseln sie doch nicht eine in die Tiefe gehende Bewegung.» In der Beurteilung der Arbeiterschaft schwingt Enttäuschung mit: «Kleinbauern und Bürger wagen sich noch am ehesten zu einer Kritik. Die Arbeiter sind aber immer noch die schweigsamsten in der Öffentlichkeit...» Georg Reinbold ist überzeugt, «daß eine Änderung des derzeitigen deutschen Systems noch in weiter Ferne liegt». Am Anfang seines Briefes schon macht der altgediente Funktionär auf etwas aufmerksam, das ihn «mit großer Sorge» erfüllt: «Anstatt sich gegenseitig zu freuen, wenn da oder dort sich neue Gruppen aufmachen, die aktiv eingreifen, machen sich Eifersüchteleien bemerkbar, die, wie beispielsweise in Mannheim, beinahe zur völligen Lahmlegung der Arbeit führen.» Doch der erste Eindruck täuscht. Reinbold ist keineswegs ein Freund spontaner, von der Parteiorganisation losgelöster Widerstandsarbeit: «Man scheut vor einer Einbeziehung in die zentrale Leitung zurück und glaubt mit einem selbst aufgemachten Laden mehr erreichen zu können.»

Die «neuen Gruppen» erfüllte der gleiche Unmut: «Auf sehr negative Weise hat sich unser Verhältnis zur Parteileitung entwickelt... Es ist nicht zu einer positiven, produktiven Zusammenarbeit gekommen, weil man uns, auch abgesehen vom Problem der angeblichen kommunistischen Beeinflussung, immer wieder mißtraut hat. Der Parteiapparat jener Zeit war offenbar nicht imstande, Leute zu verdauen, die spontan, aus ihrer persönlichen Überzeugung, ohne Rücksicht auf Hindernisse, Gefahren und Opfer, bereit waren, illegale Arbeit unserer Art auf sich zu nehmen – und noch dazu ohne Mittel.» Es ist Rudolf Küstermeier, der so seinen «Roten Stoßtrupp» in Berlin charakterisiert. Dieser «Trupp» sollte über die Parteigrenzen hinaus die besten Kräfte der Arbeiterbewegung sammeln: «Wir wollten verhindern, daß auf der deutschen Linken schlechthin jedermann den Mut verlor. Wir wollten wenigstens einige von den Kräften, die auch unter den erschwerten Verhältnissen noch einsatzbereit waren, zusammenfassen und zusammenhalten. Zu was genau, das hätten wir, offen gestanden, zu jener Zeit nicht sagen können.»

Informationen wurden durch die Zeitschrift «Roter Stoßtrupp» verbreitet, in Berlin allein wöchentlich mit 2500 Exemplaren. Insgesamt sollen im gesamten Reich bis zu 20000 verbreitet worden sein. Gedruckt wurde im Berliner Büro der Quäker, in Privatwohnungen oder einem angemieteten Büro. Der Versuch, in einem Boot auf der Havel zu drucken, wurde sofort aufgegeben, da das Wasser den Geräuschen des Vervielfältigungsapparates vielfache Resonanz gab.

Auch diese kleine Truppe erlebte, daß Frechheit oft am weitesten führt. Als das Geld für die Portokosten beim Zeitungsversand knapp wurde, hatte ein Mitarbeiter, der in einem Berliner Bezirksamt beschäftigt war, eine Idee: «Hört mal zu! Wie wär das, wenn wir diese Dinger verschickten mit Hilfe eines Behörden-Freistempels? Ich könnte das organisieren!» Bis Anfang Oktober ging die Aktion gut. Dann wurde eine Zeitschrift an den Absender – das Bezirksamt – zurückgeleitet, weil der Empfänger unauffindbar war. Die Gestapo machte einen Großeinsatz. Das Husarenstück blieb unentdeckt. Doch die Verfolger waren alarmiert. Ende November 1933 wurden die meisten Mitarbeiter des «Roten Stoßtrupps» verhaftet, auch Rudolf Küstermeier. Schließlich saßen 240 in Haft, 180 wurden verurteilt. Über den Prozeß vor dem Volksgerichtshof meldete der «Berliner Börsenkurier» am 28. August 1934: «Prager SPD-Leitung finanziert Hochverrat». Und die Berliner «Volks-Zeitung» schrieb: «Zehn Jahre Zuchthaus für den Hauptangeklagten.» Das war Rudolf Küstermeier, dem erst das Ende des «Dritten Reiches» die KZ-Tore öffnete.

Eine Gruppierung, die sich 1932 von der SPD gelöst und selbständig gemacht hatte, glaubte im März 1933 bei der Mutterpartei wieder am besten aufgehoben zu sein. Die Mehrheit der Sozialistischen Arbeiterpartei (SAP) beschloß, ihre Organisation aufzulösen und sich der SPD anzuschließen. Eine linke Minderheit, die vor allem von den jüngeren Mitgliedern gestützt wurde, verweigerte die Zustimmung und wählte eine neue Reichsleitung der SAP, um in den Untergrund zu gehen und von dort aus die «proletarischen Massen zu mobilisieren». Zu denen, die nicht aufgeben wollten, weil sie links und frei waren, gehörte auch das

SAP-Mitglied Willy Brandt, der seine Heimatstadt Lübeck bei Nacht und Nebel verließ, um in Oslo einen SAP-Stützpunkt aufzubauen. In der Nacht des Reichstagsbrandes war Ernst Eckstein, Mitglied im Parteivorstand, verhaftet worden. Im KZ Breslau-Dürrgoy starb er am 8. Mai an den Folgen der Mißhandlungen. Zur gleichen Zeit gab es die ersten Verhaftungen illegaler SAP-Mitglieder in Dresden. Sie hatten vor großen Betrieben Handzettel mit Parolen gegen die Nationalsozialisten verteilt, ein Leichtsinn, der die Polizei rasch auf die Spur der Täter führte. Bis zum August wurden über 90 Dresdener Mitglieder und Sympathisanten festgenommen, meistens jüngere Arbeiter zwischen 18 und 20 Jahren. Einer von ihnen erlag noch während der Untersuchungshaft den Folterungen.

Umsichtiger ging in Hamburg der Lehrer Franz Bobzien an die Widerstandsarbeit heran. Wie so viele in der SAP war er als Jugendlicher in der SPD und SAJ aktiv gewesen und verließ die Partei, weil sie ihm zu passiv und nicht radikal genug war. Der 26jährige gehörte zur neuen illegalen SAP-Reichsleitung und reiste noch während der Frühjahrsferien durch Schleswig-Holstein, um die Parteiorganisation auf die Illegalität vorzubereiten. Die restliche SAP hoffte, durch kleine konspirative Fünfergruppen in der Illegalität unerkannt zu bleiben. Am 19. Mai schrieb Franz Bobzien seinem Schulleiter, er habe unerwartet eine Stellung im Ausland bekommen. Tatsächlich flüchtete er nach Dänemark, weil er auf der Fahndungsliste der Polizei stand.

Auch in Frankfurt gehörten am Anfang Flugblattaktionen zum Programm der meist jugendlichen Mitglieder. «Aber solche Flugblattaktionen haben wir dann sehr rasch eingestellt, weil sie für den damaligen Zeitpunkt viel zu gefährlich waren. Wir sagten uns, unter dieser Wolke der Verhetzung, unter diesem Klima, Angst- und Depressionsklima, das damals geschaffen worden war, ist die subjektive Aufnahmebereitschaft der Arbeiterschaft für derartige Aktionen absolut gering.» Fritz Schmidt und seine SAP-Gruppe waren sehr früh zu zweierlei entschlossen: in die

Illegalität zu gehen und den Traum der kleinen Partei, eine Einheitsfront aller Sozialisten zu bilden, gerade jetzt nicht aufzugeben. Ungefähr zweihundert Personen waren im Frankfurter Raum zur Mitarbeit bereit. Sie lehnten gefährliche Aktionen auch deshalb ab, weil sie mit einer langen Dauer der faschistischen Diktatur rechneten: «Im wesentlichen haben wir die politische Lage diskutiert, politische Einschätzungen vorgenommen, uns politisch also auch weitergeschult und eben den personellen und organisatorischen Zusammenhalt aufrechterhalten... Das Grundbedürfnis unserer Genossen war, den Kontakt zu halten und informiert zu sein.»

Im Gegensatz zu dieser Entschätzung stand die Zielsetzung einer Schrift, die im Laufe des Jahres 1933 nach Deutschland geschmuggelt wurde und den harmlosen Titel trug «Die Aufgaben der Deutschen Arbeitsfront». (Die DAF war die einheitliche NS-Nachfolgeorganisation der Gewerkschaften.) Dahinter verbarg sich das Programm der SAP für die Arbeit im Untergrund: «Schon heute sieht es die SAP als ihre Aufgabe an, im Zusammenwirken mit allen Gruppen, mit denen trotz grundsätzlicher Differenzen eine Verständigung über die praktische Arbeit möglich ist, die Entwicklung der Widersprüche des faschistischen Systems vorwärtszutreiben.» Die SAP sah sich als Elite der Arbeiterbewegung, die die wirtschaftlichen Widersprüche im Faschismus ausnützen wollte, «um die Gesamtheit der Arbeiterklasse kampffähig zu machen und die faschistischen Organisationen zu sprengen». Vom Ausland aus sah man die Lage offensichtlich optimistischer als bei den Aktiven im Lande.

Die Mannheimer SAP verzichtete wie die Frankfurter auf spektakuläre, aber risikoreiche Unternehmungen und blieb das ganze Jahr über unbehelligt. Man traf sich auf Spaziergängen, abwechselnd in der Wohnung eines Mitgliedes der Fünfergruppe oder im Gartenhäuschen eines Genossen am Speckweg. In unregelmäßigen Abschnitten erschien eine eigene Zeitschrift. Im Ausland gedrucktes Material kam aus Basel, dem Grenzsekretariat der SAP für den Südwesten, oder aus Straßburg, wo Max Diamant von der ehemaligen Bezirksleitung im Exil lebte und mit Unterstützung linker Sozialdemokraten und Gewerkschafter die Zeitschrift «Der revolutionäre Sozialist» herausbrachte. Die aktiven Mitglieder in Südwestdeutschland waren überwiegend qualifizierte Arbeiter mit handwerklich-technischer Ausbildung und hatten 1933 ein Durchschnittsalter von 25,7 Jahren.

Am 22. August wurde der Chef der illegalen SAP-Reichsleitung mit einem seiner Mitarbeiter durch einen Spitzel in ein Berliner Bierlokal gelockt und dort verhaftet. Das gleiche geschah mit der Reichsleitung des SAP-Jugendverbandes, dem Nerv der Partei. In der zweiten Jahreshälfte konnte es keine Illusionen mehr geben. Ende November saß die gesamte Bezirksleitung von Berlin hinter Gittern. Wer noch nicht verhaftet war und trotzdem weitermachte, mußte ständig das Quartier wechseln und mit der Angst fertig werden, am Ende den Verfolgern doch in die Hände zu fallen: «Wir waren sehr gut orientiert, durch Genossen, die nur kurz in Haft gewesen, über die Torturen, denen man im Falle der Verhaftung unterzogen wurde. Das Wissen um das Grauenhafte, was einem bevorsteht, war so stark belastend, daß man begann, in einer ständigen Angst zu leben. Unter diesem Druck ging ich eines Tages zu einem befreundeten Arzt, auch ein Genosse, dem ich mich anvertraute und bat, mir doch ein Mittel zu geben, um, wenn es hart auf hart gehen sollte, Schluß machen zu können, ehe man in die Lage kam, bei Versagen der physischen Konstitution Namen von Freunden preiszugeben... Um die Angst zu überspielen, ist man an manchen Abenden von einem Lokal ins andere gezogen, mein Kaffeekonsum ist damals ungeheuer gewesen.» Und es konnten sich Gruppenzwänge ergeben, die eine freie Entscheidung nicht mehr zuließen: «Es galt, auch das Ansehen innerhalb der Gruppe nicht zu verlieren. Man war in eine Situation gedrängt worden, der man eigentlich nicht gewachsen war.»

Diese selbstkritische Betrachtung wurde von einem SAP--

Genossen angestellt, der Jude war. Juden im Widerstand – ein kaum bekanntes Kapitel. Aber sie waren nicht nur stumme Opfer. Es gab einige Juden, die im Untergrund gekämpft haben. Allerdings verstanden die meisten ihren Einsatz nicht als Widerstand einer Glaubensgruppe, sondern als Kampf für ihre politische Überzeugung, die fast ausschließlich in der Arbeiterbewegung und den verschiedenen sozialistischen Parteien beheimatet war. Im konservativen Lager mit seinem latenten Antisemitismus hätte es für diese Widerstandskämpfer auch keinen Platz gegeben. Dem jüdischen Glauben ihres Elternhauses waren die meisten Juden, die illegale politische Arbeit leisteten, entfremdet, wie der junge Emil Carlebach aus Frankfurt. Es war für ihn ein einschneidendes Erlebnis, als am 5. Mai 1933, während die SA die Gewerkschaftshäuser besetzte, eine rechtsradikale zionistische Gruppe das jüdische Jugendheim in Frankfurt stürmte. Die Zionisten trugen Braunhemden, Koppel und Schulterriemen, prügelten alle Anwesenden hinaus und riefen: «Jetzt sind wir Faschisten dran.» Für Emil Carlebach gab es nur eine Grenzlinie: die zwischen Faschisten und Nichtfaschisten.

Gerade die jüdischen Widerstandskämpfer würden sich dagegen wehren, als Juden hervorgehoben und so von ihren Mitkämpfern unterschieden zu werden. Aber solche Gleichstellung bedeutet in diesem Fall das Fortleben einer Legende: Als ob alle Juden sich kampflos ihren Verfolgern ans Messer lieferten und im Rückzug auf das kulturelle und religiöse Getto ihr einziges Heil gesucht hätten. Zu den politisch aktiven Juden gehörte Ludwig Aufhäuser im Vorstand des Allgemeinen Deutschen Gewerkschaftsbundes. Er mußte flüchten und arbeitete beim Exil-Vorstand der SPD in Prag weiter. Ein anderer war der Musiklehrer Günther Pinthus. Er organisierte den Kommunistischen Jugendverband im Ruhrgebiet nach der ersten Verhaftungswelle neu und wurde selbst im Oktober 1933 festgenommen. Oder Fanny Wiesenfeld: als Instrukteurin für den KJVD in Süddeutschland eingesetzt, verlor sie im Spätsommer ihre Freiheit.

Besonders im Internationalen Sozialistischen Kampfbund (ISK), den der Philosoph Leonard Nelson in den Zwanzigern gegründet hatte, waren heranwachsende Juden aktiv.

Der ISK hatte sich auf die Illegalität vorbereitet, weil er überzeugt war, daß die Nationalsozialisten nicht über Nacht verschwinden würden. In Berlin installierte sich eine illegale Inlandleitung, andere Mitglieder gingen bewußt ins Exil nach Paris. Die Internationale Transportarbeiter-Föderation, die in Amsterdam ihre Zentrale hatte, wurde auch für den ISK eine tatkräftige Verbündete. Der «Kampfbund» sah sich als Elite, die höchste Ansprüche an alle Mitglieder stellte. Nur eine Auslese würde im Widerstand erfolgreich sein und überleben können. Nicht auf rasche Aktionen kam es an, sondern auf gründliche Vorarbeit. Anna Beyer gehörte zu den 15 bis 20 Genossen, die in Frankfurt mitmachten: «Wir vom ISK haben uns also nach einem Fünfergruppensystem organisiert und uns zunächst einmal darüber unterhalten, was wir machen wollen. Anfangs haben wir uns in besonderen Sicherheitsmaßnahmen geübt, die für die illegale Arbeit wichtig waren: d. h. wir haben uns im Schreiben mit einer besonderen Tinte geübt oder auch ein Lükkensystem fürs Schreiben entwickelt, mit dessen Hilfe wir uns auch unter schwierigen Bedingungen etwas mitteilen konnten.» Anna Beyer war enttäuscht, wie sehr die großen demokratischen Institutionen Adolf Hitler und dessen Partei unterschätzten. Ursprünglich bei der Gewerkschaft engagiert, erschien ihr der Aufruf der Gewerkschaften, zum 1. Mai gemeinsam mit den Nationalsozialisten zu marschieren, wie Verrat. Sie entschied sich daraufhin, im ISK Widerstand zu leisten.

Wer zum «Kampfbund» ging, verpflichtete sich auch zu einer natürlichen Lebensweise, vegetarisch zu essen gehörte dazu. So war es naheliegend, daß Mitglieder, die arbeitslos wurden, vegetarische Gaststätten gründeten oder mit Lebensmitteln handelten, und damit zugleich eine ideale Tarnung für ihre illegale Arbeit hatten. Eine Lehrerin verlor ihre Stelle, weil sie Jüdin war:

«Nun stand ich ja auch vor der Frage, meine Existenz wieder aufzubauen. Ich erwarb die Lizenz für ein Vollkornbrot, das erlaubt wurde, in ganz Deutschland herzustellen. Dadurch bekam ich die Möglichkeit, unverdächtig durch ganz Deutschland hin und her zu reisen und bis 1938 ungeschoren politische Arbeit zu leisten. Zunächst habe ich die Kontakte zu den alten Freunden aufrechtgehalten, dann gründete ich an verschiedenen Orten Arbeitsgemeinschaften, die vorwiegend den Zweck hatten, sozialistische Ideen zu vertiefen...» Als in Hannover die Lehrerin Erna Blencke aus dem Schuldienst entlassen wurde, eröffnete sie mit einem ebenfalls geschaßten Kollegen und ISK-Mitstreiter in der Hasenstraße eine Brotverteilungsstelle. Zusammen mit dem Brot kamen und gingen Informationen, illegale Zeitschriften und Flugblätter.

Der ISK war auch in der Illegalität straff organisiert. Es gab sechs Bezirke im Reich, und alle sechs Monate trafen sich die Bezirksleiter zu einem Schulungskurs. Für den Bezirk Ost war der Studienassessor Julius Philippson, aus jüdischem Elternhaus, zuständig. Ein anderer wichtiger Funktionär war Fritz Eberhard. Der promovierte Jurist und überzeugte Sozialist – «Wir waren radikal links in der SPD und wurden 1925 aus der SPD ausgeschlossen» – bezog 1933 ein Zimmer bei einem jüdischen Textilkaufmann in Berlin-Lichterfelde und machte sich systematisch an die illegale politische Arbeit: «Es zeigte sich öfter, daß gerade die Frechheit, etwas zu tun, was die Polizei der Nazis nicht erwartete, die beste Sicherung war... Unsere allgemeine Parole für die nächste Zeit lautete: Jetzt ruhig verhalten! Beobachten, wie es weitergeht! Wichtig ist das Überleben überhaupt! Organisatorische Bindungen möglichst durchhalten! Nicht die Hoffnung auf Änderung aufgeben!» Im Jahre 1933 lief Fritz Eberhards Reisepaß ab. Ein Gang zur Berliner Paß-Behörde wäre lebensgefährlich gewesen, denn der ISK-Mann stand schon auf einer Fahndungsliste. Eberhard zog pro forma für ein halbes Jahr nach Magdeburg, ging dort zur Polizei und erhielt problemlos seinen Ausweis. Bald hatte er auch einen ausländischen Paß in der Tasche. Ein Schweizer Sozialdemokrat, der für einige Jahre im Gefängnis saß, hatte Eberhard seinen Paß mit Hilfe eines Gefängnisbeamten für diese Zeit «ausgeliehen».

Es war eine zentrale Aufgabe der Untergrundarbeit, Informationen zu sammeln, an Gleichgesinnte weiterzugeben und an die Pariser Zentrale des ISK zu schicken. Dort wurden sie mit anderen Meldungen zusammengestellt und über die holländische Grenze zurück ins Reich geschmuggelt. Fritz Eberhard: «Was wir an Informationen aus Deutschland herausschickten, haben wir meist mit unsichtbarer Tinte auf geeignetes, schon bedrucktes Papier geschrieben. Das wurde dann meist in Paris entziffert. Ich bekam manche Informationen auf ähnliche Weise – in diesem Fall auch ausnahmsweise in die von mir bewohnte Wohnung, und zwar in Form von Schnittmustersendungen. Ein Textilkaufmann in Berlin konnte ja sehr leicht Schnittmustersendungen aus der Modehauptstadt bekommen – und auf diesen Schnittmustern standen mit unsichtbarer Tinte geschriebene Nachrichten, die an mich gerichtet waren.»

Ein wesentlicher Teil der Arbeit bestand darin, Phantasie zu entwickeln, die potentiellen Verfolger zu täuschen, Nischen im Alltag zu entdecken und auszubauen, wo der Untergetauchte Luft holen und in Ruhe mit Gleichgesinnten die Lage erörtern konnte. Wie wußte der reisende Widerstandskämpfer, daß die Wohnungen, die er ständig wechselte, und die Adressen, die er anlief, noch sicher waren? Daß nicht die Polizei hinter der Türe wartete? «Wir hatten Kennzeichen ausgemacht, die mir anzeigten, ob die betreffende Wohnung ohne Gefahr von mir betreten werden konnte. Zum Beispiel hing ein Vorhang in einer bestimmten Art an einem Fenster, wenn ich mit der Eisenbahn von Berlin nach Hannover kam. Kurz vor der Einfahrt in den Hauptbahnhof guckte ich also auf der Seite hinaus. Ich konnte genau feststellen: in diese Wohnung kannst du gleich gehen, war in fünf Minuten da und fühlte mich ganz sicher.» Je pompöser das Hotel, desto sicherer konnte man sich in der Eingangshalle zu einem Treffpunkt verabreden. Niemand erwartete, daß dort untergetauchte Sozialisten zusammenkamen. Es war lebenswichtig, alle Verabredungen, Telefonnummern, Adressen und Erkennungszeichen im Kopf zu haben, damit es im Falle einer Verhaftung keine Spuren gab und Freunde nicht in Gefahr kamen.

Der Internationale Sozialistische Kampfbund trainierte seine Mitglieder von Anfang an auf äußerste Vorsicht und hielt die Zahl der Kampfgenossen bewußt überschaubar. Der Übergang in die Illegalität gelang deshalb reibungsloser und mit weniger Opfern als bei der KPD und bei der SPD. Welche Regeln der Konspiration man unbedingt beachten mußte, faßte Fritz Eberhard in einem Flugblatt zusammen, das im Ausland gedruckt wurde und unter dem doppeldeutigen Titel «Willst du gesund bleiben?» von der Internationalen Transportarbeiter-Föderation im Oktober 1933 nach Deutschland eingeschleust wurde. Die Schrift mahnte die Arbeiter und Angestellten, nüchtern und besonnen zu bleiben und gab konkrete Ratschläge: «Sei nicht schwatzhaft, auch nicht gegenüber Verwandten, auch nicht gegenüber dem Gatten oder Verlobten... Mache aus der [Flugblatt-]Verteilung keinen Sport... Das mehr oder minder wahllose massenhafte Verteilen kommt im gegenwärtigen Stadium unserer Arbeit noch nicht in Frage.»

Am erfolgreichsten konnte eine kleine linke Gruppe untertauchen, die unter dem Namen «Organisation» («O») schon in der Freiheit der Republik auf Geheimhaltung und Konspiration angelegt war und deren Existenz weder Freund noch Feind ahnten. Die Mitstreiter, die der von KPD und SPD enttäuschte Walter Löwenheim unerkannt in beide Parteien schickte, sollten die Vorhut einer neuen sozialistischen Partei sein. Um mit anderen antifaschistischen Gruppen zusammenzuarbeiten, gab «O» durch ihr Mitglied Fritz Erler Ostern 1933 der Sozialistischen Arbeiterinternationale in Zürich ihre Existenz bekannt, nahm Kontakte zur Exil-SPD in Prag und zur Internationalen Transportarbeiter-Föderation auf und wurde von allen mit Geldern unterstützt. Das hinderte Walter Löwenheim nicht, sehr bald eine Bilanz des sozialistischen Widerstandes zu ziehen und mit allen Genossen schonungslos ins Gericht zu gehen.

Unter dem Pseudonym «Miles» (lat. = Soldat) schrieb Löwenheim die Broschüre «Neu beginnen». Sie tauchte im Sommer erstmals in Deutschland auf und wurde im November im Kleindruck unter dem Tarntitel «Schopenhauer, Über die Religion» ins Reich geschmuggelt. Die Schrift löste überall im Untergrund heftige Diskussionen aus. Der Verfasser warf der KPD und der SPD eine falsche, verharmlosende Einschätzung des Nationalsozialismus vor. Der werde nicht in kurzer Zeit und nicht von alleine zusammenbrechen. Es müßte – außer einem starken gemeinsamen Widerstand der Arbeiterbewegung – innere Krisen und äußere Niederlagen des Regimes hinzukommen. Die Mitglieder von «O» und die durch Löwenheims Schrift neu gewonnenen Genossen taten sich im zweiten Halbjahr 1933 bei strengster Geheimhaltung unter dem Namen «Neu Beginnen» in Dreier- und Fünfergruppen zusammen. Nur der Leiter der Kleingruppe hatte Kontakt zur Zentrale. «Neu Beginnen» blieb vorläufig abgeschottet gegenüber anderen Gruppen im Widerstand. Das verhinderte den gemeinsamen Kampf. Die Isolation bot allerdings einen hohen Schutz vor Entdeckung und entsprach dem elitären Charakter der ursprünglichen «Organisation». In Mannheim traf sich die «Neu Beginnen»-Gruppe im Sommer 1933 auf einer Neckarinsel. Ihr Leiter gab ihnen in der Badehose Unterricht in Konspiration und umriß das Ziel, das sich «Neu Beginnen» gesetzt hatte: «Uns kam es darauf an, Überlebenszellen der alten Arbeiterbewegung und ihrer wertvollsten Funktionäre auszubauen und aktionsfähig zu halten.»

Zu denen, die unter das Parteienverbot fielen, gehörte auch die 1919 gegründete «Freie Arbeiter-Union Deutschlands» (FAUD), organisierte Anarchisten, die sich als Teil der Arbeiterbewegung sahen und stets von allen Seiten angefeindet und mißverstanden wurden. Das Reich der Freiheit, von dem sie träumten, sollte ohne Abstriche und Kompromisse verwirklicht werden. Die FAUD und andere sogenannte anarcho-syndikalistische Grüppchen setzten ihre Hoffnungen auf eine autoritätsfreie Organisationsstruktur und auf direkte Aktionen, die nichts gemein hatten mit blutigem Terror, den man ihnen ständig – zu Unrecht – unterstellte. Sie kritisierten die Anpassung der SPD an den bürgerlichen Rechtsstaat und warfen der KPD vor, ein «willenloses Organ der russischen Außenpolitik» zu sein. Aber wie die beiden großen Parteien hoffte die FAUD 1933 auf einen Widerstand der Massen. Die kleine Gruppe der Anarcho-Syndikalisten hielt auch nach dem Verbot 1933 zusammen und blieb vorläufig unentdeckt, da man sich untereinander gut kannte und nur Aktionen im kleinsten Kreis unternahm.

Geschlossen in die Illegalität ging auch die Kommunistische Partei Opposition (KPO) mit ihren rund 4000 Mitgliedern. Sie hatte sich 1928 in dem politischen Spektrum rechts von der KPD gebildet, als sich in der Partei die stalinistische Linie rücksichtslos durchsetzte. Für die Stalinisten galt jede innerparteiliche Kritik und jede Annäherung oder gar Zusammenarbeit mit den Sozialdemokraten als Verrat. Wichtige Funktionäre der KPO gingen 1933 ins Exil, in Berlin wurde eine illegale Inlandsleitung gebildet. «Gegen den Strom» hieß ihr Organ, das schon im Mai erstmals im Untergrund gedruckt wurde und die «revolutionäre Erhebung der Arbeiterklasse» forderte. Rund 600 KPO-Mitglieder wurden im Frühjahr 1933 vorübergehend in Schutzhaft genommen. Da diese Splitterpartei unauffällig in der Illegalität verschwand und vorerst keine Aktivitäten entfaltete, konnte sie im Jahre 1933 erst einmal den Verfolgungen entgehen.

Sehr viel gefährdeter waren die Mitglieder der «Roten Hilfe», eine Organisation der KPD. Die «Rote Hilfe» sammelte Geld für Familien, deren Väter im KZ saßen, organisierte Ferienaufenthalte für die Kinder der Verhafteten und Ermordeten. Sie setzte Sammeltransporte für die Frauen durch, die ihre Männer im KZ besuchen wollten. Sie erleichterte die illegale Ausreise und gab juristische Ratschläge. Es waren vor allem Frauen, die sich in dieser humanitären, aber keinesfalls gefahrlosen Arbeit engagierten und untertauchen mußten, sobald ihre Namen der Polizei bekannt wurden.

Ebenfalls mit der KPD verbunden war die Revolutionäre Gewerkschaftsorganisation (RGO). Mit ihrer Hilfe sollte der sozialdemokratisch beeinflußte Allgemeine Deutsche Gewerkschaftsbund gespalten werden. Es war ein Versuch, der schon vor 1933 bei den Arbeitern keine Mehrheit fand und noch weniger danach, als sich die KPD in der Illegalität bemühte, Einzelgewerkschaften aufzubauen, statt die Idee der Einheitsgewerkschaft zu unterstützen. Die illegale RGO-Zeitschrift «Bauarbeiter» nannte noch nach dem Machtwechsel die alten Gewerkschafter «sozialdemokratische Oberbetrüger» und «Stiefellecker der faschistischen Diktatur». Ein überzeugter Kommunist wie der junge Emil Carlebach, der sich nach Verbüßung einer kurzen Gefängnisstrafe in Frankfurt wieder im Untergrund engagierte, kritisierte die KPD für solche Spaltungsversuche: «Allmählich vervollkommnete sich unsere illegale Arbeitsmethode, und wir hatten inzwischen auch weitere Kontakte bekommen. Einer unserer wichtigsten Kontakte war André Hoevel, der bereits vor 1933 bei den Rüsselsheimer Opelwerken gefeuert worden war, weil er als Angestellter, eine Sensation für die damalige Zeit, an einem sogenannten wilden Streik teilgenommen hatte. Über André Hoevel, der später zusammen mit seiner Frau Anneliese hingerichtet wurde, und einige andere erhielten wir nun auch Kontakte zu anderen Betrieben. Zu dieser Zeit war die RGO für uns bereits erledigt, wir hatten die Vorstellung, daß man Freie Sozialistische Gewerkschaften gründen sollte... die Freie Sozialistische Gewerkschaft war für uns damals die Vorstellung von einer Einheitsgewerkschaft, auch wenn dieser Name später wieder fallengelassen wurde.» Carlebach und seine Genossen brachten einmal im Monat den «Roten Gewerkschafter» und den «Angestellten» in einer Auflage zwischen 500 und 1000 Stück heraus. Später wurde das Material auch in Offenbach und Wiesbaden verteilt.

Mit der Besetzung der Gewerkschaftshäuser am 2. Mai 1933 und der Einziehung des Vermögens war die Gewerkschaftsbewegung vernichtet. Die vielen hauptamtlichen Mitarbeiter verloren ihre Existenzgrundlage und mußten sich als Verfemte neue Arbeit suchen. Demoralisiert und enttäuscht zogen sich nicht wenige ins Privatleben zurück. Sie trafen sich noch mit ehemaligen Kollegen zu unverfänglichen Skatabenden oder Wanderungen. Aber vor allem warteten sie ab. Einige wenige knüpften langsam wieder ein Netz von Beziehungen. Albert Mayer, der erste Vorsitzende der Gewerkschaft Holz in Darmstadt, war am 1. Mai noch ahnungslos mit den Nationalsozialisten marschiert. Nun traf er sich «im Rahmen eines kleinen Kreises von Sozialdemokraten und Gewerkschaftern weiterhin zu kleineren politischen Gesprächen» im Wald, auf der Straße, in Wohnungen. Das Ziel: «Den Kontakt unter den Kollegen nicht abreißen zu lassen.» Ein unverdächtiger Treffpunkt war auch das «Braustübchen» am Darmstädter Bahnhof. Dort wurden Flugblätter unauffällig an vertrauenswürdige Kollegen weitergegeben: «Es war so etwas wie innerer Widerstand, ohne daß wir groß geprüft hätten, ob jemals die Hoffnung auf Erfolg bestanden hätte.» Im Laufe des Jahres nahmen die lokalen illegalen Gruppen untereinander Kontakt auf. In Stettin und Königsberg hatten sich Arbeiter in den Häfen illegal organisiert. In Flensburg, Kiel, Lübeck und Hamburg entwickelten sich Gruppen, die Informationen austauschten, ins Ausland schmuggelten und Gefährdeten zur Flucht verhalfen. Ehemalige Funktionäre des Deutschen Metallarbeiterverbandes begannen Berichte zu sammeln, Vertrauensleute zu gewinnen und bildeten in Berlin eine Art illegaler Reichsleitung.

Wie in den Parteien überwanden auch unter den Gewerkschaftern die jüngeren Mitglieder den Schock der Katastrophe am schnellsten und zeigten ihren Unterdrückern, daß sie sich nicht einschüchtern ließen. In Frankfurt am Main und in Darmstadt gab es zwei besonders aktive Jugendgruppen vom Zentralverband der Angestellten. Schon 1932 hatten die Frankfurter geübt, wie man in einer Menschenmenge Flugblätter verteilt, ohne geschnappt zu werden; wie man seine Verfolger bei der Jagd durch die Straßen abschüttelt, und wie man sich verhält, wenn man von der Polizei ins Verhör genommen wird. Die Frankfurter Gruppe umfaßte ursprünglich an die 200 Jugendliche, 40 bis 60 machten bei der illegalen Arbeit mit. Es war ihr Ziel, «1. möglichst viele Jugendliche aus unseren Reihen dem faschistischen Einfluß fernzuhalten; 2. einen engeren Kreis in Zirkeln zu erfassen und politisch zu schulen; 3. einen noch engeren Kreis in engste Zusammenarbeit mit den großen illegalen Apparaten zu bringen». Die «Apparate» waren SPD, KPD und die kleinere SAP, deren illegale Druckerzeugnisse die Jungen und Mädchen in Frankfurt und Darmstadt erhielten und weiterverteilten.

Auch die Regimegegner auf der äußersten Rechten konnten bei den Herrschenden nicht auf Gnade hoffen. Der Student Harro Schulze-Boysen, der seit 1932 in Berlin Anhänger sammelte, die im Haß auf die Demokratie, der Begeisterung für die bolschewistische Revolution und in der Ablehnung der Nationalsozialisten ihren gemeinsamen widersprüchlichen Nenner fanden, fiel mit zwei Freunden der SA in die Hände. Einer der Freunde überlebte das Spießrutenlaufen durch die mit Blei beschwerten Peitschen nicht. Schulze-Boysen kam frei und entschloß sich, die neuen Herren von innen zu bekämpfen. Er trat als Marineflieger in die Reichswehr ein. Seine alten Weggenossen verstanden Schulze-Boysen nicht mehr. Doch der junge Mann antwortete auf Fragen nur kühl: «Ich habe meine Rache auf Eis gelegt.»

Am 12. November 1933 ließ Adolf Hitler einen Reichstag wählen, in dem nur die NSDAP vertreten war, und zugleich eine Volksabstimmung über den von ihm vollzogenen Austritt

Deutschlands aus dem Völkerbund abhalten. Von einer freien und geheimen Wahl konnte keine Rede sein. Im Schwarzwaldstädtchen Calw wurde ein pietistischer Bäckermeister mit dem Schild «Ich bin ein Landesverräter» durch die Stadt geführt, weil er nicht zur Wahl gegangen war. Im roten Mannheim blieben trotz des Terrors immerhin knapp 8 Prozent der Bevölkerung zu Hause und 10,5 Prozent der Wähler stimmten mit «Nein». Im Reichsdurchschnitt machten die Neinstimmen 10,1 Prozent aus. Sicher haben nicht alle aus Begeisterung zugestimmt. Wieviel Resignation und Angst hinter den Ja-Stimmen steckte, kann niemand wissen. Doch es gibt keinen Zweifel, daß die große, die erdrückende Mehrheit der Deutschen den neuen Zeiten, die mit den braunen Herren angebrochen waren, aus vollem Herzen ihre Zustimmung gaben. Die Nationalsozialisten konnten es am Ende dieses ersten Jahres des «Dritten Reiches» mit erstaunter Genugtuung registrieren und fest ins Kalkül einplanen: Rücksichtslosigkeit imponierte den Bürgern. Die Proklamation einer großen Sache und der Anspruch, alles für Deutschland zu tun, ließ Rechtsbrüche als nebensächlich und entschuldbar gelten. Die wenigen Vertreter des bürgerlichen Lagers, die aussprachen, daß hier nichts mit rechten Dingen zuging, fanden kein Echo oder machten den widersprüchlichen Versuch, sich trotz ihrer Kritik als treue Patrioten des NS-Staates zu erweisen.

Pfarrer Martin Niemöller von der St. Annen-Gemeinde in Berlin-Dahlem bekam ernste Zweifel an nationalsozialistischem Gedankengut erst und rief – in diesem Bereich – zum Widerstand auf, als die evangelischen Kirchen den sogenannten Arierparagraphen des neuen deutschen Beamtenrechts übernehmen sollten. Tatsächlich entschied die Generalsynode der Evangelischen Kirche in Preußen am 6. September 1933 per Kirchengesetz: «Wer nichtarischer Abstammung oder mit einer Person nichtarischer Abstammung verheiratet ist, darf nicht als Geistlicher oder Beamter der allgemeinen kirchlichen Verwaltung berufen werden... Geistliche oder Beamte, die nichtarischer Abstammung oder mit einer Person nichtarischer Abstammung verheiratet sind, sind in den Ruhestand zu versetzen.» Als Martin Niemöller gegen dieses Gesetz Widerspruch ankündigte, wurde er von der Mehrheit der Synode niedergeschrien und verließ daraufhin mit seinen wenigen Freunden die Versammlung. Während der Diskussion im August hatte der junge Theologe Dietrich Bonhoeffer argumentiert, der Arierparagraph ist «eine Irrlehre von der Kirche und zerstört ihre Substanz. Darum gibt es einer Kirche gegenüber, die den Arierparagraphen in dieser radikalen Form durchführt, nur noch einen Dienst der Wahrheit, nämlich den Austritt.»

Schon am 1. September 1933 hatte Pastor Niemöller den Pfarrernotbund gegründet. Wer sich ihm anschloß, verpflichtete sich, den Arierparagraphen zum Prüfstein für die wahre Kirche Jesu Christi zu machen. Bis zum Jahresende hatten sich rund 6000 evangelische Pfarrer – von insgesamt 18000 – verpflichtet, diesen Paragraphen nicht anzuerkennen. Das hinderte die Führung des Pfarrernotbundes nicht, am 15. Oktober 1933, nachdem Hitler Deutschlands Austritt aus dem Völkerbund verkündet hatte, dem Reichskanzler ein Telegramm zu schicken: «Wir danken für die mannhafte Tat und das klare Wort, die Deutschlands Ehre wahren. Im Namen von mehr als 2500 evangelischen Pfarrern... geloben wir treue Gefolgschaft und fürbittendes Gedenken.» Auch Martin Niemöller hatte unterzeichnet.

Ende November 1933 bekam Hitler wieder einen Brief aus lutherischen Kreisen. Diesmal von einem Presbyter der Evangelischen Gemeinde Essen-Altstadt. Der Schreiber beschwerte sich über die von den Nationalsozialisten geförderte «Glaubensbewegung Deutscher Christen», die versuche, «hohe Regierungsstellen durch falsche Berichte über den wahren Zustand der evangelischen Kirche irrezuführen». Die Kirchenpolitik der Deutschen Christen sei «ein Verderb für Staat und Kirche». Die Regierung solle nur den Pfarrern Gehör schenken, die sich dieser Bewegung nicht angeschlossen hätten. «In hochachtungsvoller Ergebenheit» unterzeichnete am Schluß «Gustav Heinemann». Der 34jährige Justitiar und Prokurist der Rheinischen Stahlwerke war im Sommer in den Vorstand seiner Essener Gemeinde gewählt worden. Der Brief hat Hitler vorgelegen. Beantwortet hat er ihn nicht. Die zunehmend aggressiven, fast heidnischen Töne der Deutschen Christen war den Gemeindemitgliedern doch zu schrill. Ihr Glaube an eine bessere Zukunft mit dem neuen nationalsozialistisch geprägten Staat wurde bei vielen dadurch nicht geschwächt. Das protestantische Dekanat Oberpfalz meldete für den Monat Oktober: «Der Haupttag des Monats war selbstverständlich der Luthertag... Alle Berichte erwähnen außergewöhnliche Beteiligung der Gemeinden, sowie der nationalen Verbände und Körperschaften. In Neumarkt hatte der Sturmbannführer sogar das Anerbieten gemacht, zur Begleitung der gesungenen Lutherlieder die 25 Mann starke, aus lauter Katholiken bestehende SA-Kapelle abzustellen, was dankbar angenommen wurde und die Festesstimmung wesentlich erhöhte.»

Der Vatikan war die erste auswärtige Macht, die mit der Regierung Hitler am 20. Juli 1933 einen Vertrag abgeschlossen hatte. Sie hoffte, mit dem Reichskonkordat ihre Rechte im nationalsozialistischen Staat gesichert zu haben. Das Konkordat war ein großer Erfolg für Hitler – wie wenig ihm solche Abmachungen bedeuteten, bekamen die katholischen Jugendverbände und Arbeitervereine zu spüren. Arbeiter und junge Katholiken fühlten sich von ihren Hirten verraten und wollten so schnell vor dem Feind nicht weichen. Ihre Heime wurden gestürmt, ihre Fahnen verbrannt, ihre Mitglieder überfallen. Doch die Anweisung von Generalpräses Ludwig Wolker, der für die organisierte katholische Jugend zuständig war, an die eigenen Leute lautete, strengste Disziplin und Ruhe zu bewahren: «Nichts kann und darf uns in dem Willen, am nationalen Aufbau mitzuarbeiten, erschüttern.» Wer sich offen zu einem katholischen Verein bekannte, mußte immer mehr Nachteile in Kauf nehmen. War der Staat der Arbeitgeber, mußten Jugendliche und Arbeiter mit Entlassung rechnen. Ein Geistlicher, der in der Arbeiterseelsorge des Bistums Eichstätt tätig war, machte sich im Sommer 1933 seine Gedanken: «Und da man ja nicht einmal sicher sieht, wieviel die Bischöfe uns noch beistehen oder ob sie uns nicht aufgeben, warum soll man dann Mann für Mann opfern?»

Im badischen Ettenheim schrieb der katholische Stadtpfarrer am 3. November 1933 im Namen seiner Amtsbrüder an den Freiburger Erzbischof Conrad Gröber: «Das kathol. Volk im hiesigen Bezirk, soweit es sich nicht mit Leib und Seele der NSDAP verschrieben hat, und auch die Geistlichen verstehen nicht die stetige Nachgiebigkeit der Kirchenbehörde der Hitlerbewegung gegenüber...» Doch bei ihrem Erzbischof, der 1933 zahlendes Mitglied der SS geworden war, stießen die Pfarrer mit solchen Klagen auf taube Ohren.

Der Kaplan Max Josef Metzger, ein Untergebener des Erzbischofs, hatte nach Hitlers Regierungsantritt seine Meinung in einer kleinen Broschüre niedergelegt: «Wir konnten nur nein sagen zu einer Gewaltanschauung, die einseitig auf Blut und Rasse allein aufzubauen und dem Geist sein göttliches Erstrecht zu rauben schien. Die nationale Revolution hat gesiegt. Kein charaktervoller deutscher Mann wird von uns erwarten, daß wir deshalb schon unsere schweren Bedenken als erledigt ansehen.» Nach einem Gespräch mit dem Bischof versuchte Max Josef Metzger, einer der führenden Männer in der katholischen Friedensbewegung, seine Bedenken in der Schrift «Die Kirche und das neue Deutschland» zu überwinden, ohne seine Grundsätze zu verleugnen: «Das bisher gläubige katholische Volk fühlt sich führerlos, ratlos, schutzlos; das Vertrauensverhältnis zur offenbar uneinheitlichen kirchlichen Führung schwindet mehr und mehr.» Vieles spreche dafür, daß ein «Kulturkampf infolge der Machterweiterung der neuen Gottlosigkeitsbewegung unvermeidlich sei und daher nicht hinausgeschoben werden solle bis zur Erschlaffung unserer Aktionskraft». Die neuen Machthaber würden keinerlei Hemmungen haben, ihre Position mit allen Mitteln zu verteidigen. Trotzdem plädierte Metzger dafür, es mit einer «ehrlichen Verständigung zwischen Kirche und Staat» und einer «aufrichtigen Zusammenarbeit» wenigstens zu versuchen. Kardinal Adolf Bertram, Erzbischof von Breslau, der sehr für Verständigung war, sagte im Dezember 1933 über die deutschen Katholiken: «Von den Feinden nicht besiegt, von den Hirten verlassen.»

Einer der wenigen Wissenschaftler, die sich dem Druck der neuen Machthaber nicht beugten, war Max von Laue, Nobelpreisträger für Physik. Er hatte im März 1933, als Albert Einstein aus der Preußischen Akademie der Wissenschaften austrat, als einziger intern protestiert. Im September 1933, auf einer Tagung der Deutschen Physikalischen Gesellschaft in Würzburg, sagte er, was er von denen hielt, die sich von Einstein und seiner angeblich «jüdischen» Relativitätstheorie distanzierten. Max von Laue erinnerte seine Zuhörer an den Prozeß der Inquisition gegen Galilei im 17. Jahrhundert und daran, wie der Gelehrte damals seinen Verfolgern zum Trotz ausgerufen hatte: «Und sie bewegt sich doch!» Die historischen Parallelen waren zu eindeutig, als daß seine Zuhörer nicht wußten, was gemeint war.

In München arbeitete damals der junge Komponist Karl Amadeus Hartmann, dem viele eine glänzende Karriere voraussagten: «Dann kam das Jahr 1933, mit seinem Elend und seiner Hoffnungslosigkeit... In diesem Jahr erkannte ich, daß es notwendig sei, ein Bekenntnis abzulegen, nicht aus Verzweiflung und Angst vor jener Macht, sondern als Gegenaktion. Ich sagte mir, daß die Freiheit siegt, auch dann, wenn wir vernichtet werden – das glaubte ich jedenfalls damals. Ich schrieb in dieser Zeit mein erstes Streichquartett, das Poème symphonique MISERAE und meine 1. Symphonie mit den Worten von Walt Whitman: ‹Ich sitze und schaue aus auf alle Plagen der Welt und auf alle Bedrängnis und Schmach›...» Als das Streichquartett am Jahresende fertig war, schrieb Hartmann in die Partitur: «Meinen Freunden, die hundertfach sterben mußten, die für die Ewigkeit schlafen, wir vergessen Euch nicht. Dachau 1933/1934.»

1934
Man muß Gott mehr gehorchen als den Menschen

Als der Tag sich zum erstenmal jährte, an dem den Nationalsozialisten die Macht zugefallen war und den sie als Machtergreifung feierten, schrieb der hochbetagte Reichspräsident Paul von Hindenburg dem 44jährigen Reichskanzler Adolf Hitler: «Ich vertraue auf Sie und Ihre Mitarbeiter, daß Sie das so tatkräftig begonnene Werk des deutschen Wiederaufbaus auf der Grundlage der nun glücklich erreichten nationalen Einheit des deutschen Volkes im kommenden Jahr erfolgreich fortsetzen und mit Gottes Hilfe vollenden.» In jenem Januar 1934 bekannte der Göttinger Historiker Ulrich Kahrstedt bei einer Universitätsfeier: «Wir sagen ab der internationalen Wissenschaft, wir sagen ab der internationalen Gelehrtenrepublik, wir sagen ab der Forschung um der Forschung willen. Sieg Heil!»

Des nationalistischen Taumels schien kein Ende. Immer neue Anlässe fanden die Propagandaexperten, um Aufmärsche zu inszenieren, Gefühle hochzupeitschen, Stimmungen sich ausbreiten zu lassen, die die Massen ergriffen und keinen Raum zum Nachdenken ließen. Als am 21. März der «Tag von Potsdam» zum erstenmal wiederkehrte mit der Erinnerung an den Handschlag zwischen Hindenburg und Hitler vor den Gräbern der Preußenkönige, jener «Tag der nationalen Erhebung», eröffnete Hitler – in Potsdam natürlich – die «Arbeitsschlacht» des Frühjahrs 1934 gegen die immer noch anhaltende Arbeitslosigkeit.

Und der Rundfunk verbreitete die Reden und Märsche im ganzen Land. Im September 1934 war der Parteitag in Nürnberg glänzende Heerschau brauner Kolonnen. Im Oktober strömten rund 700000 Menschen zum Erntedankfest auf den Bückeberg bei Hameln, um den «Führer» zu hören.

Unter der Oberfläche ließ die Begeisterung ein wenig nach. Die Stimmung verschlechterte sich, denn es blieb nicht verborgen, daß die versprochenen Wunder sich nicht recht einstellten. Ein Regierungspräsident aus Schwaben meldete nach Berlin einen «gefährlichen Vertrauensverlust». Bayerische Arbeitsämter notierten eine «Hochflut politischer Witze» und eine «gewisse Niedergeschlagenheit». Die Partei startete im Frühjahr einen «Großkampf gegen Nörgler, Kritiker und Miesmacher». In Peine bei Braunschweig sagte der Vertreter des NS-Kreisleiters bei der Maifeier: «Wo immer die Mäuse, von denen Dr. Goebbels sprach, sich wieder aus den Löchern hervorwagen, gilt es mit wohlgezieltem Hieb zuzuschlagen. Diejenigen, die hinter dem Ofen und dem Biertisch sitzen, unfähig jeder schöpferischen Tat, werden den Willen dieses jungen Deutschlands, das sich auf seinem Weg nicht beirren läßt, zu spüren bekommen.» Im hessischen Neu-Isenburg schrieb das «Anzeigenblatt» am 5. Juni 1934: «Die gestrige Kundgebung gegen das Miesmachertum auf dem Wilhelmsplatz hatte einen starken Besuch aufzuweisen. Infolge der guten Lautsprecherübertragung war die Rede des stellvertretenden Gaupropagandaleiters Pg. David Müller nicht nur auf dem weiten Platz, sondern auch bis weit in die Stadt hinein klar und deutlich zu hören.»

Doch die Probleme waren zu groß, um mit pathetischen Worten übertönt zu werden. Propaganda macht nicht satt. Die Hetztiraden gegen die angebliche Verschwörung des internationalen Judentums brachten keine Arbeitsplätze. Damit nicht genug: Die Preise für Grundnahrungsmittel stiegen im Laufe des Jahres 1934 drastisch, die Löhne sanken. Die Staatspolizeistelle für den Regierungsbezirk Aachen meldete im September: «Der einfache

Bergmann erkennt zwar den Willen der Regierung an, ihm zu helfen, ist jedoch immer noch unzufrieden, weil er tagtäglich um den notwendigsten Lebensunterhalt ringen muß. Nach Abzug der hohen sozialen Lasten verbleibt einem Familienvater ein Netto-Einkommen von höchstens 100,– RM im Monat, das in keinem Vergleiche zu der schweren Arbeit unter Tage steht.» Lagebericht der Polizeidirektion Augsburg vom 1. Oktober 1934: «Man hört vielfach die Äußerung ... daß sie früher immer vollgearbeitet hätten und jetzt im Dritten Reich müßten sie kurzarbeiten ... Die Lebensmittel würden immer teurer und der Verdienst immer geringer.»

Allein von August bis Oktober 1934 stiegen die Lebensmittelpreise um zehn bis zwanzig Prozent, bei den Textilien waren es zwischen zwanzig und dreißig. Überall sah man Schlangen vor den Geschäften, weil Fleisch und Fett knapp wurden. In aller Öffentlichkeit sangen Kinder im westfälischen Schwelm, was sie nur von ihren Eltern gehört haben konnten:

Wir hant jetzt einen Führer.
Es wird ok alles dürer.
Bald gift et groten Krach.
Dann sagt wi widder goden Tag.
[Und nicht mehr «Heil Hitler».]

Der Unmut führte tatsächlich zu kleineren Streiks, und mancherorts begrüßte man sich statt mit «Heil Hitler» mit «Heil, 3 Mark 50!» und meinte damit die horrenden Kartoffelpreise. Zu wirksamen Protesten allerdings kam es nicht. Einen gewichtigen Grund nannte der Stimmungsbericht der Kölner Gestapo vom Oktober: «Zu öffentlichen Kundgebungen oder sonstigen demonstrativen Handlungen fehlt den betreffenden Bevölkerungskreisen der Mut; eine öffentliche Kritik wird aus Angst vor dem Denunziations- und Spitzelwesen nicht gewagt.» Außerdem bestand der Alltag entgegen allem Anschein eben nicht nur aus Politik und Propaganda. Die Produktion der Konsumgüter stieg.

Sehr bewußt machten die Nationalsozialisten Werbung für den «Volksempfänger»: «Deutschland marschiert in Nürnberg! Erlebe es mit! Werde Rundfunkteilnehmer!» 1929 war die erste Niederlassung von Coca-Cola in Essen gegründet worden. 1934 gab es schon fünf Abfüllbetriebe. In den Kinos sah man weiter Filme aus Hollywood. Der Kassenschlager von 1934 kam aus den USA: Marlene Dietrich als «Die Große Zarin». Die populäre Zeitschrift «Die Koralle» hatte eine Auflage von 425000 Exemplaren. Viele Arbeitnehmer reagierten positiv auf die Aktion «Kraft durch Freude», die vor allem den weniger Verdienenden mehr Urlaub und mehr Freizeitaktivitäten bringen sollte.

Bei aller Kritik gab es eine Konstante, eine Person, für die die allgemeine Begeisterung nicht nachgelassen hatte. In den Deutschlandberichten der Sopade, der Exil-SPD, die sich aus Meldungen aus dem Reich zusammensetzen, heißt es im April/Mai 1934: «Eine allgemeine Erscheinung, die schon seit längerer Zeit beobachtet werden kann, zeigt sich auch heute noch: Hitler wird von der Kritik meist ausgenommen. Nicht unbeachtet kann bleiben, sagt ein bayerischer Bericht, daß viele, die nörgeln und klagen, immer noch an die Kraft und den ehrlichen Willen Adolf Hitlers glauben.» Aus Berlin meldet ein treuer Sozialdemokrat über dieses Phänomen: «Das ist einerseits eine Folge der systematischen Führer-Propaganda, andererseits aber ohne Zweifel auch eine Wirkung seines persönlichen Wesens. Dieses Wesen wirkt auf den einfachen Menschen, und Hitler besitzt unter den Arbeitern noch viel persönliches Vertrauen.»

Der Glaube an den «Führer», der es immer gut meine und richtig mache, wurde im Sommer einer harten Probe unterworfen – und glänzend bestätigt. Am 3. Juli verabschiedete das Kabinett Hitlers ein «Gesetz über Maßnahmen der Staatsnotwehr», das nur einen einzigen Artikel enthielt: «Die zur Niederschlagung hoch- und landesverräterischer Angriffe am 30. Juni, 1. und 2. Juli 1934 vollzogenen Maßnahmen sind als Staatsnotwehr rechtens.» Was da von Staats wegen sanktioniert wurde, war der Mord an wahrscheinlich 150 bis 200 Menschen. Offiziell wurden 77 Opfer zugegeben, die beim sogenannten Röhm-Putsch zu Tode kamen, ohne je einem Staatsanwalt oder Richter vorgeführt, geschweige denn rechtmäßig verurteilt worden zu sein. Hitler und die SS des Heinrich Himmler hatten auf ihre Weise mit internen Gegnern in der SA und dem SA-Stabschef Ernst Röhm abgerechnet und die Gelegenheit genutzt, auch Gegner im bürgerlichen Lager blutig auszuschalten.

Die Deutschlandberichte der Sopade analysierten: «Zunächst war das Resultat der Morde ungeheurer Wirrwarr sowohl in der Beurteilung, wie auch bezüglich der künftigen politischen Auswirkung. Größtenteils wurde der Mut Hitlers zum Durchgreifen in den Vordergrund gestellt. Er wurde förmlich als Held betrachtet.» Ein alter Sozialdemokrat berichtet über seine Diskussion mit einem kleinen Geschäftsmann: «Als ich versuchte, ihm klarzumachen, daß doch Hitler allein die Blutschuld für alle Morde jetzt und früher treffe, meinte er: Die Hauptsache ist doch, er hat uns von den Marxisten befreit.» Es gab niemanden in führender Stellung, der solche Moral korrigiert hätte. Kein Jurist protestierte, als der Staat sich für Mord und Terror einen Freibrief ausstellte. Der Staatsrechtler Professor Carl Schmitt gab seinem Kommentar zum «Röhm-Putsch» in der «Deutschen Richterzeitung» vom 1. August den Titel «Der Führer schützt das Recht.» Am gleichen Tag erließ Hitler ein Gesetz, mit dem das Amt des Reichspräsidenten ausgelöscht wurde, wohl wissend, daß Hindenburg im Sterben lag. Schon einen Tag später kam die Todesmeldung. Von nun an war Adolf Hitler als «Führer und Reichskanzler» auch formell Alleinherrscher im Deutschen Reich, die Befugnisse des Reichspräsidenten hatte er sich selber übertragen. Es gab keine Gesetze, die ihn banden. Wie der charismatische Führer einer vorgeschichtlichen Stammesgemeinschaft herrschte er über ein hochzivilisiertes Volk des 20. Jahrhunderts. In einer Blitzaktion wurde die Reichswehr neu vereidigt. Nicht wie bisher auf die Verfassung und die Gesetze, sondern allein auf die Person Adolf Hitler.

«Röhm-Putsch» und Eidesleistung zeigen den vorgeblichen Glanz und das tatsächliche Elend einer Armee, die von nun an endgültig mit den Mördern gemeinsame Sache machte. Mit der SA war ein Rivale der Armee ausgeschaltet worden, ohne daß die Militärs im feldgrauen Rock sich die Finger schmutzig machen mußten. Tenor bei den führenden Offizieren der Reichswehr: «Wir können die Politik nicht ändern, müssen unsere Pflicht tun.» Einige Offiziere, die bis dahin die nationalsozialistische Politik mit Wohlwollen begleitet hatten, bekamen Bedenken, zumal unter den Ermordeten des «Röhm-Putsches» zwei ehemalige Generale waren. Hans Oster, ehemaliger Berufsoffizier, wegen der Beziehung zur Frau eines Kollegen aus der Armee entlassen und seit Herbst 1933 wieder als Zivilist im militärischen Geheimdienst eingestellt, hat zehn Jahre später als Mitverschwörer und Gefangener des 20. Juli seinen Schergen gesagt, der «Röhm-Putsch» habe ihm die Augen geöffnet, daß Deutschland von einer Räuberbande regiert würde. Henning von Tresckow, der als jüngster Leutnant der Armee 1918 mit klingendem Spiel in Potsdam einmarschiert war und dort als Hauptmann des 1. Bataillons am 30. Juni 1934 an seine Soldaten auf Befehl scharfe Munition ausgab, empfand das Schweigen der Armee zu den Morden als moralische Katastrophe. Claus von Stauffenberg diskutierte zwar in diesen Tagen mit seinem Eskadronchef die Möglichkeit, das NS-Regime gewaltsam zu beseitigen. Doch zum Putsch sagte er: «Das Platzen einer Eiterbeule, durch das endlich klare Verhältnisse geschaffen werden.»

Am Ende überwog die Überzeugung, mit dem neuen Reich die alten großdeutschen Ziele und die Revanche für den «Schmachfrieden» von 1918 durchsetzen zu können. Ob Stauffenberg, Tresckow oder Oster – die Militärs schworen dem «Führer» im August 1934 bedingungslose Treue, weil sie glaubten, damit für ihren Berufsstand jene Privilegien aus der Kaiserzeit wieder zu gewinnen, die der Staat von Weimar der Armee nicht zugestehen konnte. Trotz eindeutigem Rechtsbruch ließen sie sich von Hitler blenden, der in einem Schreiben an den Reichswehrminister am 20. August 1934 schmeichelnd versicherte: «So wie die Offiziere und Soldaten der Wehrmacht sich dem neuen Staat in meiner Person verpflichteten, werde ich es jederzeit als meine höchste Pflicht ansehen, für den Bestand und die Unantastbarkeit der Wehrmacht einzutreten...» Um ihrer alten Kastenvorrechte und ihrer radikal nationalistischen Ziele willen war die Armee in diesem blutigen Sommer 1934 entscheidend daran beteiligt, den Staat endgültig den Nationalsozialisten auszuliefern.

In Ostpreußen zog sich der Regierungsrat und «rote Graf» Fritz-Dietlof von der Schulenburg Ende Juni zu Ferien in die Einsamkeit der Masurischen Seen zurück. Fürchtete der überzeugte Nationalsozialist, der die Korruption so mancher Parteigenossen anprangerte und seinen Kollegen einen Nationalsozialismus mit strengen preußischen Tugenden predigte, um sein Leben? Auf jeden Fall war Hitlers Vorgehen mit den Moralvorstellungen des Edelmanns nicht vereinbar und Schulenburg nannte den «Röhm-Putsch» «ein wildes Mordsystem». Aber er war für ihn nur Anlaß, in der NSDAP und nicht gegen sie für Zucht und Ordnung zu kämpfen.

Von nun an wußte Hitler, daß diese Armee kein Rückgrat hatte und daß er den Eliten des deutschen Volkes allerhand zumuten konnte. Als er die Bevölkerung aufrief, am 19. August 1934 seine politische Führungsposition in einer Volksabstimmung zu bestätigen, gab es einen Aufruf der kulturellen Elite, zu der sich Wilhelm Furtwängler und Emil Nolde zählten, Mies van der Rohe ebenso wie Richard Strauss: «Wir glauben an diesen Führer, der unseren heißen Wunsch nach Eintracht erfüllt hat. Wir vertrauen seinem Werk, das Hingabe fordert jenseits aller krittelnden Vernünftelei, wir setzen unsere Hoffnung auf den Mann, der über Mensch und Ding hinaus in Gottes Vorsehung gläubig ist.»

Als der Reichspräsident im Sterben lag, Anfang Juni, fuhr Ewald von Kleist, der so heftig gegen die Demokratie von Weimar und für die Rückkehr der Monarchie gestritten hatte, nach Berlin. Er suchte seine alten Freunde in der Reichswehr auf, prophezeite, daß Hitler die Armee auf sich vereidigen werde und beschwor die Militärs, sich diesem Willkürakt geschlossen zu verweigern. Alle lehnten das ab. Tief deprimiert fuhr Kleist zurück ins heimische Pommern und entwarf ein Flugblatt: «In Zukunft wird es heißen: Charakterlos wie ein deutscher Beamter, gottlos wie ein protestantischer Pfarrer, ehrlos wie ein preußischer Offizier.» Denn mit seiner Kirche hatte der überzeugte Christ die gleiche Erfahrung gemacht: Nach dem «Röhm-Putsch» läuteten die Glocken vieler evangelischer Kirchen, und im Gebet dankte man Gott für die starke Hand des «Führers», der Deutschland aus höchster Not errettet habe. Aber einige Nachfahren des Martin Luther gab es doch, die zumindest in ihrem ureigenen Bereich nicht zu Komplizen der Nationalsozialisten werden wollten.

In einer Meldung vom 15. Januar 1934 notierte die Gestapo Berlin: «Der dem Pfarrernotbund angehörende evangelische Pfarrer Teicke von der Kirche am Hohenzollern-Platz hat nach Meldung der SA-Gruppe Berlin-Brandenburg im Konfirmandenunterricht ständig im staatsfeindlichen Sinne auf die Jugend eingewirkt, namentlich vor dem Eintritt in die Hitler-Jugend gewarnt, den Ministerpräsidenten Göring beleidigt und den nationalsozialistischen Staat des Gewissenszwanges beschuldigt.» Der Pfarrer wurde vorübergehend in Schutzhaft genommen und nach seiner Freilassung mit einem Redeverbot belegt. Am 12. Januar hatte der Bielefelder Polizeipräsident über den Pfarrernotbund, den Pastor Martin Niemöller im Kampf gegen den «Arierparagraphen» seiner Kirche gegründet hatte, an die Berliner Gestapo gemeldet: «Die Grundeinstellung der Mitglieder des Pfarrernotbundes im hiesigen Bezirk läßt sich dahin charakterisieren, daß eine geringe Minderzahl frühere Marxisten darstellt, während eine größere Anzahl früher der Deutschnationalen Volkspartei und dem Christlich-Sozialen Volksdienst angehört haben. Die alten politischen Gegensätze sind z. Z. völlig zurückgetreten gegenüber dem einheitlichen Kampfwillen gegen die jetzige Kirchenregierung.»

Diese Kirchenregierung in den Händen der Deutschen Christen, mit dem Reichsbischof Ludwig Müller an der Spitze, sah alles Heil in der Verbindung von Nationalsozialismus und einer deutschen protestantischen Kirche. Sie wollte das Führerprinzip in die Gemeinden einführen und drohte am 4. Januar 1934 in einem Erlaß jedem Pfarrer, der sich diesem neuen Regiment nicht fügte, mit Disziplinarstrafen und Amtsenthebung. 7036 Mitglieder zählte der Pfarrernotbund im Januar 1934. Schon am 7. Januar verlasen einige hundert Pfarrer in Berlin von der Kanzel ein Protestschreiben des Notbundes gegen den «Maulkorberlaß» der Deutschen Christen. Eine Woche darauf folgten Pfarrer im ganzen Reich diesem mutigen Beispiel: «Wir erheben vor Gott und dieser christlichen Gemeinde Klage und Anklage dahin, daß der Reichsbischof mit seiner Verordnung ernstlich denen Gewalt androht, die um ihres Gewissens und der Gemeinde willen zu der gegenwärtigen Not der Kirche nicht schweigen können... Wir müssen uns auch dem Reichsbischof gegenüber nach dem Wort verhalten: Man muß Gott mehr gehorchen als den Menschen.»

Ein solcher Aufruf zum Widerstand war unerhört und bis dahin noch von keiner Gruppe im nationalsozialistischen Staat gewagt worden. Die Diskussion darüber spaltete die Gemeinden. In Berlin-Tempelhof machte sich der Pfarrer Samuel Pfeiffer zum Sprecher der nationalsozialistisch gesinnten Mitglieder im Kirchengemeinderat und forderte die Gestapo in einem Telegramm auf, seinen Kollegen im Amt zu verhaften: «Pfarrer Dr. Buchholtz hat heute trotz Verbotes... die bekannte Protestkundgebung des Pfarrernotbundes von der Kanzel verlesen. Wegen Verstoßes gegen die Verordnung... vom 4. Januar 1934 ... wird Anzeige erstattet. Da die Erregung in der Gemeinde nicht mehr zu meistern ist, ist Schutzhaft dringend erforderlich.» Zu den Pfarrern, die von ihrem Landeskirchenamt ins Verhör genommen wurden, weil sie den Aufruf verlesen hatten, zählte auch Heinrich Seltmann, der die Gemeinde von Crimmitschau in Sachsen betreute. Der 40jährige wurde auf die Hälfte seines Gehalts gesetzt und ein Dienstverfahren mit dem Ziel der Amtsenthebung eingeleitet. Seine Frau Traute schrieb am 26. Februar 1934 an die Schwiegereltern: «Am Mittwoch kam durch die Superintendentur die Nachricht, daß sich die Pfarrer, die die Kanzelabkündigung am 14. Januar verlesen haben, am Donnerstag mittag 12 Uhr im Bezirkskirchenamt einzufinden haben... Es waren 31 Pfarrer und 2 Superintendenten da... Die Herren sollten eine Erklärung unterschreiben, das haben sie aber einmütig abgelehnt. Es wurde ihnen gesagt, das sei nun der letzte Versuch zur gütlichen Einigung gewesen, nun ginge das Verfahren seinen Lauf. Eine Freude hatten wir am Sonnabend, als die Nachricht kam, daß von 160 Pfarrern nur fünf unterschrieben haben.»

Während die Deutschen Christen in den Landeskirchenämtern alles taten, um die unbequemen Amtsbrüder auszuschalten, versuchten Gleichgesinnte vom Pfarrernotbund, die finanzielle Notlage der betroffenen Familien zu lindern. Traute Stegmann, die täglich eine Familie mit sechs Kindern satt machen mußte, schrieb ihren Schwiegereltern: «Am Sonntag brachte Herr Pfarrer Feurig M 135,–, der monatliche Beitrag zum halben Gehalt von den Amtsbrüdern und Gemeindegliedern, die sich verpflichtet haben, dies monatlich aufzubringen. Es ist natürlich eine große Hilfe und Erleichterung. Fräulein Hennig brachte gestern ein großes Stück Speck, drei Pfund Rippenspeer und zwei Würste.» Noch im gleichen Jahr starb die Pfarrersfrau. Pfarrer Heinrich Seltmann wurde 1935 mit schweren Depressionen in die Universitätsklinik von Leipzig eingeliefert und überlebte das Frühjahr nicht. Insgesamt wurden im ersten Vierteljahr 1934 über 200 evangelische Pfarrer von ihrer zuständigen kirchlichen Behörde gemaßregelt.

Auch Martin Niemöller, der die Nationalsozialisten immer wieder öffentlich unterstützte, erfuhr, wie einsam er in seinem Kampf für eine unabhängige Kirche war. Der Zwist unter den Protestanten kam Hitler so ungelegen, daß er versuchte, durch ein persönliches Gespräch die Dinge in seinem Sinn zu regeln. Reichsbischof Müller mit seinen Anhängern und die kirchliche Opposition unter Führung Pastor Niemöllers wurden am 25. Januar gegen 13 Uhr vom Reichskanzler empfangen. Das Gespräch bekam eine dramatische Wende, als der ebenfalls anwesende preußische Innenminister Hermann Göring eine rote Mappe öffnete und den Wortlaut eines abgehörten Telefonates vorlas, das Niemöller am gleichen Morgen in kämpferischem Geist über das geplante Treffen geführt hatte. Noch Jahre später amüsierte sich Hitler über den Schock, den dieser Coup bei den Kirchenführern auslöste. Sie seien «vor Schreck so in sich zusammengerutscht, daß sie fast nicht mehr dagewesen seien».

Martin Niemöller war damit völlig isoliert. Zwei Tage später, am 27. Januar 1934, setzte auch die große Mehrheit der kirchlichen Opposition ihre Unterschrift unter ein Dokument, das einer bedingungslosen Kapitulation gleichkam: «Unter dem Eindruck der großen Stunde, in der die Kirchenführer der Deutschen Evangelischen Kirche mit dem Herrn Reichskanzler versammelt waren, bekräftigen sie einmütig ihre unbedingte Treue zum Dritten Reich und seinem Führer. Sie verurteilen aufs schärfste alle Machenschaften der Kritik an Staat, Volk und Bewegung, die geeignet sind, das Dritte Reich zu gefährden... Die versammelten Kirchenführer stellen sich geschlossen hinter den Reichsbischof und sind gewillt, seine Maßnahmen und Verordnungen in dem von ihm gewünschten Sinne durchzuführen...» Niemöller, der nicht unterschrieben hatte, wandte sich an den Hamburger Landesbischof: «Wir sind durch die Kapitulation vom 27. Januar 1934 aufs tiefste betroffen und erschüttert; denn wir können darin nur eine glatte Preisgabe des Evangeliums und damit auch der Kirche sehen. Wir fürchten, daß die evangelische

Kirche diessen Schlag nicht überstehen wird...» In den folgenden Wochen schieden rund 1500 Pfarrer aus dem Notbund aus und folgten damit ihren Vorgesetzten, die sich der nationalsozialistischen Kirchenpolitik unterworfen hatten, um Frieden und Einheit unter den Protestanten zu bewahren. Am 1. März versetzte der Reichsbischof Pastor Martin Niemöller in den Ruhestand. Doch der streitbare Gottesmann, gestützt von seiner Gemeinde, klagte und gewann den Prozeß.

Im Frühjahr 1934 schien die Opposition innerhalb der protestantischen Kirche zerschlagen, so tapfer auch ein kleines Häuflein Aufrechter zu allen Opfern bereit war. Doch fast unbemerkt hatten sich im Schatten der großen kirchenpolitischen Ereignisse Gemeinden auf den Weg gemacht und setzten eine Bewegung in Gang, die vor allem im Westen des Reiches erstaunlich schnell Dynamik und Kraft gewann. Am Abend des 3. Januar war in Barmen bei Wuppertal eine nur von den Gemeinden und nicht der offiziellen Kirchenleitung einberufene Synode reformierter Christen aus dem ganzen Reich zusammengetreten, die sich bewußt «Freie Synode» nannte. Schon am nächsten Tag unterzeichneten die 320 Synodalen – Pastoren und Älteste aus 167 Gemeinden – eine «Erklärung über das rechte Verständnis der reformatorischen Bekenntnisse in der Deutschen Evangelischen Kirche». Entworfen hatte sie der Schweizer Karl Barth, Theologieprofessor in Bonn, und sie begann mit den Worten: «Angesichts der kirchlichen Ereignisse des Jahres 1933 gebietet uns das Wort Gottes, Buße zu tun und umzukehren.» Nun ging es Schlag auf Schlag: Schon am 18. Februar 1934 folgte die Freie Evangelische Synode in Barmen für das Rheinland, am 7. März die erste Freie Evangelische Synode für Berlin und Brandenburg mit der gleichen Botschaft an die evangelischen Christen: «Das Hakenkreuz gehört nicht neben das Kreuz, auch nicht in eins mit dem Kreuz oder gar an seine Stelle, sondern mit allem Menschlichen und Irdischen unter das Kreuz; denn das Kreuz ist Gottes Zeichen und alle anderen Zeichen sind Zeichen dieser vergehenden

Welt.» Es waren einige wenige Theologen, die dieses Bekenntnis öffentlich aussprachen. Würden sich die Gemeinden ihnen anschließen?

Am 18. März 1934 konnte die Dortmunder Westfalenhalle den Ansturm der evangelischen Christen aus dem Rheinland und Westfalen nicht fassen. In kürzester Zeit waren auch die beiden größten Kirchen der Stadt überfüllt. Und dann sangen fast 25 000 Menschen zur Eröffnung des Gemeindetags «Unter dem Wort»:

«Zeuch an die Macht, du Arm des Herrn,
wohlauf und hilf uns streiten!
Noch hilfst du deinem Volke gern,
wie du getan vor Zeiten.
Wir sind im Kampfe Tag und Nacht;
o Herr, nimm gnädig uns in acht
und steh' uns an der Seiten!»

In seiner Predigt sprach Pastor Paul Humburg deutliche Worte: «Die Leitung unserer Kirche ist völlig in die Hand einer Gruppe gekommen. Ist das denn schlimm? Ja, denn wir erheben die Anklage, daß diese Gruppe, die Bewegung der Deutschen Christen, Irrlehre verkündigt und mit Gewalttat herrscht... Die Botschaft von Jesus, dem Lamm Gottes, das der Welt Sünde trägt, fehlt in den Worten der Führer der Deutschen Christen, und sie muß fehlen, denn dieses Wort paßt nicht zu ihrer Vorstellung von der heldischen Art des nordischen Menschen... In dem Bestreben, den deutschen Menschen zu gewinnen, wird das Evangelium verwässert und verdünnt... und auf den deutschen Menschen zugeschnitten... Das Evangelium ist weder dem deutschen noch irgendeinem anderen Volkscharakter gemäß. Nicht als Deutscher, sondern als Sünder hat Luther die Botschaft der Gnade dankbar ergriffen.» Den Christen, die hier Widerstand gegen den totalen Anspruch des Staates leisteten, ging es nur um eines, um das unverfälschte Evangelium. Das allerdings stellte sie bald vor radikale Entscheidungen.

Am 22. April 1934 versammelten sich über 5000 Menschen im Ulmer Münster und hörten, wozu sich die leitenden Männer der kirchlichen Opposition, auch solche, die sich im Januar noch vor Hitler gebeugt und von Pastor Niemöller distanziert hatten, bekannten. Als die «Vertreter der württembergischen und bayerischen Landeskirchen, der freien Synoden im Rheinland, in Westfalen und Brandenburg sowie vieler bekennender Gemeinden und Christen in ganz Deutschland» sahen sie sich als die wahre evangelische Kirche, «die treu zum Bekenntnis zu stehen gedenkt, obschon wir damit rechnen, daß uns dadurch viel Not erwachsen wird». Ulm, das ist die Gründungsurkunde der Bekennenden Kirche.

Am 29. Mai 1934 meldete die «Barmer Zeitung» mit großer Aufmachung: «Die Deutsche Bekenntnis-Synode – Ein kirchengeschichtliches Ereignis». Bis zum 31. Mai dauerte die erste freie Reichssynode der deutschen Protestanten – ob lutherisch, reformiert oder uniert – in der alten Dorfkirche von Barmen-Gemarke bei Wuppertal. Zum erstenmal seit den Tagen Luthers wurde eine «Erklärung» verabschiedet, die als theologische Lehre für alle Protestanten verbindlich sein sollte. Nach sorgfältiger, nächtelanger Beratung verabschiedete die Synode ohne Gegenstimme die «Theologische Erklärung zur gegenwärtigen Lage der Deutschen Evangelischen Kirche»: «Wir bekennen uns angesichts der die Kirche verwüstenden und damit auch die Einheit der Deutschen Evangelischen Kirche sprengenden Irrtümer der ‹Deutschen Christen› und der gegenwärtigen Reichskirchenregierung zu folgenden evangelischen Wahrheiten:... Jesus Christus, wie er uns in der heiligen Schrift bezeugt wird, ist das eine Wort Gottes, das wir zu hören, dem wir im Leben und im Sterben zu vertrauen und zu gehorchen haben... Wir verwerfen die falsche Lehre, als gebe es Bereiche unseres Lebens, in denen wir nicht Jesus Christus, sondern anderen Herren zu eigen wären.» Unter den Synodalen saß auch der Justitiar und Prokurist der Rheinischen

Stahlwerke, der 34jährige Gustav Heinemann, seit einem Jahr Presbyter in der Kirchengemeinde Essen-Altstadt. Viele Jahre hat er den Text der «Barmer Erklärung» in der Brieftasche mit sich herumgetragen.

Die «Barmer Erklärung» hat Geschichte gemacht. Sie war der feste Halt für alle Evangelischen, die von nun an im Kirchenkampf standen. Eine radikale Absage an den NS-Staat war sie nicht. Pastor Hans Asmussen, einer der Väter von Barmen, sagte damals den Versammelten: «Wenn wir gegen die deutschchristliche Theologie protestieren, dann protestieren wir nicht als Volksglieder gegen die jüngste Geschichte des Volkes, nicht als Staatsbürger gegen den neuen Staat, nicht als Untertanen gegen die Obrigkeit, sondern wir erheben Protest gegen dieselbe Erscheinung, die seit mehr als 200 Jahren die Verwüstung der Kirche schon langsam vorbereitet hat.» Zur historischen Stunde der Bekennenden Kirche gehört auch dieser Widerspruch: sich bewußt nicht als politische Opposition zu verstehen und doch Abschied zu nehmen von der urprotestantischen Zweireiche-Lehre, nach der es staatliche Bereiche gibt, in die sich die Kirche nicht einmischen darf. Die Synodalen von Barmen waren überzeugt, eine rein theologische Entscheidung getroffen zu haben. Und doch mußte ihre «Erklärung» politische Wirkungen und Folgen haben. Denn sie setzte einem Staat, der den ganzen Menschen restlos für sich forderte, Gottes Gebot und Gerechtigkeit als unumstößliche Grenzen. Gerade wenn Hans Asmussen sich strikt an die Theologie hielt, sprach er Wahrheiten aus, die im NS-Staat von höchster politischer Brisanz waren. Zum Beispiel als er die Versuchung verurteilte, sich seinen eigenen Gott zu machen: «Wo immer das geschieht... gewinnen andere Herren als Jesus Christus, andere Gebote als seine Gebote über uns Gewalt. Sie bieten sich an als Erlöser, aber sie erweisen sich als Folterknechte einer unerlösten Welt.»

Ein kämpferischer Geist beseelte die Teilnehmer von Barmen und ihre Mitstreiter im Land. Doch Traditionen und Sehnsüchte ließen die Protestanten weiterhin fest daran glauben, treue Bürger des nationalsozialistischen Staates sein zu können. Der Dortmunder Gemeindetag im März hatte ganz selbstverständlich mit einem Grußwort an Adolf Hitler geendet: «25000 Abgeordnete der bekenntnistreuen Gemeinden Westfalens und des Rheinlandes, versammelt im Kampf um den unverfälschten Glauben des reformatorischen Evangeliums, grüßen den Führer in unerschütterlicher Treue zu Staat und Volk.» Die zweite Reichs-Bekenntnis-Synode trat am 19. und 20. Oktober 1934 in Berlin-Dahlem zusammen und beschloß, daß die Bekennende Kirche sich auch organisatorisch von der offiziellen Kirchenleitung der Deutschen Evangelischen Kirche, die immer noch von den Deutschen Christen beherrscht wurde, trennen sollte. «Bruderräte», deren Zusammenschluß sich «Vorläufige Kirchenleitung» nannte, und eigene theologische Ausbildungsstätten wurden gegründet. Es war ein mühsames Unterfangen, denn die gesamte Verwaltung und vor allem die kirchlichen Finanzen unterstanden weiterhin den Deutschen Christen.

Der Staat gab sich mit dem Etikett «theologisch» ganz und gar nicht zufrieden, sondern erkannte die hochpolitische Dimension dieser neuen innerkirchlichen Entwicklung. Er fühlte sich herausgefordert und schlug sofort zurück. Vom 11. bis 15. Juni 1934 standen vor einem Sondergericht in Schwerin, das eigens zu diesem Zweck gebildet war, sieben evangelische Pfarrer aus Mecklenburg, angeklagt nach Paragraph 3 der Verordnung vom März 1933 zur Abwehr heimtückischer Angriffe gegen die Regierung. Gemeint war das Verschicken von Rundschreiben der Bekennenden Kirche und des Pfarrernotbundes. Der Generalstaatsanwalt aus Rostock vertrat die Anklage: «Wer die Kirche zu Angriffen gegen den Staat benutzt, wenn auch gutgläubig... der muß die Folgen tragen. Ein solches Tun geht weit hinaus über ein Vergehen gewöhnlicher Art... Hier handelt es sich um wichtige, für das Leben des Staates so bedeutsame Rechtsgüter, daß denjenigen, der diese verletzt, mit Rücksicht auf die Tragweite und

Gefährlichkeit seiner Handlungsweise nur eine harte Strafe treffen kann.» Pastor Gottfried Holtz erklärte seinen Richtern: «Man möge mir zutrauen, daß ich den Kirchenkampf aus Glauben geführt habe. Aus Glauben zu kämpfen – dabei werde ich bleiben bis an mein Lebensende, so wahr mir Gott helfe!» Sechs Monate Gefängnis bekam er für diese Überzeugung.

Ganz vereinzelt gab es Theologen, die in dieser Auseinandersetzung mehr sahen als einen «Kirchenkampf aus Glauben». Am 15. Juni 1934 kamen Beamte der Gestapo in das dörfliche Pfarrhaus von Dickenschied im Hunsrück, um den Pfarrer Paul Schneider zu verhaften. Er hatte drei Tage zuvor einem NS-Kreisleiter am offenen Grab widersprochen, nachdem dieser dem jungen Toten zugerufen hatte, er solle eingehen in den «himmlischen Sturm Horst Wessels». Zur Verteidigung seines Einspruchs schrieb Paul Schneider anschließend dem Parteifunktionär: «Nicht jeder, der einigermaßen in der HJ oder SA seine Schuldigkeit tut, ist darum seligzusprechen. Den irdischen Sturm Horst Wessels lasse ich sehr wohl gelten, aber darum läßt Gott ihn noch lange nicht gradlinig in die ewige Seligkeit marschieren.» Im Januar 1934 hatte der 36jährige Pastor einem Kollegen anvertraut: «Ich glaube nicht, daß unsere evangelische Kirche um eine Auseinandersetzung mit dem NS-Staat herumkommen wird, daß es nicht einmal geraten ist, sie noch länger aufzuschieben, bei allem schuldigen christlichen Gehorsam.»

Der Theologe Dietrich Bonhoeffer aus Berlin hatte – trotz allem Engagement in der Bekennenden Kirche – Ende April in einem Brief ein hartes Urteil auch über jene gefällt, die innerhalb der kirchlichen Opposition als besonders radikal galten: «Phantasten und Naive wie Niemöller glauben immer noch, die wahren Nationalsozialisten zu sein.» Bei den Vorbereitungen zu einer ökumenischen Tagung auf Fanö schrieb er im August an einen dänischen Bischof über die Bekenntnischristen: «Ich habe beim Gedanken an Fanö mehr Angst vor unseren eigenen Leuten als vor den Deutschen Christen. Man wird vielfach unsererseits entsetzlich vorsichtig sein, um ja nicht unpatriotisch zu erscheinen... Es muß, gerade auch in unserer Stellung zum Staat, hier ganz ehrlich geredet werden, um Jesu Christi und der ökumenischen Sache willen. Es muß klar werden – so furchtbar es ist – daß die Entscheidung vor der Tür steht: Nationalsozialist oder Christ...» Auch Bonhoeffer berief sich allein auf Christus, aber mit der Konsequenz, gerade deshalb den politischen Bereich vom kirchlich-theologischen nicht trennen zu dürfen. Darin traf sich der Theologe aus liberal-bürgerlichem Elternhaus, der überzeugte Demokrat mit dem stockkonservativen pommerschen Gutsbesitzer Ewald von Kleist, der zur gleichen Zeit seiner Kirche sagte: «Jetzt hat alle Geduld ein Ende. Jetzt wünschen wir nicht mehr, eine Sprache zu hören von Menschen, die glauben, auf Filzpantoffeln Widerstand leisten zu können. Die entscheidungsscheuen Vermittlungsapostel sind vielleicht die größte Gefahr. Es ist gar keine Rede mehr davon, sich nur noch verteidigen und behaupten zu wollen. Es handelt sich nur noch um den entschlossenen Angriff gegen den mächtigen, listigen und grausamen Feind.»

Ähnlich entschiedenes Handeln verlangte der katholische Publizist Waldemar Gurian, der im Schweizer Exil von 1934 bis 1938 die «Deutschen Briefe» herausgab, von seiner Kirche. Kurz nach den Morden des «Röhm-Putsches» schrieb Gurian: «Die Kirche ist nicht ein Verein, der sich den jeweiligen Machtverhältnissen anpaßt, sondern sie ist die Wahrerin und Hüterin der sittlichen Ordnung für alle Menschen und für alle Völker. Die Kirche muß sprechen, wenn eine weltliche Macht diese Ordnung gefährdet und durchbricht... Das Schweigen der Bischöfe ist vielleicht noch furchtbarer als alles andere, was am 30. Juni geschehen ist. Denn das Schweigen zerstört die letzte moralische Autorität in Deutschland...» Für den Flüchtling in der Schweiz war die Alternative klar: sich anpassen, Gegensätze herunterspielen, Kritik nur vorsichtig hinter verschlossenen Türen üben, um mit einem Minimum an Verlusten die Turbulenzen der Zeit zu überstehen oder dem Tyrannen ins Angesicht widerstehen und Opfer zu verlangen von sich und den Gläubigen. Die Bischöfe waren keineswegs einer Meinung, welche Haltung die Kirche gegenüber dem NS-Staat einnehmen sollte. Doch selbst eine Minderheit, die härter auftreten wollte, hatte vor allem die eigenen Interessen im Sinn. Sie warnte vor einem Bruch mit den Machthabern, weil sonst ein «gedeihliches seelsorgliches Wirken fast unmöglich sei» und das Ende der Bekenntnisschule sowie die Streichung der Staatszuschüsse für die Geistlichen sicher zu erwarten seien.

Vier prominente katholische Laien fielen der Mordorgie während des «Röhm-Putsches» am 30. Juni 1934 zum Opfer. Still und heimlich hat ihre Kirche sie zu Grabe getragen. Am 23. Juli wurde in Berlin in Anwesenheit eines Vertreters der Reichsregierung gemäß dem Konkordat der neue Bischof von Hildesheim vereidigt. Bevor er die Hand zum Schwur hob, sagte er: «Ich schaue auf meinen großen Vorgänger auf dem Hildesheimer Bischofsstuhle, St. Bernward, in dessen Adern auch das Sachsenblut rollte... Als katholischer Bischof habe ich an der religiös-sittlichen Hebung unseres Volkes zu arbeiten... ich sehe darin auch eine Stützung der Staatsautorität, eine Mehrung deutscher Volkskraft, eine Förderung der deutschen Volksgemeinschaft und darum eine eminent deutsche und bewußt vaterländische Tat, zugleich die wirksamste Unterstützung der erhabenen Intentionen des Führers, das deutsche Volk und Vaterland zur Höhe des Glückes und Wohlergehens emporzuheben.» Der päpstliche Staatssekretär, Eugenio Pacelli, schrieb den deutschen Bischöfen, was er an den blutigen Ereignissen im Juni auszusetzen habe und was seine Hoffnungen für die Zukunft seien: «Man möchte daher glauben, daß das Menetekel der jüngsten Tage die Inhaber der höchsten Gewalt in Deutschland davon überzeugen hilft, daß äußere Gewalt ohne das Korrektiv und die Weihe des gottverbundenen Gewissens nicht zum Glück, sondern zum Unheil von Staat und Volk gereichen muß.»

Die Angelegenheiten der katholischen Kirche im Reich wurden in Rom entschieden. Die Bischöfe fügten sich gemäß der Tradition – zum Teil erleichtert – und ließen die Seelsorger, die sich in den Gemeinden mutig gegen den Nationalsozialismus wandten, im Stich oder riefen sie mit Disziplinarmaßnahmen zur Ordnung. Am 5. Januar 1934 wurden im württembergischen Wetzingen die Pfarrer Josef Sturm und Alois Dangelmaier verhaftet. Sie hatten für sechs Kommunisten, die in Köln hingerichtet worden waren, eine Messe gelesen. Pfarrer Josef Leissle, der dieses Werk christlicher Barmherzigkeit öffentlich unterstützte, kam ebenfalls in Schutzhaft. Was ihr Bischof von solchen Demonstrationen christlicher Solidarität durch seine Priester hielt, sagte er drei Tage später in Stuttgart. Bischof Baptista Sproll bekannte sich zum neuen Staat der Nationalsozialisten und schloß seinen Vortrag mit dem Bekenntnis: «Wir wollen das Rad der Geschichte nicht zurückdrehen.» Die «Rottenburger Nachrichten» meldeten anschließend: «Damit wird auch für die katholischen Kirchengläubigen der Weg frei, sich nicht nur gutwillig, sondern mit innerer Begeisterung an der Arbeit des Staates und am Einsatz für den nationalen Gedanken zu beteiligen.»

Mitte März erhielt der Vatikan ein umfangreiches Schreiben vom deutschen Auswärtigen Amt, dem die Gestapo detailliert zugearbeitet hatte. Darin erfolgte Beschwerde, daß der Pfarrer Caroli im Bistum Trier gesagt habe, «der Herr Reichskanzler spreche im Radio wie ein hysterisches Weib». Pfarrer Dr. Fritsch im Sauerland habe während einer Frühmesse das Winterhilfswerk lächerlich gemacht, und so ging es weiter. Der Staatssekretär Pacelli machte sich die Mühe, in seinem Antwortschreiben auf alle Fälle einzugehen: Der Pfarrer Caroli habe durch den Bischof «eine scharfe Verweisung» bekommen, ebenso der Pfarrer Dr. Fritsch und so weiter. Als erster katholischer Geistlicher war der als «Ruhrkaplan» und entschiedener Gegner des Nationalsozialismus bekannte Essener Pfarrer Karl Klinkhammer im November 1933 zu sechs Monaten Haft verurteilt worden. Nach seiner Freilassung verhängte der Kölner Erzbischof Kardinal Karl Joseph Schulte über seinen unbequemen Pfarrer einen Zwangsurlaub bei der Baronin Emilie von Loe am Niederrhein, einer treuen, aber nicht weniger eigensinnigen Katholikin. Karl Klinkhammer über seine Zeit auf Schloß Ingenraedt bei Geldern: «Kardinal Schulte meinte es mit dem mir auferlegten Rede- und Predigtverbot sicherlich gut, aber es steckte hinter diesem Verbot auch sein Wunsch, daß seine Priester mit der neuen Regierung möglichst keine Konflikte eingingen... Ohne Wissen meiner kirchlichen Behörde, jedoch im Einverständnis mit Frau Baronin von Loe, habe ich von dort (Schloß Ingenraedt) aus meine illegale Untergrundtätigkeit im Ruhrgebiet durchgeführt... Sie fuhr mich sogar mehrfach, weil Haus Ingenraedt vom Verkehr abseits liegt, an entsprechende Eisenbahnstationen, um schneller im Ruhrgebiet sein zu können... Sie entließ mich immer wohlwollend mit besten Wünschen. Ihr Gatte durfte von diesem Bemühen nichts erfahren... Meine Untergrundtätigkeit bestand in nächtlichem Plakatekleben und dem Verteilen von antinazistischen Handzetteln durch Liegenlassen in Postämtern, Sparkassen, Arbeitsämtern und sonstigen verkehrsreichen öffentlichen Gebäuden.»

Die Bereitschaft zum Widerstand unter den Kaplänen und Pfarrern, die sich meist auf die Zustimmung ihrer Gemeinden stützen konnten, war nicht gering. Aber sie blieben Einzelkämpfer auf verlorenem Posten. Es gab nur zwei Gruppen unter den deutschen Katholiken, die als Organisationen entschlossen waren, die Anpassung ihrer Kirche an den NS-Staat nicht mitzumachen. Die Statistiken der organisierten katholischen Jugend, die rund 1,4 Millionen Mitglieder umfaßte, und der katholischen Arbeitervereine geben erstaunliche Auskünfte über eine Zeit, in der fast jeder Berufsstand sein Heil in einer NS-Organisation suchte. Der Gestapo-Bericht Karlsruhe meldet im Januar/Februar 1934 über die Ortschaft Weiher bei Bruchsal: «Wie wenig der Geist des Nationalsozialismus in dieser Gemeinde durch die

Wühlarbeit des Priesters vorgedrungen ist, beweisen folgende Zahlen: Angehörige der HJ 10, Mitglieder des kath. Jugendvereins 100; Angehörige der Jungmädelschaft 33, Mitglieder der Frohen Jugend 110; Angehörige des Bund deutscher Mädel 11, Mitglieder der Jungfrauenkongregation sämtliche übrigen Mädchen des Orts.» In Wyhl am Kaiserstuhl waren im März 1934 rund 60 Jugendliche NS-Organisationen beigetreten, 390 dagegen in katholischen Vereinen aktiv. Die Auflage der Zeitschrift «Junge Front» der katholischen Jugend, die nicht mehr öffentlich vertrieben werden durfte, stieg von 85000 Exemplaren im Juli 1933 auf 200000 im Juni 1934.

Anfang April meldet die Gestapo Düsseldorf nach Berlin: «Das Verhältnis zwischen den katholischen Jugendorganisationen und der Hitlerjugend ist nach wie vor sehr gespannt. Während die Hitlerjugend bemüht ist, die katholischen Jugendorganisationen zu zerschlagen, versuchen diese unter wirksamer Leitung ihrer geistlichen Führer ihre Selbständigkeit zu behaupten, die ihnen, wie immer betont wird, durch das Konkordat garantiert sei... Die jüngere Geistlichkeit scheint keineswegs gewillt zu sein, ihren gehabten Einfluß auf die Jugend aufzugeben und bildet nach wie vor eine große Gefahr für die Bemühungen, unsere Jugend in nationalsozialistischem Gedankengut zu verankern. Vielfach haben sich katholische Jugendorganisationen in ihren Uniformen und mit ihren Fahnen gezeigt.»

Der Kampf wurde von beiden Seiten nicht zimperlich geführt. Die Hitler-Jugend lauerte katholischen Jungen vor Kirchen und bei Prozessionen auf, um ihnen ihre Fahnen zu entreißen und die traditionsreichen Symbole anschließend unter Gejohle zu zerfetzen. Man überfiel gegenseitig Heime und Zeltlager und schlug sich die Köpfe blutig. Einzelne Bezirksregierungen begannen im Frühjahr 1934, den katholischen Jugendverbänden das Tragen von Uniformen – der «Kluft» – und das Tragen von Abzeichen zu verbieten. Dazu schrieb der Reichsfeldmeister der Pfadfinderschaft St. Georg von Köln: «Alles, was der Jahresplan bringt, wird durchgeführt, gleich wie! Mit oder ohne Tracht! Erlaubt oder verboten!! Wenn unsere Lager zu Exerzitienlagern werden oder zu den notwendigen religiösen Tagungen, so steht eines fest: wir kommen zusammen. So oder so. Wir werden ewig eine Gemeinschaft bleiben, die man weder trennen noch verbieten kann.» Prompt wurde am 19. März den katholischen Jugendverbänden im gesamten Regierungsbezirk Köln verboten, öffentlich in Erscheinung zu treten.

Es gab eine religiöse Ausdrucksform für Protest und demonstratives Flagge-Zeigen, gegenüber der feindliche Behörden und ängstliche Seelenführer machtlos waren: Überall im Reich erlebten 1934 Wallfahrten und Prozessionen einen deutlichen Aufschwung gegenüber dem Vorjahr. Es waren Jugendliche und vor allem katholische Arbeiter, die bei Prozessionen und Wallfahrten mit List und Phantasie ihre Botschaft in die Öffentlichkeit trugen. Solche religiösen Treffen stärkten den inneren Zusammenhalt und die Solidarität der organisierten Katholiken und machten ihnen Mut, trotz aller staatlicher Pressionen nicht aufzugeben. Ab April 1934 war ihnen eine doppelte Mitgliedschaft verboten: Wer in der Deutschen Arbeitsfront organisiert war, der NS-Nachfolgeorganisation der Gewerkschaften, durfte nicht mehr gleichzeitig Mitglied in einem katholischen Arbeiterverein sein. Die Mitgliedschaft bei der DAF aber war in vielen Fällen Voraussetzung für Einstellung und Beschäftigung.

Die katholischen Arbeiter demonstrierten auf ihre Weise ihre Treue zum angestammten Glauben: 40000 von ihnen – eine Rekordzahl – kamen Mitte März 1934 zur traditionellen Bußwallfahrt nach Köln-Kalk; die Fronleichnamsprozessionen überall meldeten Rekordbeteiligungen; 20000 Gläubige feierten Mitte Juni in Essen-Werden zur Eröffnung der Ludgeri-Feiern ihre Arbeiterführer mit stürmischen Ovationen; im November füllten 30000 Menschen den Dom in Münster und 500 Fahnen der Arbeitervereine schmückten den Altar. Zur größten Manifestation aber wurde der Todestag des Arbeiterbischofs Wilhelm Emmanuel von Ketteler am 13. Juli 1934. Es war der 57. und eigentlich kein Grund zu außerordentlichen Feiern. Doch die jungen Männer der Katholischen Arbeiterbewegung in der Düsseldorfer Zentrale im Kettelerhaus nutzten ihre Chance.

Aus freiwilligen Sammlungen kam das Geld für einen Ketteler-Leuchter zusammen. Dazu schrieb die «Westdeutsche Arbeiterzeitung» acht Tage nach dem «Röhm-Putsch»: «Als Inschrift auf dem künftigen Kettelerleuchter... sollen die Worte stehen: ‹Selig, wen hungert und dürstet nach Gerechtigkeit.› Revolutionen vergessen sehr oft diese Forderung. Aber Revolutionen können nicht ewig dauern; wenn sie eine alte Ordnung stürzen, müssen sie eine neue schaffen, sonst wird das Zusammenleben unerträglich. Wenn dieses ihr Ziel ist, dann muß Gerechtigkeit das erste Gebot sein.» Mit Sonderzügen aus allen Himmelsrichtungen kamen die Wallfahrer am 13. Juli in Mainz an und versammelten sich zur Hauptfeier im Dom. Da mußte die Feier unterbrochen werden. In der Stadt übertrugen Lautsprecher Hitlers Rede vor dem Reichstag, in der er die Ereignisse des «Röhm-Putsches» rechtfertigte. Anderthalb Stunden lang beteten die Wallfahrer im Dom den Rosenkranz, dann ging ihre Feier weiter. Sie endete nach Mitternacht mit einer Lichterprozession.

Für die Gestapo waren diese Wallfahrten «Massenkundgebungen mit durchaus demonstrativem Charakter», an denen alle teilnahmen, «denen es darum zu tun ist, einer politisch oppositionellen Haltung Ausdruck zu verleihen». Sozialdemokraten und selbst Kommunisten wurden unter den Gläubigen ausgemacht. So bedroht fühlten sich die Machthaber, daß der preußische Ministerpräsident Hermann Göring am 7. Dezember 1934 eine Verordnung erließ, nach der «bis auf weiteres sämtliche öffentlichen Veranstaltungen und Kundgebungen kirchlich-konfessionellen Charakters» verboten wurden.

Am Ende des Jahres 1934 hatten von den organisierten katholischen Arbeitern im Ruhrgebiet, dem Zentrum der kirchlichen Arbeiterbewegung, nur zehn Prozent ihre traditionelle Organisation verlassen. Aus den Reihen der christlichen Gewerkschafter kamen die wenigen Katholiken, die politische Kontakte mit Gegnern des Nationalsozialismus knüpften. Jakob Kaiser, der Gewerkschaftsführer und Zentrumspolitiker, der in seiner Partei vergebens gegen die Verabschiedung des Ermächtigungsgesetzes gekämpft hatte, bezog in der Wittelsbacher Straße in Berlin eine Wohnung, in der er unbemerkt Gespräche führen konnte. Als der ehemalige SPD-Minister Wilhelm Leuschner im Juni 1934 aus dem KZ entlassen wurde und in einer Berliner Fabrik für Bierdruckapparate bei ehemaligen Genossen Unterschlupf fand, trafen sich die beiden Gewerkschafter fast täglich. Ihr gemeinsames Ziel war eine eigenständige demokratische Einheitsgewerkschaft.

Für die hauptamtlichen Gewerkschafter hatte nach dem Umsturz von 1933 eines Vorrang: sich eine neue Existenz aufzubauen, da alle sofort entlassen worden waren. Nicht wenige suchten sich eine Arbeit, die ihnen die Möglichkeit gab, möglichst unbemerkt die abgerissenen Beziehungen zu den alten Kollegen wieder aufzunehmen. Im April 1934 hatte sich der ehemalige Gewerkschaftssekretär Adam Wolfram aus Halle einen Wäschereibetrieb aufgebaut: «Meine Kundschaft setzte sich zu 90 v. H. aus Angehörigen der früheren Gewerkschaften und der SPD zusammen. Ich bereiste die ganze Provinz Sachsen-Anhalt, die Lausitz und Teile von Thüringen. Auf diesen Reisen erfuhr ich die Schicksale vieler Kollegen. Auch berichtete man mir von den Widerstandsgruppen, die in den einzelnen Gebieten bestanden, und ich konnte die so gewonnenen Erkenntnisse weitergeben.» Hans Gottfurcht vom Zentralverband der Angestellten kam in der Generalagentur einer großen Versicherungsgesellschaft unter; zwei ehemalige Sekretäre des Verbandes gingen in die Industrie; einer erwarb ein gut gehendes Zigarrengeschäft. Sie alle lebten in Berlin und bildeten eine Art illegale Reichsleitung der Angestelltengewerkschaft. Auf seinen Reisen als Versicherungsvertreter erkundete Gottfurcht erst einmal die Umgebung von Berlin. 1934 und 1935 machte er zwei große Reisen von Stettin nach Bremen und von Breslau ins Sächsische.

In jeder Stadt hatte der Versicherungsagent seine geheimen Treffs: «Überall begegnete ich Freunden und alten Kollegen, die als Einzelpersonen oder als Mitglieder bestehender bzw. sich neu formierender Gruppen zum Kern des Widerstandes gehörten... Erwähnenswert ist ein Zwischenfall in Leipzig. Pünktlich saß ich in einem vereinbarten Café gegenüber dem Hauptbahnhof. Auf meinem Tisch stand ein Aschenbecher mit Streichhölzern. Ein mir Unbekannter blieb bei mir stehen und fragte, ob er sich bedienen dürfe. Beim Aufleuchten seines Streichholzes fiel ein winziger Zettel auf meinen Tisch. Der Mann verschwand. Der Text des Zettels: ‹Alle verhaftet, sofort abreisen.›» Die Angestelltengewerkschafter wagten sogar, 1934 eine größere Zusammenkunft von etwa 40 Kollegen in einem Restaurant am Alexanderplatz in Berlin zu organisieren, zu der auch Mitglieder aus dem Reich kamen: «Wir saßen an kleinen Tischen und sangen Lieder, die jedem Unbeteiligten den Eindruck vermitteln mußten, daß wir Anhänger eines Kegelklubs oder Fußball-Freunde seien. Das Unternehmen war nicht ganz ungefährlich, denn mehrere Kellner kannten uns aus Versammlungen, die wir in den Sälen des Hauses früher abgehalten hatten... Das bloße Wiedersehen bekannter Gesichter war eine freudige Demonstration der Zuversicht. In einer Reihe von Fällen bot diese Zusammenkunft die Ermutigung zur Konsolidierung ihrer Gruppen.» Die Gestapo bekam keinen Wind von diesem illegalen Treffen.

Alwin Brandes, vor 1933 in der Spitze des Deutschen Metallarbeiterverbandes, gelang es, eine ungewöhnlich große Zahl alter Mitglieder ganz offiziell zusammenzuhalten. Der 68jährige kümmerte sich um die Versorgungsansprüche entlassener Gewerkschafter. Er hatte 748 Kollegen katalogisiert, klagte in ihrem Namen und erstritt über eine Million Reichsmark für sie. Daß er mit allen in ständigem Kontakt stehen mußte, konnte niemand bestreiten. Die gleichzeitig stattfindende illegale Arbeit hatte

Alwin Brandes so geschickt getarnt, daß ihn der Volksgerichtshof nach seiner Verhaftung 1935 freisprechen mußte. Trotzdem wurde der alte Mann anschließend für zwei Jahre ins KZ Sachsenhausen verschleppt.

An der Basis versuchte der Metaller Walter Uhlmann die verbotene Gewerkschaftsarbeit in den Berliner Betrieben zu organisieren. Uhlmann war 1928 aus der KPD ausgeschlossen worden, weil er sich ihrer Politik, eigene kommunistische Gewerkschaften zu gründen, widersetzt hatte. Der 29jährige mußte 1933 untertauchen, weil er in der KPO (Opposition) aktiv war. Unter falschen Angaben fand er 1934 als Mechaniker Arbeit bei einem Rüstungsbetrieb in Berlin-Zehlendorf. Die meisten Facharbeiter hatten früher zum Metallarbeiterverband gehört. Vorsichtig «beroch» man sich, diskutierte unter vier Augen. Nach sechs Monaten hatte Uhlmann im Juni eine geschlossene gewerkschaftliche Widerstandsgruppe organisiert. Und er stand nicht mehr allein. Auch bei Zeiss-Ikon, bei der Auto-Union, bei Siemens, bei der AEG und bei der Firma Lorenz hatten sich ehemalige Gewerkschafter in diesem Frühjahr 1934 zusammengefunden: «Nun wurde als gemeinsamer organisatorischer Rahmen ein Aktionskomitee als zentrale Leitung für die bestehenden Widerstandsgruppen der Berliner Metallindustrie gegründet und die Herausgabe des illegalen Organs ‹Der Metallarbeiter› beschlossen.» Die Mitglieder im Aktionskomitee kamen aus der SPD, KPD und KPO. Ausgaben wurden aus eigener Tasche bezahlt.

Das größte Risiko war die Herstellung und Verbreitung von illegalen Zeitungen, nach den Gesetzen des neuen Staates Hochverrat. Walter Uhlmann: «Schon das Klappern einer Schreibmaschine konnte verhängnisvoll sein ... Wenn die Zeitung technisch fertiggestellt war, begann die Konspiration erst richtig. Zuverlässige Kollegen, oft deren Frauen, brachten das Material, in einem Tuch um den Leib gewickelt, in die einzelnen Berliner Stadtteile. Dort nahmen es die Vertrauensleute der betrieblichen Gewerkschaftsgruppen in Empfang und sorgten für die Weiterverbreitung in ihren Betrieben... Jeder mußte sich immer wieder vor Augen halten: Werde ich bei der Weitergabe des ‹Metallarbeiters› geschnappt oder auch nur beobachtet, dann gefährde ich nicht nur mich, sondern auch viele andere. Am Ende stehen KZ, Gefängnis, Zuchthaus.» Als besonderen Husarenstreich gelang es der Widerstandsgruppe in den Heliowatt-Werken, einen hochmodernen Abziehapparat der NS-Betriebsgruppe aus der Firma zu schmuggeln und unbemerkt an einen illegalen Standort zu bringen. Doch das gute Stück blieb bald unbenutzt. Die als Abziehpapier benötigte Saugpost verkaufte man in den Geschäften nur noch gegen besondere Genehmigung, und die Verteilung der Zeitung wurde immer gefährlicher: «Wir stellten uns auf die fotomechanische Vervielfältigung um. Von nun an paßte der ‹Metallarbeiter› in die damals übliche Zwanziger-Zigaretten-Packung... Für das Weiterreichen am Arbeitsplatz oder die Hinterlegung in Garderobeschränken oder auf den Toiletten war das kleine Format von unschätzbarem Vorteil.» Walter Uhlmann wurde 1937 verhaftet und saß bis 1945 im Zuchthaus Brandenburg-Görden.

Die Gewerkschafter erfuhren auch internationale Solidarität. Am aktivsten war die Internationale Transportarbeiter-Föderation (ITF), die ihren Sitz in Amsterdam hatte. Schon 1933 waren Adolph Kummernuß und Hans Jahn in die Niederlande gefahren. Kummernuß arbeitete im Gesamtverband der Arbeitnehmer der öffentlichen Betriebe, des Personen- und Warenverkehrs in Hamburg: «Ich machte dort [Amsterdam] den Vorschlag zum Aufbau einer illegalen deutschen Transportarbeiterorganisation, worin Hafenarbeiter, Seeleute, Eisenbahner und Transportarbeiter vereinigt sein sollten. Anfang 1934 stand unsere Organisation und funktionierte ausgezeichnet.» Im Herbst wurde für alle Hamburger Gewerkschafter eine Zusammenkunft mit einem Vertreter der Amsterdamer Zentrale organisiert: «Nach gründlicher Vorbereitung fand diese im Oktober oder November in der Wohnung des Kollegen Tepelmann in Rahlstedt statt. Otto Tepelmann und ich haben ungefähr 30 bis

35 Kollegen in Trupps von drei bis vier Mann vom Bahnhof Farmsen in die Wohnung geführt. Wir haben von unserer Arbeit berichtet. Oldenbroek hat über die internationale Situation gesprochen. Wir haben bis in die Morgenstunden diskutiert.»

In Hamburg traf man sich in der Gastwirtschaft der Witwe Köpcke in der Hafenstraße und in alten SPD-Lokalen. Systematisch wurden Informationen über die Situation in den Betrieben gesammelt und nach Amsterdam geschickt, um das Ausland zu unterrichten. Mit dem Material, das vor allem auf Schiffen in die Stadt geschmuggelt wurde, sollten auch Außenstehende überzeugt werden. Adolph Kummernuß: «Zunächst ging es um die Zusammenfassung aller derjenigen Menschen, die bereit waren sich aufzulehnen gegen alles, was mit der braunen Gesinnung zu tun hatte... Nicht nur der Zusammenhalt unserer Kollegen war uns wichtig, wir wollten besonders die politisch Nichtorganisierten durch unsere Arbeit erfassen.» Illegale Gruppen der Transportarbeiter gab es in Lübeck, Kiel und Flensburg, die Ostseeküste hinauf bis Königsberg. Und besonders engen Kontakt hielt man zu Hans Jahn in Berlin. Der ehemalige Gewerkschaftsführer der Eisenbahner hatte eine Stellung als Versicherungsvertreter gefunden. Anfang 1934 traf sich Jahn wieder mit alten Kollegen in Leipzig. Vorsichtig begann er ein Netz illegaler Kontakte über das ganze Reich zu spannen, das er in 19 Gaue eingeteilt hatte, mit jeweils einem «Gaugrafen» an der Spitze.

Wer illegale Arbeit tat, mußte sich sehr bald fragen, ob er außerhalb seiner engen Gruppe Verbündete suchen sollte. Die Gewerkschafter Kummernuß und Jahn lehnten eine Zusammenarbeit mit anderen politischen Widerstandsgruppen strikt ab. Der entscheidende Grund: das Risiko, durch Querverbindungen entdeckt oder durch Gestapo-Spitzel unterwandert zu werden, sollte so gering wie möglich gehalten werden. Das änderte nichts daran, daß die meisten Gewerkschafter früher entweder der SPD oder der KPD angehört hatten. Und ganz selbstverständlich boten die illegalen Betriebsgruppen die beste Voraussetzung, nach langen Jahren erbitterter Feindschaft nun gemeinsam gegen den Nationalsozialismus zu kämpfen. In der Gruppe «Asphalt» bei der Deutschen Asphalt Aktiengesellschaft in Frankfurt stellten Kommunisten und Sozialdemokraten gemeinsam Flugblätter und die Zeitung «Der rote Gewerkschafter» her. Sie schmuggelten das illegale Blatt in andere Betriebe, störten die Lautsprecheranlage, als eine Führerrede angekündigt wurde, und brachten ehemalige Kollegen, die nirgendwo Arbeit fanden, illegal bei Nachtschichten auf auswärtigen Baustellen unter. Die Familien verhafteter Kollegen wurden mit Lebensmitteln und kleinen Geldbeträgen unterstützt.

Die Arbeiter bei den IG Farben Höchst waren vor 1933 straff gewerkschaftlich organisiert. Sehr bald taten sich auch hier Kommunisten und Sozialdemokraten zusammen. Im Juli 1934 erarbeitete ein gemeinsames Komitee ein «Befreiungsprogramm für die Belegschaft der IG Farben Höchst», das «in kameradschaftlicher Aussprache auf der Grundlage des Befreiungsprogramms der KPD beschlossen wurde». Es war stark kommunistisch beeinflußt, galt für die Zeit «unmittelbar nach der Aufrichtung der Sowjetmacht in Deutschland» und steckte Ziele, die den meisten Arbeitskollegen angesichts ihrer alltäglichen Probleme in der Diktatur ziemlich weltfremd scheinen mußten.

Eine kleine Schar innerhalb der sozialistischen Familie glaubte, daß nun doch noch ihre Stunde gekommen sei, um SPD, KPD und Gewerkschaften zusammenzuführen. Einst mit vielen Hoffnungen begrüßt, hatte die Sozialistische Arbeiterpartei (SAP), 1931 von abtrünnigen linken SPD-Funktionären gegründet, kaum Wähler gefunden und ihre Mehrheit sich nach Beginn der NS-Herrschaft gegen den Willen einer Minderheit aufgelöst. Maria Grollmuß aus der Volksgruppe der Sorben in Sachsen, promovierte Lehrerin, deren Assessorzeit 1933 nicht verlängert wurde, war der SAP offiziell nie beigetreten. Die überzeugte Katholikin, die als Studentin zum Sozialistischen Studentenbund gehört hatte, kannte aber viele SAP-Führer in Berlin und war bereit, als unverdächtigte Person, die in keiner Polizeikartei stand, Informationen und Gedanken zu transportieren und zerrissene Fäden zwischen den zerstrittenen Sozialisten neu zu knüpfen. Zentrum und Ruhepunkt des unruhigen Lebens, das nun begann, wurde für Maria Grollmuß die elterliche Villa in Radibor, einem alten sorbischen Rundlingsdorf bei Bautzen in der Oberlausitz. Die Grenze zur Tschechoslowakei, über die so viele Deutsche flüchten mußten, war nicht weit.

Im Oktober 1933 war die 37jährige zum erstenmal illegal über die Grenze gegangen und hatte emigrierte Führer der SAP getroffen. Den Winter über nahm sie Kontakte zu ehemaligen Gewerkschaftsführern in Berlin und Dresden auf und war im Mai 1934 zu Gesprächen in Prag. Danach fuhr Maria Grollmuß nach Hamburg. Eine illegale Zeitschrift, die «Roten Blätter», sollte herausgebracht werden, um die Ziele einer «neu sich formenden revolutionären Einheitspartei» zu artikulieren. In Hamburg war der Arbeiter Willi Elsner zu diesem riskanten Unternehmen bereit. Das ehemalige Vorstandsmitglied der SAP war inzwischen zur SPD zurückgekehrt, hatte aber die Brücken zu sozialistischen Splittergruppen nicht abgebrochen. Was er nach dem Parteiverbot der SPD tat, hat er später so beschrieben: «Ständige Verbindung mit anderen SPD- und KPD-Gruppen. Propagandatätigkeit in ganz Deutschland. Abhaltung illegaler Versammlungen in verschiedenen Städten. Auslandskorrespondenzen mit Emigranten und Pressestellen. Internationale Fürsorgetätigkeit im In- und Ausland für die Opfer des Faschismus... Enge Zusammenarbeit auch mit den englischen Quäkern.» Über seine Berichte an die Quäker urteilte später der Volksgerichtshof, sie seien «besonders ausführlich gehalten und schildern in den schwärzesten Farben die Leiden und Qualen der Unterstützten und ihrer Angehörigen.» Willi Elsner tippte die erste Nummer der «Roten Blätter» selbst in der Maschine.

Für Maria Grollmuß war bloßer intellektueller Widerstand,

wenngleich schon lebensgefährlich, nicht genug. Die Frau, die unauffällig in der alten Villa mit dem verwunschenen Garten lebte, schmuggelte Flüchtlinge über die Grenze, sammelte Geld, Kleider und Lebensmittel für die Familien von Inhaftierten, besuchte unermüdlich politische Gefangene in Bautzen, Dresden und anderswo. Im September 1934 war sie wieder in Prag und diskutierte auf der Rückreise mit österreichischen Sozialisten in Wien. Als die Gestapo am 7. November in Radibor erschien, saß Maria Grollmuß gerade beim Kaffee mit einem ehemaligen kommunistischen Lehrer. Eine ihrer Kontaktpersonen war verhaftet worden und hatte unter der Folter ihren Namen genannt.

Die Verhöre waren lang. Auch von ihr wollte man Namen wissen. Maria Grollmuß schwieg. Im Prozeß bekannte sie sich offen zu ihrer politischen Einstellung: «Jawohl, ich bin gegen Hitler und den Faschismus. Ich habe auch gegen ihn gearbeitet... aber einen gewaltsamen Sturz habe ich nicht vorbereitet, weil ich terroristische Handlungen verurteile.» Ein Jahr nach ihrer Verhaftung verurteilte der Volksgerichtshof in Berlin Maria Grollmuß wegen «Vorbereitung zum Hochverrat» zu sechs Jahren Zuchthaus. Der Mitangeklagte Willi Elsner mußte für anderthalb Jahre ins Zuchthaus. Im Gegensatz zu ihm kam Maria Grollmuß nicht frei, als ihre Strafe 1940 abgelaufen war. Sie wurde sogleich ins Frauen-KZ Ravensbrück überführt. Am 6. August 1944 ist Maria Grollmuß dort gestorben, 48 Jahre alt. Die letzten elf Jahre ihres Lebens mußte sie im Gefängnis, im Zuchthaus und im KZ verbringen.

Im November 1934 gelang es der Polizei in Hamburg, die SAP zu zerschlagen. Der Lehrer Franz Bobzien hatte die Hansestadt schon im Mai 1933 verlassen und von Kopenhagen aus für die SAP den Transport illegaler Flugblätter über die Grenze organisiert. Im Februar 1934 erhielt er vom Exilvorstand der SAP den Auftrag, an einer Jugendkonferenz in Holland teilzunehmen. Zur deutschen Gruppe zählte auch der Emigrant Willy Brandt, der von Norwegen eingereist war. An einem Nachmittag stürmte die Polizei das Versammlungslokal, verhaftete vier Deutsche – Willy Brandt konnte sich als Norweger ausweisen – und übergab sie an der Grenze den deutschen Behörden. Im Mai stand Franz Bobzien mit 15 SAP-Genossen aus Hamburg und Flensburg vor dem Hanseatischen Oberlandesgericht. Vier Jahre Zuchthaus folgten. 1938 freuten sich seine Mutter und die alten Freunde auf seine Entlassung. Vergebens. Franz Bobzien wurde ins KZ Sachsenhausen transportiert, wo er bald zur Widerstandsleitung gehörte. Nach dem Ausbruch des Zweiten Weltkriegs kümmerte er sich besonders um polnische Jugendliche und Studenten, die ins Lager verschleppt wurden, und organisierte einen richtigen Schulbetrieb für sie. Bei einem Bombensuchkommando in Berlin ist Franz Bobzien im März 1941 zusammen mit vier anderen Häftlingen umgekommen.

Im August 1934 brachten die Stadtteilgruppen der SAP in Hamburg noch ein paar hundert Flugblätter unter die Leute: «Faschismus und Nationalsozialismus bedeutet trotz der Friedensbeteuerungen: Krieg! bedeutet: Weitere Senkung der Löhne! Weitere Verarmung des kleinen Geschäftsmannes! bedeutet: Steigerung der Preise! Hunger! Elend! Not! Brutale Unterdrückung! Rechtlosigkeit!» Es war die letzte größere Aktion. Im gleichen Monat schlug die Gestapo zu. Einundzwanzig Gegner des Regimes wurden verhaftet.

Am 5. August 1934 meldete die Gestapo Dortmund an die Zentrale in Berlin: «Die Neuorganisation der SAP wird z. Zt. ebenfalls sehr intensiv betrieben, allerdings unter ständiger Bewachung durch die Stapo. Wenn ... ein Zugriff bisher aus taktischen Gründen unterblieben ist, so hat sich das als richtig erwiesen ... So konnte in Erfahrung gebracht werden, daß die Oberbezirksleitung ihren Sitz in Köln hat. Ihr unterstehen die 4 Bezirke Köln, Düsseldorf, Duisburg und Dortmund. Die personelle Zusammensetzung ... ist z. Zt. noch nicht bekannt. Dagegen ist der Leiter des Bez. Dortmund ... bekannt.» Informant der Polizei war ein junger Kommunist, den sie unter Drohungen «umgedreht» hatte, und der nun eifrig bei der SAP mitmachte. Als der Dortmunder SAP-Bezirksleiter Ende Oktober von einer Reise nach Thüringen zurückkam, überredete der Spitzel ihn, nach dem Treff in dessen Wohnung noch einen Spaziergang zu machen. Auf der Straße wartete schon die Polizei. Im November wurde auch Eberhard Brünen gefaßt, Kopf der westdeutschen SAP, die in Duisburg um diese Zeit noch rund 100 Mitglieder hatte. In der Hoffnung, von ihrem Opfer Namen und Adressen zu erfahren, kettete die Polizei Eberhard Brünen an die Wand einer Dunkelzelle und strahlte ihn stundenlang mit Scheinwerfern an – 35 Tage und Nächte. Eberhard Brünen hielt durch: «Mit einem Willen, der Unvorstellbares zu leisten imstande ist... Abschalten im Unterbewußtsein... bis hinein in einen halb bewußtlosen Zustand.» Zusammen mit 34 Duisburgern stand er vor Gericht. Brünen wurde zu 15 Jahren Zuchthaus verurteilt und überlebte.

Im Frühjahr 1934 konnte es passieren, daß in Briefkästen, in Zügen, in der Straßenbahn oder in Telefonzellen eine Werbebroschüre lag mit dem Titel «Die Kunst des Selbstrasierens». Entdeckte ein Ordnungshüter sie, wurde das Blättchen hastig eingezogen, Umstehende einem scharfen Verhör unterzogen. Wer sie arglos einsteckte und zu Hause darin blätterte, merkte bald, daß er keine Werbebroschüre, sondern Hochbrisantes in der Hand hatte: «Kampf und Ziel des revolutionären Sozialismus. Die Politik der Sozialdemokratischen Partei Deutschlands.» Hinter der «Kunst des Selbstrasierens» verbarg sich das «Prager Manifest», eine Grundsatzerklärung der Exil-SPD, der Sopade, in Prag, vom 28. Januar 1934. Es war der Versuch, nach knapp einem Jahr Diktatur, nach Monaten der Verfolgung und der Verwirrung in den eigenen Reihen, Bilanz zu ziehen und ein Ziel zu setzen. Es waren neue Töne, die die etablierten Funktionäre an der Spitze der Partei anschlugen. Die Geflüchteten übten nun harte Kritik an der traditionellen Überzeugung, selbst die zu allen entschlossenen Feinde der Demokratie mit demokratischen Spielregeln schlagen zu können: «Grundstürzend hat der Sieg der deutschen Gegenrevolution das Wesen und die Aufgaben der deutschen Arbeiterbewegung geändert. Der Knechtschaft und Gesetzlosigkeit preisgegeben ist das Volk im totalen faschistischen Staat.» Daraus folgten neue Überlegungen für den Widerstand: «Im revolutionären Kampf die Knechtschaft durch das Recht der Freiheit, die Gesetzlosigkeit durch die Ordnung des Sozialismus zu überwinden, ist die Aufgabe der deutschen Arbeiterbewegung.»

Die neue Parole hieß «revolutionärer Kampf» und verlangte neue Mittel: «Im Kampf gegen die nationalsozialistische Diktatur gibt es keinen Kompromiß, ist für Reformismus und Legalität keine Stätte. Die sozialdemokratische Taktik ist allein bestimmt durch das Ziel der Eroberung der Staatsmacht... Die Taktik bedient sich zum Sturz der Diktatur aller diesem Zweck dienenden Mittel... Die alte Form, der alte Apparat ist nicht mehr... neue Organisationsformen mit opferbereiten Kämpfern müssen entstehen... Kleine Gruppen bilden sich, sie müssen in teuer erkauften Erfahrungen die Technik ihrer Arbeit erwerben – eine Elite von Revolutionären.»

Das Jahr 1934 begann gut für die illegale Arbeit der Sozialdemokraten im Deutschen Reich. Für eine Minderheit, die allem Terror zum Trotz zum Kampf entschlossen war, schien noch gar nichts entschieden. Über die Weihnachtsfeiertage 1933 hatte sich Hans Dill, Grenzsekretär der Sopade im tschechoslowakischen Eger, mit Genossen aus Nürnberg getroffen, die als harmlose Skiwanderer über die Grenze gegangen waren. Am 2. Januar 1934 schrieb Dill an den Parteivorstand in Prag von den kühnen Plänen eines besonders aktiven Genossen, der «die Auffassung vertrete, man müsse jetzt schon einen kleinen Kreis besonders wagemutiger Männer zusammenstellen und diesen im Gebrauch der Waffe eingehend unterweisen. Diese jetzt schon zu schulende bewaffnete Truppe werde der Kern sein bei den kommenden Auseinandersetzungen, werde alle Arbeiter mitreißen und durch größte Tapferkeit und Ausdauer das Beispiel im kommenden Bürgerkrieg der Masse geben, das zum Sieg notwendig sei.» Noch im Januar erhielt Hans Dill unter einer Deckadresse eine Karte aus Nürnberg: «Liebe Tante! Herzliche Grüße aus dem herrlichen Nürnberg sendet Anton.» Vorsichtig löste Dill die Briefmarke im Wasserbad. Darunter stand: «21. i. A.» Am 21. Januar also wollten ihn die Nürnberger wieder in Altpocher an der Grenze treffen. Wie immer brachten auch bei dieser Begegnung die Genossen Berichte aus dem Reich zur Weiterleitung an den Parteivorstand mit und übernahmen illegale Zeitschriften für ihren gefährlichen Rückweg. Zentrale Verteilerstelle der illegalen Schriften und Flugblätter für Nürnberg und den nordbayerischen Raum wurde im Frühjahr 1934 Schwandorf, und einer der wichtigsten Nürnberger Kuriere war Ernst Walz.

Der 24jährige kam aus einer Arbeiterfamilie, hatte Schreiner gelernt und war mit 18 in die SPD gegangen. Die Dünndruckzeitschriften im Miniformat, die Walz von Genossen in der ČSSR erhielt, verstaute er in einer Bauchbinde und im Rucksack: «Ich habe einen Teil des Materials in Schwandorf am Bahnhof, wo ein Genosse auch schon verständigt war, übergeben, der es dann in Schwandorf und Amberg und nach Regensburg an die Oberpfälzer Genossen weitergegeben hat... Ich habe direkt mit der Verteilung nichts zu tun gehabt, habe allerdings einige Exemplare auch an mir gutbekannte Freunde und Genossen weitergegeben. Aber das meiste wurde von anderen verteilt. Man hat mich bewußt von den anderen illegalen Tätigkeiten ferngehalten, da ich ja als ‹Kurier› tätig war.» Bis auf wenige Ausnahmen gehörten die rund 20 Männer, die dieses Verteilernetz organisierten, wie Ernst Walz der jüngeren SPD-Generation an.

Unverfängliche Postkarten zu schreiben war 1934 unter ehemaligen Sozialdemokraten noch ein verbreitetes Mittel, um Kontakte herzustellen. Eine erreichte im späten Frühjahr einen Genossen im westfälischen Lüdenscheid und kam aus Berlin: «Lieber Freund! Wende Dich bitte wegen der Prospekte an Wilhelm Schirrmacher, Köln-Mülheim, Rixdorfer Straße 60.» Das riskante Manöver blieb unentdeckt. So wurde der Kölner Raum, wo Willi Schirrmacher seit Beginn des Jahres die SPD im Untergrund in kleinen örtlichen Gruppen wieder aufgebaut hatte, mit dem Ruhrgebiet verbunden, das von Lüdenscheid aus mit illegalen Zeitschriften versorgt wurde.

Im Mai 1934 fuhr eine Gruppe deutscher Wochenendausflügler über die Grenze nach Holland. Nach einer Zwischenstation in Maastricht nahm sie den Zug nach Belgien, jeder tief in eine belgische Zeitung versunken. In Brüssel erst gab sich ein Mitreisender zu erkennen: Es war der Kontaktmann, der die Gruppe westdeutscher Sozialdemokraten in ein Lokal führte, wo Otto Wels, Parteivorsitzender der SPD im Exil, mit anderen Vorstandskollegen schon wartete. Die Parteispitze war zu dieser Geheimkonferenz von Prag nach Brüssel gereist, um sich ein realistisches Bild über die Stimmung an Rhein und Ruhr zu machen. Immer noch überzeugt, das Hitler-Regime werde in absehbarer Zeit am Ende sein, ermutigten die führenden Funktionäre die Genossen und entwarfen ihr Konzept, auf dem Weg über die Verteilung von illegalen Zeitschriften «Lesezirkel» zu bilden. Auf diese Weise sollte die Partei in kleinen Schritten im Untergrund wieder aufgebaut werden. Aber hatte sie nicht wenige Monate zuvor mit dem «Prager Manifest» zum «revolutionären Kampf» aufgerufen? Waren das nicht wieder die erfolglosen Methoden von gestern, denen man abgeschworen hatte?

Die Prager Funktionäre, seit Jahrzehnten im Dienst der Partei, konnten nicht wie einen Regenguß abschütteln, was Sozialdemokraten über Generationen geprägt hatte: das Erbe des deutschen Humanismus, der unerschütterliche Glaube an die Macht des Wortes. Die flammenden Artikel, die um diese Zeit in der «Sozialistischen Aktion» erschienen, sollten die Zerstreuten und Zweifelnden wieder zusammenführen, die Getreuen immun machen gegen das Gift des Nationalsozialismus und Außenstehende wachrütteln. So stand in der «Sozialistischen Aktion» vom

13. Mai: «Das Volk in Ketten, monatelang betäubt durch die grausamen Schläge eines übermütigen Siegers, durch die Gewalt der braunen Sturmflut, erhebt sich wieder. Empörung und Haß, Freiheitswille und Gerechtigkeitssinn finden in allen Teilen des Volkes schnell wachsenden Boden. Was gestern noch als fernes Ziel in den Herzen einiger tapferer illegaler Kämpfer lebte, gewinnt konkrete Gestalt: Eine mächtige Volksbewegung ist im Werden, die alle Fesseln der Diktatur sprengt und allen Gewalten zum Trotz aus der Finsternis der braunen Gewaltherrschaft zu einem freien sozialistischen Volksstaat führt.» Allen Gewalten zum Trotz sich erhalten: Willi Schirrmacher nahm die Botschaft von Brüssel mit nach Köln, und Hermann Runge, seit 1920 in der SPD, überbrachte sie den Genossen in Duisburg, wo sie Anstoß gab zu einem ausgeklügelten Plan: der perfekten Tarnung des Zentrums der illegalen westdeutschen SPD.

Runge, gelernter Schlosser, war seit kurzem als Fahrer bei der Brotfabrik «Germania» in Duisburg-Hamborn untergekommen. Die Fabrik leitete der Sozialdemokrat August Kordahs, der nach und nach alte Genossen einstellte, die viele ehemalige Sozialdemokraten als Kunden gewannen. Bis zum Frühjahr 1934 konnten alle Nationalsozialisten in der Belegschaft wegen ungenügender Leistung entlassen werden. Schnell wuchsen die Geschäftsverbindungen bis nach Solingen ins Bergische Land und über Düsseldorf hinaus bis nach Köln. Zweimal wöchentlich erschienen die Dreirad-Lieferwagen von «Germania» und belieferten ihre Kundschaft – aber nicht nur mit Brot. Otto König, ein Sozialdemokrat aus Oberhausen, war einer von acht Fahrern: «Die Mittelsmänner lieferten die Zeitungen, sagen wir mal, an Hermann Runge – aber auch nicht direkt, der hatte wiederum Leute abgestellt, meinetwegen unten am Kanal ein Mann mit Pfeife als Erkennungszeichen –, und dann wurden die Blätter übergeben. Die gab der Hermann dann an uns weiter. Es waren Zeitschriften: Der ‹Vorwärts› und dann noch die ‹Sozialistische Aktion›. Das waren so kleine Schriften, die konnte man nur mit dem Vergrößerungsglas lesen. Also für uns war die Zentrale die Brotfabrik Kordahs. Das war der Knotenpunkt, und von da aus lief das! Und ich kannte ja Leute... und die hab ich dann gefragt, ob sie Brot nehmen. Und denen hab ich dann, wenn die Zeitschriften kamen, eine mitgenommen. Die haben auch die Zeitschriften weiterverteilt an Bekannte und Verwandte.»

Den richtigen Überblick hatte Otto König nicht, denn das war strenge Regel konspirativer Arbeit: Jeder handelte als Glied einer Kette und wußte so wenig wie möglich über die Arbeit der anderen. Das erleichterte das Leben, wenn man irgendwann seinen Peinigern gegenüberstand. Nur ganz wenige kannten die Zusammenhänge und geheimen Kanäle so genau wie Hermann Runge, der das illegale Verteilernetz organisierte, das von der Brotfabrik «Germania» ausging. Es gab Kontakte zur Internationalen Transportarbeiter-Föderation, die manchmal Material per Schiff von Rotterdam nach Duisburg schmuggelte. Aber nur in kleinen Mengen, es lauerten schon zu viele Spitzel. Es gab Mittelsmänner, die als Vertreter für Seife, Kaffee oder Versicherungen durchs Land reisten und heimlich schmale Zeitungspäckchen ablieferten. Ein Depot für illegale Zeitungen war der Tabakkiosk am Duisburger Hauptbahnhof. Die Zeitschriften wurden in Zigaretten- und Streichholzschachteln versteckt. Die Hauptarbeit aber tat Hermann Runge selber. Mit seinem Brotlieferwagen und einem Kollegen fuhr er regelmäßig in die Gegend von Kempen und Mönchengladbach am linken Niederrhein, wo Profi-Schmuggler die illegalen Schriften paketweise versteckten, nachdem sie das Material vom Grenzsekretär der Sopade in Belgien über die Grenze geschafft hatten.

Ebenso unauffällig arbeiteten auch die Genossen im Raum Frankfurt. Paul Apel bereiste als Werber für die «Grüne Post» das Gebiet. Ab Juni 1934 waren Verteilerkreise in der Stadt Frankfurt, in Offenbach und Darmstadt und bis weit in den Taunus hinein organisiert. Hilfreich war ein Genosse mit Kolonialwarengeschäft. Dort wurden die winzigen Zeitschriften vor der

Weiterverbreitung in Pfeffer- und Samentütchen verpackt. Doch so geschickt die illegale Arbeit auch getarnt war, die Verfolger ließen sich so leicht nicht täuschen.

Ende April 1934 hatte die Gestapo in Nürnberg begonnen, in den Verteilerkreis der SPD einzudringen. Eine Verhaftung folgte der anderen. Wen es noch nicht erwischt hatte, der zermartete sich den Kopf wie der Kurier Ernst Walz: «Nachdem man die ersten drei Genossen von uns verhaftet hatte, war für mich die Frage, was soll ich machen? Soll ich untertauchen, oder soll ich in die Emigration gehen? Nach reiflicher Überlegung habe ich mich entschlossen zu bleiben. Ich bin dann am 4. Mai 1934 verhaftet worden.» Am 6. Januar 1935 meldete der Münchener Korrespondent des «Fränkischen Kuriers»: «36 Urteile im SPD-Hochverratsprozeß». Beim Frühstück konnte der Bürger lesen: «Die Schwere der hochverräterischen Umtriebe ist ersichtlich aus den vom Obersten Landgericht gefällten Urteilen: Gegen 16 der Angeklagten wurden hohe Zuchthausstrafen ausgesprochen... 20 Angeklagte wurden zu Gefängnis bis zu zweieinhalb Jahren verurteilt.» Zwei der Inhaftierten überlebten die Untersuchungen im Gefängnis nicht. Ernst Walz wurde zu vier Jahren Zuchthaus verurteilt, anschließend kam er bis 1945 ins KZ Buchenwald.

Der Polizei war es im Laufe des Sommers gelungen, allen Verästelungen des Verteilernetzes der SPD im nordbayerischen Raum nachzuspüren. Bis nach München waren die Folgen zu spüren. Dort hatte die befreundete und verschwägerte Gruppe um Hans Fried, Sepp Schober und Josef Linsenmeier, die im Kontakt zu Genossen in Regensburg und Augsburg stand, allerdings schon vorher ungute Gefühle. Hans Fried meinte im April 1934: «Ich weiß nicht, wie die Regensburger da oben arbeiten. Es gefällt mir nicht, was die da machen, das ist zu risikoreich, das kann nicht lange gut gehen, denn so wie die die Arbeit betreiben, auf der breiten Basis, ist das nicht mehr kontrollierbar. Die sehen überhaupt nicht mehr durch, das ist nur noch eine Frage der Zeit, daß das auffliegen muß.» Die Regensburger flogen Ende

Mai auf, anschließend die Münchener, denen es aber noch gelang, die Gruppe um Eugen Nerdinger und Bebo Wager in Augsburg zu warnen. Obwohl man ihnen das Verteilen der Zeitschriften nicht nachweisen konnte, mußten die drei Münchener erst ins Zuchthaus und trafen sich dann im KZ Dachau wieder. 1939 wurde der letzte von ihnen entlassen.

Die Männer – und auch die Frauen, von denen noch zu reden ist –, die in diesem Spätsommer 1934 verhaftet wurden, zweifelten nicht an ihren sozialistischen Zielen. Aber den Optimismus, den die «Sozialistische Aktion» in ihren Artikeln verbreitete, und den Glauben an einen Aufstand der Massen konnten sie mit ihren Parteiführern im Exil nicht mehr teilen. Wie sehr sie von der großen Mehrheit der Deutschen isoliert waren, erfuhren vor allem die Familien der Verurteilten. Mary Fried, die ohne Einschränkung dahinterstand, daß ihr Mann in der Gruppe Schober/Linsenmeier/Fried aktiv war, erinnert sich: «Damals zu sagen, mein Mann ist Zuchthäusler, das war furchtbar. Das kann man sich heute gar nicht mehr vorstellen. Man war zerstört, man hatte keinen Anschluß mehr. Die Leute haben sich zurückgezogen. Keiner wollte mehr mit einem zu tun haben. Wenn sie heute sagen, sie haben nicht gewußt, was in Dachau ist, dann ist das gelogen. Damals haben sie es schon gewußt. Die sind einfach weggegangen, wenn sie einen auf der Straße gesehen haben. In den Geschäften, wo ich eingekauft habe, da hat die Gestapo auszukundschaften versucht, ob ich noch irgendwelche Verbindungen habe.»

Was hatte er getan, der Hans Fried? Ein paar verbotene Zeitungen gelagert, mehr fand die Polizei nicht heraus. Doch die Folgen trafen nicht nur seine Frau: «Meine ganze Familie ist auch verhaftet worden, mein Vater, meine Brüder. Mein jüngster Bruder, der war noch ein Schulbub, der war 13 oder 14 Jahre alt, den haben sie auch mitgenommen.» Daß es auch Hausdurchsuchungen bei den Frieds gab, war dagegen schon fast eine Kleinigkeit. Alle, denen Gedanken des Widerstandes durch den Kopf gingen, sollten abgeschreckt werden und einsehen, wie sinnlos es war, sich nicht anzupassen. Die blutige Wäsche drückte man den Verwandten der Eingekerkerten nicht aus Versehen, sondern sehr bewußt in die Hand.

Gesa Schneider war dreizehn, als 1933 die ersten Hausdurchsuchungen bei ihrer Familie stattfanden. Einmal packten die Eltern die illegalen Flugblätter in den Puppenwagen der Tochter. Sie entwischte unbemerkt auf die Straße, weil die Polizei zuerst in den Hinterhof rannte, und wußte sofort, was sie zu tun hatte: «Die Flugblätter warf ich in den Osterbekkanal, wo sie sich zu meinem Schrecken auf dem Wasser ausbreiteten.» Ob Onkel oder Tanten, Großeltern oder Freunde, Gesa Schneider kannte es nicht anders, als daß alle Sozialdemokraten waren. Kein Wunder, daß der Vater 1933 von der Stadt Hamburg aus dem öffentlichen Dienst entlassen wurde. «1934 wurde mein Vater vom KzbV [Kommando zur besonderen Verwendung] unter einem Vorwand verhaftet und blieb ca. 8 Wochen lang verschollen. Da meine Mutter zur Entbindung im Krankenhaus war, blieben wir Kinder allein. Die ‹Großen› versorgten die Kleinen. Nachbarn und Freunde hatten Angst, uns zu besuchen, aber manchmal stand ein Topf voller Essen neben der Haustür. Als wir endlich erfuhren, daß Vater noch am Leben war und ich ins Untersuchungsgefängnis durfte, um Wäsche für ihn abzugeben, wurde mir dort ein Paket mit seiner blutverschmierten Wäsche in die Hand gedrückt. So erfuhren wir von seiner ‹Sonderbehandlung›. Als Vater zurückkam, sahen wir ihn weinen – nicht um sich, sondern wegen seiner Mitgefangenen, die auch mißhandelt wurden.»

Elisabeth Ostermeier war in Harburg bei Hamburg in einer sozialdemokratischen Familie aufgewachsen und als 20jährige 1923 in die SPD eingetreten: «Mein Vater hat mit uns von Anfang an offen darüber gesprochen, wie sich die Machtübernahme auswirken und daß sie unsere persönlichen und allgemeinen Hoffnungen zunichte machen würde. Zuerst haben wir uns ja noch nach Kräften bemüht, den Zusammenhalt aufrechtzuerhalten, Mut aus der Tatsache zu schöpfen, daß wir nicht allein waren.» Wie viele Genossen und Genossinnen fand Elisabeth Ostermeier Unterschlupf durch die Solidarität anderer Sozialdemokraten und glitt wie selbstverständlich in die illegale Arbeit hinein: «Ich habe dann im Dezember 1933 doch wieder Arbeit bekommen: Durch Ernst Teßloff, den Redakteur des Hamburger Volksblattes, einer sozialdemokratischen Zeitung. Seine Eltern besaßen eine alte Bäckerei. Als alle sozialdemokratischen Zeitungen verboten waren, machte der sie mit seinem Bruder wieder auf. Ich erwarb dann den Führerschein... und begann, die sozialdemokratische Kundschaft aufzusuchen... So hielten wir untereinander Kontakt. Der Kundenkreis erweiterte sich. Einer sagte immer: ‹Geh doch auch mal zu dem und dem.› Manchmal hatte ich dann ein Paket mit Parteimaterial dabei, das wie Brot eingepackt war. Ich wußte sehr wohl, daß ich da Flugblätter, Informationen weitergab. Gesagt hat es mir niemand. Die Zeit der offenen Gespräche war vorbei, ehe mir der Wandel richtig bewußt wurde. Ich sollte nicht wissen, wer alles mitarbeitete... Die jungen Helfer, besonders die Mädchen, sollten sich, wenn sie einmal denunziert wurden, nicht selbst belasten – und auch anderen nicht schaden können. Eltern begannen damit, ihre politischen Aktivitäten vor ihren Kindern zu verheimlichen, um ihnen die Möglichkeit zu geben, im Ernstfall zu sagen: Ich weiß von nichts.»

Die junge Frau bedrückte es zunehmend, daß Spontaneität lebensgefährlich sein konnte und offene Gespräche immer seltener wurden: «Eigentlich redete man nur noch mit engsten Verwandten, Leuten, die man schon ewig kannte. Und auch die begannen ganz allmählich, sich zu meiden, wenn die Verhaftungen zunahmen... Die Möglichkeiten, sich ohne Folgen zu treffen, nahmen für unseren Kreis ab, die Hoffnungslosigkeit legte sich wie Erstarrung über die Menschen. Es war, als duckten sie sich alle, als zögen sie die Köpfe ein – und warteten ab.» Immer schmerzlicher merkten die, die nicht mitjubelten und die Hand nur notgedrungen zum «deutschen Gruß» hoben, wie isoliert sie waren, wie die unsichtbaren Mauern um sie wuchsen. Es deprimierte die abseits Stehenden und stärkte doch zugleich den Zusammenhalt: «Da wir fast alle arbeitslos waren – entweder durch die Wirtschaftskrise schon lange Jahre oder durch die Naziherrschaft unsere Arbeitsplätze verloren hatten –, haben wir uns mit mehreren befreundeten Paaren zusammengetan und uns noch 1933 am Stadtrand von Hamburg Schrebergärten zugelegt... Viele sozialdemokratische und kommunistische Aktive flüchteten sich in die ‹Schreber-Idylle›, um den politischen Pressionen und Bedrohungen in der Stadt zu entgehen.»

Die Schrebergärten entwickelten sich zu geschützten Treffpunkten der politischen Freunde. Elisabeth Ostermeier: «Sonntags war immer Hochbetrieb. Wenn etwas passierte, landeten die Informationen sofort bei uns und wurden als Nachrichten weitergegeben. Es ging auch sehr vergnügt bei uns zu. Aus zwei Zimmermannsböcken und Planken mit Papier drüber haben wir riesige Tafeln aufgebaut. Und dann gab es Kaffee und Kuchen. Wir haben uns gefreut. Alles war aufgelöst von den Nazis, aber wir saßen trotzdem zusammen. Wir hatten ihnen wieder mal ein Schnippchen geschlagen. Das hat uns immer ein Zusammengehörigkeits- und Selbstwertgefühl gegeben und auch das Gefühl, sich nicht unterkriegen zu lassen.»

Die Kluft zwischen dem Alltag der Sozialdemokraten einerseits, wo es nicht selten um das tägliche Brot ging, um ein Widerstehen im Kleinen, das schwerwiegende Folgen haben konnte, und den pathetischen Worten der illegalen Zeitungen und Flugblätter andererseits scheint groß. Doch die, die damals für ihre verbotene Partei aktiv wurden und diese Schriften im Schutz der Dunkelheit oder dichter Menschenansammlungen verbreiteten, haben diesen Widerspruch nicht gesehen. Die großen Worte gaben ihnen Kraft. Nicht nur, weil es eine Zeit war, die solche Worte liebte. Die Sozialisten aller Schattierungen ertrugen die Schikanen, den Verzicht auf Karriere und Wunschberuf, das Ausgestoßensein, das ins Gefängnis und KZ führen konnte; sie ertrugen Folter und Tod für ein großes Ziel. Und dieses Ziel, dessen Beschwörung uns heute pathetisch in den Ohren klingt, war ihnen dieses Pathos wert. Die «Roten Blätter» erschienen in Hamburg seit Anfang 1934 in drei- bis viertausend Exemplaren. Sie wurden in Bremen, Hannover und bis Hildesheim vertrieben. Immer wieder riefen sie ihren Lesern ins Gedächtnis, worum es der Arbeiterbewegung in dieser Auseinandersetzung ging: «Gegen die faschistische Barbarei führen wir den Kampf für die großen und unvergänglichen Ideen der Menschheit... Wir sind die Erben der unvergänglichen Überlieferung der Renaissance und des Humanismus der englischen und französischen Revolution. Wir wollen nicht leben ohne Freiheit, und wir werden sie erobern. Freiheit ohne Klassenherrschaft, Freiheit bis zur völligen Aufhebung aller Ausbeutung und aller Herrschaft von Menschen über Menschen... Das Blut der Opfer wird nicht vergebens geflossen sein.»

Sie ließen sich nicht einschüchtern. Ihre Genossen in Nürnberg und Nordbayern waren noch keine zwei Monate verhaftet, da gingen Sozialdemokraten aus Oberfranken über die tschechoslowakische Grenze und kontaktierten Hans Dill, den Sopade-Grenzsekretär: «Es waren durchweg verheiratete Genossen in meinem Alter. Nur ein jüngerer Genosse war dabei, der das Material an sich nahm, damit keiner von den Älteren mit Material geschnappt wurde... Ich erklärte ihnen, daß ebenso groß wie die Freude des Wiedersehens meine Bedenken seien, daß gerade sie es machen. Aber ich mußte mit ihnen trotzdem einen Termin für eine nächste Zusammenkunft vereinbaren.» Unter der Führung des knapp 60jährigen Porzellanmalers und ehemaligen Bürgermeisters Hermann Werner aus Schönwald wurde das zerrissene Verteilernetz für illegale Literatur wieder aufgebaut. Die meisten Mitarbeiter waren über dreißig und hatten einen sicheren Beruf. Auch Rosa Opitz gehörte zur Gruppe: «Mitte 1934 nahm ich meine illegale Tätigkeit auf. Ich brachte den ‹Neuen Vorwärts›... von Schönwald nach Hof. Die Fahrten unternahm ich mit dem Fahrrad, manchmal war auch mein späterer Mann Alwin Opitz dabei. Die Zeitungen erhielt ich in Schönwald von Hermann Werner und anderen. Bei der Verteilung in Hof mußte ich sehr vorsichtig sein, da ich unter Beobachtung stand.» Rosa Opitz verteilte die Zeitungen vor allem an jüngere Genossen, da die älteren zum Teil die Annahme verweigerten.

Auch aus München erhielt der Sopade-Vorstand in Prag im August 1934 trotz der Verhaftungen erstaunliche Nachrichten durch den zuständigen Grenzsekretär: «Nach München wurden geliefert 5000 Flugblätter von mir, 10000 Flugblätter über die Verbindung des Genossen Lampersberger... Außerdem wurden geliefert die 3000 Klebezettel... Genau wie beabsichtigt erschienen die Flug- und Klebezettel in den Straßen Münchens. In einzelnen Stadtteilen, so besonders Schwanthaler Höhe, Schwabing, Neuhausen, Giesing, Au, trat die Aktion besonders in Erscheinung. Die Polizei setzte sofort mit ihren Gegenmaßnahmen ein, Teile der SA wurden auf die Straße geschickt... Vor allem wurde ein Versuch gemacht bei BMW, der völlig gelungen ist. Die Nachtschicht vom Freitag auf Samstag bot Gelegenheit, die Werkkästen, Werkbänke usw. zu belegen. Als die Arbeiter am Samstag früh an ihre Arbeitsplätze gingen, war fast der ganze Betrieb mit Flugzetteln belegt.» Ausgelöst wurde die Aktion von der illegalen SPD-Gruppe um den Reichsbahnarbeiter Fritz Faltner. «Rote Rebellen» nannten sich die überwiegend jungen Facharbeiter, die sehr risikofreudig bei ihren Unternehmungen vorgingen. Seit dem Frühjahr 1934 brachte Georg Huber, Speisewagenkellner auf der Linie München-Prag, den «Roten Rebellen» illegales Material aus Prag mit und versorgte die Exil-SPD in Prag mit Berichten aus München.

Doch vorher las die bayerische Gestapo mit, denn Georg Huber war ein Polizeispitzel. Die Polizei nahm sich Zeit und ließ die «Roten Rebellen» unter Aufsicht auch in der zweiten Jahreshälfte 1934 weitermachen. Sie wartete, bis ihr alle illegalen Mitarbeiter und Sympathisanten bekannt waren. Die Genossen im tschechoslowakischen Exil warnten die «Roten Rebellen» immer wieder, vorsichtiger zu sein. Aber die Jungen wollten sich von den Älteren nichts sagen lassen.

Auch 1934 gab es innerhalb der Sozialdemokratie erbitterte politische Auseinandersetzungen über Inhalt und Methoden des Widerstandes und der illegalen Arbeit. Die Streitpunkte waren so neu nicht: «Das Generationsproblem sprach mit. Die Initiatoren der Rechberg-Gruppe kamen nicht aus dem Partei-Apparat, sondern aus dem Partei-Nachwuchs und der inneren Opposition. Man war enttäuscht über die Parteiführung. Es war ein ‹Neubeginn› in dieser Gruppe.» Der 41jährige Heidelberger Emil Henk wußte, wovon er sprach, denn nach seinem Pseudonym «Rechberg» nannte sich die Widerstandsgruppe, die im Sommer 1933 im Mannheimer Raum entstanden war.

Emil Henk war einer jener unruhigen Zeitgenossen auf der Suche nach Sinn und Ziel über die alltäglichen Bedürfnisse hinaus. Der «Wandervogel» hatte ihn geprägt und seine Nähe zum Kreis um den Dichter Stefan George. Er kannte Carl Zuckmayer und Carlo Mierendorff von der SPD. Als Schriftsteller und Journalist berichtete er aus dem faschistischen Italien. Ohne Parteimitglied zu sein, wurde Henk nach 1933 ein entschiedener Verfechter sozialistischer Ideen und organisierte eine Gruppe, die im Neckarraum bis Stuttgart, in Frankfurt, Worms und Mannheim Gleichgesinnte fand. Es waren vor allem junge Akademiker, die in der politischen Schulung von kleinen entschlossenen Kadern die wichtigste Widerstandsarbeit sahen.

Die traditionelle Führungselite der SPD stand solchen elitären Zirkeln mißtrauisch gegenüber. Georg Reinbold, der nach seiner Flucht aus Mannheim von Straßburg aus die illegale Arbeit jenseits der Grenze für den südwestdeutschen Raum organisierte, machte keine Ausnahme. Doch weil er sich keinen Illusionen hingab, sah er auch die Defizite seiner Partei und schrieb im

April 1934 über eine Zusammenarbeit mit der Rechberg-Gruppe nach Prag: «Meine Auffassung geht nun dahin, daß wir den Weg einmal versuchsweise beschreiten sollten. Die größte Sorge ist doch, daß wir unter der jungen Generation Nachwuchs bekommen. Wir müssen Wege finden, daß wir die heranwachsenden Jahrgänge in größtmöglichem Maße in unsere Beeinflussung bringen. Da kommen wir auf die Dauer in einer Beschränkung auf bisherige Sozialdemokraten nicht durch und müssen vielmehr das neu heranwachsende Oppositionelle mit einspannen. Die Methoden, mit denen Rechberg arbeitet, sind die unseren, und glaube ich, daß wir starke Kräfte durch ein finanzielles Entgegenkommen für die Sache binden können. Vorschlagen würde ich, daß die Hergabe etwaiger Mittel durch meine Hände geht, daß mir eine gute Kontrolle verbleibt.» So begann das Bündnis der jungen Draufgänger mit den vorsichtigen Alten schon unter falschen Voraussetzungen. Jeder glaubte, den anderen in seinem Sinne beeinflussen zu können.

Es dauerte gerade drei Monate, bis die Reibereien zwischen dem Nachwuchs und dem altgedienten SPD-Funktionär Reinbold so unerträglich wurden, daß Emil Henk sich Ende Juli in einem langen Brief direkt an Prag wandte: «Die Vorbereitungen in Deutschland müssen in ganz anderem Maße als bisher geleistet werden... Wir müssen in der Lage sein, schlagartig die Aktionen zu bestimmen, zu leiten und geistig auszurichten. Wir müssen in der Lage sein, ganz D. [Deutschland] mit Flugblättern zu überschütten, und wir müssen in der Lage sein, sofort auf kommende Ereignisse mit Flugblättern zu antworten. Dazu fehlt uns heute alles. Der Apparat der Auslandsorganisation arbeitet für uns und für die Geschichte zu langsam.» Das waren Wünsche, wie sie viele hatten, denen alles im Untergrund zu langsam und zu kleinkariert vor sich ging. Nach heftigen Klagen über Reinbold endete der Brief: «Wir bitten übrigens: verschafft uns Kampfmittel. Etwa Tränengas. Wir rechnen mit Terror und Morden in den Konzentrationslagern. Und wir bereiten vor: Angriff auf die Lager, ehe man unsere Genossen dort abschlachtet... Wir prüfen noch, ob wir es bereits wagen können. Wenn ja, dann wagen wir es rücksichtslos.»

Gegenüber solchen hochfliegenden Vorstellungen von Widerstand hatte Georg Reinbold, dem die Sopade Henks Brief zur Kenntnis weiterleitete, es nicht schwer, seine Position zu verteidigen: «Nachdem ich den Schlußteil des Briefes, vom Absatz Tränengas, noch mal durchgelesen habe, glaube ich mir eine eingehende Erwiderung sparen zu können. So himmelblau, wie im Schlußteil des Briefes die Dinge in D. [Deutschland] angesehen werden, so himmelblau ist leider auch die Schilderung der geleisteten Arbeit in D. durch die Herrschaften um Rechberg.» Die Partei saß am längeren Hebel. Es gab kein Geld mehr für die Rebellen um Emil Henk.

Der endgültige Bruch zwischen den sozialistischen Brüdern im Raum Mannheim im Spätsommer hatte keine Bedeutung mehr. Ende September 1934 begann eine breitangelegte Verhaftungsaktion gegen Sozialdemokraten in der Pfalz, der vor allem die Rechberg-Gruppe zum Opfer fiel. Emil Henk wurde zu 20 Monaten Gefängnis verurteilt. Trotzdem konnte Georg Reinbold im Frühjahr 1935 erleichtert nach Prag schreiben: «Über dieses Urteil bin ich geradezu freudig erstaunt... Die ausgesprochenen Strafen lassen erkennen, daß auch diesmal ziemlich dicht gehalten wurde.» Der weitgespannte Verteilerkreis der illegalen Mannheimer SPD blieb intakt. Im Dunst der Mietwaschküche von Hans Heilig mischten sich weiterhin Kunden und Kundschafter, harmlose Bürger und Verschworene, die sich durch heimliche Blicke und Gesten verständigten.

Rund 1500 Exemplare der «Sozialistischen Aktion», die von Basel herübergeschmuggelt wurden, lagerten monatlich bei dem Arbeiter Hans Heilig und gingen von ihm per Kurier zu anderen Gruppen und Genossen weitergeleitet. Der 37jährige hatte sich schon 1914 in der Sozialistischen Arbeiterjugend engagiert. Auch Karl Mayer, Jahrgang 1907 und seit dem Herbst 1934 in der illegalen SPD Mannheims führend, war schon mit 14 Jahren in der Arbeiterbewegung und später als Metallarbeiter in der Gewerkschaft aktiv. Mayer reiste nach Saarbrücken, wo er von Georg Reinbold gefahrlos in die Feinheiten der konspirativen Arbeit eingewiesen wurde, da die Saar noch nicht wieder zum Reich gehörte. Er traf sich regelmäßig heimlich mit Genossen aus Frankfurt und Stuttgart, nicht selten in seiner Mannheimer Wohnung. Ende Januar 1935 faßte Karl Mayer die Diskussion «über die illegale Arbeit in den Bezirken Mannheim, Frankfurt, Stuttgart und Worms» in einem Bericht der «Bezirksleitung Baden» zusammen: Hoffnungen und Analysen von Menschen, die seit knapp zwei Jahren unter der Herrschaft der Nationalsozialisten lebten und nicht bereit waren, ihre Sache verloren zu geben. Im Gegenteil: Die aktiven Sozialdemokraten im Mannheimer Raum, nicht wenige von ihnen über dreißig, forderten von ihrer Partei mehr Mut zum Risiko bei der illegalen Arbeit.

Der Bericht, ein Rückblick auf die Erfahrungen des Jahres 1934, geht davon aus, «daß der Zeitpunkt gekommen ist, wo... von den Massen ernsthafter Widerstand geleistet wird... Gehen wir aktiver vor, so wird das die Auswirkung auf die Massen haben, und sie werden mehr und mehr zum offenen Widerstand getrieben.» Gefordert werden mehr Flugblätter und Wurfsendungen: «Dem Draufgängertum muß etwas mehr Raum gewährt werden.» Doch bei allem Optimismus sehen diese Illegalen die Zukunft nüchtern: «Man kann aber die illegale Arbeit, so wie sie jetzt betrieben wird, keine fünf Jahre fortsetzen, wenn sie 1. keine Fortschritte zeigt, 2. die Opfer zu groß werden, 3. die Arbeiterschaft apathisch wird.» Das Jahr 1934 hatte mit dem Bekenntnis der SPD in Prag begonnen, beim Kampf gegen die menschenverachtende Diktatur nur noch auf revolutionäre Mittel zu setzen. In die Praxis waren diese großen Worte nicht umgesetzt worden: Die konspirative Kleinarbeit forderte alle Energien; die Funktionäre, die die spärlichen Gelder verteilten und die Kontakte zwischen den Mitgliedern im Land und den

Gremien im Exil aufrechthielten, waren meist vorsichtige Männer, zum Draufgängertum nicht geneigt und nicht geeignet.

In Mannheim war man bisher mit aller Sorgfalt vorgegangen und trotz kleiner Pannen unentdeckt geblieben. In Nürnberg hatten sich nach den Verhaftungen neue Gruppen gebildet. In München flatterten den Bürgern Flugblätter auf die Straßen. In Duisburg waren die Genossen Brotfahrer von der Großbäckerei «Germania» höchst erfolgreich im Verteilen illegaler Zeitungen. Alles Zufälle oder Ausgangspunkt für eine erfolgreiche Widerstandsarbeit? Was hatten die Genossen im Rheinland, in Hamburg und in Berlin falsch gemacht, wo im Herbst überall Verhaftungswellen anliefen? Gab es für die anderen, die noch unentdeckt waren, nur eine Galgenfrist?

Die Macht der Nationalsozialisten am Ende des Jahres 1934 war ungebrochen. Der Unmut der Bevölkerung über sinkende Löhne und hohe Preise konnte von den Gegnern des Regimes nicht in grundsätzliche politische Kritik umgesetzt werden. Adolf Hitler arbeitete sehr bewußt mit Zuckerbrot und Peitsche. Jene, die er zu Recht für seine konsequentesten Feinde hielt, verfolgte er gnadenlos. Das bürgerliche Lager, das ganz überwiegend die Politik des «Führers» unterstützte, hielt er mit demonstrativen Gesten und meisterlicher Propaganda bei Laune. Im November 1934 hatte der Reichskanzler sein Flugzeug nach Leipzig geschickt, um den Oberbürgermeister der Messestadt nach Berlin zu fliegen. Carl Goerdeler sollte zum Reichskommissar für Preisüberwachung berufen werden, um alle von den soliden Absichten der NS-Wirtschaftspolitik zu überzeugen. Aus eigenem Antrieb hatte der geachtete Kommunalpolitiker im Herbst seine Vorstellungen über eine deutsche Innen- und Außenpolitik für Adolf Hitler in einer Denkschrift zusammengefaßt. Im Innern forderte Goerdeler die «Sicherung gewisser Grundrechte wie des Eigentums, der Wohnung und der persönlichen Freiheit gegen jede nicht richterlich gedeckte Beeinträchtigung». Diese Sicherung sei «für die deutsche Art ein unerläßliches Erfordernis, um höchste Hingabe an Staat und Volk zu erzielen.» Außenpolitisch war Goerdeler über Hitlers Nichtangriffs- und Freundschaftspakt mit Polen vom Januar 1934 verärgert: «Wir müssen endlich das deutsche Volk zum Befreiungskampf rüsten... An der Spitze der politischen Betrachtung muß die Erkenntnis stehen, daß das deutsche Volk um die Sicherung seiner Existenz kämpfen muß.» Am 30. Juni war der Oberbürgermeister, von den Leipziger Militärs geschickt, im Reichswehrministerium vorstellig geworden: Was es mit den Ereignissen um die Erschießung des SA-Führers Röhm auf sich habe. Eine gerechte Strafe sei das, erwiderte ihm der Minister, und die Niederschlagung eines Putsches. Der studierte Jurist Goerdeler stellte keine weiteren Fragen. Und er hatte keine Skrupel, sich fünf Monate später zum Preiskommissar ernennen zu lassen. «Äußerst liebenswürdig», kommentierte er, als der «Führer» ihm sein Flugzeug schickte.

Carl Goerdeler, der trotz mehrfacher Aufforderung nicht in die NSDAP eintrat, fand sich in seiner Beurteilung des Nationalsozialismus und in seinem Engagement für diesen Staat mit jenen evangelischen Bürgern, die mutig in einen Kirchenkampf gingen und zugleich bereit waren, «Führer und Volk» ihren Dienst nicht zu versagen. Deutschland sollte wieder groß und angesehen werden: Da war zuviel Kritik unpatriotisch; da mußte die Freiheit des einzelnen beschnitten werden; da durfte der Staat Opfer verlangen.

Während die Glocken der lutherischen Kirchen am 30. Januar 1934 das zweite Jahr des Nationalsozialismus einläuteten, gab es für die von den Machthabern am meisten verfolgten Gegner keine Atempause. Aus dem Bericht der Bayerischen Politischen Polizei über die Kommunistische Partei: «Der Anfang des Jahres im Bezirk Südbayern beobachteten äußerst regsamen und intensiven Organisationstätigkeit wurde anfangs Februar durch die Festnahme einer größeren Anzahl illegaler Funktionäre jäh ein Ende gesetzt. Dabei wurde der Verteilungsapparat des illegalen

Organs der KPD Südbayerns ‹Neue Zeitung› ausgehoben. Unter den Festgenommenen befand sich ferner der Ortsgruppenleiter, das letzte in Freiheit befindlich gewesene Mitglied der illegalen BL [Bezirksleitung] Südbayerns, bei dem zahlreiche Aufzeichnungen über die Organisation der KPD in Bayern beschlagnahmt wurden... Von der Polizeidirektion Nürnberg-Fürth wurde eine erfolgreiche Aktion gegen die Leitung der illegalen KPD Nordbayerns durchgeführt, bei der neben 20 Funktionären ein in Nürnberg anwesend gewesener ZK [Zentralkomitee] Kurier festgenommen werden konnte, in dessen Koffer in einem Doppelboden wertvolles neues KPD-Material vorgefunden wurde.»

Bei Ernst Goller in der Austraße 24 in Nürnberg läutete die SA-Truppe «z. b. V.» (zur besonderen Verwendung) am 24. Januar 1934 morgens um 4.30 Uhr Sturm. Seine Frau sagte nur: «Jetzt sind sie da.» Sie kam in die Haftanstalt, ihr Mann in den Folterkeller der Burg. Gegen Abend wurde Ernst Goller mit verbundenen Augen auf einen Bock geschnallt. Das Verhör begann: «‹Bist du Funktionär der KPD?› Auf mein Nein prasselten... 25 Hiebe mit Ochsenziemern auf mich ein. Die nächste Frage: ‹Hast du Flugblätter hergestellt und verteilt?› – ‹Nein!› – Kommando: ‹Weitere 25 Hiebe!› Ich brüllte vor Schmerz, sprengte einen der Riemen, mit denen ich angeschnallt war, wurde ohnmächtig und mit Wasser begossen, bis ich zu mir kam.» Es gab neue Schläge, wieder eine kalte Dusche, um die Ohnmacht zu vertreiben. Schließlich wird ihm ein vertrauter Genosse gegenübergestellt, der dem Standhaften sagt: «Ernst, es ist vergebens, wir sind alle hochgegangen.»

Im Februar werden in Breslau 49 Kommunisten festgenommen, in Berlin schon der zweite illegale Politische Leiter der KPD; im März 30 illegale Kämpfer in Hannover. Im Rheinland und im Ruhrgebiet rollt eine Verhaftungswelle an, die Hunderte hinter Gitter bringt. Aus dem Bericht der Geheimen Staatspolizei Karlsruhe vom 17. März: «Die Hersteller und Verteiler der achtbis zehnseitig erscheinenden KPD-Wochen-Flugschrift ‹Trotz alledem Rote Fahne› konnten nach monatelanger Beobachtung endlich festgestellt werden... Die geistigen Leiter... waren die Jüdin Eva Maria Rosenberg und der Student Herbert Partschick, der als ganz besonders begabt bezeichnet werden muß. Die von ihm beschriebenen Wachsmatrizen wurden in einer Flasche verwahrt und im Hardtwald an einer bestimmten Stelle abgelegt. Auf der in der Nähe des Verstecks befindlichen Bank wurde ein Kreis mit Kreide gemalt. Der Abholer machte als Beweis dafür, daß die Matrize in die richtigen Hände kam, in den Kreis ein Kreuz. Der Maler Graf holte längere Zeit hindurch die Matrizen ab und verbrachte diese in eine Gartenhütte im Feld zwischen Mühlburg und Beiertheim, Eigentümer Zimmermann Strobl. Hier standen zwei Abziehapparate und das erforderliche Saugpapier bereit, die unter dem Bretterboden verborgen gehalten wurden.» Es folgte die siegessichere Schlußbemerkung: «In den letzten Wochen wurden insgesamt 26 Personen, die mit der Herstellung und dem Vertrieb der ‹Trotz alledem Rote Fahne› verwickelt sind, festgenommen und sehen ihrer Verurteilung entgegen. Dadurch ist der illegale KPD-Apparat besonders in Karlsruhe so gut wie zerschlagen.»

Die bayerische Polizei schätzte den Gegner in ihrem Bericht anders ein: «Mit welch unübertrefflicher Hartnäckigkeit die KPD an dem Verfolg ihrer Aufgaben und Ziele arbeitet, zeigt der Umstand, daß die verwaisten Funktionärsstellen sofort wieder besetzt und alsbald wieder Vorarbeiten zur Bildung einer neuen BL eingeleitet wurden.» Die Mitteilung Nr. 3 aus der Berliner Zentrale der Gestapo von Anfang 1934 analysierte, «daß in bestimmten Teilen Deutschlands, und zwar in den dichtbevölkerten und industriereichen Bezirken, in letzter Zeit eine aufsteigende Kurve der kommunistischen Tätigkeit zu beobachten ist». Zugleich waren die Herren in Berlin überzeugt, daß die jetzt entlassenen KZ-Häftlinge keine Gefahr mehr für den Staat bedeuteten, «denn im allgemeinen übten nicht nur der Aufenthalt im

Lager, sondern fast noch mehr die in Preußen besonders rigorose Behandlung der Rückfälligen ihre beabsichtigte abschreckende Wirkung aus». Doch so ganz war die Polizei von der Überzeugungskraft ihrer Brutalität nicht überzeugt: «Jedenfalls müssen die Behörden die entlassenen Häftlinge dauernd im Auge behalten.»

Von diesen Kontrollen nach der Haftentlassung wußte auch der junge Kommunist Rudolf Goguel. Von April bis Ende Oktober 1933 hatten ihn die Nationalsozialisten im KZ Börgermoor festgehalten, weil er als Funktionär in einer kommunistischen Gewerkschaft aktiv war. Im Emsland-KZ hatte der Rheinländer ein Lied komponiert, das in allen Lagern zur geheimen Hymne des Widerstandes wurde: «Wir sind die Moorsoldaten und ziehen mit dem Spaten ins Moor.» Seit seiner Entlassung mußte sich der arbeitslose Rudolf Goguel zweimal wöchentlich in Düsseldorf beim Gestapohauptquartier nahe der Königsallee melden. So auch an einem kalten Februartag 1934. Da kam ihm ein Genosse aus alten Zeiten entgegen und sprach ihn an: «Wie lange bist du schon draußen? Hast du schon Verbindung zur Partei?» Goguel erinnerte ihn an die konspirative Regel, daß entlassene Kommunisten keinen Kontakt zur Partei aufnehmen sollten, solange sie unter Polizeiaufsicht standen. Doch die Realität der Verfolgungen hatte solche Vorsichtsmaßnahmen inzwischen außer Kraft gesetzt. Die Personaldecke der Partei, die nach jeder Verhaftung ihre traditionellen Strukturen eisern wiederaufbaute, war zu dünn geworden. Rudolf Goguel reihte sich bei den illegalen Kämpfen ein.

Es begann mit stundenlangen Diskussionen an geheimen Treffs über Strategie und Taktik der Partei. Die praktische Arbeit bestand in der Herausgabe einer illegalen «Gewerkschaftszeitung». Anfang Mai 1934 kam ein neuer Mann mit dem Decknamen «Franz» aus Berlin: «Franz» war etwa 30 Jahre alt, von Beruf Schneider, von mittelgroßer Statur und schien mir schon vom Ansehen her ein idealer Funktionär zu sein, ohne ‹besondere

Kennzeichen› und unauffällig. Aber hinter dieser unauffälligen Fassade verbarg sich geballte Energie und eine rastlose Aktivität.» Optimismus machte sich unter den Verfolgten breit. Jetzt würde der große Umschwung kommen, den die Partei seit dem Übergang in die Illegalität predigte. Ulrich Osche, damals ein junger Kommunist, über die Stimmung in diesem Sommer 1934: «Wir haben gedacht, jetzt kommen Teilkämpfe, dann kommen betriebliche Kämpfe, dann Gebietskämpfe, schließlich der Generalstreik und dann die Revolution. So wird alles kommen, wir müssen nur tüchtig alle Kräfte mobilisieren.»

Anfang Juli 1934 bekennen sich rund 1600 Menschen im Ruhrgebiet wieder zur illegalen Partei, zahlen pro Monat Beiträge zwischen zehn und achtzig Pfennig, lesen verbotene Zeitungen und geben sie weiter. Das Zentrum der verbotenen KPD an Rhein und Ruhr liegt jetzt in Duisburg in der Friedrich-Wilhelm-Straße 94. Hier, mitten in der Stadt, hat der Bäcker Georg Krebs sein kleines Geschäft. Wo am Tag Brot und Kuchen verkauft werden, herrscht bei Nacht nur scheinbar Ruhe. In einem Nebenraum arbeitet, so geräuschlos wie möglich, der Abziehapparat und druckt pro Nacht 500 Exemplare des kommunistischen «Ruhrechos»: «Wir fertigten 5000 Exemplare – 20 000 Bogen im Laufe von acht Tagen in der zweiten Monatshälfte des Juni 1934 an.» Die Backstube war der Mittelpunkt eines weiträumigen Verteilerkreises: Hier wurde illegales Material hergestellt und angeliefert, wenn Matrosen wieder einmal eine Ladung von Holland in den Duisburger Hafen geschmuggelt hatten. Für den weiteren Versand sorgten die Kuriere der Partei. Sie brachten die Zeitschriften und Flugblätter nach Mülheim und Essen, Dortmund und Gelsenkirchen, für kurze Zeit sogar bis nach Thüringen.

Der kommunistische Mittelsmann in Thüringen war offiziell ein Esperanto-Freund. Auch im Nationalsozialismus durfte der Bildungshunger der Arbeiter gestillt werden. Der Esperanto-Klub in Duisburg-Hamborn war besonders angesehen. Darüber vergaß man bei der Polizei, daß alle Mitglieder vor 1933 dem eigenständigen Arbeiter-Esperantoklub angehört hatten, die meisten von ihnen aktive Kommunisten. Nun machten sie ihre Sprachkurse im Schutz eines nationalsozialistischen Vereins und organisierten in Wahrheit bei ihren Treffs den Zusammenhalt von Kommunisten im Rheinland und in Westfalen. Auch Bäcker Georg Krebs lernte eifrig Esperanto.

Selbst wenn die Polizei keine gezielten Hinweise hatte, blieb sie nicht untätig. Sie ging der Spur jedes Flugblatts nach und verhaftete willkürlich ehemalige Mitglieder der KPD, die in ihren Karteien registriert waren, in der Hoffnung, in harten Verhören Namen und Informationen zu erfahren. Und wer wollte es auf sich nehmen, daß nicht nur die eigene Existenz, sondern das Leben von Frau und Kindern in solchen «Verhören» erpresserisch bedroht wurde; Drohungen, die keine leeren Worte waren. Da wurde mancher unter Qualen zum «Verräter», gab Namen und Nachrichten preis. Zahlreicher noch waren die Hinweise und Denunziationen aus der Bevölkerung. Erschreckend viele Deutsche fühlten sich plötzlich zu Polizisten und Kontrolleuren berufen, begegneten dem Nachbarn nicht mit Vertrauen, sondern mit Argwohn. Nur nicht auffallen, hieß die Devise, «Gleichschaltung» das neue Losungswort. Wo regelmäßig eine Schreibmaschine klapperte – verdächtig. Wer allzu oft mit einer prall gefüllten Aktentasche das Haus verließ oder in die Wohnung zurückkehrte – da stimmte doch etwas nicht. Wer zu eilig und mit gesenktem Kopf durch die Straßen hetzte, wer zu häufig als Fremder in einem Wohnblock auftauchte – hatte der nicht etwas zu verbergen, war er vielleicht ein innerer Feind? Und wen die Nachbarn nicht anzeigten, der fiel vielleicht einem Blockwart auf, von denen die Nationalsozialisten Tausende in Land und Stadt eingesetzt hatten.

Die Mosaiksteinchen der Verdächtigungen füllten nach und nach den Fahndungsraster der Gestapo, bis er feste Konturen gewann und auf die entscheidende Spur führte. Ende Juli 1934 wurde die illegale Bezirksleitung der KPD im Ruhrgebiet aufgespürt und verhaftet. Nur ein leitender Funktionär konnte den Verfolgern entkommen. In den folgenden Monaten wurde nach und nach die illegale Struktur der Partei in Dortmund, Essen, Bochum, Gelsenkirchen, Oberhausen und Mülheim zerschlagen. Unentdeckt blieb das Geheimnis der Bäckerei Krebs in Duisburg, ungebrochen der Wille und der Mut einzelner, weiterzumachen: «Ich hatte zu mehreren Stadtteilgruppen in Duisburg Anlaufstellen geschaffen. Ich selbst hatte mich durch verschiedene Kleidungsstücke getarnt, wie Mütze, Hut, Gabardinemantel, und war immer sehr gut angezogen. An der Wohnung, in der ich anlief, hatte ich mit dem Genossen ausgemacht, daß zum Beispiel ein bestimmter Blumentopf im Fenster stehen mußte, dann konnte ich zu ihm raufkommen... Wir haben auch eigene Schriften hergestellt. Zum Beispiel war in der Nähe die Schachtanlage Mevissen. Dafür habe ich Wachsbögen beschrieben und habe die dann in der Backstube Krebs, wo unsere Druckmaschine stand, abziehen lassen. Meine Frau hatte im Schrank eine alte Orga Privat-Schreibmaschine versteckt. Dort wurde eine kleine Lampe angebracht. Dort hat meine Frau die Wachsbogen getippt. (Unter uns wohnten Faschisten!) Deshalb haben wir den Lautsprecher, den ‹Volksempfänger›, auf Hochtouren gedreht, damit die Leute das Tippen nicht hören. Und für die Wachsbogen habe ich dann versucht, einen Förderturm zu zeichnen, und die Zeitung ‹Der rote Förderturm› genannt. In großen Mengen warfen wir unsere Materialien abends und nachts in Briefkästen oder schoben sie unter den Haustüren durch.»

Wer nicht erwischt wurde, brauchte immer größeres Glück. Kommunisten wurden in diesem Sommer in Zwickau und Chemnitz verhaftet, in Frankfurt am Main, in Augsburg und Würzburg. In Breslau und Oppeln standen schon im Mai 110 Parteimitglieder vor ihren Richtern. Im Sommer 1934 meldete der Bericht der Bayerischen Politischen Polizei: «Im Juni wurde durch die Festnahme mehrerer Haupt- und Spitzenfunktionäre der Erfolg im Aufbau der illegalen Organisationen völlig zunichte gemacht... Im Juli wurden weitere illegale Ortsgruppen in Olching, Gröbenzell, Eichenau und Eching ausgehoben... Durch die Polizeidirektion Würzburg wurden in Würzburg und Umgebung illegale Ortsgruppen des KPD-Unterbezirks Unterfranken ausgehoben, die eine sehr rege Tätigkeit entfaltet haben. Dabei wurden illegale Verbindungen nach Hamburg und Frankfurt am Main festgestellt.»

Aus dem «Lagebericht über den Monat Juli 1934» eines Hamburger Polizeikommissars und SA-Manns über die Führer der KPD in der Hansestadt: «Mit einer erstaunlichen Einsatzbereitschaft und beachtlicher Intelligenz ist es den 5 Männern gelungen, monatelang der fieberhaften Arbeit der Staatspolizei zu trotzen, ihre Organisation verhältnismäßig festzufügen und insbesondere allwöchentlich regelmäßig ihre illegalen Zeitschriften anzufertigen und zu verteilen. Als vor etwa 4 Wochen zugegriffen wurde, wurde hier selbst noch nicht geahnt, welchen Umfang die Organisation angenommen hatte... Zur Zeit schweben zwei große Ermittlungsverfahren von je 200 Beschuldigten... Auch in Mecklenburg, Bremen und Oldenburg schweben umfangreiche gleiche Verfahren...» Über 800 Kommunisten wurden in Norddeutschland schließlich festgenommen.

Einer der fünf Hamburger Funktionäre war Albert Bennies, verhaftet am 20. Juli 1934 nach vierzehn Monaten im Untergrund. Trotz schwerer Folterungen noch in der gleichen Nacht erreichte die Gestapo nicht ihr Ziel, Namen aus ihrem Opfer herauszuholen. Aber Albert Bennies hatte einen Zettel mit einer chiffrierten Botschaft in der Tasche, die die Polizei entziffern konnte: «Alkazar 10 Uhr.» Am nächsten Tag kurz vor zehn gingen unauffällig gekleidete Gestapoleute dicht hinter ihrem Gefangenen auf das «Alkazar» an der Reeperbahn zu. Kurz vor dem Treffpunkt kam dem kleinen Trupp ein Bus der städtischen Verkehrsbetriebe entgegen. Mit dem lauten Ruf «Achtung, die

Bullen!» warf sich Albert Bennies vor das Fahrzeug. Diesmal war die perfide Falle der Gestapo nicht zugeschnappt. Falls ein Mittelsmann am «Alkazar» wartete, konnte er noch die Flucht ergreifen. Der schwerverletzte Albert Bennies starb auf dem Transport zum Hafenkrankenhaus.

In den Großstädten der dreißiger Jahre brachten die Litfaßsäulen bunte Tupfer ins graue städtische Getriebe. Auch der Staat nutzte diese Bekanntmachungsbörsen. Mitte Juni 1934 prangte auf den Berliner Säulen ein beklemmendes Potpourri: Reklame für die neuesten Filme «Gruß und Kuß Veronika» und «Annemarie, die Braut der Kompanie» stand neben Zigarettenwerbung für die Frauen «Die Berlinerin. Die große runde Juno!». Dazwischen war ein gelbes Plakat nicht zu übersehen: «Bekanntmachung! Die Justizpressestelle teilt mit: Der Richard Hüttig aus Berlin, geboren am 18. März 1908 in Bottendorf, ist durch rechtskräftiges Urteil des Sondergerichts beim Landgericht Berlin vom 16. Februar 1934 zum Tode verurteilt worden. Das Urteil ist heute früh im Hofe des Strafgefängnisses zu Plötzensee vollstreckt worden. Berlin, den 14. Juni 1934.»

Irgendwann an diesem Junitag stößt auch Jan Petersen, der seit Monaten als Kommunist im Berliner Untergrund lebt, auf eine Reklamesäule: «Ich weiß nicht, wie lange ich vor dem Plakat gestanden habe, bis ich endlich weitergehe. An jedem Fuß hängt mir eine schwere Kugel. Die Menschen laufen an mir vorbei, der Lärm der Straße braust dumpf in meinen Ohren. Den Fuß vorsetzen, wieder zurück – mechanisch geht das, ohne meinen Willen.» Jan Petersen hat den 26jährigen Hüttig aus der Widerstandsarbeit gekannt, «seine rauhe, bellende Stimme, seine blonden wirren Haare, die buschigen Augenbrauen». Wut und Trauer treiben Petersen, den die Polizei sucht, gegen alle Regeln der Vernunft zurück an die Litfaßsäule: «Ich ziehe einen schmalen Zettel aus der Tasche. Ich feuchte ihn schnell an. Ich klebe ihn schräg auf das Wort ‹Bekanntmachung›. Mit den Buchstaben eines Kinderdruckkastens sind darauf die Worte gestempelt:

‹Auch Tote können zu uns sprechen! Wir kämpfen weiter, und wir werden rächen!›»

Als Jan Petersen am Abend in seinem illegalen Quartier sitzt, einem kleinen Zimmer in der Knesebeckstraße in Berlin-Charlottenburg, schreibt er auch dieses Erlebnis auf, wie so vieles seit dem Januar 1933. Ein Buch soll entstehen, damit die Arbeit und die Opfer derer in der Welt bekannt werden, die in Deutschland keine Stimme mehr haben. Jan Petersen beschreibt auch den Tag, als der Sarg mit dem Hingerichteten durch die Wallstraße in Charlottenburg gefahren wird, die Straße, in der Richard Hüttig zu Hause war: «In der schmalen Straße gehen Polizeistreifen auf und ab. An den Ecken stehen kleine Trupps der SA. Die haben doch damit gerechnet, daß wir es erfahren könnten! Die Uniformierten sehen alle angestrengt zu den Fenstern der Häuser hinauf. Die sind geschlossen. Aber vor den Haustüren stehen Menschen. Frauen mit Markttaschen, viele haben ihre Kinder an der Hand. Die Männer stehen regungslos daneben. Sie haben die Hände in den Hosentaschen... in losen Gruppen gehen ‹Passanten› hin und her. Immer mehr kommen aus den Seitenstraßen... Hunderte gehen auf und ab – aber es ist still in der Straße. Unheimlich still... Jetzt! Am Straßenrand links tauchen Uniformen auf. Blaue Polizeiuniformen, dazwischen braune. Der Totenwagen. Zwei SA-Leute führen die Pferde am Zügel. Auf den Bürgersteigen erstarrt jede Bewegung. Alle Köpfe drehen sich zum Fahrdamm. In dichten Reihen stehen die Menschen an den Rinnsteinen. Aus den Haustüren kommen sie, stellen sich dazu. Plötzlich fliegen die Fenster an den Häuserfronten auf, als hätte ein Klingelsignal die Mieter alarmiert... Da fliegt ein roter Blumenstrauß durch die Luft, prallt gegen den Totenwagen, fällt auf den Asphalt. Ich reiße den Kopf herum. Aus den Fenstern über uns – da – noch einer! ‹Du bist für uns gestorben, Genosse Hüttig! Wir werden dich rächen!› ruft eine Frau mit gellender Stimme... Hundertstimmig schreit es in der engen Straße: ‹Rache! – Rache! Rot Front!›»

Solche Augenblicke gaben den Betroffenen Hoffnung und Kraft. Die meisten Deutschen jedoch standen auf seiten der knüppelnden SA-Leute. Die kommunistischen Arbeiter und Funktionäre im Untergrund bewegten sich nicht wie Fische im Wasser. Wenn sie spät abends in ihr illegales Quartier kamen, ging es ihnen wie Jan Petersen: «Ich ziehe mich leise aus, wühle den Kopf in die Kissen... Was ist denn...? Was klopft denn da...? Ich fahre im Bett hoch. Jemand klopft an meine Zimmertür. Jetzt wieder, stärker! Mein Kopf ist dumpf und schwer. Das Hemd klebt an meinem Rücken vor Schweiß... Mein Wecker zeigt vier Uhr – und es klopft?! Haussuchung – Polizei! Ich bin vor Schreck wie gelähmt, meine Hände zittern, ich kann sie nicht richtig halten. Den Bericht habe ich noch hier – diesen Bericht! Noch etwas anderes? – Nein – und der Bericht ist ja gut versteckt! Langsam gehe ich zur Tür, öffne. Meine Wirtin steht auf dem Korridor. Sie hat einen Bademantel übergeworfen, ihr dünner weißer Zopf baumelt über die Schulter. ‹Um Gottes willen – Herr Petersen – was haben Sie denn? Sie schreien ja so›, sagt sie verstört. ‹Ich? Nichts! Entschuldigen Sie bitte›, sage ich mühsam... Wochenlang geht das nun schon so. Nachts im Schlaf jagen mich die Braunen, am Tage belausche ich jeden Schritt auf der Treppe, jedes Klingelzeichen. Meine Nerven... Ob mich meine Wirtin schon öfter schreien gehört hat? Ich werde mich ihr gegenüber noch verraten. Ich starre auf das zerwühlte Laken, auf die Betten, die am Fußboden liegen. Mich fröstelt, meine Zähne schlagen aufeinander, das Hemd klebt mir kalt am Körper.»

Der kommunistische Widerstand bewegte sich nur im eigenen Milieu. Der illegale Funktionär tat alles, um die eigenen Genossen zusammenzuhalten. Aber es gab keine Gelegenheiten, mit Menschen anderer politischer Lager zu diskutieren. Es wäre zudem ein tödliches Risiko gewesen. So wuchs die Gettomentalität der Illegalen, und es verringerten sich die Erfahrungen mit dem alltäglichen Leben der Mehrheit. Hinzu kamen die Sorgen, sich auch nur das Nötigste zu verschaffen. Die meiste Zeit wurde man nicht satt. Die Illegalen mußten aufpassen, nicht durch allzu geflickte Kleidung aufzufallen. Im Bezirk Niederrhein der Untergrund-KPD sah der Etat im März 1934 für neun hauptamtliche Funktionäre gerade 631 Reichsmark vor.

Richard Hüttig war der erste Häftling, der im Zuchthaus Berlin-Plötzensee aus politischen Gründen hingerichtet wurde, mit dem Handbeil. (Zwanzig Guillotinen waren 1933 in Auftrag gegeben worden und wurden am Jahresende 1934 in Dienst genommen.) Der evangelische Gefängnispfarrer von Plötzensee, Harald Poelchau, sagte später über das Hüttig-Urteil: «Es handelte sich hier um einen reinen Justizmord.» Doch die Bevölkerung ging über solche Morde zur Tagesordnung über. Es gab doch ordentliche Gerichte und tüchtige Staatsanwälte. Warum sollte man an ihrem Urteil zweifeln? Warum sollte man nachdenklich werden, wenn Günther Küchenhoff, Assistent an der juristischen Fakultät der Universität Breslau, 1934 schrieb: «Gegen den Rechtsbrecher, den Staatsfeind und Feind der Volksgemeinschaft gibt es in Strafmaß und Strafvollzug nur eins: kraftvolle Strenge und erforderlichenfalls völlige Vernichtung.» Da war es nur folgerichtig, daß gegen solche «Feinde der Volksgemeinschaft» Sondergerichte etabliert wurden, zum Beispiel mit einem Gesetz vom 24. April 1934 der Volksgerichtshof zur «Aburteilung von Hochverrats- und Landesverratssachen». Von den fünf Richtern, die Hitler ernannte, mußten nur zwei die Befähigung zum Richteramt haben, und gegen das Urteil, für das schon bloßer «Verdacht» ausreichte, gab es kein Rechtsmittel mehr.

Die Kinder lernten in Schule und Elternhaus, wer zur Volksgemeinschaft gehörte und wer nicht: «Schon in meiner frühesten Kindheit hörte ich die Eltern begeistert über ‹die Nazis› und verächtlich über ‹die Sozis› reden. ‹Kommunisten› und bald auch ‹Juden› waren jene Menschen, die nicht zu uns gehörten, die an dem Unglück, in dem Deutschland lebte, schuld waren.» Die Redensarten, die sich Renate Finckh in Ulm einprägten, bestimmten auch das Klima, in dem Carola («Eka») Stern in dem kleinen Ostseebad Ahlbeck aufwuchs: «Allein schon wenn das Wort ‹Kommunismus› fällt, beginnt das Kind zu zittern... Die Räuber in den Dünen, im dunklen Hausflur, hinterm Bett heißen nicht mehr Störtebecker, sind nicht mehr unbekannte Vagabunden, sondern tragen jetzt die Namen von Mitgliedern der KPD im Dorf... Kommunisten, so glaubt Eka, schrecken nicht davor zurück, Kinder umzubringen. Ist es deshalb nicht ganz richtig, denkt sie, diese Leute ins KZ zu bringen?... Jedenfalls besitzt Eka mit ihren sieben Jahren ein festes Feindbild. Feinde sind an erster Stelle Kommunisten, dann ‹die Sozis› und die Polen, ‹Polacken›, wie man verächtlich sagt. Zwar kennt sie keinen Polen und kaum Sozis oder Kommunisten, aber sie hat doch Vorstellungen, warum sie diese Menschen hassen soll.» Der Glaube an den Führer blieb ungebrochen, wurde eher noch bestärkt, wenn Hitler «Ordnung schaffte», ob in den eigenen Reihen der SA oder bei den Kommunisten und «Sozis».

Auch wenn die verbotene KPD weiterhin an der Illusion vom Massenwiderstand festhielt und am Feindbild der Sozialdemokraten, der angeblichen Sozialfaschisten – die Funktionäre im Untergrund wurden nachdenklicher, kritischer. Wer den Sinn für Realitäten nicht verloren hatte, mußte erkennen, daß die Partei Verbündete brauchte im Kampf gegen die Nationalsozialisten. Am Niederrhein und im Saarland wandten sich die Kommunisten in ihren Flugblättern und illegalen Zeitschriften an die katholische Kirche und lobten den Widerstand einzelner Christen gegen das Regime. Zu den Zeitschriften, die der Kommunist Rudolf Goguel in Düsseldorf illegal weiterleitete, gehörte auch «Der Revolutionär», Organ der KPD im Bezirk Niederrhein. Die Ausgabe vom 15. September 1934 brachte auf Seite eins: «Überwinden wir die so völlig ungenügende organisatorische Verankerung unseres ideologischen Einflusses auf die Massen nicht, gelingt es uns nicht, mit Hilfe der sozialdemokratischen und katholischen Arbeiter die Gewerkschaften wiederzuerrichten und schnellstens die Einheit der Arbeiter und Werktätigen wiederherzustellen, so werden wir nicht zum Sturz des Faschismus, zur Errichtung der Rätemacht kommen.»

Das war der Punkt, über den man sich vielleicht einigen konnte: die Gewerkschaften. Hatten doch Kommunisten und Sozialdemokraten in den zwanziger Jahren gemeinsam in den Gewerkschaften gearbeitet, bis von der KPD die – intern heftig umstrittene – Devise kam, eigene kommunistische Gewerkschaften zu gründen. Langsam rückte die Partei unter dem Druck der Verfolgung von dieser Lösung ab. Im Taunus trafen sich Funktionäre der illegalen hessischen Bezirksleitungen von SPD und KPD und einigten sich am 5. September 1934 auf einen gemeinsamen Aufruf: «In der Erkenntnis, daß zur Führung dieses Kampfes breite Einheitsorganisationen erforderlich sind, erblikken wir... die erste und wichtigste Aufgabe unserer Aktionseinheit in dem Wiederaufbau der freien Gewerkschaften auf der Grundlage des proletarischen Klassenkampfes.» Diesem ersten Schritt folgte kein zweiter, im Gegenteil. Als sich Sozialdemokraten aus dem Reich in der ersten Dezemberwoche mit Otto Wels, dem Vorsitzenden der Exil-SPD, in Antwerpen trafen, war die Mehrheit gegen jede Zusammenarbeit mit der KPD. Die Frankfurter Sozialdemokraten brachen daraufhin ihre Beziehungen zu den Kommunisten ab. Verschiedenes kam da zusammen: die Angst, in die zahlreichen Verhaftungen bei den Kommunisten mit hineingezogen zu werden; das Mißtrauen, ob die KPD die SPD als gleichberechtigten Partner wirklich anerkannte oder ob sie über diesen Verbündeten nur Ziele erreichen wollte, die die Sozialdemokraten strikt ablehnten, zum Beispiel eine deutsche Räterepublik nach sowjetischem Muster. Beiden Seiten fiel es schwer, die eigenen Positionen und Fehler kritisch zu überdenken und einen neuen Anfang zu wagen.

Rudolf Goguel war dazu bereit. Er sah in diesem Sommer 1934, wie die KPD «trotz schwerster Nackenschläge in einem Taumel von Optimismus» lebte. Die Ruhe im Land nach dem «Röhm-Putsch» ernüchterte ihn zunehmend. Es kam zu heftigen Diskussionen mit seinem politischen Vorgesetzten in der Illegalität: «Was nützt das schöne Bild, das du mir entwirfst, Genosse, wenn die Wirklichkeit anders aussieht? Geh hinaus in die Betriebe und sieh dich um! Bei Phönix, bei Rheinmetall, bei Mannesmann haben wir kleine Grüppchen von höchstens zwanzig bis dreißig Aktivisten... Wo sind denn die Massen, die du zum Kampf führen willst? Ich sehe nur passive, indifferente Arbeiter, die zu irgendwelchen Widerstandshandlungen nicht zu bewegen sind. Bauen wir lieber eine Organisation auf aus wenigen aktiven Kadern und arbeiten wir auf lange Sicht.» Aber selbst Franz, der neue Mann aus Berlin, der soviel Schwung in die illegale Arbeit in Düsseldorf gebracht hatte, wollte von solchen Vorstellungen nichts hören: «Die Organisation blieb schwerfällig und unbeweglich, die Funktionäre arbeiteten nach altem Schema... Man fühlte sich als Exponent einer Millionenbewegung, nein: des gesamten werktätigen Volkes und sah nicht die täglich stärker zutage tretende Isolierung unserer Aktivisten, die täglich solider werdende Fundierung der Hitlerpartei bis tief in die Massen der Arbeiterschaft hinein.» Solche Kritik änderte für Rudolf Goguel nichts daran, daß die KPD «der große Motor» blieb. Nichts änderte sie an seiner Überzeugung, für eine Sache einzutreten, die es wert war, alles zu riskieren.

Während die Genossen noch an einen Aufschwung glaubten, hatte die Polizei schon einen Kommunisten in ihre Dienste gepreßt, der einen zweiten Spitzel unter die Genossen schleuste. Ende August 1934 wurden vier Mitglieder der Bezirksleitung im Düsseldorfer Hofgarten verhaftet. Franz verließ sofort die Stadt, um das Zentralkomitee der Partei in Berlin über diesen Schlag zu informieren. Im September gingen die Verhaftungen weiter. Bald war Franz, in ein anderes Quartier zurückgekehrt, an der Reihe, am 27. September Rudolf Goguel. Zwei Tage später wurden die beiden im Hauptquartier der Gestapo einander gegenübergestellt. Das war eine Methode, durch Abschreckung an Informationen heranzukommen. «Ich erkannte ‹Franz› kaum noch wieder, als er nach viertägigen pausenlosen Verhören völlig zerschlagen in die Zelle wankte. Das Gesicht war geschwollen und blutunterlaufen, er konnte kaum noch sprechen. Aber er hatte nichts ausgesagt. Auch unsere Gegenüberstellung ergab trotz Gebrüll und Prügel der Gestapobullen nichts Neues. Aus den später aufgefundenen Gestapoprotokollen geht hervor, daß man ‹Franz› zwingen wollte, eine Anlaufstelle in Hagen preiszugeben und an einem von der Gestapo bestimmten Termin persönlich dort unter Polizeibewachung aufzutreten, um seine Gesprächspartner an den Galgen zu liefern.»

Die Peiniger und ihr Opfer wußten, welche Schlüsselstellung Franz in der KPD am Niederrhein hatte, wieviele Illegale er kannte bis hinauf zum Zentralkomitee in Berlin. Würde Franz die Qualen der Folterungen schweigend durchhalten können, oder würden sie ihm irgendwann die Zunge lösen? Der überzeugte Kommunist entschied sich für eine Alternative, die nicht wenige Menschen im Widerstand wählten. Kurz nach der Gegenüberstellung beging Franz, mit bürgerlichem Namen Erich Krause, Selbstmord. Ohne davon zu wissen, wählte Rudolf Goguel den gleichen Ausweg und sprang am 2. Oktober aus dem vierten Stock des Düsseldorfer Polizeipräsidiums in den Lichtschacht. Mit einem Schädelbruch wurde er ins Gefängniskrankenhaus eingeliefert. Die brutalen Verhöre hatten ein Ende. Im Februar 1935 wurde Rudolf Goguel mit 71 anderen Kommunisten zu einer hohen Zuchthausstrafe verurteilt. Er überlebte.

Am Ende des zweiten Jahres nationalsozialistischer Verfolgung war die Situation für die deutschen Kommunisten so widersprüchlich wie zwölf Monate zuvor. Es gibt keine exakten Statistiken, doch schätzt man die Zahl der ermordeten Kommunisten auf mindestens zweitausend bis zu diesem Zeitpunkt. Viele davon mußten in der Stille begraben werden. Aber meist hatten die Machthaber alles Interesse daran, aus der Niederlage ihrer Gegner Propaganda zu schlagen. Von Oktober bis Dezember 1934 wurden vom Bezirksgericht Hamm über 300 Kommunisten abgeurteilt, zwischen September 1934 und April 1935 im Bezirk Leipzig etwa 2000 Mitglieder der KPD verhaftet. In Bayern wurden 1934 wegen Vorbereitung zum Hochverrat und marxistischer Betätigung 383 Personen festgenommen, davon 33 Frauen. 352 der Verhafteten sind Kommunisten, 31 Sozialdemokraten. In Bremen werden im November über 100 Kommunisten verhaftet.

Den ständigen Verhaftungen stand eine Entschlossenheit zum Weiterkämpfen entgegen, die sich durch keine Brutalitäten brechen ließ und auch nicht durch das Wissen, die Erfolge dieses Einsatzes mit großer Wahrscheinlichkeit nicht erleben zu können. Aus dem Oktober-Bericht der Berliner Gestapo-Zentrale: «Die Erfahrung hat gelehrt, daß die von den Gerichten ausgesprochenen hohen Gefängnis- und Zuchthausstrafen keinerlei abschreckende Wirkung mehr haben. Zahlreiche Beispiele zeigen, daß kommunistische Funktionäre eher den Freitod wählen, als sachdienliche Angaben zu machen.» Im Ruhrgebiet wurden die zerrissenen Verbindungen in mühsamer Kleinarbeit wieder angeknüpft. Im November 1934 gab es trotz etlicher Verhaftungen im Herbst wieder eine neue illegale Bezirksleitung. Im Mannheimer Raum blieb die Verteilerorganisation für illegale Schriften unentdeckt, obwohl viele Genossen verhaftet wurden. In München hatte der Bauarbeiter Max Troll seit dem Frühjahr große Aktivitäten im Untergrund entwickelt und reiste im Laufe des Jahres zu emigrierten Kommunisten in die ČSSR und in die Schweiz. Unterdessen registrierte die Polizei das Ansteigen illegaler Schriften, die die Kommunisten ins Land schleusten oder selber herstellten. In Berlin erschienen 1934 zweimal im Monat fast dreißig verschiedene illegale Betriebs-, Bezirks- und Gewerkschaftszeitungen. Die Gestapo Aachen meldete für den Dezember: «Die Kuriertätigkeit der KPD und die Einführung von Hetzschriften aus dem Auslande durch einzelne Kuriere hat ebenfalls in starkem Maße angehalten... Ein anderer kommunistischer Kurier aus Duisburg-Hamborn wurde beim Überschreiten der Grenze gestellt, als er von Holland kam und

50 Stück kommunistischer Hetzschriften, die er zwischen der Unterhose auf dem Körper versteckt hatte, nach Deutschland einführen wollte.»

Auch der Aachener Polizei fällt die anscheinend unerschöpfliche Regenerationskraft der KPD auf: «Überraschend ist nur das immer wieder neue und schnelle Nachwachsen kommunistischer Funktionäre, die sich, wie sie selbst bei ihren Vernehmungen angeben, vollkommen über die Gefährlichkeit ihrer Arbeit im klaren sind und schon bei Beginn ihrer Tätigkeit damit rechnen, daß auch sie binnen verhältnismäßig kurzer Zeit festgenommen werden...» Die Szenarien, die die Gestapoberichte überall im Reich von der kommunistischen Widerstandsarbeit entwerfen, müssen mit Vorsicht betrachtet werden. Da wurde gerne übertrieben und ausgeschmückt, Verschwörerkreise ausgebreitet, von denen die Verfolgten nur träumen konnten. Der Polizei lag daran, den Gegner kampfstark zu zeigen, damit sie die eigenen Erfolge um so eindrucksvoller schildern konnte und bei möglichen Mißerfolgen die Entschuldigung schon eingebaut war. Das paßte auf paradoxe Weise zu den Interessen der kommunistischen Funktionäre, die trotz aller Rückschläge die eigene Sache nicht verloren geben wollten und auch nicht den Glauben an die Versprechungen der Parteispitzen.

Der Oberberater der illegalen KPD für die Bezirke Westfalen, Ruhrgebiet, Niederrhein, Mittelrhein und Aachen meldet Ende November 1934 an die Zentrale der Partei in Berlin: «Wenn auch die Organisation teilweise gelitten hat, ist es der Gestapo nicht gelungen, die Arbeit der Partei vollkommen lahmzulegen. Immer wieder sind an die Stelle der Verhafteten Leute getreten, die die Arbeit fortsetzen. Nirgends sind die Verbindungen so abgerissen, daß sie nicht wieder geknüpft werden konnten. Nirgends sind die Leitungen so zerschlagen worden, daß sie nicht wieder aufgebaut werden konnten. Wir glauben, daß mit der gesteigerten Aktivität der Arbeiter auch die Partei immer mehr ihre führende Rolle im Befreiungskampf gewinnt.» War das Reservoir der Einsatzbereiten wirklich unerschöpflich? Wo spürte man etwas von der «gesteigerten Aktivität der Arbeiter»?

Die Deutschland-Berichte der Exil-SPD, der Sopade in Prag, sind ebenfalls nicht ohne Hoffnung. Aber sie ziehen eine nüchterne Bilanz: «Der mutigste illegale Kämpfer, der rücksichtsloseste Gegner des Regimes ist in der Regel der Erwerbslose, der nichts mehr zu verlieren hat. Kommt aber ein Arbeiter nach jahrelanger Arbeitslosigkeit in den Betrieb, so wird er – und seien Lohn und Arbeitsbedingungen noch so schlecht – auf einmal ängstlich. Jetzt hat er wieder etwas zu verlieren, und sei es auch noch so wenig... Das Ansehen der nationalsozialistischen Vertrauensleute ist dauernd zurückgegangen, das der alten freigewerkschaftlichen Betriebsräte ist im selben Grade wieder gestiegen. Aber die Nationalsozialisten haben das Selbstvertrauen der Arbeiterschaft zerstört; die Kräfte der Solidarität verschüttet und ihren Willen zum Widerstand gelähmt. Das ist im wesentlichen der Stand am Ende des zweiten Jahres der Diktatur. Es zeigen sich vereinzelt Ansätze neuerwachenden Widerstandsgeistes, aber es ist noch nicht zu übersehen, ob aus den Ansätzen bald eine allgemeine Bewegung herauswachsen wird.»

Zum Weihnachtsfest 1934 begeben sich zwei harmlos aussehende Skifahrer in zünftiger Montur auf einen Trip nahe der tschechoslowakischen Grenze, zum Reiseproviant zählen zwei Kuchen. Doch was die Urlauber im Sinn haben, ist keineswegs harmlos. Unerkannt von den bewaffneten Skitrupps der SS wollen sie die Grenze überqueren. Es gelingt. Einer der beiden Flüchtlinge ist Jan Petersen aus Berlin, Kommunist und seit Beginn der Diktatur Chronist des illegalen Kampfes seiner Partei, der ohnmächtigen Wut vieler Arbeiter und der Opfer, die – wie Richard Hüttig – für ihre Überzeugung mit dem Leben zahlen. In Prag schneidet Petersen den Kuchen an. Zum Vorschein kommt das Manuskript über «Unsere Straße». So wird das Buch heißen, das schon im April 1935 auszugsweise in Paris in einer Emigrantenzeitschrift erscheint und an die erinnert, die in Deutschland kämpften und starben.

Die Tannenbäume stehen noch in den deutschen Wohnzimmern, da berichten die «Uetersener Nachrichten» am 27. Dezember über eine große Säuberungsaktion: «Die polizeiliche Aushebung dieser Zentrale und die ständige Überwachung der Organisation führten in den Nächten zum 4. Dezember und 18. Dezember zu zwei überraschenden Razzien der Hamburger Staatspolizei in Elmshorn und den umliegenden Ortschaften. Das Ergebnis war die Festnahme von insgesamt 220 Kommunisten, die teils als politische Leiter, teils als Kassierer und zum größten Teil als zahlende Mitglieder verborgenen Kommunismus getrieben haben.» Der Berliner Gestapozentrale sind die Kommunisten gerade recht, um mehr Kompetenz und Macht an sich zu reißen. Im letzten Quartal 1934 warnen die Berichte vor dem «Anwachsen der kommunistischen Bewegung». Für das neue Jahr fordert die Gestapo: «Nur allerschärfstes Zugreifen, umfassende präventive Bekämpfung mittels verschärfter Schutzhaftbestimmungen und nicht zuletzt ein verständigeres Zusammenarbeiten der Anklagebehörden mit der Politischen Polizei vermögen dieser Aktivität Einhalt zu bieten...»

Zwei Jahre sind die Nationalsozialisten an der Macht und haben in einem Punkt vor allem konsequent wahrgemacht, was sie versprochen haben: ihre Gegner von links – alles, was in ihren Augen marxistisch ist – aus dem Weg zu räumen, ohne zimperlich zu sein. Die Machthaber konnten erfahren, daß nichts ihnen so breite Zustimmung sicherte, wie der Antikommunismus. In seinem Namen durften Recht und Gesetz gebrochen, durfte gefoltert und getötet werden, ohne daß die Bürger protestierten. Juristen, Offiziere, konservative Bürgermeister, Bischöfe standen der «nationalen Bewegung» zu Diensten, weil sie überzeugt waren, daß es mit Deutschland wieder aufwärts gehe – so nebulös dies auch klang. Die Mehrheit war überzeugt: Vor dieser Größe mußte der einzelne zurückstecken. Die nationale

Ehre – auch das ein schwammiger Begriff – war wichtiger als die Würde und Freiheit des einzelnen. «Du bist nichts, dein Volk ist alles», lautete die Parole, mit der jedes Unrecht gerechtfertigt werden konnte.

1935
Der Widerstand der Massen bleibt aus

Mit Sorgen sahen die Deutschen den Winter 1934/35 auf sich zukommen. Wenn die Versorgungslage schon in den warmen Sommermonaten so schlecht war, als noch genug Gemüse und Kartoffeln von den Feldern kamen, dann würde das Angebot in den kalten Monaten sicherlich sinken und die Preise weiter steigen. Gemessen an diesen Befürchtungen hielten sich die schlechten Nachrichten in Grenzen, als das dritte Jahr im Nationalsozialismus begann. Niemand kann permanent im Freudentaumel leben, und so wurden die großen Worte des neuen Regimes ein wenig nüchterner betrachtet. Was keineswegs ausschloß, daß man sich weiterhin mit der Politik Adolf Hitlers identifizierte und bei den Anlässen zu nationaler Hochstimmung gerne mitjubelte.

Im Januar 1935 entschieden sich 91 Prozent der Saarländer für die Heimkehr ins nationalsozialistische deutsche Reich. Im März wurde – gegen die Bestimmungen des Versailler Friedensvertrages – von der Regierung Hitler die allgemeine Wehrpflicht angekündigt. Und die Deutschen waren sehr zufrieden. Die Gestapo Aachen notierte noch in ihrem Mai-Bericht, es sei «immer wieder die stolze Genugtuung zu erkennen, daß sich Deutschland durch die Verkündigung der Wehrhoheit auf allen Gebieten selbst die Gleichberechtigung unter den Völkern verschafft hat. Auch die durch die Presse gegangene Mitteilung, daß Deutschland den Bau von Unterseebooten beschlossen hat, hinterließ dieselbe Wirkung. Bemerkenswert ist, daß durch die Aufrüstung Deutschlands der Bevölkerung sich keineswegs eine Kriegspsychose bemächtigt hat, sondern fast alle Schichten von dem Gedanken durchdrungen sind, daß die Wiedererrichtung der deutschen Wehrhoheit nur zur Sicherung von Volk und Arbeit eine unbedingte Notwendigkeit war.»

Angehende evangelische Pastoren, die mit der Bekennenden Kirche den totalitären Anspruch der Machthaber im religiösen Bereich bekämpften und dafür teilweise schon mit Verhaftung gebüßt hatten, wollten so bald wie möglich Reserveoffiziere werden. Einer von ihnen schrieb: «... es bleibt uns wohl für den Staat nur die unglückliche Liebe, die nicht auf Vergeltung und Anerkennung rechnet... aber am 1. November ziehe ich, wenn alles gut geht, den grauen Rock an...» Diese jungen Protestanten teilten ihre unglückliche Liebe zum NS-Staat mit den meisten deutschen Juden. Der Rabbiner Leo Baeck, die größte jüdische Autorität im Land, und einer seiner Mitarbeiter in der «Reichsvertretung der Juden in Deutschland», schrieben an den «Reichsverband jüdischer Frontsoldaten», daß das «deutsche Judentum durch den Ausschluß vom aktiven Wehrdienst einen ebenso schweren wie schmerzlichen Schlag erlitten hat».

Die Reichswehr sah herrliche Zeiten auf sich zukommen, immer fester wurde die Verstrickung an den «Führer». Werner von Fritsch, oberster Befehlshaber des Heeres, schrieb im Sommer 1935 an die kommandierenden Generäle: «Nach meiner festen Überzeugung ist Deutschlands Zukunft auf Gedeih und Verderb mit dem Nationalsozialismus verbunden. Wer schädigend gegen den nationalsozialistischen Staat handelt, ist ein Verbrecher.» Am 2. Januar 1935 zog ein neuer Chef des militärischen Geheimdienstes, kurz «Abwehr» genannt, in das graue klassizistische Gebäude am Tirpitzufer in Berlin ein. Es war Admiral Wilhelm Canaris, der sich in den Anfangsjahren der Weimarer Republik mit deren rechtsradikalen Feinden zusammengetan hatte. Der kleine Mann mit den guten Manieren, dessen Laufbahn in der kaiserlichen Marine begonnen hatte, erhoffte sich vom «Dritten Reich» die Rückkehr der guten alten Zeiten: «Der Soldat und Offizier ist heute wieder durch einen persönlichen Eid, in der Anrufung des allmächtigen Gottes als Zeugen, an seinen Obersten Befehlshaber gebunden. Ein Zweifel an dieser Treue oder aber an der nationalsozialistischen Zuverlässigkeit überhaupt wäre die schwerste Beleidigung der Wehrmacht und ihres Offizierskorps.»

Das Potsdamer Infanterieregiment 9 wurde ironisch das «I. R. Graf Neun» genannt, so viele preußische Adlige dienten seit Generationen in seinen Reihen. Hier fühlte man sich als Elite, die das Beste an preußischen Tugenden verkörperte. Die alte Elite im grauen Rock und die neue Elite im Braunhemd hatten keine Verständigungsschwierigkeiten. Der 21jährige Ekkehard von Ardenne aus dem «I. R. 9» schrieb 1935 in sein Tagebuch: «Aufgabe der Politik ist es nicht, Kriege zu vermeiden, sondern für die notwendigen Kriege die günstige Konstellation zu schaffen... Was wollen wir: ein neues Reich, welches die Neuordnung Europas mit sich bringt... Es wird die geistige Führung im Südostraum und der angrenzenden Volksstaaten übernehmen, im Ostseeraum dagegen Kolonisation betreiben müssen...»

Neben die neuen außenpolitischen Erfolge – Heimkehr der Saar, allgemeine Wehrpflicht – traten Abwechslungen, die allmählich fester Bestandteil im vertrauten Jahresablauf wurden. «Führers Geburtstag» am 20. April gehörte dazu. Aus Aachen meldete die Gestapo: «Der Geburtstag des Führers zeigte im Gesamtbezirk in deutlicher Weise, daß seine Person und seine überragende Führernatur tief in den Herzen der Bevölkerung verwurzelt sind. Das zeigte sich rein äußerlich vor allem in reichem Flaggenschmuck und in den Ehrungen, die man ihm, sei es durch Aufstellung von Büsten an öffentlichen Plätzen oder Ausschmükken seines Bildes, entgegenbrachte. Jedenfalls erwies sich einmal mehr, daß auch solche Kreise der Person des Führers, wenn nicht mit Liebe, so doch wenigstens mit Achtung gegenüberstehen, die sonst gegenüber der nationalsozialistischen Bewegung erhebliche Vorbehalte zu machen pflegen.» Das waren die Stimmung und der Geist der Zeit, mochten die Preise für Fleisch und Margarine noch so steigen. Wie konnte sich in dieser Atmosphäre die Hoffnung halten, Sympathisanten oder gar Mitkämpfer für Opposition und Widerstand zu gewinnen? Sie konnte es zusehends weniger. Ernüchterung breitete sich aus und Ungewöhnliches geschah: Kommunisten weigerten sich, den Parolen ihrer Partei zu gehorchen. Sie wollten weiterhin ihren politischen Idealen dienen, aber nicht durch selbstmörderische Aktionen und Strukturen sich zwangsläufig dem Feind ans Messer liefern.

Als im August und September 1934 im Düsseldorfer Hofgarten die Verhaftungen begannen, als der leitende Funktionär Franz Selbstmord beging und Rudolf Goguel sich in den Lichtschacht des Polizeipräsidiums stürzte, rissen überall in der Stadt die Kontakte der illegalen Gruppen untereinander und nach oben ab. Doch es war ehernes Gesetz für Kommunisten, die zerstörten Fäden immer wieder anzuknüpfen. Der Widerstand bestand geradezu darin, die traditionellen Parteistrukturen im Untergrund aufrechtzuerhalten, sooft sie auch von der Polizei zerschlagen wurden. Zentrale Lenkung und kein Abweichen von der vorgegebenen Linie gehörten zum Selbstverständnis der KPD. In Düsseldorf-Oberbilk jedoch nutzte im Herbst 1934 eine Gruppe den desolaten Zustand der Partei und schlug bei ihrer illegalen Arbeit neue Wege ein, die bis dahin für Kommunisten tabu waren.

Der Kopf der Gruppe war Siegfried Steineberg, kein Mitglied der KPD, aber vor 1933 in der kommunistischen Gewerkschaftsarbeit engagiert. Er hatte im zionistischen Turnverein Makabi junge Kommunisten getroffen, die alle in die illegale Arbeit eingebunden waren. Als durch die Verhaftungen im Herbst 1934 totale Funkstille zu den oberen Rängen der Partei herrschte, brachte die Gruppe ohne jede Hilfe oder Anweisung eine illegale Zeitschrift heraus, die «Rote Front», die um die Weihnachtszeit 1934 zufällig einem kommunistischen Untergrund-Funktionär in die Hände fiel. Vier Wochen brauchte die Partei, um Kontakte zur Steineberg-Gruppe in Oberbilk herzustellen. Es war ein mühsames Geschäft, denn Siegfried Steineberg und seine Mitarbeiter hatten beschlossen, keine Verbindung zur illegalen Bezirksleitung aufzunehmen. Sie waren überzeugt, auf diese Weise das Risiko des Entdecktwerdens wesentlich zu verringern. Und sie ließen sich von diesem Entschluß auch durch eindringliche Vorhaltungen nicht abbringen. Die lockere Verbindung zwischen der Partei und der Gruppe Steineberg blieb nur bestehen, weil die Bezirksleitung zusagte, im Stadtteil Oberbilk keine illegalen Druckereien oder Wohnungen einzurichten. Die Gruppe wollte allein und auf eigenes Risiko illegal arbeiten.

Jeder Monat des Jahres 1935, der verging, bestätigte die neue Taktik der jungen Düsseldorfer Kommunisten, die zu einem großen Teil aus jüdischen Elternhäusern kamen. Während sie unentdeckt blieben, ging die Jagd auf kommunistische Untergrundkämpfer weiter. Im Januar begann sie in Wuppertal, wo sich in den Wintermonaten gemischte illegale Betriebszellen aus Sozialdemokraten, Kommunisten und christlichen Gewerkschaftern gebildet hatten. In kürzester Zeit wurden 1200 Arbeiter, vor allem Kommunisten, verhaftet, über 600 vor Gericht gestellt und verurteilt. Das Regime zeigte, daß es alles im Griff hatte und Massenprozesse nicht scheute. Die Stimmung, berichtete ein Funktionär an die Berliner KPD-Zentrale, ist katastrophal. Die Verhaftungen bestätigten die alten Befürchtungen der SPD, durch Kontakte zu Kommunisten in deren Verhaftungsstrudel hineinzugeraten und wirkten abschreckend auf weitere Zusammenarbeit. Im Februar 1935 verschwand die Bezirksleitung der KPD Niedersachsens im Gefängnis. Im März wurden 350 Kommunisten in Sachsen verhaftet, 300 im Bereich von Halle, 280 in Düsseldorf, 82 im Raum Moers. Schon im Herbst

1934 war die Polizei dem großen Verteilersystem um die Duisburger Bäckerei Krebs auf die Spur gekommen. Im Februar 1935 verhaftete sie zwei Zeitungs-Kuriere, die sofort von einem «Spezialisten» verhört wurden. Zwei Stunden, nachdem man ihnen unter der Folter die Namen der wichtigsten Mitglieder der Duisburger Organisation abgepreßt hatte, erhängten sich die beiden Männer in ihrer Zelle. Die Partei drang darauf, sofort eine neue Bezirksleitung aufzubauen. Sie wurde schon im Mai in Essen verhaftet, während überall im Ruhrgebiet kommunistische Gruppen aufflogen.

Nach den Angaben der illegalen KPD-Führung war bis zum April 1935 im Bezirk Mecklenburg die erste Leitung ins Gefängnis gewandert, in Pommern, Danzig und Leipzig die dritte, in Berlin, Brandenburg, Dresden, Halle, Niedersachsen, Hessen-Kassel, im Saargebiet, in Württemberg und Bayern die vierte Leitung, in Ostpreußen, Schlesien, Magdeburg, Thüringen, Nordwest und Niederrhein die fünfte, in Südbayern die sechste, an der Wasserkante, im Ruhrgebiet, in Hessen-Frankfurt die siebte und in Baden sogar die achte Leitung. Im Mai 1935 wurde in München der arbeitslose Bauarbeiter Max Troll, der seit einem Jahr erfolgreich illegale Arbeit betrieb, an die Spitze der bayerischen KPD gestellt. Kurz darauf begannen die ersten Verhaftungen, die sich auf ganz Südbayern ausdehnten. Es dauerte lange, bis den Genossen klar wurde, daß Max Troll ein Polizeispitzel war.

Im dritten Jahr der nationalsozialistischen Herrschaft mußte Bilanz gezogen werden: Der Versuch der deutschen Kommunisten, ihre Partei in der Illegalität zu erhalten, war gescheitert, obwohl Zehntausende ihr Bestes gegeben hatten. Die Zustimmung, die dieses Regime von der großen Mehrheit der Bevölkerung erhielt und die Brutalitäten, von der diese Mehrheit keine Notiz nahm, machten jede Art von offenem Widerstand erfolglos. Die Massen, die sich gegen den Nationalsozialismus erhoben, gab es nicht. Und wenn es zu Krisen kam, konnten sie den Machthabern offensichtlich nichts anhaben. Das Deutsche Reich stand in diesem Sommer 1935 keineswegs vor der Weltrevolution.

Am 6. Juni 1935 wurde in Hamburg Fiete Schulze mit dem Handbeil enthauptet. Der Staatsanwalt hatte den langjährigen Funktionär der KPD pauschal für alle Zusammenstöße mit der NSDAP in der Hansestadt seit 1929 verantwortlich gemacht. Am Ende der Urteilsverkündung rief der zum Tode Verurteilte in den Saal: «Es wird einen Kämpfer weniger geben, aber siegen werden wir trotzdem. Kommt vollzählig zu meiner Hinrichtung! Ihr werdet dann sehen, wie ein Kommunist stirbt!» Am 26. Juli 1935 meldeten die «Braunschweiger Neuesten Nachrichten»: «Eine Abschreckung für Staatsfeinde. Der Volksgerichtshof verurteilte einen Braunschweiger Kommunisten zum Tode.» Es war Rudolf Claus, seit 1920 in der KPD. In der Urteilsbegründung hieß es: «Bestraft wird in erster Linie der verbrecherische Wille. Durch seine Taten hat der Angeklagte bewiesen, daß bei seiner ausgeprägten asozialen Gesinnung mit einer Besserung nicht mehr zu rechnen ist.» Die Genossen beeindruckte die aufrechte Haltung dieser Männer, die als Märtyrer starben. An Sieg jedoch war nicht zu denken, nicht einmal ans Überleben, sosehr sie darauf hofften. Es war ein blutiger, ein zwiespältiger Lorbeer.

Nicht alle im Zentralkomitee der KPD wollten sich dieser ernüchternden Einsicht beugen. Doch dem Druck aus Moskau und aus der Kommunistischen Internationale gab man schließlich nach. Wilhelm Pieck vom ZK übte auf einer Sitzung in Moskau Selbstkritik und gestand, «daß wir die Partei nicht rechtzeitig und ausreichend für die Umstellung auf die Illegalität erzogen haben und daß wir selbst das Opfer einer gewissen Legalitätsillusion geworden sind». Seine Bilanz: «So müssen wir uns selbst doch über die ernsten Verfehlungen klar sein, die von der Partei in ihrer Massenarbeit und auch in ihrer politischen Orientierung begangen wurden.» Die Partei hätte viel früher «zum Kampf um die Verteidigung der demokratischen Rechte und Freiheiten» übergehen müssen. Damit stürzte ein Eckpfeiler im kommunistischen Widerstand gegen den Nationalsozialismus ein: die schon seit der Weimarer Republik verbissen behauptete These, daß die Sozialdemokraten mit ihrer Vorstellung von bürgerlichen Freiheiten nur Handlanger der Nationalsozialisten waren, Sozialfaschisten, die ebenso entschieden bekämpft werden mußten wie die Braunhemden.

Vom 3. bis 15. Oktober 1935 tagte die Parteikonferenz der KPD in der Nähe von Moskau, zur Tarnung «Brüsseler Konferenz» genannt. Aus allen Teilen des Reiches waren 22 deutsche Funktionäre auf verschlungenen Wegen angereist und 16 aus dem Exil. In Sachsen hatte die Polizei gerade rund 700 Kommunisten verhaftet, um den illegalen Grenzverkehr mit der ČSSR endgültig lahmzulegen. Bei den internen Diskussionen in Moskau gab die Parteiführung bekannt, daß seit 1933 von 422 leitenden Funktionären in Deutschland 24 ermordet, 219 in Haft, 125 im Exil und 41 aus der Partei ausgetreten waren. Noch 13 Spitzenfunktionäre hielten sich im illegalen Kampf. Von den rund 360000 Mitgliedern, die 1933 zur Partei zählten, bekannten sich nach zwei Jahren schwerster Verfolgung noch rund 60000 illegal dazu. Etwa die gleiche Zahl saß in Gefängnissen, Zuchthäusern und KZ. Mindestens 2000 Kommunisten waren bis Anfang 1935 ermordet worden. Rund 10000 hatten wegen Lebensgefahr das Land verlassen müssen.

Als die «Brüsseler Konferenz» zu Ende ging, beschloß die KPD einen grundsätzlichen Wandel ihrer Politik und ihrer illegalen Arbeit. Um den gemeinsamen Kampf aller linken Gruppen möglich zu machen, verzichtete sie auf eine Führung innerhalb der Arbeiterbewegung. Sie wollte sich für demokratische Rechte und Freiheiten einsetzen und nicht mehr an erster Stelle für eine deutsche Räterepublik. Illegale Zellen sollten nur noch in den Betrieben gebildet werden, wo die Spuren leichter zu verwischen waren als in den Wohnbezirken. Kommunisten sollten in NS-Organisationen eintreten und dort die Opposition stützen: «Trojanisches Pferd» hieß diese neue Taktik, für die nur Sympathisanten oder sehr junge Parteimitglieder in Frage kamen, die der Polizei noch nicht bekannt waren. Wo aber gab es die? Wo waren die Menschen, die diese Versprechen der «Brüsseler Konferenz» einlösen konnten? Wie sollte ein Programm, das so vielem widersprach, wofür Kommunisten in den vergangenen Jahren gekämpft hatten, zu den einfachen Mitgliedern, mit denen kaum noch Kontakt bestand, gebracht werden? Von den 22 Delegierten kehrten nach der Konferenz nur zwei illegal ins Reich zurück, so dramatisch hatte sich die Lage in der Zwischenzeit verschlechtert. Und wie reagierte der neue potentielle Verbündete, den man bisher diffamiert hatte? Am 25. November 1935 trafen sich Delegierte der Exil-KPD, unter ihnen Walter Ulbricht, mit Sprechern der Exil-SPD in Prag. Man trennte sich ohne Ergebnis. Die Sozialdemokraten trauten dem Wandel bei den Kommunisten nicht.

Für Siegfried Steineberg und seine illegale Gruppe in Düsseldorf, deren Bindung an die KPD im Laufe des Jahres 1935 trotz aller Skepsis wieder sehr eng geworden war, kam die «Brüsseler» Einsicht zu spät. Im Sommer verhaftete ihn die Gestapo zusammen mit seinem Freund Erwin Simon, als beide Kontakt zu einem KPD-Funktionär aufnehmen wollten. Steineberg wurde 1941 im KZ Mauthausen «auf der Flucht» erschossen, Simon 1943 in Auschwitz umgebracht.

Als im Herbst 1935 in einem Berliner Arbeitsamt in der Stadtmitte einige kommunistische Flugblätter auftauchten, organisierte die Polizei umgehend eine große Razzia. Der Gestapobericht: «An der daraufhin durchgeführten Überholungsaktion nahmen der Reviervorsteher mit sechs Schutzpolizeibeamten und 18 Stapo-Beamten unter Führung des Inspektionsleiters teil. Es wurden insgesamt 750 Personen durchsucht. Für die Durchsuchung der weiblichen Personen waren von der Abteilung K vier Kriminalbeamtinnen entsandt. Die Aktion setzte um 11.45 Uhr ein und war nach 15 Uhr beendet.»

Ende 1935 deckte die Polizei den gesamten illegalen Unterbezirk Nordring der Berliner KPD auf. Hinter zwei Namen der 33 Verhafteten stand im Bericht «Jude». Einer von ihnen, der 28jährige Kürschner Siegfried Loewenstein, war der Leiter des Unterbezirks. Aus dem Polizeibericht: «Durch die Aushebung des gesamten Apparats wurde eine weitere Quelle verstopft, die den Norden Berlins laufend mit Hetzmaterial überschwemmte. Auch in dieser Sache ist es bezeichnend, daß die festgenommenen jüdischen Personen bei der Herstellung und Verbreitung an erster Stelle gearbeitet haben.» Wenig später waren die illegalen Gruppen im Süden Berlins an der Reihe. Margarete Kaufmann ertrug zwei Jahre lang grausame Folterungen, weil sie zu den aktivsten Kommunisten dort gehört hatte. 1938 wurde sie zu 15 Jahren Zuchthaus verurteilt, 1942 «an den Herrn Reichsführer der SS übergeben». Das war der Weg ins KZ, in den Tod.

In Hamburg erfaßte eine Verhaftungswelle seit Juni 1935 rund 1000 Kommunisten, am Mittelrhein waren es 700. Die Erfahrungen der Gestapo in Münster im Oktober 1935 entsprachen denen ihrer Kollegen überall im Land: «Bei den verschiedentlich in den letzten Monaten erfolgten Aushebungen von K.P.D.-Gruppen fiel insbesondere immer wieder die Einsatzbereitschaft aller Anhänger der illegalen K.P.D. auf, die sämtlich jederzeit bereit waren, die entstandenen Lücken auszufüllen und an Stelle der festgenommenen Genossen zu treten, ohne sich selbst von den hohen Zuchthausstrafen abschrecken zu lassen. Diese Einsatzbereitschaft für die kommunistische Idee geht sogar so weit, daß überzeugte Kommunisten immer wieder ihr Leben opfern, um ihre Genossen nicht zu verraten.»

Im Sommer wurde Ernst Lörcher, der nach Aufenthalten in Paris und im Saarland in Amsterdam lebte, nach Deutschland eingeschleust. Der 28jährige Funktionär sollte den Genossen mitteilen, daß die jungen Kommunisten, die längst die Lücken gefüllt hatten, wenn gestandene Funktionäre verhaftet worden waren, nun zur Partei zählten und die ohnehin zerschlagenen Strukturen des Kommunistischen Jugendverbandes nicht mehr in der Illegalität aufgebaut werden sollten. Es schien eine Ewigkeit her, seit Ernst Lörcher als Jurastudent – und schon verfolgt – im Sommer 1933 mit seinem Bruder in der Pupplinger Au bei München in einem Zelt lebte, dort Flugblätter herstellte und die jungen Kommunisten der Stadt ermutigte, in der Illegalität weiterzumachen. Es gelang Lörcher 1935 nicht, Kontakte zu ehemaligen Kommunisten in Solingen aufzunehmen. Nur in Duisburg stellte er fest, daß es noch «etwas Leben» in der Partei gab. Im Januar 1936 kam Lörcher nach Duisburg zurück. Am 27. wurde er verhaftet. Die Polizei fand in seinen Taschen ein Blatt mit den Richtlinien der «Brüsseler Konferenz» und wußte, daß sie einen hohen Funktionär gefaßt hatte. Noch in der Nacht nannte Ernst Lörcher unter der Folter Adresse und Uhrzeit eines Treffs, den er am nächsten Tag in Essen hatte. Die Polizei brachte ihn zum vereinbarten Termin dorthin und versteckte sich. Da wirft sich ihr «Köder» vor einen heranfahrenden Lastwagen, um den Genossen zu warnen. Schwerverletzt wird der 29jährige Ernst Lörcher noch wochenlang verhört, zu zehn Jahren Zuchthaus verurteilt und erst bei Kriegsende aus dem KZ Mauthausen befreit. Gleichzeitig laufen in Duisburg neue Verhaftungswellen an. Am Jahresende 1935 zieht die Gestapo für das Reich Bilanz: rund 15000 Kommunisten sind verhaftet worden.

Die Staatsmacht feierte Triumphe über ihre Gegner zu einer Zeit, als die Stimmung in der Bevölkerung spürbar schlechter wurde. Nach dem leichten Aufschwung im Frühjahr 1935 und bei sinkenden Arbeitslosenzahlen in bestimmten Bereichen der Wirtschaft wurden die Schlangen vor den Geschäften wieder länger, als es auf den Winter 1935/36 zuging. Die Preise zogen merklich an. Butter, Fette und Schweinefleisch waren im November, so meldete die Gestapo aus Münster, «in den Industriegebieten kaum zu haben». Die Mieten und die Sozialabgaben stiegen. Die ständigen Sammelaktionen der Nationalsozialisten, die den Staat entlasten und das Gefühl für die Volksgemeinschaft stärken sollten, empfanden viele zunehmend als lästig und überflüssig. Immer wieder gab es kleine Streiks wegen Lohn- und Arbeitszeitverkürzungen oder zu hohen Akkordforderungen. Nach Polizeiberichten sollen 1935 insgesamt 25000 Arbeiter gestreikt haben.

Doch das waren stets nur punktuelle Ausbrüche des Volkszorns und in den allermeisten Fällen ohne jede politische Anschubskraft für Widerstandsaktionen. Enttäuschung über nicht eingehaltene Versprechen stand dahinter und der Wunsch, endlich ein bißchen besser leben zu können. Die illegalen Kämpfer konnten daraus keinen Nutzen ziehen. Sie machten sich höchstens Illusionen über mögliche Krisen des Regimes. Die Exil-SPD, die Sopade, analysierte in ihren Deutschlandberichten zum Jahresende 1935: «Die Mißstimmung ist weitergewachsen, sie hat heute größeren Umfang als die ‹Meckerei› im Vorjahre, aber sie hat nicht mehr Kraft. Sie äußert sich offener, aber sie hat ebenso wenig politischen Inhalt. Zu der Redensart ‹So kann es nicht mehr weitergehen› kommt die andere ‹Schlimmer kann's nach Hitler auch nicht werden›; aber hinter diesen Redensarten steht weder ein Wille, das System zu stürzen, noch eine Vorstellung über das, was an seine Stelle treten sollte.» Auf die Mecker-Welle würden Gleichgültigkeit und Resignation folgen: «Diese außerordentlichen Stimmungsschwankungen, die für Hitler-Deutschland charakteristisch sind, stellen an die seelische Widerstandsfähigkeit aller Träger der illegalen Opposition große Anforderungen.»

Im Widerspruch zu solchem internen Realismus, der damals in Prag unter Verschluß blieb, stand die Stimmung, die die «Sozialistische Aktion» der Sopade in ihren drei Ausgaben vom Januar 1935 verbreitet hatte: «Wer leuchten will, muß brennen! Hier wollen wir anknüpfen, um unsere neue, beginnende Bewegung zu einer revolutionären Volksbewegung zu machen. Es genügt jetzt nicht, die Voraussetzungen der schon vorhandenen und stark verbreiteten Unzufriedenheit zu prüfen, es muß vielmehr der Weg gefunden werden, um diese Unzufriedenheit in politische Leidenschaft und in fanatischen revolutionären Willen umzuwandeln.» Die illegale Zeitschrift der Exil-SPD, die tausendfach ins Reich geschmuggelt wurde, machte nach zwei Jahren Nationalsozialismus immer noch Hoffnung auf einen breiten, offenen Widerstand: «Gerade die gelernte Arbeiterschaft, die politisch und gewerkschaftlich geschult ist, stellt in stiller und verantwortungsbewußter Art Kräfte für unsere illegale Arbeit. Von ihnen ist zu erwarten, daß sie die sich vollziehende Wandlung in der Stimmung der Arbeiterschaft ausnutzen, um durch ständigen Kleinkrieg die Kräfte der Arbeiterschaft für größere Aktionen zu steigern und durch zielbewußte Aufklärungsarbeit die Voraussetzungen für den offenen Kampf der Massen gegen die Hitlerdiktatur zu schaffen.»

Zum 1. Mai 1935 zeigte die illegale Hamburger SPD mit einigen hundert Flugblättern, daß sie noch nicht ganz mundtot gemacht war: «Die Situation erfordert von uns allen die Bereitschaft, bedingungslos mit jedem zu marschieren, der auch nur in dem einen Punkt mit uns einig ist: Brechung der Diktatur. Darum heißt unsere Kampfparole: Schwächung der braunen Diktaturfront mit allen Mitteln; Zusammenschweißung aller antifaschistischen Kämpfer unter der Parole: Nieder mit der Hitlerdiktatur, es lebe die Freiheit.» Ob in Hamburg oder Prag – die großen Worte verdeckten den Machtkampf in der Exil-SPD und die Widersprüche ihrer Politik. Im Januar 1935 wurden die Vertreter der linken Sozialdemokraten, die für ein Zusammengehen mit den Kommunisten und eine risikoreichere illegale Arbeit plädierten, aus dem Prager Vorstand ausgeschlossen. Ihnen wird vorgeworfen, ihre Pläne «vergrößern das Unglück der Spaltung, denn sie schwächen von neuem die Kräfte der Sozialdemokratie, der Partei, der nach unserer festen Überzeugung die entscheidende Rolle im Kampf der Arbeiterklasse gegen die Hitlerdiktatur zufällt. Vor allem aber: die in dem Prager Manifest zugesagte Förderung einzelner Gruppen konnte sich niemals beziehen auf Gruppen, die innerhalb der Partei organisatorische und politische Sonderbestrebungen verfolgen.» Das war Georg Reinbold aus dem Herzen gesprochen, der erst von Straßburg, dann aus dem Saarland und seit Anfang 1935 aus Paris unermüdlich und nicht ohne Erfolg den illegalen Widerstand der SPD im Südwesten des Reiches von jenseits der Grenze organisierte.

Am 23. März 1935 um 13 Uhr waren die Delegierten aus Hannover, Düsseldorf, Emden und Frankfurt am Main zu einem geheimen Treffpunkt in Mannheim gelotst worden. Diese «Westfronttagung» der SPD sollte einen politischen Meinungsaustausch bringen und die illegalen Strukturen über die lokalen Gruppierungen hinaus stärken. Beherrscht wurde die Versammlung von dem Einspruch der Genossen aus Hannover, die sich nicht «in den Rahmen der von Prag aus betreuten Organisation» einfügen wollten. Als Georg Reinbold das Protokoll der Tagung erhielt, schrieb er wütend, die Funktionäre der SPD seien nicht dazu da, «Zersetzer hochzuziehen und dann auf Konferenzen loszulassen».

Von den revolutionären Worten, mit denen das Prager Manifest die treuen SPD-Mitglieder im Januar 1934 angefeuert hatte, wollten die führenden Männer in Prag ein Jahr danach nichts mehr wissen. Man griff wieder zu den bewährten Rezepten, auch wenn die «Sozialistische Aktion» noch vom Widerstand der Massen träumte. Nicht Revolution, sondern eine evolutionäre Entwicklung würde die Befreiung von der Diktatur bringen. Die Führung der Partei wollte keine Experimente, mochten die Genossen in Hamburg oder Frankfurt noch vom gemeinsamen Kampf mit den Kommunisten träumen. Und über alle Theorien ging auch 1935 die Wirklichkeit hinweg.

Ende Januar meldete die politische Polizei aus Bayern: «Der Kaufmann James Todtmann... hat sich im Jahre 1934 mit einer Reihe ehemaliger Marxisten an dem Aufbau der illegalen SPD in der Pfalz beteiligt. Gegen ihn ist... ein Verfahren wegen Vorbereitung zum Hochverrat beim Bayerischen Obersten Landesgericht anhängig. Todtmann ist Mitglied des Reichsbundes jüdischer Frontsoldaten.» In Berlin wurde in diesem Frühjahr durch einen Spitzel die gesamte illegale Bezirksleitung der SPD aufgedeckt, auch hier hatten Juden mitgearbeitet. In Karlsruhe wurden ein jüdischer Arzt und ein ehemaliger SPD-Funktionär verhaftet. Sie hatten die Druckschrift «Man flüstert in Deutschland – Die besten Witze über das Dritte Reich» verbreitet. In Mannheim begann das neue Jahr mit Verhaftungen von Funktionären, die in der Innenstadt im Einsatz waren. Franz Faltner, der erfolgreich und mit hohem Risiko die «Roten Rebellen» in München leitete und durch einen Speisewagenkellner auf der Strecke München–Prag einen guten Draht zur Exil-SPD hatte und regelmäßig illegales Material bekam, wurde Ende April 1935 im Zug nach Eger verhaftet. Der Kellner war ein Polizeispitzel. 48 «Rote Rebellen» wurden insgesamt verhaftet, 18 verurteilt, darunter Faltner zu der Höchststrafe von zehn Jahren Zuchthaus. Auf die Freigesprochenen wartete schon der Einweisungsbefehl für das KZ Dachau, in das auch alle Verurteilten nach Verbüßung ihrer Strafe eingeliefert wurden.

Wer 1935 noch zu einer Partei der Arbeiterbewegung hielt, wußte, daß die Nationalsozialisten in ihm einen Feind sahen, den sie unerbittlich bekämpften. Bei aller Vorsicht, die staatlichen Organe nicht zu reizen, gab es Gelegenheiten, bei denen man den Kopf nicht einziehen wollte, sondern solidarisch Augenblicke der Provokation wagte. Als der Sozialdemokrat und Gewerkschafter Fritz Husemann am 26. April 1935 auf dem Hauptfriedhof von Altenbochum beerdigt wurde, kamen über tausend Trauergäste. Nach seiner Verhaftung war Husemann, Abgeordneter des Deutschen Reichstags, «auf der Flucht» erschossen worden. Aus dem Gestapobericht über den Zug der Trauernden von der Leichenhalle zum Grab: «Hierbei wurde ein Kranz getragen, der mit großen roten Blumen und mit einer großen roten Schleife mit der Inschrift ‹gewidmet von seinen Freunden› geschmückt war. Der ganze Trauerzug hatte offensichtlich demonstrativen Charakter. Es wurde daher von Beamten der Stapo eingeschritten, die die rote Schleife von dem Kranz entfernten und die zwei Kranzträger und vier weitere Personen in Schutzhaft nahmen.»

Am 1. Mai 1935, den die Nationalsozialisten wie jedes Jahr mit Marschmusik und Aufzügen für ihre Propaganda nutzten, trafen sich über fünfzig Sozialdemokraten, teilweise mit einer roten Blume im Knopfloch, in einem Lokal in Essen-Werden. Die Polizei hatte schon einen Hinweis bekommen. Alle Teilnehmer dieser Maifeier, die in einem separaten Saal neben dem Wirtsraum stattfand, wurden verhaftet. Der 61jährige Schreiner Franz Voutta überlebte die Foltern während der Vernehmung nicht. Die Verhaftungen in Essen überschnitten sich mit einer anderen großräumigen Polizeiaktion im Rhein-Ruhrgebiet. Am 4. Januar 1935 schrieb der Ortsgruppenleiter der NSDAP in Moers an den Duisburger Kreisleiter der Partei vertraulich, daß mehrere ehemalige Funktionäre der SPD «bei der Firma August Kordass, Brotfabrik Germania in Duisburg-Hamborn... als Brotkutscher eingestellt worden sind und die hiesigen Bergarbeiterkolonien bereisen. Ihre Kundschaft setzt sich hauptsächlich aus ehemaligen Marxisten zusammen, und dürfte ihre Beschäftigung mit einer getarnten Tätigkeit verbunden sein.» Die Düsseldorfer Gestapo ging dem Hinweis nach, setzte V-Männer ein und überwachte die Telefongespräche zwischen Hamborn und Moers, wo der Brotfahrer Hermann Runge zu Hause war, den man für den Kopf der illegalen Arbeit hielt. Doch es fehlten jegliche Anhaltspunkte. Noch am 28. Mai meldete die Überwachungsstelle im Duisburger Postamt in der Königstraße: «Wir haben auch in diesem Monat keinerlei Feststellungen bezüglich staatsfeindlicher Gespräche machen können.»

Schon drei Tage danach begann die Polizei, heftig an viele Türen zu klopfen. Der gesamte Verteilerkreis der Brotfabrik «Germania» zwischen Aachen, Bonn und Lüdenscheid wurde aufgebrochen, rund 600 Menschen wurden verhaftet. In den Gefängnissen gingen sofort die «Verhörspezialisten» ans Werk. Hermann Runge wurde in das inzwischen berüchtigte Gefängnis Steinwache in Dortmund gebracht. 39 Nächte mußte er stehend in einer Dunkelzelle aushalten, an eine feuchte Wand gefesselt. Runge überlebte, weil einer von der Wachmannschaft es wagte, ihm nachts heimlich die Ketten aufzuschließen. Brotfahrer Otto König, Sozialdemokrat aus Bochum, wurde ins Duisburger Polizeigefängnis eingeliefert: «Die Vernehmungen waren schlimm: glühende Zigarren in die Nase stecken, Schuhe, Strümpfe ausziehen, ins Wasser rein und wieder raus. Dann hatten sie Stahlruten und Stöcke, und damit immer unter die Fußsohlen.» Im Duisburger Polizeigefängnis starben vier Sozialdemokraten aus der Germania-Gruppe an den Folterungen.

Im Sommer 1935 verlor ein Kurier vom weitgespannten sozialdemokratischen Verteilerkreis für illegale Schriften im Gebiet Frankfurt und Taunus eine Mappe mit Exemplaren der «Sozialistischen Aktion». Die Polizei ließ nicht lange auf sich warten. Alle Mitglieder wurden verhaftet und zu hohen Zuchthausstrafen verurteilt. Erstaunlich lange hielt sich die Gruppe von Sozialdemokraten im oberfränkischen Schönwald, die im Sommer 1934 nach Verhaftung der wichtigsten Nürnberger SPD-Leute spontan weitergemacht hatte. Alle waren schon älter und hatten Familie. Sie arbeiteten nicht weniger engagiert, aber mit besonderer Vorsicht. Im Juni 1935 erhielt der zuständige SPD-Funktionär im tschechoslowakischen Exil Nachricht aus Franken: «Die Gestapo hat bei den Verhaftungen in Schönwald wilder gehaust als die SA bei den wilden Verhaftungen Anfang März 1933. Mit drei Autos kam die Gestapo angefahren. Da die ersten vier zu Verhaftenden in einer Straße wohnten, wurde diese von den Autos abgeriegelt, dann Trompetensignal, Kommando ‹Fenster zu› und dann ging's hinein in die Wohnungen der zu Verhaftenden. Alles wurde durcheinandergeworfen, jedes Bettstück herausgeworfen und die Angehörigen angebrüllt, wenn sie sich erlaubten zu sagen, man möge mit den Sachen doch etwas schonender umgehen, das Zeug werde ja so halb kaputt. Dann wurden die Männer in die Autos eingeladen und mitgenommen.»

Auch die illegale Arbeit der Mannheimer Sozialdemokraten blieb trotz aller Vorsicht nicht verborgen. Ende April 1935 wurde Karl Mayer, der Bezirksleiter, verhaftet, sieben Monate nachdem sein Vorgänger ins Exil geflüchtet war. Der Volksgerichtshof in Berlin verurteilte Mayer zu sechs Jahren Zuchthaus. Selbst nach dieser Verhaftung jedoch ging die Verteilung illegalen Materials im Mannheimer Raum in großem Stil weiter. Weil die Mietwaschküche von Hans Heilig, bis dahin zentrale Übergabestelle für die Kuriere, offensichtlich überwacht wurde, wechselte man nun ständig Orte und Personen. Bis Dezember 1935 gelang die Täuschung. Dann lief ein Kurier der Polizei in die Hände, die gerade eine Wohnung durchsuchte. In seiner Aktentasche waren über tausend Stück der «Sozialistischen Aktion» und rund 3000 Zettel mit der Aufschrift «Nieder mit Hitler». Georg Reinbold, der so streng auf Parteidisziplin achtete, war über die zahlreichen Verhaftungen betroffen und schrieb nach Prag: «Ein solches Tempo halten auch die Süddeutschen mit ihrer etwas leichteren Art auf die Dauer nicht aus. Ich lege euch eine Aufstellung bei, wonach in den letzten vier Monaten dieses Jahres allein 46 Jahre und 9 Monate Zuchthaus und Gefängnis den Mannheimern aufgebrummt wurden. Nehme ich nur allein Baden zusammen, dann dürften es wohl an die hundert Jahre werden... Die neue Arbeit ziehe ich aber nicht mehr in der bisherigen Form auf. Die Verantwortung für die furchtbaren Gefängnisstrafen vermag ich einfach nicht auf mich zu nehmen.»

Von illegalen Parteistrukturen, die über örtliche Gruppen hinausgingen, träumte am Jahresende 1935 niemand mehr in der SPD. Selbst der bisherige bescheidene Widerstand schien an sein Ende gekommen zu sein und die Verfolger keineswegs bereit, den so sichtbar geschlagenen Gegner glimpflicher zu behandeln. Aus dem Lagebericht der badischen Gestapo über die Monate Dezember 1935 und Januar 1936: «Die Rechtsprechung der Strafsenate des Oberlandesgerichtsbezirks läßt nichts zu wünschen übrig. Als es sich ergab, daß der Volksgerichtshof im Durchschnitt etwas höhere Strafen aussprach als hier bis dahin üblich war, wurde das Strafmaß etwas erhöht... Immerhin wäre einigen Gerichten noch etwas mehr Härte zu wünschen. Der Oberlandesgerichtspräsident wird im Lauf der Zeit Gelegenheit nehmen, mit den in Frage stehenden Präsidenten und Kammervorsitzenden in einen Gedankenaustausch darüber einzutreten.»

Die Bilanz der illegalen Gewerkschafter fiel am Jahresende nicht gerade erfolgreich aus. Dabei hatte es zu Ostern 1935 noch gut ausgesehen. Rund vierzig Vertreter der illegalen Transportarbeiterorganisation – Seeleute, Hafenarbeiter, Eisenbahner – trafen sich im April heimlich in der dänischen Stadt Roskilde. Die Internationale Transportarbeiter-Föderation hatte alles organisiert und finanziert, nicht einmal die Exil-SPD wurde davon unterrichtet. Die deutschen Vertreter konnten sich aus erster Hand über die internationale Situation informieren, dann berichteten sie über die Zustände in Deutschland. Immer noch war die Mehrheit dieser Gewerkschafter dagegen, mit anderen illegalen Gruppen zusammenzuarbeiten. Schon auf der Rückreise wurden die Vertreter aus Pommern von einem Gestapospitzel überwacht. In Berlin und im Rheinland, wo es Kontakte zur SPD gab, kam die Polizei den Eisenbahnern auf die Spur. Hans Jahn, Chef der illegalen Eisenbahner, wurde Ende Mai in Berlin verhaftet, kam durch den couragierten Einsatz seiner Frau für wenige Stunden frei und flüchtete umgehend außer Landes. Im Juni wurde die Mecklenburger Gruppe aufgerollt.

In Hamburg erhielt Adolph Kummernuß, der hier die Organisation der Transportarbeiter illegal aufgebaut hatte und auch in Roskilde dabei war, die Nachricht von diesen Verhaftungen und die Anweisung zu fliehen: «Aber ich blieb, weil ich meinte, irgendwo müsse mal Schluß sein.» Am 18. Juni 1935 wurde der Hamburger von vier Polizisten abgeholt und zur Gestapozentrale gebracht: «Jetzt wurde mehr geschlagen als verhört... Da ich seit Stunden das Sprechen überhaupt aufgegeben hatte, kam ich dann ins ‹Kolafu›, ins Konzentrationslager Fuhlsbüttel bei Hamburg. Statt zu essen, gab es weiter Prügel. Hier machte ich zum ersten Male Bekanntschaft mit dem Ochsenziemer. Gegen Mitternacht wurde ich in den C-Keller in eine leere Zelle ohne Fenster und Möbel geschleppt. An Gehen war nicht mehr zu denken. Die nächsten vier Tage immer dasselbe.» Ein Jahr blieb Adolph Kummernuß in Einzelhaft in dieser Kellerzelle, bevor der Prozeß begann. Aber da nicht das kleinste Beweisstück für eine illegale Arbeit vorlag und er kein Geständnis ablegte, wurde der Gewerkschafter am Ende «nur» zu zwei Jahren Gefängnis verurteilt. Ein für damalige Verhältnisse mildes Urteil, denn die Nationalsozialisten waren nach drei Jahren totaler Herrschaft keineswegs gnädiger gestimmt.

Reinhard Heydrich, rechte Hand von SS-Chef Heinrich Himmler und seit April 1934 an der Spitze der Gestapo, glaubte, die Nationalsozialisten in der Stunde des Triumphes warnen zu müssen. «Wandlungen unseres Kampfes» hieß die Schrift, die er 1935 veröffentlichte: «Wenn jetzt die gegnerischen Organisationen zerschlagen oder auch nur in der Umbildung sind, so bedeutet das für uns, daß sich lediglich die Kampfform ändert... Wir müssen erkennen, daß diese Gegner nicht lediglich durch äußere Übernahme des Staatsapparates zu erledigen sind, denn sie sitzen mit ihren Querverbindungen in allen Zweigen unseres Volkslebens und des Staatsgefüges. Wir müssen ruhig feststellen, daß bis in die letzten Tage hinein der Gegner auf dem besten Wege war, den deutschen Menschen charakterlich und geistig systematisch auszuhöhlen, ihn zu vergiften und ihm lediglich das nordische Gesicht zu lassen. Zu dieser Erkenntnis müssen wir Kämpfer uns durchfinden: Wir brauchen Jahre erbitterten Kampfes, um den Gegner auf allen Gebieten endgültig zurückzudrängen, zu vernichten und Deutschland blutig und geistig gegen neue Einbrüche abzusichern.» Der Kampf war noch nicht zu Ende. Er hatte nach über zwei Jahren Folter und Mord, KZ und Terror erst richtig begonnen.

Die totale Verfügung über den Menschen in der Diktatur machte alle Aktionen verdächtig, die nicht von der NSDAP kontrolliert wurden. Doch zu dicht war das über Generationen geknüpfte Netz der Arbeiterkultur, um es in so kurzer Zeit vollständig aufzulösen und zu vernichten. Mit Argwohn wurde jeder Kleingärtnerverein kontrolliert, wurden Schachklubs und Wandergruppen aufgelöst, weil man in ihnen verkappte sozialistische Refugien vermutete, resistente Inseln jener verhaßten Arbeiterkultur. In Dortmund wurde im Oktober 1934 der Damengesangverein Rote Erde aufgelöst, weil seine Mitglieder «fast durchweg früheren marxistischen Kreisen entstammten» und der Verein «keine Gewähr für positive Volkstumsarbeit bot, vielmehr die Gefahr bestand, daß in ihm marxistische Zersetzungsarbeit betrieben wurde».

Die Arbeitergesangvereine boten eine besonders günstige Gelegenheit, den traditionellen Zusammenhalt zu bewahren, in der Geborgenheit unter Gleichgesinnten ein wenig Kraft für das Leben in der feindlichen Umwelt aufzutanken, die Werte und Ziele der Arbeiterbewegung nicht aufzugeben, auch wenn man sich öffentlich nicht zu ihnen bekennen durfte. Singen gehörte schon immer zu den beliebtesten Freizeitbeschäftigungen der Arbeiter. Im Berliner Arbeiterbezirk Neukölln gab es vor 1933 neun Arbeiterchöre. Damit die einzelnen Chöre wenigstens versuchen konnten weiter zu existieren, hatte sich der Deutsche Arbeitersängerbund im Mai 1933 selber aufgelöst. Es ging nicht ohne Opfer ab: der eine Chor muß den Namen wechseln, der andere den Dirigenten. Kam die Gestapo zum Kontrollieren, täuschte man sie mit altbekannten rührseligen Liedern, die den Verfolgern die Tränen in die Augen trieben.

Die Konzerte der Arbeiterchöre waren nach 1933 stets ausverkauft, und ein Außenstehender hätte den besonderen Beifall nach manchen Liedern nicht verstanden. Denn immer wieder gelang es, Stücke in das Programm zu schmuggeln, die damals für jeden Sozialdemokraten selbstverständlicher Bestandteil ihrer politischen Kultur waren. Als die Berliner Singgemeinschaft am 6. April 1935 ein Konzert gab, wußten die Genossinnen und Genossen schon vor dem ersten Ton, worum es ging: «Es war ganz merkwürdig, wer sich da alles im Vorraum und Konzertsaal drängte – man meinte, man kenne alle, und tatsächlich erkannte man viele Genossen, die man seit Jahren so gehäuft nicht gesehen hatte. Und die, die man persönlich nicht kannte, kannte man doch: Wir waren alle aus irgendwelchen Ecken der Arbeiterbewegung... Wir begrüßten uns ganz normal, blinkten uns höchstens zu – ‹Ach, du bist auch noch bei der Stange –, wußten einfach, wir sind unter uns, wir sind noch zusammen.» Das erste Lied signalisierte, daß an diesem Abend wirklich alle zusammengehörten: «Denn wenn man mit Mozart anfängt, noch dazu mit einem Chor aus der ‹Zauberflöte›, so wird auf Traditionen der Beschäftigung der Arbeiterbewegung mit Mozart angeknüpft. Und uns hatte an Mozart am meisten sein Hang zum Freimaurertum interessiert, der sich ja auch zum Beispiel in der Freidenkerbewegung wiederfand. Wir waren begeistert.»

Kurz vor der Pause stand der «Schwur» auf dem Programm. Mehr nicht, aber jeder im Saal dachte an Wilhelm Tell und an die Worte von Friedrich Schiller im gleichnamigen Schauspiel: «Wir wollen frei sein, wie die Väter waren, eher den Tod als in der Knechtschaft leben...» Im Saal herrschte absolute Stille: «Ich war sicher nicht der einzige, der Tränen vor Trauer und Wut in den Augenwinkeln hatte. In diesem Augenblick packte uns wieder Mut, nicht nur abzuwarten, bis der braune Spuk vorüber sei, sondern etwas dagegen zu tun. Erst nach geraumer Zeit wagte jemand zu klatschen, dann aber wollte der Beifall nicht aufhören... Wir gingen anders aus dem Konzert, als wir gekommen waren, wir hatten wieder ein bißchen Mut gefaßt – durch die Lieder, durch das Gefühl, mit einer Gruppe von Genossen, uns Nahestehenden zusammengewesen zu sein.» Die Nationalsozialisten wußten, warum sie alles auszurotten versuchten, was mit der Arbeiterkultur zusammenhing. Hier fand sich ein Widerstandspotential, das die Macht des totalen Staates zwar nicht brechen, aber sich dem Anspruch der Machthaber auf totale geistige Unterwerfung und Gleichschaltung im Kleinen, im Alltäglichen entziehen konnte. Es war möglich, in dunklen Verliesen Menschen zu quälen, die als Staatsfeinde abgestempelt waren, ohne daß es öffentlichen Protest gab. Wie aber sollte man der Öffentlichkeit plausibel machen, daß Mozarts «Zauberflöte» auf der schwarzen Liste stand?

Es gab eine Kultur, sehr viel älter als die Arbeiterbewegung, die ebenfalls überlieferte Traditionen hatte, die einen schwer greifbaren Widerstand ermöglichten. Und auch hier war es die breite Basis, die – oft gegen die ängstliche Vorsicht und kompromißbereite Diplomatie ihrer Führer – mutig und listig davon Gebrauch machte. Anders als die nüchternen Protestanten besaßen die deutschen Katholiken eine reiche religiöse Kultur, die mit bunten und machtvollen Frömmigkeitsriten und Symbolen über die Jahrhunderte tief im Volk verwurzelt war. Der Strom der Wallfahrer, der 1934 so unübersehbar angeschwollen war, ließ auch im neuen Jahr nicht nach. Über 30000 Arbeiter aus Westdeutschland und von der Saar kamen am 20. Januar 1935 zur Dreikönigswallfahrt in den Kölner Dom. Zu diesem traditionellen Treffen der katholischen Arbeitervereine waren 15 Sonderzüge und 60 Busse eingesetzt. Die Organisatoren nutzten die liturgischen Neuerungen, die – neben dem üblichen Latein – nun auch deutsche Gebete zuließen. Und so beteten die katholischen Arbeiter im Dom mit lauter Stimme: «Sieh an, o Herr die Zahl der Feinde, die uns umlauern und bedrängen.» Und: «Errette, Herr, uns von den Schrecken und nimm die Furcht vor Menschen von uns.» Gebetet wurde für alle, «die zum Opfertode noch berufen sind». Der Gestapo, die überall ihre Spitzel hatte, entging der demonstrative Charakter dieser religiösen Veranstaltungen nicht. Sie sprach vom «Mißbrauch der Gebetssprache zu politischen

Zwecken» und von «politischen Aktionen». Doch ohnmächtig mußte sie den Wallfahrern zusehen. So treu die Katholiken auch diesem Staat dienen wollten – ein Verbot der Wallfahrten hätte einen Proteststurm ausgelöst, den die Nationalsozialisten nicht riskieren wollten.

Der Bericht der Gestapo Aachen vom Mai 1935 steht für viele in anderen katholischen Gebieten: «Auffallend war die in diesem Jahre gegenüber den Vorjahren außergewöhnlich starke Beteiligung an den in Aachen alljährlich wiederkehrenden Bußprozessionen der Männer und Jungmänner. Man konnte sich des Eindrucks nicht erwehren, daß sich eine große Anzahl Katholiken zu diesen Prozessionen hinzugesellt hatte, um dem politischen Katholizismus zu machtvollen Kundgebungen zu verhelfen. Hier und da konnte sogar festgestellt werden, daß sich früher bekannte Kommunisten zahlreich in diesen Prozessionen bewegten. Jedenfalls läßt sich nicht leugnen, daß diese Prozessionen zu erkennen gaben, daß die katholische Kirche über eine Unmenge aktiver Elemente verfügte, die jederzeit bereit sind, ihrem Ruf zu folgen.» Doch dieser Ruf, auf den viele Katholiken warteten und für den sie zu großen Opfern bereit waren, kam nicht. Die Hirten waren sehr viel kleinmütiger als die ihnen anvertraute Herde.

Der Kölner Kardinal Karl Joseph Schulte hielt bei der Dreikönigswallfahrt 1935 in seiner Kirche nicht das Pontifikalamt und hatte seinen Geistlichen ausdrücklich Zurückhaltung auferlegt. Im Sommer notierte die Gestapo, der Kölner Klerus jammere über die Untätigkeit des Kardinals, der auf Hilferufe nicht reagiere. Zum Geburtstag des «Führers» im April 1935 hatte der Kirchenfürst ohne Zwang eine Beflaggung der kirchlichen Gebäude angeordnet, um ein Zeichen «vaterländischer und reichstreuer Gesinnung» zu geben. Trotz solcher Sympathiebekundungen wurden die staatlichen Vorwürfe so massiv, daß sich die deutschen Bischöfe im August 1935 mit einem Hirtenbrief wehrten: «Die neue Kampflosung vom politischen Katholizismus, der

Vorwurf, die Katholiken kümmerten sich zuviel um staatsrechtliche Dinge, kann nur auf urteilslose Menschen Eindruck machen... Denkende Menschen werden fragen, was man denn überhaupt unter politischem Katholizismus verstehe und worin er sich vom religiösen Katholizismus unterscheide. Es könnte sonst einem Übereifrigen einfallen, in jeder Prozession, in jedem Priestertalar auf der Straße eine Herausforderung zu erblicken und jedes Glockengeläut als Störung der öffentlichen Ruhe zu verbieten.» Die katholischen Bischöfe versuchten, den Herausforderungen des totalitären Staates mit den gleichen Mitteln zu begegnen wie ihre protestantischen Brüder, gemäß den Traditionen eines obrigkeitsfrommen, angeblich unpolitischen Christentums. Aber sosehr sie sich auf ihren Glauben zurückzogen und beteuerten, daß es ihnen nur um religiöse Motive und Ziele ging und die Katholiken von bester «vaterländischer Gesinnung» durchdrungen seien – in den Augen der Machthaber fanden sie damit keine Gnade. Die Nationalsozialisten wollten den ganzen Menschen mit Leib und Seele. Jede Demonstration des christlichen Glaubens war ein Politikum im weitesten Sinne.

Im Oktober 1935 verließen die führenden Männer der katholischen Arbeitervereine in ihrer Verzweiflung über den Anpassungskurs ihrer Oberhirten den kirchlichen Amtsweg und schrieben direkt an den deutschen Berater von Papst Pius XI.: «Unser Episkopat... steht in Wirklichkeit zur Stunde tatlos und planlos da, wartet ab, was wohl die andere Seite tun würde, und verliert damit alle Trümpfe und Möglichkeiten für die Zukunft. Nachgiebigkeiten werden nur mit weiteren Schlägen beantwortet.» Die katholischen Arbeiter klagten, daß die Kirche seit Monaten nichts mehr für die «schwer bedrängten katholischen Vereine und Verbände» getan habe, und wünschten sich, daß Rom für den Abwehrkampf gegen den Nationalsozialismus einen «besonderen Beauftragten» nach Deutschland schicke, weil die eigenen Bischöfe nicht kämpferisch genug waren.

Der Wunsch blieb ein Wunsch. Das Verhalten der deutschen

Bischöfe war aufs Engste mit dem Vatikan abgestimmt. Nicht selten verhandelte Rom über die Köpfe der Bischöfe hinweg direkt mit der Regierung in Berlin. Die römische Kirche wünschte keinen Machtkampf mit den Nationalsozialisten. Und Hitler war klug genug, bei diesem Vertragspartner, dessen Geschlossenheit und imponierendes Zeremoniell er insgeheim bewunderte, mit aller Vorsicht vorzugehen. Im November 1935 meldete die Gestapo für den Regierungsbezirk Aachen: «Die auf kirchenpolitischem Gebiet eingetretene Beruhigung hat auch im Oktober fortgedauert. Die latenten Gegensätze zwischen Bewegung, Staat und Kirche sind nur in Ausnahmefällen an die Oberfläche getreten. Die meisten Geistlichen zeigen das Bestreben, Konflikte mit Behörden und Parteidienststellen zu vermeiden. Erwähnenswert in dieser Hinsicht ist vor allem die Tatsache, daß der weitaus überwiegende Teil der Geistlichen der Anordnung, die Kirchen mit Hakenkreuzfahnen zu beflaggen, ohne erheblichen Widerstand nachgekommen ist.»

Am 9. März 1935 schrieb der wachhabende Beamte im Polizeiamt Neu-Isenburg in das «Neuigkeitsbuch»: «Das Staatspolizeiamt Offenbach... teilt gegen 9.10 Uhr mit, daß anzunehmen sei, daß morgen in den evangelischen Kirchen in den Gottesdiensten von Pfarrern, die dem Bekenntnisbund angehören, Stellung gegen die Reichsregierung und die Partei genommen würde. Die Gottesdienste seien deshalb zu überwachen und die betreffenden Pfarrer, aber nur bei ganz groben Verstößen, nach dem Gottesdienst in Schutzhaft zu nehmen und dem Staatspolizeiamt Meldung zu machen. Der Gottesdienst selbst sei nicht zu stören.» In anderen Gegenden ging man mit den Pfarrern weniger glimpflich um. Sie wurden verhaftet, noch bevor sie im Gottesdienst eine Erklärung zum «Neuheidentum» verlesen konnten, das die Bekennende Kirche in Preußen am 5. März 1935 verabschiedet hatte. Diese Erklärung war eine eindeutige Absage an den Glauben der Nationalsozialisten, an die Vergötzung von Rasse, Blut und Boden: «Wir sehen unser Volk von einer tödlichen Gefahr bedroht. Die Gefahr besteht in einer neuen Religion... In ihr wird die rassisch-völkische Weltanschauung zum Mythos. In ihr werden Blut und Rasse, Volkstum, Ehre und Freiheit zum Abgott.» Um allen Angriffen schon im Voraus den Boden zu entziehen, machten sich die Protestanten bei ihrer Argumentation zu Verteidigern eines starken Staates: «Wer Blut, Rasse und Volkstum an Stelle Gottes zum Schöpfer und Herrn staatlicher Autorität macht, untergräbt den Staat... Gehorsam und dankbar erkennt die Kirche die durch Gottes Wort begründete und begrenzte Autorität des Staates an. Darum darf sie sich nicht dem die Gewissen bindenden Totalitätsanspruch beugen, den die neue Religion dem Staate zuschreibt.»

Es gab in dieser Erklärung 1935 Töne, die sich sehr deutlich von der lutherischen Lehre über die Aufgaben der Kirche unterschieden: «Darum darf sie sich nicht aus der Öffentlichkeit der Welt in einen Winkel privater Frömmigkeit abdrängen lassen, wo sie in Selbstgenügsamkeit ihrem Auftrag ungehorsam würde.» Ebenso entschieden aber versuchten die Verfasser, den Interessenkonflikt zwischen Staat und Kirche zu entschärfen und die Widersprüche auf einen Nenner zu bringen: «An Gottes Wort gebunden, ruft die Kirche ihre Glieder an zu willigem Gehorsam, Einsatz und Opfer für Staat und Volk. Sie warnt davor, sich einer Abgötterei zu überantworten, durch die wir uns Gottes Zorn und Gericht zuziehen.» Den deutschen Protestanten half solche Argumentation genausowenig wie den katholischen Bischöfen. Der totalitäre Staat fühlte sich herausgefordert. Als Reichsinnenminister Wilhelm Frick, ein Jurist, ein Exemplar dieser Erklärung der Bekennenden Kirche in die Hand bekommt, schreibt er mit grünem Stift ans Ende: «Es handelt sich m. E. hier um einen heimtückischen Angriff auf Staat und Volk, der strafrechtliche Sühne fordert.»

Die dritte Synode der Bekennenden Kirche nach denen in Barmen und Berlin-Dahlem fand im Juni 1935 in Augsburg statt. Bis dahin waren die meisten der inhaftierten Pfarrer wieder entlassen worden. Die Synode sprach von Verfolgung – und ließ doch nicht ab von ihrem Bekenntnis zum nationalsozialistischen Staat: «Laßt euch auch durch Bedrückung oder Verfolgung nicht beirren, der Obrigkeit in Ehrerbietung untertan zu sein. Bleibt im Gehorsam gegenüber den Herren, die euch gesetzt sind. Laßt euch nicht verbittern! Bleibet in der rechten Liebe zu unserem Volk! Ehret die Gabe Gottes, die wir in unserem Volk empfangen haben! Seid unermüdlich im Dienen! Tut Fürbitte für Volk und Obrigkeit!» Die Synode drückte aus, wovon auch ihre Anhänger in den Gemeinden überzeugt waren. Friedel Bredt, Sohn eines Pfarrers, war in der Hitler-Jugend aktiv und in der Bekennenden Kirche: «Ich war bewußt gegen die weltanschauliche Linie der Nazis, ihre Eingriffe in das Leben der Kirche empörten mich... Die politische Linie aber meinte ich bejahen zu können und war begeistert über alle Erfolge, von denen wir erst hinterher erkannten, daß sie in den verbrecherischen Krieg führten. Wie ungezählte andere, vor allem junge Menschen, meinte ich auch, zweigleisig im Blick auf die Nazis fahren zu können.»

Ende September 1935 fanden Benutzer der Berliner Straßenbahnen Flugblätter auf den Sitzen. Unter der Überschrift «Kamerad, denkst Du daran?» wurde aufgezählt, welche Leistungen und welche Opfer deutsche Juden – vor allem in den Kriegen – für ihr Vaterland gebracht hatten. Doch die meisten Deutschen wollten daran nicht denken und nicht erinnert werden. Nirgendwo regte sich Widerspruch, als der in Nürnberg zum Parteitag versammelte Reichstag im September 1935 Gesetze verabschiedete, die die deutschen Juden nun auch offiziell aus der Gemeinschaft der Staatsbürger ausschlossen: «Ein Jude kann nicht Reichsbürger sein. Ihm steht ein Stimmrecht in politischen Angelegenheiten nicht zu; er kann ein öffentliches Amt nicht bekleiden.» Penibel wurde in diesem «Nürnberger Gesetz zum Schutze des deutschen Blutes und der deutschen Ehre» aufgelistet, wer Jude, wer Mischling, wer «Arier» ist. Die Reichsvertretung der Juden fühlte sich «aufs schwerste betroffen», sah aber in dem

Gesetz einen Versuch, «eine Ebene zu schaffen, auf der ein erträgliches Verhältnis zwischen dem deutschen und dem jüdischen Volke möglich ist». Sie forderte «Einigkeit, jüdische Haltung, strengste Selbstzucht und größte Opferbereitschaft» und hoffte, durch eigene Institutionen im Land und großzügige Auswanderungsmöglichkeiten nach Palästina die deutschen Juden vor Schlimmerem zu bewahren. Denn in der Öffentlichkeit gab es für sie keine Solidarität, sondern das ganze Jahr 1935 über eingeschlagene Fensterscheiben, überschmierte Firmenschilder, aufgebrachte Menschenmengen, die drohend die Fäuste reckten.

Als Ende September die Bekennende Kirche Preußens in Steglitz tagte, lag ihr eine Denkschrift «Zur Lage der deutschen Nation» vor. Es war ein Dokument der Erschütterung und der Ohnmacht: «In einer kleinen Stadt werden den jüdischen Kindern von den anderen immer wieder die Hefte zerrissen, wird ihnen das Frühstücksbrot weggenommen und in den Schmutz getreten! Es sind christliche Kinder, die das tun, und christliche Eltern, Lehrer und Pfarrer, die es geschehen lassen! ... Ein kleines Mädchen wagt auf der Straße nicht, an einem Pferd vorbeizugehen, das mit den Vorderhufen auf dem Bürgersteig steht. Da sagt seine Schwester beruhigend: ‹Geh doch, das Pferd weiß ja nicht, daß wir jüdisch sind.› ... Was soll aus den Seelen dieser Kinder werden und was aus einem Volk, das solche Kindermartyrien duldet?» Es war eine Frau, Marga Meusel, die diese Denkschrift aufgesetzt hatte. Die Synode lehnte es ab, die «Judenfrage» öffentlich zu diskutieren. Das Urteil der Denkschrift über die eigene Kirche – viele Jahre vor Auschwitz – war vernichtend: «Die Kirche macht es einem bitter schwer, sie zu verteidigen. Menschlich geredet bleibt die Schuld, daß alles dies geschehen konnte, vor den Augen der Christen, für alle Zeiten und vor allen Völkern und nicht zuletzt vor den eigenen künftigen Generationen auf den Christen Deutschlands liegen ... Daß es aber in der Bekennenden Kirche Menschen geben kann, die zu glauben wagen, sie seien berechtigt oder gar aufgerufen, dem Judentum in dem heutigen historischen Geschehen und dem von uns verschuldeten Leiden Gericht und Gnade Gottes zu verkünden, ist eine Tatsache, angesichts derer uns eine kalte Angst ergreift. Seit wann hat der Übeltäter das Recht, seine Übeltat als den Willen Gottes auszugeben?»

Niemand in den Kirchen hat sich zu diesem Zeitpunkt so mutig und offen für die Menschenwürde eingesetzt wie Marga Meusel. Nach außen jedoch wurde die Opposition der Bekennenden Kirche nur von Männern getragen, ihre Leitungsgremien hießen sogar «Bruderräte». Dabei hatte schon im Februar 1934 der Pastor Friedrich Graeber auf der ersten Freien Synode des Rheinlands gepredigt: «Abraham ist nicht der einsam Berufene. Sara zieht mit. Es ist nicht die Treue des Weibes nur, die gehorsam mit ihrem Mann in die Fremde zieht. Es ist der Glaube an den berufenden Gott, der Sara ruft, indem er den Mann ruft. Wir haben die Hoffnung, daß der Kirchenkampf nicht am Ehestand der rheinischen Pfarrer scheitert. Und die Gemeinden sind aufgerufen zur Fürbitte, sonderlich auch für die Frauen und Kinder der Pfarrer, wenn es zum Schlimmsten kommen sollte.»

Sara zog mit. Sie hielt die Familie über Wasser, als die Pfarrer der Bekennenden Kirche in Schutzhaft und ins KZ gehen mußten, als ihre Gehälter halbiert oder gestrichen wurden. Nur blieb sie still im Hintergrund, wie es der Tradition evangelischer Pfarrfrauen entsprach. Auch die Arbeiterfrauen, deren Männer illegal für SPD oder KPD arbeiteten, hatten erst einmal die Sorge, ihre Familie zusammenzuhalten und zu überleben. Aber meist waren sie auch «Komplizen». Sie standen auf Horchposten bei illegalen Treffs und tippten die verbotenen Flugblätter auf der Schreibmaschine. Sie verbrannten in Windeseile alles verdächtige Material, wenn eine Hausdurchsuchung zu befürchten war. Sie warnten ihre Männer, nicht nach Hause zu kommen. Ihr Mut und ihre blitzschnelle Reaktion machte Gefahrenmomente zu harmlosen Augenblicken. Sie mußten gute Nerven haben. Illegale Funktionäre, die in versteckten Quartieren untertauchten, waren auf die Umsicht und die Findigkeit der Hausfrau angewiesen.

Else Jochem war die Frau eines Sozialdemokraten und Gewerkschaftsfunktionärs in Oberhausen. Ihr Mann wurde im Winter 1934 verhaftet. Das Seifengeschäft, das sie nach 1933 aufgebaut hatten, fing gerade an, Gewinn abzuwerfen: «In den ersten Wochen, da hat mich die Niebuhrstraße, das war eine Hochburg der Kommunisten, über Wasser gehalten ... die kamen runter auf die Straße und haben mir die Seife von der Straße weggekauft. So kam ich über die ersten Wochen. Da konnte ich für uns was zu essen kaufen. Von denen kriegte ich auch immer das ‹Kleingeschriebene› [Flugblätter]. Die Polizei wußte wohl davon, aber die Polizei hat mir auch manchmal geholfen. Es kamen schon mal Schutzleute an mein Fahrrad und sagten: ‹Vorsicht, morgen gibt's Kontrolle, nehmen Sie sich in acht!› Ein paarmal hatte ich Flugblätter unter der Fußsohle, die haben sie nie gefunden. Aber die Seifenkiste haben sie mir immer umgekippt, oh, wie oft haben sie mir die umgekippt!»

Der Essener Kommunist Rudolf Larsch war im Januar 1933 untergetaucht. Im November wurde er verhaftet, im August 1934 zu drei Jahren Zuchthaus verurteilt. Seine Frau Käthe, ebenfalls Parteimitglied, machte weiter. In ihrer Wohnung wurden Flugblätter hergestellt, illegale Treffs abgehalten. Als am 18. Mai 1935 die Gestapo kam, fand sie einen Abziehapparat, Wachsmatrizen und viel Papier. Drei Tage lang wurde Käthe Larsch fast ununterbrochen verhört, geschlagen. Die 33jährige, deren vier Kinder nach der Verhaftung in ein Essener Waisenhaus gebracht wurden, machte keine Aussagen. Der Gefängnisarzt notierte: «Die am 22. Mai 1935 hier eingelieferte Larsch, Katharina, zeigt Erscheinungen von geistiger Verwirrung, Desorientierung, Personenverkennung, Zerstörungswut, Schlaflosigkeit, starke Unruhe. Sie bedarf der Verwahrung in einer geschlossenen Nervenklinik.» Am 27. Mai wurde die Kranke in die Heil- und Pflegeanstalt Grafenberg überwiesen. Dort schrieb der untersuchende Arzt im Krankenblatt: «Blaue Flecken am ganzen Körper. Untersuchung nur teilweise durchführbar.»

Als die Patientin am nächsten Tag unruhig wird und redet, nutzt der anwesende Mediziner die Gelegenheit, die Verhöre der Polizei fortzusetzen. Aus dem Krankenblatt: «Heute nacht bin ich im Löwenkäfig zerfleischt, (Wo?) der Käfig stand im Polizeipräsidium, alles tut mir weh... Am Samstag wurde ich verhaftet (Warum?) Hochverrat. (Wieso?) Kommunistische Blätter (Wer hat mitgeholfen?) Grüne Haare (Name?) Von einer Familie Henkel zugeführt (Wann?) Mit drei Jahren Zuchthaus bestraft... Alles ist abgestorben, nur meine vier Herzen nicht... Ich habe alle Welt um Hilfe angerufen. Was habt ihr mich gepeinigt. Was hat man nur mit mir gemacht?» Immer weiter quälte der Arzt die Kranke mit Fragen nach Namen und Inhalt von Flugblättern und vermerkt am Ende des Protokolls als vorläufige Diagnose: «Verwirrungszustand.» Die letzte Eintragung über Käthe Larsch stammt vom 29. Mai 1935: «Schlief nicht, lief wüst umher und war nicht im Bett zu halten. Gegen zweieinhalb Uhr plötzche Veränderung: Sehr blasse Gesichtsfarbe, Atmung und Puls fliegend und unregelmäßig, setzte zeitweilig aus. Temperatur über 42 Grad. Bekam zwei Einspritzungen. Um 5 Uhr an Herzschlag gestorben.»

Am 19. Juni 1935 wurde die 58jährige Katharina Corleis, SPD-Mitglied wie ihr Mann, morgens um vier Uhr in ihrer Hamburger Wohnung von der Gestapo verhaftet. Am 26. Juni bekam ihr Mann die Mitteilung, seine Frau habe sich tags zuvor in ihrer Zelle im KZ Fuhlsbüttel erhängt. Er konnte die Leiche nur aus der Ferne ansehen. An der Beerdigung durften auf Anordnung der Polizei nur die engsten Familienangehörigen teilnehmen.

Lore Wolf arbeitete für die verbotene «Rote Hilfe» in Frankfurt am Main, eine kommunistische Organisation, die sich besonders um die Familien der Verhafteten und Verurteilten kümmerte und eigene illegale Flugblätter und eine Zeitung herausbrachte. Auch Sozialdemokraten, Gewerkschafter und ein protestantischer Pfarrer machten mit. Im Sommer 1934 wurden die meisten Mitglieder verhaftet. Lore Wolf flüchtete ins Saargebiet. Da nahm die Polizei ihren Mann, ihre Kinder und ihre Eltern fest: «Ich mußte aber noch einmal nach Frankfurt zurück, damit unsere Zeitung erscheinen konnte. Unter furchtbarem Druck kam ich in Frankfurt an. Ich hatte Angst, schreckliche Angst. Doch die Zeitung, die mußte erscheinen, damit der Verdacht von den bereits Verhafteten genommen wurde. Natürlich war ich vollkommen verändert... Tags bin ich umhergeirrt und habe Günther gesucht, der sich nirgends mehr zeigen durfte. Nachts habe ich wachgelegen, die ganze Nacht. Morgen gehst du zur Gestapo. Morgen stellst du dich. ...Doch als es Tag wurde, habe ich gedacht: Bist du verrückt. Du kannst dich nicht stellen. Du kannst die Kumpel, die Genossen nicht verraten. Du kannst keinen verraten. Um keinen Preis. Mein Kind, die Hannelore, wird es verstehen. Später wird sie verstehen, warum ich so handeln mußte... Ich war sechs Wochen in Frankfurt. Es ist mir nicht gelungen, die Zeitung herauszugeben. Ich mußte wieder ins Saarland zurück.» Von dort ging die Flucht im Januar 1935 weiter nach Paris.

Namen. Immer neue Namen und Schicksale. So viele sind vergessen, sind Schall und Rauch geworden auf schreckliche Weise. Die Sozialdemokratin Minna Cammens wurde im März 1933 in Breslau verhaftet, als sie Flugblätter verteilte. Nach wenigen Tagen erhielt ihr Mann per Post eine Zigarrenkiste mit Asche zugeschickt. Auf einem Zettel stand: «Minna Cammens, geborene Hannen, am 25.3.1933 verhaftet, starb in Schutzhaft an Herzschlag. Auf eigenen vor ihrem Tod ausgedrückten Wunsch wurde sie eingeäschert. Es ist nicht gestattet, die Öffentlichkeit von ihrem Ableben zu unterrichten.» Franziska Kessel, kommunistische Reichstagsabgeordnete aus Frankfurt am Main, wurde im April 1933 zu drei Jahren Zuchthaus verurteilt und ein Jahr später in ihrer Zelle erhängt aufgefunden. Die 22jährige Kommunistin Margarete Walter sprang im Oktober 1935 aus dem

Fenster der Berliner Gestapo-Zentrale in den Tod, um ihren Folterern zu entkommen.

Frauen waren wichtig für den Widerstand der Arbeiterbewegung, doch nur wenige gelangten in den Parteien in Spitzenpositionen. Bei den Kommunisten brachten es einige weiter. Maria Krollmann, vor 1933 KPD-Abgeordnete in Hamburg, wurde nach dem Studium an der Moskauer Lenin-Schule als illegale Oberberaterin nach Leipzig geschickt. Als im Herbst 1934 ihre Verhaftung drohte, ging sie über die Zwischenstationen Berlin–Saarbrücken–Paris als Oberberaterin für Südwestdeutschland nach Mannheim. Dort wurde die Dreißigjährige im Januar 1935 verhaftet. Auf 15 Jahre Zuchthaus lautete das Urteil. Maria Krollmann überlebte. Ihre Nachfolgerin für den Mannheimer Posten, Käthe Popall, erkrankte und mußte in die Berliner Leitung der KPD zurückkehren. Ende März 1935 wurde sie zusammen mit drei führenden Genossen, von denen zwei hingerichtet wurden, verhaftet. Käthe Popall bekam zwölf Jahre Zuchthaus und überlebte.

Es sind wenige Namen, die für viele stehen müssen bei dem Versuch, die Erinnerung wenigstens bruchstückhaft festzuhalten und nicht zu vergessen. Erinnert werden muß auch, daß im dritten Jahr der Diktatur immer noch kleine Gruppen von Jugendlichen zusammenhielten, die nicht im Gleichschritt mitmarschierten. Sie kamen aus der bündischen Jugend oder fanden sich aus den unterschiedlichen Gruppierungen der Arbeiterbewegung zusammen und machten auf eigene Faust illegale Arbeit. «Gruppe G» nannten sich die Jungen, meist Lehrlinge, die im Laufe des Jahres 1933 in Stuttgart und Umgebung Flugblätter herstellten und verteilten und ihre illegale Arbeit bis ins Frühjahr 1935 durchhielten. Der Schriftsetzerlehrling Hans Gasparitsch aus Stuttgart hatte in der Gruppe den Decknamen ‹Micha›. Während ein Freund den Rückzug sicherte, malte der 17jährige im März 1935 auf den Sockel einer Plastik in den Unteren Anlagen am hellichten Tag die Parole «Nieder mit Hitler!»

und «Hitler bedeutet Krieg!». Als Hans Gasparitsch nach einer Stunde wieder durch die Anlagen fuhr, geriet er direkt in die Polizeistreife, Farbtopf und Pinsel noch in der Tasche. Als die Polizei in seinem Zimmer ein Fotoalbum fand, das alle seine Freunde auf gemeinsamen Wanderungen und Zusammenkünften zeigte, hatte sie leichtes Spiel. Am Ende standen 17 jugendliche Angeklagte vor dem Richter. Hans Gasparitsch wurde zu zweieinhalb Jahren Gefängnis verurteilt. Doch die Eltern warteten vergebens auf ihren Sohn. Vom Gefängnis ging es sofort ins KZ Dachau. Es begann ein langer Weg durch mehrere Lager. Freunde überlebten die Torturen nicht, wurden umgebracht. Hans Gasparitsch magerte auf 45 Kilo ab, wurde im KZ Buchenwald schwerkrank. Erst im Mai 1945 kam dort für ihn mit dem Ende des «Dritten Reiches» die Freiheit. Zehn Jahre nach jenem Tag in den Parkanlagen von Stuttgart.

Adolf Hitler hatte den Deutschen 1933 zugerufen: «Gebt mir vier Jahre Zeit.» Tatsächlich hatten drei genügt, um seine Gewaltherrschaft fest im Volk zu verankern und die, denen er haßerfüllt Feindschaft geschworen hatte, Furchtbares anzutun. Die Parteien der Arbeiterbewegung scheinen den Kampf im Untergrund verloren zu haben, nur kleine Grüppchen von Freunden den politischen Zusammenhalt zu bewahren. Die Protestanten der Bekennenden Kirche sind gespalten in ihrer Treue zum Evangelium und zu einem Staat, der auch ihre politischen Träume erfüllt. Wer sich als einzelner gegen das Regime stellte, spontan und ohne den Rückhalt einer Gruppe, wurde ebenso gnadenlos verfolgt wie die Mitglieder verbotener Organisationen. Würde bald jeder Widerstand im Blut erstickt sein?

1936
Die Instrumente des Terrors werden ausgebaut

Am 7. März 1936 ratterten Fahrzeuge der Wehrmacht über die Rheinbrücken in Richtung Westen, dröhnte der Gleichschritt deutscher Soldaten durch das seit 1918 entmilitarisierte Rheinland. Damit hatte Hitler den Vertrag von Versailles eindeutig und einseitig gebrochen. Die Gestapo für den Regierungsbezirk Aachen meldete an die Zentrale nach Berlin: «Diese Geschehnisse, die von der Bevölkerung seit langen Jahren ersehnt und mit deren Eintreten sie jetzt, im dritten Jahre nach der Machtergreifung, noch nicht gerechnet hatte, wurden im ganzen Bezirk mit großer Begeisterung und Freude aufgenommen. Überall fanden Aufmärsche und Fackelzüge statt, bei denen die Beteiligung das bei früheren Veranstaltungen übliche Maß bei weitem übertraf.» Am 29. März ließ der «Führer» über seine Politik in einer Wahl abstimmen, die weder frei war noch Alternativen bot: 44,4 Millionen Deutsche stimmten für ihn, 452515 Wähler enthielten sich der Stimme, was von den Aufpassern als feindlicher Akt notiert wurde, und 540255 Stimmen waren ungültig oder ausdrücklich als Nein-Stimmen gekennzeichnet.

Die Wahrheit dieser Statistik läßt sich nicht mehr nachprüfen, doch sie liegt nicht weit entfernt von der Hochstimmung dieses Frühjahrs 1936 und der Sommermonate, als die Jugend der Welt zur Olympiade nach Berlin geladen war. Die Skeptiker, die vor dem Bruch von Verträgen gewarnt hatten, wurden durch die

Realitäten ins Unrecht gesetzt. Die Welt ließ den deutschen Kanzler im Frühjahr gewähren, sie jubelte ihm im Sommer 1936 zu. Und die Mehrheit der Deutschen hatte das Gefühl, ein großes Stück der zu Unrecht verlorenen nationalen Ehre zurückgewonnen zu haben. Die Analyse der Aachener Gestapo stimmte: «Die weltpolitischen Ereignisse vom 7. März haben das Ansehen des Führers weiter gesteigert, und diejenigen, die bisher noch Einwendungen gegen die Person des Führers oder seine Außenpolitik machten, sind an Zahl zu einer bedeutungslosen Gruppe zusammengeschrumpft.» Niemand wollte abseits stehen: «Als erfreuliches Zeichen dieser Stimmung darf das Verhalten der Bischöfe gewertet werden, die anläßlich des Einmarsches der Truppen Glückwunschtelegramme an den Führer sandten.»

Adolf Hitler hatte sich nie gescheut, die «Vorsehung» für sich und seine Politik in Anspruch zu nehmen. Doch seit dem Einmarsch deutscher Truppen in die Rheinlande beschwor er in seinen Reden immer häufiger die Einheit zwischen sich und dem deutschen Volk und berief sich auf seine unfehlbare Sendung. Ein messianischer Auftrag wurde sichtbar. Als Hitler im September 1936 in Nürnberg auf dem Reichsparteitag sprach, war der Vergleich mit Jesus und seinen Jüngern unüberhörbar: «Ihr habt einst die Stimme eines Mannes vernommen, und sie schlug an eure Herzen, sie hat euch geweckt, und ihr seid dieser Stimme gefolgt... Wenn wir uns hier treffen, dann erfüllt uns alle das Wundersame dieses Zusammenkommens. Nicht jeder von euch sieht mich, und nicht jeden von euch sehe ich. Aber ich fühle euch, und ihr fühlt mich!... Das ist das Wunder unserer Zeit, daß ihr mich gefunden habt... unter so vielen Millionen! Und daß ich euch gefunden habe, das ist Deutschlands Glück.» Unter den Zehntausenden, die in Nürnberg im riesigen Parteitagsgelände aufmarschierten, war ein Hitlerjugendführer aus Ulm. Der 18jährige Hans Scholl durfte die Fahne der Ulmer Gruppe tragen, weil sein Einsatz in der HJ bisher stets vorbildlich war.

Bei soviel Stolz auf die wiedergewonnene nationale Größe

konnte man sich Weltoffenheit leisten, zumal diese Großzügigkeit in den Augen der Welt nur Pluspunkte brachte. Die Sängerin Lale Andersen bekam vom Mai bis in den Herbst 1936 für 50 Reichsmark pro Tag ein Engagement im «Park-Casino» in Heidelberg: «Sämtliche amerikanischen Cook-Büros schienen ihre Reise-Arrangements so getroffen zu haben, daß ihre Teilnehmer vor oder nach dem Besuch der Berliner Olympiade einen Abstecher nach Heidelberg machten. Die Straßen und Hotels quollen über von weißgepuderten, alten Ladies... Ihre Lebenspartner, soweit sie noch nicht auf amerikanischen Friedhöfen lagen, trugen neuerworbene Trachtenhüte, kauften in den Souvenir-Läden Hitlerbilder und Hakenkreuze für die Lieben daheim und sagten vom Führer bewundernd: ‹That's a guy!›» Ein Spruch, der um diese Zeit in einem Berliner Schaufenster hing, entlarvte solchen Zauber. Doch er enträtselte sich nur den Eingeweihten und denen, die wirklich hören und sehen wollten, welches Schicksal der Bekennenden Kirche (BK) drohte und damit jedem, der sich nicht bedingungslos der «Volksgemeinschaft» unterordnete:

«Nach der Olympiade
Hauen wir die BK zu Marmelade;
Dann schmeißen wir die Juden raus,
Dann ist die BK aus.»

Dabei war trotz allem äußeren Glanz immer noch nicht alles so, wie zu Beginn des «Dritten Reiches» von den Machthabern versprochen. Fleisch und Fett blieben auch 1936 knapp, Schlangen vor den Geschäften waren keine Seltenheit. Die Unzufriedenheit der Arbeiter über zuviel Überstunden, schlechte soziale Leistungen und zu wenig Lohn nahm zu und machte sich in Streiks Luft. Es streikten Landarbeiter in Pommern, Westpreußen und Sachsen, Arbeiter bei der Auto-Union (DKW) in Berlin, beim Flugplatzneubau in Glücksburg, bei der Elbregulierung im Kreis Wittenberg. In einem Schnellbrief meldete die Gestapo am

15. Juni 1936 eine «Arbeitsniederlegung auf dem Flugplatz Hessisch-Lichtenau» nach Berlin. 112 Arbeiter, die vom Arbeitsamt angefordert worden waren, hatten den Dienst verweigert und erklärt, «daß 57 Pfg. Stundenlohn zu wenig und daß das Wetter zu schlecht sei. Sie verließen in größeren Trupps, zum Teil singend, den Bauplatz.» Am Ende des Schreibens stand: «Gegen sämtliche Arbeitsverweigerer wird umgehend ein Arbeitshausverfahren eingeleitet, zudem werden die Unterstützungen gesperrt. Die Ermittlungen über den Einfluß kommunistischer Wühlarbeit sind im Gange.»

Am spektakulärsten war der Streik bei Opel im Juni 1936 in Rüsselsheim. Die gesamte Belegschaft stellte die Arbeit ein, das Fließband stand still. Alle Arbeiter zogen zur Verwaltung und protestierten gegen Lohnkürzungen. Die Folgen waren abschreckend: 262 Arbeiter wurden fristlos entlassen, 37 verhaftet. Am Jahresende beschloß die Polizei, das Spitzelnetz in den Betrieben überall im Reich auszubauen und eine Kartei unzuverlässiger Arbeiter anzulegen. Bei Opel verzichteten die kleinen Widerstandsgruppen sofort nach dem Streik auf alle öffentlichen Aktionen, weil das Risiko, entdeckt zu werden, jetzt zu groß war.

Doch auch für 1936 gilt: Hinter den lokalen Protestaktionen stand kein politischer Wille, sondern das wiedererwachte Selbstbewußtsein von Arbeitern. Nach langen Jahren der Arbeitslosigkeit waren sie wieder gefragt, denn 1936 begann das forcierte Aufrüstungsprogramm in der Wirtschaft zu greifen. Bei Firmen, die Rüstungsaufträge bekamen, wurde besser bezahlt. Andere mußten mitziehen, um ihre Facharbeiter nicht zu verlieren. Die Firma Siemens-Schuckert in Nürnberg hielt ihre Mitarbeiter im Dezember 1936 durch Weihnachtsgratifikationen von insgesamt 3,5 Millionen Reichsmark bei Laune. Und trotz aller Versorgungslücken könnte man 1936 im Vergleich zum Depressionsjahr 1932 fast von einem «Wirtschaftswunder» sprechen. Die Arbeiter hatten das Gefühl, es würde etwas für sie getan. Die Exil-

SPD meldete in diesem Jahr über die Freizeitveranstaltungen der KdF-(Kraft durch Freude)-Organisation: «Die KdF wird bei fast allen Volksgenossen als eine wirklich anerkennenswerte Leistung des Nationalsozialismus gewertet.» KdF organisierte Theaterreisen und Sportkurse, Kreuzfahrten nach Mallorca, in die Ostsee und zum Jahresende nach Madeira. Und wer nicht reisen konnte, dem brachte das Radio die Welt ins Haus. 7,2 Millionen Deutsche besaßen 1936 einen «Volksempfänger», der 65 Reichsmark kostete, zahlbar in 18 Monatsraten. Der Reichssendeleiter rechnete im Winter 1936/37 mit 30 Millionen Hörern. Das Winterprogramm stand unter dem Motto: «Freude zu schaffen und die Gemeinschaft zu festigen.» Die «Deutsche Radio-Illustrierte» hatte eine Auflage von einer Million und brachte neben den elf deutschen Sendern die Programme von 30 Stationen in Europa. Für den Luxus-Hörer hatte Blaupunkt einen Übersee-Empfänger entwickelt.

Der «Nigger-Jazz» war verboten, doch die Wirklichkeit sah so konsequent nicht aus. Der Schweizer Teddy Stauffer swingte 1936 mit seiner Band in Berlin und Hamburg, München und vielen Städten Westdeutschlands. Joseph Goebbels verkündete: «Wir leben nicht in einem Franziskanerkloster» und verpflichtete zum Berliner Presseball im Februar 1937 die englische Swing-Kapelle Jack Hylton, die mit ihren 52 Mann geradewegs von einer Tournee aus den USA kam. Im vierten Jahr der NS-Herrschaft war an Brot und Spielen kein Mangel in Deutschland.

Aber niemand konnte ganz die Augen verschließen vor dem, was diese vier Jahre noch gebracht hatten. Sozialdemokraten aus Oberfranken meldeten im Sommer 1936 dem emigrierten Funktionär Hans Dill in die Tschechoslowakei: «Das System greift wie ein Polyp um sich, jeder Mensch ist in einer Weise erfaßt, die einfach unbeschreiblich ist. In der Kreisamtsstelle in Selb haben sie wohl 100 Personen beschäftigt, die über jeden einzelnen Menschen genaueste Registratur führen, jeder Schritt, jede Äußerung jedes Einwohners ist dort registriert.» Zur gleichen Zeit erhielten die Außenstellen des berüchtigten SD (Sicherheitsdienstes) in Württemberg-Hohenzollern die Anweisung, die Gespräche der Arbeiter in der Eisenbahn, an den Treffpunkten der Fernlastfahrer und in den Arbeitsämtern durch zuverlässige Vertrauensleute ständig überwachen zu lassen. Der SD unterstand Reinhard Heydrich und wurde zu einem Hilfsorgan der Polizei, das ständig durch seine Leute «den Volkskörper» überwachte, aushorchte und Lageberichte erstellte, vor allem über die Gegner des Nationalsozialismus.

Einer, der seine Energie daran setzte, «politisch unzuverlässige Elemente» herauszufiltern und damit dingfest zu machen, war Admiral Wilhelm Canaris, der neue Chef des militärischen Geheimdienstes. Er ließ eine Vielzahl von V-Männern in kriegswichtige Betriebe und Behörden einsickern, und auf sein Drängen verfügte die Reichsanstalt für Arbeitsvermittlung und Arbeitslosenversicherung im Juli 1936, «daß diejenigen Arbeiter oder Angestellten, die wegen politischer Unzuverlässigkeit in R[üstungs]-Betrieben nicht eingestellt werden dürfen, bzw. aus solchen entlassen worden sind, auf ihrer Arbeitnehmerkarte in dem Feld ‹Bemerkungen› rechts unten mit Tinte ein ‹O› eingetragen erhalten.»

Heinrich Böll hat die Atmosphäre aus Pression und Anpassung beschrieben: «Im übrigen hielten auch wir dem Druck nicht stand... Auch wir hatten nach 1936 nach einem eindringlichen ‹Rat› des Blockwartes eine Hakenkreuzfahne, wenn auch eine kleine... Mein Vater arbeitete damals, wenn er überhaupt noch Aufträge bekam, kaum noch für Kirchen und Klöster, fast nur noch für Behörden, und als die Aufträge noch knapper wurden, wurde ihm nahegelegt, wenigstens ein Familienmitglied sollte einer Naziorganisation beitreten. Eine Art Familienrat wurde einberufen, und das Opfer dieses Ratsbeschlusses wurde mein Bruder Alois... er wurde ausersehen, in die SA einzutreten (er nahm uns das bis zum Ende seiner Tage übel)...» Die

Bölls waren katholisch und überzeugt, daß ihr Glaube mit dem Terror der Nationalsozialisten und deren totalem Anspruch auf den Menschen unvereinbar sei. Wie viele andere Katholiken mußten sie mit zunehmender Verbitterung erfahren, daß ihre Seelenführer einer solchen eindeutigen Stellungnahme auswichen, schlimmer noch: Die Mehrheit der deutschen Bischöfe hoffte weiterhin auf ein Arrangement mit den Machthabern.

Dabei ließ der Staat in den Abendstunden des 6. Februar 1936 alle Rücksicht fahren und begann mit der Verhaftung von insgesamt 57 Personen, darunter neun Priestern, die alle im katholischen Jungmännerbund tätig waren. Erst am 21. Februar meldete das Deutsche Nachrichtenbüro: «Im Rheinland und in Westfalen läuft zur Zeit durch die Geheime Staatspolizei eine polizeiliche Aktion mit dem Ziel, die Zusammenarbeit zwischen einem katholischen Jungmännerverband sowie der illegalen kommunistischen Organisation Deutschlands aufzudecken und das gemeinsam geplante hochverräterische Unternehmen zu unterbinden...» Einen schlimmeren Vorwurf konnte es nicht geben. Doch die Bischöfe blieben bei ihrer Linie, Protest nur über diplomatische Kanäle und möglichst moderat vorzubringen.

Die katholische Arbeiterbewegung hatte von Anfang an auf offensiven Widerstand gehofft, nun wollte einer ihrer führenden Repräsentanten nicht länger schweigen. Der katholische Priester Otto Müller, seit 1917 geistlicher Leiter der katholischen Arbeitervereine Westdeutschlands, kannte den Kölner Erzbischof Kardinal Schulte aus gemeinsamer Studentenzeit. Im August 1936 schrieb er ihm einen Brief und zog Bilanz. Müller konstatierte, daß große Teile der Jugend und der Männer ihre Bindung an die Kirche aufgegeben hätten: «Auf diesen Schichten wie auf weiten Kreisen des katholischen Volkes ruht wie ein Alpdruck das Gefühl der Enttäuschung über die katholische Kirche in Deutschland. Sie erwarteten von der Kirche einen einheitlichen, mutvollen Kampf um ihre Rechte und Freiheit, um heiligste Güter der Menschheit... Sie sehen nur ein tatsächliches Zurückweichen einer Kirche, die nach ihrer Meinung kompromißlos und unverzichtbar sich behaupten müßte.» Der erfahrene Seelsorger sprach von «Verbitterung» bei «den besten Streitern, die in dieser Zeit ihre Treue zur Kirche bewiesen haben. Aber ich sehe, wie auch in dieser treuen Schar... eine innere Verzagtheit um sich greift, weil man die Wahrnehmung zu machen glaubt, daß die Fahne der unbesiegbaren Kirche sich vor den Mächten dieser Welt gesenkt habe. Ich bitte Ew. Eminenz inständig, mitzuhelfen, daß Vertrauen und Zuversicht im katholischen Kirchenvolk wieder gefestigt werden.» Otto Müller bekam keine Antwort, der Kardinal brach jeden Kontakt zu ihm ab.

Wie kompliziert die Situation war und wie schwer eine gerechte Beurteilung im nachhinein ist, zeigt sich in diesem August 1936, als die Bischöfe in einem gemeinsamen Hirtenbrief die «barbarischen Untaten» der Kommunisten im spanischen Bürgerkrieg verurteilten. Was sich heute wie die bedingungslose Übernahme nationalsozialistischer Positionen liest und an das fatale Bündnis von klerikalem Antikommunismus und Nationalsozialismus erinnert, war damals, 1936, für kritische katholische Arbeiterführer eine gekonnte Camouflage. Sie waren überzeugt, daß statt der «Roten» in Wahrheit die «Braunen» gemeint seien, und ein KAB-Führer schrieb im September: «Sicher ist auch, daß die breiten Volksmassen... den Brief so verstanden haben.» Auf jeden Fall war die Einheit der Kirchenfürsten eine fest zementierte Fassade. Als der Münchener Kardinal Michael von Faulhaber im November 1936 Hitler zu einem längeren Gespräch besuchte, erklärte er im Anschluß daran: «Der Reichskanzler lebt ohne Zweifel im Glauben an Gott. Er anerkennt das Christentum als den Baumeister der abendländischen Kultur...» Der Berliner Bischof Konrad von Preysing kommentierte: «Ein Saubesuch.»

Auch bei den Protestanten, die sich der Bekennenden Kirche

verpflichtet fühlten, waren die Meinungen geteilt, inwieweit aus theologischen Positionen politische Konsequenzen zu ziehen seien. Deutsche Lutheraner hatten so etwas nicht gelernt. Im Februar 1936 spaltete sich die Bekennende Kirche während der Synode in Oeynhausen. Die Kompromißbereiten waren weiter zu einem «umfassenden Gespräch mit dem Staat» bereit. Martin Niemöller jedoch erklärte für sich und seine Freunde, jetzt gehe es um einen «Akt des Bekennens» und forderte ein von der traditionellen Leitung losgelöstes «Notkirchenregiment». Dieses «Regiment», die 2. vorläufige Leitung der Evangelischen Kirche, entschied sich zu einem historischen Schritt. Sie verfaßte unter strenger Geheimhaltung eine Denkschrift, die sich an Hitler persönlich richtete und am 4. Juni 1936 von einem Vertreter der Bekennenden Kirche in der Reichskanzlei übergeben wurde. Niemand hatte bisher gewagt, dem «Führer und Reichskanzler» solches zu sagen.

Damit nicht einst «die Enkel den Vätern fluchen», wird in dieser Denkschrift in sieben Abschnitten und einem dokumentarischen Anhang unter Berufung auf den Glauben Stellung bezogen zu Problemen, die alle Deutschen betreffen, seien sie Christen, Juden oder Heiden, auch wenn die Denkschrift sich nur auf die eigene Gruppe bezieht: «Die Bewertung der Stimmzettel bei der letzten Reichstagswahl hat viele evangelische Christen in Gewissensnot gebracht. Sie ist darin begründet, daß der Nutzen des Volkes über die Wahrhaftigkeit gestellt wird.» (Im Anhang folgen Belege über gefälschte Wahlergebnisse.) «Das evangelische Gewissen, das sich für Volk und Regierung mitverantwortlich weiß, wird aufs härteste belastet durch die Tatsache, daß es in Deutschland, das sich selbst als Rechtsstaat bezeichnet, immer noch Konzentrationslager gibt und daß die Maßnahmen der Geheimen Staatspolizei jeder richterlichen Nachprüfung entzogen sind.» Auch die unrechte Behandlung der Juden wird kritisiert: «Wenn dem Christen im Rahmen der nationalsozialistischen Weltanschauung ein Antisemitismus aufgedrängt wird, der zum

Judenhaß verpflichtet, so steht für ihn dagegen das christliche Gebot der Nächstenliebe.»

Völlig unerwartet wird die gesamte Denkschrift Ende Juli 1936 in den «Basler Nachrichten» abgedruckt. Die Leitung der Bekennenden Kirche reagiert zwiespältig. Einerseits distanziert sie sich von der Veröffentlichung, bittet die Gestapo «um Ermittlung des Schuldigen» und suspendiert ihren Kanzleichef, den Juristen Friedrich Weißler, vom Dienst. Der 45jährige, ein getaufter Jude, von den Nationalsozialisten als Landgerichtsdirektor in Magdeburg aus dem Amt gejagt, wird damit – wenn auch unausgesprochen – in die Nähe des «Schuldigen» gerückt. Andererseits steht die Kirchenleitung – im Prinzip – zu ihrer Denkschrift und läßt sie am 23. August von ihren Getreuen in den Gottesdiensten verlesen. Allerdings liegt nun das Hauptgewicht auf kirchlichen Beschwerden. Die Sätze über Judenhaß, Reichstagswahlen und Konzentrationslager werden für die Öffentlichkeit gestrichen. Ein Nachdruck der «Basler Zeitung» wird in 90 000 Exemplaren über die Grenze geschmuggelt. Die Bekennende Kirche läßt ihre Kanzelabkündigung eine Million mal als Flugblatt verbreiten. Der Zeitpunkt ist klug gewählt. Im Monat der Olympiade hält der Staat still. Kein Kanzelredner wird verhaftet. Doch im Oktober ist die Gestapo bei Friedrich Weißler, und im November werden die jungen Theologen Ernst Tillich und Werner Koch, die an der Weitergabe der Denkschrift ins Ausland beteiligt waren, verhaftet.

Am 13. Februar 1937 überführt die Gestapo Friedrich Weißler in das KZ Sachsenhausen, ohne daß eine Gerichtsverhandlung stattgefunden hat. Eine Woche lang wird er dort von den SS-Wachmannschaften in strenger Einzelhaft gehalten und schließlich am 19. Februar zu Tode getrampelt. An seine Familie schrieb der überzeugte Christ kurz vor seinem Tod: «Arme Frau, arme Mutter, arme Kinder, Gott wird Euch trösten, ich kann es nicht. Lest Psalm 27. Ich habe wunderbare Ruhe und Kraft geschenkt bekommen... Unsere innere Bindung wird nur noch fester , unsere Liebe nur noch tiefer. Und Gott ist uns näher, als wenn es uns gut geht.» Während seiner Haftzeit weigerte sich die Leitung der Bekennenden Kirche, Friedrich Weißler auf die Fürbittliste zu setzen, nach der die Gemeinden in ihren Gottesdiensten für ihre verfolgten Mitglieder beteten. Werner Koch, der erst 1938 aus dem KZ Sachsenhausen entlassen wurde, kam ebenfalls nicht auf die Liste.

Die mutige Denkschrift einiger weniger Protestanten, der Vorwurf gegen Katholiken, mit Kommunisten gemeinsame Sache zu machen: Fanden die getrennten Lager jener Deutschen, die im Nationalsozialismus ein Unglück für ihr Land sahen, unter der gemeinsamen Verfolgung zueinander? Helmut Gollwitzer war ein junger Theologe in der Bekennenden Kirche und arbeitete im Sommer 1936 in Thüringen. Sein Urteil gilt für die beiden großen Konfessionen: «Vom politischen Widerstand hatte ich in Thüringen nichts zu spüren bekommen. Verhaftungen wurden berichtet, von der Untergrundtätigkeit linker Gruppen drangen Gerüchte zu mir, aber nie entstand eine Verbindung. Das war die Folge der Beziehungslosigkeit zu dem aus der Kirche ausgewanderten Proletariat. Unsere Bekenntnisgemeinden rekrutierten sich aus dem Bauerntum und dem Kleinbürgertum, ein wenig auch aus der Intelligenzschicht.» Wer in den Kirchen Opposition gegen den totalen Staat übte, wehrte sich heftig dagegen, mit «Kommunisten» – und da machte man keine Unterschiede zwischen SPD und KPD – in Verbindung gebracht zu werden.

Die Kommunisten dagegen versuchten nach ihrer «Brüsseler Konferenz» Berührungsängste gegenüber dem bürgerlichen Lager abzubauen, offener für andere und kritischer gegenüber eigenen Positionen zu werden. So jedenfalls war die Theorie. In der Praxis des Jahres 1936 mußten die paar Dutzend führenden Funktionäre in der Illegalität erst einmal wieder lockere Verbindungen zu treuen Mitgliedern anknüpfen und dann alles tun, damit diese Kontakte nicht abrissen. Die neue Politik mußte den Kommunisten, die nicht verhaftet waren, die noch die Tür öffneten, wenn ein

Genosse davor stand oder geheime Nachricht sandte, erläutert und überzeugend klargemacht werden. Die neue dezentralisierte Struktur der illegalen Partei sollte den Verfolgern möglichst wenig Anhaltspunkte bieten. Man stützte sich deshalb nur noch auf Einzelpersonen in den Betrieben, die Informationen über Stimmung und Arbeitsaufträge sammelten: «Sie werden durchschnittlich alle 8–10 Wochen – manchmal nur alle 3 Monate – von einem Kurier aus dem Auslande aufgesucht, von dem sie in geringen Mengen Informationsmaterial erhalten und dem sie Bericht über ihre Wahrnehmungen erstatten.» Ins Ruhrgebiet, das von der Abschnittsleitung West in Amsterdam betreut wurde, reisten im März 1936 vier Instrukteure. Sie nahmen Kontakt zu zwei Gruppen von je hundert Personen in Bochum und Duisburg auf und zu zwei Düsseldorfer Gruppen. Die Genossen in Essen und Moers, Solingen und Remscheid verweigerten jede weitere Mitarbeit. Im ersten Halbjahr lief der Schmuggel von illegalen Schriften aus dem Ausland noch ungebremst und bot der Gestapo beste Anhaltspunkte. Die Gruppen in Düsseldorf, Wanne-Eickel, Herne, Mönchengladbach, Duisburg wurden über das Vertriebsnetz dieser illegalen Schriften ausfindig gemacht.

Von Januar bis Mai 1936 konnte sich Gerhard Jurr als Instrukteur für das Bochumer Gebiet halten. Bei seiner Verhaftung fand die Polizei einen Bericht für Amsterdam: «Man könnte beinahe verzweifeln, wenn nicht ab und zu einige Lichtblicke wären... Entweder arbeiten wir uns an die Gestapo heran oder umgekehrt...die Genossen wollten die Arbeit schmeißen, haben sich aber wieder etwas beruhigt. Ihr habt damals die Frage gestellt: bist du über Bochum hinaus; ich habe bejaht und muß heute verneinen. Nach Witten, Lünen, Hattingen, Blankenstein sind die Verbindungen abgerissen. Ich habe natürlich einige neue Verbindungen geschaffen.» Der nüchterne Bericht widerlegt die theoretischen Annahmen der Exil-KPD, daß es in der Realität des nationalsozialistischen Terrorstaates für den kommunistischen Widerstand 1936 die Chance eines Neuansatzes gegeben hätte. Im Januarbericht der Berliner Gestapozentrale heißt es: «Rücksichtslose Unschädlichmachung aller kommunistischen Funktionäre... Der politischen Polizei harrt die Aufgabe, die neuen Erscheinungsformen der kommunistischen Tätigkeit als solche schnell und richtig zu erkennen, die Umbildung der illegalen Organisationsformen genauestens zu verfolgen, um, wenn erforderlich, neue Methoden zur Bekämpfung des Kommunismus zu finden und in Anwendung zu bringen.»

Es ist erstaunlich, wie viele Kommunisten nach drei Jahren härtester Verfolgung immer noch verhaftet werden. In Baden 323 Kommunisten das Jahr 1936 über; in Mannheim gab es 169 Ermittlungsverfahren mit 463 Beschuldigten; in München gingen die Verhaftungen weiter, die der Spitzel «Theo» seit 1935 auslöste, im September 1936 ist der letzte Ansatz der illegalen KPD in Bayern zerschlagen. Im Oktober beginnt eine Verhaftungswelle in Gelsenkirchen, bei der rund 150 Personen festgenommen werden. Insgesamt verliert die Kommunistische Partei 1936 durch Verhaftungen weitere 11678 Mitglieder. Der allergrößte Teil verschwindet in Gefängnissen und Lagern. Kaum einer kommt ohne Schikanen und Folterungen davon. Auch hinter diesen Zahlen versteckt sich das Schicksal von Frauen und Männern, die zu Tode gequält wurden oder die Selbstmord begingen, um ihre Kameraden nicht zu gefährden.

Wie eng der Kreis wurde, zeigt sich daran, daß die rund 40 kommunistischen Instrukteure für das Reich, die aus dem Ausland illegal einreisten, um den Kontakt zwischen der Exil-Partei und den letzten Resten im Land nicht ganz abbrechen zu lassen, nur noch auf die Adressen von Verwandten oder Freunden zurückgriffen – ohne die Gewißheit, selbst dort wirklich untertauchen zu können. Die Chance, die Grenze wieder sicher in umgekehrter Richtung hinter sich zu lassen, wurde immer geringer. Der 41jährige Wilhelm Firl war 1935 aus der Tschechoslowakei illegal nach Berlin zurückgekehrt. Im März 1936 wurde er verhaftet. Seit Anfang des Jahres überquerten Max Stingl und

Ewald Funke, Instrukteure der Abschnittsleitung Süd, die in Zürich ihren Sitz hatte, immer wieder die Schweizer Grenze ins Reich. Im Mai 1936 nahm die Gestapo beide in Stuttgart fest.

Max Stingl wurde in Dachau erschlagen, Wilhelm Firl 1937 und Ewald Funke 1938 in Berlin-Plötzensee enthauptet. Einen Tag vor seinem Tod schrieb Wilhelm Firl an seine Frau: «Meine letzten Gedanken sind bei Dir. Voller Dankbarkeit für Deine treue, tapfere Liebe. Du weißt, Du warst meine Königin. Deine schönsten, besten Jahre hast Du mir geopfert... Laß es Dich nicht reuen. Aber denke auch nicht zurück. Denke vorwärts... Deinen letzten Brief mit der roten Nelke habe ich noch erhalten... Nimm alles leicht. Auch Dein Holz im Keller wird wieder einen guten Kameraden finden, der es Dir hackt. Wegen der Pension von der Angestellten-Versicherung wirst Du vielleicht Schwierigkeiten haben, Dein eigener Verdienst ist dabei zu berücksichtigen. Aber kämpfe es durch – ohne Herz und Nerven dabei aufs Spiel zu setzen. Erbstreitigkeiten wird es nicht geben. Ich gehe so arm von Dir, wie Du Dich mir anvertraut hast... Und nun leb wohl, Teure, Liebe. Ein letzter Kuß! Dein Willy.»

Daß die Zahl ihrer Feinde immer mehr abnahm, war für die Nationalsozialisten kein Grund zur Milde, im Gegenteil: Immer unmenschlicher wurden die Strafen. Wer als hoher Funktionär der KPD den Häschern in die Hände fiel, mußte immer häufiger mit dem gesetzlich verhängten Tod rechnen, wie Edgar André, ein beliebter Funktionär der Hamburger Kommunisten, der seit dem März 1933 in Haft saß.

Nach über drei Jahren Folterungen konnte sich André, ein großgewachsener Mann, nur noch mit Hilfe von Krücken fortbewegen. Im Juli 1936 wurde er nach einem öffentlichen Prozeß zum Tode verurteilt. Protestresolutionen und Schlagzeilen im Ausland beeindruckten die Nationalsozialisten nicht. Im November 1936 meldete der Generalstaatsanwalt beim Hanseatischen Oberlandesgericht dem Präsidenten des Strafvollzugsamtes: «Ich teile Ihnen mit, daß die gegen Edgar André, geb.

17. 1. 1894 in Aachen, vom Hanseatischen Oberlandesgericht in Hamburg am 10. Juli 1936 erkannte Todesstrafe am Donnerstag, 4. Nov. 1936, um 6 Uhr vorm. im Hofe des Untersuchungsgefängnisses hierselbst vollstreckt werden soll...» Und weiter steht in den Akten, daß die Hinrichtung «von dem Scharfrichter Gröpler aus Magdeburg heute morgen 6 Uhr durch das Handbeil in dem Nordausgang des Hofes 8 der Anstalt HH1 erfolgt.» Doch selbst der Tote auf dem Ohlsdorfer Friedhof schien den Machthabern noch gefährlich: «Die Beisetzung ist in aller Stille und unter strengster Verschwiegenheit vorzunehmen. Ferner wird gebeten, die Grabnummer dem beauftragten Beamten der Staatspolizei zu übergeben, die Eintragung in das dortige Buch so vorzunehmen, daß der Name des Toten nicht daraus hervorgeht. Es wird weiterhin ersucht, künftig bei jeder Nachfrage dieserhalb sofort an Gestapo 6... darüber Mitteilung zu machen. Der Aufenthalt der Person ist nach Möglichkeit so lange hinzuziehen, bis ein Beamter der Staatspolizei erscheint.» Der Anwalt Edgar Andrés war bei der Hinrichtung anwesend: «Während der Generalstaatsanwalt noch einige Formalitäten erledigte, hörte ich, wie André leise vor sich hinsummte. Dann schritt er aufrecht und allein die zwölf Meter bis zur Richtstätte... Plötzlich hallte seine machtvolle Stimme über den Hof: ‹Es lebe der Kommunismus! Nieder mit dem Massenmörder Adolf Hitler!›»

So wie die Bekennende Kirche im Schatten der Olympiade ein offenes Wort riskierte, nutzten auch die Kommunisten das Fest der Völkerverständigung zur Gegenpropaganda. Elli Schmidt war seit Ende 1935 die Leiterin der verbotenen Berliner KPD-Organisation: «In Prag wurden Broschüren und Tarnschriften gedruckt, um sie dann mit Kurieren nach Berlin zu bringen... Viele Genossen, besonders aber auch Genossinnen, meist Hausfrauen, bewarben sich als Arbeitskräfte im Olympiastadion und in anderen Sportstätten. Sie bedienten in den Garderoben, verkauften Getränke, Obst und Schokolade. Allein zwölf Genossinnen waren als Verkäuferinnen von der Schokoladenfirma

‹Trumpf› tätig. Sie gingen regelmäßig mit dem ‹Bauchladen› durch die Reihen der Zuschauer und verkauften Eis, Bonbons und Drops. In ihrem ‹Bauchladen› hatten sie aber auch illegale Materialien versteckt... Sie waren als Werbebroschüren für Kosmetik, Kinderpflege, für Waschmittel, Rosenzucht, Sportcreme usw. aufgemacht.»

Einen besonderen Auftrag seiner Partei hatte Werner Seelenbinder, das Sportidol. 1935 war seine sportliche Sperre aufgehoben worden, 1936 wurde er Deutscher Meister im klassischen Ringen und mußte in die Olympia-Mannschaft aufgenommen werden. Nun war es sein Ehrgeiz, eine Medaille zu gewinnen. Damit würde Seelenbinder die Chance zu einem Live-Interview bekommen, und er war – im Einklang mit seiner Partei – entschlossen, in diesen wenigen Minuten die Welt über die Wahrheit des Terrorregimes aufzuklären. Ehemalige Arbeitersportler und Kommunisten, die als Techniker beim Rundfunk eine illegale Gruppe bildeten, sollten die ungehinderte Ausstrahlung sichern. Doch die Gestapo wollte kein Risiko eingehen. Ohne von diesem Plan zu wissen, kam eine großangelegte Verhaftungsaktion wenige Tage vor der Olympiade allen illegalen Aktionen zuvor. In Berlin wurden rund 90 Personen, vor allem Kommunisten, verhaftet, darunter die Technikergruppe beim Rundfunk. Unter dem Eindruck dieser deprimierenden Nachricht verlor Werner Seelenbinder seinen ersten Kampf. Am Ende erreichte er den vierten Platz. Ein Interview gab es da ohnehin nicht. Zwar stand er längst wieder auf der Verhaftungsliste der Gestapo. Aber noch wollte man keinen Skandal um den populären Sportler riskieren.

Die Welt war begeistert von Hitlers Deutschland im Sommer 1936 und ließ sich gerne blenden, und fast allen Deutschen ging es nicht anders. Der Schriftsteller Jochen Klepper, ein überzeugter evangelischer Christ, der 1943 mit seiner jüdischen Frau und Stieftochter den Tod suchte, weil er keinen Ausweg mehr sah, dichtete 1936 ein Olympisches Sonett:

«Das Freudenfest der Völker ist gekommen
Die Fahnen leuchten nur als Friedenszeichen
Und gleichen dem verheißnen Regenbogen
Der Fluch des Krieges scheint von der Welt genommen.
Der fahle Schein der Waffen muß verbleichen,
Und alles Volk ist allem Volk gewogen.»

Sie mußten sich sehr verloren vorkommen in einem Meer von Begeisterten: die wenigen, die dagegenhielten, gehetzt und im Dunkeln aushaltend, deren Leben keinen Pfifferling galt.

Die KPD als Organisation, die 1933 untergetaucht war mit dem Vorsatz, ihre traditionellen Strukturen in der Illegalität zu bewahren und einen Widerstand der Massen auszulösen, gab es im Sommer 1936 nicht mehr. Doch immer noch gab es Menschen, die aus den blutigen Lektionen ihrer Feinde gelernt hatten und dennoch nicht bereit waren, alles aufzugeben und zu verleugnen, worauf sie einst ihr Leben gebaut hatten. Viele Kommunisten taten jetzt, was die SPD ihren Mitgliedern von Anfang an aufgetragen hatte: Sie trafen sich als Kegelklub und zur Paddeltour; sie spielten zusammen Skat oder gingen auf Wanderschaft. Man blieb untereinander, hielt zusammen auch ohne Organisation und illegale Zeitungen und bot der Polizei kaum Angriffspunkte, Spitzel einzuschleusen oder hochverräterisches Material zu beschlagnahmen. So kommt es seit dem Sommer 1936 immer wieder zu Verhaftungen von Einzelpersonen, gegen die kein Verfahren eröffnet wird oder die einen Freispruch erhalten, weil man ihnen nichts nachweisen kann.

Eine Waffe aber setzten die deutschen Kommunisten geschickt ein: die Flüsterpropaganda. Der Krieg in Spanien bietet Gelegenheit, über die Erfolge der Linken zu reden, und die schlechte Versorgungslage ist Anlaß zu bösen Bemerkungen. Jede Wandschmiererei, jeder ironische Vers wird von der Gestapo notiert. Im September 1936 melden ihre Aufpasser aus Berlin, Leipzig und Karlsruhe diesen «gemeinen Hetzvers»:

«Hitler ohne Frau
Bauer ohne Sau
Metzger ohne Fleisch
Das ist das Dritte Reich.»

Auch eine eigene Abteilung gegen Sabotageakte unterhält die Gestapo jetzt. Und so wenig solche Verzweiflungstaten die mächtige Staatsmaschinerie aufhalten konnten, sie werden ernst genommen. Für 1936 meldet die Gestapo: Bewußte Arbeitsverzögerung im Stettiner Hafen beim Verladen von Waffen und Munition; beim Flugplatzneubau in Fürstenwalde bei Berlin wurden dem Beton Bierflaschen und Papier beigemischt; an Baustellen der Reichsautobahn beschädigten Baggerführer elektrische Kabel und ließen die Luft aus Preßluftflaschen. Besonders beliebt waren Kurzschlüsse während der Übertragung von Hitler- oder Göringreden.

Die Urheber solcher Störungen sind nicht zu entdecken, und nicht nachprüfbar ist, wie oft die Gestapo aus Übereifer harmlose Zwischenfälle zu Sabotageakten aufbauschte. Was zweifellos unter den politischen Gegnern des Nationalsozialismus zunimmt, sind «Rundfunk-Hörergemeinschaften». Wo das Radio als Mittel zur Förderung der Gemeinschaft gepriesen wird, fällt es erst einmal nicht auf, wenn Menschen sich vor dem kleinen Kasten zu privater Runde versammeln. Doch so viele Programme auch die «Deutsche Radio-Illustrierte» bietet, wer 1936 die deutschsprachigen Nachrichten von Radio Moskau hört oder auf der Kurzwelle 29,8 die von der KPD betriebenen Sender in Madrid oder Barcelona empfangen kann, hat sich als Feind des Volkes entlarvt. In Augsburg wird am Jahresende eine Abhörgemeinschaft verhaftet, 15 Männer und Frauen. Sieben werden freigesprochen, acht müssen den Weg ins KZ Dachau antreten, darunter der 40jährige Zimmermann Michael Wiedemann, der dort 1942 gestorben ist.

Aus dem Monatsbericht des Regierungspräsidenten von Niederbayern und der Oberpfalz: «Wegen kommunistischer Betätigung und Vorbereitung zum Hochverrat (gemeinsames Abhören des Moskausenders und sonstige illegale Zusammenkünfte) wurden durch die Staatspolizeistelle Regensburg im Bereich der Bezirksämter Grafenau und Passau in der Zeit vom 16./21.12. 1935 insgesamt 20 Personen festgenommen und der Staatsanwaltschaft überstellt; zwei von ihnen haben sich in Anschluß an die Vernehmungen im Gerichtsgefängnis erhängt.» Auch der ganz alltägliche Widerstand, der nur noch im Kern bewahren wollte, was die alten Ideale ausmachte, erschien den Herrschenden schon als eine Bedrohung und konnte – mitten im Frieden – Folgen haben, die das Leben kosteten.

Doch es gab trotz aller Gefährdung und Frustrationen immer noch einige, die weiterhin versuchten, illegale kommunistische Arbeit in der Gruppe zu organisieren. Eine von ihnen flog am Jahresende 1936 in Düsseldorf auf. Ihr Kopf, der Journalist Dagobert Lubinsky, gehörte ursprünglich zur abtrünnigen KP Opposition, arbeitete aber seit 1935 wieder mit der KPD zusammen. «Zu unserer Gruppe konnten damals etwa 80 Leute gezählt werden. Die illegale Arbeit (Materialbeschaffung aus dem Ausland, Verteilung, ideologische Schulung, Betreuung von Angehörigen inhaftierter Genossen, Fluchthilfe) klappte ziemlich reibungslos. Verhaftungen beschränkten sich auf Einzelfälle, die Betroffenen ‹hielten dicht›. Im November 1936 holte die Gestapo aber zu einem großen Schlag aus. Durch Spitzelberichte offensichtlich wohlunterrichtet, verhaftete sie in wenigen Tagen 60 Mitglieder unserer Gruppe bzw. Sympathisanten... Die Gestapo bediente sich in der eineinhalbjährigen Voruntersuchung aller Methoden des ‹Zuckerbrotes und der Peitsche›... Als ich einmal unserem Freund Dago gegenübergestellt wurde, trug er die Zeichen furchtbarer Mißhandlungen.» Besondere Torturen mußte auch Gitta Raff ertragen, aus der man die Namen von weiteren Verbindungsleuten herausprügeln wollte. Ihre Mitkämpferin, die sich an jene Monate erinnert, hörte eines Nachts durchdringende Schreie unter ihrer Zelle und am anderen Morgen ein Auto vor dem Gefängnistrakt vorfahren: «Ich schob meinen Tisch unter das Zellenfenster, stieg hinauf und sah, daß es ein Leichenwagen war. Wenige Minuten später trug man einen jener Zinksärge hinaus, in denen Selbstmörder zur Anatomie befördert werden. Und um die makabre Szene auf die Spitze zu treiben, begann gerade in diesem Augenblick in der Polizeiwachstube ein Karnevalsschlager zu grölen... Es war Rosenmontag 1937. Hinaus trug man die Leiche der in den Tod getriebenen Gitta Raff.» Im Frühjahr 1938 standen 58 Angeklagte vor dem Richter, Dagobert Lubinsky erhielt zehn Jahre Zuchthaus. 1943 wurde er mit anderen Gefangenen jüdischer Herkunft nach Auschwitz deportiert und umgebracht.

«Ich gehe meinen Weg mit traumwandlerischer Sicherheit», hatte Hitler gesagt, kaum daß seine Soldaten im März ins Rheinland einmarschiert waren. Aber so gerne er va banque spielte, dem Zufall überließ er seine Gegner nicht. Am 17. Juni 1936 unterzeichnete er einen Erlaß über die Neuorganisation der deutschen Polizei: «Zur einheitlichen Zusammenfassung der polizeilichen Aufgaben im Reich wird ein Chef der Deutschen Polizei im Reichsministerium des Innern eingesetzt... Zum Chef der Deutschen Polizei im Reichsministerium des Innern wird der stellvertretende Chef der Geheimen Staatspolizei Preußens, der Reichsführer SS Heinrich Himmler ernannt.» Am gleichen Tag noch machte Himmler deutlich, daß die Verbindung der beiden Organisationen zu einer neuen Kraft im Kampf gegen die inneren Widersacher nicht nur auf dem Papier stehen sollte: «Wir haben damit zu rechnen, daß der Kampf gegen den alles zerstörenden Bolschewismus ein Kampf von Menschenaltern sein wird. Darauf ein ganzes Volk einzustellen und, wie die Wehrmacht zum Schutz nach außen bestimmt ist, die Polizei, zusammengeschweißt mit dem Orden der Schutzstaffeln, zum Schutz des Volkes nach innen aufzubauen, darin sehe ich meine Aufgabe.» Die Polizei wurde in zwei «Hauptämter» aufgeteilt: die

Ordnungspolizei und die Sicherheitspolizei. Die Sicherheitspolizei unterstand dem SS-Gruppenführer Reinhard Heydrich. Sie umfaßte die Gestapo, die nur auf die Interessen der Nationalsozialisten ausgerichtet war, und die traditionelle Kriminalpolizei, die mit rechtsstaatlichen Mitteln den Bürger vor dem Verbrecher schützen sollte und nun immer mehr in den Sog einer verbrecherischen Politik geriet.

1936 wurden die kleineren KZs aufgelöst und größere von der SS eingerichtet, Sachsenhausen im Februar, im Dezember das Frauen-KZ Lichterfelde, Buchenwald wurde 1937 errichtet. Im April 1936 war der Volksgerichtshof in ein ordentliches Gericht umgewandelt worden. Was der Jurist Felix Parrisius 1938 definierte, galt für dieses Instrument nationalsozialistischer Willkürherrschaft seit seiner Einsetzung 1934: «Die Aufgabe des Volksgerichts ist nicht die, Recht zu sprechen, sondern die, die Gegner des Nationalsozialismus zu vernichten.» Daß es für die Gegner keine Atempause gab, erfuhren auch diejenigen Sozialdemokraten, die sich noch illegal engagierten, als das Frühjahr 1936 anbrach: Es gab Verhaftungen in Essen, Dortmund, Offenbach, Berlin. Im April notierte die Polizei im Südwesten des Reiches 58 Verhaftungen von Sozialdemokraten in Mannheim, 27 in Worms, 34 in Freiburg, 4 in Darmstadt. Hohe Zuchthausstrafen waren nun keine Seltenheit mehr.

Auch die illegalen Gruppen der SPD waren gegen die Methoden der Gestapo nicht gefeit. Im Juli 1936 gelang es der Gestapo, einen Spitzel in die Sozialistische Front einzuschleusen, die ihren Sitz in Hannover hatte. Die Sozialistische Front, von Sozialdemokraten geführt, aber offen für Kommunisten und Parteilose, hatte ihr Netz von Sympathisanten erstaunlich lange geheimhalten können und ihre «Sozialistischen Blätter» mit einer Auflage von 500 Stück über Norddeutschland hinaus verteilt. Mitte August lief die «Gitteraktion» gegen Mitglieder und Sympathisanten der Sozialistischen Front an. Sie führte zu über 1000 Verhaftungen im Reich, die meisten – über 300 – in Hannover. Im

Lagebericht 1937 der Gestapo heißt es über den Prozeß: «Verurteilt wurden 216 Personen, freigesprochen 8. An Strafen wurden ausgesprochen 211 Jahre Zuchthaus – 152 Jahre Gefängnis... Die Staatspolizeistelle Hildesheim beteiligte sich an der Aufrollung der ‹Sozialistischen Front› und nahm im Anfang 1937 gleichfalls ca. fünfzig Personen fest.» Sechs Personen wurden im August 1937 vor dem Volksgerichtshof in Berlin als «Rädelsführer» wegen «Vorbereitung des Hochverrats» angeklagt, unter ihnen der Sozialdemokrat Franz Nause und seine Verlobte Auguste Breitzke. Sie war im September 1936 in Hannover verhaftet worden: «Zuerst mußte ich zur Gestapo in der Schlägerstraße. Hier wurden mir verschiedene Menschen gegenübergestellt. Ich sagte, ich kenne niemanden. Natürlich kannte ich einige. Andere erkannte ich nicht wieder, so entstellt waren sie durch Schläge und Haft... Dann holten sie Franz. Ihn hatte man so schwer mißhandelt, daß ich ihn kaum wiedererkannte. Auch mich haben sie dann geschlagen.» Auguste Breitzke wurde zu zwei Jahren Zuchthaus verurteilt, Franz Nause zu zehn Jahren. Bereits nach sechs Jahren starb der 40jährige im Zuchthaus Brandenburg-Göhrden an den Folgen der Mißhandlungen und jahrelanger Unterernährung.

In seiner November-Ausgabe berichtete der «Neue Vorwärts», die Zeitschrift der Prager Exil-SPD, über die Verhaftungen von Mitgliedern der Sozialistischen Front: «Die Genossen Otto Brennecke und Willi Hahn sind den Folgen der Mißhandlungen erlegen. Die Angehörigen erhielten von der Gestapo die Mitteilung, die beiden Genossen hätten Selbstmord durch Erhängen verübt... Der Text der Todesanzeige wurde von der Gestapo vorgeschrieben.» In der gleichen Nummer stand, daß der Gewerkschafter «Willi Scheinhardt den Mißhandlungen der Gestapo erlegen» war.

Wer aus einer Arbeiterfamilie kam und zur SPD gehört hatte, war gebrandmarkt. Elisabeth Ostermeier hatte erlebt, wie die Nationalsozialisten die Existenzgrundlage ihrer Eltern, alteingesessene Sozialdemokraten in Harburg bei Hamburg, und ihre eigenen Zukunftspläne zerstörten. Sie heiratete und zog 1936 mit ihrem Mann nach Minden: «Wir versuchten, ein ganz unauffälliges Leben zu führen. Zu den Harburger Sozialdemokraten hatte ich keine Kontakte mehr. Aber auch in Minden holte uns bald die Vergangenheit ein: Menschen, die wir kennenlernten, gehörten zum gleichen politischen Hintergrund. Der Mann einer Freundin kam gerade aus dem KZ Esterwegen – und wir mieden uns nicht. Wir brauchten das Zusammensein und unsere Gespräche... Am 18. Dezember kam die Gestapo zu uns nach Hause... Ich habe mit 22 Jahren in Hildesheim monatelang in einer Zelle gesessen. Das Alleinsein, nicht wissen, was draußen vorgeht, wie es den anderen geht – das war hart. Aber andere hat es ja viel härter getroffen.» Wer seine früheren Überzeugungen nicht ganz verbergen konnte, mußte mit jedem weiteren Jahr nationalsozialistischer Herrschaft deutlicher erkennen, wie sehr er zu einer Minderheit gehörte. Es wuchs die Zahl derer, die sich anpaßten, die sich in den privaten Bereich zurückzogen und ihre Hakenkreuz-Fahne aus dem Fenster hängten. Wie die geheimen Berichte des Sicherheitsdienstes meldeten auch die Deutschland-Berichte der Exil-SPD, der Sopade, für 1936 wachsende Zustimmung zur Politik Adolf Hitlers: «Die außenpolitischen Erklärungen des Führers verfangen auch bei vielen Arbeitern, besonders bei der Jugend. Die feste Haltung, die der Führer in der Rheinlandbesetzung einnimmt, imponiert allgemein. Viele sind überzeugt, daß Deutschlands außenpolitische Forderungen zu Recht bestehen und nicht übergangen werden können. Die letzten Tage brachten dem Führer einen neuen großen Gewinn seines persönlichen Ansehens auch bei den Arbeitern.»

Wenn die beiden großen sozialistischen Parteien nicht standhalten konnten, wie sollten da die kleinen überleben? Für die linken Rebellen der Sozialdemokratie, die Sozialistische Arbeiterpartei (SAP) ging es 1936 im Reich zu Ende mit der illegalen Arbeit. Die wenigen, die noch geblieben waren, wurden verhaftet, in Breslau und Dresden, Hannover, Frankfurt, Nürnberg. Trotzdem fand der SAP-Funktionär Willy Brandt, der 1933 von Lübeck nach Norwegen geflüchtet war, in seinem Osloer Postfach den Auftrag, nach «Metro» zu reisen, das hieß in die Metropole Berlin.

Die Berliner SAP-Gruppe hatte Ende 1934 noch 700 Mitglieder. Als Willy Brandt im Sommer 1936 als norwegischer Student mit gefälschtem Paß einreiste, war die Zahl der SAPler auf weniger als die Hälfte geschrumpft: verhaftet, geflohen, zermürbt. Am Vormittag saß der 22jährige Norweger in der Staatsbibliothek, nachmittags traf er sich mit seinen Genossen nach streng konspirativen Regeln: «Ich lebte in Berlin isoliert. Während jener Monate habe ich mich mit niemandem in meiner Wohnung verabredet, auch nicht in Restaurants. Alle Treffs fanden im Freien statt, die Gespräche beim Spazierengehen, fast immer nur mit einer Person... Sie nannten mich Martin. Wir arbeiteten mit Fünfergruppen. Nur ein Mitglied durfte die Verbindung zur nächsten Ebene halten... Die Verbindung nach draußen nahm ich, mit Hilfe getarnter Korrespondenz, selbst wahr. Ich benutzte eine recht simple Geheimschrift, deren Substanz beim Rasierzeug untergebracht war – ebenso wie die blutstillende Watte, die ich brauchte, um Mitteilungen in den an mich gerichteten Privatbriefen zu enttarnen, bevor sie vernichtet wurden. Der zu übermittelnde Text wurde mit der Geheimtinte zwischen die Zeilen eines regulären Briefes geschrieben oder auch an den Rand von bestimmten Seiten einer Zeitschrift oder zwischen die Zeilen eines Buches.»

Die Diskussionen drehten sich darum, Klarheit über die eigenen Positionen zu gewinnen und den Zusammenhalt der Gruppe zu stärken. Die meist jungen Leute wünschten eine Zusammenarbeit mit den Kommunisten, wollten aber nicht in stalinistisches Fahrwasser geraten. Rückblickend erinnert sich Willy Brandt an ein Versäumnis, das nicht nur die SAP betrifft: «Über den Charakter des NS-Regimes sprachen wir weniger, als es dem

Gegenstand angemessen gewesen wäre... Die These vom Nazismus als bloßem Büttel des Großkapitals reichte wahrhaftig nicht aus, um der Wirklichkeit gerecht zu werden... Wir hatten zuwenig darüber nachgedacht, wie eine Konterrevolution dieser Art sich entwickeln konnte... Auch fehlte uns die Antwort auf die Frage, warum es für viele unserer Landsleute ganz selbstverständlich wurde, verbrecherische Befehle zu befolgen – ja, sie geradezu herbeizusehnen.» Willy Brandt, der sich in Berlin «als Illegaler wie ein Aussätziger fühlte», war froh, Weihnachten 1936 im sicheren Prag zu feiern. Im November hatte ein Sondergericht in Hamm 21 Angeklagte der SAP aus dem Koblenzer Raum zu Zuchthaus zwischen zwei und vier Jahren verurteilt.

Der Internationale Sozialistische Kampfbund (ISK), keine Partei und deshalb noch stärker als die SAP von traditionellen Strukturen der Arbeiterbewegung entfernt, hatte sich in den ersten Jahren der Diktatur durch völliges Untertauchen dem Zugriff der Polizei entziehen können. Vor allem Schüler, Studenten und Lehrer zählten zu seinen Anhängern, aber auch Arbeiter wie Max Mayr, der im Januar 1936 in Kassel zusammen mit rund hundert Personen – Kommunisten, Sozialdemokraten, Gewerkschaftern – verhaftet wurde. Er hatte Gleichgesinnten im Umkreis regelmäßig kleine Flugblätter gebracht, die an Adressen aus dem Telefonbuch verschickt wurden. Nun wollte die Polizei von ihm Namen wissen: «Sie haben mich 5 Stunden zusammengehauen wie einen Sack und dann mit kaltem Wasser wieder zur Besinnung gebracht. Dann haben sie ein Protokoll gemacht, es wurde Mittag, es war nicht viel drin... An mir hingen damals 20–25 Menschen, die ich jede Woche, jeden Monat mit solchen Zetteln versorgt habe. Das waren Kollegen und Familienväter, die wollte ich ja nicht in Verlegenheit bringen. Die haben sich drauf verlassen, daß ich dicht halte. Und so hab ich dann in der Nacht in der Polizeiwache im Königstor versucht, mir mit einer Rasierklinge den Hals aufzuschneiden und den Puls an den Handgelenken... Ich dachte immer, es muß doch mal finster werden! Sie haben mich dann gefunden beim Aufschließen und gleich ins Krankenhaus gebracht und zusammengeflickt; aber sie haben mich dann in Ruhe gelassen.»

Hamburg war ein Zentrum des ISK, auch wenn seine Anhänger hier nur eine verschwindend kleine Schar bildeten. Die vegetarische Gaststätte an der Börsenbrücke war Tarnung, Verdienstmöglichkeit und unauffälliger Treffpunkt und entsprach der radikalen Lebensführung des Elite-Bundes. Auch in Köln und Frankfurt dienten vegetarische Gaststätten als Unterschlupf für die Genossen vom ISK. Im März 1936 wurde der ISK-Funktionär Hans Prawitt von der französischen Polizei an die Deutschen ausgeliefert, als er die Grenze überqueren wollte, und im Mai an die Gestapo seiner Heimatstadt Hamburg überstellt. Der 22jährige wurde mißhandelt und brach psychisch zusammen. Es war für die Gestapo ein leichtes, die Namen der führenden Funktionäre und die internen Verbindungen aus ihrem Opfer herauszuholen. Eine Verhaftungswelle rollte durch das Reich. Allein in Hamburg wurden 30 ISK-Mitglieder festgenommen, unter ihnen Alfred Schär, über den der Staatsanwalt im Jahr darauf festhielt: «Der in den Akten genannte frühere Lehrer Alfred Schär... ist am 13.2. 1937 im Polizeigefängnis Fuhlsbüttel durch Selbstmord verstorben.» Hans Prawitt wurde zu sechs Jahren Zuchthaus verurteilt und nach Verbüßung der Haft in den KZs von Sachsenhausen, Neuengamme und einem Außenposten von Buchenwald festgehalten. Er ist 1944, wahrscheinlich im KZ Bergen-Belsen, umgekommen.

1936 nahm die Gestapo zwei Splittergruppen ins Visier, von denen die allermeisten Deutschen sicher nie gehört hatten, und die Existenz der einen war selbst der Polizei bis zum November 1936 unbekannt. Die «Roten Kämpfer» lehnten den Sozialismus nach bolschewistischem wie nach sozialdemokratischem Muster ab, erstrebten die Diktatur des Proletariats «in seiner Reinheit» und hatten ansonsten sehr verschwommene Vorstellungen von ihren politischen Zielen. Als ihr Führer Alexander Schwab Ende

November 1936 in Berlin mit seinen wichtigsten Mitarbeitern verhaftet wurde, übernahm er die volle Verantwortung und schilderte in der Vernehmung die illegale Arbeit der «Roten Kämpfer»: «Ein Netz von Propagandisten der neuen Auffassung zu schaffen, Fühlung zu gewinnen mit verwandten Gruppen und dabei in ständigem Prozeß die Auffassungen selbst noch zu klären.» Nach schwerster Folter nannten Schwab und andere Verhaftete Namen ihrer Gesinnungsgenossen im ganzen Reich. Noch im Dezember kam es in Berlin und Wattenscheid, in Essen, Düsseldorf, Köln und Schwelm zu Verhaftungen. Stuttgart, Hamburg, Bremen und Dresden folgten bis Mai 1937. Insgesamt wurden 150 Mitglieder und Freunde der «Roten Kämpfer» festgenommen, die keineswegs alle in die illegale Arbeit eingebunden waren. Drei ertrugen den Druck während der Haftzeit nicht und begingen Selbstmord.

Für die wahren Erben der Arbeiterbewegung hielten sich auch die Anarcho-Syndikalisten, die seit den zwanziger Jahren in der Freien Arbeiter-Union Deutschlands (FAUD) organisiert waren. Im August 1936 gab es zur Abschreckung gegen sechs von ihnen in einem Darmstädter Prozeß drakonische Strafen. Die Herstellung einer illegalen Zeitschrift von zwei Nummern zu je 50 Exemplaren und die illegale Einfuhr von zwei Nummern aus dem Ausland, waren für die Richter «Vorbereitung eines hochverräterischen Unternehmens» und wurde mit Zuchthaus zwischen zwei und sechs Jahren bestraft. Weihnachten 1936 begannen die Verhaftungen von Anarcho-Syndikalisten im Köln-Aachener Raum. Im Januar 1937 hatte ein arbeitsloser Autoschlosser aus Duisburg, der die illegale Arbeit der FAUD im Rheinland koordinierte, einen schweren Motorradunfall. In seiner Kleidung fand die Polizei einen Zettel mit Hinweisen auf den spanischen Sender Barcelona und den Verteilerschlüssel für die illegale Literatur. 89 Anarchisten wurden daraufhin verhaftet, 22 allein in Duisburg.

Ernst Binder und sein Schwiegervater Anton Rosinke, die in

Düsseldorf wohnten, hatten auf Grund der zahlreichen Verhaftungen ihrer Genossen von der FAUD für den 27. Januar 1937 die Flucht beschlossen: «Ich hatte noch eine Reparatur an meinem Fahrrad, da hörte ich ein Auto vorfahren, und wenige Augenblicke später wurde ich mit vorgehaltenem Revolver aus dem Keller geholt... Mein damals neunjähriger Junge verfolgte mit großen Augen die Szene, halb verständnislos, halb ahnungsvoll begann er zu weinen, als wir abgeführt wurden.» Drei Wochen saß Erich Binder in der Zelle, ohne vernommen zu werden. Als es endlich zur Vernehmung ging, las man ihm Auszüge aus einem angeblichen Protokoll seines Schwiegervaters vor – der schon längst zu Tode geprügelt worden war. Dann drohte man, auch seine Frau und seine Schwiegermutter zu verhaften. Ein Jahr lang dauerte die Untersuchungshaft. Erich Binder: «Von unserem Prozeß ist noch zu sagen: 96 Personen standen vor dem Sondergericht. Abgetrennt waren etwa zehn Mann vor dem Volksgerichtshof in Berlin bereits verurteilt. In zwei Verhandlungsgängen wurde einmal gegen 40, einmal gegen 46 Personen verhandelt, in einer Rekordzeit von insgesamt 20 Tagen... Fazit: für die 46 Mann, in deren Reihen ich verurteilt wurde, nach meiner schwachen Schätzung cirka 150 Jahre Gefängnis und Zuchthaus; für die 40 Personen können ungefähr ebensoviel angesetzt werden... Dazu drei Morde. In vielen Fällen haben die Genossen die Haft nicht überlebt oder sind kurz nach ihrer Entlassung gestorben. Andere haben körperliche und geistige Schäden für Lebenszeit davongetragen.»

Am 30. Januar 1937 legte Adolf Hitler in einer Reichstagssitzung einen «Rechenschaftsbericht» über vier Jahre Nationalsozialismus vor. Er stellte sich als Friedenskanzler dar, nach außen, aber auch nach innen: «Dies war vielleicht die erste neuere Revolution, bei der noch nicht einmal eine Fensterscheibe zertrümmert wurde.» Lediglich für «unbeherrschte Elemente», so der Reichskanzler, gab es «Sicherheitsverwahrung, um sie im allgemeinen schon nach kurzer Zeit wieder in den Besitz der Freiheit zu setzen.» Solche angebliche Milde stand in scharfem Kontrast zu dem Wertekatalog, den Hitler im gleichen Atemzug den Deutschen verschrieb: «Und von jedem Deutschen muß ich verlangen: Auch du mußt gehorchen können, sonst bist du niemals würdig oder wert, zu befehlen. Dazu werden wir unser Volk erziehen und über Eigensinn oder Dummheit des einzelnen hinweggehen: Biegen oder brechen – eines von beiden!»

1937
Nur im KZ finden die NS-Gegner zueinander

Die Machthaber wußten, daß nicht alle, die ihnen zujubelten oder sich anpaßten, von der Sache überzeugt waren. Doch sie hofften, eine, die wichtigste Gruppe in den Griff zu bekommen und zu echten Nationalsozialisten zu erziehen: die Jugend. Am 1. Dezember 1936 wurde die Hitler-Jugend (HJ), bis dahin eine Organisation der Partei, zur Staatsjugend. Alle Jugendlichen zwischen zehn und achtzehn Jahren mußten ihr beitreten. Im Mai 1937 wiederholte die Gestapo nachdrücklich ein Verbot aus dem vergangenen Jahr: «Das Geheime Staatspolizeiamt weist darauf hin, daß durch Erlaß der preußischen Geheimen Staatspolizei ... und des politischen Polizeikommandeurs der Länder vom 8. Februar 1936 alle Gruppen und Vereine der Bündischen Jugend (Großdeutscher Jugendbund, Deutscher Pfadfinderbund, Deutschmeister Jungenschaft, Deutsche Jungenschaft vom 1.11., Trucht, Deutsche Freischar, Stromkreis, Nerother Wandervogelbund, Verein für Erhaltung der rheinischen Jugendburg, das Graue Korps usw.) aufgelöst sind.»

Während große Teile der Bündischen Jugend, die im rechtsradikalen Lager zu Hause waren, den nationalsozialistischen Demagogen begeistert folgten, widersetzten sich andere den Zwängen einer gedrillten und bis ins letzte uniformierten Jugend. Wieder andere erkannten, daß die Lagerfeuer-Romantik und jugendliche Eigenständigkeit falscher Schein waren: «Anfänglich macht jedem Jugendlichen die Organisation Freude. Nach einiger Zeit möchte jeder allerdings mehr als kommandiert werden, strammstehen müssen und angebrüllt werden. Auch die militärischen Geländespiele verlieren ihren Reiz... Den krassen Einschnitt in die individuelle und familiäre Lebensweise empfindet jeder bald als eine Belästigung und Freiheitsberaubung.» So stand es in der Exil-Zeitschrift «Kameradschaft – Schriften junger Deutscher», die vom Oktober 1937 bis zum Februar 1940 mit einer Auflage von rund 9000 Stück von emigrierten Führern der Jugendbewegung herausgegeben wurde. Genau so empfand es Hans Scholl, nachdem er 1936 den Aufmarsch beim Parteitag in Nürnberg mitgemacht hatte. Das Schauspiel von Macht und Größe brachte ihm nicht neuen Schwung, sondern Ernüchterung. Nach Ulm zurückgekehrt, wurde ihm immer klarer, daß er nicht blindlings gehorchen wollte und kein kritikloser Gefolgsmann war. Es gab Konflikte mit seinen HJ-Führern. Hans Scholl, der 1933 begeistert den neuen Parolen gefolgt war, verließ die HJ, noch bevor er 1937 sein Abitur machte, und traf sich in seiner freien Zeit mit einer Gruppe der verbotenen Deutschen Jungenschaft 1.11., nach ihrem legendären Führer auch «tusk» genannt.

Hans Scholl war nicht der einzige, bei dem Begeisterung in Enttäuschung und Aufbegehren umschlug. Im Jahre 1937 brach durch, was bis dahin unter der Oberfläche geschwelt hatte. Die Bündische Jugend war Dachorganisation für viele verschiedene Gruppen gewesen. Auch die Kittelbach-Piraten hatten dazugehört. Sie stammten aus der Düsseldorfer Gegend und nannten sich nach dem Kittelbach, der bei Kaiserswerth in den Rhein fließt. Streng rechtsaußen, durften sie im ersten Jahr der «nationalen Erhebung» bei Aufmärschen noch vor der HJ gleich hinter der SA marschieren. Im August 1937 gab die Justizpressestelle aus Anlaß eines öffentlichen Prozesses gegen einige Kittelbach-Piraten eine Erklärung ab: «Nach der Machtübernahme traten die guten Elemente in die Organisation der NSDAP ein, während sich der verbleibende Bund immer mehr zu einem Sammelbecken unzufriedener und gegen die NSDAP eingestellter Personen aus allen Lagern entwickelte. Diese Tatsache war der Hauptanlaß, daß die zuständigen Polizeibehörden den Bund verboten... In der Sitzung des Sondergerichts am Freitag hatten sich wieder einige Angeklagte zu verantworten, die sich trotz des Verbotes zusammengeschlossen, das Brauchtum dieses Bundes gepflegt, wiederholt Fahrten unternommen und sonstige Zusammenkünfte abgehalten hatten. Drei Angeklagte wurden verurteilt...» Ihr Vergehen: eine eigene «Kluft» zu tragen – kurze Hose, weißes Hemd, Koppel mit Totenkopfschloß, Totenkopfring, eine Pfeife im Stiefelschaft –, in gemischten Gruppen von Jungen und Mädchen auf Fahrt zu gehen und sich mit eigenem Gruß zu begrüßen, «Ahoi», «Horridoh», «Hummel, Hummel» oder «Heidewitzka».

Im Juni 1937 fand in Essen ein öffentlicher Prozeß gegen 12 Mitglieder des Jungnationalen Bundes statt, angeklagt des Hoch- und Landesverrats. Ursprünglich waren im September 1935 rund 40 Mitglieder verhaftet worden, obwohl die Nationalsozialisten sie noch im Jahr zuvor als «alte Kämpfer» während der Republikzeit gepriesen hatten. Die Staatsanwaltschaft beantragte Todesurteile. Der Hauptangeklagte erhielt zwölf Jahre Zuchthaus, die er nicht überlebte. Ein anderer Angeklagter beging während der Haft angeblich Selbstmord, die meisten mußten nach dreiviertel Jahren Haft freigelassen werden.

Auch Helmut Hirsch kam vom äußersten rechten Rand der Jugendbewegung. Der jüdische Architekturstudent war nach Prag emigriert und hatte dort Verbindung zu nationalsozialistischen Kreisen aufgenommen, die mit Hitlers Politik zerstritten waren, weil dieser sich zu sehr dem bürgerlichen Lager angepaßt habe. Im Dezember 1936 fuhr er illegal nach Deutschland, offensichtlich um einen Sprengstoffanschlag auf Hitler zu verüben, mit dem er auch seinen jüdischen Glaubensgenossen Mut zum Kampf machen wollte. Er wurde verraten, noch ehe er seine

Pläne in die Tat umsetzen konnte. Obwohl noch keine 21 Jahre alt, wurde Helmut Hirsch wegen Vorbereitung eines Attentates auf den Führer am 4. Juli 1937 in Berlin-Plötzensee enthauptet.

In Berlin gab es 1937 noch rund 30 Gruppen der verbotenen Bündischen Jugend. Mitte April setzten die Verhaftungen ein. Verdächtig waren laut NS-Presse «möglichst bunte Hemden, lange Haare, aber desto kürzere Hosenbeine». Obwohl in der Ideologie der Nationalsozialisten aufgezogen, entlarvten diese Jugendlichen eine Bewegung, die sich revolutionär und umstürzlerisch gab und die braven Bürger gerne das Fürchten lehrte: «Wir werden weitermarschieren, bis alles in Scherben fällt.» Die Abschreckung der aufsässigen Jugendlichen durch drakonische Strafen funktionierte nicht. So klein die Gruppen auch waren, die Gestapo Düsseldorf machte sich in einem Bericht vom Dezember 1937 erhebliche Sorgen: «Die Entwicklung dieser Gruppen in politischer und sittlicher Hinsicht kann nicht mehr als sogenannte Einzelerscheinung angesehen werden. Sie treibt immer stärker in eine Richtung, die nicht nur der Beachtung, sondern auch der Bekämpfung bedarf... Wenn diese auch in den wenigsten Fällen als organisatorisch fest zusammenhängend betrachtet werden können, so besteht doch die Möglichkeit, daß sie sich enger zusammenschließen und so ein Instrument bilden, das in der Hand einiger staatsfeindlicher Elemente eine Gefährdung der Jugend und damit auch des Staates bedeuten würde.»

Ende November 1937 war eine neue Verhaftungswelle über die Mitglieder der verbotenen Jugendgruppen hinweggerollt. In Ulm wurden Inge, Werner und Sophie Scholl verhaftet. Die Jüngste ließ man am gleichen Tag wieder frei, Inge und Werner kamen eine Woche zu Verhören in das Stuttgarter Gestapo-Gefängnis. Als ihr Bruder Hans, der seit Oktober seinen Wehrdienst ableistete, davon hörte, schrieb er seiner Mutter: «Die Reinheit unserer Gesinnung lassen wir uns von niemandem antasten. Unsere innere Kraft und Stärke ist unsere stärkste Waffe. Das wollte ich früher auch immer meinen Jungen beibringen.»

Mitte Dezember kam die Gestapo, um Hans Scholl zu verhaften, weil er sich noch als Schüler in der verbotenen Deutschen Jungenschaft 1.11. engagiert hatte. An die Eltern schrieb er aus dem Gefängnis: «Wie wenige hatten doch eine so große und stolze Jugend! Und nun habe ich auch wieder Vertrauen zu meiner Zukunft. Ich glaube wieder an meine eigene Kraft; und diese Kraft verdanke ich zuletzt doch nur Euch. Ich fühle jetzt erst ganz den Willen meines Vaters, den er selbst hatte und den er mir übergab: etwas Großes zu werden für die Menschheit.» Hans Scholl hatte Fürsprecher bei seinen militärischen Vorgesetzten. In den ersten Januartagen 1938 war er wieder in der Kaserne.

Es war nur folgerichtig, daß der Kampf um die Seelen bei den jungen Menschen begann. Doch der Staat saß am längeren Hebel. Es half wenig, daß die katholischen Bischöfe immer wieder auf das Konkordat pochten. Verbote und Einschränkungen brachten die Arbeit in den katholischen Jugendvereinen faktisch zum Erliegen. Es waren einzelne risikobereite Priester, die in manchen Gemeinden Jugendliche dafür gewannen, sich dem Geist der Zeit zu widersetzen und eine religiöse «Kernschar» heranzubilden. In Eichstätt machte sich der Dompfarrer Johannes Kraus, unterstützt von seinem Bischof, 1936 an eine solche Aufgabe, bereit, sich auf die neue Situation mit einer gewandelten Seelsorge einzustellen. Kraus, als Draufgänger bekannt, schreckte nicht vor offenen Worten zurück. Den örtlichen Kolpingsverein wie den Frauenbund nannte er «knieweich» und «ohne Rückgrat». Die Marianische Jungfrauenkongregation war in seinen Augen «altjüngferlich».

Mit einem kleinen Stamm von engagierten Mädchen organisierte der Dompfarrer auf dem Dachboden über der Domsakristei ein kleines, aber aktives Widerstandsnest. Hier wurden Flugblätter hergestellt, die sich in scharfer Form gegen die nationalsozialistische Kirchenpolitik wandten. Überall stießen die Eichstätter plötzlich auf diese Flugblätter. Einige Schriften landeten sogar per Post im Reichsministerium des Joseph Goebbels in

Berlin. Keine Vernehmung, keine Hausdurchsuchung kam den Herstellern und Verbreitern auf die Spur, wenngleich vier Beteiligte zu mehreren Monaten Haft verurteilt wurden. An der Bibelarbeit von Johannes Kraus nahmen bald bis zu 300 Menschen teil, an den abendlichen Andachten bis zu 800. Bei der Weihnachtsfeier im Dezember 1936 konnte der Dom die Besucher kaum fassen. Doch der totalitäre Staat war nicht bereit, solche Freiräume und Nischen zuzulassen. Er wußte nur zu gut, daß dort Menschen eine geistige Orientierung erhielten, die zur Kritik erzog und zur Vorsicht vor den lauten Parolen. Auch der Bischof, der seinem Dompfarrer, der in seinen Predigten kein Blatt vor den Mund nahm, wohlgesonnen war, konnte ihn nicht halten. Im April 1937 mußte Johannes Kraus auf Druck staatlicher Stellen das fränkische Bistum Eichstätt verlassen.

Im gleichen Monat standen vor dem Volksgerichtshof in Berlin drei katholische Pfarrer und vier Laien, alle vom katholischen Jungmännerverband, angeklagt wegen Planung eines hochverräterischen Unternehmens. Sie waren von den 57 Verhafteten übriggeblieben, die nach einer Aktion im Rheinland im Februar 1936 bei Nacht und Nebel in die Gefängnisse geliefert worden waren. Hauptangeklagter war der Düsseldorfer Kaplan Joseph Rossaint, dem man Verbindungen zur illegalen KPD vorwarf. Tatsächlich hatte der Kaplan, Mitglied im pazifistischen Katholischen Friedensbund, im Winter 1933 die Kommunistin Carola Karg, die ihn auf der Straße ansprach, in sein Pfarrhaus aufgenommen, lange Gespräche mit der von der Polizei Gesuchten geführt und eine Verbindung zwischen leitenden Funktionären des Kommunistischen Jugendverbandes und katholischen Jugendführern hergestellt. Mit der Verhaftung von Carola Karg im Februar 1934 nahmen diese Kontakte ein schnelles Ende.

Nach drei Wochen Verhandlung verkündete der Vorsitzende des Zweiten Senats des Volksgerichtshofes Ende April 1937: «Wer die innere Geschlossenheit oder die äußere Sicherheit der

Volksgemeinschaft anzutasten wagt, macht sich der schwersten Verbrechen des Hoch- oder Landesverrats schuldig. Das Wohl der Volksgemeinschaft ist in jedem Falle über das Wohl des einzelnen zu stellen. Im Rahmen des Konkordats haben auch die katholischen Priester die Verpflichtung, die Reichsregierung zu achten und dem deutschen Staat Treue zu erweisen.» Joseph Rossaint wurde zu elf Jahren Zuchthaus, zehn Jahren Ehrverlust und Aberkennung seines Doktortitels verurteilt. Drei Angeklagte erhielten Zuchthausstrafen zwischen zwei und fünf Jahren. Die übrigen wurden freigesprochen. Der «Völkische Beobachter» schrieb: «Dieser Prozeß hat wieder einmal bewiesen, daß es höchste Pflicht des Staates ist, die Erziehung der Jugend strengstens zu überwachen, und daß diese Jugenderziehung niemals solchen Händen überlassen werden kann und darf. Der Staat, die Organisation der Volksgemeinschaft, kann und wird nicht dulden, daß Staatsfeinde Kinder zu Empörern gegen die einzig gültige Ordnung im deutschen Volk aufhetzen.»

Unter den Zuschauern dieses Berliner Prozesses saß auch die Baronin Emilie von Loe, die aus ihrem niederrheinischen Schloß Ingenraedt bei Geldern angereist kam. Längst war ihr abgelegenes Zuhause eine Zuflucht für unbequeme Priester geworden, hatte sie für Flüchtende den heimlichen Gang über die Grenze nach Holland organisiert. In der Zentrale des Katholischen Jungmännerverbandes in Düsseldorf kannte die tatkräftige Baronin alle führenden Köpfe und nutzte nach den Verhaftungen im Februar 1936 ihre Beziehungen, um möglichst viele aus der Haft zu befreien. Durch persönliche Gespräche in Berlin gelang es ihr, als Verteidiger der schließlich vor dem Volksgerichtshof angeklagten Katholiken Oswald Freisler zu gewinnen, den Bruder des damaligen Staatssekretärs Roland Freisler, der als Präsident des Volksgerichtshofes und «Blutrichter» Geschichte gemacht hat.

Etliche Aktivitäten der Emilie von Loe blieben der Gestapo nicht verborgen. Ihre Akte in Düsseldorf unter der Nummer 2196 umfaßt 142 Blatt und trägt den roten Stempel «Geheim!». Doch die Baronin wußte sich gut zu tarnen. Im Oktober 1937 lautet der Bericht: «Die Ermittlungen über die Baronin von Loe haben auch in der Zwischenzeit über ihre Betätigung in politisch-katholischer Hinsicht keine restlose Klarheit gebracht... Die Ermittlungen werden fortgesetzt.» Schon im Frühjahr 1936 wurde ohne Erfolg ihr Telefon überwacht. Im November 1937 bittet der Sicherheitsdienst erneut um Telefonüberwachung: «Die Baronin von Loe ist dringend verdächtig, im Mittelpunkt eines ausgedehnten Nachrichtendienstes der katholischen Aktion zu stehen.» Ein solcher Beweis hätte schlimme Folgen gehabt. Doch er konnte nicht erbracht werden. Zum einen, weil diese Vermutung über die Rolle der Baronin nicht zutraf. Zum anderen, weil sie ihren Einsatz in der Stille und sehr allein durchführte. Emilie von Loe wußte, daß ihr Mann, ihre Verwandtschaft und auch Clemens August von Galen, Bischof von Münster, mit dem sie manches Gespräch führte, ihre Parteinahme für die Unbequemen und Verfolgten ablehnten. Die adlige Hausfrau vom Niederrhein zählte zu den «Märtyrern ohne Auftrag», wie die kirchlichen Gemeindemitglieder in realistischer Ernüchterung jene Einzelkämpfer nannten, die sich von der doppeldeutigen und allzu kompromißbereiten Haltung der Bischöfe gegenüber dem nationalsozialistischen Staat nicht beeindrucken ließen.

Wo sich die Gelegenheit bot, versuchte das katholische Volk seinen Seelenführern zu demonstrieren, daß es zum Kampf bereit war. Als im Juli 1937 die traditionsreiche Aachener Heiligtumsfahrt stattfand, wallfahrteten rund 80000 Gläubige in die alte Kaiserstadt, um die kostbaren Reliquien des Domschatzes zu verehren und damit ein Bekenntnis zu ihrer Kirche abzulegen. Die «Kölner Kirchenzeitung» schrieb: «Die Schwankenden fallen ganz ab, die Treuen werden immer treuer.»

In Berlin machte sich der Priester Walter Adolph in seinen täglichen Aufzeichnungen Gedanken darüber, ob solche Treue nicht verpflichtete. Adolph, 1902 in einer Arbeiterfamilie in Berlin-Kreuzberg zur Welt gekommen, war zum Ratgeber des Berliner Bischofs Konrad von Preysing geworden. Er leitete die Pressearbeit des Bistums und fuhr als Kurier in wichtigen Angelegenheiten zu anderen Bischöfen. Der Kirchenfürst gab seinem engen Mitarbeiter im September 1937 ein Gutachten des Münchener Kardinals Michael von Faulhaber zur politischen Lage zu lesen. Adolph notierte über den Kardinal: «Mit Hinweisen auf das Reichskonkordat und auf den Widerspruch gegen die Wahrheit und die Verletzung der unter Kulturvölkern üblichen Anstandsgesetze versucht er, die nationalsozialistische Propaganda ins Unrecht zu setzen und übersieht dabei vollkommen ihr Wesen... Unüberbrückbare Welten trennen den Nationalsozialismus und insbesondere eine Reihe seiner konkreten Führer und Bildner von der katholischen Kirche... der Nationalsozialismus wird sich nur zu taktischen Konzessionen und in seinem Sinne zu einem vorläufigen Frieden bereit finden, wenn er in der katholischen Kirche auf Lebenskräfte stößt, die er nach seiner Methode nicht zu liquidieren vermag.»

Einen Monat darauf, im Oktober 1937, machte sich Walter Adolph, von seinem Bischof angeregt, Gedanken über eine mögliche Denkschrift der deutschen katholischen Bischöfe: «Die Partei kann sich nicht mit dem Besitz der politischen Macht begnügen, sondern muß sich auch die Seelen und das geistige Leben restlos unterjochen. Diese Aufgabe betrachtet sie nicht als zusätzliche Arbeit... sondern als eine wesentliche Voraussetzung ihrer Machtposition... Nach den bisherigen Erfahrungen im kirchenpolitischen Kampf sind Öffentlichkeit und Massenreaktion die von der Partei gefürchtetsten Faktoren... Deshalb ist es völlig sinnlos, zu erhoffen, daß die Partei nur auf Verhandlungen hin in den Zimmern der Ministerien der Kirche irgendwelche Konzessionen gibt oder sich nachgiebig zeigt.» Das war eine klare Analyse, aus der Walter Adolph eindeutige Folgerungen für die Kirche zog: «1. Keinerlei Verhandlungen mit dem Feind, bis er nicht zu einem ehrlichen und tatsächlich durchgeführten Waffenstillstand bereit ist. 2. Endlich Abstand zu nehmen von der Als-ob-Politik und die geistigen Kräfte und tatsächlichen Vorgänge beim richtigen Namen zu nennen...

5. Das katholische Volk ist durch kurze, aktuelle und den Kirchenkampf in seinen wahren Motiven und Vorgängen aufzeigende Hirtenbriefe aufzuklären.»

Ein Hirtenbrief mit solchen offenen Worten ist nie geschrieben worden. Im November 1937 sprach Adolph mit seinem Bischof über die Motive derer, die gegen einen endgültigen Bruch der Kirche mit dem nationalsozialistischen Staat waren: «Es würde zunächst die wirtschaftliche Grundlage der Kirche in der Form des Steuerrechts genommen werden... Die letzten organisatorischen Formen würde der Staat zerschlagen.» Und dann zeigte sich, wie kleingläubig selbst Bischof Preysing, ein Gegner des Nationalsozialismus, über die Widerstandskraft der deutschen Katholiken urteilte: «Die Zahl derjenigen, die ihren Glauben verleugnen oder von der Kirche offen abfallen würden, wäre unermeßlich. Bedenklich stimmt das Verhalten zweier Priester während ihrer Haft. Beide zeigten, daß sie der Not und dem Opfer dieser schweren Heimsuchung nicht gewachsen waren... Alle Laien, für die ein Bruch der Kirche mit dem Staat wirtschaftliche Folgen haben müßte, wären wenig geneigt, in diesem Kampf heroische Haltung einzunehmen.»

Die Argumente, die in diesem Winter 1937 im bischöflichen Palais von Berlin in vertraulicher Atmosphäre ausgetauscht wurden, legen das Dilemma der Bischöfe offen, zeigen, wohin das Meinungspendel der geistlichen Herren schwang und welche Linie die Bischöfe – manche gegen bessere Einsicht – bis zum bitteren Ende durchhielten. Im Zwiegespräch war der Berliner Bischof bereit, neidlos die Kampfbereitschaft der «getrennten Brüder» anzuerkennen. Walter Adolph hat es überliefert: «In diesem Zusammenhang sprach der Bischof seine Bewunderung und Ehrfurcht vor der Haltung der evangelischen Geistlichen, die im Gefängnis sitzen, aus. Er glaubt, daß diese tapferer und renitenter das Schicksal der Haft ertragen, obwohl sie Weib und Kinder haben.»

Es war kein Zufall, daß der Berliner Bischof am Ende des Jahres 1937 voller Hochachtung von den evangelischen Geistlichen sprach. Nach vier Jahren Nationalsozialismus waren die entschiedenen Anhänger der Bekennenden Kirche so offen wie nie zuvor der Verfolgung ausgesetzt. Da half es wenig, daß der bayerische Landesbischof Hans Meiser vom gemäßigten Flügel der Bekennenden Kirche zum vierten Jahrestag der Machtergreifung am 27. Januar 1937 den Protestanten dieses Fürbittgebet entwarf: «Am heutigen Tag empfehlen wir Dir besonders den Führer und Kanzler unseres Reiches. Wir danken Dir, Herr, für alles, was Du in Deiner Gnade ihm bisher zum Wohle unseres Volkes hast gelingen lassen...» Doch der «Führer» und seine Partei hatten die Anklagen der kirchlichen Denkschrift vom Sommer 1936 nicht vergessen, als sie stillhalten mußten, weil die Welt im Olympiajahr auf Deutschland blickte. Die Fürbittenliste der Bekennenden Kirche vom 7. Dezember 1937 enthält 35 Namen von Pfarrern, die von ihrem Amt suspendiert wurden; 38 Namen von Theologiestudenten, die vom Studium ausgeschlossen waren; 32 Namen von Pfarrern, denen das Predigen verboten war; 41 Namen von Pfarrern, die ihre Gemeinden verlassen mußten; 2 Namen von Pfarrern im KZ; 128 Namen von Pfarrern und kirchlichen Angestellten, die in Schutzhaft oder Untersuchungshaft saßen.

Einer, der seit Ende November 1937 im KZ Buchenwald leben mußte, war Paul Schneider, Pfarrer der Gemeinde Dickenschied im Hunsrück. 1934 war er zum erstenmal verhaftet worden, als er am offenen Grab einem NS-Funktionär widersprach, der den jungen Toten gemäß der NS-Ideologie in die himmlische Sturmschar einreihen wollte. Paul Schneider predigte seiner Gemeinde vom Antichristen und von einer unchristlichen Gestaltung des Schullebens, vom Weg des Kampfes und der Trübsal für echte Christen, von Feinden der Kirche und von Verfolgung. Im Sommer 1937 wurde er aus der Rheinprovinz ausgewiesen. Nachdem er im Oktober trotzdem den Erntedankgottesdienst in Dickenschied gehalten hatte, wartete die Polizei auf ihn. An seine Frau schrieb Paul Schneider im November 1937 aus dem Gefängnis in Koblenz: «Was soll ich Dir nun raten? Das ist von außen her so leicht und billig. Ich sehe voraus, daß die Nötigung zum offenen Geständnis und freien Bekenntnis nun an jeden aufrichtigen Christen kommt. Du wirst schon wegen unserer Kinder auch bald drankommen. Dann bedenke: Lieber alle Kreaturen preisgeben, denn im geringsten wider Gottes Willen tun... Laß uns das Trauerspiel so vieler christlicher Eltern nicht mitmachen... Frage immer zuerst in allen Dingen Gott um Rat, ehe Du die Menschen fragst, auch die besten Freunde werden uns oft nicht das Richtige raten.»

Unter denen, für die die Gemeinden beteten, weil sie in Untersuchungshaft saßen, war Martin Niemöller, der Pastor aus Berlin-Dahlem, inzwischen zum Symbol des protestantischen Widerstandes gegen den totalitären Anspruch des Staates geworden. Am 1. Januar 1937 hatte er von seiner Dahlemer Kanzel über «einen gewaltigen Angriff auf die innerkirchliche Predigt» gesprochen und seine Gemeinde über Verhaftungen, Verbote, Ausweisungen informiert: «Wer diese Wirklichkeit nicht sehen und diese Last nicht mittragen will, wer durchaus an dem Morgen des neuen Jahres die Botschaft hören möchte, daß alles Schlimme bloß halb so schlimm ist, alles Gute aber stark und zukunftsmäßig sei, weil wir es schon schaffen und zurechtbringen werden – Freunde, der ist in unserer Mitte gewiß fehl am Platz, denn wir haben weder den Auftrag noch die Möglichkeit, ihn in solchem Hoffen zu bestärken.» Gestapobeamte werden permanente Besucher in den Gottesdiensten. Am 2. Juli kommen sie ins Pfarrhaus, wo Martin Niemöller gerade mit seiner Frau Else beim Frühstück sitzt. Es ist die fünfte Verhaftung für den prominenten Pfarrer.

Anfang August 1937 sind 66 Mitglieder der Bekennenden Kirche in Haft, 58 Theologen und 8 Nichttheologen. Einer, der in seinen persönlichen Akten sorgfältig darüber Buch führt, ist der Essener Syndikus und Jurist bei Rheinstahl, Gustav Heinemann. Seit ihren Anfängen ist er aktives Mitglied in der Bekennenden Kirche. Im Frühjahr 1936 war Heinemanns Berufung in den Vorstand des Rheinisch-Westfälischen Kohlensyndikats daran gescheitert, daß er diese Mitarbeit nicht aufgeben wollte. Seit die Familie im Oktober in die Essener Schinkelstraße gezogen war, stand dort in den Kellerräumen ein Vervielfältigungsgerät, auf dem in langen Nächten bei verhängten Fenstern die Mitteilungsblätter der rheinischen Bekennenden Kirche hergestellt wurden. Viele Male mußte Hilda Heinemann in den frühen Morgenstunden die Spuren dieser Arbeit verwischen, bevor der Gasmann kam oder die Töchter mit ihren Freundinnen vom Bund Deutscher Mädel zum Spielen in den Keller zogen.

Während im Laufe des Jahres 1937 rund 800 Mitglieder der Bekennenden Kirche verhaftet wurden, saß der junge Theologe Werner Koch im KZ Sachsenhausen, weil er im Sommer 1936 in die Weitergabe der brisanten evangelischen Denkschrift an die «Basler Zeitung» verwickelt war: «Den Aufnahmeschock hatte ich am 13. Februar 1937 erlitten, die ersten Ohrfeigen und Fußtritte, die Erfahrung, daß mein Name praktisch ausgelöscht war und ich mich nur noch als ‹Nr. 392› zu melden hatte. Die Haare, die meine Braut immer so schön gefunden hatte, auf ½ mm abgeschnitten und abrasiert, kurz: der warme Empfang seitens einer schreienden, schlagenden und höhnisch grinsenden SS... Der letzte Rest eines Anspruchs auf Menschenrecht war mit dem letzten Haarbüschel zu Boden gefallen. Schutzlos war ich wie alle anderen Häftlinge der hemmungslosen Willkür der SS-Herrschaft ausgeliefert.» Wenige Tage später erfährt er, daß Friedrich Weißler, Jurist der Bekennenden Kirche, der wegen des gleichen Verdachts seit Dezember 1936 in Sachsenhausen in Einzelhaft saß, zu Tode getrampelt wurde. Werner Koch hält durch bis zu seiner Entlassung 1938. Er schafft es, weil die Gemeinschaft der

Häftlinge trotz aller Schikanen nicht bereit ist, ein Minimum an Solidarität aufzugeben und im Rahmen der KZ-Ordnung alle Tricks anwendet, um den Verfolgern ein Schnippchen zu schlagen.

Blockältester ist der ehemalige Hamburger Reichstagsabgeordnete der KPD, Bernhard Bästlein. Er kommt eines Abends zu Werner Koch: «Kamerad Koch, du bist doch jemand aus der Bourgeoisie, ein Akademiker, außerdem ein Kirchenmann – wie kommst du eigentlich unter uns Proleten?» Der Gefragte erwidert, das hänge mit der Bekennenden Kirche und dem Kirchenkampf zusammen, den er aber nicht in drei Worten erklären könne: «Von da ab habe ich – was natürlich strengstens verboten war – in meinem Barackenteil Unterricht erteilt über ein Kapitel neuester Kirchengeschichte, die ihnen bislang nur sehr bruchstückhaft bekannt war. Ihre Reaktion: ‹Zu wissen, daß es auch eine christlich-bürgerliche Opposition im Lande gibt, ist für uns sehr wichtig. Du bist uns ein unersetzlicher Informant. Wir werden darum alles tun, um Dich zu schützen oder Dir das Leben ein bißchen zu erleichtern...› Sie haben Wort gehalten. Sie taten zumindest alles, was in ihren Kräften stand.»

Der junge evangelische Theologe erlebte im KZ eine Koalition der Verfolgten über alle politischen und weltanschaulichen Gräben hinweg, die angesichts von Folter, Tod und geschundener Menschenwürde wie von selbst entstand, aber außerhalb des Lagerzauns nie zustande kam. Der Prozeß gegen Kaplan Joseph Rossaint und andere vor dem Volksgerichtshof im Februar machte allen Katholiken klar, daß schon die geringste Fühlungnahme mit Kommunisten sie zu Hochverrätern stempelte. Da hatten es jene, die ohnehin dieses Brandmal trugen, leichter, um Verbündete im christlichen Lager zu werben.

Im zweiten Jahrgang ihres Erscheinens fragten die «Westdeutschen Kampfblätter» im Juli 1937 auf ihrer ersten Seite: «Was wird die Deutsche Volksfront nach dem Sturze Hitlers tun?» Die Antwort der illegalen KP-Zeitschrift: «Sie wird mehr sein als eine Kommission mit dem Sitz in Paris oder Prag oder sonstwo im Ausland... Denn das Entscheidende ist, daß heute schon – jedoch viel mehr als bisher, und immer weiter um sich greifend, muß und wird es in Zukunft geschehen – im Land kommunistische, sozialdemokratische und katholische Arbeiter gemeinsame Wege gehen, so die Einheit der Arbeiter schaffen und dadurch die Mittelschichten – also auch die Bauern – für die Volksfront gewinnen.» Das waren ungewohnte Töne, wo sonst unentwegt die Parolen des Klassenkampfes herrschten. Unüberhörbar war auch der kritische Unterton gegenüber den Exilorganisationen aller politischer Lager, die vom Ausland aus ihre Ratschläge an die erteilten, die im Lande ihren Kopf hinhielten.

Dabei lebte der Redakteur der «Kampfblätter» ebenfalls außerhalb der deutschen Grenzen. Wilhelm Knöchel, Arbeitersohn aus Offenbach, Jahrgang 1899, gehörte zu den führenden Funktionären der Abschnittsleitung West, die ihren Sitz in Amsterdam hatte. Doch der gelernte Dreher, der 1920 ins Ruhrgebiet zog, den die Sozialdemokraten vor 1933 als fairen Gesprächspartner geschätzt hatten, war keiner vom grünen Tisch. Er hatte nach 1933 in Hamburg die illegale Arbeit der KPD organisiert und seit 1936 versucht, seine Partei im Rhein-Ruhr-Gebiet auf die neue flexible Taktik im Untergrund umzustellen. Knöchel war überzeugt, daß man ohne die traditionellen Parteistrukturen sogar erfolgreicher Widerstand leisten könne und ermunterte die Instrukteure sowie die Informanten vor Ort, ihre Berichte ungeschminkt weiterzugeben. Er scheute sich nicht, in den illegalen Schriften vorsichtig Selbstkritik zu üben. Die meisten Artikel in den «Kampfblättern» verraten seine Handschrift. Schon im Mai 1936 argumentierte Wilhelm Knöchel, daß ein Krieg um jeden Preis verhindert werden müsse, weil Deutschland sonst besetzt und zerstückelt werde. Er sprach davon, daß nur ein demokratisches «neues Reich» den Deutschen die Volksfront bringen werde. Das waren nationalkommunistische Töne, die nicht im Einklang mit den bisher bedingungslos verfochtenen

Interessen der Sowjetunion standen. Im Januar 1938 gab Knöchel den «Kampfblättern» einen neuen Titel, der solche unabhängigen und unorthodoxen Überlegungen besser traf. Nun hießen sie «Freiheit – Organ für Frieden, Freiheit, Recht und Wohlstand».

Es brauchte Mut, angesichts der Realitäten im Jahre 1937 für die Zeit nach Hitler zu planen. Immer noch werden überall in Deutschland Kommunisten verhaftet: in Chemnitz und Zwikkau, in Dessau, Halle, Görlitz und Hamburg; in Frankfurt am Main das ganze Jahr über insgesamt 296 Personen, in Köln 150, im Raum Karlsruhe 105. Die Staatspolizeileitstelle München meldet am 1. Mai 1937: «Nach langwierigen Ermittlungen und Überwachungen konnte in München in einem phototechnischen Betrieb eine kommunistische Betriebszelle ausgehoben werden. Festgenommen wurden bisher sechs Personen...» Es handelte sich um eine ganz locker verbundene Gruppe bei Agfa, für die die Bezeichnung «Betriebszelle» mehr Aktivitäten suggerierte, als sie tatsächlich leisten konnte. Am Jahresende 1937 listete die Gestapozentrale Aktionen gegen die KPD im ganzen Reich auf: «In Berlin konnten neben einer örtlich völlig unabhängigen und direkt mit Prag in Verbindung stehenden Betriebszelle bei der Fa. Osram GmbH 3 Unterbezirke, und zwar UB-Schöneberg mit 130 Personen, UB-Steglitz mit 45 Personen und UB-Südost mit 116 Personen erfaßt werden.» Aus Schlesien werden 114 Verhaftungen gemeldet, aus Dortmund 64, aus Emden und Umgebung 100. Insgesamt verzeichnet die Gestapostatistik einen drastischen Rückgang der illegalen Broschüren und Zeitschriften von rund 1,5 Millionen im Jahre 1936 auf rund 600000 im Jahre 1937. Davon werden 70 Prozent als kommunistische Broschüren gerechnet. Verhaftet wurden im fünften Jahr der nationalsozialistischen Herrschaft 8068 Kommunisten, 11678 waren es im Jahre zuvor.

Die Hamburgerin Charlotte Groß ist eine aus der anonymen Zahl der Verhafteten. Schon 1933 war sie dreimal in Schutzhaft, weil ihr Verlobter als Redakteur einer KPD-Zeitung untergetaucht war. 1935 emigrierte er. Im August wurde ihre Tochter geboren. Charlotte Groß stand unter Beobachtung, weil sie sich immer wieder mit den Frauen verhafteter Kommunisten traf. Im Frühjahr 1936 klingelte die Gestapo: fünf Monate Einzelhaft. Ohne Angaben von Gründen wurde sie entlassen und fand wieder Arbeit: «Das ging bis 1937 – dann, im Januar, wurde ich am Arbeitsplatz verhaftet. Zwei Wochen wurde ich täglich ins Stadthaus zum Verhör gebracht. Wir waren ca. 20 Häftlinge, die in einem großen Raum, mit dem Gesicht zur Wand, völlig regungslos unter SS- oder SA-Bewachung stehen mußten und auf das Verhör warteten. Bei der geringsten Bewegung stieß man unseren Kopf an die Wand und schlug uns.» Während des Verhörs gingen die Schläge weiter: «Nach dem fünften Schlag erklärte ich, daß ich schwanger sei. Das Verhör wurde abgebrochen.» Charlotte Groß kam ins KZ Fuhlsbüttel.

Die Schwangere lebte in einem Saal mit 20 anderen Frauen. Die Verpflegung war kümmerlich. Man drohte, ihr das Kind wegzunehmen und in ein Waisenhaus zu bringen. «Vier Wochen vor der Entbindung überführten sie mich in das Lazarett des Berliner Frauengefängnisses. Hier bekam ich endlich etwas Milch und Suppe. Am 13. August 1937 wurde der Junge geboren. Er war so zart, daß ich fürchtete, er stirbt mir unter den Händen. Ich nannte ihn Edgar nach unserem Genossen Edgar André, den die Nazis im März 1933 verhaftet hatten und der 1936 hingerichtet wurde.» Elf Monate durfte Charlotte Groß mit ihrem Sohn im Gefängnis zusammenleben, bis die Schwiegermutter das Baby übernahm. Dann wurde Charlotte Groß in das neu eingerichtete Frauen-KZ Lichtenburg überführt, wo 90 Frauen in einen Raum gepfercht waren. Erst im April 1939 öffnete sich für die Kommunistin das Lagertor.

Auch bei den Sozialdemokraten gingen 1937 die Verhaftungen weiter. In Hamburg wurden über hundert Mitglieder des ehemaligen Reichsbanners Schwarz-Rot-Gold verhaftet, die sich in

Dreier- bis Fünfer-Gruppen regelmäßig getroffen hatten. Es gab Zuchthausstrafen bis zu sieben Jahren. Insgesamt aber nahmen die Verhaftungen merklich ab. Der SPD-Emigrant Hans Dill, der in der Tschechoslowakei weiterhin Informationen von Genossen aus dem Reich erhält, wenngleich in sehr unregelmäßigen Abständen, gibt im Juli 1937 einen resignativen Bericht an den Vorstand der Sopade in Prag: «Ihr müßt bedenken, daß es immer schwerer wird, kritisch zu bleiben. Das gilt ganz besonders für die Jugend. Man kann sich nicht vorstellen, welch unglaubliches Maß von Propaganda auf die Jugend heruntergeht. Das kritische Denken kommt bei den Jungen erst gar nicht auf, und bei den Alten versandet es allmählich. Von innen ist m. E. nichts zu erwarten, unsere erste illegale Tätigkeit 1933/34 ist gescheitert. Darüber gibt es keinen Zweifel... Heute möchte ich gar nicht einmal einen großen Apparat hinter mir haben, da mir das unter den gegenwärtigen Verhältnissen zu unsicher ist. Ich will auch keinen Namen wissen und arbeite nur unter dem Gesichtspunkt der größten Sicherung.»

In Berlin gab es einen der wenigen Versuche von seiten der Sozialdemokraten, noch dazu der älteren Generation, ein Bündnis mit den Kommunisten zu schmieden. Otto Brass und Hermann L. Brill führten 1936 lange Gespräche mit Elli Schmidt, der Leiterin der Berliner KPD. Ende Dezember 1937 verfaßten sie ein Zehn-Punkte-Programm der «Deutschen Volksfront», die allerdings nur auf dem Papier existierte. Brass reiste im Januar 1937 nach Prag, um die Exil-SPD für das Programm zu gewinnen. Wie in den Jahren zuvor lehnte der Vorstand jede Zusammenarbeit mit den Kommunisten ab, und Brass schloß sich dieser Meinung an.

Wer als Sozialdemokrat den alten Idealen treu bleiben wollte, verzichtete immer bewußter auf jede Art organisierter Untergrundarbeit. Man hielt zusammen in der Hoffnung, daß das «Dritte Reich» keine tausend Jahre dauern würde. Jetzt ein tödliches Risiko einzugehen, schien den meisten ein sinnloses Opfer.

Die Gestapo ist sich dieses privaten und kaum greifbaren Oppositionsgeistes wohl bewußt. Am Jahresende 1937 resümiert sie: «Man sitzt abends nach Betriebsschluß zusammen und trinkt ein Glas Bier, man trifft sich mit seinen früheren Gesinnungsgenossen in den Wohngebieten, man hält den Zusammenschluß durch Familienbesuche aufrecht, man vermeidet irgendwelche Organisationsformen und sucht in der geschilderten Weise nur, die Freunde bei der Gesinnung zu halten. Bei diesen Zusammenkünften wird natürlich über die politische Lage gesprochen, es werden die erhaltenen Nachrichten ausgetauscht, man betreibt die sogenannte Flüsterpropaganda im großen... Dadurch, daß viele ehemalige Partei- und Gewerkschaftsfunktionäre heute als Vertreter und Reisende tätig sind, werden solche Parolen usw. verhältnismäßig rasch auch in die entferntesten Teile des Reiches getragen. Trotz des Umfangs dieser subversiven Tätigkeit ist es bisher selten gelungen, einen dieser Leute auf frischer Tat zu ertappen, ihn zu überführen und dem Gericht zur Aburteilung zu überstellen.» So total und kurzfristig wie geplant, war das Netz menschlicher Beziehungen, das seit Generationen zur sozialen Kultur der Arbeiter gehörte, nicht zu zerstören.

Nie hatten die Nationalsozialisten einen Zweifel gelassen, welches Schicksal sie denen zugedacht hatten, die nicht gehorchten und sich nicht beugen ließen. Kein Bereich des Lebens und der Arbeit war davon ausgeschlossen. In allem behielt sich Adolf Hitler das letzte Wort, die Entscheidung über Wert und Unwert selber vor. Das galt besonders für die Kunst. Als im Juli 1937 das «Haus der Deutschen Kunst», zu dem er 1935 den Grundstein gelegt hatte, feierlich eröffnet wurde, hielt der Reichskanzler den Hauptvortrag und nutzte die Möglichkeit, auch in diesem Rahmen seinen Vernichtungswillen zu dokumentieren: «Denn darüber möge sich niemand täuschen: Der Nationalsozialismus hat es sich nun einmal zur Aufgabe gestellt, das Deutsche Reich und damit unser Volk und sein Leben von all jenen Einflüssen zu befreien, die für unser Dasein verderblich sind... Wir werden von jetzt ab einen unerbittlichen Säuberungskrieg führen gegen die letzten Elemente unserer Kulturzersetzung.»

Krieg, Zerstörung, Vernichten, Ausmerzen waren die Schlagworte der Nationalsozialisten vor ihrem Machtantritt gewesen, und sie versuchten ab 1933 konsequent, dieses aggressive Programm in die Praxis umzusetzen, im Innern und nach außen. Mochte Hitler in seiner Reichstagsrede vom 30. Januar 1937 auch proklamieren: «Die Epoche der Überraschungen ist abgeschlossen. Der Friede ist unser höchstes Gut.» Seine Anhänger wußten, wo das ferne Ziel lag und verkündeten es in mystischen Vergleichen:

«Eine Trommel geht in Deutschland um,
Und der sie schlägt, der führt,
Und die ihm folgen, folgen stumm,
Sie sind von ihm gekürt.
Sie schwören ihm den Fahnenschwur,
Gefolgschaft und Gericht,
Er trommelt ihres Schicksals Spur
Mit ehernem Gesicht...»

So dichtete 1937 Hermann Böhme über den «Führer». Und Hans Friedrich Blunck prophezeite im gleichen Jahr in dem Band «Balladen und Gedichte»:

«Denn unabwendbar kommt, was uns noch Traum,
Und Gottesehre wird's aus armem Spiel,
Und ungeheuer rufen Zeit und Erbe,
Und jeder glühe in das ferne Ziel!»

Das Gericht sahen auch andere kommen. Aber als schreckliches Urteil über das eigene Volk. Der Maler Hans Grundig, der sich immer noch zur illegalen KPD bekannte, vollendete in seinem

Dresdener Atelier 1936 das erste Bild einer Trilogie der Gegenwart und düsterer Ahnungen: «‹Karneval› nannte ich es. Es zeigte die Straßenzüge einer riesigen Stadt, die in blutrotem Himmel zu verbrennen schien. Irrsinnig gewordene Menschen und Masken durchzogen die Straßen, mit ihrem Geschwätz sich selbst und andere belügend. Nur im linken Bildwinkel standen noch die Kommunisten, nicht wankend und unerschütterlich.» Es war kein leichtes, ein so großes Bild vor der Gestapo zu verstecken, die immer wieder Hausdurchsuchungen im Atelier von Hans und Lea Grundig machte.

In Düsseldorf wurden Anfang 1937 die wenigen Exemplare eines Buches von Otto Pankok beim Verlag Kiepenheuer in Berlin, in Buchhandlungen und in Pankoks Atelier in Düsseldorf beschlagnahmt. Der abgebildete Zyklus «Passion» bestand aus 60 Kohlezeichnungen. Im Juni 1937 schrieb die «Rheinische Landeszeitung»: «Dieser Kulturbolschewist möchte die Propaganda der Entartung oder Entwürdigung auch heute noch fortsetzen und sucht nun Deckung unter dem Stuhle Petri, indem er in christlichen Passionsbildern macht.» Im Vorwort des verfemten Buches beschrieb Otto Pankok, was Jesus und dessen Leidensgeschichte für ihn bedeutete: «Er hat die Hand an die Wunde gelegt: ist Gott oder ist das Tier des Menschen Ebenbild? In jedem drängt diese Frage zur Entscheidung. Aber schon in der Frage liegt die Entscheidung zur Liebe, zur unerschütterlichen Anständigkeit, zur von Natur aus christlichen Seele. Es ist die Entscheidung in dem modernsten und aktuellsten aller Probleme. Es ist die Stellungnahme im Kampf gegen alles, was das Leben gemein, sinnlos und eng macht.»

Karneval und Karfreitag, Schuld und Gericht: Im Sommer 1937 schrieb der Dichter Reinhold Schneider ein Sonett, das bald auf hektographierten Blättern in Deutschland heimlich weitergereicht wurde:

«Nun baut der Wahn die tönernen Paläste
Und läßt sein Zeichen in die Straßen rammen;
Er treibt das blindverwirrte Volk zusammen
Vom Lärm zum Lärme und vom Fest zum Feste.

Schon reißt der höllische Schwarm verruchter Gäste
Die letzten mit, die bessrer Art entstammen,
Und tanzend in des Hauses grellen Flammen
Entweihn sie noch der Toten arme Reste...

Es wird das Wahnreich über Nacht zerstieben
Und furchtbar treffen uns des Richters Frage,
Ob Stund um Stunde wir Sein Reich erstritten.»

1938
Die «September-Verschwörung» der Militärs

Am Ende eines Jahres, das die Deutschen zwischen nationalem Stolz und bedrückenden Kriegsängsten hin und her schwanken ließ, erklärte Adolf Hitler am 10. November 1938 vor Vertretern der deutschen Presse: «Die Umstände haben mich gezwungen, jahrzehntelang fast nur vom Frieden zu reden... Es war nunmehr notwendig, das deutsche Volk psychologisch allmählich umzustellen und ihm langsam klarzumachen, daß es Dinge gibt, die, wenn sie nicht mit friedlichen Mitteln durchgesetzt werden können, mit Mitteln der Gewalt durchgesetzt werden müssen.» Am 13. März war die Wehrmacht in Österreich einmarschiert, und die überwältigende Mehrheit der Bevölkerung in der Alpenrepublik begrüßte diesen Gewaltstreich. Keine andere Macht verhinderte ihn. Am 10. April 1938 stimmten 99,7 Prozent der Wahlberechtigten im «Großdeutschen Reich» der Politik Hitlers zu. Im schwäbischen Rottenburg gab es einen einzigen Wähler, der durch sein Nichterscheinen an der Wahlurne stumm, aber unübersehbar protestierte, der katholische Bischof Johann Baptist Sproll.

Gegen den «Anschluß» Österreichs hatte der Kirchenfürst nichts einzuwenden, ihn sogar mit Glockengeläut in seinem Bistum feiern lassen. Doch er weigerte sich, mit einem einfachen «Ja» für diese Vereinigung und gleichzeitig für die «Liste unseres Führers Adolf Hitler» stimmen zu müssen, für Männer also, «die grundsätzlich feindlich gegen die katholische Kirche und das Christentum» eingestellt waren. Am 24. April erschienen Gestapobeamte im bischöflichen Palais und erklärten dem Bischof, er bilde eine dauernde Quelle der Beunruhigung in der Bevölkerung und werde deshalb aus dem Gau Württemberg-Hohenzollern ausgewiesen. Bischof Sproll weigerte sich, freiwillig seinen Amtssitz zu verlassen, und erklärte, er weiche nur der Gewalt. Daraufhin fuhr ihn die Gestapo zu seinem Freiburger Bischofskollegen. Im Sommer 1938 organisierte die NSDAP Demonstrationen und Ausschreitungen gegen den Bischof. Erst am 8. Mai 1945 kehrte Johann Baptist Sproll in sein Bistum zurück.

Auch der evangelische Pfarrer Otto Mörike im schwäbischen Kirchheim war für den «Anschluß», aber gegen eine Politik, die «die Auflösung von Recht und Sittlichkeit» bedeutete. Eine randalierende Menge drang nachts ins Pfarrhaus, überfiel Mörike, ließ ihn durch die Straßen der Stadt spießrutenlaufen und belästigte ihn nach einem zweieinhalbtägigen Aufenthalt im Gefängnis weiter. Die beiden christlichen Amtsbrüder verkörpern einen Konflikt, der Katholiken und Protestanten zusehends zu schaffen machte. Sie leisteten «Widerstand wider Willen», weil sie vieles am Nationalsozialismus für gut und richtig hielten und sich nicht in das politische Geschäft einmischen wollten. In seinem Fastenhirtenbrief vom Februar 1938 sagte der Trierer Bischof Franz Rudolf Bornewasser seinen Gläubigen: «Dem Heiligen Vater unterschiebt man oft in beleidigender und verleumderischer Weise politische Absichten, wenn er nichts tut, als einzutreten für die Wahrheit, für das Recht und die Gewissensfreiheit aller Menschen. Auch ich kümmere mich nicht um Politik. Ich kümmere mich, muß mich kümmern und werde es tun, solange ich lebe, um den Aufbau des Reiches Gottes in den Seelen der Menschen, des Reiches der Wahrheit, der Gerechtigkeit, der Liebe und der Gewissensfreiheit im Leben der mir von Gott anvertrauten Diözesanen.»

Während die Christen versuchten, ihrer Opposition gegen bestimmte staatliche Eingriffe und Angriffe den Stachel des prinzipiellen Widerstandes zu nehmen, den sie auf keinen Fall leisten wollten, bewertete der Staat solche Nichtanpassung als hochpolitischen Akt. Der Trierer Ortsgruppenleiter der NSDAP schrieb zur Verkündigung des Hirtenbriefes: «Der Bischof von Trier züchtet durch diese Hirtenbriefe systematisch Staatsgegner, und die Kirchen werden dadurch zu Stätten staatsfeindlicher Kundgebungen. Heute sammeln sich in den Kirchen nicht ausschließlich die kirchenfreundlichen Volksgenossen, sondern alle jene Elemente, die Opposition gegen den Staat treiben wollen.»

Je mehr sich die Herrschaft der Nationalsozialisten festigte, um so mehr waren die Bekennenden Kirchen innerhalb des Protestantismus und besonders der radikale Flügel um Pastor Martin Niemöller entschlossen, die traditionelle lutherische Lehre vom Gehorsam gegenüber jedweder Obrigkeit aufzugeben. Es war ein schmerzlicher Schritt, voller Widersprüche und Halbheiten, bedeutete er doch für Protestanten den radikalen Bruch mit überlieferten Glaubens- und Lebenswahrheiten und den Aufbruch in unbekanntes und gefährliches Neuland. Aus der Fürbittenliste der Bekennenden Kirche vom März 1938: «Die christliche Gemeinde gedenkt fürbittend der bedrängten Gemeinden und der verhafteten, ausgewiesenen und mit Redeverbot belegten Pastoren und Gemeindemitglieder. Es bestanden, soweit bekannt ist, am 10. März 1938: 75 Amtssuspensionen, 74 Ausweisungen, 4 Ausreiseverbote, 36 Redeverbote, 2 Relegationen von allen Universitäten, 16 Verhaftungen... Im Konzentrationslager befinden sich: 1. Pfr. Schneider, Dickenschied (Rhld.), 2. Pfr. Martin Niemöller, Berlin-Dahlem.» Am 7. Februar 1938 hatte der Prozeß gegen Niemöller begonnen. Er endete mit einem Freispruch, da die Verurteilung zu sieben Monaten Festungshaft durch die Untersuchungshaft schon verbüßt war. Am 2. März wurde Niemöller aus dem Gerichtsgebäude von der Gestapo in das KZ Sachsenhausen überführt. Erst mit der Kapitulation 1945 kam für ihn die Befreiung.

Pfarrer Paul Schneider, der aus der Untersuchungshaft in Koblenz Ende 1937 seiner Frau beschwörend Mut gemacht hatte, sich auch in Zukunft nicht dem staatlichen Druck zu beugen, war ins KZ Buchenwald auf dem Ettersberg oberhalb von Weimar eingeliefert worden, wo Goethe oft im dichten Wald Entspannung gesucht hatte. Als im April 1938 auf dem Appellplatz vor den Baracken die Hakenkreuzfahne aufgezogen wird, weigert sich der Pfarrer, zum Fahnengruß seine Häftlingskappe zu ziehen. Er wird mit dem Oberkörper auf einen hölzernen Bock geschnallt, erhält 25 Stockschläge auf Rücken und Gesäß und kommt in den berüchtigten «Bunker»: ein Trakt mit Einzelzellen, die so schmal sind, daß ein Holzbrett, an der Wand als Bett befestigt, gerade Platz hat. Die schmale, vergitterte Fensterluke ist viel zu hoch, um einen Ausblick zu erlauben, und von außen abgeschottet. Am Ende des Zellenganges liegt das Zimmer des SS-Aufsehers, der sich ein Vergnügen daraus macht, die Eingelieferten zu prügeln, zu würgen, ihnen Essen und Nahrung zu verweigern und sie dann an die heißen Heizkörper zu ketten. Der Trakt grenzt an den Haupteingang, in dessen Tor die Häftlinge den Spruch hämmern mußten: «Jedem das Seine.» Als Paul Schneider im April 1938 in eine Einzelzelle gesperrt wird, hat er vierzehn Monate im «Bunker» vor sich.

Die Deutschen leben im sechsten Jahr unter der Herrschaft der Nationalsozialisten. Auf der Automobilausstellung 1938 kündigt Adolf Hitler die Produktion eines «Volkswagens» an und sagt seinem Volk: «Denn was das Leben für alle Menschen immer schöner sein läßt, sind die Ergebnisse der Arbeit dieses Lebens.» Eine halbe Million Elektrokühlschränke werden im ersten Halbjahr 1938 abgesetzt, 83 internationale Kongresse finden in diesem Jahr in Deutschland statt. Und nicht wenige Menschen werden zustimmend von der Aktion «Arbeitsscheu» gehört haben, die im Frühjahr 1938 im ganzen Reichsgebiet durchgeführt wurde. Mit den Worten eines beteiligten SS-Mannes: «Bei der angespannten Lage am Arbeitsmarkt war es ein Gebot der notwendigen Arbeitsdisziplin, alle Personen, die sich dem Arbeitsleben der Nation nicht anpassen wollten und als Arbeitsscheue und Asoziale dahinvegetieren und die Großstädte und Landstraßen unsicher machen, auf dem Zwangswege zu erfassen und zur Arbeit anzuhalten... Weit über 10000 derartiger asozialer Kräfte machen laufend eine Erziehungskur zur Arbeit in den hierzu hervorragend geeigneten Konzentrationslagern durch.»

Immer schwerer wird es, sich der Stimmung aus vorgeblicher Normalität und nationalem Jubel zu entziehen. Der Gymnasiast Peter Brückner versuchte Distanz zu halten, sah die Jahre in der Schule als Schneckenhauszeit und sich selbst als «politisch wache Großstadtpflanze», die «zu tief im demokratisch gedüngten Laubenpieper-Humus Wurzeln geschlagen» hatte. Niemand in seiner Klasse hatte «Mein Kampf» gelesen, wußte Genaueres über die NS-Ideologie: «Dennoch sind wir politisch programmiert worden auf Befehl und Gehorsam, auf die soldatische ‹Tugend› des Jawohl-Sagens in strammer Haltung und auf den Denkverzicht, wenn das Reizwort ‹Vaterland› fiel und von Deutschlands Ehre und Größe die Rede war... Wir wurden so zwar nicht Nationalsozialisten, aber doch deren williges Kanonenfutter, präpariert für den Zweiten Weltkrieg.» Peter Brückner erlebte, wie selbstverständlich – für ihn und die anderen – Gewalt vor Recht ging: «Längst waren wir alle, Lehrer wie Schüler, in den Sog der großen Erfolge des neuen Regimes hineingeraten. Uns imponierte der Machtzuwachs Deutschlands. Besonders hinreißend war die Stimmung im März 1938. Ich stand vor dem Aushang der örtlichen Zeitung und las immer wieder die Meldung: ‹Das Großdeutsche Reich ist geschaffen. Österreich, die Ostmark ist wieder bei den Deutschen!› Ein Herr neben mir sprach mich an: ‹Ja, mein Junge, du darfst stolz sein. Wir leben in einer großen Zeit.› So empfand ich es auch. Wir lebten in einer großen Zeit, und ihr Schöpfer und Garant war Hitler. Adolf Hitler war für uns die beeindruckende Führergestalt.»

Trotzdem konnten die Deutschland-Berichte der Exil-SPD,

der Sopade, zu Recht melden: «Die Jugend bereitet den zuständigen Parteistellen viel Sorge. Sowohl die männliche wie die weibliche Jugend versucht sich mit allen Mitteln vom Landdienstjahr zu drücken. Im Mai 1938 wurden in Groß-Berlin insgesamt 918 Burschen und 268 Mädchen gesucht, die aus dem Elternhaus heimlich fortgelaufen waren, weil sie nicht in den Landdienst fahren wollten.» Der Drill der Hitler-Jugend, der Zwang zur Anpassung wurden für einen kleinen Teil der Jugend immer unerträglicher. Der Staat hatte es mit einer Gruppe zu tun, die seinem totalen Zugriff nicht gefügig war, die in Teilbereichen auf ihrem eigenen Lebensmuster bestand, ohne solche Opposition als aktiven politischen Widerstand zu verstehen.

Schon 1937 waren in Leipzig Gruppen von Jugendlichen zwischen sechzehn und einundzwanzig Jahren aufgefallen, die – was verboten war – in einer besonderen, einheitlichen Kluft durch die Straßen zogen. Die Jungen trugen buntkarierte Skihemden, kurze Lederhosen mit Trägern, weiße oder graue Kniestrümpfe und Bundschuhe, im Winter blaue Skihosen und Slalomblusen. Die Mädchen waren, vom dunklen Rock abgesehen, wie die Jungen gekleidet. Sie trafen sich mehrmals in der Woche abends auf öffentlichen Plätzen. Meist waren es zwanzig Jungen und Mädchen, die sich nur unter ihren Spitznamen kannten. Für die verschiedenen Gruppen kam die Bezeichnung «Meuten» auf. Die Gestapo schätzte die Zahl der auf diese Weise locker verbundenen Jugendlichen in Leipzig für 1938 auf rund 1500.

Im Laufe des Jahres 1938 entstand eine immer stärkere Rivalität zwischen den Meuten und der Hitler-Jugend. Es kam zu Schlägereien und Überfällen. Doch darin erschöpfte sich die Aufmüpfigkeit der «Meuten»-Mehrheit. Die meisten Jugendlichen wollten einfach ohne Gängelei mit Gleichgesinnten ihre Freizeit verbringen, ihre eigenen Lieder singen, ihre eigenen Träume haben. Das war alles. Aber ein kleiner Kreis, der früher in den sozialistischen oder kommunistischen Jugendverbänden engagiert war, traf sich zu politischen Gesprächen, hörte den verbotenen Moskauer Rundfunk und grüßte sich mit der Formel «bud kadoff», eine Verballhornung des Grußes der sowjetischen Roten Pioniere «bud' gotov» – seid bereit.

Die Polizei stufte das Verhalten der «Meuten» erst einmal als «Unfug» und «Rüpeleien» ein, die mit zunehmendem Alter verschwinden würden. Erst im Frühjahr 1938 bekam die Gestapo Wind von diesen Gruppierungen. Einige Jugendliche wurden verhaftet. Im Oktober 1938 kam der 1. Senat des Volksgerichtshofes aus Berlin nach Leipzig und führte zwei «Meuten»-Prozesse. Die Jugendlichen wurden der Vorbereitung des Hochverrats angeklagt, weil sie «Meuten» organisiert hätten, um «bei der Ablösung des nationalsozialistischen Staates durch den Kommunismus entscheidend mitwirken zu können». Fünf Anführer der nach ihrem Treffplatz am alten Friedhof in Leipzig-Kleinzschocher benannten Meute «Hundestart» wurden zu Zuchthausstrafen zwischen einem und acht Jahren verurteilt. Im zweiten Prozeß gab es Strafen zwischen drei und fünf Jahren Zuchthaus, die das Gericht bewußt mit dem Ziel der Abschreckung fällte: «Wenn auch die Gefahr aus dem Treiben der Angeklagten im Großen und Ganzen gesehen für den nationalsozialistischen Staat in seinem festen Staatsgefüge nicht groß war, so ist sie jedoch keineswegs bedeutungslos... Alle solche Versuche müssen daher im Keim erstickt und von vornherein mit äußerster Strenge ausgerottet und durch harte Strafen für alle Zukunft verhindert werden.»

Was die «Meuten» in den Augen der Machthaber so gefährlich machte, waren die angeblich «kommunistischen Standpunkte» ihrer Mitglieder. Dabei schätzten selbst die Gestapoinformationen, daß bei der KPD 1938 «weniger von einer festen Organisation gesprochen werden konnte, als lediglich von einem losen, mehr zufälligen Zusammenschluß der verschiedenen Gruppen». Von 1,5 Millionen Flugblättern und illegal produzierten Broschüren im Jahre 1936 und rund 600000 im Jahre 1937, schrumpfte die Menge 1938 auf knapp 100000. Der Partei stand kein umfassendes Verteilernetz mehr zur Verfügung, teils aus Einsicht, um der Gestapo keine Spuren zu liefern, teils wegen der ablehnenden Haltung der noch in Freiheit befindlichen Kommunisten, die für die Herstellung und Verteilung von Untergrund-Schriften nicht mehr ihre Existenz riskieren wollten. Die gleichen Gründe gelten für die niedrige Verhaftungszahl von 3864, nachdem in den vorangegangenen zwei Jahren rund 20000 Kommunisten in Gefängnisse und KZs eingeliefert worden waren.

Die Spuren der losen Gruppen verwischen sich immer mehr und werden unauffindbar, wenn Familien und Freunde nur noch im engsten Kreis zusammenkommen; wenn Schachklubs und Gesangvereine von Gleichgesinnten nur entstehen, um zusammen zu überleben und keinerlei illegale Tätigkeiten mehr entfaltet werden. Ab und zu fallen der Polizei Schwarzhörer in die Hände, die gemeinsam den Moskauer Sender abhören. Zuchthausstrafen dafür sind nichts Ungewöhnliches. Vereinzelt werden Parolen an die Wände gemalt. Im sechsten Jahr der Verfolgung und erbarmungslosen Jagd scheint der Staatsterrorismus gesiegt zu haben, das nationalsozialistische Deutschland von allem «gesäubert» zu sein, das auch nur entfernt an den Sozialismus in seinen unterschiedlichen Strömungen erinnert.

Am 20. Juni 1938 wird zum erstenmal eine Frau aus politischen Gründen in Berlin-Plötzensee enthauptet. Es ist die Kommunistin Lilo Herrmann, 28 Jahre alt, Mutter eines vierjährigen Sohnes. Seit 1933 arbeitete sie illegal für die KPD, 1935 wurde sie verhaftet. Allen Mißhandlungen zum Trotz hat die junge Frau geschwiegen, auch keine Namen preisgegeben, als die Gestapo während einer Vernehmung im Nebenraum ein fremdes Kind rufen läßt: «Mutti, warum kommst du nicht?» Drei Genossen werden zusammen mit ihr zum Tode verurteilt.

Das Jahr 1938 brachte auch für die kleinen sozialistischen Gruppen, die sich abseits der traditionellen Parteistrukturen erstaunlich lange gehalten hatten, das Scheitern ihrer illegalen Tätigkeit. Ludwig Linsert, der aus der Jugendbewegung kam und für den Internationalen Sozialistischen Kampfbund (ISK) in München die Stellung zu halten suchte, erinnert sich an den 20. Juli 1938: «Wie jeden Tag stand ich morgens um fünf Uhr auf, um in die Großmarkthalle zu fahren und dort für unser Lebensmittelgeschäft Obst und Gemüse einzukaufen... Margot, meine Frau, und die kleine, 10 Monate alte Bärbel schliefen noch, als es an der Wohnungstür stürmisch läutete und pochte... Jetzt ist es soweit, fuhr es mir durch den Kopf und zugleich in die Glieder. Als ich öffnete, standen da zwei baumlange SS-Männer vor der Tür, stießen mich zur Seite und fingen sofort an, nach weiteren Personen zu suchen.» In München wurden insgesamt drei ISK-Genossen festgenommen, einer von ihnen nahm sich in der Haft das Leben. Wenig später ging die rührige Augsburger Gruppe mit zehn Mann hoch, dann die Stuttgarter. In Nord- und Westdeutschland hatte die Gestapo schon im Frühjahr 1938 zugegriffen und rund 90 ISK-Mitglieder verhaftet.

Im Dezember 1938 begann in Berlin der Prozeß gegen Julius Philippson, einen der führenden Männer aus der Reichsleitung des ISK, und neun seiner Genossen. Die Bürger lasen beim Frühstück in ihrer Zeitung: «Jüdischer Hochverräter vor dem Volksgerichtshof.» Ostern 1937 hatte der Lehrer noch bei der Augsburger Gruppe einen Schulungskurs durchgeführt und einen Vortrag über die Kantsche Philosophie gehalten. Im August wurde er verhaftet. Seine ISK-Mitstreiterin Marta Damkowski, die im Frühjahr 1938 in Bremen verhaftet wurde, sah Julius Philippson während ihrer neunmonatigen Haft im Berliner Untersuchungsgefängnis am Alexanderplatz: «Ich sollte ihn identifizieren, sagte aber, wie verabredet: ‹Den kenne ich nicht.› Und bei jeder weiteren Gegenüberstellung mußte ich das wieder sagen. Das waren entsetzliche Augenblicke, denn von Tag zu Tag waren ihm die Folterungen und Mißhandlungen deutlicher anzusehen. Beim letztenmal erkannte ich ihn kaum, er sah aus wie ein blutig geschlagenes Tier. Er winkte mir müde zu: ‹Du kannst sagen, wer ich bin, jetzt wissen sie's sowieso.›» Die «Basler

National-Zeitung», deren Berliner Korrespondent offenbar im Gerichtssaal anwesend sein konnte, schrieb während der Gerichtsverhandlung im Dezember über die ISK-Kämpfer: «Mit einer Überlegenheit, wie man sie von Angeklagten vor diesem Forum selten findet, führen sie ihre Auseinandersetzungen mit dem Vorsitzenden... Es sind Männer, die eine Überzeugung haben, und diese Überzeugung bis ins letzte, wenn auch aussichtslos, verteidigen.» Julius Philippson erhielt eine lebenslange Zuchthausstrafe, 1943 wurde er nach Auschwitz deportiert und dort ermordet.

Die «Basler National-Zeitung» blieb eine einsame Stimme. Wen interessierte in diesem Winter 1938/39 schon das Leben oder das Sterben von ein paar Außenseitern? Europa hatte vor dem Abgrund eines Krieges gestanden, Hitler gegen alle Warner, gegen alle Vernunft mit seiner rücksichtslosen Machtpolitik wieder einmal den Sieg davongetragen. Am 28. Mai 1938 hatte er die Spitzen der Wehrmacht über seine Ziele für dieses Jahr informiert und es ihnen zwei Tage später schriftlich gegeben: «Es ist mein unabänderlicher Entschluß, die Tschechoslowakei in absehbarer Zeit durch eine militärische Aktion zu zerschlagen.» Spätestens bis zum 1. Oktober sollte die Armee die Voraussetzungen schaffen, unter denen solche Aktionen erfolgreich durchzuführen waren. Schon am 29. Mai formulierte Ludwig Beck, der Chef des Generalstabs, in einer Denkschrift seine Kritik an einem solchen Zeitplan. Der Chefplaner des Heeres, der 1933 den Beginn von Hitlers Kanzlerschaft als «Lichtblick» gepriesen hatte, stimmte dem Regierungschef in wesentlichen Punkten zu: «Es ist richtig, daß Deutschland einen größeren Lebensraum braucht, und zwar sowohl in Europa wie auf kolonialem Gebiet... Es ist richtig, daß die Tschechei in ihrer durch das Versailler Diktat erzwungenen Gestaltung für Deutschland unerträglich ist und ein Weg, sie als Gefahrenherd für Deutschland auszuschalten, notfalls auch durch eine kriegerische Lösung gefunden werden muß. Doch muß bei letzterer den Einsatz auch der Erfolg lohnen.» Da Ludwig Beck mit einem Eingreifen Frankreichs und Englands zugunsten der ČSSR fest rechnete, war sein Fazit, daß Hitlers Politik mit einer «nicht nur militärischen, sondern allgemeinen Katastrophe für Deutschland endigen» würde.

Generaloberst Ludwig Beck war kein sturer Kommißkopf. Welten trennten ihn vom menschenverachtenden Größenwahn eines Hitler oder Himmler, auf Millionen von Toten und der Sklavenarbeit ganzer Völker ein deutsches Weltreich zu gründen. Noch im November 1937 hatte Beck geschrieben: «Politik ist die Kunst des Möglichen» und dringlich gemahnt, die Gegnerschaft zu Frankreich und England nicht als «unumstößlich bzw. unüberwindlich anzusehen». Als letztes Mittel allerdings schloß der Generalstabschef den Krieg nicht aus, und auch Beck war überzeugt, daß Deutschland einen wichtigeren Part im Konzert der europäischen Mächte beanspruchen könne. Die Aufrüstungspolitik der Nationalsozialisten hatte er aus vollem Herzen bejaht. Aber jetzt, im Frühjahr 1938, ging es darum, eine Katastrophe abzuwenden. Ohne sich die Frage zu stellen, ob die Wehrmacht nicht längst zum Handlanger der Hitlerschen Politik geworden war und deren Aggressivität wesentlich den Weg bereitet hatte und immer bedrohlicher verkörperte, entfaltete Ludwig Beck, ein stets lange abwägender, eher zögernder Mann, erstaunliche Aktivitäten.

Während die Planungsstäbe den Einfall in die Tschechoslowakei vorbereiteten, in Manövern und Übungen simulierten, ob das Eingreifen der Westmächte die Erfolgschancen der deutschen Truppen mindern würde, deckte der Generalstabschef den Oberbefehlshaber des Heeres, Generaloberst Walther von Brauchitsch, mit immer neuen Denkschriften ein, erschien persönlich zum Vortrag, um ständig neue Argumente gegen den Einmarsch vorzubringen und radikalere Konsequenzen zu fordern. Am 16. Juli verlangte Ludwig Beck, die Wehrmachtsführer sollten Hitler zwingen, seine Kriegsvorbereitungen einzustellen, und –

wenn nötig – geschlossen zurücktreten. Aus seinen Gesprächsnotizen über das Gespräch mit Brauchitsch: «Es stehen hier letzte Entscheidungen über den Bestand der Nation auf dem Spiele. Die Geschichte wird diese Führer mit einer Blutschuld belasten, wenn sie nicht nach ihrem fachlichen und staatspolitischen Wissen und Gewissen handeln. Ihr soldatischer Gehorsam hat dort eine Grenze, wo ihr Wissen, ihr Gewissen und ihre Verantwortung die Ausführung eines Befehls verbietet.»

Drei Tage später erscheint Beck wieder beim Oberbefehlshaber des Heeres und erwähnt nun als innenpolitische Konsequenzen einer außenpolitischen Verweigerung die «Wiederherstellung geordneter Rechtszustände». Wollte Ludwig Beck den Umsturz? Eher hegte er wohl wie so viele aus dem bürgerlich-konservativen Lager die Hoffnung, daß die guten Nationalsozialisten sich in der Krise von den schlechten trennen würden. Auf dem Papier bekennt er sich zu Hitler: «Es kann und darf kein Zweifel darüber aufkommen, daß dieser Kampf für den Führer geführt wird.» Der 58jährige Beck sah die Gelegenheit, «das deutsche Volk und den Führer selbst zu befreien von dem Alpdruck einer Tscheka und von den Erscheinungen eines Bonzentums, die den Bestand und das Wohl des Reichs durch die Stimmung im Volke zerstören und den Kommunismus wiederaufleben lassen.» Ob solche Argumente vorgeschoben wurden, um weitergehende Pläne zu verschleiern, ist im nachhinein nicht mehr zu entscheiden. Aber wahrscheinlich hätte eine radikalere Kritik Becks Standesgenossen nur abgeschreckt.

Der Oberbefehlshaber des Heeres schwankt, gibt Beck recht, bewundert aber auch Hitlers Verwegenheit. Am Ende entscheidet sich Brauchitsch gegen den Chef seines Generalstabs. Die übrigen Militärs teilen Becks Bedenken zu einem großen Teil – und tun weiter schweigend, was Hitler von ihnen verlangt. Ludwig Beck resigniert, reicht seinen Rücktritt ein und übergibt am 27. August 1938 die Amtsgeschäfte an seinen Nachfolger General Franz Halder.

Die Denkschriften des Ludwig Beck sind entscheidend mitbeeinflußt von einem Mann, der im Juni und Juli fast täglich mit ihm diskutierte und stundenlang das Büro des Generalstabschefs blockierte. Der Oberstleutnant Hans Oster vom militärischen Geheimdienst, Jahrgang 1888, war seit Monaten mit nichts anderem beschäftigt, als eine Verschwörung gegen den Führer und Reichskanzler zu organisieren, mögliche Gegner des Nationalsozialismus von einer solchen Aktion zu überzeugen und zusammenzubringen. Er tat es mit Wissen und Billigung seines Vorgesetzten, des Abwehrchefs Admiral Wilhelm Canaris, dessen vertrautester Berater er geworden war. Hans Oster fand Gehör bei Beamten des Auswärtigen Amtes, bei höchsten Militärs, bei überzeugten Nationalsozialisten. Weder Verfolgung und Ermordung politischer Gegner, noch die Entrechtung der jüdischen Mitbürger hatte ihren Widerstand herausgefordert. Was sie alle verband und direkt unter den Augen der nationalsozialistischen Machthaber zu lebensgefährlichem Handeln trieb, lag in den ersten Monaten dieses Jahres begründet.

Am 4. Februar 1938 wurden der Reichskriegsminister und Oberbefehlshaber der Wehrmacht Werner von Blomberg und der Oberbefehlshaber des Heeres Werner von Fritsch von Hitler unter dem Vorwand «angegriffener Gesundheit» ihrer Dienststellungen enthoben. Tatsächlich hatten Göring und die SS eine Intrige gegen die Wehrmacht eingefädelt: Blomberg wurde die Heirat mit einer Frau «mit Vorleben» vorgeworfen und Fritsch bezichtigte man homosexueller Beziehungen. Der Minister hatte tatsächlich gegen den militärischen Ehrenkodex verstoßen. Die viel gewichtigeren Vorwürfe gegen Fritsch stellten sich bei einem Ehrengerichtsverfahren Mitte März als erlogen heraus. Doch da hatte Hitler längst die Intrige dazu genutzt, sich selbst zum Oberbefehlshaber der Wehrmacht zu ernennen, vierzehn Generäle in den Ruhestand zu schicken und über vierzig Kommandostellen in der Armee neu zu besetzen. Damals schon hatte Hans Oster auf energischen Widerspruch der Militärs gehofft. Aber die große Mehrzahl der Offiziere nahm ihre endgültige Entmachtung, ihre sichtbare Funktion als bloßes Machtinstrument des Nationalsozialismus schweigend hin. Ludwig Beck herrschte seinen späteren Nachfolger Franz Halder, der Widerstand forderte, an, das sei «Meuterei und Revolution. Diese Wörter gibt es nicht im Lexikon eines deutschen Offiziers». Einige von denen jedoch, die damals nur die Faust in der Tasche geballt hatten, wollten wenige Monate später ihrem Oberbefehlshaber auf dem abschüssigen Weg in den Krieg nicht folgen und versuchten, dieses militärische Abenteuer mit allen Mitteln zu verhindern.

Im September 1938 schlich sich ein Botschaftsrat der deutschen Botschaft durch die Gartenpforte von Downing Street 10, um den britischen Außenminister zu beschwören, den Forderungen Hitlers auf tschechoslowakisches Gebiet nicht nachzugeben. Würde er die Sudetendeutschen gegen alle bestehenden Verträge gewaltsam, aber ohne Widerstand der europäischen Mächte «heim ins Reich» führen können wie Österreich, dann würde der nächste Schritt des Diktators hin zu einem Eroberungskrieg unvermeidlich folgen. London wurde über die Existenz einer deutschen Oppositionsgruppe informiert, die fest damit rechnete, daß die Annexion des Sudetenlandes durch NS-Deutschland einen Krieg mit England und Frankreich auslösen würde. Die Verschwörer wollten diese Krise dann zum Anlaß nehmen, einzugreifen und die deutsche Politik in andere, friedliche Bahnen zu lenken. Anfang September hatte Franz Halder, der neue Chef des Generalstabs und von Ludwig Beck eingeweiht, Hans Oster zu sich rufen lassen und ihn ohne Umschweife gefragt, welche Vorbereitungen für einen Staatsstreich getroffen seien, und Oster seine Zustimmung signalisiert. Während Hitler in seinen Reden immer unverhüllter von Krieg sprach und die Krise um die Sudetendeutschen in Europas Hauptstädten die Diplomaten bewegte, begann in Berlin eine kleine, aber einflußreiche Gruppe mit hektischen konspirativen Aktivitäten. Statt ihren Amtsgeschäften nachzugehen, inspizierten höchste Militärs Rundfunkgebäude, studierten den Grundriß der Reichskanzlei, observierten die Lager der SS beim KZ Sachsenhausen vor den Toren von Berlin. Bei dem einen standen die Telefone nicht still, der andere führte keine Gespräche mehr, weil er die Abhörspezialisten fürchtete. Ein General öffnete selber einem Mitverschwörer nächtens die Haustür, weil er seinem Personal nicht traute. Es gab Besuche und Gegenbesuche. Der Chef der Abwehr, Canaris, besorgte Waffen und Handgranaten für die Verschwörer – und setzte gleichzeitig alle Kräfte seines Amtes ein, um im Sudetenland «Sabotage und Zersetzung» zu organisieren und damit die Kriegsgefahr zu schüren.

Das Umfeld dieser ersten Widerstandsgruppe aus konservativen Zivilisten und Militärs war erstaunlich groß. Längst nicht alle Namen derer, die darum wußten, die Gespräche führten, die aktiv mitmachen wollten, können genannt werden. Fritz-Dietlof von der Schulenburg, der während seiner Referendarzeit im Ruhrgebiet als «roter Graf» Furore gemacht hatte und in die NSDAP eingetreten war, der immer noch davon träumte, daß Preußentum und Nationalsozialismus zum Wohle Deutschlands eine Verbindung eingehen könnten, war Vizepolizeichef von Berlin geworden und entsetzt über die Korruption der NS-Funktionäre und die Skrupellosigkeit Hitlers. Er traf sich unbemerkt mit seinem Chef, Berlins Polizeipräsident, einem SA-Obergruppenführer, in städtischen Hallenbädern, um ungestört reden zu können, und überzeugte ihn, daß die Polizei der Hauptstadt bei einem Staatsstreich neutral bleiben müsse. Erwin von Witzleben, General im Wehrkreis III, zu dem Berlin gehörte, hatte ohne Zögern den Plänen seines alten Freundes Oster zugestimmt und übernahm eine Schlüsselrolle. Witzleben war kein politischer Kopf. Aber er hatte den Weltkrieg mitgemacht und wußte, wie kostbar der Frieden ist. Er organisierte den gesamten militärischen Ablauf des geplanten Staatsstreichs.

Der Oberregierungsrat Hans von Dohnanyi, persönlicher Referent des Reichsjustizministers, ein brillanter Jurist, war Hans

Oster aufgefallen. Immer öfter holte Oster den NS-Gegner ins Abwehramt am Tirpitzufer, um Admiral Canaris die «Chronik» der nationalsozialistischen Verbrechen, die Dohnanyi seit dem Beginn des braunen Terrors penibel führte, vorzulegen. Für den Juristen bestand kein Zweifel, daß Hitler im Zentrum aller Verbrechen stand und beseitigt werden mußte. Seine Idee war es, Hitler nach dessen Verhaftung von einem Ärztegremium für geisteskrank erklären zu lassen. Der Oberregierungsrat war der einzige überzeugte Demokrat in der konspirativen Runde. Die anderen Verschwörer hielten nichts von einer deutschen Republik. Sie gingen davon aus, daß Deutschland noch territoriale Ansprüche hatte. Aber sie wollten keinen Krieg, weil an seinem Ende nur die Niederlage ihres Landes stehen konnte. Und sie wußten, auch wenn sie so lange geschwiegen hatten, daß sie einem Regime dienten, das die Grenzen von Recht und Moral längst überschritten hatte.

Am 15. September flog der britische Premierminister Neville Chamberlain nach München und fuhr sofort zu einer Unterredung mit dem deutschen Kanzler auf den Obersalzberg. Hitler hatte unverhohlen mit Krieg gedroht, wenn die «Sudetenfrage» nicht in seinem Sinn gelöst würde. Der Engländer wollte sein Land für den unversehrten Bestand der ČSSR nicht in den Krieg führen. Hitler hatte den richtigen Instinkt und pokerte. Die Krise nahm ihren Fortgang. Im Auswärtigen Amt und im Oberkommando der Wehrmacht rechnete man mit der deutschen Mobilmachung für den 28. September 1938. Das war der geplante Anlaß für die Verschwörer, den Umsturz zu riskieren. Am Morgen dieses Tages hielten sich die Männer, die die Reichskanzlei stürmen und Hitler gefangennehmen sollten, in verschiedenen Wohnungen in der Berliner Innenstadt bereit. Sie warteten mit ihren Gesinnungsgenossen auf das Stichwort von Hans Oster, der ständig mit seinen Kontaktleuten im Auswärtigen Amt und beim Militär in Verbindung stand.

Die Pläne für einen Staatsstreich hatten in diesen Wochen eine eigene Dynamik bekommen. Immer deutlicher wurde, daß die Verschwörer unterschiedliche Ziele verfolgten. Die einen wollten zuallererst den Krieg vermeiden und waren bereit, dafür einen Staatsstreich auszulösen. Oster wollte vor allem das herrschende Regime stürzen, und um das auf jeden Fall zu erreichen, setzte er sich während der Sudetenkrise ein neues Ziel. Mit dem Anführer des Stoßtrupps, einem ehemaligen rechtsradikalen Freikorpsführer, der nach den offiziellen Umsturzplänen Hitler nur verhaften sollte, war Oster sich einig: «Ein lebender Hitler ist stärker als alle Divisionen.» Im Alleingang beschlossen die beiden Männer, daß während der Verhaftung ein Zwischenfall provoziert werden solle, den Hitler nicht überleben dürfe. Nun, am Morgen des 28. September 1938, schien dieses Ziel greifbar nahe.

Am Abend sind alle Pläne der Verschwörer Makulatur. In London war es 16.12 Uhr, als der englische Premierminister im Unterhaus seine Rede unterbrach: «Herr Hitler hat soeben einer Verschiebung seiner Mobilmachung um 24 Stunden zugestimmt und ist bereit, mich, Herrn Daladier und Herrn Mussolini zu einer Konferenz in München zu empfangen.» In München werden alle Forderungen Hitlers erfüllt. Deutsche Truppen besetzen am 1. Oktober die Gebiete der Sudetendeutschen in der Tschechoslowakei. Wie konnte man im eigenen Land gegen einen triumphierenden Führer putschen? Hans Oster wirft nach der Münchener Konferenz alle schriftlichen Unterlagen für den Staatsstreich ins Kaminfeuer. Die «Septemberverschwörung» ist gescheitert. Man hatte nicht selbst die Initiative ergriffen, sondern sich von den Reaktionen der Westmächte auf Hitlers aggressive Politik abhängig gemacht. Die Verschwörergruppe zerfällt. Jeder bleibt auf seinem Posten.

Hitler stieß mit seinen maßlosen Forderungen bei den europäischen Mächten auf keinen Widerstand, die Deutschen sahen nichts als seine außenpolitischen Erfolge. Nun war es für ihn höchste Zeit, im Innern seinem Erzfeind, den Juden, endgültig mit blanker Gewalt zu begegnen. Am 8. Dezember 1938 diktierte der Regierungspräsident von Niederbayern und der Oberpfalz seinen Bericht für den vorangegangenen Monat: «Die jüdische Mordtat an dem deutschen Gesandtschaftsrat in Paris löste in allen Kreisen der Bevölkerung helle Empörung aus... Die gegen das Judentum gerichteten gesetzlichen Maßnahmen fanden deshalb vollstes Verständnis. Um so weniger Verständnis brachte der Großteil der Bevölkerung für die Art der Durchführung der spontanen Aktionen gegen die Juden auf... In der Zerstörung von Schaufenstern, von Ladeninhalten und Wohnungseinrichtungen sah man eine unnötige Vernichtung von Werten...» Aber nicht nur solchen Zynismus gab es als Reaktion auf die sogenannte «Reichskristallnacht» am 9. November 1938. Zum erstenmal schämten sich Deutsche in größerer Zahl für das, was ihren jüdischen Mitbürgern angetan wurde. Und einige versuchten, dem Unrecht – mit aller Vorsicht – Einhalt zu gebieten.

Der württembergische Landesbischof Theophil Wurm, ein Vertreter des gemäßigten Flügels der Bekennenden Kirche, schrieb am 6. Dezember 1938 an den Reichsjustizminister: «Ich bestreite mit keinem Wort dem Staat das Recht, das Judentum als ein gefährliches Element zu bekämpfen... Aber der tiefste Schaden besteht doch darin, daß eine Jugend, die diesen Vorgängen angewohnt hat, den Eindruck bekommen muß, wenn man mit Recht über irgendeine Handlung anderer entrüstet sei, so könne man ohne jede Rücksicht auf Recht und Gesetz vorgehen.» Der protestantische Bischof versucht, den Teufel bei dessen eigener Ehre zu packen. Wurm spricht vom Pfarrerstand, der sich «vom spezifisch jüdischen Wesen freigehalten hat», lobt den Führer und hofft, mit um so größerem Nachdruck Gerechtigkeit für Minderheiten fordern zu können: «Ich bitte Sie dringend, Herr Minister, nicht bloß als Christ und Bischof, sondern als Deutscher: Tun Sie alles, was der Wiederherstellung der Autorität des Gesetzes und des Rechtsempfindens dient! Die weitesten Kreise unseres Volkes werden Ihnen dankbar sein.»

Was der Bischof tut,ist keine Kleinigkeit in einem Staat, der absoluten Gehorsam fordert und blutigen Terror praktiziert. Doch es gibt einzelne unter seinen Amtsbrüdern, die von verschlungenen Wegen nichts halten und sich im Namen Christi aufgerufen fühlen, die Wahrheit von der Kanzel zu rufen: «Die Leidenschaften sind entfesselt, die Gebote Gottes mißachtet, Gotteshäuser, die andern heilig waren, sind niedergebrannt worden... Männer, die unserm deutschen Volk treu gedient haben und ihre Pflicht gewissenhaft erfüllt haben, wurden ins KZ geworfen, bloß weil sie einer anderen Rasse angehörten... O Land, liebes Heimatland, höre des Herren Wort! In diesen Tagen geht durch unser Volk ein Fragen: Wo ist in Deutschland der Prophet, der in des Königs Haus geschickt wird, um des Herren Wort zu sagen?» Es war der Pfarrer Julius von Jan, der am 16. November, dem Bußtag, im württembergischen Oberlenningen so über die Klage des Propheten Jeremias predigte. Wenige Tage später klebte am Pfarrhaus das Plakat «Judenknecht», und die SA prügelte den Pfarrer auf offener Straße halb tot. Ein Sondergericht verurteilte Julius von Jan zu einem Jahr und vier Monaten Gefängnis. Vor der Einlieferung in ein KZ bewahrte ihn Bischof Wurm hinter den Kulissen. Offiziell distanzierte sich die Kirchenleitung von ihrem Pastor.

Der Schriftsteller Reinhold Schneider, der ein Jahr zuvor so prophetisch vom «Wahnreich» gedichtet hatte, das «über Nacht zerstieben» wird und von der Schuld der Zeitgenossen, die dann vor ihrem Richter stehen, schrieb über das Ende des Jahres 1938: «Am Tage des Synagogensturms hätte die Kirche schwesterlich neben der Synagoge erscheinen müssen. Es ist entscheidend, daß das nicht geschah. Aber was tat ich selbst? Als ich von den Bränden, Plünderungen, Greueln hörte, verschloß ich mich in meinem Arbeitszimmer, zu feige, mich dem Geschehenen zu stellen und etwas zu sagen.» Es schwiegen fast alle, ob Christen, ob Atheisten, die wußten, daß die Würde des Menschen in diesem Staat mit Füßen getreten wurde.

1939
Der Krieg macht alle zu «Verrätern»

Am 10. Februar 1939 waren die Kommandeure des Heeres in Berlin in der Kroll-Oper versammelt, um ihren obersten Feldherrn zu hören. Hitler nannte die Erfolge des Jahres 1938 einen «Schritt auf einem langen Wege». Dies war erst der Beginn: «Und wir alle haben die Pflicht, diesen kommenden Weg kühl und entschlossen zu gehen, jede Gelegenheit vor allem wahrzunehmen.» Und drohend fügte er hinzu, «daß dieser Entschluß dann an sich ein unabänderlicher ist, daß ich ihn gegen jede Gewalt durchsetzen werde». Den Militärs, die soviel auf Tradition hielten, wurde nicht verheimlicht, was in Zukunft ihr Handwerk sein würde: «Der nächste Krieg wird ein reiner Weltanschauungskrieg sein, das heißt bewußt ein Volks- und ein Rassenkrieg sein.» Die neue Weltmacht würde Deutschland sein. Pläne, Berlin zur Hauptstadt der Welt zu machen, lagen schon vor. 1938 war mit den Arbeiten zum Bau der größten Kuppelhalle aller Zeiten für 180000 Menschen begonnen worden. In München, Nürnberg, Hamburg, Augsburg und Linz, zu «Führerstädten» ernannt, waren die Grundsteine für Riesenbauten gelegt; in Granit geplant, sollten sie Jahrtausende überdauern. Hitlers bisherige Erfolge waren nur Etappen zu einem ganz anderen Ziel. SS-Führer Heinrich Himmler hatte es im November 1938 das «größte Reich» genannt, «das von dieser Menschheit errichtet wurde und das die Erde je gesehen hat».

Fünf Wochen später fiel die Wehrmacht in die Tschechoslowakei, der Hitler im Jahr zuvor schon das Sudetenland genommen hatte, ein. Am 15. März traf der deutsche Reichskanzler in der Prager Burg ein. Die Bevölkerung empfing die fremden Herren mit Haß und erbittertem Schweigen. Am 16. März 1939 wurde der «Erlaß des Führers und Reichskanzlers über das Protektorat Böhmen und Mähren» verkündet. Am 20. April, seinem 50. Geburtstag, ließ Hitler sich in Berlin mit einer Parade aller Waffengattungen und der verschiedenen NS-Organisationen feiern. Aber Kriegsstimmung kam bei den Deutschen nicht auf. Der Landrat von Ebermannstadt in Oberfranken meldete im Juni: «Der Wille zum Frieden ist stärker als der zum Krieg... Mit einer Begeisterung wie sie 1914 war, könnte heute nicht gerechnet werden.» Der Propagandaminister Joseph Goebbels wußte instinktiv, daß die Menschen in der Vorbereitung auf kriegerische Zeiten gerade nicht öffentliches Säbelrasseln, sondern Ablenkung brauchten. Ende Juli, als die Vorbereitungen für den Überfall auf Polen auf Hochtouren liefen, sagte er zur Eröffnung der 16. Rundfunkausstellung in Berlin: «Es geht nicht so sehr darum, ein schweres und ernstes Programm, das am Ende nur ein Bruchteil des Volkes erfassen kann, zu senden, sondern vielmehr darum, den breiten Millionenmassen unseres Volkes in ihrem schweren Daseinskampf soviel wie möglich Entspannung, Unterhaltung, Erhebung und Erbauung zu vermitteln.»

Auch im siebten Jahr der nationalsozialistischen Herrschaft, nachdem sie Zehntausenden die Freiheit oder das Leben genommen hatte, ließen die Sicherheitsorgane in ihrer Wachsamkeit nicht nach. Von Januar bis Juni wurden laut Gestapobericht 3880 Personen aus politischen Gründen verhaftet, davon 2634 Kommunisten. In diesem Jahr 1939 waren rund 300000 Deutsche im KZ, weil ihre politische und moralische Überzeugung ihnen eine schweigende Anpassung an den NS-Staat unmöglich machte. Seit 1933 hatten rund eine Million Deutsche längere oder kürzere Zeit in der Haft verbracht und der Volksgerichtshof

679 Todesurteile gefällt. Von diesen Terrormaßnahmen waren zu 60 bis 70 Prozent die Mitglieder der KPD betroffen. Im Mai 1939 kamen die ersten weiblichen Häftlinge ins neu erbaute Frauen-KZ Ravensbrück bei Potsdam. So ausgefeilt die Verfolgungsmaßnahmen auch wurden und so ungestört die Terrormaschinerie auch weiterlief, immer aufs neue riskierten es Menschen, das Unrecht beim Namen zu nennen und für eine bessere Zukunft einzutreten. Doch welche Hoffnung auf Veränderung gab es noch nach über sechs Jahren?

Am 30. Januar 1939 trafen sich südlich von Paris 22 Delegierte der KPD zu einer wichtigen Konferenz. In der Parteigeschichte zählt sie als 14. Parteitag, damals wurde sie zur Tarnung «Berner Konferenz» genannt. Zehn Delegierte gehörten dem Zentralkomitee der KPD an, aus Moskau war der Parteivorsitzende Wilhelm Pieck angereist. Nur zwei Funktionäre lebten noch als Illegale in Deutschland, alle anderen im Exil. Der Tagungsraum war zugleich Schlafraum, und der Kanonenofen in der Mitte spendete nur spärliche Wärme. Die Genossen fragten sich, was die illegalen deutschen Kommunisten seit der «Brüsseler Konferenz» 1935 im Widerstand erreicht hatten. Damals wollte man zu neuen, flexibleren Formen des Widerstands übergehen. Die Bilanz war negativ und die Feststellung, daß der aktive «Massenwiderstand nicht genügend in den Betrieben und Massenorganisationen» verwurzelt sei, reichlich euphemistisch. Die neue Devise lautete: Zurück zu den Methoden der illegalen Arbeit vor 1935. Die «Berner Konferenz» beschloß, daß mehr Instrukteure heimlich ins Reich reisen sollten, um dort die traditionellen zentralen Parteistrukturen wiederaufzubauen. Jene Taktik, die man 1935 aufgegeben hatte, weil sie unter den Bedingungen des NS-Staates der Gestapo zu viele Spuren lieferte, und es deshalb im Widerstandskampf zu viele Opfer gegeben hatte.

An den eigenen Zielen gemessen, war der Widerstand der KPD allerdings gescheitert. Ihre Genossen kämpften völlig isoliert. Sie litten und starben einsam. Wenn einer fiel, wurde die

Lücke längst nicht mehr geschlossen. Die Nationalsozialisten hatten «den Kommunisten» – in Verbindung mit dem Judentum – endgültig zum Volksfeind Nummer eins gemacht. In diesem Feindbild waren sich alle Gruppen der Gesellschaft einig, mit diesem Haß ließen sich alle ködern. Die Mehrheit der Deutschen stand fest zu ihrem «Führer». Die Statistik des Terrors war bedrückend. Aber auch wenn die KPD als Institution nicht überlebt hatte, der Widerstand, so wenig er ausrichtete und so unbekannt er war, ging weiter.

Im Frühjahr und Sommer 1939 reisten immer noch Instrukteure von Amsterdam über die deutsche Grenze, um bei ihren Gewährsleuten Informationen zu sammeln; Funktionäre in Skandinavien hatten Kontakte zu Kommunisten in Hamburg und den Ostseehäfen; in Leipzig, Dresden und Mannheim arbeiteten kleine, gut getarnte Gruppen. In Berlin hatte es der gelernte Feinmechaniker Robert («Robby») Uhrig geschafft, Genossen wieder zusammenzuführen, zerrissene Kontakte wieder anzuknüpfen, mit Umsicht in der Hauptstadt ein neues dünnes Kommunikationsnetz anzulegen und Betriebszellen zu organisieren. Als Robert Uhrig 1936 aus dem Zuchthaus entlassen wird, ist der Arbeitersohn aus Leipzig 33 Jahre alt. Seit 1920 in der KPD, war er 1934 wegen kommunistischer Aktivitäten an seinem Arbeitsplatz im Osram-Werk verhaftet worden. Ohne Kontakt zu höheren Parteizellen macht sich Uhrig schon 1936 an die illegale Arbeit. Aber er geht nicht in den Untergrund, sondern steht tagsüber an der Drehbank, die illegale Arbeit findet nachts und am Wochenende statt.

Unabhängig von Robert Uhrig stehen in Berlin zwei Gruppen im Dienst der Partei, die sich 1939 zusammenschließen. Harro Schulze-Boysen war vor 1933 ein Radikaler vom rechten Rand des politischen Spektrums. Er träumte in seinen Studentenjahren von einem Deutschland, in dem Nationalismus und Sozialismus eine ideale Verbindung eingingen, wo Rußland das große Vorbild ist. 1933 willkürlich in eines der vielen «wilden» Berliner KZs der SA verschleppt, wo sein Freund die Mißhandlungen nicht überlebt, wurde der 24jährige zum unnachsichtigen Feind des Nationalsozialismus. Durch seine Frau Libertas, die aus adliger Familie kam, fand Schulze-Boysen Zugang zu einflußreichen Kreisen. Trauzeuge Hermann Göring verschaffte dem drahtigen jungen Mann 1936 einen Posten im Reichsluftfahrtministerium, wo er durch unermüdlichen Arbeitseifer angenehm auffiel. Schulze-Boysen war jemand, der stets mehr wissen wollte als andere und dank seines Einsatzes immer mehr Einblick in geheime Unterlagen erhielt. Wie seine Frau Libertas liebte er die Geselligkeit und fand schnell Freunde, die er von seinen politischen Ansichten überzeugte.

Zu seinem Bekanntenkreis zählte der Bildhauer Kurt Schumacher und dessen Frau Elisabeth. Einst als herausragendes Talent gelobt, gab es unter den Nationalsozialisten keine Chance für den abstrakten Künstler. Die Schumachers waren mit Oda Schottmüller befreundet. Die Tochter aus bürgerlichem Haus war künstlerisch vielseitig begabt, mit Neigungen zur Bildhauerei und entschied sich schließlich für den Ausdruckstanz. Ihre Solo-Auftritte während der Olympiade machten Schlagzeilen. Von nun an saß auch NS-Prominenz im Parkett, wenn Oda Schottmüller tanzte. Eine andere Freundin von Kurt Schumacher war Elfriede Paul aus Hamburg, seit 1921 in der KPD. Nachdem sie 1938 als Schulärztin entlassen worden war, machte sie in Berlin-Wilmersdorf eine Praxis auf.

Sie alle gehörten zur gleichen Generation der Dreißigjährigen, trafen sich im gemeinsamen Haß auf eine Politik, die ihre Lebenspläne zerstört hatte, die für ihre Ideale von künstlerischer Freiheit oder ihre politischen Ziele nur Scheiterhaufen bereithielt und – davon war vor allem Harro Schulze-Boysen immer mehr überzeugt – geradewegs auf den großen Krieg zusteuerte. Die Idee, etwas zu tun gegen die Unterdrücker, lag nahe. Die Arztpraxis von Elfriede Paul wurde zum Treffpunkt.

«Meine Wohnung war sehr groß, und die Tarnung bestand

einfach darin, daß ich die Wohnung zur Verfügung stellte und alles geschehen ließ, was die Genossen dort machen wollten, u. a. eben auch Flugblätter entwerfen... Elisabeth [Schumacher] war Grafikerin. Sie bekam Anweisung, wie sie das Geschriebene fotokopieren und verkleinern mußte. Wir haben diese Texte zum Teil bis auf Briefmarkengröße – wenn es Gedichte oder Lieder waren – verkleinert und vervielfältigt. Wir hatten Verbindungen zu Studenten, die nachts mit besonderen Schreibmaschinen unsere Materialien schrieben, sie kopierten und vervielfältigten.» Die Adressen wurden aus dem Telefonbuch herausgesucht, Elfriede Paul fuhr in der Nacht mit ihrem Auto in entfernte Stadtbezirke und warf die Post in verschiedene Briefkästen.

Es war zwar ein gefährliches Unternehmen, doch ein Kinderspiel im Vergleich zu dem, was im Laufe des Jahres 1939 alle Energien von Harro Schulze-Boysen mobilisierte. Je größer die Wahrscheinlichkeit eines Krieges wurde, desto mehr militärische Informationen brauchte die Sowjetunion, und da bot sich in der Metropole des NS-Staates ein ideales Gespann geradezu an, das Informationen nach Moskau liefern konnte: der lebenslustige, von seiner Mission für den Sozialismus überzeugte «tolle Harro» und der Dr. jur. und Dr. phil. Arvid Harnack aus berühmter deutscher Gelehrtenfamilie, ein zurückhaltender Intellektueller. Harnack, hoher Beamter im Reichswirtschaftsministerium, war seit 1937 Mitglied der NSDAP – und besaß da schon das Parteibuch der illegalen KPD. Das Studium der marxistischen Wirtschaftslehre hatte ihn zum überzeugten Kommunisten gemacht. Es war für ihn und seine Frau Mildred, eine gebürtige Amerikanerin, eine patriotische Tat, im Dienst für ein besseres Deutschland, die sowjetische Vertretung in Berlin mit Nachrichten zu beliefern – Spionage zu betreiben, wie es auch Harro Schulze-Boysen, der Oberleutnant im Reichsluftfahrtministerium, immer intensiver tat. Über Kontaktleute der Partei trafen sich im Sommer 1939 die beiden Männer und beschlossen, zusammenzuarbeiten.

Um diese Zeit tauchte in einigen Berliner Betrieben ein Flugblatt auf, datiert vom 15. Juli 1939, per Hand in Druckschrift geschrieben, unterzeichnet mit «Kommunistische Partei Berlin». Es enthielt konkrete soziale Forderungen und einen Aufruf zur Sabotage: «Kommunisten und Sozialdemokraten in den Berliner Betrieben, verständigt Euch. Kämpft zusammen gegen Leistungssteigerung, gegen Überstunden, gegen die Abschaffung der Tarifverträge. Für Lohnerhöhung, für den Acht-Stunden-Tag... Wer langsamer arbeitet, trägt dazu bei, daß weniger Kanonen, weniger Flugzeuge hergestellt werden.» Die Gestapo wußte, daß dieser Ansatzpunkt, verbunden mit einem Appell an ehemalige Sozialdemokraten, nicht völlig wirkungslos war und seit der «Berner Konferenz» besonders betont wurde. Im Lagebericht des Berliner Gestapo-Amtes über den April 1939 heißt es: «Es ist daher unbedingt erforderlich, daß ab sofort von den Stapoleitstellen eine stärkere Beobachtung und Abwehr gegen die kommunistischen Treibereien in den Betrieben zur Errichtung der Einheitsfront einsetzt... Der Ansatzpunkt für diese steigende kommunistische Tätigkeit ist das soziale Problem, soziale Mißstände...»

Das KPD-Flugblatt hatte die Überschrift «Hitler treibt das deutsche Volk in den Krieg!» Zur außenpolitischen Lage sagten die Kommunisten: «Es geht um den Bestand Polens... Polen soll es genauso ergehen wie Österreich und der Tschechoslowakei.» Die Analyse war korrekt, fähige Beamten im Auswärtigen Amt hätten sie bestätigt. Doch niemand in Deutschland ahnte, welchen Verbündeten Hitler für seine Pläne gewinnen würde. Am 23. August 1939 unterzeichnete der Außenminister des Deutschen Reiches im Moskauer Kreml einen Nichtangriffspakt mit der Sowjetunion. In einer Geheimklausel für den Kriegsfall wurde Polen zwischen beiden Mächten aufgeteilt. Unter den Kommunisten – ob als illegale Kämpfer noch in Freiheit oder schon hinter Zuchthausmauern und Stacheldraht – begannen hitzige Diskussionen. Doch der Spielraum überzeugter Parteigänger war begrenzt. Der Todfeind, für dessen Sturz so viele alles geopfert hatten, als Bündnispartner Stalins? Das paßte eigentlich in kein Erklärungsmuster. Aber Stalin als Verräter des Kommunismus? Das paßte noch weniger und konnte keine Alternative sein für Menschen, die alle ihre Hoffnungen und alle ihre Hingabe auf diesen Menschen als den Vertreter ihrer Sache gesetzt hatten. Stalin würde schon wissen, was er tat. Robert Uhrig, die Menschen um Harro Schulze-Boysen, Arvid Harnack und viele Eingekerkerte: sie wurden deshalb an ihrer illegalen Arbeit oder ihrer Überzeugung nicht irre und taten weiter, was sie für ihre Pflicht hielten.

Wie gelähmt allerdings reagierten jene, die den Sommer über heimlich, wenngleich auf offiziellen Kanälen, alles getan hatten, um einen Krieg zu verhindern. Es waren dieselben Männer, die sich im Herbst 1938 während der Sudetenkrise zusammengefunden hatten. Wieder war Generalmajor Hans Oster vom militärischen Geheimdienst die treibende Kraft. Er koordinierte die Planungen zwischen Militärs, Zivilisten und Beamten des Auswärtigen Amtes und traf sich wöchentlich einmal mit Ludwig Beck, der im Jahr zuvor resigniert sein Amt als Chef des Generalstabs zur Verfügung gestellt hatte und aus dem Dienst ausgeschieden war. Wieder eilten Vertreter dieser konservativen bürgerlich-militärischen Opposition nach London und beschworen dort Regierung und Opposition, Hitler gegenüber hart zu bleiben – und hatten doch nichts Konkretes vorzuweisen, wenn es um den Sturz oder mindestens die Ablösung der deutschen NS-Regierung ging.

Der 31. August 1939 war ein Samstag. Die Deutschen machten Ferien. Wer es sich leisten konnte, war an die See oder in die Berge gereist. In Berlin lief seit Monaten «Quax, der Bruchpilot» mit Heinz Rühmann in der Hauptrolle. Hitler hatte sich den Film schon ein dutzendmal vorspielen lassen. Wilhelm Furtwängler dirigierte an diesem Abend in der Philharmonie die 7. Symphonie von Anton Bruckner. Die meisten Deutschen schliefen, als am Sonntagmorgen um drei 15 deutsche Armeen von Ostpreußen, Pommern und Böhmen aus die polnischen Grenzen durchbrachen. Die Gestapobeamten überall im Land waren auf diesen Tag gut vorbereitet. Aus dem Lagebericht der Berliner Zentrale: «Bei Beginn der Kriegshandlungen in Polen wurden im September 1939 im Rahmen der Sicherheitsvorkehrungen schlagartig alle kommunistischen Elemente, soweit auf Grund ihrer besonderen Schulung und Haltung eine aktive volksfeindliche Betätigung befürchtet werden mußte, in Schutzhaft genommen. Bei der Aktion wurden etwa 2000 Funktionäre erfaßt.» Am 3. September erklärten England und Frankreich, die mit Polen durch eine Beistandsverpflichtung verbunden waren, dem Deutschen Reich den Krieg.

Ende August war Helmuth James von Moltke von seinem schlesischen Gut Kreisau nach Berlin gefahren. Der Jurist suchte eine Arbeit, um in diesem Krieg nicht als Soldat für Hitler kämpfen zu müssen. Am 5. September 1939 schreibt er an seine Frau, die mit dem kleinen Sohn in Kreisau lebt: «Dieser Krieg hat etwas gespenstisch Unwirkliches. Die Menschen stützen und tragen ihn nicht. Gestern, als Henderson [britischer Botschafter] abfuhr, ging ich gerade in der Wilhelmstraße [Auswärtiges Amt] vorbei. Vielleicht 300 oder 400 Menschen standen da, aber kein Laut des Mißfallens, kein Pfiff, kein Wort ertönte; man hatte das Gefühl, sie werden jeden Augenblick klatschen. Völlig unverständlich. Die Menschen sind apathisch. Es ist wie ein ‹danse macabre›, auf der Bühne von Unbekannten getanzt, und keiner scheint das Gefühl zu haben, daß er der Nächste ist, der von der Maschine zertrümmert werden wird.»

Weit zurück schien jene Zeit zu liegen, als der Student aus preußischem Adel Ende der zwanziger Jahre in Oberschlesien Arbeitslager organisierte, damit Sozialisten und Konservative, Professoren und Gewerkschafter die Probleme dieser verarmten Bergbau-Region kennenlernten. Anfang 1939, als er in London das Rechtsanwalts-Examen machte, hatte Moltke überlegt, ob er nicht in England bleiben solle. Der 32jährige sah eine düstere Zukunft voraus: «Meiner Meinung nach geht es jetzt nicht um die Frage, wie man sich bis zum Sturz der cäsarischen Regimes durchschlagen soll, sondern darum, wie man das übrige Westeuropa davor schützen kann, diesen Regimes zum Opfer zu fallen...» Er könnte in England einen neuen Anfang machen oder sich nach Kreisau zurückziehen und das Landleben genießen. Aber Moltke wußte, daß er für solche Beschaulichkeiten nicht gemacht war: «Andererseits habe ich das Gefühl, daß es meine Pflicht und Schuldigkeit ist, den Versuch zu unternehmen, auf der richtigen Seite zu sein, was immer es für Unannehmlichkeiten, Schwierigkeiten und Opfer mit sich bringen mag. Ich darf nicht einfach sagen, ich könne mich ja zur Ruhe setzen...»

Mitte September kommt Moltke als Kriegsverwaltungsrat in der Abteilung «Ausland» beim militärischen Geheimdienst des Wilhelm Canaris unter, wo auch Hans Oster seinen Dienst versieht. Canaris nutzte außerdem den Kriegsbeginn, um den Juristen Hans von Dohnanyi, dessen analytische Fähigkeiten ihn während der «Septemberverschwörung» 1938 beeindruckt hatten, in seine Auslandsabteilung versetzen zu lassen. Im mächtigen grauen Gebäude am Tirpitzufer fand sich eine Gruppe Gleichgesinnter. Sie ist entschlossen, das verbrecherische System mit List und Klugheit von innen zu bekämpfen, um so schnell wie möglich ein Ende des Krieges herbeizuführen und Recht und Menschenwürde wiederherzustellen.

Für dieses Vorhaben war der Sturz des Diktators Voraussetzung. Um so mehr, als Hitler sich Anfang Oktober entschlossen zeigte, nach dem erfolgreichen Polenfeldzug Frankreich, die Niederlande und Belgien zu überfallen. Wieder beginnt eine betriebsame Verschwörertätigkeit mit Hans Oster im Zentrum. Die alten Pläne vom Herbst 1938 werden neu entworfen, Listen mit Namen von Persönlichkeiten zusammengestellt, die nach dem Sturz Hitlers politische Verantwortung übernehmen sollen. Ein halbes Dutzend Denkschriften entsteht. Alle haben nur ein

Ziel: Die zögernden Militärs von der Notwendigkeit des Umsturzes zu überzeugen. Es mußte mindestens ein General gewonnen werden, der im entscheidenden Moment seinen Soldaten den Befehl gab, für die Verschwörer und gegen die bestehenden Autoritäten zu kämpfen. Es fand sich keiner. Als Hitler Ende November 1939 die Generäle empfing und militärische Argumente gegen einen Krieg im Westen zu hören bekam, fing er an zu toben und schrie die hohen Herren an, als wären sie dumme Schuljungen. Sie schwiegen. Als Hans Oster von diesem Eklat erfuhr, wußte er, daß auch die «Oktoberverschwörung» 1939 gescheitert war.

Der Krieg, so wenig ihn die meisten Deutschen wollten, brachte Hitler und seinem Regime neue Loyalitäten. Und nicht nur, weil der Erfolg auf seiner Seite war. Für die allermeisten war dies eben nicht nur Adolf Hitlers Krieg. Es ging, so dachten sie, um Deutschland. Wer jetzt abseits stand, war ein Verräter. Martin Niemöller, prominentestes Mitglied der Bekennenden Kirche, schrieb aus dem KZ Sachsenhausen an die Marineführung, daß er seinem Land als Reserveoffizier dienen wolle. Nach dem Krieg rechtfertigte Niemöller sich für diesen Schritt. Er habe gehofft, daß der Krieg eine neue Regierung bringen würde, die Frieden geschlossen hätte. Eine Niederlage Deutschlands sei ihm damals als eine Katastrophe erschienen. Außerdem seien zwei seiner Söhne an der Front gewesen und hätten «gegen die Feinde unserer Nation» gekämpft. Konnte er da im KZ sitzen und nichts tun?

Am 6. September 1939 ließ der Bischof von Hildesheim in seinem Bistum ein Hirtenwort verlesen: «Ein Krieg ist ausgebrochen, der uns alle, Heimat und Front, Wehrmacht und Zivilbevölkerung, vor die gewaltigsten Aufgaben stellt. Darum rufe ich Euch auf: Erfüllt Eure Pflicht gegen Führer, Volk und Vaterland! Erfüllt sie, wenn es sein muß, unter Einsatz der ganzen Persönlichkeit.» Die Gläubigen sollten die Kriegszeit zur «seelischen Erneuerung» nutzen und ihre Angehörigen im Feld bitten, eifrig den Gottesdienst zu besuchen: «Dann wandelt sich für sie sogar ein Unglück in Glück. Dann würde sie der Verlust des irdischen

Lebens zum ewigen Leben, der Tod für das Vaterland in das ewige Vaterhaus Gottes führen.»

Zum Erntedankfest 1939 gab die Leitung der Deutschen Evangelischen Kirchenkanzlei – die sich nicht zur Bekennenden Kirche, aber auch nicht zu den nationalsozialistisch gefärbten Deutschen Christen zählte – eine Erklärung heraus, die ihre Pfarrer von den Kanzeln verlasen: «Aber der Gott, der die Geschicke der Völker lenkt, hat unser deutsches Volk in diesem Jahr noch mit einer anderen, nicht weniger reichen Ernte gesegnet... unsere deutschen Brüder und Schwestern in Polen sind von allen Schrecken und Bedrängnissen des Leibes und der Seele erlöst... Wie könnten wir Gott dafür genugsam danken! Wir danken ihm, daß er unseren Waffen einen schnellen Sieg gegeben hat... Wir danken ihm, daß jahrzehntealtes Unrecht durch das Geschenk seiner Gnade zerbrochen und die Bahn freigemacht ist für eine neue Ordnung der Völker, für einen Frieden der Ehre und Gerechtigkeit... Und mit dem Dank gegen Gott verbinden wir den Dank gegen alle, die in wenigen Wochen eine solche Wende heraufgeführt haben: gegen den Führer und seine Generale, gegen unsere tapferen Soldaten... die freudig ihr Leben für das Vaterland eingesetzt haben. Wir loben Dich droben, Du Lenker der Schlachten, und flehen, mögst stehen uns fernerhin bei.»

Mit der 1. leichten Division, die von Schlesien nach Nordosten vorstieß, erlebt Claus von Stauffenberg den Krieg gegen Polen vom ersten Tage an. Als die Kriegserklärung der Westmächte bekannt wurde, sagt Stauffenberg den bedrückten Offizieren seiner Division: «Kinder, wenn wir den Krieg gewinnen wollen, dann ist das eine Frage des Aushaltenkönnens für uns, und dieser Krieg dauert dann mit Sicherheit seine zehn Jahre.» Seiner Frau schreibt er am 14. September 1939: «Der polnische Feldzug geht erstaunlich frisch vorwärts. Den englisch-französischen ‹Krieg› halte ich zunächst für die Schaffung von Verhandlungsgrundlagen. Was soll das sonst? Jedenfalls, wie auch immer, kommt es zunächst darauf an, hier möglichst rasch fertig zu werden.» Am

17. September liegt Stauffenbergs Division zehn Kilometer westlich von Warschau. Seiner Frau berichtet er von «heruntergekommenen Châteaus» mit «herrlichen Empiremöbeln, unwahrscheinlich schöne Sachen, bei denen mir die Augen übergehen». Und weiter: «Das Hervorstechende an diesem Land ist die Verwahrlosung. Nicht nur eine unendliche Armut und Verschlamptheit, sondern der Eindruck des Heruntergekommenen, das früher schon besser war.»

Der Offizier aus altem Adel war kein Nationalsozialist. Er war keiner, der in Feindesland sich an kostbaren Möbeln bereicherte, und er bestand darauf, daß ein Offizier, der zwei geisteskranke Polinnen hatte ermorden lassen, vor ein Kriegsgericht kam. Doch keine Andeutung gibt es bei ihm über das Unrecht dieses Krieges, eher suggeriert Stauffenberg, daß nun Ordnung geschaffen wird, wo bisher «Verwahrlosung» war. Über familiäre Bindungen gab es Kontakte zu den Verschwörern in Berlin. Sie versuchten, Stauffenberg einzuspannen, um die Militärs für ihre Sache zu gewinnen. Seine Antwort war «noch nicht». Deutschland war im Krieg. Da konnte ein Soldat sich den Pflichten seines Berufes nicht entziehen. Zuerst mußte das Vaterland gegen den äußeren Feind verteidigt werden.

Wenn es noch eine Steigerung für die Einsamkeit, die Verlorenheit und die Verachtung gab, mit der bisher schon alle fertig werden mußten, die sich Hitler und seiner blutigen Weltanschauung nicht beugten, sogar aktiv Widerstand leisteten – der Krieg würde die Kämpfer im Untergrund in den Augen der meisten Deutschen endgültig zu Verrätern machen. Die Chance, Verständnis für ihr Handeln zu finden, wurde für die militärischen Verschwörer wie für die illegalen Funktionäre der KPD mit jedem Sieg der deutschen Truppen mehr zur Illusion. Wer auch jetzt nicht resignierte, wußte, daß seine Hoffnung auf Veränderung nicht nur das Ende einer unmenschlichen Herrschaft bringen würde, sondern alle Konsequenzen einer katastrophalen Niederlage des eigenen Landes.

Die deutschen Kommunisten steckten in einem doppelten Dilemma. Der Krieg, den sie so lange prophezeit und zu dessen Verhinderung sie ständig aufgerufen hatten, war eingetreten, und die Sowjetunion profitierte davon. Walter Ulbricht verstieg sich im Moskauer Exil dazu, England und Frankreich als die wahren Kriegstreiber anzuprangern und die Exil-SPD wegen ihrer Parteinahme für die Westmächte zu verurteilen. Wie sollten die Illegalen im Lande jetzt ihren Kampf rechtfertigen?

Im Frühjahr und Sommer 1939 reiste der KPD-Funktionär Willi Gall unbemerkt von Skandinavien ins Deutsche Reich. Der Kriegsausbruch überraschte ihn in Berlin. Willi Gall blieb, und es gelang ihm sogar, im Oktober eine Nummer der illegalen «Berliner Volkszeitung», die bisher von Schweden ins Land geschmuggelt worden war, am Ort herzustellen. In zweihundert Exemplaren wurde der verzweifelte Versuch gemacht, Widerstand als reale Möglichkeit aufzuzeigen: «Handeln wir gemeinsam, dann sind wir eine Macht... Ob Sozialdemokrat, Kommunist oder Demokrat, ob Protestant oder Katholik, alle haben wir ein Ziel: Frieden! Sturz des Kriegsschuldigen Hitler! Vereinzelt seid ihr nichts, vereinigt alles!»

Realistischer waren die Informationsblätter, die Gall in einer Menge von 20 bis 25 Stück vervielfältigte. Sie waren als politische Schulung für die Berliner Kommunisten gedacht, die noch aktiv waren. Die Analyse in diesen Blättern bestätigt das Mißtrauen der Generäle in die Umkehrbereitschaft des Volkes, die ihnen die bürgerlichen Verschwörer suggerierten: «Die Niederlagenstimmung, die notwendig ist, um Hitler zu stürzen, ist nicht vorhanden... Das beweist die Stimmung: Der Krieg ist bald zu Ende. Wir müssen erreichen, daß diese Zuversicht zerschlagen wird...» Die Konsequenz war von schrecklicher Eindeutigkeit. Aber wer würde diese Wahrheit hören und wer würde sie vertragen können? Wer würde sich ihr anschließen? «Kampf für den Frieden heißt, auf die Niederlage Hitlers hinarbeiten, seinen

Sturz herbeiführen... Soldaten, die von der Aussichtslosigkeit des Krieges überzeugt sind, werden schlecht kämpfen. Das Volk in der Heimat, welchem bewußt wird, daß der Krieg verloren ist, wird seine Kräfte nicht anstrengen... Wir müssen also die Stimmung erzeugen: Alle unsere Anstrengungen sind vergebens, alle Opfer sind zwecklos, wir werden doch geschlagen.» Bevor Willi Gall die zweite Nummer der «Volkszeitung» herausbringen konnte, wurde er am 14. Dezember 1939 verhaftet und nach ihm in kürzester Zeit rund hundert Kommunisten im Berliner Bezirk Adlershof. Im Januar 1941 verurteilte der Volksgerichtshof Willi Gall und seinen engsten Mitarbeiter zum Tode. Unübersehbar verkündeten Plakate an Berlins Litfaßsäulen ihre Hinrichtung.

Während die Gestapo wieder einen Erfolg über die verhaßten Widersacher feierte, glaubten die Spitzen der KPD in Moskau noch – ohne jeden direkten Kontakt zu ihren illegalen Genossen im Reich –, mit Willi Gall eine neue Epoche im Widerstandskampf begonnen zu haben. Das Politbüro, das gegenüber der Kommunistischen Internationale unter ständigem Erfolgsdruck stand, verabschiedete nach intensiven Beratungen mit der Internationale am 30. Dezember 1939 eine «Politische Plattform der KPD». Danach sollte die Partei in Deutschland wieder nach altem Muster mit zentraler Leitung für das Gesamtreich, einer einheitlichen Berliner Leitung und Bezirksleitungen aufgebaut werden. Die Parteiführung sprach die Überzeugung aus, daß die illegale KPD, die als Institution in sieben Jahren Nationalsozialismus vernichtet worden war, in Kriegszeiten zu «halblegaler Tätigkeit übergehen» und «sich schließlich die volle Legalität erkämpfen» könne. Dahinter stand die Illusion, der deutschsowjetische Nichtangriffspakt von 1939 habe die Verhältnisse im Reich grundlegend verändert und für die deutschen Kommunisten im Untergrund günstigere Bedingungen geschaffen.

Die Antwort auf solche Überlegungen hatten die nationalsozialistischen Entscheidungsträger schon längst gegeben. Zwar waren einige KPD-Funktionäre der mittleren Ränge nach der

Zusage, sich nicht mehr politisch betätigen zu wollen, aus den Konzentrationslagern entlassen worden. Doch das zählte wenig gegenüber den neuen verschärften Verfolgungsmaßnahmen, deren Pläne lange vor Beginn des Krieges in den Schubladen bereitlagen. Alles, was jetzt im Reich geschah, betraf die «innere Front», und deren bedingungslose Treue war für den Erfolg der «äußeren Front» Voraussetzung. Sofort nach Kriegsausbruch gingen die Erlasse an alle Gestapostellen, «staatsfeindliche und staatsgefährdende Umtriebe, namentlich auf kommunistisch-marxistischer Grundlage sowie im Rahmen der sogenannten Volksfrontpolitik, mit allen zu Gebote stehenden Mitteln zu bekämpfen und niederzuhalten». Am 3. September 1939 wurden die «Grundsätze der inneren Staatssicherheit während des Krieges» verkündet: «Jeder Versuch, die Geschlossenheit und den Kampfeswillen des deutschen Volkes zu zersetzen, ist rücksichtslos zu unterdrücken.» Jede Person, «die in ihren Äußerungen am Sieg des deutschen Volkes zweifelt oder das Recht des Krieges in Frage stellt», solle festgenommen werden. «Gegebenenfalls» konnte eine «brutale Liquidierung solcher Elemente» folgen.

Das Abhören ausländischer Sender wurde von nun an bestraft. Wer abgehörte Feindnachrichten weitererzählte, mußte in schwerwiegenden Fällen mit der Todesstrafe rechnen. Mit Wirkung vom 1. Oktober wurden die verschiedenen Verfolgungsinstrumente, inklusive Gestapo und Kriminalpolizei, im Reichssicherheitshauptamt gebündelt, um noch effektiver zu arbeiten. Der Lagebericht der Gestapo am Ende des Jahres 1939 vermerkt: «In den Monaten September bis November 1939 wurden wegen marxistischer Betätigung im weiteren Sinne insgesamt 3037 Personen festgenommen, von denen 630 Personen wegen Betätigung für die KPD bzw. SPD dem Richter vorgeführt wurden. Den übrigen 2400 Festnahmen liegen überwiegend Vergehen gegen das Heimtückegesetz (staatsfeindliche Äußerungen, Hetzereien, staatsabträgliches Verhalten usw.) und zum Teil Zuwiderhandlungen gegen die Verordnung über außerordentliche Rundfunkmaßnahmen zugrunde.» Ende Oktober ordnete Heinrich Himmler an: «Entlassungen von Häftlingen aus der Schutzhaft finden während des Krieges im allgemeinen nicht statt.»

Bei den Verhaftungen um Willi Gall fielen der Gestapo auch Entwürfe zur zweiten Nummer der «Berliner Volkszeitung» in die Hand. Sie konnte dort unter anderem lesen: «Die marxistisch geschulte Arbeiterschaft lehnt den individuellen Terror ab. Es geht nicht darum, einzelne Unterdrücker zu beseitigen, sondern das ganze System zu beseitigen.» Am 8. November 1939 kurz nach 21 Uhr war im Münchner Hofbräukeller eine Bombe explodiert. Acht Menschen starben. Adolf Hitler, dem das Attentat galt, hatte zehn Minuten früher als geplant die traditionelle Versammlung alter NS-Kämpfer verlassen. Georg Elser, der Attentäter, war zum Zeitpunkt der Explosion schon festgenommen. Was die Kommunisten auf ihren Flugblättern sagten, was Generäle insgeheim fürchteten, war für den Tischlergesellen aus Schwaben Antrieb genug für eine einsame Tat: Hitlers Krieg würde das deutsche Volk in die Katastrophe führen; um den Verbrecher zu beseitigen, war deshalb jedes Mittel recht.

Georg Elser kam aus einfachen Verhältnissen. Ohne sich politisch besonders zu engagieren, hatte er stets KPD gewählt. Der geschickte Handwerker war ein Einzelgänger, verschlossen, aber hilfsbereit. 30 bis 35 Nächte hatte sich Elser im Spätherbst 1939 im Bürgerbräukeller einschließen lassen und dort in mühsamer Kleinarbeit in einer Säule hinter dem Rednerpult eine Zeitbombe eingebaut. Als er am 8. November, auf dem Weg in die Schweiz, in Konstanz festgenommen wurde, hielten ihn die Zollbeamten für einen Fahnenflüchtigen. Am 14. November legte Elser vor der Sonderkommission in München ein Geständnis ab. Der Prozeß ist dem Attentäter nie gemacht worden. Als «Sonderhäftling» kam er ins KZ. Am 9. April 1945 wurde Georg Elser auf Befehl aus Berlin im KZ Dachau ermordet.

Ein Einzeltäter anderer Art, der seit dem November 1937 im KZ Buchenwald mit den Waffen seines Glaubens kämpfte, erfuhr im Juli 1939, wie allein er unter seinen christlichen Brüdern war. Seit 14 Monaten wurde Paul Schneider, einst evangelischer Pastor in der Hunsrückgemeinde Dickenschied, in einer der berüchtigten Einzelzellen des KZs gequält. Abgemagert zum Skelett, schrie der «Prediger von Buchenwald» den zwanzigtausend Häftlingen, die auf dem Platz vor seiner Zelle angetreten waren, am Ostermorgen 1939 zu: «So spricht der Herr: Ich bin die Auferstehung und das Leben!» Immer wieder drangen solche kurzen Sätze der Ermutigung zu den Häftlingen durch, bevor Paul Schneider wieder bewußtlos geschlagen wurde. Es waren christliche Wahrheiten. Doch die Geschundenen, ob gläubige Christen oder überzeugte Atheisten, empfanden diese Worte als Aufruf zum Widerstand. Je geringer seine Lebenschancen wurden, desto überzeugender war die Botschaft des Pastors: nicht zu resignieren, sondern alle Kraft ans Überleben setzen; die Hoffnung aufrechtzuhalten, daß Gewalt und Menschenverachtung keinen Bestand haben.

Am 15. Juli 1939 beurkundete Schneiders vorgesetzte kirchliche Behörde in Düsseldorf, was sie von einem solchen Zeugen hielt. Sie versetzte den unbequemen Amtsbruder in den Wartestand. Drei Tage später ermordete der Lagerarzt von Buchenwald Paul Schneider mit einer Strophanthinspritze.

Außer den vielen Anpassern und Mitläufern, den Jublern und den Tätern, gab es auch im Krieg Menschen, die ihre Augen nicht schlossen, wo Unrecht geschah. Es entstanden winzige Inseln der Solidarität, wo ohne Bindungen an Parteien oder Weltanschauungen ein offenes Wort noch möglich war und wo gehandelt wurde. Im Berliner Krankenhaus Moabit trafen sich jeden Mittag um halb zwölf im Labor der I. Inneren Abteilung im Dachgeschoß des Ostpavillons Gleichgesinnte zu «Kunzes Kaffee-Salon». Gegründet hatte ihn die medizinisch-technische Assistentin Ilse Kunze, eine enge Mitarbeiterin von Dr. Georg Groscurth, seit 1939 Oberarzt der I. Inneren Abteilung. Der Mediziner, Jahrgang 1904, erforschte mit Robert Havemann den

Stoffwechsel der roten Blutkörperchen und hatte dem Physiker eine Stellung im Labor des Krankenhauses verschafft. Havemann war als Student in die KPD eingetreten, hatte nach 1933 den Kontakt zur Partei verloren, aber nicht seinen Glauben an eine bessere, sozialistische Welt.

Zum täglichen «Kaffee-Salon» kamen nur Kollegen, auf deren Gegnerschaft zum Nationalsozialismus man sich verlassen konnte, denn hier hielt niemand mit seiner Meinung hinter dem Berg. Ilse Kunze erinnert sich: «Gegen die Zahlung eines Groschens kamen sie alle mittags nach den Visiten um halb zwölf oben im Labor an, und da kriegten sie Kaffee. Es wurde viel über Politik gesprochen. Dann kam einmal in der Woche der Jour fixe, da trafen wir uns alle in dem kleinen schmalen Zimmer einer Volontärärztin. Dahin kam die ganze Assistentenschar, und wer wollte, brachte jemanden mit. Es wurde nicht nur gefeiert, sondern auch ernsthaft gesprochen und diskutiert.» Die gemeinsamen Ausflüge und ausgelassenen Feiern des «Kaffee-Salons» waren keine Fassade, sondern Erholung und notwendiges Kontrastprogramm in einer Welt, wo jedes kritische Wort und selbst Neutralität gegenüber den NS-Parolen verhängnisvolle Folgen haben konnten. Im Schutz solcher harmlosen freundschaftlichen Begegnungen begann zugleich eine andere Tätigkeit, deren Gefährlichkeit den Beteiligten wohl bewußt war. Menschen auf der Flucht, politisch und «rassisch» Verfolgte fanden in der Gruppe um Georg Groscurth Hilfe: ein Versteck zum Untertauchen, gefälschte Papiere, geheime Wege über die Grenze. Ein wenig Sicherheit erhoffte man sich durch die hochrangigen Privatpatienten, die die fachliche Qualifikation von Dr. Groscurth schätzten. Rudolf Heß, der «Stellvertreter des Führers», kam deshalb häufig in die Moabiter Klinik.

Gerade die Verfolgten in ihren heimlichen Verstecken brauchten Zerstreuung, um dem Druck standzuhalten. Robert Havemann und seine damalige Ehefrau hatten Menschen in ihrem Atelier versteckt: «Ich kann mich noch an eine Gelegenheit erinnern, da war Groscurth auch dabei. Da haben wir so eine Art Lokal aus dem Atelier gemacht und haben gefeiert. Das diente einfach als Gegenelement gegen diese Kriegsexistenz. Die dahin kamen, waren zum großen Teil untergetauchte Juden. Keiner kannte deren Identität. Wir haben denen dann z. B. Dias vorgeführt, weil die doch nicht mehr ins Kino gehen durften.»

Das Jahr 1939 belastete alle, die auf einen Umsturz hofften, wie keines zuvor. Der Krieg schien den Weg in eine bessere Zukunft vollends unmöglich zu machen. Doch er brachte auch die ersten zaghaften Anfänge von Koalitionen, die in sieben Jahren Nationalsozialismus unter seinen Gegnern nicht zustande gekommen waren. Sozialdemokraten, katholische Gewerkschafter und konservative Militärs begannen, ihre Vorurteile zurückzustellen, um gemeinsam gegen den Unrechtsstaat zu kämpfen.

Im Mai 1937 war Julius Leber aus dem KZ entlassen worden. Auf dem Gang in die Kroll-Oper zur Abstimmung über das «Ermächtigungsgesetz» hatten ihn die Nationalsozialisten im März 1933 festgenommen. Den gebürtigen Elsässer, Chefredakteur des «Lübecker Volksboten» und neun Jahre lang Reichstagsabgeordneter der SPD, wollten sie nicht in Freiheit zum Gegner haben. Lebers Frau Annedore zog daraufhin nach Berlin, ernährte die Familie durch Schneiderarbeit und schrieb Karten an ihre beiden Kinder, die sie mit «Dein Vati» unterzeichnete. Wenn schon die Eltern zu den Verfemten gehörten, sollten wenigstens Sohn und Tochter inmitten der ständigen Bedrohung und Verachtung durch die angepaßten Bürger unbeschwert aufwachsen. Ein Jahr blieb der 45jährige nach seiner Entlassung arbeitslos, dann wurde Julius Leber Mitarbeiter in einer Berliner Kohlenhandlung. Hatte er in den ersten Monaten in Freiheit manchmal gemurmelt: «Nie wieder Politik», so änderte sich das.

Vorsichtig nahm der Sozialdemokrat Kontakt mit zuverlässigen Genossen auf. Seine Tochter erinnert sich: «Männer, die ich nicht kannte, gingen bei uns aus und ein, gelegentlich in abenteuerlichen Vermummungen, die offenbar als Tarnung gedacht waren... Meine Mutter war übrigens sehr oft dabei.» Ähnliches geschah in dem kleinen Büro der Kohlenhandlung. Während Leber vorne die Kundschaft bediente, saßen die Verschwörer-Freunde im Hinterzimmer. Julius Leber war kahlgeschoren aus dem KZ gekommen, die Nase stand ihm von vielen Mißhandlungen schief im Gesicht. Wenn er zu Hause in dem mit grünem Samt überzogenen Sessel saß, pfiff er seinen Kindern das KZ-Lied von den «Moorsoldaten» vor. Von den Brutalitäten seiner Verfolger sprach er nicht. Die Tochter: «Er war unglaublich, dieser Vater, den ich jetzt erst richtig kennenlernte, von mitreißender Vitalität, einer Kraft, die nicht zu brechen war. Von ihm habe ich die Freude am Leben gelernt, die Begeisterung für gutes Essen und Trinken, Tanzen und Flirten und die Kunst, ohne den tierischen Ernst auszukommen. Von ihm habe ich andere, unbürgerliche Maßstäbe übernommen.»

Doch die Erfahrungen im KZ hatten Julius Leber vorsichtig gemacht und ihm den Glauben an einen Widerstand der Massen genommen. Handeln konnten nur wenige an führenden Stellen, auch wenn sie mit der alten Anhänglichkeit breiter Arbeiterkreise rechnen durften. In seiner Ablehnung, einen spektakulären Widerstand mit Massenbasis zu organisieren, traf sich Julius Leber mit seinem Parteigenossen, dem Gewerkschaftsführer Wilhelm Leuschner, der sich ebenfalls in Berlin eine zweite Existenz aufgebaut hatte. Leuschner, 51 Jahre alt, hatte vor 1933 als hessischer Innenminister kompromißlos der Hitlerbewegung Paroli geboten. Die Führer der verschiedenen Gewerkschaften, im Mai 1933 vor den Augen einer johlenden Menge in Berlin festgenommen, hatten Leuschner noch in der Haft zu ihrem heimlichen Leiter bestimmt.

Seit er 1934 aus dem KZ entlassen worden war, traf Leuschner sich regelmäßig mit Jakob Kaiser, der aus dem Rheinland in die Anonymität der Hauptstadt gezogen war. Der ehemalige Reichstagsabgeordnete des katholischen Zentrums und Funktionär der christlichen Gewerkschaften war ein ebenso zielbewußter Gegner des Nationalsozialismus wie der Sozialdemokrat und hielt ständig Kontakt zu den Männern der katholischen Arbeiterbewegung im Rheinland. Sie machte sich, im Gegensatz zu ihren Bischöfen, keine Illusionen über die Absichten der Machthaber. Jakob Kaiser, gelernter Buchbinder, vom selben Jahrgang wie sein Freund Leuschner, war ein sehr zurückhaltender Mann, stets korrekt im dunklen Anzug gekleidet und bemüht, sich bei seiner konspirativen Tätigkeit keinerlei Blößen zu geben.

Äußerlich ganz das Gegenteil war der Rechtsanwalt Josef Wirmer, der im Laufe der Vorkriegsjahre enger mit Kaiser zusammenarbeitete. Der katholische Westfale war ein kämpferischer Typ. Er liebte das geistige Klima und die kulturellen Anregungen der Großstadt. Sein Humor und sein lautes Lachen heiterten die Runde, die sich bei Kaiser in der Wittelsbacher Straße traf und Zukunftspläne entwarf, in manchen depressiven Stunden wieder auf. Wirmer, 1901 geboren, war stets ein leidenschaftlicher Verteidiger der Weimarer Republik gewesen und gehörte in der Zentrumspartei zu den «Linken», die in den Sozialdemokraten nicht gotteslästerliche Marxisten, sondern Verbündete im Kampf gegen den Nationalsozialismus sahen.

Wilhelm Leuschner leitete seit 1935 mitten in Berlin in der Bismarckstraße eine Fabrik, in der mehrere Sozialdemokraten untergekommen waren. Das Geschäft florierte. Mit Kriegsausbruch wurde die Fabrik besonders wichtig. Was man bisher nur bei der Herstellung von Bierzapfhähnen verwendet hatte, nämlich ein besonderes Verfahren der Hartverchromung von Aluminium, interessierte im Rahmen der Aufrüstung plötzlich die Marineleitung. Um so besser für Leuschner, denn die Gestapo ließ ihn nicht aus den Augen: «L. steht auch hier seit langer Zeit im Verdacht der illegalen Tätigkeit, ist aber zu schlau, schriftliches Material aus der Hand zu geben. Wir warten hier auch nur auf eine positive Unterlage oder Aussage, um gegen ihn vorgehen zu können. Er ist in Berlin eines der geistigen Zentren des Marxismus und wird sogar in diesen Kreisen als Nachfolger des Führers und Reichskanzlers angesprochen.» Die Gestapo hatte das richtige Gespür. Der alte Gewerkschafter war tatsächlich ein schlauer Fuchs und ließ sich so leicht nicht in die Falle locken, obwohl seine illegale Tätigkeit unter den Augen der Bewacher erstaunliche Ausmaße annahm.

Zentrum von Leuschners Aktivitäten war der Frankfurter Raum. Jedes Vierteljahr reiste Leuschner an den Main. Die Dienstreise diente erfolgreich als Tarnung und ermöglichte es, ein Netz von Vertrauensleuten aufzubauen, die alle aus der Gewerkschaft kamen. Sie bildeten keine illegale Organisation und leisteten keine illegale Arbeit. Sie sollten keine Anhänger gewinnen, sondern sich für den Tag X bereithalten. Wilhelm Leuschner war davon überzeugt, daß dieser Tag nicht von der alten Arbeiterbewegung erzwungen werden konnte. Ende August 1939 schrieb er einem Freund in England: «Ich fürchte, daß es in diesem Herbst zum Krieg kommen und daß dieser Jahre dauern wird... Sage unsern dortigen Freunden... daß wir sind, was wir waren. Aber wir sind gänzlich unfähig, die Katastrophe zu verhindern. Wir sind Gefangene in einem großen Zuchthaus. Zu rebellieren wäre genauso Selbstmord, als wenn Gefangene sich gegen ihre schwerbewaffneten Aufseher erheben würden.» Es war Leuschners Prinzip, nur auf persönliche Beziehungen zu vertrauen. Er machte keinerlei schriftliche Aufzeichnungen, um das Risiko für die Mitkämpfer so gering wie möglich zu halten.

Im Winter 1938/39 wurden die Männer um Leber, Leuschner und Kaiser durch einen Mittelsmann über die Umsturzpläne der Militärs um Ludwig Beck und Hans Oster informiert. Wilhelm Leuschner war mißtrauisch, was die wahren Absichten dieser Verschwörer betraf. Zu tief hatten sich ihm die Erfahrungen der Weimarer Republik eingeprägt, als das Militär stets zugunsten der Republikverächter Stellung nahm. Er konnte nicht verdrängen, welche verhängnisvolle Rolle die Wehrmacht im nationalsozialistischen Staat spielte. Der Gewerkschaftsführer lehnte einen Generalstreik zum Sturz Hitlers grundsätzlich ab: «Wir haben

Hitler nicht in den Sattel gehoben und auch diesen Krieg, der über kurz oder lang zu einer Katastrophe führen muß, nicht angefangen. Wir werden uns auch nicht, um Hitler zu beseitigen und den Krieg zu beenden, in irgendwelche Abenteuer stürzen, bei denen wir noch damit rechnen müssen, daß die Generale auf die Arbeiter schießen lassen, wenn wir sie zum Generalstreik aufrufen.» Leuschner ließ sich schließlich vom guten Willen der kritischen Militärs überzeugen und erklärte: «Ich bin zu jeder gemeinsamen Arbeit bereit, wenn von den Generalen ein konkreter Vorschlag gemacht wird.»

Für seine politischen Freunde vom Zentrum war der katholische Rechtsanwalt Wirmer der «rote Wirmer». Ein anderer, der schon in jungen Jahren die Grenzen seines Standes überschritten und auf die erbärmlichen Lebensumstände der arbeitslosen Bergarbeiter in seiner schlesischen Heimat aufmerksam gemacht hatte, war für seine Umgebung der «rote Graf». Jetzt, im Krieg, versuchte Helmuth James von Moltke dem Recht inmitten des Unrechts einen Platz zu schaffen. Der Jurist sah nur eine Chance, bei seiner Arbeit im Referat «Ausland» des Geheimdienstes Erfolg zu haben: Er mußte die Nationalsozialisten davon überzeugen, daß die Einhaltung von Normen des internationalen Rechts selbst im Krieg dem «Dritten Reich» mehr nutzen als schaden würde. Am 11. November 1939 schrieb Moltke seiner Frau: «In letzter Zeit, das heißt seit Mittwoch, habe ich schlecht geschlafen, weil mich die Aufgaben zu sehr aufregen. Die Notwendigkeit, um Menschenleben kämpfen zu müssen, ist zwar erfreulich, aber wahnsinnig aufregend.»

Der große, schlanke Mann, dessen kühle Intelligenz manchem ein wenig arrogant erschien, hatte Zugang zu vielen Informationen, die nicht in den Zeitungen standen. Er machte sich keine Illusionen. Doch auf seine ironisch distanzierte Weise, die «Mitleser» seiner Briefe nach Hause einbezog, glaubte Moltke Mitte Dezember 1939 an einen Frieden im kommenden Jahr: «Im übrigen habe ich überhaupt einen angenehmen Tag, weil meine Hoffnung auf eine baldige Beendigung dieses Krieges ordentlich Nahrung bekommen hat. Ich bin jetzt schon bereit zu wetten, daß wir nächstes Weihnachten im Nachkriegsschlamassel feiern...»

1940
Die Männer der «Mittwochs-Gesellschaft»

Würde der Sieg über Polen den Frieden bringen, oder war er nur der erste Schritt auf dem Weg in einen großen europäischen Krieg? Während die Deutschen noch auf schnelle Siege hofften, feilten die Militärs längst an den Aufmarschplänen für den Angriff im Norden und Westen. Anfang April 1940 überfiel die deutsche Wehrmacht Norwegen. Ende des Monats schrieb der Graf Moltke an seine Frau in Kreisau: «Heute war wieder ein entsetzlicher Tag, weil wir jetzt anfangen, uns in Norwegen zu benehmen wie in Polen. Es ist entsetzlich. SS ist hingeschickt... Und das alles macht das Militär mit. Ich bin gräßlich niedergeschlagen.» Im Mai wurden die Niederlande besetzt, wurde Belgien überrollt, Luxemburg eingenommen, stießen deutsche Panzer in die Ardennen vor, um von Nordwesten her in Frankreich einzufallen.

Mit der 6. Panzerdivision erlebte Claus von Stauffenberg die Offensive. Schon auf französischem Boden schrieb er am 18. Mai 1940 an seine Frau: «Uns geht es köstlich. Wie sollte es auch anders sein bei solchen Erfolgen. Sehr wenig Schlaf, der heute nacht etwas nachgeholt werden konnte. Viel sehr guter Rotwein, weißer Burgunder und Sekt.» Neun Tage später: «Der Vormarsch unserer Division gehört zu den unwahrscheinlichsten Erlebnissen, die man haben kann... Persönlich geht es uns ausgezeichnet; die Vorräte des Landes genießen wir in vollen Zügen und gleichen so etwas den mangelnden Schlaf aus. Kaffee, Eier zum Frühstück, herrliche Bordeaux, Burgunder und Heidsieck, so daß sich das Sprichwort ‹Leben wie der Herrgott in Frankreich› durchaus bewahrheitet. Vor drei Tagen trank ich mit Ribbentrop [deutscher Außenminister] Kaffee, der uns besuchte und einen ganz passablen Eindruck machte.»

Der Graf dachte nicht nur an die Erfolge des Tages und die leiblichen Genüsse: «In unseren Kämpfen bereiten sich die weittragendsten, das Gesicht der alten Welt verändernden Entscheidungen vor. Ich denke, daß nach Vernichtung der flandrischen Armeen zunächst wieder die Politik sprechen wird. Für die Engländer gilt es dann eine große innere Entscheidung. Geben sie nicht nach, wird es noch harte Kämpfe geben, denn dann müssen wir zum Vernichtungskampf gegen England antreten.» Stauffenberg war 32 Jahre alt. Weit zurück lag die Zeit, da er zum auserwählten Kreis um den Dichter Stefan George gehörte. Aber er hatte die Empfindsamkeit dieser Jugendjahre nicht verloren und dem Nationalsozialismus nicht seinen Verstand geopfert. Er war ein ungewöhnlich tüchtiger Berufsoffizier, der nichts dagegen hatte, daß die Nationalsozialisten «das Gesicht der Welt» veränderten. Er war ein weltgewandter Adliger, überzeugt, daß Deutschland England «vernichten» müsse, wenn sich das Britische Empire nicht freiwillig unterwarf. Stauffenberg sprach auch von Versöhnung gegenüber den besiegten Nationen. Aber er fragte sich nicht, wie das in Einklang zu bringen sei mit einer Großmacht Deutschland, die auf Dauer Europa und die Welt beherrschen wollte.

Als Frankreich am 22. Juni 1940 nach einem «Blitzkrieg» kapitulierte, summierte der Sicherheitsdienst der SS die Berichte seiner Spitzel im ganzen Reich: «Unter dem Eindruck der großen politischen Ereignisse und im Banne der militärischen Erfolge hat sich im gesamten deutschen Volke eine bisher noch nicht erreichte innere Geschlossenheit und enge Verbundenheit von Front zu Heimat herausgebildet.»

Am 19. Juni 1940 traf sich bei schönstem Sommerwetter in Schloß Brüningslinden in Berlin-Kladow eine illustre Gesellschaft, diesmal ausnahmsweise mit Damen. Bei festlichem Vortrag und fröhlichem Mahl feierte man die tausendste Sitzung der Mittwochs-Gesellschaft, 1863 in Berlin als «Freie Gesellschaft für wissenschaftliche Unterhaltung» gegründet. Seitdem trafen sich 14tägig am Mittwochabend um 20 Uhr Professoren, hohe Beamte, Politiker und Militärs reihum in ihren Häusern, um durch den Vortrag eines ihrer Mitglieder ihre Bildung zu erweitern und bei einem anschließenden Essen geselligen Umgang zu pflegen. Die Gesellschaft hatte immer 16 Mitglieder, Lücken wurden durch stets einstimmig angenommene Vorschläge der Mitglieder geschlossen. Die Männer der Mittwochs-Gesellschaft gehörten zur Elite des deutschen Reiches. Konservativ war die Mehrheit, auch liberal-nationale Gesinnung war erlaubt. Sozialisten hatten keinen Zutritt, wohl aber Nationalsozialisten nach 1933, wenn sie gesellschaftlich in den erlauchten Kreis paßten und in ihrem Fach Experten waren.

Mittelpunkt und entscheidender Kopf dieser elitären Runde wurde mit Kriegsbeginn Johannes Popitz. Der Jurist war seit 1933 preußischer Finanzminister und enger Mitarbeiter des preußischen Ministerpräsidenten Hermann Göring. Auf sein Betreiben fanden 1939/40 Aufnahme in den illustren Klub: Jens Jessen, seit 1935 Ordinarius für Nationalökonomie in Berlin; Ludwig Beck, 1938 aus resignierendem Protest gegen Hitlers Kriegspolitik als Chef des Generalstabs zurückgetreten; Ulrich von Hassell, Botschafter in Rom bis 1938, als ihn die Machthaber abberiefen. Die vier Männer kannten sich seit langem. Die Entwicklungen, die sie durchlaufen hatten, ähnelten sich in einem entscheidenden Punkt: Die Vertreter von Adel und Bürgertum hatten 1933 ihre Hoffnungen auf die Nationalsozialisten gesetzt, zwei von ihnen, Popitz und Jessen, sich eng mit der NSDAP und ihrer Politik liiert. Popitz hatte 1937 das goldene Parteiabzeichen erhalten. Der Hoffnung war nicht nur die Enttäuschung gefolgt, sondern auch die Einsicht, handeln zu müssen. Jessen war 45, die andern waren 55 bis 60 Jahre alt.

Beck und Popitz, Jessen und von Hassell waren Konservative vom rechten politischen Spektrum, die 1939/40 ein gefährliches Doppelspiel begannen. Sie wollten Recht und Ordnung und christliche Moral wiederherstellen – so wie sie diese Werte verstanden. Keiner glaubte an die Demokratie. Johannes Popitz jedoch stand am meisten im Zwielicht, weil er den Nationalsozialisten seit Jahren diente und die Weimarer Republik am entschiedensten mit seiner Verachtung bedacht hatte. Im April 1933 in der 895. Sitzung der Mittwochs-Gesellschaft hatte er – entgegen den Regeln – über die jüngsten politischen Ereignisse referiert. Popitz nannte damals die Regierungsübernahme der Nationalsozialisten eine unblutige und legale Revolution. Er begrüßte den Neuaufbau des Staates auf nationaler und autoritärer Grundlage. Nach der «Reichskristallnacht» hatte er 1938 um seine Entlassung gebeten. Göring lehnte ab, Popitz blieb.

Ulrich von Hassell, der nach seinem Abschied aus dem Diplomatischen Dienst sein Geld in der Privatwirtschaft verdiente, führte Tagebuch. Am 24. Januar 1940 notierte er über eine Verschwörerrunde: «Gegen Abend bei Beck: sehr klug und ruhig, sieht aber zur Zeit auch keinen Weg... Wir aßen im Krug in Dahlem und gingen dann zu Popitz. Bis 1 Uhr Unterhaltung über die bei einem Umschwung zu treffenden ersten Maßnahmen. Wir waren uns über den akademischen Charakter leider ganz klar, trotzdem ist es nötig.» Der Ex-Diplomat faßte die Überlegungen der Gesinnungsgenossen in diesen Wochen, nach dem Sieg über Polen und vor den Erfolgen des Westfeldzuges, zu einem «Programm» zusammen, das nach einem Staatsstreich in Kraft treten sollte. Darin stand:

«1. Die Deutsche Regierung ist entschlossen, den Krieg, in den Europa unglücklicherweise gestürzt worden ist, mit aller Kraft weiterzuführen, bis ein Friede gesichert ist, der den Bestand, die Unabhängigkeit, die Lebensbetätigung und die Sicherheit des deutschen Reichs und Volks gewährleistet und gegenüber Polen im wesentlichen die alte Reichsgrenze wiederherstellt... 3. Die Deutsche Regierung überläßt der Geschichte das Urteil über die Grundsätze und Leistungen des Nationalsozialismus. Sie erkennt die gesunden und vorwärtsführenden Gedanken an, die in ihm enthalten waren. Leider hat die bisherige deutsche Regierung im klaren Widerspruch zu ihnen seit längerer Zeit begonnen, eine Politik zu treiben, welche die Seele des deutschen Volkes zu töten und seinen wirtschaftlichen Wohlstand zu untergraben geeignet war.»

Hassell wirft den Nationalsozialisten vor, «die höchsten europäischen Werte zum Vorteile des Bolschewismus» zu zerstören. Zwar soll die NSDAP aufgelöst werden, aber manche Einrichtungen der Partei könnten erhalten bleiben. Die höchste Regierungsgewalt liegt in den Händen einer «Regentschaft», die aus einem Reichsverweser und zwei Mitgliedern besteht. Auf sie werde die Wehrmacht vereidigt, nicht etwa auf die Verfassung oder das Volk. In den Ländern geht die Gewalt auf die Befehlshaber der Wehrkreise über. Keine Rede ist von Parteien, von Wahlen, von Demokratie. Die konservativen Widersacher setzten dem Führerstaat des Nationalsozialismus eine Militärdiktatur entgegen.

«Das Programm» ist ein Dokument des Widerstandes, und war in den Augen der Machthaber Hochverrat. Der Verfasser und seine Freunde – außer Jens Jessen – waren in ihrer Jugend vom Kaiserreich geprägt worden. Sie entwarfen Pläne für die Zukunft in einer Epoche der europäischen Geschichte, als fast überall auf dem europäischen Kontinent die «Führer» triumphierten und die parlamentarische Demokratie am Ende schien. Viele Konservative hatten sich von den Versprechungen Hitlers blenden lassen und gehofft, mit diesem Kanzler ihre eigenen Wünsche verwirklichen zu können. Beck und Popitz, Jessen und von Hassell waren keine Demokraten und haben das nie geleugnet. Sie hielten die Demokratie von Weimar für ein nationales Unglück und haben ihre Zerstörung begrüßt. Parteien, freie

Wahlen, Selbstbestimmung hatten in ihrem politischen Weltbild keinen Platz. Jahrelang hatten sie geschwiegen und keinen Grund zur Opposition gesehen, als Politiker von SPD und KPD verhaftet, mißhandelt, ermordet wurden. Das gewalttätige Unrecht an den Juden in der «Reichskristallnacht» 1938 erschütterte sie. Doch der Ausschluß der Juden aus der bürgerlichen Rechtsgemeinschaft drei Jahre zuvor durch die «Nürnberger Gesetze» hatte sie nicht zum Handeln bewegt. Die Elite der Mittwochs-Gesellschaft wollte für ihr Volk das Beste. Ulrich von Hassell fordert am Ende des «Programms», «daß Gesetz und Recht ebenso wieder zu Ehren kommen wie Anständigkeit, sittliches Empfinden und wirkliche Freiheit». Aber einen Pluralismus der Werte wollte er nicht dulden. Und was sind «wirkliche Freiheiten», wenn eine Elite, und nicht die Mehrheit, über «Anständigkeit» und «sittliches Empfinden» bestimmt?

Wie Stauffenberg waren die Männer um Popitz und Hassell nicht bereit, Deutschlands Anspruch auf Großmachtstellung in Europa aufzugeben. Hitlers Siege waren deutsche Siege und würden auch von ihnen verteidigt werden, wenn nötig «bis zum Äußersten». Im Dezember 1940 hielt Johannes Popitz auf der 1005. Sitzung der Mittwochs-Gesellschaft einen Vortrag über das «Reich», jenen mythischen Begriff, mit dem die Nationalsozialisten Schindluder trieben und mit dem sie die Sehnsüchte vieler einfingen, die die angeblich stets glorreiche Vergangenheit durch die Niederlage von 1918 entehrt sahen. Popitz führte nach 14 Monaten Krieg aus, der Begriff «Reich» habe neuerdings eine andere Bedeutung bekommen: «Sie geht davon aus, daß ein Volk, in einem Staate politisch geeint, über die Grenzen seines eigentlichen Staatsgebildes hinaus auf andere Gebiete, andere Staaten einen bestimmenden Einfluß ausübt, der sich dahin steigert, daß er in diesen Gebieten gewisse Sonderrechte ausübt.» Der Redner umschrieb damit die Situation, in der sich Deutschland nach dem Überfall auf Polen und die Länder Westeuropas befand. Er sah keinen Grund zu kritischer Betrachtung. Popitz machte das Unrecht zum Fundament einer neuen Ordnung: «Dieser neue Begriff wird als geeignet betrachtet, um nach dem siegreichen Kriege bei der Neuordnung Europas eine politisch brauchbare Konstruktion darzustellen.»

Knapp drei Wochen nach dem Jubiläum der Mittwochs-Gesellschaft, im August 1940, wurde in der Reichskanzlei in Berlin eine Denkschrift für den Reichskanzler abgegeben. Entworfen und allein verantwortet hatte sie Paul Gerhard Braune, evangelischer Pastor und Leiter der Hoffnungstaler Anstalten in Lobetal bei Bernau in der brandenburgischen Neumark. Lobetal, wo entwurzelte, hilflose und an den Rand gedrängte Menschen eine Zuflucht fanden, war ein Teil der berühmten Bodelschwinghschen Anstalten in Bethel bei Bielefeld. Als Vizepräsident des Central-Ausschusses der Inneren Mission der Deutschen Evangelischen Kirche war Pastor Braune über die Entwicklungen der Heime und Anstalten im ganzen Reich bestens informiert. Seit Kriegsausbruch hatte er besorgniserregende Nachrichten erhalten, gesammelt und verknüpft. Die detektivische Kleinarbeit ergab für ihn im Sommer 1940 ein Gesamtbild, an dessen tödlichen und unmenschlichen Konsequenzen er keinen Zweifel mehr hatte. Der 52jährige Theologe war so erschüttert, daß er in seiner Denkschrift alle Vorsicht und alle diplomatischen Floskeln beiseite ließ.

«Im Laufe der letzten Monate ist in verschiedenen Gebieten des Reiches beobachtet worden, daß fortlaufend eine Fülle von Insassen der Heil- und Pflegeanstalten aus planwirtschaftlichen Gründen verlegt werden, zum Teil mehrfach verlegt werden, bis nach einigen Wochen die Todesnachricht bei den Angehörigen eintrifft. Die Gleichartigkeit der Maßnahmen und ebenso die Gleichartigkeit der Begleitumstände schalten jeden Zweifel darüber aus, daß es sich hierbei um eine großzügig angelegte Maßnahme handelt, die Tausende von ‹lebensunwerten› Menschen aus der Welt schafft.» Braune listete Dutzende von Einzelfällen auf, wo Menschen verschwanden und den Angehörigen nach einiger Zeit die Urne mit der Asche des angeblich an Grippe, Gehirnschlag oder Lungenentzündung Gestorbenen per Post zugeschickt wurde. Der Theologe machte an Hand von Urnennummern in seiner Denkschrift die Rechnung auf, daß in der Anstalt Grafeneck, die nur hundert Betten hatte, im Laufe von 33 Tagen 594 Insassen verstorben waren. Nüchtern dokumentierte Paul Gerhard Braune in anderen Fällen: «Aus den sächsischen Anstalten ist eindeutig durch Besuche festgestellt, daß die Sterblichkeit durch Entziehung der Nahrungsmittel erhöht wird.»

Der Theologe deckt in diesem Schreiben die «Aktion Gnadentod» auf, die im Schutz des Krieges von Hitler angeordnet worden war: «Es handelt sich also hier um ein bewußt planmäßiges Vorgehen zur Ausmerzung aller derer, die geisteskrank oder sonst gemeinschaftsunfähig sind. Es sind dabei aber keineswegs völlig verblödete Menschen ... sondern ... es sind oft Menschen, die in ihrem Leben oft jahrelang feste Berufe ausgeübt haben, bei denen erst späterhin geistige Störungen aufgetreten sind.» Für Pastor Braune gibt es nur eine Konsequenz: die «unheilvollen Maßnahmen» aufzuheben. Am 12. August 1940 wird Braune verhaftet und direkt in die Gestapo-Keller in der Berliner Prinz-Albrecht-Straße gebracht, weil er «in unverantwortlicher Weise Maßnahmen des Staates und der Partei sabotiert» hatte.

Außer Braune protestierten auch andere Kirchenmänner, evangelische und katholische. Berühmt geworden durch seine Predigten gegen die «Vernichtung unwerten Lebens» ist der Bischof von Münster, Clemens August von Galen. Doch das war erst 1941, und ihn schützte die Autorität eines hohen Amtes. Paul Gerhard Braune dagegen handelte allein. Sein Freund Friedrich von Bodelschwingh, der Leiter von Bethel, teilte seinen Abscheu vor dieser Aktion, wollte aber nur im Stillen mit den Behörden verhandeln. Der Central-Ausschuß der Inneren Mission verweigerte Braune jegliche Solidarität. Einzelne Mitglieder verurteilten die Denkschrift sogar ausdrücklich. Der mutige Pastor wurde am 31. Oktober 1940 aus der Schutzhaft entlassen.

Braune hat seine Freiheit genutzt und den ganzen Krieg hindurch untergetauchte Juden, politisch Verfolgte und aus der Wehrmacht Desertierte in Lobetal aufgenommen und versteckt.

Der deutliche Protest des Pastor Braune paßte nicht in die kirchenpolitische Landschaft des Jahres 1940. Theophil Wurm, Mitglied der Bekennenden Kirche und evangelischer Landesbischof von Württemberg, der im Juli beim Reichsinnenminister in einem Brief gegen die «Lebensvernichtung» Stellung nahm, ließ sich nicht von der Hoffnung abbringen, «daß auch die politischen Gewalten wieder zu der Erkenntnis kommen, daß sie in einer ihrem Auftrag treuen Kirche nicht einen Fremdkörper und nicht einen unguten Konkurrenten, sondern einen treuesten Bundesgenossen der Staats- und Volksführung zu erblicken haben». Es herrschte Waffenstillstand zwischen dem NS-Staat und den Kirchen, auch der Bekennenden Kirche. Am Ende des Feldzugs gegen Frankreich ließ Hitler den Reichsstatthaltern und Oberpräsidenten mitteilen, alle Maßnahmen zu vermeiden, «die das Verhältnis des Staates und der Partei zur Kirche verschlechtern könnten».

Am 17. Juni 1940 verkünden die öffentlichen Lautsprecher überall im Reich nach einem Fanfarensignal, daß Frankreich kapituliert hat. Es ist ein warmer Tag. Auch durch den Kaffeegarten im ostpreußischen Memel dröhnt die Sondermeldung. Die Ausflügler springen vor Begeisterung hoch, einige steigen auf die Stühle. Wie auf geheimes Kommando strecken alle den Arm zum Hitler-Gruß und singen «Deutschland, Deutschland über alles» und das Lied der Nationalsozialisten «Die Fahne hoch, die Reihen fest geschlossen». Unter den Besuchern ist der evangelische Theologe Dietrich Bonhoeffer, der seinem Freund zuflüstert: «Nimm den Arm hoch! Bist du verrückt? Wir werden uns jetzt für ganz andere Dinge gefährden müssen, aber nicht für diesen Salut!»

Sieben Jahre ist es her, daß Bonhoeffer seine Kirche aufgerufen hatte, nicht nur zu den Opfern zu zählen, sondern dem Unrecht an allen Menschen, nicht nur an den Christen, aktiv zu widerstehen. Der Theologe aus großbürgerlichem Hause hatte Prediger für die Bekennende Kirche ausgebildet, weltweite Kontakte innerhalb der Ökumene geknüpft und 1939 bei einem Aufenthalt in New York erkannt, daß sein Platz jetzt in Deutschland war. Zu dieser Zeit war er durch seinen Schwager Hans von Dohnanyi, der als Jurist mit den Verschwörern um Hans Oster und Admiral Canaris in der Abwehr zusammenarbeitete, schon zum Mitwisser geworden. Der 33jährige machte sich im Sommer 1939 in New York keine Illusionen: «Die Christen in Deutschland stehen vor der fürchterlichen Alternative, entweder in die Niederlage ihrer Nation einzuwilligen, damit die christliche Zivilisation weiterleben kann, oder in den Sieg einzuwilligen und dabei unsere Zivilisation zu zerstören. Ich weiß, welche Alternative ich zu wählen habe; aber ich kann diese Wahl nicht treffen, während ich mich in Sicherheit befinde.»

Kurz nach seinem Erlebnis im Kaffeegarten von Memel wurde Bonhoeffer von der Gestapo wegen «volkszersetzender Tätigkeit» mit einem Redeverbot belegt. Aber da hatte er sich schon zu einem außerordentlichen Schritt entschlossen, der ihn von nun an in höheren Schutz, aber zugleich in höchste Gefahr brachte. Der lutherische Theologe Dietrich Bonhoeffer wurde zum aktiven Verschwörer – unter der Tarnkappe eines Mitarbeiters im Geheimdienst. Er wurde Mitglied einer Gruppe von Militärs und Beamten, die nach außen dem NS-Staat loyal dienten, tatsächlich aber zielstrebig daran arbeiteten, diesem Staat und seinen führenden Männern ein Ende zu bereiten. Mit dem Sommer 1940 begann für Bonhoeffer ein Doppelspiel, zu dem Verstellungen, Lügen und Verschwiegenheit selbst gegenüber guten Freunden gehörten. Von nun an bewegte er sich im Zwielicht. Von nun an konnte er nur noch seinem Gewissen folgen und wußte nicht, wie tief er schuldig würde und ob seine Glaubwürdigkeit diesem Doppelspiel standhalten könne. Im Oktober 1940 wurde Dietrich Bonhoeffer offiziell Mitarbeiter des Geheimdienstes bei einer Münchener Dienststelle. Seine kirchlichen Kontakte außerhalb des Reiches sollten der Abwehr zugute kommen, offiziell im Kampf für Hitler-Deutschland. Die Männer um Hans Oster jedoch gaben Bonhoeffer den Auftrag, bei seinen Reisen die Welt draußen über die Hitler-Gegner zu informieren und Kenntnisse mitzubringen, die ihren Plänen nutzten.

Dietrich Bonhoeffer und seine Mitstreiter in der Abwehr, Johannes Popitz und sein Kreis in der Mittwochs-Gesellschaft wußten, daß sie in eisiger Isolation operierten und die große Mehrheit der Deutschen sie als Verräter geächtet hätte. Die Stimmung, auf die sich der Bericht des SS-Sicherheitsdienstes Ende Juni 1940 berief, zeigt, wie die meisten Deutschen über das «Dritte Reich» dachten: «Alles schaut dankbar und mit Vertrauen auf den Führer und seine von Sieg zu Sieg eilende Wehrmacht. Gegnerisches Wirken stößt überall auf scharfe Ablehnung: Der überwiegend verbreitete gesunde Abwehrwille der Bevölkerung verschließt sich hetzerischen und miesmacherischen Einflüssen. Man beachtet sie entweder gar nicht oder lehnt sich empört dagegen auf.»

Hetzer, Miesmacher und Gegner zu sein bedurfte keiner großen Abweichungen. Im Mai 1940 wurden in Augsburg ein gutes Dutzend Arbeiter und ihre Frauen verhaftet. Sie hatten sich regelmäßig zum Abhören feindlicher Rundfunksender getroffen und wurden dafür mit Gefängnis und Zuchthaus bestraft. In Nürnberg hatten Kommunisten einen Stammtisch in der Gaststätte «Zum neuen Gaswerk» organisiert. Im September 1940 verhaftete die Gestapo den Wirt und zehn Gäste, weil sie die Nachrichten feindlicher Sender weitergegeben und kritische Bemerkungen gemacht hätten. Für drei von ihnen gab es Zuchthausstrafen. Überall im Land hielten sich solche lockeren Zusammenhänge, in denen die Erinnerung an die zerstörte Arbeiterkultur weiterlebte, wo Gespräche und der Hunger nach Information Gleichgesinnte verbanden. Viele Freunde blieben unter sich, vorsichtig geworden in den Jahren des Terrors. Aber selbst in diese intimen Zirkel fanden die Spitzel der Gestapo immer wieder Eingang.

Der Überfall auf die neutralen Länder Dänemark, Norwegen, die Niederlande, Belgien und Luxemburg brachte der illegalen KPD und ihren dortigen Auslandsstützpunkten empfindliche Rückschläge. Die Verbindungen rissen und mußten mühsam wieder angeknüpft werden. Schweden wurde zum Zentrum neuer Unternehmungen. Ende Juni erreichte der KPD-Instrukteur Rudolf Hallmeyer Berlin. Ein dänischer Frachter hatte ihn nach Stettin geschmuggelt. Der 33jährige Arbeiter aus Sachsen war seit 1924 in der Partei und hatte nach 1933 von Prag aus regelmäßig die deutschen Kommunisten im Untergrund aufgesucht. In Berlin traf Hallmeyer Robert Uhrig, dessen Gruppe sich bisher erfolgreich gehalten hatte.

Im Juli machten sich drei weitere Instrukteure von Skandinavien aus auf die Reise, getreu den Richtlinien der Partei vom Dezember 1939, in Deutschland wieder feste Parteistrukturen aufzubauen, vor allem in der Reichshauptstadt. Einer der Illegalen fiel gleich bei der Einreise der Gestapo in die Hände, der zweite im August. Der dritte schlug sich im September wieder nach Skandinavien durch. Da war Rudolf Hallmeyer schon ein Gefangener der Gestapo und gab folgendes zu Protokoll: «Ich bin schon von Jugend auf kommunistisch eingestellt und erzogen. Ich habe diese Einstellung bisher immer als die richtige angesehen... Auch seit 1933, also in der Zeit, in der ich politisch flüchtig bin, habe ich in diesem Sinn gewirkt.» Mehr als dieses eindeutige, aber wenig informative Bekenntnis war trotz Folter nicht aus ihm herauszubekommen, so ungewöhnlich lange man seinen Prozeß auch hinausgeschoben hat. Im September 1943 ist Rudolf Hallmeyer in Berlin-Plötzensee hingerichtet worden.

Kurz vor seiner Verhaftung konnte er seine Erfahrungen und Kontakte noch an den Instrukteur Arthur Emmerlich weitergeben, der soeben aus Skandinavien eingeschleust worden war. Der 33jährige kam ebenfalls aus Sachsen und hatte die gleiche Parteikarriere durchlaufen. In Berlin traf er den 50 Jahre alten Kurt Steffelbauer und arbeitete eng mit ihm zusammen. Steffelbauer ging seinem Beruf als Lehrer nach und organisierte in der freien Zeit die illegale Parteiarbeit in Berlin-Spandau. Im Oktober 1940 wurde zum erstenmal die KPD-Zeitung «Rote Fahne» wieder in Berlin hergestellt und nicht von außerhalb ins Land geschafft. Es war ein Auftrag der Partei – und eine Fundgrube für die Gestapo, die ständig auf Spurensuche war.

Im Juni 1940 erschien in Berlin in 200 bis 300 Exemplaren ein Flugblatt mit dem Titel «Das freie Wort». Keiner kann sagen, wieviele Menschen es tatsächlich gelesen haben, und wie viele der Leser zum Nachdenken angeregt worden sind. Alle Siege der Wehrmacht wurden dort aufgezählt. Aber am Ende hieß es: «Selbst wenn Deutschland auch noch England und Amerika schlägt, sind die Kosten dieses Krieges bereits jetzt so hoch (abgesehen von den riesigen Blutopfern), daß wir nach Kriegsende genauso zahlen müssen wie unsere Gegner. Und an wen müssen wir zahlen? An die Großindustriellen, die jeden Krieg gewinnen! Deutsches Volk besinne dich in zwölfter Stunde. Stürze die Naziplutokratie, solange du noch mächtig genug bist, einen dauerhaften Weltfrieden herbeizuführen.» Zwei weitere Flugschriften erschienen im zweiten Halbjahr 1940 unter dem Titel «Das freie Wort». Die Botschaft war deutlich: «Das deutsche Volk muß opfern, opfern und nochmals opfern! ... Wofür?! ... Für die Freiheit des deutschen Volkes??? Nein!! Sondern einzig und allein für die größenwahnsinnigen Weltherrschaftspläne unserer plutokratischen Führerclique! ... Wir wollen die Freiheit der Meinung und des Glaubens! Wir wollen die Freiheit der Arbeit! Wir wollen die Verhinderung kommender Kriege durch die Verstaatlichung der Rüstungsindustrie und die Einziehung der Kriegsgewinne! Wir wollen die Schaffung einer wahren Volksvertretung.» Vergeblich suchte die Gestapo nach den Urhebern.

Vergeblich aber waren auch die Vorstellungen, die Ulrich von Hassell am Jahresanfang nach vielen Diskussionen mit seinen

Freunden in seinem «Programm» entworfen hatte. Im achten Jahr herrschten Hitler und seine Partei über Deutschland und nun sogar über weite Teile Europas. Am Ende des zweiten Kriegsjahres standen sie als Sieger da, die über alle Befürchtungen und Prophezeiungen triumphiert hatten. Wer in dieser Situation mit Flugblättern vor einem schrecklichen Ende warnte, fand bei den Deutschen kein Gehör. Er hatte keinen Einfluß, das Schicksal zu wenden. Auf ihn wartete nur der Henker. Manche mit wachem Verstand, die an den Schaltstellen der Macht saßen, machten sich zwar ihre Gedanken. Claus von Stauffenberg sprach nach dem siegreichen Frankreichfeldzug sogar von Staatsstreich, weil ihm nicht entging, daß Hitler keine Versöhnung mit den Besiegten wollte, sondern eine Politik des Alles oder Nichts durchdrückte. Doch den Diktator auf dem Höhepunkt seines Erfolgs zu beseitigen, schien ihm wie anderen kritischen Militärs nationaler Selbstmord.

1941
Der Überfall auf Rußland setzt neue Kräfte frei

Das dritte Kriegsjahr begann. Trotz aller Erfolge blieb die Begeisterung aus. Der Präsident des Düsseldorfer Oberlandesgerichts meldete nach Berlin: «Daß die Stimmung der Bevölkerung auch heute noch in jeder Beziehung gut und zuversichtlich wäre, kann ich freilich nicht mehr berichten. Es herrscht vielmehr Unzufriedenheit... Die Stimmung ist stellenweise so niedergeschlagen, daß, wie ich wiederholt beobachtet habe, Fronturlauber sich erstaunt und besorgt darüber geäußert haben.» Wieder gab es Versammlungen überall im Reich, auf denen die Siege gefeiert und die «Miesmacher» an den Pranger gestellt wurden.

Ohne besondere Anteilnahme registrierten die Deutschen im April, daß ihre Armeen Jugoslawien und Griechenland überfielen. Man hatte sich schnell an die Blitzkriege und Blitzsiege gewöhnt und erwartete, daß es diesmal nicht anders sein würde. Unbeeindruckt von allen Stimmungstiefs blieb der Glaube an den Mann, der nun im neunten Jahr Deutschland verkörperte. Das Vertrauen in den «Führer» war grenzenlos. Zwar wurde sein Geburtstag im April ohne besonderen Aufwand gefeiert. Trotzdem mußten in etlichen Ortschaften Niederbayerns und der Oberpfalz die Versammlungsräume gesperrt werden, so groß war der Andrang. Aus Kitzingen meldeten die Beobachter: «Die Worte des Führers sind beim Volk Evangelium.»

Im Laufe des Frühjahrs mehrten sich die Gerüchte über Truppenansammlungen im Osten und schlechter werdende Beziehungen zur Sowjetunion. Um so fester klammerten sich die Menschen an die Einbildung, daß hier ein riskantes Spiel mit geringem Einsatz gewagt und gewonnen wurde. Aus dem Bericht des Regierungspräsidenten von Niederbayern und der Oberpfalz im Mai 1941: «Dankbaren Herzens werden die geniale Führung und die unvergleichlichen Soldaten bewundert, die in kürzester Zeit mit geringsten Blutopfern unerhörte Erfolge erzielten.» Dem «kindlichen Vertrauen» der Leute aus den einfachen Schichten, von denen die Spitzel des Sicherheitsdienstes berichteten, wollte die geistige Elite nicht nachstehen. Als «Tornisterschrift des Oberkommandos der Wehrmacht» erschien 1941 «Dem Führer. Worte deutscher Dichter». Dort beschrieb Hans Grimm, einer der Hochgelobten dieser Jahre, aber kein undifferenzierter nationalsozialistischer Dummkopf, welches Problem die Menschheit zu lösen habe: «Menschenhorden entstanden und entstehen und machten die ratlose Erde häßlich und fressen sie kahl.» Dagegen helfe nur eins: «Der große heimliche Wille zu einem neuen Menschentume und einem neuen echteren Bunde mit Gott geht auf die verpflichtende Auswahl an Stelle der Horde und auf das Vorrecht der Auswahl, die gesund und geradegewachsen ist... die zum großen Gotte ehrfürchtig, aber Auge in Auge zu stehen vermag, wenn sie das neue Gesetz von ihm endlich empfängt.» Dieses auserwählte Volk, das der Erde ein neues Gesetz geben würde, waren die Deutschen, daran gab es für Hans Grimm und Millionen andere keinen Zweifel. Was mit den «Horden» geschehen würde, überließ man dem «Führer», der sich darüber schon längst seine Gedanken gemacht und sie auch viele Male ausgesprochen hatte. Er mußte nur noch seine Befehle geben.

Am 30. März 1941 erklärte Adolf Hitler über 200 Kommandeuren der Wehrmacht, daß der Krieg gegen Rußland längst geplant sei und worum es dabei gehen würde. Aus dem Protokoll dieser Rede: «Kampf zweier Weltanschauungen gegeneinander. Vernichtendes Urteil über den Bolschewismus = asoziales Verbrechertum... Es handelt sich um einen Vernichtungskampf... Der Kampf wird sich sehr unterscheiden vom Kampf im Westen. Im Osten ist Härte mild für die Zukunft.» Mit europäischer Macht- und Eroberungspolitik im traditionellen Sinn hatten solche Richtlinien nichts mehr zu tun. Aber widerspruchslos ließ sich die deutsche Wehrmacht zum Erfüllungsgehilfen einer verbrecherischen Politik machen. Am 8. Juni gab das Oberkommando des Heeres den sogenannten Kommissarbefehl unter strengster Geheimhaltung an alle Heeresgruppen weiter, die für den Krieg gegen Rußland vorgesehen waren. Es war – noch vor dem Ausbruch der Feindseligkeiten – ein Befehl zum Morden. Er schrieb vor, daß die politischen Kommissare der Roten Armee, «wenn im Kampf oder Widerstand ergriffen, grundsätzlich sofort mit der Waffe zu erledigen» seien. «Die Erledigung», führte General Walther von Brauchitsch in einem Begleitschreiben aus, habe «unauffällig auf Befehl eines Offiziers zu erfolgen». Den hohen Militärs war klar, daß die deutsche Wehrmacht mit diesem Befehl gegen die Grundlagen des Völkerrechts verstieß. Am 22. Juni 1941 rollten deutsche Panzer in zwei Spitzen über die russische Grenze. Das «Unternehmen Barbarossa» begann. Bis zum Winter, so versprach Hitler, sei auch dieser «Lebensraum im Osten» für Deutschland erobert.

Die Gerüchte des Frühjahrs nahm ein Flugblatt in Berlin auf: «Es ist ein offenes Geheimnis, daß zu den Millionen Truppen, die bereits unter Waffen stehen, immer neue Millionen einbezogen werden... Es gibt nur zwei Möglichkeiten: entweder man will Schweden überfallen oder der Angriff auf die Sowjetunion soll steigen.» In diesem Fall sollten die Deutschen sich verweigern: «Keinen Schuß gegen die rote Armee, keine Granate, kein Flugzeug gegen die 193-Millionen-Völker der SU! Dann lautet die Parole: Waffen herum.» Verfaßt und in aller Heimlichkeit auf den Weg gebracht hatte das Flugblatt der kommunistische Instrukteur Arthur Emmerlich, der sich seit August 1940 illegal in der Hauptstadt hielt und von den Genossen um den Lehrer Kurt Steffelbauer gestützt wurde. Im Mai 1941 brachte die Gruppe noch einmal als Doppelnummer «Die Rote Fahne» heraus. Am Ende des Monats wurde Emmerlich in Hamburg gefaßt, wo er Verbindungen zu politischen Freunden aufgenommen hatte. Drei Tage später nahm die Berliner Gestapo den Lehrer Kurt Steffelbauer morgens in der Schule fest. Mit zwei weiteren Mitarbeitern wurden Emmerlich und Steffelbauer zum Tode verurteilt. Genau ein Jahr später verkündeten grellrote Plakate von den Berliner Litfaßsäulen die Vollstreckung des Urteils.

Es werden nicht viele gewesen sein, die beim Anblick dieser Plakate den Schritt verlangsamt haben, weil das Entsetzen und die Scham sie packten. Die Kämpfer gegen den Nationalsozialismus und seine verbrecherische Politik fanden keinen Widerhall. Die Massen standen nicht auf, wie dies Kurt Steffelbauer in einem «Rundbrief» an die Mitkämpfer prophezeit hatte. Keiner von ihnen konnte auf Gnade hoffen. Trotzdem wagten immer wieder einzelne, den Protest öffentlich zu machen, unerschütterbar in ihren Idealen: «Wir wollen einen gerechten und dadurch dauerhaften Frieden! Wir wollen die Freiheit der Meinung und des Glaubens! Wir wollen die Freiheit der Arbeit!... wir wollen die Schaffung einer wahren Volksvertretung!» So stand es Anfang des Jahres 1941 in der hektographierten Broschüre «Das freie Wort», die zum sechstenmal in Berlin kursierte. Bis Ende Juli brauchte die Gestapo, um die Urheber zu finden. Dann wurde Hanno Günther festgenommen, ein 20jähriger Bäckergeselle, der soeben zur Wehrmacht eingezogen worden war.

Hanno Günther hatte seit über einem Jahr eine Gruppe um sich versammelt, die sich vor allem aus der gemeinsamen Schulzeit kannte. Sie nahm Kontakt zu älteren kommunistischen Arbeitern auf, die den Jüngeren bei der Herstellung der illegalen Schriften halfen und mit ihnen auch über den Inhalt diskutierten. Hanno Günther hatte lange Unterredungen mit einem

Funktionär, der vor allem in Leipzig und Dresden unter Künstlern und Intellektuellen illegale Arbeit leistete, den Widerstand wachhielt und im Sinne der KPD beeinflußte: Herbert Bochow, aus bürgerlichem Hause, eigentlich eine Künstlernatur, ein Mensch mit einer großen Ausstrahlungskraft. Einen Monat vor Hanno Günther wird Bochow in Berlin festgenommen. Wenig später verhaftet die Gestapo seine Verbindungsleute in Leipzig und in Dresden, die Gruppe um das Malerehepaar Eva-Maria und Fritz Schulze. Im Oktober 1942 findet vor dem Volksgerichtshof in Berlin der Prozeß gegen Hanno Günther und seine Mitverschworenen statt. Von den sechs Todesurteilen müssen nur fünf vollstreckt werden, denn einer der Verurteilten ist im Gefängnis ermordet worden. Herbert Bochow und Fritz Schulze sind im Mai 1942 in Berlin-Plötzensee mit dem Fallbeil hingerichtet worden.

Für die Gefangenen waren es Tage, Wochen und Monate quälenden Wartens mit brutalen Verhören, Schlägen, Einzelhaft, miserabler Verpflegung, totalem Isoliertsein und der Gewißheit, daß der Prozeß nur eine Farce und das Urteil längst gefällt ist. Ein Stück Brot wurde zur Kostbarkeit, der Blick auf den Baum im Gefängnishof ein Geschenk. Tag und Nacht zermarterte der Gefangene sich das Gehirn, um die mitgefangenen Freunde nicht zu belasten und andere, die vielleicht noch in Freiheit waren, zu schützen. Was wußten die Verfolger wirklich? Was war nur als Falle, als Köder ausgelegt? Und zwischendurch schlich sich die Hoffnung ein, daß man vielleicht doch den Kopf noch aus der Schlinge ziehen könne. Sie wollten leben, nicht sterben. Sie dachten an ihre Frau und ihre Kinder, an ihre Eltern, an die eigene Kindheit. Sie mußten sich fragen, ob der Preis, den sie zahlen würden, wirklich ihrem Ziel angemessen war. Alle kannten sie die Stunden der Verzweiflung, wenn die physischen Schmerzen unerträglich wurden; wenn der Mut sie verließ und sie nur noch das Ende herbeiwünschten: für sich selbst und um die anderen nicht zu verraten, deren Namen sie mit der nächsten Folter preisgeben würden. Manche begehrten gegen das Schicksal auf, das sie erwartete, und verfielen dann in stumme Resignation, ließen sich von den aufmunternden Blicken der Kameraden nicht mehr trösten. Aber nicht wenige trotzten ihren Peinigern und fanden Kraft in ihren Überzeugungen. Sie waren am Ende die Überlegenen, auch wenn sie gedemütigt und äußerlich gebrochen vor den vermeintlichen Siegern standen.

Der junge Schriftsetzer Heinz Zöger gehört in Leipzig zu jenem Kreis von Künstlern, die dem Terror und der Uniformität des NS-Staates ihre Ideale von einem menschenfreundlichen Sozialismus wenigstens hinter verschlossenen Türen entgegensetzten. Kommunisten finden Eingang in die Diskussionsrunden, darunter Herbert Bochow, der die Freunde informiert, politisch schult und ihnen immer wieder Mut macht. Zöger wird im Sommer 1941 verhaftet und im Frühjahr 1942 zu viereinhalb Jahren Zuchthaus verurteilt. Im Prozeß muß Herbert Bochow als Zeuge auftreten: «Doch die zerfallene Gestalt, die man da nach vorn schleppt, kann, so fragen sich die entsetzten Freunde, doch nicht Bochow sein! Ihr Herbert! Ihr begeisterungsfähiger, leidenschaftlicher junger Freund! Ihr Genosse mit dem weichen, durchgeistigten Gesicht, den schön geschwungenen schmalen Lippen... Dem Greis, der jetzt vor den Schranken des Gerichts steht, sind die Haare ausgefallen; den zusammengeschrumpften kahlen Kopf hält gelblichfahle Haut zusammen. Von den Nasenflügeln ziehen sich tiefe Kerben bis zum Kinn.»

Routinemäßig fragt der Richter den Zeugen nach den Personalien. Und da verwandelt sich plötzlich der geschundene Mensch: «Während sich sein Körper reckt, füllen sich die eben noch stumpfen, teilnahmslosen Augen mit Haß. Die Fragen des Vorsitzenden mißachtend, beginnt er mit hoher, den ganzen Saal durchdringender Stimme das Gericht und den NS-Staat anzuklagen: ‹Ihr Faschisten werdet hier eines Tages vor Gericht stehen! Angeklagt der Barbarei, der imperialistischen Eroberungskriege, der Versklavung ganzer Völker›... Vergeblich versucht der Vorsitzende, Bochow Einhalt zu gebieten. ‹Wir Antifaschisten... Wir Kommunisten...› Hinaus!»

An seine Frau schreibt Herbert Bochow in seinem letzten Brief: «Es sind schon bessere Menschen um weniger gestorben und haben mehr als ein Kind hinterlassen müssen.» Der Maler Fritz Schulze, 39 Jahre alt, schreibt am Tag vor seiner Hinrichtung an seine Frau, deren Todesurteil in «lebenslänglich» umgewandelt wurde: «Ich bin jetzt ganz ruhig und heiter gestimmt, qualvoll ist immer nur der Zustand der Ungewißheit gewesen... Findest Du in Deinem späteren Leben einen Menschen, den Du liebgewinnst, der Dir wert ist und der einen guten Lebenskameraden für Dich abgeben könnte, so verbinde Dich mit ihm... ich möchte, daß Du in vollen Zügen Dein Leben leben sollst, ein Leben der Arbeit, ein Leben der Freude. Es gibt nur ein Leben, und dieses soll so intensiv wie möglich gelebt werden... Habe Mut zum Leben, überwinde den Schmerz und denke immer an Deinen Humor.»

Hitlers Überfall auf die Sowjetunion kam für die deutschen Kommunisten trotz aller ihrer Treue zu Stalins politischen Winkelzügen wie eine Befreiung. Die wenigen Aktiven hatten ihre illegale Arbeit während des Hitler-Stalin-Pakts nicht aufgegeben. Doch jetzt, wo die Fronten wieder eindeutig sind, werden die Kräfte aufs neue angespannt. Zählte die Gestapo im Juni 1941 knapp 400 Flugblätter, Handzettel und Broschüren mit kommunistischem Inhalt, so sind es im Juli rund 3800 und im Oktober sogar 10227. Parallel dazu werden im September im ganzen Reich 1337 Personen und im Oktober 1305 wegen «kommunistischer und marxistischer Betätigung» verhaftet. Der einzige Staat, der ihre Ideale verkörpert, muß vor der Vernichtung gerettet werden, und es wächst die Hoffnung, daß mit diesem Krieg gegen die Sowjetunion die Niederlage Hitlers und seiner Komplizen unabänderlich geworden ist. Dafür sind jeder Einsatz und jedes Mittel recht.

Wenige Wochen vor Kriegsausbruch kontaktierte die Sowjetmission in Berlin die Gruppe um Harro Schulze-Boysen und den Regierungsrat Arvid Harnack und übergab ihr drei Funkgeräte. Würde der Krieg die offiziellen Beziehungen zerstören, sollten die Deutschen aus dem Zentrum des Nationalsozialismus alles melden, was dem russischen Volk in seinem Überlebenskampf nützen konnte. Schulze-Boysen, der seine engsten Mitarbeiter zu immer größeren Aktivitäten anstachelte, hatte in der Zwischenzeit für die Gruppe neue Freunde gewonnen. Da war John Rittmeister, Leiter der Poliklinik am Berliner Institut für psychologische Forschung und Psychotherapie. Der Hamburger Kaufmannssohn, parteilos, grüblerisch nach einer heilen Welt suchend, die er im Ideal eines radikalen Sozialismus zu finden glaubte, hatte über seine Frau einen Kreis junger Menschen an sich gebunden. Es waren ebenfalls Bürgerkinder auf der Suche, noch ohne feste politische Ausrichtung, einig in ihrer Ablehnung des Nationalsozialismus. Sie waren nicht informiert, in welchem Ausmaß Schulze-Boysen Widerstand leistete, sie lehnten Spionage ab und wurden in diese Arbeit auch nicht hineingezogen. Aber durch John Rittmeister fühlten sie sich der Gruppe um Harnack und Schulze-Boysen verbunden, halfen bei dem Entwerfen von Flugblättern, tippten sie in aller Heimlichkeit und brachten sie nachts in die Briefkästen weit entfernter Stadtteile.

Gleichzeitig stießen junge Leute zur Schulze-Boysen-Gruppe, die vom Kommunistischen Jugendverband geprägt waren. Einer von ihnen, Hans Coppi, wurde heimlich zum Funker ausgebildet und hatte von nun an die schwierige Aufgabe, mitten in Berlin drei illegale Geräte zu bedienen und den Kontakt mit Moskau aufrechtzuerhalten. Ein Funkgerät wurde gegen Ende des Jahres in der Wohnung der Tänzerin Oda Schottmüller versteckt. Über den Sprachwissenschaftler Wilhelm Guddorf war Schulze-Boysen außerdem seit Ende 1940 mit der kommunistischen Gruppe um Robert Uhrig verbunden. Guddorf, Jahrgang 1902, seit 1922 in der KPD, einst Redakteur der «Roten Fahne» und jetzt Buchhändler, war 1939 aus dem KZ entlassen worden und hatte sofort wieder mit der illegalen Arbeit begonnen.

Inmitten einer feindlichen Umwelt und stets von Verhaftung bedroht, dehnte sich in diesem Sommer in Berlin der kommunistische Widerstand, so minimal er war, weiter aus. Beppo Römer, ein Mann mit abenteuerlichem Lebenslauf und weitgespannten Beziehungen, war zum engsten Mitarbeiter Robert Uhrigs und seiner Genossen geworden. Der Jurist, 1892 in eine Münchener Bürgerfamilie geboren, hatte – ähnlich wie Harro Schulze-Boysen – nach dem Weltkrieg politisch ganz weit rechts gestanden und 1919 im Freikorps «Oberland» gegen die Münchner Räterepublik gekämpft. Seine radikalen sozialen Utopien, seine Ablehnung des kapitalistischen Westens machten ihn zum Nationalbolschewisten. Anfang der dreißiger Jahre trat Beppo Römer der KPD bei, 1934 wurde er verhaftet, 1939 aus dem KZ Dachau entlassen. In Berlin brachte ihn der Industriemanager Nikolaus von Halem, ein aktiver Hitler-Gegner mit Kontakten zur militärischen Opposition, beruflich unter, wohl wissend, daß diese Stellung nur Tarnung für Beppo Römers Kampf gegen den Nationalsozialismus war.

In seiner Heimatstadt München sind Freunde und Mitstreiter aus alten Freikorpszeiten inzwischen ebenfalls zum kompromißlosen Widerstand gegen den Nationalsozialismus bereit. Rund zehnmal reist Beppo Römer zwischen 1939 und dem Sommer 1941 nach München. Den Kern der dortigen Gruppe bilden Hans Hartwimmer, Jahrgang 1902, und der 1897 geborene Wilhelm Olschewski. Ab Sommer 1941 verstärkt sich die Gruppe um weitere Mitglieder aus dem kommunistischen Untergrund auf rund 40 Personen. Die meisten von ihnen sind Facharbeiter, über 40 Jahre alt und verheiratet. Sie haben für ihre Überzeugung in Gefängnissen und KZ gesessen. Sie wissen, worauf sie sich einlassen. Ähnlich wie die Robert-Uhrig-Gruppe gehen die Münchner mit Vorsicht zu Werke und lehnen spektakuläre Flugblattaktionen oder das Anbringen von Wandparolen ab. Im Januar 1941 fährt Hartwimmer zu Gesprächen nach Berlin und lernt Robert Uhrig kennen, der im Oktober auch nach München kommt und Informationsmaterial mitbringt. Die Kommunisten um Römer und Uhrig sind auf der Suche nach Bundesgenossen über den engen Parteirahmen hinaus. Wenn sie ehrlich sind, wissen sie, daß die Hoffnung auf einen Widerstand der Massen illusionär ist. Der Exil-Vorstand der KPD sitzt im fernen Moskau, die Kontakte sind abgerissen, die deutschen Kommunisten im Reich sind wie nie zuvor auf sich selbst angewiesen. Hatten sie bisher ihre Politik bedingungslos den Interessen der Sowjetunion untergeordnet, schieben sich nun andere Überlegungen in den Vordergrund, um ein breites Bündnis aller NS-Gegner möglich zu machen. Beppo Römer hat seinem Mitstreiter Hans Hartwimmer die «Generallinie» in die Schreibmaschine diktiert: «1. Ziel ist der Sozialismus. 2. Träger der Idee und des Kampfes ist die Arbeiterschaft. 3. Arbeiterschaft allein kann diesen Weltkampf nicht führen. Dazu sind nötig: 1. Freunde, 2. Bundesgenossen, 3. Kampfgenossen.»

Für Kommunisten bedeutet die Abnabelung vom Vorbild Sowjetunion einen gewaltigen Umdenkprozeß. In Berlin und München wird heftig diskutiert. Hatte die Partei nicht immer gepredigt, daß die siegreiche Rote Armee in Deutschland den Sozialismus errichten würde? Nun hören sie, der Sozialismus sei nicht zu importieren, seine Errichtung die ureigene Sache der deutschen Arbeiterklasse. In einem Flugblatt appelliert die Römer-Uhrig-Gruppe an alle und predigt nicht mehr den internationalen Klassenkampf, sondern deutschen Patriotismus: «Bürger, Bauern, Arbeiter, mit einem Wort – Patrioten! Deutschland ist in Gefahr! Von innen her ist es in Gefahr. Wollt ihr da tatenlos zusehen? Jetzt ruft das Vaterland euch alle ... Das Volk muß jetzt seine Bataillone formieren. Hier die Arbeiterbataillone, dort die der Bürger, aber sie müssen zusammen in Marsch gesetzt werden als nationale Front, für ein freies, unabhängiges Deutschland.»

Im September 1941 meldete sich ein alter Bekannter, der den

gleichen politischen Weg gegangen war, bei Beppo Römer. Der 38 Jahre alte Bergmann Reinhold Mewes aus Duisburg war gerade erst aus dem KZ entlassen worden, und schon begann er wieder mit der illegalen Arbeit. Römer schickte ihm im November den Organisationsleiter der Uhrig-Gruppe zu einem Treff in den «Handelshof» nach Essen, ein weiterer Kontaktmann der Partei aus Essen nahm die Verbindung zu ihm auf. Reinhold Mewes konnte nicht wissen, daß beide «Genossen» V-Leute waren. Von nun an hatte ihn die Gestapo mitsamt der Uhrig-Organisation unter genauer Beobachtung. Sie ließ sich Zeit, um noch mehr Beweismaterial und Mitwisser in ihre Fänge zu bekommen. Dafür griff sie andernorts zu. Eine KPD-Gruppe in Koblenz, zu der Mewes Verbindung hatte, flog im November 1941 auf. Das Ehepaar Andreas und Anneliese Hoevel wurde hingerichtet. In Frankfurt am Main hatten sich am Pfingstmontag 1941 die KPD-Funktionäre Adam Leis und Anton Breitinger getroffen. Leis hatte im Bahnhofsviertel und Breitinger in einigen Betrieben die Verbindung zu alten Genossen wieder aufgenommen. Sie beschlossen, in Zukunft ihre illegale Tätigkeit gemeinsam weiterzuführen. Doch auch sie wurden verraten und mit sechs Mitstreitern zum Tode verurteilt und hingerichtet.

Mitte November 1941 griff die Berliner Gruppe um Römer und Uhrig in die Diskussion der Genossen ein und versuchte, die Unentschlossenen für einen aktiven Kampf zu gewinnen. Die Schrift «Der Weg zum Sieg» nahm eine Frage auf, die sich offensichtlich viele Kommunisten stellten und die meist negativ beantwortet wurde: «Welche revolutionäre Arbeit können wir in der augenblicklichen Situation leisten? Können wir das überhaupt schon, oder ist es noch zu früh? Liebe Genossen, wir wollen einmal ganz ehrlich miteinander sprechen. Worauf wartet ihr eigentlich?» Von «revolutionärer Pflicht» war die Rede, um anderen gesellschaftlichen Gruppen, die Widerstand leisteten, nicht das Feld zu überlassen: «Es ist nicht unbekannt, daß in kirchlichen Kreisen eine starke antifaschistische Strömung im

Gange ist, die aktiv in Erscheinung tritt und einen nicht unbedeutenden Einfluß auf das deutsche Volk ausübt. Es ist ferner nicht unbekannt, daß gewisse, der Wirtschaft und der Wehrmacht nahestehende Kreise, eine antifaschistische Bewegung erstreben. Die Drahtzieher wollen, natürlich auf Kosten der Sowjetunion, versuchen, doch noch zu einer Einigung mit England und Amerika zu kommen.»

Diese Analyse traf ins Schwarze. Für den nationalkonservativen Widerstand war Hitlers Pakt mit Stalin eine Ungeheuerlichkeit, ein Schritt auf dem Wege zu einem bolschewistischen Deutschland. Ob braun oder rot – für die NS-Gegner im Geheimdienst und in der Wehrmacht wie für die Mitglieder der Mittwochs-Gesellschaft um Johannes Popitz war das im Grunde dieselbe zu bekämpfende Ideologie. Ein undifferenzierter Antikommunist war auch Carl Goerdeler, der zu allen Widerstandsgruppen gute Kontakte hatte. Goerdeler, viele Jahre Leipziger Oberbürgermeister, Preiskommissar Hitlers, hatte sein Bürgermeisteramt 1937 zur Verfügung gestellt, als die NSDAP auf der Entfernung des Denkmals von Felix Mendelssohn-Bartholdy, dem berühmten Sohn der Stadt, bestand, weil der Musiker Jude war. Der tüchtige Verwaltungsmann, ein Liberaler alter Schule, dessen Vorstellungen von Politik und Moral im Kaiserreich geprägt worden waren, hatte einst in den Nationalsozialisten Patrioten gesehen, die Deutschland auf einen besseren Weg bringen würden. Der Enttäuschung folgte die Einsicht, daß nur eine andere Regierung die alten Werte wiederherstellen konnte, die von Hitler mit Füßen getreten wurden. Goerdeler, von dem schwäbischen Industriellen Robert Bosch finanziell unterstützt, reiste ständig im Lande und außerhalb der Grenzen umher, um Sympathien für ein anderes Deutschland zu wecken. Er war ein unermüdlicher Botschafter, ein Kämpfer ohne Auftraggeber und ohne Bataillone, der daran festhielt, daß am Ende mit vernünftigen Argumenten auch die verfahrenste Situation zu meistern sei.

Ohne förmliche Abstimmung, aber ganz im Sinne seiner konservativen Freunde, faßte der 58jährige Goerdeler im Winter 1941/42 die Vorstellungen von einer Politik nach Hitler in der Denkschrift «Das Ziel» zusammen. Sein Ausgangspunkt: «Die zentrale Lage, die zahlenmäßige Stärke und die hochgespannte Leistungsfähigkeit verbürgen dem deutschen Volk die Führung des europäischen Blocks, wenn es sie sich nicht durch Unmäßigkeit oder durch Machtsuchtmanieren verdirbt... Im Osten kann eine fruchtbare wirtschaftliche und politische Zusammenarbeit mit einem bolschewistischen Rußland sich nicht entfalten... Es ist nützlich, daß das Deutsche Reich Kolonien hat.»

Der Zivilist Goerdeler wollte mit seiner Schrift vor allem die Militärs zum Widerstand gegen Hitler bewegen, einen Stand, der von allen am zögerlichsten war, wenn es um Veränderungen ging, zumal in diesen kriegerischen und immer noch siegreichen Zeiten. Doch wie bei dem «Programm» des Ulrich von Hassell gilt es, das «Ziel» von Goerdeler und seinen Gesinnungsgenossen ernst zu nehmen. Ist auch an manchen Stellen vielleicht etwas zu dick aufgetragen, so beschreibt es doch treffend die Vorstellungen und Wünsche der konservativen Opposition. Sie hatten nie aufgegeben, den Versailler Vertrag zu revidieren, wenngleich mit friedlichen Mitteln. Ihr Glaube an Deutschlands Sendung und ihre Abscheu vor dem Kommunismus waren ebenso echt wie Goerdelers Forderung: «Als erstes sind Recht und Anstand wiederherzustellen... Alle Beschränkungen der Freiheit des Geistes, des Gewissens und der Forschung werden sofort aufgehoben.» An der Spitze des Reiches sollte ein «Reichsführer» stehen: «Man muß sich also aus kalter Vernunft für die monarchische Staatsspitze entscheiden.» Parteienstreit lag seinem Politikverständnis fern. Goerdeler wünschte eine «ruhige, von Tageseinfluß und Tagesstreit unabhängige Staatsführung». Die Gegenutopie, die dieser Konservative entwarf, wurzelte in der Welt von gestern. Für Goerdeler gab selbst das nationalsozialistische Deutschland keinen Anlaß zu einem radikalen Umbruch.

Auch Fritz-Dietlof von der Schulenburg, der «rote Graf», der vor 1933 in die NSDAP eingetreten war, weil er auf eine Synthese von Sozialismus und preußischen Werten hoffte, hatte noch keinen Abschied von seinem alten Traum genommen. Er war als Polizeivizepräsident von Berlin 1938 mit den Verschwörern in Militär und Geheimdienst einig gewesen, weil die Nationalsozialisten in seinen Augen ihre ursprünglichen Ideale verraten hatten. Schulenburg zog mit der Truppe nach Rußland. Seine Sehnsucht nach dem einfachen Leben und seine Skepsis gegenüber der Industriegesellschaft wurden von der «urhaften Kraft» des Ostens noch verstärkt. Er sah die Deutschen als Befreier vom bolschewistischen Joch an. Aus seinem Kriegstagebuch: «Hier können wir wirklich Liebe erwerben und erobern sie mit deutscher Ordnung und Gerechtigkeit unfehlbar sicher.»

Liebe und Gerechtigkeit: für diesen Konservativen waren das keine leeren Worte. Er prophezeite sogar, daß aus der blutigen Auseinandersetzung eine neue kontinentale Ordnung wachsen würde: «Dann wird unter den stürmischen Wehen der Neugeburt aus den Trümmern des Krieges ein erneuertes Europa entstehen.» Und auf dem Umweg über die russischen Eroberungen sollten in der Heimat die alten Werte wieder zu Ehren kommen: «Außerdem kann man in einem Land, das gerade vom Bolschewismus befreit ist, nur nach Grundsätzen regieren, die den bolschewistischen entgegengesetzt sind. Eigentum, Freiheit der Person, der Meinungsäußerung, der Religion sind da die unabfindbaren Elemente der Politik.» Im August 1941 traf Schulenburg in Smolensk bei der Heeresgruppe Mitte den Oberstleutnant Henning von Tresckow, den er gut kannte. Die beiden Männer unterhielten sich lange und offen miteinander. Schulenburg war überzeugt, daß der östliche Feldzug im kommenden Winter siegreich beendet würde. Sein Gesprächspartner bezweifelte das entschieden.

Als jüngster Leutnant der kaiserlichen Armee war Henning von Tresckow 1918 aus dem verlorenen Weltkrieg nach Potsdam zurückgekehrt, als Zivilist für einige Zeit ins Bankfach eingestiegen und dann Berufssoldat in der Armee der Republik geworden. Wie die meisten seiner Kameraden liebte er die Demokratie nicht. 1933 empfahl er einem Familienmitglied, NSDAP zu wählen. Die Krise, in die Hitler 1938 die Wehrmacht stürzte und durch die er sich die Militärs endgültig gefügig machte, war für den Vierzigjährigen der Wendepunkt. Von da an sann Tresckow darauf, den «Bluthund» Hitler zu beseitigen. Der Überfall auf Rußland war für ihn das Signal, in der Heeresgruppe Mitte systematisch Gleichgesinnte zu sammeln. Als Fabian von Schlabrendorff, Gegner der Nationalsozialisten seit seinen Tagen als Jurastudent, zu Tresckows Truppe kam, ergab sich im Herbst 1941 von selbst die Verbindung zu der Gruppe um Hans Oster im Geheimdienst. Schlabrendorff kannte Oster und seine Umsturzpläne seit langem, ebenfalls Ulrich von Hassell und dessen Freunde von der Mittwochs-Gesellschaft: «Während dieser Zeit widmete ich mich im wesentlichen politischen Aufgaben. Durch wiederholte Flüge aus Rußland nach Berlin hielt ich die Verbindung zwischen den Widerstandskreisen im Frontheer und jenen im Heimatheer aufrecht. Ich unterrichtete Oster über die militärische Lage in Rußland, über die psychologische Situation im Frontheer und über die Folgerungen, die wir daraus zogen. Von Oster nahm ich Berichte über die Heimat und über die politische Lage in der Welt entgegen.»

Oster und Hassell, Schlabrendorff und Tresckow waren überzeugt, daß der Krieg, der so erfolgreich schien, in einer Niederlage Deutschlands enden würde und daß nur in dieser Katastrophe eine Chance zum Besseren, zum Umsturz lag. Doch noch lag dieser Zusammenbruch außerhalb der Vorstellungskraft vieler, und die Verschwörer waren sich einig, daß eine siegreiche Armee und ihre Generäle auf Gedeih und Verderb ihrem obersten Führer folgen würden und für keinen Wechsel, noch dazu einen gewaltsamen, zu gewinnen waren.

Helmuth James von Moltke, der in der Abteilung «Ausland»

beim Geheimdienst seinen Kampf um Einhaltung des Völkerrechts nicht aufgab, schrieb Ende April 1941 seiner Frau nach Gut Kreisau: «Es ist erstaunlich, wie schwer es im Kriege ist, der gedanklichen Isolierung zu entgehen, selbst wenn man an einer verhältnismäßig so begünstigten Stelle sitzt wie ich. Die Abschneidung von Informationen, die wir teils als notwendige Maßnahme selbst betreiben, die uns zum Teil aber durch die Blockade und den Rückgang des Verkehrs mit der äußeren Welt aufgezwungen ist, hat geradezu verheerende Folgen, und es wird große Mühe kosten, wieder in den gleichen Schritt mit der Weltentwicklung zu kommen, wenn dieser Krieg einmal vorüber sein wird...» Diese Isoliertheit bedrückte alle, die in diesen Jahren Utopien für eine bessere Welt entwarfen. Nicht nur nach außen war Moltke isoliert, sondern auch in seinem eigenen Volk. Einen gleichgesinnten Gesprächspartner allerdings hatte er ein Jahr zuvor gefunden. Immer häufiger war er bei Peter Yorck von Wartenburg und seiner Frau Marion in der Berliner Hortensienstraße zu Gast. Immer ausführlicher wurde die Korrespondenz der beiden Männer aus altem preußischem Adel. Yorck von Wartenburg, ein Jurist, der im Amt des Preiskommissars arbeitete, war ein musischer Mann, sehr ruhig, ein guter Zuhörer und auf Ausgleich bedacht.

Moltke hatte sich durch die Siege der Wehrmacht in Frankreich nicht blenden lassen. Anders als für den bürgerlichen Goerdeler galten ihm die Eroberungen nicht als akzeptable Grundlage für Deutschlands Wiedergeburt als Großmacht, sondern waren für ihn schweres Unrecht. An seinen Freund hatte er im Sommer 1940 nach dem Sieg über Frankreich geschrieben: «Lieber Yorck, nun, da wir damit rechnen müssen, einen Triumph des Bösen zu erleben und, während wir gerüstet waren, alles Leid und Unglück auf uns zu nehmen, statt dessen im Begriff sind, einen viel schlimmeren Sumpf von äußerem Glück, Wohlbehagen und Wohlstand durchwaten zu müssen, ist es wichtiger als je, sich über die Grundlagen einer positiven Staatslehre klar werden zu müssen.» Im April 1941 faßte Moltke seine Überlegungen in einer Denkschrift zusammen.

Zuerst nannte er das Ziel der Erneuerung: «In dem einzelnen muß das Gefühl der inneren Gebundenheit an Werte, die nicht von dieser Welt sind, wieder erweckt werden... Der zweite wichtige Punkt ist die Erringung der Freiheit... Der dritte Punkt ist das Verantwortungsgefühl.» Damit war der einzelne Mensch und sein Verhalten ins Zentrum gerückt und der brutale Imperativ der Nationalsozialisten – «du bist nichts, dein Volk ist alles» – umgekehrt. Einer neuen Politik setzte der adlige Großgrundbesitzer diese Ziele: «Das Ende des Nationalismus. Das Ende des Rassegedankens. Das Ende der Gewalt des Staates über den einzelnen.» Moltke war überzeugt: «Das Kriegsende wird eine Bereitschaft zur Einkehr und Buße finden.» Die politische Voraussetzung für Moltkes Überlegungen war ein radikaler Neuanfang: «Deutschland ist besiegt.» Und mit dieser Niederlage sah Moltke die Neuordnung Europas gekommen: «Europa ist in historisch gewordene Selbstverwaltungskörper unterteilt.» Das Wahlrecht in diesen kleinen Gemeinschaften allerdings sollte nicht jedem zustehen, sondern hing von der «Ausübung gemeinschaftsfördernder Tätigkeiten» ab.

Im Oktober 1941 war der Jesuitenpater Augustin Rösch, Provinzial der Oberdeutschen Provinz der Gesellschaft Jesu, auf Besuch in Berlin und hörte sich an einer Straßenecke notgedrungen eine Hitlerrede an. Durch die öffentlichen Lautsprecher dröhnte die Zusage des Führers, der Krieg sei im Prinzip beendet, da den Russen die Waffen ausgingen. «Ja, warum denn so ernst, Pater?» sagte plötzlich eine Stimme. Es war Karl Ludwig von Guttenberg, ein guter Bekannter aus dem heimatlichen München. Guttenberg bat den Pater, ihm unauffällig zu folgen, und lotste ihn in die kleine, abseits gelegene Wohnung eines Freundes in der Derfflingerstraße. Dort traf Rösch nach seinen eigenen Worten «einen sehr großen, hageren Mann, einen fein geschnittenen Kopf: Es war Graf Helmuth von Moltke.» Moltke schrieb wenig später über den 48jährigen Sohn eines Lokomotivführers aus der Oberpfalz: «Ein Bauernsohn mit einem hervorragenden Kopf, gewandt, gebildet, fundiert.»

Augustin Rösch hat nach dem Krieg seine Erinnerungen an die erste Begegnung mit Moltke aufgezeichnet: «Dieser kochte uns zuerst eine Suppe, und dann brachte er einen Feldkocher, eine Schüssel Teig, den er angemacht hatte, und während der ersten Unterhaltung buk er Omelettes, die jeweils der gerade bekam, der nichts auf dem Teller hatte. Das alles war in seinem Studierzimmer, das einfach, aber heimelig ausgestattet war und an dessen Wänden Regale mit Fachliteratur und schöner Literatur und besonders auch geschichtlichen Werken standen.» Ausgehend von Hitlers jüngster Rede über die unmittelbar bevorstehende Vernichtung der Sowjetunion erklärte Moltke an diesem Herbsttag einem der obersten deutschen Jesuiten, daß am Ende nicht der Sieg, sondern die Niederlage stehen würde und daß man Hitler «die Führung aus der Hand nehmen» müsse: «Wir müssen kämpfen, alles tun, um zu retten, was zu retten ist... Und nun frage ich Sie, Pater Provinzial: Sie sind dazu bereit?» Augustin Rösch bat um Bedenkzeit. Im November schon traf er sich mit Moltke in München und sagte zu. Einen Monat später saß Rösch mit den neuen Freunden in Berlin zusammen. Sie planten eine Tagung der Gruppe um Moltke und Yorck von Wartenburg auf Gut Kreisau für den Mai 1942.

Bei Pater Rösch fiel die Entscheidung für den aktiven Widerstand mit der Erkenntnis zusammen, daß alle Überzeugungskraft nicht ausreichte, die katholischen Bischöfe Deutschlands zu einem unmißverständlichen öffentlichen Protest gegen die Unrechtstaten des NS-Staates zu bewegen. Rösch war die treibende Kraft im «Ausschuß für Ordensangelegenheiten», einem offiziellen Gremium der katholischen Kirche. Die «Denkschrift», die der Ausschuß im Juni 1941 für die Bischöfe aufsetzte, trägt seine Handschrift. Sie forderte von den geistlichen Hirten: «Klare Haltung ist Gewissenspflicht... Verantwortung vor der Geschichte... Verantwortung vor dem Herrgott.» Über die Gläubigen in den Gemeinden schrieb er: «Große Beunruhigung in Laienkreisen und bittere Vorwürfe über das Schweigen und Versagen kirchlicher Instanzen gegenüber den Übergriffen und schwersten Rechtsverletzungen.» Der Ausschuß entwarf einen Hirtenbrief, der in drastischen Worten das Unrecht an der Kirche anklagte und mehr: «Tausende von Männern und Frauen schmachten in den Sammellagern der Geheimen Staatspolizei, ohne jemals vor einem unabhängigen Richter einer Schuld überführt zu sein. Wir Bischöfe verwahren uns vor Gott und vor dem deutschen Volk feierlich gegen diese ungerechte Vernichtung der persönlichen Freiheit.»

Die Mehrheit der Bischöfe erklärte sich bereit, einen solchen eindeutigen Hirtenbrief am zweiten Advent 1941 zu verlesen. Die Aktion scheiterte am Einspruch des Breslauer Kardinals Bertram. Die deutschen Bischöfe werteten die Geschlossenheit in den eigenen Reihen höher als ihre Verantwortung vor der Geschichte und vor dem Herrgott. Statt eines öffentlichen Hirtenwortes reichten sie eine geglättete Version der Denkschrift beim Chef der Reichskanzlei ein. Eine Antwort haben die geistlichen Herren darauf nie erhalten. Kardinal Clemens August von Galen, der Bischof von Münster, predigte als einziger in diesem Sommer nicht nur gegen die Tötung von Geisteskranken, sondern prangerte auch das allgemeine Unrecht an: «Wie viele deutsche Menschen schmachten in Polizeihaft, in Konzentrationslagern, sind aus ihrer Heimat ausgewiesen, die niemals von einem ordentlichen Gericht verurteilt sind oder die nach Freispruch vor Gericht... erneut von der Geheimen Staatspolizei gefangengenommen sind und in Haft gehalten werden!» Augustin Rösch wußte, daß es nur einige wenige Bischöfe waren, die mit seinen Vorstellungen von den Aufgaben der Kirche in einem Unrechtsstaat sympathisierten. Ihm war klar, daß er sein Bündnis mit dem Grafen Moltke ganz allein zu verantworten hatte.

Allein in ihrem Kampf gegen das offensichtliche Unrecht waren auch die Katholiken, die ihre Stimme gegen die beginnenden Deportationen ihrer jüdischen Mitbürger erhoben. Ende Oktober 1941 schrieb Helmuth von Moltke über einen neuen «Triumph des Bösen» an seine Frau: «Seit Sonnabend werden die Berliner Juden zusammengetrieben. Abends um 21.15 werden sie abgeholt... Man will es uns ersparen zu sehen, daß man sie einfach in Hunger und Kälte verrecken läßt, und tut das daher in Litzmannstadt und Smolensk... Wie kann jemand so etwas wissen und dennoch frei herumlaufen? Mit welchem Recht? Ist es nicht unvermeidlich, daß er dann eines Tages auch dran kommt und daß man ihn auch in die Gosse rollt? – Das alles sind ja nur Wetterleuchten, denn der Sturm steht vor uns. – Wenn ich nur das entsetzliche Gefühl loswerden könnte, daß ich mich selbst habe korrumpieren lassen...»

Im gleichen Monat ließ der 66jährige Bernhard Lichtenberg, Dompropst an der katholischen St. Hedwigskathedrale in Berlin, in allen Kirchen des Bistums eine Kanzelvermeldung verlesen: «In Berliner Häusern wird ein anonymes Hetzblatt gegen die Juden verbreitet. Darin wird behauptet, daß jeder Deutsche, der aus angeblicher falscher Sentimentalität die Juden irgendwie unterstützt... Verrat an seinem Volke übt. Laßt Euch durch diese unchristliche Gesinnung nicht beirren, sondern handelt nach dem strengen Gebot Christi: ‹Du sollst deinen Nächsten lieben wie dich selbst.›» Lichtenberg, der öffentlich für KZ-Gefangene und verfolgte Juden betete, wurde Ende Oktober verhaftet. Im Verhör vor der Gestapo erklärte er, daß er als katholischer Priester die Weltanschauung des Nationalsozialismus, wie sie in Hitlers Buch «Mein Kampf» dargestellt sei, ablehnen müsse. Der alte Dompropst wurde zu zwei Jahren Gefängnis verurteilt. Am Ende der Haft stand nicht die Freiheit, sondern der Transport in ein KZ. Auf dem Weg nach Dachau ist der schwerkranke Bernhard Lichtenberg im November 1943 gestorben.

Die katholische Kirche fand kein Wort des öffentlichen Protests gegen das Unrecht an den Juden. Der evangelische Bischof von Württemberg, Theophil Wurm, beklagte in einer nichtöffentlichen Denkschrift seiner Kirche an die Regierung im November 1941 die «sich steigernde Härte in der Behandlung der Nichtarier, auch derer, die sich zum christlichen Glauben bekennen». Sieben seiner Amtsbrüder unterzeichneten dagegen im Dezember 1941 eine Bekanntmachung evangelischer Landeskirchen über die Stellung der evangelischen Juden: «Die nationalsozialistische Führung hat mit zahlreichen Dokumenten unwiderleglich bewiesen, daß dieser Krieg in seinen weltweiten Ausmaßen von den Juden angezettelt worden ist.» Von «geborenen Welt- und Reichsfeinden» war die Rede und davon, daß die Taufe nichts an der «rassischen Eigenart eines Juden» ändere. Die Konsequenz: «Eine deutsche Evangelische Kirche hat das religiöse Leben deutscher Volksgenossen zu pflegen und zu fördern. Rassejüdische Christen haben in ihr keinen Raum und kein Recht. Die unterzeichneten deutschen Evangelischen Kirchen und Kirchenleitungen haben deshalb jegliche Gemeinschaft mit Judenchristen aufgehoben.»

Außer den Männern, die in der Katholischen Arbeiterbewegung organisiert waren, hatten sich auch viele katholische Jugendgruppen nicht dem ängstlichen Kurs ihrer geistlichen Oberhirten angepaßt. In der Stille, gedeckt von Kaplänen und Pfarrern in den Gemeinden, blieben sie ihren Idealen treu, gaben sie an andere Jugendliche weiter und versuchten manchmal sogar, die Erwachsenen aufzurütteln. Oskar Neisinger ging damals in Würzburg zur Schule: «Es begann damit, daß ich mit einigen Freunden ab 1940 nicht nur selbst einige illegale Jugendgruppen leitete, sondern dann auch mit Hilfe und Unterstützung einiger Geistlicher, besonders des damaligen Kaplans am Dom zu Würzburg, ein Zentrum bildete zur Ausbildung von weiteren illegalen Jugendführern.»

Der Kaplan überredete drei alte Damen, ihre Speisekammer auszuräumen. In der Nacht schleppten die Jugendlichen einen Abziehapparat, Papierstapel und beschriebene Matrizen in die

Kammer. Dann wurde – mit Glacéhandschuhen – gearbeitet. Die Mädchen tippten die Matrizen. Für Oskar Neisinger, seine Freunde und Freundinnen, hatte das nichts mit Romantik oder Abenteuerlust zu tun: «Man mußte oft die Zähne zusammenbeißen, um diese monotone Plage durchzustehen: Schlaf in den Augen, Blasen an den Händen, farbverschmiert und nie ganz ohne die Angst im Nacken... Dann lauerte man oft übernächtigt eine halbe Stunde an der Haustüre, bis die Luft rein war, verschnürte die Pakete auf dem Gepäckständer des Fahrrads und fuhr schwerbeladen durch verdunkelte Straßen die Verteileradressen an.» Ein paarmal gelangten die Flugblätter bis nach München und Frankfurt. In einem Flugblatt wurde protestiert: «Wir haben gesehen, wie in Würzburg die Juden zunächst in den Garten einer Gastwirtschaft zusammengetrieben wurden, dort in der Kälte die Nacht bleiben mußten und dann direkt im Triumphzug zum Bahnhof geführt wurden...» Was trieb diese jungen Menschen, ein so hohes Risiko für sich und ihre Familien einzugehen? Politisch waren sie nicht geschult. Ihr religiöser Glaube motivierte sie, den Krieg und vor allem den Überfall auf Rußland abzulehnen. Sie hatten das Gefühl, die Wahrheit laut herausschreien zu müssen, ob die anderen diesen Aufschrei hören wollten oder nicht.

Christlich motiviert war auch eine Gruppe katholischer Lehrlinge in München. Sie hörten ausländische Sender, verbreiteten Flugzettel – «Nieder mit Hitler – Volksverführer, Volksverräter» – und bastelten sich Ende 1941 einen eigenen Sender, über den sie Schlager und ihre Anti-Hitler-Parolen sendeten. Noch vor Jahresende wurden sie gefaßt, drei von ihnen zum Tode verurteilt. Zwei fanden «Gnade», statt aufs Schafott gingen sie ins Zuchthaus. Auf den Lehrling Walter Klingenbeck aber wartete Anfang August 1943 in München-Stadelheim der Henker: «Lieber Jonny! Vorhin habe ich von Deiner Begnadigung erfahren. Gratuliere! Mein Gesuch ist allerdings abgelehnt. Ergo geht's dahin. Nimm's net tragisch... Ich habe soeben die Sakramente empfangen und bin jetzt ganz gefaßt. Wenn du etwas für mich tun willst, bete ein paar Vaterunser.»

In Hamburg taten sich nach dem Überfall auf die Sowjetunion vier Lehrlinge zwischen 15 und 17 Jahren zusammen. Initiator und treibende Kraft ist Helmuth Hübener, Lehrling für die gehobene Verwaltungslaufbahn in der Hamburger Sozialbehörde. Hübener, der aus einfachen Verhältnissen kommt, hatte anfangs begeistert bei der Hitler-Jugend mitgemacht. Damit war es schnell vorbei, statt dessen verbrachte er viel Zeit mit ehrenamtlicher Arbeit als Gemeindemitglied der Mormonen (Kirche Jesu Christi der Heiligen der letzten Tage). Rudolf Wobbe und Karl-Heinz Schnibbe gehörten ebenfalls dieser Glaubensgemeinschaft an und haßten den Drill und die Gleichmacherei in der Hitler-Jugend nicht weniger. Hübener lernte 1940 im Bismarck-Bad beim Schwimmen eine Gruppe kommunistischer Jugendlicher kennen und wurde von ihr zu Schulungsgesprächen und Diskussionen eingeladen. Im Frühjahr 1941 begann Helmuth Hübener ausländische Sender zu hören und systematisch Bücher im Staatsarchiv über die «Feindländer» zu lesen. Sofort nach dem Beginn der Rußlandoffensive schrieb er Nachrichten des Londoner Senders BBC auf Handzettel und verteilte sie. Ab August machten seine Freunde Wobbe und Schnibbe mit und später auch noch der Lehrling Gerhard Düwer. Sie tippten und verteilten nachts, was Hübener immer ausführlicher an politischen Kommentaren und Meldungen über den tatsächlichen Verlauf des Krieges in Rußland aufschrieb. Ein Flugblatt nach dem anderen entstand. Im Dezember 1941 konnten einige Hamburger lesen: «Der Krieg ist jetzt bereits entschieden» – aber nicht so, wie es die NS-Propaganda verbreitete.

Es waren nicht nur ältere Menschen, die überall im Reich ihre letzten Habseligkeiten zusammenpackten und – den gelben Stern auf der linken Brustseite ihres Mantels – in den Tod fuhren. Auch Jugendliche mußten sich entscheiden, ob sie sich ihren Henkern widerstandslos ausliefern oder sich wehren sollten. In

Berlin festigte sich eine Gruppe junger Juden, die sich schon über ein Jahr regelmäßig trafen, um in der Gemeinschaft Schutz vor der mörderischen Umwelt zu finden. Sie wanderten, gingen ins Theater, hörten klassische Musik und lasen Werke der Weltliteratur. 1941 begannen sie mit illegaler Arbeit, wohl wissend, doppelt bedroht zu sein: als Juden und als Kommunisten.

Unumstrittener Anführer der Gruppe war Herbert Baum, Jahrgang 1912, der schon in den dreißiger Jahren illegal für den Jugendverband der Kommunistischen Partei gearbeitet hatte. Seit Ende 1938 sammelte er Jugendliche um sich, die eine neue emotionale und geistige Heimat suchten, weil ihre jüdischen Organisationen aufgelöst wurden. Am Anfang unterschiedlicher politischer Meinung, ordneten sich die Gruppenmitglieder den politischen Zielen Herbert Baums unter und fühlten sich als Widerstandszelle der KPD. Die meisten kamen aus kleinbürgerlichen Verhältnissen, und alle waren zwischen 20 und 30 Jahre alt. Die engere Baum-Gruppe zählte im Sommer 1941 etwa 30 Mitglieder, die wahrscheinlich auf weitere 40 bis 50 Jugendliche Einfluß hatten. Als Juden mußten sie jetzt Zwangsarbeit leisten. Herbert Baum war in die Juden-Abteilung der Berliner Siemens-Werke zwangsversetzt worden.

Wenn sie sich auch vor allem als politisch bewußte Deutsche, Kommunisten oder Sozialisten fühlten, so konnten sie doch nicht vergessen, daß sie als Juden im nationalsozialistischen Deutschland Verfolgte und Ausgestoßene waren. Eine ihrer Aktionen zielte darauf ab, den tödlich bedrohten Juden in Berlin Fluchtmöglichkeiten zu eröffnen. Um Geld für den Kauf gefälschter Ausweise zu bekommen, brachen Mitglieder der Baum-Gruppe in Wohnungen ihrer Glaubensgenossen ein und «stahlen» Wert- und Schmucksachen. Sie taten es im Einverständnis mit den Betroffenen, deren Eigentum ohnehin widerrechtlich der Staat kassierte. Aber Herbert Baum und seine Freunde wollten illegale politische Arbeit machen, die über die Probleme ihrer Glaubensgenossen hinausging. In einem Flugblatt an die Berliner Hausfrauen riefen sie zu Protesten gegen die Lebensmittelknappheit auf.

Während die deutschen Armeen in Richtung Leningrad und Moskau vorstießen, entschloß sich in Mannheim der ehemalige kommunistische Landtagsabgeordnete Georg Lechleiter, der 1935 aus dem KZ entlassen worden war und seitdem ein unauffälliges Leben als Schriftsetzer führte, im Rhein-Neckar-Raum die KPD im Untergrund wieder aufzubauen. Der 56jährige, der 1919 die KPD in Mannheim mitbegründet hatte, begann, alles für die Herstellung einer illegalen Zeitschrift zu organisieren. Im September 1941 erschien zum erstenmal «Der Vorbote, Informations- und Kampforgan gegen den Hitlerfaschismus».

Die persönlichen Kontakte waren nach 1935 zwischen den Genossen nicht abgerissen. Man traf sich zur Ernte, zu Gartenfesten mit den Frauen und Kindern, und jeder wußte ohne viele Worte, wo der andere stand. Doch nun rief Lechleiter seine politischen Freunde auf, sich nicht nur auf den privaten Bereich zu beschränken: «Der Überfall auf die Sowjetunion hat das Proletariat aufgeweckt zur Organisierung des letzten heiligen Krieges – der Arbeit heiliger Krieg gegen den Kapitalismus. Wir als Vorboten der kommenden Völkerrevolution müssen mit allen Kräften und größtem Mut dafür besorgt sein, daß das deutsche Proletariat erwacht.» «Der Vorbote», bei dessen Verteilung streng darauf geachtet wurde, daß nur Kommunisten ihn zu sehen bekamen, beschrieb ausführlich in seinen Ausgaben vom November und Dezember 1941 den Neuaufbau der illegalen Parteiorganisation. In den Betrieben sollten Zellen von drei Personen gebildet werden. Aus Sicherheitsgründen durften diese Grüppchen untereinander keinen Kontakt haben. Engste Mitarbeiter von Georg Lechleiter wurden der 41jährige Gärtner Jakob Faulhaber, der 1930 von der SPD zur KPD übergewechselt war, und der 47jährige Rudolf Langendorf, Kaufmann von Beruf. Faulhaber hatte drei Jahre Schutzhaft hinter sich, Langendorf, dessen Frau ebenfalls eine aktive Kommunistin war, hatte zwei Jahre im

KZ verbracht. Die Mannheimer Kommunisten hatten keinen Kontakt zu anderen Gruppen oder zur Auslandsleitung der KPD. Ihre Informationsquellen waren die Sendungen des Moskauer Rundfunks und der BBC in London.

Eine Untergrundzeitung herzustellen war um diese Zeit nur noch mit der Hilfe von Menschen möglich, die nicht als Kommunisten galten, das heißt: die nicht ständig von der Gestapo überwacht wurden. Zur Lechleiter-Gruppe gehörten auch zwei parteilose Arbeiter sowie der 74jährige Sozialdemokrat Philipp Brunnemer und seine Tochter Käthe Seitz, die die Texte auf Matrizen tippte. Bis zum Jahresende 1941 wuchs die Gruppe auf rund 60 Männer und – einige wenige – Frauen. Zum Jahrestag der bolschewistischen Oktoberrevolution erschien «Der Vorbote» im November 1941 mit einer Sondernummer. Auf der Titelseite stand ein Text von Heinrich Heine: «Ich bin das Schwert, ich bin die Flamme. Ich habe euch erleuchtet in der Dunkelheit, und als die Schlacht begann, focht ich voran in der ersten Reihe. Rund um mich her liegen die Leichen meiner Freunde – aber wir haben gesiegt.» Zu Silvester 1941 schrieb Georg Lechleiter an seine Familie in der Schweiz: «Und nun stehen wir an der Schwelle eines neuen Zeitabschnittes ... Stark war die Erschütterung, die wir im abgelaufenen Jahr erlebten, gewaltiger wird sie im kommenden Jahr uns erfassen. Hart war 1941, härter wird 1942 werden. Hat die Fackel des Krieges auch heller gelodert als die Kerzen am Christbaum, so gibt uns der große Dichter Goethe einen Trostblick: ‹Und will das Licht sich dem Trübsten entwinden, so wird es glühend Rot entzünden›.»

Und die Mehrheit? Die Millionen Deutschen, waren sie erschüttert? Aus allen Radios und Lautsprechern, in der Heimat und an der Front, klang der Schlager des Jahres: «Sing, Nachtigall, sing, ein Lied aus alten Zeiten ... sing, Nachtigall, sing, rühr mein müdes Herz.» Vielleicht waren solche Favoriten der Versuch, der Dauerberieselung durch die NS-Propaganda, mit der verstohlenen Erinnerung an eine undefinierbare alte Zeit, die so schlecht doch nicht gewesen war, zu entrinnen. Der Schriftsteller Reinhold Schneider, dessen Gedichte in aller Heimlichkeit auf hektographierten Blättern von Hand zu Hand gingen, zog nach dem Krieg über diese Monate eine bittere Bilanz: «In Kreisen, die man gut bürgerlich nennt, bei Lampe und Strickstrumpf, wurde die Meldung von der Versenkung eines englischen Schiffes, dem Ertrinken der gesamten Mannschaft, mit Freude aufgenommen, die von der Bombardierung einer Stadt mit Genugtuung, vom Widerstand der Polen in Warschau, der Norweger, Griechen mit Erbitterung. KZs sollten nicht sein und waren also nicht da. ... Antimilitaristen, sowenig wie ich imstande, ein Gewehr zu handhaben, freuten sich über die Besetzung von Paris. Kritische Geschichtsforscher prophezeiten das germanische Weltreich. Gegner des Systems, die schwer unter ihm gelitten hatten, erörterten die planmäßige Zerstörung Londons.»

Zu Allerheiligen, am 1. November 1941, predigte Alfred Delp, ein Freund und Ordensbruder des Jesuitenpaters Augustin Rösch, in der St. Georgsgemeinde von München-Bogenhausen. Im Mittelpunkt seiner Predigt stand der Film «Ich klage an», der die Tötung einer unheilbar Kranken rechtfertigen sollte. Delp sagte seinen Zuhörern zu diesem Plädoyer für einen «gnädigen Tod»: «Und diese ganze Haltung ist zuerst einmal Lüge... Und die zweite Lüge ist die Art und Weise, wie durch einen – verzeihen Sie mir das Wort – Appell an die Tränendrüsen das Publikum eingelullt wird... Nehmt den Menschen die Fähigkeit, ihre Kranken pflegen und heilen zu können, ihr macht aus den Menschen ein Raubtier... Das ist der Sinn unserer Feste, ... daß wir uns zum Menschen bekennen. Das wird eine Entscheidungsfrage sein, ob wir Christen fähig und willens sind, uns schützend nicht nur vor den Christen, sondern vor die Kreatur zu stellen.»

In den Augen derer, die die Macht hatten, war eine solche Kritik «Zersetzung der Heimatfront». Pater Delp mußte damit rechnen, daß seine Worte nicht innerhalb der Kirchenmauern blieben. Er wußte, wie die Mehrheit seiner Landsleute über solche «Miesmacher» wie ihn dachte. Worin lag der Sinn, als Rufer in der Wüste seine Stimme zu erheben und damit Freiheit, Gesundheit und vielleicht sogar das Leben zu riskieren? Alle, die dem Nationalsozialismus auf ihre Weise Widerstand leisteten und sich von der großen Mehrheit ihrer Mitmenschen isolierten, mußten sich irgendwann diese Frage stellen. Helmuth James von Moltke fand seine Antwort gegen Ende dieses Jahres 1941, das alle Hoffnungen auf Änderung wieder einmal zunichte gemacht hatte: «Die Erkenntnis, daß das, was ich tue, sinnlos ist, hindert mich nicht, es zu tun, weil ich viel fester als früher davon überzeugt bin, daß nur das, was man in Erkenntnis der Sinnlosigkeit alles Handelns tut, überhaupt einen Sinn hat. Manchmal hadere ich mit mir selbst, indem ich mir vorwerfe, ich hätte mir diese Theorie aus Bequemlichkeit zurechtgelegt; vielleicht ist es auch so, ich vermag aber dennoch nicht, davon zu lassen...»

1942
Grafen, Jesuiten, Studenten: Verstellung wird zum Alltag

Das Versprechen Adolf Hitlers, die Soldaten des Rußlandfeldzuges würden 1941 Weihnachten wieder in der Heimat feiern, hatte sich nicht erfüllt. Die deutschen Soldaten mühten sich vielmehr, bei Eiseskälte und völlig unzulänglicher Ausrüstung die Front im Osten zu halten. Im Reich lief eine Kampagne zur Sammlung von Wintersachen für die Armee, und selbst bei unkritischen Zeitgenossen konnte das Propagandagetöse den Zweifel nicht übertönen, ob man solche Vorsorge nicht eher und sachgemäßer hätte treffen müssen.

Am 15. März war «Heldengedenktag» wie jedes Jahr im Dritten Reich. Die Nation wartete mit Spannung auf die Rede des «Führers». In den Reaktionen, die die Spitzel des SS-Sicherheitsdienstes anschließend nach Berlin meldeten, deutete sich vorsichtige Kritik der Zuhörer an: «Den stärksten und zweifellos nachhaltigsten Eindruck hinterließ der Satz in der Führerrede: ‹Wir wissen aber eines schon heute: Die bolschewistischen Horden, die die deutschen und die verbündeten Soldaten in diesem Winter nicht zu besiegen vermochten, werden von uns in dem kommenden Sommer bis zur Vernichtung geschlagen sein!› ... Zahlreiche Volksgenossen brachten in diesem Zusammenhang sinngemäß zum Ausdruck, daß sich der Führer niemals in dieser Weise geäußert hätte, wenn er nicht selbst die restlose Überzeugung und Gewißheit habe, daß sich seine Voraussage bewahrheiten werde.» Die Glaubwürdigkeit Hitlers bekam die ersten feinen Risse: «Die Ausführungen des Führers, daß der bolschewistische Koloß in weitem Abstand von den gesegneten Gefilden Europas seine endgültige Grenze finden werde, lösten ebenfalls starke Beachtung aus. Vielfach glaubte man aus diesen Worten einen gewissen Widerspruch zu den kurz vorher erfolgten Ausführungen des Führers...»

Wie die Deutschen wirklich über den Krieg dachten, drückt sich wohl eher in den Witzen aus, die in diesen Monaten die Runde machten. Frage: «Wie lange dauert der Krieg?» Antwort: «Bis Göring die Hose von Goebbels paßt.» Oder: «Ein Bewerber der Waffen-SS wird gefragt, ob er sich für die Dauer des Krieges verpflichtet. Nein, sagt er, nur für zwölf Jahre.» Bald meldeten die offiziellen Stellen, daß die Menschen im Alltag andere Sorgen plagten. Aus dem Aprilbericht des Regierungspräsidenten von Oberbayern: «Die Herabsetzung der Fleisch-, Fett-, Brot- und Mehlrationen hat die Stimmung stark beeinflußt. Man war allgemein auf Einsparungsmaßnahmen gefaßt, hatte jedoch nicht damit gerechnet, daß sie in solchem Umfang erforderlich seien. Nach den Berichten der Landräte haben die Kürzungen besonders bei der Arbeiterschaft Unwillen und Enttäuschung ausgelöst.» Es lief nicht alles nach Wunsch im zehnten Jahr des Nationalsozialismus. Der «Führer» hatte den Deutschen auch versprochen, daß es ihnen wirtschaftlich besser gehen würde als zu Zeiten der Republik. Wie würde er auf solche Stimmungen reagieren?

Hitler ließ keinen Zweifel daran, daß es auf seinem Weg kein Halten gab und keine Kurskorrekturen geplant waren. Seine Politik des «Alles oder Nichts» konnte Unwillen und Enttäuschung nur mit noch mehr Terror niederhalten. Es sollte kein Gebiet mehr geben, in dem er nicht die unumschränkte Macht hatte. Am 26. April 1942 wurde der «Großdeutsche Reichstag» zu einer Sitzung einberufen. Es sollte seine letzte werden. Hitler verlangte in seiner Rede: «Daß mir die Nation das Recht gibt, überall dort, wo nicht bedingungslos im Dienste der größeren Aufgabe, bei der es um Sein oder Nichtsein geht, gehorcht und gehandelt wird, sofort einzugreifen und dementsprechend selbst handeln zu dürfen.» Hermann Göring forderte dann den Reichstag auf, «mir folgende Feststellung zu bestätigen»: «Der Führer muß daher – ohne an bestehende Rechtsvorschriften gebunden zu sein – in seiner Eigenschaft als Führer der Nation, als Oberster Befehlshaber der Wehrmacht, als Regierungschef und oberster Inhaber vollziehender Gewalt, als oberster Gerichtsherr und als Führer der Partei jederzeit in der Lage sein, nötigenfalls jeden Deutschen... mit allen ihm geeignet erscheinenden Mitteln zur Erfüllung seiner Pflichten anzuhalten.» Damit war Hitler oberster Gerichtsherr, und alle waren gewarnt, die das erste Ausbleiben von Erfolgen dazu nutzen wollten, sich nicht mehr willig einzufügen oder sogar den Widerstand gegen dieses Regime zu schüren.

Doch die Warnung an alle, die die Kriegslage als erstes Anzeichen für den Niedergang der Diktatur deuteten, ging ins Leere.

In München und Augsburg begannen die «Revolutionären Sozialisten» Waffen zu lagern und Pläne für einen bewaffneten Aufstand zu machen. Dem Sozialdemokraten Bepo Wager, Facharbeiter bei MAN in Augsburg, war es gelungen, eine kleine disziplinierte Gruppe über alle Verfolgungswellen beisammenzuhalten. Mit Hermann Frieb, einem Münchner Steuerberater, hatte er sogar während des Krieges neue Gruppen in Österreich organisiert. Es waren kämpferische Sozialdemokraten, die – losgelöst von der Partei – zu einem riskanten Widerstand entschlossen waren. Doch nach den Regeln der Konspiration war die kleine Schar längst zu sehr ausgeufert. Die Gestapo konnte einen Spitzel einschleusen. Ende Februar begannen die Verhaftungen in Salzburg, Mitte April waren die «Revolutionären Sozialisten» in Augsburg und München an der Reihe. Frieb und Wager wurden zum Tode verurteilt und im August 1943 in München-Stadelheim enthauptet. Friebs Mutter bekam eine Zuchthausstrafe von 12 Jahren und die Rechnung für die Hinrichtung ihres Sohnes in die Zelle geschickt.

Auch altgediente Kommunisten sahen jetzt eine Chance, ihren Kampf gegen den Nationalsozialismus verstärkt fortzuführen, die Genossen von einst an ihre Ideale und Ziele zu erinnern und auch andere Menschen davon zu überzeugen. In Mannheim hatte im Dezember 1941 die Gruppe um Georg Lechleiter wieder eine illegale Nummer des «Vorboten» hergestellt. Dort stand: «Es ist daher für alle Kommunisten eine dringende Tagesaufgabe geworden, sich zu einem festen Parteikern zusammenzuschließen, der in den Massen wurzelt...» Ihr Kampf, da waren Lechleiter und seine Freunde aus der Arbeiterbewegung ganz sicher, würde helfen, eine bessere Welt vorzubereiten. Und weil Sowjetrußland ihnen als die Realisierung dieser besseren Welt erschien, erträumten sich diese Mannheimer Kommunisten, die seit Jahren von allen Kontakten zur Partei und zur Welt abgeschnitten waren, ein «Sowjet-Deutschland».

Die Sozialdemokratin Käthe Seitz schrieb gerade heimlich die Matrizen für die fünfte Ausgabe des «Vorboten», als im Februar 1941 der innere Kreis der Lechleiter-Gruppe verhaftet wurde: Fünf Männer, und es half den anderen Genossen nicht, daß in aller Eile sämtliche verdächtigen Gegenstände – Schreibmaschine, Papier, Schriften – versteckt werden konnten. Ende März waren im Mannheimer Raum 50 bis 60 Menschen verhaftet, die alle auf ihre Weise mitgeholfen oder die Aktiven mit Sympathie und Verständnis ermutigt hatten. Die Hälfte von ihnen wurde unter Anklage gestellt. Mitte Mai tagte der Volksgerichtshof im Mannheimer Schloß. Die 14 Angeklagten waren mißhandelt worden und manche nur noch ein Schatten ihrer selbst. Das Gericht brauchte nur einen Tag, um sie alle wegen Vorbereitung zum Hochverrat, wegen Feindbegünstigung und Wehrkraftzersetzung zum Tode zu verurteilen. Selbst in solchen Fällen, wo sie «nicht zwingend vorgeschrieben war», hatten die Richter auf Todesstrafe erkannt. Allen zur Warnung stand in der Urteilsbegründung: «Wer sich mit derartigen Volksschädlingen verbündet, hat ihr Schicksal zu teilen.»

Die Verurteilten wurden nach Stuttgart gebracht. Dreieinhalb Monate lebten sie in Ungewißheit, gaben die Hoffnung nicht auf. Dann, im September 1942, war es Zeit für die letzten Briefe, die ihnen die Gefängnisleitung zugestand. Der 57jährige Georg Lechleiter schrieb an seine Familie: «Der Gedanke an den nahen Tod schreckt mich nicht... Ich tat das mit Freunden, was erst den Menschen ausmacht – leiden für eine Idee... Das höchste Ziel eines Menschen besteht darin, wirklich für andere zu leben, für andere sich aufzuopfern... Mein ganzes Leben habe ich der Arbeiterschaft gewidmet, und ich weiß, daß auf den Schultern des Proletariats der Staat der Zukunft entstehen wird.» Jakob Faulhaber, 42 Jahre alt, schrieb an seine Frau: «Ich bin Dir so dankbar, daß Du bis jetzt so aufrecht und stark gewesen bist, und ich bitte Dich, bleibe weiter so... Du bist von anderem Holz geschnitzt als ich, der ich eben durch meinen Charakter, durch mein Können und Wissen einfach diesen Weg gehen mußte. Du darfst also mir nicht nachsterben, sondern hast die schwere, aber schöne Aufgabe, unsere Kinder im Leben weiterzuführen... Und wenn es Dir gar zu schwerfällt, liebe Emma, so hast Du noch einen Vorzug. Greife dann hinein in die Perlen der deutschen Literatur, darin wirst Du an Tausenden von Beispielen Trost und Erhebung finden, so wie auch ich darin Kraft und Selbstvertrauen gefunden habe... Als letztes das Wort aus Goethes ‹Egmont›: ‹So wie ich Euch jetzt ein Beispiel gebe›.» In der Nacht zum 15. September 1942 sangen die 14 Verurteilten, zu denen auch Käthe Seitz, ihr Mann und ihr 75jähriger Vater gehörten, auf drei Zellen verteilt, die Internationale. Morgens um 4.30 Uhr verrichtete der Scharfrichter an der Guillotine sein blutiges Handwerk. Ende Oktober stand die zweite Lechleiter-Gruppe vor dem Richter. Vier Männer und eine Frau wurden zum Tode verurteilt und durchlebten qualvolle Wochen, bevor sie Ende Februar 1943 hingerichtet wurden. Zwei Angeklagte waren während der Gefängniszeit ums Leben gekommen.

Robert Uhrig war es trotz des Krieges gelungen, in der Hauptstadt Berlin wieder erste Ansätze für eine KPD im Untergrund zu schaffen. Auf Initiative seines Mitkämpfers Beppo Römer hatte sich eine Gruppe in München gebildet. Es gab Kontakte ins Ruhrgebiet und nach Österreich, in die «Ostmark». Der Kommunist Uhrig ging tagsüber in einer Fabrik seiner Arbeit nach, am Abend und an den Wochenenden der konspirativen Tätigkeit. Im Winter 1941/42 wurden er und seine Genossen mißtrauisch. Sie fühlten sich beobachtet. Zu Recht: Ein V-Mann der Gestapo saß im Leitungsgremium der KPD-Gruppe. Am 2. Februar 1942 begannen gleichzeitig in Berlin, Tirol und München die Verhaftungen der Uhrig-Leute. Bei den meisten wartete die Gestapo am Arbeitsplatz: eine Warnung an alle, die zusahen. Mitte des Jahres waren in Berlin rund 150, in München 48 Mitstreiter festgenommen. Ebenso kam nun der Bergarbeiter Reinhold Mewes in Duisburg an die Reihe.

Es war nichts Besonderes im «Dritten Reich», daß Verhaftete über Wochen und Monate im Gefängnis auf ihren Prozeß warten mußten. Robert Uhrig und seine Freunde aber, Männer und Frauen, wurden auf verschiedene KZs verteilt, ohne daß auch nur Anstalten zu einem Prozeß gemacht wurden. Als im Frühjahr 1943 weitere illegale KPD-Gruppen gefaßt wurden, erhoffte man sich von den Uhrig-Leuten zusätzliche wichtige Aussagen über Querverbindungen. Erst 1944 bekamen die Männer und Frauen, die noch nicht durch Folter und Entbehrungen umgebracht worden waren, ihre Richter. In München wurden Hans Hartwimmer und Wilhelm Olschewski mit vier Genossen im Frühjahr 1944 zum Tode verurteilt und hingerichtet.

Werner Seelenbinder, der beliebte Ringer, hatte in Berlin in der Uhrig-Gruppe mitgearbeitet. Sein Leidensweg führte ihn durch neun Gefängnisse, Lager und Zuchthäuser. Im September 1944 stand er mit zwölf Gesinnungsgenossen im letzten Prozeß gegen die Uhrig-Gruppe vor dem Volksgerichtshof. Seine Freundin Charlotte Eisenblätter, die illegale Flugblätter und Informationsdienste getippt und sich um Quartiere und Kontakte für Untergetauchte gekümmert hatte, war im August 1944 hingerichtet worden. In ihrem Abschiedsbrief stand: «Ich habe ein reiches Leben gehabt, wie es viele nicht haben, die 60 Jahre oder noch älter werden. Ich habe so viele glückliche Stunden genossen bei der Arbeit, im Freundeskreis und auf meinen Reisen. So ging mein Kampf letzten Endes nur dahin, allen Menschen zu solchen glücklichen Stunden zu verhelfen...» Im letzten Uhrig-Prozeß wurden sieben Todesurteile gefällt. Eines galt Werner Seelenbinder. Er sollte Ende Oktober 1944, gerade 40 Jahre alt, im Zuchthaus Brandenburg-Görden enthauptet werden. Am Morgen durfte er seinen letzten Brief an den Vater und die Geschwister schreiben: «Ich hätte so gern gemeinsam mit Euch, mit meinen Freunden und Sportkameraden, die Köstlichkeiten und Annehmlichkeiten, die das Leben nach dem Kriege zu bieten hat und die ich jetzt doppelt zu schätzen weiß, erlebt. Es waren schöne Stunden, die ich mit Euch verbrachte. Das Schicksal hat nun leider nach furchtbarer Leidenszeit anders über mich bestimmt. Ich weiß aber, daß ich in Euren Herzen und dem vieler Sportkameraden einen Platz gefunden habe, den ich immer darin behaupten werde. Dieses Bewußtsein macht mich stolz und stark und wird mich in der letzten Stunde nicht schwächer finden... Also lebt wohl! Ich weiß, Ihr werdet mich nicht vergessen. Grüßt alle Bekannten und Sportkameraden recht herzlich. Lebt alle, alle wohl!»

Während der zwei Jahre, die die Frauen und Männer um Robert Uhrig in den KZs und Gefängnissen zubrachten, fielen ihre Brüder oder Söhne an der Front, starben ihre Eltern, ohne daß sie ihnen das letzte Geleit geben durften. Am unerträglichsten aber war die Ungewißheit. Der Tischler Karl Frank wartete Mitte Juli 1944 im Zuchthaus auf die Vollstreckung des Urteils: «Nun sitze ich schon vier Wochen hier in Brandenburg in meiner

Zelle, ein Raum 3 ½ m lang, 1 ½ m breit und 3 m hoch, und zähle die Tage, die ich noch zu leben habe, und bin doch froh über jeden Tag, der hinter mir liegt. Denn jeder Tag ist eine neue Marter für mich.» Noch fünf Wochen hoffte Karl Frank auf Begnadigung. Am 21. August 1944 wurde er im Zuchthaus Brandenburg-Görden hingerichtet.

Insgesamt gab es im Umkreis der Uhrig-Gruppe 21 Prozesse gegen 105 Angeklagte, fünfzehn von ihnen Frauen. Außer hohen Freiheitsstrafen wurden 40 Todesurteile verhängt. Mit gefesselten Händen schrieben die Todeskandidaten an ihre Frauen und Kinder, an ihre Freunde und Freundinnen. Ernst Knaack, dessen Tochter bei seiner Verhaftung sechs Jahre alt war, ritzte in seine Zellenwand «trotz alledem!» und schrieb: «Ich will nicht sagen, daß mir das Sterben leicht wird mit meinen kaum 30 Jahren, es ist ein schwerer Gang, der bitter genug wird. Jedoch werde ich ruhig und gelassen meinen letzten Gang antreten... Ich gehe von der Welt in der festen Zuversicht, daß mein Opfer nicht nutzlos war. Daß auch unsere Asche Dünger für eine neue Welt ist.» Charlotte Uhrig erfuhr von ihrem Mann Robert: «Mein letzter Gedanke gilt Dir und einer freien Menschheit.» Paul Gesche sorgte sich um seinen sechsjährigen Sohn, als er einem Freund schrieb: «Ich bitte Dich nun, wenn es Dir möglich ist, die Erziehung meines Jungen etwas zu unterstützen... Wenn ich die Gewißheit habe, daß er das später verwirklichen helfen kann, was ich mir als Lebensaufgabe gestellt habe, so will ich mit dem Bewußtsein zum Schafott gehen, zu meinem Teil das getan zu haben, was gut und gerecht war.»

So unersättlich die Gestapo auch im Frühjahr 1942 verhaftete, es gelang ihr nicht, alle Verbindungen der Uhrig-Gruppe zu Genossen in anderen Städten aufzudecken, und auch in Berlin setzten einige Genossen die Arbeit fort. Unentdeckt blieb Wilhelm Guddorf, der weiter in der Berliner Buchhandlung Gselius Bücher verkaufte und insgeheim zur Gruppe um Harro Schulze-Boysen und Arvid Harnack gehörte. Nun, um die Jahreswende, ermutigte er eine neu entstandene Hamburger KPD-Gruppe zu illegaler Arbeit. Zwischen Weihnachten 1941 und Neujahr hatten zwei Abgesandte aus der Hansestadt Guddorf aufgesucht und mit ihm einen Entwurf zum Wiederaufbau der Partei beraten. Es waren der 47jährige Bernhard Bästlein, gelernter Feinmechaniker, in den zwanziger Jahren Redakteur bei kommunistischen Tageszeitungen und noch 1933 für die KPD in den Reichstag gewählt, und der 40jährige Robert Abshagen, der im Versicherungswesen untergekommen war. Bästlein hatte von 1933 bis 1940, Abshagen von 1933 bis 1939 im KZ gesessen. Auch der ehemalige kommunistische Abgeordnete der Hamburger Bürgerschaft, Franz Jacob, Jahrgang 1906, war nach sieben Jahren 1940 aus dem KZ entlassen worden, hatte sich ein Jahr unauffällig verhalten, wieder in den Alltag zurückgefunden und 1941 in aller Heimlichkeit Kontakt zu seinen alten Freunden Bästlein und Abshagen aufgenommen. Die drei Kommunisten wußten aus eigener schlimmer Erfahrung, was sie riskierten, als sie 1942 mit der regelmäßigen illegalen Arbeit begannen.

Auch ihre Frauen waren eingeweiht. Sie besorgten Quartiere für untergetauchte Funktionäre, Lebensmittelkarten und Geld. Sie machten Kurierdienste und halfen, heimliche Treffen in der eigenen Wohnung zu organisieren. Sie gingen zu Freunden, um vorsichtig anzufragen, ob man eine Schreibmaschine im Keller verstecken durfte, oder sie tippten Rundbriefe und interne Materialien. Und sie lebten in der ständigen Gewißheit, wenn ihr Mann sie verließ, konnte es ein Abschied für immer sein.

Die Männer um Bernhard Bästlein versuchen, in den traditionell «roten» Hamburger Betrieben Opposition zu wecken und in den Belegschaften an die Tradition der Arbeiterbewegung anzuknüpfen und Aktive zu gewinnen: auf den Werften von Blohm & Voß, bei den Howaldtswerken und den Vereinigten Deutschen Metallwerken. Ihr Ziel ist es, daß bei Rüstungsaufträgen Sabotage getrieben wird, daß die Arbeiter krankfeiern und keine Überstunden machen. Sie informieren polnische und sowjetische

Kriegsgefangene, die zur Arbeit gezwungen werden, über den Kriegsverlauf. Zentrale Umschlagstelle für Nachrichten ist der Kiosk auf dem Rathausmarkt, der nun Adolf-Hitler-Platz heißt. In der ersten Jahreshälfte werden Kontakte nach Kiel und Rostock, nach Lübeck und Stralsund hergestellt. In Hamburg haben sich auch einige Lehrer und Lehrerinnen der Gruppe angeschlossen.

In diesem Frühjahr 1942 werden in der Sowjetunion deutsche Kommunisten, Frauen und Männer, für einen Einsatz hinter der Front ausgebildet. Im Mai springen die ersten mit dem Fallschirm über Ostpreußen ab, verstecken ihr Funkgerät, mit dem sie nicht durch Deutschland reisen können, nahe der Landestelle, und schlagen sich nach Hamburg durch. Bernhard Bästlein, der von ihrer Ankunft erfährt, fühlt sich trotz hohem Risiko verpflichtet, für die Genossen Unterkunft und Verpflegung zu organisieren. Auch in Berlin tauchen zwei Untergrundkämpfer aus dem fernen Rußland auf und nehmen Kontakte zu den Übriggebliebenen der Uhrig-Gruppe auf. Sie wissen nicht, daß einer ihrer Mitflieger, der in Sachsen Unterschlupf suchte, schon von der Gestapo gefaßt und zu Aussagen gepreßt wurde. Im Sommer 1942 beginnen die Verhaftungen in Berlin. Mitte Oktober steht die Gestapo vor dem Versteck der beiden Fallschirmspringer in Hamburg, zwei Tage später wird Bernhard Bästlein an seinem Arbeitsplatz verhaftet. Ein Fluchtversuch auf dem Weg ins Gefängnis mißlingt. In wenigen Tagen ist die ganze Gruppe, fast hundert Personen, verhaftet. Nur Franz Jacob, durch einen Telefonanruf gewarnt – «Der Bruder ist im Krankenhaus» heißt die Losung –, kann den Verfolgern entkommen und versteckt sich bei Freunden.

Am letzten Novembertag 1942 gibt Bernhard Bästlein vor der Gestapo eine Erklärung ab: «Ich betrachte mich als Täter aus weltanschaulicher Überzeugung und bin deshalb gewillt, für meine Tat mannhaft einzustehen… Die Grundlage meiner Einstellung ist meine sozialistische Erziehung im Elternhaus und in der proletarischen Jugendbewegung... Meine illegale Arbeit des letzten Jahres wurde vorwiegend von zwei Faktoren bestimmt, die meiner Bereitschaft, gegen die bestehenden Gesetze zu handeln, den entscheidenden Anstoß gaben. Der erste Faktor war meine siebenjährige Haft von 1933 bis 1940 – davon vier Jahre Konzentrationslager –, während der ich entsetzliche Dinge erlebt, gesehen und gehört habe. Diese Zeit hat mir jede Möglichkeit des Zweifels in bezug auf meine weltanschauliche Grundeinstellung genommen, denn meine Überzeugung, daß eine Gesellschaftsordnung, in der solche Dinge möglich sind, wie ich sie erlebte, beseitigt werden muß, wurde dadurch grundfest gemacht, soweit das bisher noch nicht der Fall war. Der zweite Faktor war der 1939 begonnene zweite Weltkrieg.»

Als Bästlein seine Erklärung abgab, war Franz Jacob schon die Flucht nach Berlin gelungen. Entscheidend mitgeholfen hatte Charlotte Groß, die mit Jacobs Frau Käthe befreundet war und noch aus der Zeit vor 1933 einen Berliner Genossen kannte, der in der Nachfolge von Robert Uhrig in Berlin die aktiven Kommunisten wieder gesammelt hatte. Das war Anton Saefkow, der für Franz Jacob – steckbrieflich gesucht – in Berlin ein Quartier organisierte und den Untergetauchten in seine Gruppe aufnahm. Charlotte Groß war schon mehrmals wegen ihrer Zugehörigkeit zur KPD verhaftet worden und hatte 1937 im Gefängnis einen Sohn zur Welt gebracht. Trotzdem reiste sie weiter als Kurier der Illegalen zwischen Hamburg und Berlin hin und her und informierte Franz Jacob im Dezember 1942 auch darüber, daß er Vater einer Tochter geworden war.

So erfolgreich die Gestapo bei ihrer Verfolgungsjagd 1942 war, etliche Spuren verliefen sich im Sand, Querverbindungen blieben unentdeckt, weil die Gefangenen, allen brutalen Verhörmethoden zum Trotz, schwiegen. Und andere, die noch keinen Verdacht auf sich gezogen hatten, machten weiter. In «Kunzes Kaffee-Salon» im Moabiter Krankenhaus in Berlin trafen sich nach wie vor die Gleichgesinnten um Dr. Georg Groscurth, den

Oberarzt der I. Inneren Abteilung, und studierten den Fortgang des Krieges: «Da hing diese Karte, und jeden Morgen stand Groscurth davor und steckte die Fähnchen ab nach dem neuesten Frontverlauf. Er freute sich jedesmal, wenn die Wehrmacht auf dem Rückmarsch war.»

Groscurth, ein beliebter Arzt bei der nationalsozialistischen Prominenz, hatte sich immer stärker für den aktiven Widerstand entschieden. Aus der privaten Fluchthilfe für die aus politisch und «rassischen» Gründen Verfolgten waren Kontakte zur Uhrig-Gruppe entstanden. Er lieferte ihr Informationen, die er im Gespräch von seinen Patienten bekam. Der Mediziner, kein KPD-Mitglied, hatte außerdem für die, die nicht in Hitlers Armee dienen wollten, ein sicheres Rezept: «Der Betreffende kriegte einen Sud zu trinken. Das war aufgekochtes Bier, in das über Nacht eine Zigarre reingesteckt wurde... Das mußte er trinken und danach eine Radfahrt bergauf machen. Dann war der so eine kaputte Leiche am nächsten Tag, daß die Wehrmachtsärzte den zurückstellten.» Neben Georg Groscurth engagierten sich der Physiker Robert Havemann, der Zahnarzt Paul Rentsch und der Architekt Herbert Richter-Luckian in der illegalen Arbeit. Im Frühjahr 1942 begann die Gruppe Verbindungen zu ausländischen Zwangsarbeitern aufzunehmen, Tschechen, Polen, Russen, Franzosen. Ihnen wurden Medikamente, Verbandsmaterial und Teile für den Bau von Radioempfängern in die Lager und Unterkünfte geschmuggelt. Manchmal, wenn der Streß des tödlichen Versteckspielens und der Doppelzüngigkeit zu groß wurde, ging Georg Groscurth während des Nachtdienstes in die Aufnahme der Klinik. Er wußte, daß dort zwei alte Sozialdemokraten Dienst taten und er ohne Verstellung über seine Ansichten und Sorgen reden konnte.

Außer in Berlin hatte die Arbeiterbewegung ihre Zentren in den Städten Norddeutschlands, im Ruhrgebiet und den Industrierevieren von Sachsen und Thüringen. Auch dort gab es Kommunisten – verfolgt, verhaftet und bei Kriegsbeginn freigelassen –, die alle Anstrengungen machten, die Partei im Untergrund wieder aufzubauen und für den Tag des Neuanfangs Gleichgesinnte zu werben. Der Lehrer Theodor Neubauer, Jahrgang 1890, kam aus einer bürgerlichen Familie. Der Offizier des Ersten Weltkriegs war 1920 in die KPD eingetreten, um «an den im Elend verkommenden Proletariern etwas gutzumachen». Sein Credo: «Ich werde stets und überall das Fünklein Mensch suchen und finden, das in jedem ist. Kurz, sich selbst aufgeben um der Menschen willen.» Theodor Neubauer war von 1924 bis 1933 Reichstagsabgeordneter seiner Partei und 1939 aus dem KZ Buchenwald entlassen worden. Er wurde von der Gestapo an einen kleinen Autoreparatur-Betrieb in dem thüringischen Städtchen Tabarz vermittelt, wo er nur «untergeordnete Arbeit» verrichten durfte.

Am Neujahrstag 1942 bekam Neubauer Besuch von einem jungen Genossen aus Jena. Der gelernte Tischler Magnus Poser, 34 Jahre alt, 1936 aus dem Gefängnis entlassen, hatte mit Umsicht und nach konspirativen Regeln jungen Menschen aus seiner verbotenen Partei und aus der ehemaligen SPD, die Orientierung suchten, auf Wanderungen und Informationstreffen Ziele gesetzt, die sich nicht mit einem nationalsozialistischen Deutschland vereinbaren ließen. Neubauer und Poser beschlossen am 1. Januar 1942, zusammen Widerstand zu leisten. Wer bei ihnen mitmachen wollte, wurde streng geprüft und hatte eine Probezeit zu bestehen. Jedem wurde klargemacht, daß in diesen Zeiten das Todesurteil auf aktive Kommunisten wartete. Man traf sich in gut versteckten Hütten des Thüringer Waldes. Bald gingen die Kontakte nach Erfurt, Weimar, Jena und von dort in kleinere Städte.

Die Mitglieder der Poser-Neubauer-Gruppe versuchten, Arbeitskollegen zur Sabotage anzustiften, Zwangsarbeitern Essen und zivile Kleidung zuzustecken, mit der sie flüchten konnten. Im November 1942 meldete der Gendarmerie-Posten II aus Bad Salzungen im thüringischen Kreis Meiningen über die Arbeiter der Firma Schmöle & Co, «daß ein Teil noch nicht erkannt hat, um was es heute geht. Dies bringt man durch eine umständliche Gefühlsduselei gegenüber den ausländischen Arbeitskräften und Kriegsgefangenen zum Ausdruck, insbesondere aber den im Betrieb arbeitenden Ostarbeiterinnen... Dieses Verhalten zeugt von einer ganz großen Charakterlosigkeit... und wird gerichtlich oder mit staatspolizeilichen Maßnahmen geahndet». Einige Mitstreiter der Gruppe um Poser und Neubauer hatten Arbeitsstellen, die sich gut zum Informationsaustausch eigneten. Niemand schöpfte Verdacht, wenn sich im Ratskeller von Bad Salzungen das Pächterehepaar intensiv mit seinen Gästen unterhielt oder wenn in der Annahmestelle der Volksfeuerbestattung in Erfurt die Kunden ein- und ausgingen.

Die Kommunisten in Thüringen waren ganz auf sich selber angewiesen. Ihre Isolation von anderen Gruppen im Reich hinderte sie an einem breiteren und wirksameren Widerstand. Sie schützte aber zugleich vor dem Zugriff der Verfolger, die es schwerer hatten, in solche abgeschotteten Gruppen, bei denen es keinen Kontakt zur Exil-KPD gab, einzudringen.

Im Oktober 1941 hatte der deutsche Geheimdienst einen Moskauer Funkspruch abgefangen, und die Experten in Berlin mühten sich seitdem vergebens, ihn zu entschlüsseln. Längst wußte man beim Geheimdienst im großen grauen Bau am Tirpitz-Ufer, daß mitten aus der Hauptstadt Funksprüche an den Feind gingen, und man hatte dieser geheimnisvollen Gruppe den Namen «Rote Kapelle» gegeben. Im August 1942 gelang es endlich, den Code zu knacken. Das Ergebnis war sensationell: Die Deutschen besaßen nun Namen und Adressen von drei Spitzenagenten, die zweifelsfrei für die Sowjetunion arbeiteten, darunter Harro Schulze-Boysen und Arvid Harnack. Gegen alle Regeln der Spionagekunst hatten die Moskauer ihre Mitarbeiter in Berlin nicht durch verschlüsselte Angaben geschützt. Am 30. August setzten die Verhaftungen ein. Harro Schulze-Boysen, Arvid Harnack und ihre Frauen gehörten zu den ersten. Aber die Gestapo kam nicht weiter. Alle leugneten hartnäckig, und ein Funkspruch war noch kein Beweis.

Doch plötzlich begannen die Verhafteten Namen von Mitverschworenen zu nennen. Die Verfolger trauten ihren Ohren nicht, was sie alles erfuhren. Mitte Oktober saßen 117 Menschen in Untersuchungshaft, die mehr oder weniger zum Kreis um Schulze-Boysen und Harnack gehörten. Der KPD-Funktionär Wilhelm Guddorf zählte ebenso dazu wie der Psychologe John Rittmeister und seine jüngeren Freunde. Hans Coppi, der Funker, und seine schwangere Frau Hilde wurden verhaftet, die Tänzerin Oda Schottmüller und die Ärztin Elfriede Paul. Hatten die Freunde sie verraten? Es wäre unbillig, den Stab über jene zu brechen, die, vom Galgen bedroht, ihre Aussagen machten. Die Gestapo hatte bei der «Roten Kapelle» ihre fähigsten Spezialisten eingesetzt, die mit raffinierten Vernehmungsmethoden bei den Gefangenen um Vertrauen warben, sich einschmeichelten und bei manchem die Illusion erzeugten, er könne seinen Kopf noch retten. Einige der Verhafteten erkannten erst nach der Verhaftung, auf was für ein riskantes Unternehmen sie sich eingelassen hatten. Andere waren immer noch überzeugt, das Verteilen von Flugblättern könne so strafbar nicht sein und werde mit ein paar Jahren Gefängnis geahndet. Nur die KPD-Funktionäre wußten, was auf sie zukam. Sie waren auf die Vernehmungsmethoden ihrer Feinde vorbereitet und entschlossen, für sich selbst die bitterste Konsequenz zu ziehen, bevor sie andere mit in den tödlichen Strudel rissen. Einer erhängte sich in seiner Zelle, ein anderer sprang aus dem fünften Stock des Polizeipräsidiums am Berliner Alexanderplatz in den Tod.

Als Hitler vom weitgespannten Netz der «Roten Kapelle» erfuhr, verlangte er, alle Mitglieder müßten noch vor Weihnachten hängen. In dem Oberkriegsgerichtsrat Manfred Roeder, von Reichsmarschall Hermann Göring zum Ankläger ernannt, fand sich ein fanatischer Vollstrecker des Führerwillens, der zugleich Wert darauf legte, daß formaljuristisch alles seine Ordnung hatte. Roeder entschied gegen den von Hitler gewünschten Mammutprozeß und für getrennte Einzelverfahren. Am Ausgang der Prozesse allerdings gab es für ihn keine Zweifel, denn für Roeder war das Verteilen von Flugblättern ebenso verwerflich wie aktive Spionage. Alle Mitglieder der «Roten Kapelle», gleichgültig, was sie getan hatten, wurden von ihm beschuldigt, Sabotage, Wehrkraftzersetzung und Feindbegünstigung betrieben zu haben. Für die 76 Angeklagten, die von den 117 Verhafteten übriggeblieben waren, setzte der Ankläger Roeder 46 Todesurteile durch. Hitler hatte sich die Bestätigung der wichtigsten Urteile vorbehalten. Am 21. Dezember 1942 bestätigte er die Todesurteile. Schon vorher hatte er angeordnet, daß die männlichen Todeskandidaten nicht auf der Guillotine, sondern am Strang enden sollten, um sie besonders zu demütigen. In aller Eile wurde im Zuchthaus Berlin-Plötzensee, wo bisher nur die Guillotine benutzt wurde, in einem Schuppen ein großer Träger mit acht Fleischerhaken an der Decke angebracht.

Am Abend des 22. Dezember 1942 war für die erste Gruppe der Verurteilten das Ende gekommen, drei Frauen und acht Männer. Libertas Schulze-Boysen, im November 29 Jahre alt geworden, schrieb in einem Abschiedsbrief an ihre Mutter: «Auch ich habe aus Egoismus Freunde verraten, ich wollte frei werden und zu Dir kommen. Aber glaube mir, ich hätte an dieser Schuld unsagbar schwer getragen. Jetzt haben mir alle verziehen, und in einer Gemeinsamkeit, die nur angesichts des Todes möglich ist, gehen wir dem Ende entgegen.» Als sie vor der Guillotine stand, rief sie: «Laßt mir doch mein junges Leben.» Ihr Mann Harro Schulze-Boysen, 33 Jahre alt, versteckte in seiner Zelle einen Zettel mit seinen Abschiedsworten:

«Die letzten Argumente
sind Strang und Fallbeil nicht,
und unsere heut'gen Richter sind
noch nicht das Weltgericht.»

Hans Coppi starb, ohne seinen Sohn gesehen zu haben, den Hilde Coppi Ende November im Frauengefängnis geboren hatte.

Im Februar 1943 wurden die Todesurteile an der zweiten Gruppe vollstreckt, im Mai war die nächste Gruppe an der Reihe. Die meisten lebten bis zum August 1943 in Ungewißheit. Das «lebenslänglich» für zwei Frauen wurde von Hitler in Todesurteile umgewandelt. Im März hatte die 22jährige Cato Bontjes van Beek, eine Keramikerin aus dem Künstlerdorf Fischerhude bei Bremen, an ihre Mutter geschrieben: «Jetzt sind es schon 6 Wochen her seit dem Urteil, und ich lebe immer noch. Hätte man mich in den ersten Tagen geholt, wäre ich willig gegangen, aber nun ist der große Lebenswille mit Macht wieder in mir ausgebrochen... Vielleicht haben wir alle Glück; sei es nun durch Gnadengesuche oder aus sonstigen Anlässen.» Die junge Frau schrieb auch: «Traurig ist es nur, daß ich gar nicht weiß, wofür ich sterben soll. Zehn, ja selbst fünf Jahre Zuchthaus wären sinnlos gewesen im Vergleich zur Tat.» Cato Bontjes van Beek, Oda Schottmüller und Hilde Coppi gehörten zu den zwölf Frauen und zwei Männern, die Anfang August 1943 als letzte der Gruppe um Schulze-Boysen und Harnack hingerichtet wurden. Der Gefängnispfarrer hat überliefert, daß sie trotz der qualvoll langen Wartezeit gefaßt in den Tod gingen. Die Angehörigen der Verurteilten mußten unterschreiben, mit niemandem über den Tod ihrer Kinder, Frauen, Männer zu sprechen. Ein Bruder Arvid Harnacks erfuhr von dem Ankläger Roeder: «Vergessen Sie Ihren Bruder. Sie haben nie einen Bruder gehabt! Lassen Sie aber ein Wort über den Prozeß verlauten, so werden Sie als Soldat standrechtlich erschossen. Die Sache hat reichsgeheim zu bleiben.»

Die Gestapo legte eine penible Statistik der «Roten Kapelle» an. Danach waren 13 Prozent ihrer Mitglieder Arbeiter und Handwerker, 29 Prozent Akademiker und Studenten, 21 Prozent Journalisten und Künstler, 17 Prozent Angehörige der Wehrmacht. Sie hatten unterschiedliche Träume und Illusionen, unterschiedliche politische Ziele, und manch einen hatte auch eine

Portion Abenteuerlust getrieben. Einige verübten Spionage und damit – nach dem Buchstaben des Gesetzes – Landesverrat, andere hatten sich diesem Einsatz verweigert. Keiner aus der Gruppe um Harro Schulze-Boysen und Arvid Harnack hat das Risiko illegaler Arbeit auf sich genommen, weil er auf seinen eigenen Vorteil bedacht war. Jeder von ihnen wollte nach seinen Möglichkeiten und Vorstellungen gegen ein Unrechtsregime kämpfen und nicht tatenlos auf eine bessere Welt warten. Der eine fühlte sich den Ideen des Marxismus und der Kommunistischen Partei verpflichtet. Andere, wie der Psychologe John Rittmeister, wurden von allgemeinen menschlichen Werten angetrieben, für die sie ganz persönlich einstehen wollten. Rittmeister schrieb im letzten Brief an seine Frau: «Behalte Deine Lebensbejahung, du mein liebreiches Herz, wir haben uns nicht in die Wüsten zurückzuziehen oder die Welt zur Wüste zu machen, sondern im Werden, in der Selbstverwirklichung unser zugrunde liegendes Sein zu gestalten.»

Im zehnten Jahr des nationalsozialistischen Deutschlands wurden hoffnungsvolle Ansätze zu einem neu organisierten kommunistischen Widerstand, die sich unter widrigsten Umständen entwickelt hatten, von den Machthabern brutal getilgt. Aber während die Aufgespürten in den Gefängnissen und Lagern verschwanden, gefoltert und gemordet wurden, machten andere weiter. Sogar Neue kamen hinzu, auch wenn der Kreis der Kämpfer insgesamt immer kleiner wurde. Viele, die ihre Ideale im Herzen bewahrt hatten, wiesen den Boten der Partei, ihren Genossen aus alten Zeiten die Tür, weil sie im Krieg jede Art von Widerstand für sinnlos und selbstmörderisch hielten.

Am 8. Januar 1942 arbeitete im Speisewagen des Schnellzugs Amsterdam–Frankfurt ein neuer Silberputzer, der schon in Düsseldorf wieder den Zug verließ. Es war Wilhelm Knöchel, Mitglied des Zentralkomitees der KPD, der ranghöchste Funktionär, der sich jemals ins Reich einschleuste, um die Partei aus dem Untergrund wieder aufzubauen. 30 000 Reichsmark hatte er bei sich. Der 42jährige kannte das Ruhrgebiet aus den zwanziger Jahren, als er dort Grubenschlosser war. In Hamburg hatte er 1935 versucht, die verbotene Partei am Leben zu halten. Danach leitete er von Amsterdam aus die illegale Tätigkeit der KPD im westlichen Teil des Reiches, auch nach der Besetzung der Niederlande durch die Deutschen. Wilhelm Knöchel war ein Gewerkschafter, offen für die Zusammenarbeit mit emigrierten Sozialdemokraten und nicht ohne Kritik an den Aktionen und Zielen seiner Partei, seit sie im Untergrund agieren mußte. Drei Instrukteure waren vorausgereist und hatten Knöchel über die Möglichkeiten informiert, aktiv Widerstand zu leisten. Knöchel, mit dessen Gesundheit es nicht zum besten stand, wußte, auf was für eine Mission er sich einließ. Aber es drängte ihn zu handeln. Trotzdem ging er vorsichtig zu Werke.

Von Düsseldorf fuhr er gleich weiter nach Berlin, wo er über Freunde Unterkunft bei einer Familie in der Köpenicker Straße fand. Während um ihn herum Robert Uhrig mit seinen Genossen verhaftet wurde, zu denen er anscheinend keinen Kontakt hatte, konzipierte Wilhelm Knöchel eine illegale Zeitung, und seine Freunde im Rheinland organisierten Papier und eine kleine Abziehmaschine. Im März brachten Bewohner der Corneliusstraße in Düsseldorf Exemplare einer anonymen Schrift zur nächsten Polizeiwache. «Der Friedenskämpfer» stand auf der Kopfleiste, und ein Blick genügte, um zu wissen, daß sich hier die Gegner des Regimes zu Worte meldeten. Im dunkeln blieb, daß die Autoren dieser illegalen Zeitschrift Kommunisten waren: «Unser Blatt dient keiner Partei, keiner bestimmten politischen, wirtschaftlichen oder sonstigen Interessengruppe... Von deutschen Werktätigen für das schaffende Volk Deutschlands geschrieben, will unser Blatt ausschließlich Deutschland und seinem schaffenden Volk in seiner Gesamtheit dienen.» Alle vier Wochen erschien in den folgenden Monaten «Der Friedenskämpfer». Rund hundert Exemplare wurden jeweils abgezogen und in Westdeutschland verteilt. Die Sprache des «Friedenskämpfers» verzichtete auf ideologische Floskeln. Die Artikel warben für ein «neues, freies Deutschland», ohne das politische System der Sowjetunion bedingungslos als leuchtendes Vorbild zu empfehlen. Ausführlich wurden die deutschen Verbrechen an den mit Krieg überzogenen Ländern dargestellt und immer wieder Hitler und seine Komplizen als Mörder angeprangert. Der «Friedenskämpfer» erklärte es zur patriotischen Tat, den Krieg zu verkürzen und den Frieden aus eigener Kraft anzustreben, um den Beweis für ein anderes, «anständiges Deutschland» anzutreten. Nur so könne die Ehre des deutschen Volkes gerettet und der berechtigte Haß der Sieger vermieden werden.

Das waren Überlegungen, die auch Widerständler im sozialdemokratischen und im bürgerlichen Lager machten und die nicht der vorgeschriebenen Linie der Parteiführung im Moskauer Exil entsprachen. Doch daneben standen Aufrufe, die weit an den Realitäten vorbeigingen: «Friedenskomitees» sollten gebildet, «Massendemonstrationen» und «Massenstreiks» veranstaltet und «illegale Betriebskomitees» organisiert werden. Das waren Forderungen, die das Politbüro der KPD 1939 in Moskau verabschiedet hatte. Waren solche Aufrufe die Konzession des treuen Parteigenossen Wilhelm Knöchel an die oberste Führung? Als ihn im Herbst die Anweisung aus Moskau erreichte, im Reich Arbeiter- und Soldatenräte zu bilden, schrieb Knöchel, wütend über solche Illusionen, an seine Lebensgefährtin Cilly Hansmann in Amsterdam: «Was ist denn das für eine politische Losung? Die entspricht doch nicht den politischen Gegebenheiten in Deutschland. Sitzen die in Moskau auf dem Mond?» Im «Friedenskämpfer» tauchten solche Forderungen nicht auf.

Umschlagplatz für die Gruppe um Wilhelm Knöchel wurde ein Haus in der Waldstraße in Duisburg-Neudorf. Es war den Kommunisten gelungen, hier die 29jährige Luise Rieke einzuquartieren, die in den dreißiger Jahren als Hausmädchen in Holland gelebt hatte. Die Kommunistin war in Amsterdam mit Knöchel zusammengekommen und hatte sich für illegale Arbeit in

Deutschland zur Verfügung gestellt. Ein Rheinschiffer, der zum holländischen Widerstand gehörte, besuchte sie regelmäßig, einen Koffer mit doppeltem Boden in der Hand. Darin lagen nicht nur Informationen der Parteispitze. Der Kurier brachte auch warme Winterkleidung, Seife und anderes, das für die Illegalen in diesen Zeiten kaum zu beschaffen war.

Im Sommer 1942 reiste Knöchel von Berlin nach Westdeutschland, nahm Kontakte auf, wurde krank und von einer befreundeten Familie gesundgepflegt. Genossen sammelten Milch, Butter und Obst und schlachteten ihre Kaninchen für den Kranken. Im November, wieder in Berlin, kam die Tuberkulose erneut zum Ausbruch. Die Freunde bemühten sich, für Knöchel unter falschem Namen einen Sanatoriumsplatz zu erhalten. Eine Nummer des «Friedenskämpfers» fiel aus. Aber der Kranke ließ sich nicht entmutigen. Im Gegenteil, er wurde ungeduldig. Wilhelm Knöchel, den das Moskauer Politbüro im Mai 1942 zum Leiter der gesamten illegalen Arbeit im Reich ernannt hatte, brachte im Dezember eine Doppelnummer des «Friedenskämpfers» zustande.

Die Botschaft dieses «Friedenskämpfers» am Ende des Jahres 1942 klingt wie ein Aufschrei gegen die «Abwartetheoretiker» in den eigenen Reihen. Es ist der verzweifelte Ruf eines deutschen Patrioten, der für sein Vaterland eine Katastrophe voraussieht, wenn «nicht alle zur Führung der Arbeiterklasse Berufenen» handelten. Knöchel selbst nennt den Einwand der Skeptiker: «Man kann jetzt nicht mehr machen, der Terror ist noch zu stark.» Seine Antwort: «Natürlich wird der Kampf unseres Volkes gegen die Hitlerbande Opfer kosten, große Opfer sogar, aber sie werden nur ein Bruchteil derer sein, die das ‹Abwarten› kosten würde.» Knöchel wirft den Kommunisten, die lieber abwarten wollen, «Angst und Feigheit» vor. Er empfiehlt den Arbeitern, Gestapospitzel niederzuschießen oder zu vergiften. Er behauptet, im Volk habe sich eine «tiefe Wandlung» vollzogen, und es sei jetzt bereit, die Verfolgten zu schützen: «Die Bedingungen für den revolutionären Kampf um den Frieden haben sich gebessert und bessern sich ständig weiter... Die Soldaten an der Front, die Kriegsgefangenen hier und dort, Millionen deutscher Werktätiger, die von Hitler versklavten Völker, sie alle warten auf die entscheidende Initiative der deutschen Arbeiterbewegung. Sie muß handeln, bald handeln... Was heute nottut, ist Mut und nochmals Mut, Begeisterung, Kühnheit, Todesverachtung jedes einzelnen bei der Verteidigung der individuellen wie der Interessen des Volksganzen; Nüchternheit und Klarheit über die Schwäche unserer Peiniger...»

Wilhelm Knöchel wußte, wie viele seiner Genossen auch in diesem Jahr ihren Peinigern erlegen waren. Im Mai 1942 hatte er realistisch über die Stimmung in Deutschland geschrieben: «Das Grauen einer militärischen Niederlage vor Augen, obwohl die größte Mehrheit unseres Volkes die Hitlerregierung lieber heute als morgen verschwinden sieht, erscheint ihr Hitler als das kleinere Übel, und sie erhofft einen Sieg, an dessen Möglichkeit sie stark zweifelt.» Für einen Kämpfer wie Wilhelm Knöchel, der den Mut besaß, den er von anderen forderte, gab es am Ende des Jahres 1942 nach zwölf Monaten Leben im Untergrund in Deutschland nur die eine Alternative: Resignation oder Hoffnung wider alle Hoffnungslosigkeit. Knöchel resignierte nicht.

Seine Verfolger gaben ebenfalls nicht auf. Seit im März die erste Nummer des «Friedenskämpfers» entdeckt worden war, versuchten sie, den Herstellern auf die Spur zu kommen. Im Oktober 1942 meldete die Gestapo Düsseldorf an das Reichssicherheitshauptamt in Berlin: «Die Ermittlungen waren bisher erfolglos, werden aber mit Nachdruck weitergeführt.»

Zu handeln, obgleich alles dagegen spricht und einen Sinn in aller Sinnlosigkeit zu erkennen: Genau das hatte Helmuth James von Moltke ein Jahr zuvor seiner Frau nahegebracht. Im Januar 1942 schrieb er ihr: «Ohne Mut ist gar nichts zu machen. Man muß sich nur vornehmen, daß man sich durch nichts kleinkriegen und von dem rechten Weg abbringen läßt.» Ob Kommunist aus einer Arbeiterfamilie oder Abkomme aus ruhmreichem preußischen Adel: Je länger Unrecht und Verbrechen die Richtschnur deutscher Politik im Innern wie in allen Teilen Europas waren, desto schärfer zeichnete sich ab, wogegen jeder Widerstand gerichtet war.

Im April 1942 nutzte Moltke einen Vorwand, um zusammen mit dem Theologen Dietrich Bonhoeffer in die skandinavischen Länder zu reisen und von dort aus unzensiert seine Freunde im feindlichen Ausland über die Situation in Deutschland zu informieren. Der erste Brief ging an einen Freund in London: «Es steht schlimmer und besser, als man es sich außerhalb Deutschlands vorstellen kann. Schlimmer, weil die Tyrannei, der Terror, der Zerfall aller Werte größer ist, als ich es mir je hätte vorstellen können. Die Zahl der Deutschen, die im November auf legalem Wege durch Verurteilung von ordentlichen Gerichten getötet worden sind, beträgt 25 täglich, und vor Kriegsgerichten wenigstens 75 täglich. Täglich werden Hunderte in Konzentrationslagern und durch Erschießung ohne Gerichtsverhandlung getötet. Die ständige Gefahr, in der wir leben, ist furchtbar... Die wenigen wirklich guten Leute, die versuchen, gegen die Flut anzukämpfen, sind isoliert... Aber es steht auch besser, als Sie glauben werden, und das in mancher Hinsicht. Das Wichtigste ist das allmähliche geistige Erwachen, das verbunden ist mit der Bereitschaft, gegebenenfalls zu sterben. Das Rückgrat dieser Bewegung bilden die beiden christlichen Konfessionen... Viele Hunderte unserer Landsleute werden sterben müssen, bevor wir stark genug sein werden, aber wir sind heute bereit dazu.» Dem englischen Freund entwirft Moltke eine Vision für Europas Zukunft: «Wir haben nur dann Aussicht, unser Volk dazuzubringen, diese Schreckensherrschaft schließlich zu stürzen, wenn wir ihm ein Bild jenseits der schrecklichen, hoffnungslosen nächsten Zukunft zeigen können. Ein Bild, wonach zu streben, wofür zu arbeiten, woran zu glauben, wofür neu zu beginnen sich für das enttäuschte Volk lohnt. Für uns ist Europa nach dem Krieg weniger eine Frage von Grenzen und Soldaten, von komplizierten Organisationen oder großen Plänen. Europa nach dem Krieg ist die Frage: Wie kann das Bild des Menschen in den Herzen unserer Mitbürger wiederhergestellt werden?»

Todesverachtung und entschlossene Hoffnung: Wilhelm Knöchel und Helmuth James von Moltke machten sich über den Preis des Widerstehens keine Illusionen. Es verband sie jenseits aller Standesgrenzen. 1942, mitten im Kampf, als sie Bundesgenossen suchten. Aber sie fanden nicht zusammen. Die Hypothek der Vergangenheit wog zu schwer.

Moltke setzte für die Zukunft auf die Kirchen und hatte mit den Jesuiten um Pater Augustin Rösch kompetente Kräfte für seinen Kreis gewonnen. Zugleich war er seit seinen Studententagen überzeugt, daß ohne die Arbeiterschaft keine Politik gemacht werden kann. Nun gewann er Sozialdemokraten für seine Arbeit im Widerstand. Carlo Mierendorff war 1938 nach sechsjährigem Leidensweg durch fünf KZs entlassen worden. Nach dem Ersten Weltkrieg hatte er als junger Mann in seiner Heimatstadt Darmstadt «Das Tribunal» gegründet. Mit seinem Freund Carl Zuckmayer hoffte er auf eine europäische Kultur, die wesentlich von einem freiheitlichen Sozialismus geprägt werden sollte. Mierendorff, der andere mitzureißen verstand, entschied sich für die praktische politische Arbeit in der Sozialdemokratie. Als Wilhelm Leuschner, der nun in Berlin Bierzapfhähne herstellte, hessischer Innenminister war, hatte ihm Carlo Mierendorff als angriffslustiger Pressesprecher gedient und seine Partei unermüdlich gewarnt, Hitler nicht zu unterschätzen.

Ebenfalls aus Darmstadt kam Theodor Haubach, Jahrgang 1896 und damit nur ein Jahr jünger als sein Freund Carlo, zum Kreise um Moltke. Haubach, ein nachdenklicher, zurückhaltender Mensch, war in den zwanziger Jahren Redakteur beim sozialdemokratischen «Hamburger Echo» und von 1929 bis 1932 Pressechef des Preußischen Innenministers. Er hatte wie Mierendorff in der SPD dafür gekämpft, nach 1933 aus dem Untergrund das NS-Regime zu bekämpfen.

Der dritte Sozialdemokrat, der Einfluß auf Moltke und dessen Freunde nahm, war der Pädagoge Adolf Reichwein. Auch er war durch den Ersten Weltkrieg, den er als Freiwilliger erlebt hatte, Sozialist geworden. Reichwein war in der Zeit der Weimarer Republik ein Pionier der Erwachsenenbildung und hat die Einrichtung der Volkshochschulen mitbegründet. Von 1933 bis 1939 zog er sich als Lehrer an eine einklassige Schule in der Mark Brandenburg zurück. 1939 entschied Reichwein sich für eine Tätigkeit am Volkskundemuseum in Berlin und damit für den verdeckten Kampf gegen die Herrschenden. Mierendorff, Haubach und Reichwein verband mit dem Grafen Moltke und seinem Freund Peter Yorck von Wartenburg das Engagement für die Republik von Weimar und eine unversöhnliche Gegnerschaft zum Nationalsozialismus von Anfang an. Es waren Männer in den besten Jahren, zwischen 30 und 40, die wußten, daß sie einander vertrauen konnten, auch wenn keinerlei feste Organisation sie verband. Und jeder traute dem anderen, wenn der einen neuen Verbündeten in die Runde brachte.

Pfingsten 1942 traf sich an einem langen Maiwochenende ein Dutzend Gleichgesinnter auf Gut Kreisau. Sie kamen mit der Eisenbahn nach Schlesien und wurden von Moltke oder seiner Frau Freya mit Leiterwagen und – bei Dunkelheit – mit Laterne abgeholt. Hier war man unbeobachtet, und es gab genug zum Essen, beides nicht unwichtig in Kriegszeiten. Bis spät in die Nacht diskutierte man über die Problematik «Kirche und Staat». Moltke hatte ein unverfängliches Thema gewählt, um möglichen Nachforschungen der Gestapo keinerlei Verdachtsmomente zu liefern. Bei dieser und den folgenden Tagungen in Kreisau waren die Frauen der Kreisauer nicht nur in der Küche beschäftigt, sondern an allen Diskussionen beteiligt. Das galt auch für Berlin, wo sie zudem Kurierfunktionen zwischen den Verschwörern übernahmen. Die Frauen waren in viele Geheimnisse eingeweiht und würden vielleicht einmal unter dem gleichen Druck stehen, den Moltke seinem englischen Freund im April in einem Brief aus Stockholm geschildert hatte: «Können Sie sich vorstellen, was es bedeutet, als Gruppe zu arbeiten, wenn man das Telefon nicht benutzen kann, wenn man die Namen seiner nächsten Freunde anderen Freunden nicht nennen darf aus Angst, daß einer von ihnen erwischt werden und die Namen unter Druck preisgeben könnte?»

Jesuitenpater Augustin Rösch war im Mai 1942 in Kreisau dabei, zur Vorbesprechung der nächsten Tagung schickte er im August seinen Ordensbruder Alfred Delp nach Berlin. Delp, der an der Pfarrei St. Georg in München-Bogenhausen arbeitete, ging ohne Zögern an die neue Aufgabe. Der 35jährige, als Junge zum Katholizismus konvertiert, beeindruckte Moltke und die übrigen Kreisauer durch die Bereitschaft, mit der er die traditionellen Positionen der katholischen Kirche vor allem in bezug auf die organisierte Arbeiterschaft und eine demokratische Gesellschaft in Frage stellte.

Zum zweitenmal kamen die Freunde vom 16. bis 18. Oktober 1942 in Kreisau zusammen. Diesmal war man mit dem Thema weniger vorsichtig. Es hieß «Neubeginn». Aus den Notizen von Alfred Delp über die Ziele der Kreisauer zu diesem Zeitpunkt: «Jeder muß imstande sein, sein Recht gerichtlich zu erzwingen. Das bedeutet unabhängige Richter und unabhängiges Gericht, klare Rechtssatzungen und nicht ein vages ‹Rechtsempfinden›... Wiederherstellung der echten privaten Sphäre, der Geistesfreiheit, Gewissensfreiheit, Religionsfreiheit.» Der Einfluß Moltkes, obgleich er nur eine Stimme unter den anderen war, wurde deutlich. Die Kreisauer plädierten in seinem Sinne für kleine, überschaubare Räume, in denen sich in Zukunft Politik abspielen sollte statt in mächtigen Nationalstaaten. Direkt vom Volk gewählt werden sollten nur die Gemeindevertretungen, die die Landtage wählten, deren Vertreter dann die Mitglieder des Reichstags bestimmten, und dieser berief schließlich den Reichsverweser. Auch die Freunde der Weimarer Republik hatten den Glauben an die direkte Demokratie, in der unterschiedliche Parteien um die Gunst der Wähler kämpfen, verloren. Der einzelne in seiner Familie sollte in Zukunft das gesellschaftliche Zentrum und der Maßstab aller Politik sein. Dahinter stand die Erfahrung, daß die totale Erfassung des Menschen durch den Nationalsozialismus den einzelnen um seine Würde gebracht hatte. Delp notierte «Wiederherstellung der Familie... krisenfeste wirtschaftliche Sicherung der Familien», aber auch «Erschwerung der Ehescheidung».

Zu den Kreisauern zählten ehemalige Beamte der Weimarer Republik, Journalisten, Geistliche. Die Reaktionen der Militärs allerdings deprimierten Moltke tief. Trotzdem fragte er im Februar 1942 einen Bekannten aus der Familie Stauffenberg: «Sie haben doch einen Vetter im Führungshauptquartier. Wäre mit dem nichts zu machen?» Mehr brauchte nicht gesagt zu werden. Unter Gleichgesinnten wußte man, was gemeint war. Der Angesprochene wandte sich an Berthold von Stauffenberg, und der überbrachte nach einigen Wochen die Antwort seines Bruders Claus: «Er sagt, zuerst müssen wir den Krieg gewinnen. Während des Krieges darf man so was nicht machen, vor allem nicht während eines Krieges gegen die Bolschewisten. Aber dann, wenn wir nach Hause kommen, werden wir mit der braunen Pest aufräumen.»

Claus von Stauffenberg, nach dem siegreichen Frankreichfeldzug ins östliche Führerhauptquartier bei Winniza in der Ukraine versetzt, war im Frühjahr 1942 noch überzeugt, daß die kritische Lage an der russischen Front zu meistern sei. Seiner Schwiegermutter sagte er, man müsse in einem Krieg manchmal alles auf eine Karte setzen, und es gebe keinen Krieg ohne Rückschläge. Für den exzellenten Offizier aus schwäbischem Adel stand es außer Frage, daß die deutschen Soldaten als Sieger heimkehren würden. Stauffenberg wußte von den Verbrechen der SS und der Wehrmacht gegenüber der Zivilbevölkerung in Polen und Rußland, besonders den Juden, und suchte dafür keine Entschuldigung. Doch noch waren für ihn militärische Argumente wichtiger als politische und moralische Forderungen.

Es dauerte jedoch nur wenige Monate, bis auch er sich eingestand, daß die deutschen Soldaten für eine unfähige Führung verbluteten und Hitler nicht der große Feldherr war, als den er ihn bisher eingeschätzt hatte. Stauffenberg machte aus seiner neu gewonnenen Erkenntnis keinen Hehl. Bei einem Ritt durch die ukrainischen Felder brauste er auf: «Findet sich denn da drüben im Führerhauptquartier kein Offizier, der das Schwein mit der Pistole umlegt?» Und im Herbst 1942 sagte er in einem kleinen Kreis von Offizieren: «Es kommt nicht darauf an, ihm die Wahrheit zu sagen, sondern es kommt darauf an, ihn umzubringen, und ich bin dazu bereit.»

Eben über diese Frage, wie man Hitler, der das Verbrecherische des NS-Systems verkörperte, beseitigen könne, machte sich Henning von Tresckow mit seinen Freunden von der Heeresgruppe Mitte aufs neue Gedanken. Der Kontakt zu Hans Oster von der Abwehr und dem Generaloberst a. D. Ludwig Beck war durch die ständigen Kurierflüge Fabian von Schlabrendorffs und dessen Treffen mit den beiden immer fester geworden. Im März 1942 hatte man beschlossen, Becks Berliner Wohnung in der Goethestraße zur Zentrale der Verschwörer zu machen. Auch dieser Schritt war eine Hoffnung wider die Hoffnungslosigkeit. Ulrich von Hassell notierte damals in seinem Tagebuch «wenig Aussichten» und daß sich einige der Freunde vom Sicherheitsdienst der SS beobachtet fühlten. «Nicht resignieren» war auch hier die Losung. Hassell reiste zu hohen Militärs nach Belgien, um Verbündete zu gewinnen. Es gelang, Carl Goerdeler an die Ostfront zu bringen, um dort Ähnliches zu versuchen. Seine Einsatzbereitschaft und sein Optimismus schienen unerschöpflich. Goerdeler traf sich auch mit Tresckow. Doch es blieb bei vagen Plänen und konspirativen Gesprächen. Im Herbst 1942 endlich wollte Henning von Tresckow nicht mehr tatenlos zusehen. Ein zuverlässiger Freund verschaffte unterschiedliche Sprengstoffe, mit denen er für ein Attentat probte.

Auch wenn es keine Zweifel an den einmal gewonnenen Einsichten gab und das Ziel unverrückbar feststand, wuchs doch mit jedem Monat die Last für die Verschwörer, den Menschen ihre wahre Gesinnung verbergen zu müssen, zu Lügen und Heuchelei gezwungen zu sein. Tresckow hielt sich streng an die konspirativen Regeln und weihte nur die engsten Freunde ein. Zu wichtigen Gesprächen ging er ins Freie. War er doch einmal mit Freunden in seinem Arbeitszimmer, schoß er von Zeit zu Zeit in die Luft. Jemand hatte ihm gesagt, daß auf diese Weise die Membranen versteckter Abhörgeräte zerspringen würden. Seiner Frau schrieb Henning von Tresckow im Frühherbst 1942: «Die Sehnsucht, von diesem Posten einmal befreit zu sein, ist groß, trotz aller Machtfülle und Einblicke... Niemand kann's ermessen!»

Carl Goerdeler, der altväterliche Liberale, hatte seit dem Jahresanfang einen festen Platz in der Gruppe der Gewerkschafter um Wilhelm Leuschner und Jakob Kaiser in Berlin gefunden. Die Männer schätzten einander. Sie gehörten der gleichen Generation an und hatten, bei allen politischen Unterschieden, die gleichen Wertvorstellungen. Der ehemalige Leipziger Oberbürgermeister, ein nüchterner Protestant, lernte erst jetzt die Katholische Arbeiterbewegung (KAB) und ihren zähen Kampf gegen den Nationalsozialismus richtig kennen. Bernhard Letterhaus, ein wichtiger Mitarbeiter der KAB in Westdeutschland, war zur Wehrmacht eingezogen worden und über Gleichgesinnte 1942 in der Berliner Abwehrzentrale untergekommen. Er gehörte mit dem Rechtsanwalt Josef Wirmer zu den Gesprächsteilnehmern, die sich alle zwei Wochen in Jakob Kaisers Wohnung in der Wittenberger Straße trafen. Im Dezember 1942 kam es dort vor dem Weihnachtsbaum zu einer Aussprache mit Pater Alfred Delp, der die Freunde aus der Arbeiterbewegung vor dem angeblich reaktionären Einfluß Goerdelers gewarnt hatte und sie lieber enger an den Kreisauer Kreis binden wollte.

In diesem Jahr 1942 waren über persönliche Beziehungen und alte Freundschaften viele Kontakte enger geworden: zwischen Militärs und Zivilisten, zwischen Grafen und Gewerkschaftern, zwischen Katholiken und Protestanten. Auch sie bildeten nur winzige, isolierte Grüppchen innerhalb ihrer Klasse, ihrer Kirche, ihres bürgerlichen Lagers. Aber sie saßen, im Gegensatz zu den Kommunisten im Untergrund, zum Teil in wichtigen Positionen und hatten umfassenden Einblick in den Machtapparat der Nationalsozialisten. Könnten sie eine Koalition der Verschwörer bilden, einflußreich und einig genug, um die Gewalthaber zu stürzen?

Der 17jährige Helmuth Hübener in Hamburg hatte solche Kontakte und Möglichkeiten nicht. Doch sein Ziel war das gleiche und sein Einsatz und der seiner Freunde nicht weniger hoch, wenn sie feindliche Sender hörten, diese Informationen in Flugblätter umsetzten und sie unter die Leute brachten. Im Januar 1942 konnten einige wenige Hamburger über ihren Führer lesen: «Zu Tausenden wird er Euch ins Feuer schicken, um das von ihm begonnene Verbrechen auch zu beenden. Zu Tausenden werden Eure Frauen und Kinder zu Witwen und Waisen gemacht.» Ein Flugblatt adressierte Hübener an die Gleichaltrigen in der Hitler-Jugend: «Kennt ihr das Land ohne Freiheit, das Land des Terrors und der Tyrannei?» Der Freundeskreis um den Lehrling in der Sozialbehörde wurde größer. Die Mitverschwörer steckten die Flugblätter heimlich Passanten in die Manteltaschen, beklebten damit Anschlagtafeln, schrieben Kettenbriefe. Doch einer wurde zum Verräter. Anfang Februar werden Helmuth Hübener und Gerhard Düwer am Arbeitsplatz verhaftet. Die Mormonen trennen sich sofort demonstrativ von ihrem Glaubensbruder. (Erst nach dem Krieg wurde Hübener von der Gemeinde rehabilitiert.)

Der 17jährige nimmt alle Schuld auf sich. Doch die Gestapo vermutet Hintermänner, führt ihn an Zellen vorbei, in denen die Gefolterten schreien. Hübener bleibt ungebrochen und bekennt sich dazu, daß seine Organisation eines Tages das Regime stürzen sollte. Im August 1942 steht Hübener in nichtöffentlicher Sitzung vor dem Volksgerichtshof in Berlin und fragt seinen Richter: «Glauben Sie denn wirklich daran, daß Deutschland diesen Krieg gewinnen kann?» Als das Todesurteil verkündet wird, weil Hübener auf Grund seiner Intelligenz wie ein Erwachsener zu bestrafen sei, plädiert selbst die Führung der Hitler-Jugend für Gnade. Sie will keine so jungen Märtyrer. Der Justizminister jedoch entscheidet, vom Begnadigungsrecht keinen Gebrauch zu machen, um «der Gerechtigkeit freien Lauf zu lassen». Am 27. Oktober 1942 verkündet eine grellrote «Bekanntmachung» an Berlins Litfaßsäulen, daß der 17jährige Helmuth Hübener «wegen Vorbereitung zum Hochverrat und landesverräterischer Feindbegünstigung» hingerichtet wurde. Sein Grab ist unbekannt. Hübeners Freunde wurden zu hohen Freiheitsstrafen verurteilt.

Es war immer das Vorrecht der Jugend, nicht abzuwägen und nicht geduldig auf den günstigsten Zeitpunkt zu warten. Anfang Mai 1942 entschied die Mehrheit der Gruppe um Herbert Baum, einen Anschlag auf die Ausstellung «Das Sowjetparadies» zu verüben. Die Ausstellung im Berliner Lustgarten war ein Meisterstück Goebbelsscher Propaganda und der Versuch, dem «jüdisch-bolschewistischen Weltfeind» endgültig die Menschenwürde zu nehmen. Der 30jährige Herbert Baum, Jude und Kommunist wie die meisten seiner jungen Mitstreiter, wollte ein Fanal setzen: gegen die Diffamierung der Sowjetunion, aber auch gegen die Politik führender Glaubensgenossen, die den Forderungen der Nationalsozialisten nachkamen und sich streng an die Gesetze hielten, um dadurch ein Minimum an Überlebenschancen für die deutschen Juden zu sichern.

Am Nachmittag des 18. Mai 1942 legten sieben Mitglieder der Baum-Gruppe Brand- und Sprengsätze an die Zeltwände, die die Ausstellung umgaben. Der Brand wurde von der Feuerwehr schnell gelöscht, die Zeitungen schrieben nichts über den Anschlag. Neun Tage später meldeten die Verfolger: «Der Stapoleitstelle Berlin gelang es, in eine illegale kommunistische Gruppe einzudringen... Bei der Aktion gegen diese Gruppe wurden bisher... 22 Personen, darunter 7 Juden bzw. Mischlinge I. Grades, festgenommen.» Zur gleichen Zeit ließ SS-Obersturmbannführer Adolf Eichmann die Führer der deutschen, österreichischen und tschechoslowakischen Juden in seinem Büro im Reichssicherheitshauptamt antreten. Eichmann teilte ihnen mit, daß in Berlin 500 Juden als Vergeltung für den Brandanschlag verhaftet worden seien. 250 von ihnen hatte man sofort in einer Berliner Kaserne erschossen. Die anderen kamen ins KZ Sachsenhausen und wurden dort ermordet. Die jüdischen Vertreter erfuhren von Eichmann, daß künftige Sabotageakte ähnlich geahndet würden.

Schon im Juni starb Herbert Baum während der Haft. Selbstmord – behauptete die Gestapo. Mitte Juli wurden zehn Angeklagte zum Tode verurteilt und einen Monat später in Berlin-Plötzensee mit dem Fallbeil hingerichtet. Mutig hatten sie sich zu ihrer Tat bekannt: «Uns allen war klar, daß man auf Grund der Judenverfolgung keine positive Einstellung zum Nationalsozialismus haben kann und jede Gelegenheit benutzen muß, um ihn zu bekämpfen.» Im Dezember 1942 kam es zum zweiten Prozeß gegen die Mitglieder der Baum-Gruppe, neun Todesurteile wurden verkündet. Bis zum März 1943 mußten die Verurteilten auf ihr Ende warten. Ihre Leichen wurden sofort dem Anatomischen Institut der Berliner Universität übergeben. Nicht in allen Fällen konnten die Gerichts- und Hinrichtungskosten – wie es im NS-Staat üblich war – von den Angehörigen eingefordert werden. In einer Akte wurden die Kosten von 144,90 Reichsmark als Verlust verbucht: «Die Anverwandten sind nach dem Osten deportiert worden.» Im Juni 1943 wurden wieder drei Mitglieder zum Tode verurteilt. Auch für sie gab es keine Gnade. Bis dahin hatten 22 junge Menschen, darunter viele Frauen und Ehepaare, ihre Aktion gegen die Unmenschlichkeit mit dem Leben bezahlt.

Nur vier aus dem engeren Kreis der Gruppe um Herbert Baum konnten überleben.

Es gab noch eine andere Gemeinschaft junger Juden, die nicht den Anweisungen und Ehrbegriffen der Vätergeneration folgte. Diese Juden wollten sich nicht als stumme Opfer zur Schlachtbank führen lassen. Sie wollten bewußt als Juden überleben. Es war Widerstand, wenn sie sich dem Schicksal verweigerten, das ihnen die Nationalsozialisten zugedacht hatten. Der erste aus einem jüdischen Führungskreis, der sich im August 1942 seiner Deportation widersetzte und in Berlin untertauchte, war Jizchak Schwersenz. Der 26jährige Lehrer hatte bisher in der «Jüdischen Jugendhilfe» gearbeitet, die bis in den Winter 1941/42 – wenngleich getarnt – aktiv war. Schwersenz' Beispiel ermunterte andere Glaubensgenossen, die Flucht in den Untergrund zu wagen und dort sogar als organisierte Gemeinschaft zu überleben.

Die jungen Menschen um Herbert Baum und der Kreis, der sich um Jizchak Schwersenz bildete, verbanden nicht nur der Glaube ihrer Väter und die Todesgefahr durch die Nationalsozialisten. Sie hatten unterschiedliche politische Auffassungen. Aber es gab etwas, das stärker war als alle Spaltungen und alle Einsamkeit. Es wärmte sie in einer eisigen Umwelt. Es gab Kraft, wenn Verzweiflung über die Macht des Bösen sie packte. Freundschaft wurde zum einzigen festen Halt im ständig bedrohten Leben dieser jungen Menschen, die dazu beitragen wollten, eine bessere Welt zu schaffen. Der Gewalt und der Vernichtung, dem Mißtrauen und der Uniformität setzten sie Spontaneität und Menschenliebe, Wahrhaftigkeit und Vertrauen auf die Überzeugungskraft des Gesprächs unter Freunden entgegen: Tugenden, die ihr gemeinsames Leben prägten. Als der Münchner Student Alexander Schmorell 1942 gewarnt wurde, weiterhin die Verbindung zu seinem Kommilitonen Hans Scholl aufrechtzuerhalten, entgegnete er: «Es gibt kein Zurück. Ich lasse Hans nicht im Stich. Er ist mein Freund.»

Die Medizinstudenten Schmorell und Scholl, 25 und 24 Jahre

alt, faßten im Frühjahr 1942 allein den Entschluß, die Menschen aufzurütteln und sie an Recht und Gerechtigkeit zu erinnern. Im Laufe des Jahres kamen Christoph Probst und Willi Graf hinzu, die ebenfalls in München Medizin studierten, und die 21jährige Sophie Scholl, die Schwester von Hans, die mit dem Biologiestudium begonnen hatte. Alle waren sie Bürgerkinder, voller Liebe zu Musik und Literatur, zur Kunst und zur Natur. Hans hatte einst als begeisterter Hitlerjunge geglaubt, seine Ideale mit den Nationalsozialisten verwirklichen zu können. Diese Illusionen waren lange verflogen. Gemeinsam fühlten die Münchener Studienfreunde sich stark genug, auf der Suche nach einem Sinn für ihr Leben radikale Fragen zu stellen und rigorose Antworten zu geben. Hans Scholl, der aus einem protestantischen Haus kam, war in religiösen Dingen früher eher indifferent gewesen. Jetzt fand er in dem katholischen Publizisten Carl Muth, von Anfang an ein Gegner der NS-Ideologie, einen geistigen Mentor und väterlichen Freund. Ihm schrieb Scholl zu Weihnachten 1941: «Einige Worte des Dankes möchte ich an Sie richten, die sich leichter schreiben als sagen lassen. Ich bin erfüllt von der Freude, zum erstenmal in meinem Leben Weihnachten eigentlich und in klarer Überzeugung christlich zu feiern... ich quälte mich in einer gehaltlosen Zeit in nutzlosen Bahnen, deren Ende immer dasselbe verlassene Gefühl war und immer dieselbe Leere... Eines Tages ist dann von irgendwoher die Lösung gefallen... In diese Zeit fällt meine erste Begegnung mit Ihnen. Dann ist es von Tag zu Tag heller geworden. Dann ist es wie Schuppen von meinen Augen gefallen. Ich bete. Ich spüre einen sicheren Hintergrund und ich sehe ein sicheres Ziel.»

Vier Flugblätter verfaßten die Freunde in diesem Jahr. Sie waren mit beschwörendem Pathos an ihresgleichen gerichtet: Christen, die das humanistische Erbe Europas nicht für Plunder hielten und ihr Gewissen noch nicht völlig abgetötet hatten: «Wohl muß man mit rationalen Mitteln den Kampf wider den nationalsozialistischen Terrorstaat führen, wer aber heute noch an der realen Existenz der dämonischen Mächte zweifelt, hat den metaphysischen Hintergrund dieses Krieges bei weitem nicht begriffen.» Zugleich gab es in diesen Flugblättern konkrete Hinweise, wie man am wirksamsten gegen die Mächte des Bösen kämpfen könne: «Durch den passiven Widerstand – zweifellos ... Sabotage in Rüstungs- und kriegswichtigen Betrieben, Sabotage in allen Versammlungen, Kundgebungen, Festlichkeiten, Organisationen ...» Auch von Schuld war die Rede: «Dieser Wiedergeburt muß aber die klare Erkenntnis der Schuld, die das deutsche Volk auf sich geladen hat, und ein rücksichtsloser Kampf gegen Hitler und seine allzuvielen Helfershelfer vorausgehen ... Für Hitler und seine Anhänger gibt es auf dieser Erde keine Strafe, die ihren Taten gerecht wäre ... Vergeßt auch nicht die kleinen Schurken dieses Systems, merkt euch die Namen, auf daß keiner entkomme.» Die Flugblätter mit solchen aufrührerischen Formulierungen erschienen in München und anderswo in Bayern, und alle trugen als Überschrift «Die Flugblätter der weißen Rose».

Im Sommer zogen die Freunde Scholl, Schmorell und Graf mit einer Studentenkompanie an die Ostfront. Rußland, schon lange das Traumziel ihrer schwärmerischen Begeisterung, wurde ihnen zum großen Erlebnis. Seine weiten Ebenen, die Freundlichkeit seiner Menschen, die Farben der Erde nach dem Regen – das alles ließ sie freier atmen und die Verbrechen der Deutschen in noch grellerem Licht erscheinen. Hans Scholl notierte in seinem Tagebuch: «Neulich haben Alex und ich einen Russen begraben. Er muß schon lange draußen gelegen haben. Der Kopf war vom Rumpf getrennt und die Weichteile schon verwest. Aus den halbverfaulten Kleidern krochen Würmer. Wir hatten das Grab schon fast zugeschüttet mit Erde, da fanden wir noch einen Arm. Zum Schluß haben wir ein russisches Kreuz gezimmert und am Kopfende in die Erde gesteckt. Jetzt hat seine Seele Ruhe ... Ich habe keine Musik bei mir. Ich höre nur Tag und Nacht das Stöhnen der Gequälten, wenn ich träume, die Seufzer der Verlassenen, und wenn ich nachdenke, enden meine Gedanken in der Agonie.»

Im Herbst kehren die angehenden Mediziner nach München zurück. Sie wollen fortfahren in ihrem Widerstand, aber konkreter und politischer werden. Hans Scholl sucht von jetzt an Verbündete außerhalb seines studentischen Kreises. Willi Graf probt mit den Freunden in der Vorweihnachtszeit im Münchener Bach-Chor und reist im Weihnachtsurlaub nach Saarbrücken, Köln und Bonn, um dort Studenten für den Kampf zu gewinnen. Mit Aktentaschen und Rucksack fahren die Freunde in überfüllten Zügen durch die lange Nacht, um irgendwo heimlich ihre Flugblätter abzuladen.

Anfang November 1942 verabreden sich Hans Scholl und Alexander Schmorell für die Mittagszeit im «Sächsischen Hof» in Chemnitz mit Falk Harnack, dessen Bruder Arvid mit Harro Schulze-Boysen die «Rote Kapelle» geleitet hatte und in diesen Wochen auf den Prozeß und auf den Tod wartete. Falk Harnack hat das Gespräch mit den beiden Studenten aus München überliefert: «Entgegen den üblichen illegalen Gepflogenheiten sprachen wir sofort sehr offen, da wir gegenseitig wußten, wen wir vor uns hatten. Alexander Schmorell, ein großer, schöner, phantasiebegabter Jüngling... gab in großen Zügen Bericht über die bisherige Tätigkeit... Scholl, ein dunkler süddeutscher, energiegeladener Typ, führte das Gespräch auf prinzipielle politische Fragen. Vor allem wünschte er Verbindung zu den Zentralstellen der illegalen Widerstandsbewegung in Berlin, um die studentische Widerstandsorganisation auf eine breitere Basis zu stellen.» Falk Harnack versprach, diese Verbindung zwischen den jungen Menschen aus München und den Verschwörern in Berlin herzustellen.

Die Münchner Studenten waren Kinder des «Dritten Reichs». Es hatte ihre Jugendjahre geprägt – und sich als Verführung erwiesen, deren falschen Glanz und hohles Pathos die Heranwachsenden durchschauten. Noch um etliche Jahre jünger waren die Jungen und Mädchen, denen eine Denkschrift der Reichsjugendführung im September 1942 «Verwahrlosung und Kriminalität» vorwarf. Das Phänomen konnte von den amtlichen Stellen nicht mehr geleugnet werden: Ähnlich den Leipziger «Meuten» Ende der dreißiger Jahre tauchten im Verlauf des Jahres 1941 «wilde Zusammenschlüsse Jugendlicher aller Art» vor allem im Rheinland auf, die nach Ansicht der Herrschenden «planmäßige Überwachungs- und Bekämpfungsaktionen» erforderten. Die Gestapo witterte sogleich Staatsfeinde. Aber das traf auf die große Mehrheit der 16- bis 18jährigen, die sich Edelweißpiraten oder Navajos nannten, nicht zu. Sie hatten einfach die Nase voll vom Drill der Hitler-Jugend, von stupiden Befehlen und von Liedern, die nur beim Marschieren im Gleichschritt gesungen wurden. Sie wollten anders als die Erwachsenen sein und leben, bunter, spontaner, freier. Ihre Kluft: weiße Strümpfe, buntes Hemd und ein Tuch um den Hals. Ihnen fiel der krasse Widerspruch auf zwischen den Spruchblasen der kleinen und großen Führer und dem, was die Realität um sie herum ausmachte – eine Welt, die buchstäblich in Trümmer ging. Sie kamen vorwiegend aus Arbeiterfamilien. Aber höchstens zehn Prozent waren kommunistisch beeinflußt oder politisch engagiert.

Doch wer den Menschen mit Leib und Seele will, muß in jedem Ausscheren aus dem Gleichschritt Verrat wittern. Im Dezember 1942 kam es zu großangelegten Razzien. In Düsseldorf wurden 10 Gruppen überrascht und 283 Jugendliche vorübergehend festgenommen. In Duisburg waren es 10 Gruppen mit 260 Mitgliedern, in Essen vier Gruppen mit 124, in Wuppertal ebenfalls vier mit 72 Jugendlichen. Am Ende wurden gegen 140 Jungen und Mädchen Strafverfahren eingeleitet.

Von den Wuppertaler Edelweißpiraten ist ein Flugblatt aus diesem Jahr erhalten, das über Abenteuerlust und Lagerfeuerromantik hinausweist. Es war «An die geknechtete deutsche Jugend» gerichtet, die nur «Kanonenfutter für Hitlers Machtgier» sein durfte: «Deutsche Jugend, erhebe dich zum Kampf für die Freiheit und Rechte eurer Kinder und Kindeskinder, denn wenn Hitler den Krieg gewinnt, ist Europa ein Chaos, die Welt wird geknechtet sein bis zum jüngsten Tage.» Die Kölner Edelweißpiraten malten politische Parolen an die Wände. Andere hefteten sich den gelben Judenstern an die Kleidung und setzten sich – was Juden verboten war – demonstrativ in der Straßenbahn auf einen Sitzplatz. Es gab sogar einige, die durch freundschaftliche Beziehungen mit dem organisierten Widerstand in Verbindung kamen.

Werner Heydn aus Düsseldorf-Gerresheim hatte 1939 die Volksschule beendet und eine Dreherlehre begonnen: «Trotz der verschiedenen Formen des Druckes und der Schikanen, denen ich ausgesetzt war, weigerte ich mich, der HJ beizutreten. Es war keine politisch motivierte Weigerung: ich haßte nur den militärischen Drill und die Erziehung zum Krieg...» Die Eltern, unbeirrbare Sozialdemokraten, waren wohl auch nicht ganz ohne Einfluß auf solche Verweigerung. Werner Heydn wurde ein Edelweißpirat. Als er über die Schwester eines Schulkameraden einen der illegalen KPD-Instrukteure kennenlernte, die aus Amsterdam ins Land gekommen waren, begann Werner Heydn Flugblätter unter Wohnungstüren durchzuschieben und Klebezettel in Telefonzellen anzubringen. Im Herbst wurde ihm ein Mann vorgestellt, der mehr über die Edelweißpiraten erfahren wollte: «Wir trafen uns im Café Peters in der Graf-Adolf-Straße, unterhielten uns bei einer Tasse Kaffee und gingen dann spazieren. In der Altstadt trafen wir auf eine Aufräumungskolonne politischer Gefangener. Mein Begleiter erbat sich von mir einige Zigaretten, die er den Gefangenen unauffällig zusteckte. Dieser Akt der Solidarität beeindruckte mich tief.» Der Fremde war das ZK-Mitglied Wilhelm Knöchel. Er ermutigte Werner Heydn in mehreren Gesprächen, Kontakte zu gleichgesinnten Jugendlichen in anderen Städten herzustellen. Sie sollten durch Langsamarbeiten und Krankfeiern ihren Beitrag zur Beendigung des Krieges leisten, aber kein Risiko eingehen, sondern überleben für die Zeit nach Hitler.

An die Zeit nach Hitler dachten die wenigsten. Doch Frieden

wurde die Sehnsucht der Mehrheit. Die Spitzel des Sicherheitsdienstes meldeten im September 1942: «Die Einstellung des Großteils der Bevölkerung ist nach Ablauf von drei Kriegsjahren vielfach durch eine gewisse Resignation gekennzeichnet, die teilweise sogar in stärkerem Maße die Anzeichen einer Kriegsmüdigkeit zeigt.» Von dem «Wunsch nach einem baldigen Kriegsende» war die Rede. Würden die Männer und Frauen in den Widerstandsgruppen diese Stimmung für ihre Zwecke nutzen? Könnten die völlig getrennt voneinander planenden Kreise unter den Augen der Verfolger zueinander finden? Würden über die Gräben zwischen Kommunisten und Konservativen, zwischen Alten und Jungen im zehnten Jahr des Terrors Brücken geschlagen, um gemeinsam die Machthaber zu stürzen?

Der Kreisauer Kreis, die Offiziere um Henning von Tresckow, Wilhelm Knöchel und seine Genossen im Untergrund, die Gewerkschafter und die Freunde von Hans Scholl waren keine Träumer, keine verstiegenen Theoretiker. Abgeschnitten von der Welt seit Jahren, isoliert von ihren Mitbürgern, setzten sie ihre Vorstellungskraft daran, ein Gegenbild zum menschenverachtenden System des Nationalsozialismus zu entwerfen. Doch sie suchten nicht nur nach einem neuen moralischen Fundament für ihr Volk, sie waren auch entschlossen zu handeln. Sie wußten von den Qualen der Gefolterten, den heimlich oder offen Ermordeten, dem Haß der unterdrückten Völker Europas. Nichts wünschten sie sehnlicher als das Ende des «Dritten Reichs».

Die Jungen und die Alten, die Widerstandskämpfer in allen politischen Lagern setzten nicht nur ihr Leben ein. Sie mußten sich einrichten mit den Lügen und Heimlichkeiten eines getarnten Alltags und schweigen, wo sie aufschreien wollten. Sie durften die Regeln der Konspiration keinen Augenblick vergessen. Sie mußten bedenken, was ihr Tun für ihre Frauen und Kinder, ihre Freunde bedeuten konnte. Wo der Weg auch enden mochte, den sie beschritten hatten – selbst wer ans Ziel käme, würde nicht mehr derselbe sein, als der er angetreten war. Zu Weihnachten

1942 schrieb der evangelische Theologe Dietrich Bonhoeffer, der sich im Dienst des Umsturzes als Agent des Geheimdienstes verpflichtet hatte, für seine Mitverschwörer einen Aufsatz unter dem Titel «Nach zehn Jahren»: «Wir sind stumme Zeugen böser Taten gewesen, wir sind mit vielen Wassern gewaschen, wir haben die Künste der Verstellung und der mehrdeutigen Rede gelernt, wir sind durch Erfahrung mißtrauisch gegen die Menschen geworden und mußten ihnen die Wahrheit und das freie Wort oft schuldig bleiben, wir sind durch unerträgliche Konflikte mürbe oder vielleicht sogar zynisch geworden – sind wir noch brauchbar? ... Wird unsere innere Widerstandskraft gegen das uns Aufgezwungene stark genug und unsere Aufrichtigkeit gegen uns selbst schonungslos genug geblieben sein, daß wir den Weg zur Schlichtheit und Geradheit wiederfinden?»

1943
Die Genossen trennen sich von alten Dogmen

Es gab ein Thema, das die Deutschen in diesem Winter von 1942 auf 1943 vor allen anderen bewegte: Stalingrad und damit das Schicksal der 6. Armee, rund 300000 Männer, die Hitler zum Symbol seines fanatischen Durchhaltewillens gemacht hatte. Er verschloß sich allen Warnungen, als ein Ausbruch aus der Umklammerung von sowjetischen Truppen noch möglich war und verbot eine Kapitulation, als jede Hoffnung auf Sieg nur das Hirngespinst eines Wahnsinnigen sein konnte. Ende Januar 1943 mußte die Propaganda umschalten. Die katastrophale Niederlage der 6. Armee im Kessel an der Wolga war nicht mehr zu verheimlichen. Mit Trauerrand erschienen die Zeitungen und hämmerten einer desillusionierten Bevölkerung ein: «Ihr Opfer, ihr Beispiel, unsere Pflicht.»

Trotz allem: das Regime war um Normalität bemüht. Immer wieder versuchte es, durch Sonderzuteilungen von Lebensmitteln und Alkohol die Bevölkerung bei Laune zu halten. Doch der Krieg ging nicht spurlos an den Menschen in der Heimat vorüber. Am letzten Tag des Jahres 1942 meldete ein Landrat aus dem Fränkischen: «Der Apothekeninhaber in Ebermannstadt hat mitgeteilt, daß ihm in letzter Zeit die gesteigerte Nachfrage nach Schlafpulvern und Nervenmitteln, und zwar hauptsächlich aus bäuerlichen Kreisen heraus, aufgefallen sei.» Der Beamte fuhr fort, es habe keinen Sinn, «von den Menschen andauernd und immer wieder noch größere Arbeitsleistungen zu fordern, die Arbeitszeiten zu verlängern und die Ruhepausen, Erholungs- und Urlaubszeiten zu verkürzen... Deshalb sind die Hauptmerkmale der derzeitigen Gemütsverfassung Übermüdung, Gleichgültigkeit, Schwermütigkeit, Abgestumpftheit gegenüber allen dagegen ankämpfenden propagandistischen Versuchen, Mißtrauen gegen die Richtigkeit und Vollständigkeit der Presse- und Rundfunknachrichten». Die Machthaber wußten, daß sie va banque spielten. Nun versuchten sie, den schleichenden Verfall ihrer Autorität mit einem Gegengift zu neutralisieren. Mitte Februar fragte Reichspropagandaminister Joseph Goebbels ein sorgfältig ausgewähltes Publikum fanatischer Regimeanhänger im Berliner Sportpalast: «Wollt ihr den totalen Krieg? Wollt ihr ihn, wenn nötig, totaler und radikaler, als wir ihn uns heute überhaupt noch vorstellen können?» Die aufgepeitschte Menge brach in frenetischen Jubel aus und wünschte sich mit selbstmörderischer Begeisterung den eigenen Untergang.

In der Hauptstadt gab es von nun an fast keinen Tag mehr ohne Alarm vor feindlichen Bombern. Im Sommer 1943 ging die tödliche Last auch auf Süddeutschlands Städte nieder. Hamburg brannte im Juli drei Tage lang. Im Oktober verwüstete ein Großangriff Frankfurt am Main. Die Spitzel des Sicherheitsdienstes meldeten: «In allen Bevölkerungskreisen – besonders unter den Frankfurter Volksgenossen – fragt heute einer den andern, wie es nur möglich sei, daß der Führer eine systematische Zerstörung unseres deutschen Vaterlandes zulassen könne.» Entweder solle man die angekündigten Wunderwaffen schleunigst einsetzen oder aber den Krieg beenden.

Die Meldungen über Kriegsmüdigkeit, Nervosität und gedrückte Stimmung rissen nicht ab. Nach Stalingrad stieg die Zahl der politischen Witze, die auch den Führer nicht schonten. Vom Feind abgeworfene Flugblätter wurden nicht mehr achtlos beiseite gelegt, immer mehr Deutsche hörten die verbotenen feindlichen Sender. Nicht nur mit Propaganda, sondern auch mit gezielter Einschüchterung versuchten die Herrschenden dieser Stimmung zu begegnen. Auf der Rückseite ihrer Gebühreneinzahlung konnten die Deutschen in diesem Jahr lesen: «Rundfunkverbrecher sind Volksverräter! Sie verdienen die härteste Strafe. Im Oktober 1943 wurde der 56jährige Louis Birch vom Volksgerichtshof zum Tode verurteilt. Seit Beginn des Krieges hat er die feindlichen Hetzparolen verbreitet... Mit seiner niederträchtigen Handlungsweise fiel er der kämpfenden Front in den Rücken und verwirkte somit das Recht, weiterhin der Volksgemeinschaft anzugehören.» War endlich die Stunde für jene Deutschen gekommen, die Schluß machen wollten mit dem Krieg, Schluß mit Terror und Verbrechen? Würden ihre beschwörenden Aufrufe nunmehr Gehör und Unterstützung finden?

«Deutsche! Wollt Ihr und Eure Kinder dasselbe Schicksal erleiden, das den Juden widerfährt? Wollt Ihr mit dem gleichen Maß gemessen werden wie Eure Verführer? Sollen wir auf ewig das von aller Welt gehaßte und ausgestoßene Volk sein? Nein! Dann trennt Euch von dem nationalsozialistischen Untermenschentum! Beweist durch die Tat, daß Ihr anders denkt! Ein neuer Befreiungskampf bricht an. Der bessere Teil des Volkes kämpft auf unserer Seite.» Das Münchner Flugblatt vom Januar 1943 endete mit der Aufforderung: «Unterstützt die Widerstandsbewegung, verbreitet die Flugblätter!» Die Urheber, die als «Widerstandsbewegung» zeichneten, waren schon im vorausgegangenen Jahr unter anderer Bezeichnung aktiv gewesen – Hans Scholl und sein Kreis der «Weißen Rose». Dieses fünfte Flugblatt der Münchner Freunde spiegelt schon ein wenig, was Hans Scholl in seinem Gespräch mit Falk Harnack in Chemnitz mit dem Wunsch nach Verbindungen zum politischen Widerstand angedeutet hatte. Es wurde nicht mehr ausschließlich religiös argumentiert, sondern «das Böse» beim Namen genannt, politische Ziele gesetzt und Sympathien offenbar: «Ein einseitiger preußischer Militarismus darf nie mehr zur

Macht gelangen. Nur in großzügiger Zusammenarbeit der europäischen Völker kann der Boden geschaffen werden, auf welchem ein neuer Aufbau möglich ist... Das kommende Deutschland kann nur föderalistisch sein... Die Arbeiterschaft muß durch einen vernünftigen Sozialismus aus ihrem Zustand niedrigster Sklaverei befreit werden.»

Am 8. Februar 1943 kam Falk Harnack nach München, um die lose Verbindung fester zu knüpfen und über politische Grundsätze zu diskutieren: «Schmorell sprach mit großem Freimut über die illegale Tätigkeit. Sein Gesicht leuchtete, als er von dem großen Erfolg der Flugblattaktionen und von der Wirkung der Freiheitsparolen, die sie an die Münchner Universität und andere Gebäude geschrieben hatten, berichtete. Scholl, der nach einer halben Stunde dazukam, äußerte, er sei der festen Überzeugung, daß diese Aktionen die Widerstandskraft im deutschen Volk mobilisierten.» Am nächsten Tag traf sich Harnack mit dem engen Kreis der Gruppe, zu dem nun auch der 50jährige Kurt Huber zählte, Lehrbeauftragter an der Universität für experimentelle Psychologie und Musikpsychologie. Es gab interne Differenzen, vor allem in der Beurteilung der Sowjetunion. Professor Huber lehnte jeden Kontakt zu ihr ab, Scholl hielt das für politisch unklug. Die Münchner waren am Ende mit dem Berliner Abgesandten einig: der gemeinsame Kampf gegen Hitler hatte absoluten Vorrang bei allen politischen Unterschieden der NS-Gegner.

Falk Harnack erinnert sich an seine abschließende Besprechung mit Hans Scholl: «Scholl berichtete, daß er in Kürze eine neuerliche Aktion an der Universität vorhabe und dann sogleich nach Berlin zu kommen beabsichtige, um mit der Berliner Organisation persönlich Kontakt aufzunehmen. Wir verabredeten uns für den 25. Februar 18 Uhr an der Gedächtniskirche, Ersatzzeit 19 Uhr... Am 25. Februar war ich um 16 Uhr bei den Brüdern Bonhoeffer und legte mit ihnen fest, daß ich noch an diesem Abend mit Scholl zu ihnen komme würde. Um 18 Uhr stand ich an der Gedächtniskirche und wartete vergeblich auf Scholl. Um 19 Uhr war ich wieder da, wieder vergeblich.»

Die «neuerliche Aktion», die Hans Scholl angekündigt hatte, fand am 18. Februar 1943 statt. Das sechste Flugblatt wurde in 3000 Exemplaren verbreitet. Professor Kurt Huber hatte es verfaßt und an die deutsche Jugend gerichtet: «Der Tag der Abrechnung ist gekommen, der Abrechnung unserer deutschen Jugend mit der verabscheuungswürdigsten Tyrannis, die unser Volk je erduldet hat. Im Namen der ganzen deutschen Jugend fordern wir von dem Staat Adolf Hitlers die persönliche Freiheit, das kostbarste Gut des Deutschen zurück, um das er uns in der erbärmlichsten Weise betrogen hat... Freiheit und Ehre! Zehn lange Jahre haben Hitler und seine Genossen die beiden herrlichen deutschen Worte bis zum Ekel ausgequetscht, abgedroschen, verdreht... Der deutsche Name bleibt für immer geschändet, wenn nicht die deutsche Jugend endlich aufsteht, rächt und sühnt zugleich, seine Peiniger zerschmettert und ein neues, geistiges Europa aufrichtet! Studentinnen! Studenten! Auf uns sieht das deutsche Volk! ...Beresina und Stalingrad flammen im Osten auf, die Toten von Stalingrad beschwören uns!» Hans und Sophie Scholl gingen am gleichen Tag mit einem Koffer voller Flugblätter in die Universität. Als sie dort von der Brüstung des ersten Stocks die gefährliche Fracht in den Lichthof flattern ließen, wurden sie beobachtet und festgenommen.

Der Prozeß fand schon am 22. Februar statt. Roland Freisler kam mit seinem Volksgerichtshof an die Isar und mußte sich von Sophie Scholl anhören: «Unsere Tat wird Wellen schlagen. Was wir sagten und schrieben denken viele.» Das Urteil stand von Anfang an fest, die Verteidigung wagte keine Einwände. Als die Eltern Scholl gegen Abend in den Zug nach Ulm stiegen, ahnten sie nicht, daß zur gleichen Zeit ihre Kinder Hans und Sophie in München-Stadelheim mit dem Fallbeil enthauptet wurden. Der Freund Christoph Probst war an diesem

Februartag das dritte Opfer. Alexander Schmorell und Kurt Huber wurden im Juli, Willi Graf im Oktober hingerichtet.

Kurt Huber, der – im Gegensatz zu seinen jungen Studenten – keinerlei Verständnis für sozialistische Ideen hatte, legte in einer Verteidigungsrede seine Differenzen zu den Anschauungen des Kreises um Hans Scholl offen. Aber er bekannte sich ohne Abstriche zur Botschaft des letzten Flugblattes, obwohl er wußte, damit sein Leben zu riskieren: «Es gibt für alle äußere Legalität eine letzte Grenze, wo sie unwahrhaftig und unsittlich wird... Ich fordere die Freiheit für unser deutsches Volk zurück... Ich hinterlasse eine gebrochene Frau und zwei unglückliche Kinder in Not und Trauer. Wollen Sie meiner armen Familie wenigstens einen Lebensunterhalt gewähren, der meiner Stellung als deutscher Hochschullehrer entspricht. Sie haben mir den Rang und die Rechte des Professors und den ‹summa cum laude› erarbeiteten Doktorhut genommen und mich dem niedrigsten Verbrecher gleichgestellt. Die innere Würde des Hochschullehrers, des offenen, mutigen Bekenners seiner Welt- und Staatsanschauungen kann mir kein Hochverratsverfahren rauben. Mein Handeln und Wollen wird der eherne Gang der Geschichte rechtfertigen; darauf vertraue ich felsenfest... Ich habe gehandelt, wie ich aus einer inneren Stimme heraus handeln mußte. Ich nehme die Folgen auf mich nach dem schönen Worte Johann Gottlieb Fichtes:

Und handeln sollst du so,
Als hinge von dir und deinem Tun allein
Das Schicksal ab der deutschen Dinge,
Und die Verantwortung wär dein.»

Die Herrschenden versuchten, die Aktionen der Münchner Studenten, die doch im nationalsozialistischen Geist erzogen worden waren, totzuschweigen. Doch zu viele Flugblätter waren unter die Leute gekommen, der Funke hatte gezündet. Studenten, die den Scholl-Kreis nie kennengelernt hatten, schmuggelten Informationen und Flugblätter ins Ausland. Aus den fernen USA sprach der von den Nationalsozialisten ausgebürgerte Thomas Mann über den Äther zu seinen ehemaligen Landsleuten und ehrte die jugendlichen Täter: «Ihr sollt nicht umsonst gestorben sein. Ihr, die Ihr, als noch Nacht über Deutschland und Europa lag, wußtet und verkündete: Es dämmert ein neuer Glaube an Freiheit und Ehre.»

Im Herbst 1942 hatte eine Freundin von Hans Scholl, die in München Medizin studierte, ein Flugblatt in ihre Heimatstadt Hamburg mitgenommen und dort einem kleinen verschworenen Kreis gezeigt. Die jungen Leute kannten sich aus ihrer Schulzeit und hatten Ende der dreißiger Jahre ihr Abitur gemacht. Da hatten die Nationalsozialisten die Hamburger Lichtwarkschule schon fest im Griff. Aber die Jungen und Mädchen waren noch von Lehrerinnen und Lehrern unterrichtet worden, die den Geist der ursprünglichen Lichtwarkschule nicht verleugneten: 1918 im Idealismus des republikanischen Neuanfangs gegründet, wurde hier ein Erziehungsziel praktiziert, bei dem demokratische Reformen den traditionellen Drill abgelöst hatten – bis die Nationalsozialisten auch hier die Macht an sich rissen. Einige Lichtwarkschüler hielten auch nach dem Abitur zusammen. Ihr Mentor wurde Heinz Kucharski, der Philosophie und Völkerkunde studierte, Freunde in kommunistischen Kreisen hatte und regelmäßig die deutschsprachigen Sendungen des Moskauer Rundfunks hörte. In den Kriegsjahren ergaben sich durch Freundschaft und gemeinsames Studium Verbindungen zwischen den Lichtwarkern und anderen Hamburger Gruppen, die den nationalsozialistischen Ungeist ablehnten, ohne sich einer politischen Richtung anzuschließen oder eigene illegale Aktionen zu planen. Es waren Künstler und Wissenschaftler um den Pädagogikprofessor Wilhelm Flitner, Mediziner am Universitätskrankenhaus Eppendorf, und um den Professor für Kinderheilkunde Rudolf Degkwitz, der 1923 in München für Hitler und seine Partei marschiert war. Die jungen Ärzte nannten sich «candidates of humanity». In Bücherstuben, wo verbotene Literatur noch unter dem Ladentisch zu haben war, traf man sich, tauschte die neuesten Informationen über die Kriegslage aus und sammelte neue Kräfte für den Alltag in einer feindseligen Umwelt.

Am Jahresende 1942 hatte die Gruppe um Heinz Kucharski beschlossen, mehr zu tun. Sie vervielfältigte das mitgebrachte Scholl-Flugblatt, und bald kursierte es heimlich an der Universität und im Eppendorfer Krankenhaus. Spätestens Ostern 1943 gelangte das letzte, von Kurt Huber formulierte Flugblatt von München nach Hamburg. Hans Leipelt, der jetzt in München Chemie studierte, brachte es den alten Studienfreunden um Heinz Kucharski in seiner Heimatstadt und regte nach der Hinrichtung Hubers an, für dessen Witwe und die Kinder eine Geldsammlung zu organisieren. Der Gestapo blieben diese Aktivitäten nicht verborgen. Doppelt aufmerksam beobachtete sie die Studentengruppen in Hamburg und München. Im Sommer 1943 gelang es ihr, einen Spitzel in den Freundeskreis einzuschleusen. Im Oktober wurde Hans Leipelt mit acht anderen in München verhaftet, Heinz Kucharski war im November an der Reihe. Bis zum März 1944 waren rund 30 Personen verhaftet, die zum Hamburger Kreis der «Weißen Rose» zählten.

Wie andere Gefangene auch wurde Heinz Kucharski in Einzelhaft gehalten: «Ich erinnere mich nur, daß ich so etwa am Ende des zweiten, Anfang des dritten Tages anfing, zu pfeifen und zu singen... Man schreit dem Schweigen entgegen, um das Schweigen ertragen zu können, aber es gibt kein Echo, es gibt keine Resonanz. Man schreit sich vollkommen aus, bis auch das zusammenbricht. Bei einigen von uns sind dann nach und nach auch die Kellerfenster zugemauert worden, bis der Häftling völlig im Dunkeln gewesen ist.» Die Zelle stand zentimetertief unter Wasser. Alle paar Tage gab es einen Kanten Schwarzbrot. Der Volksgerichtshof verurteilte Leipelt und Kucharski zum Tode. Hans Leipelt, dessen jüdische Mutter ebenfalls festgenommen und während der Haftzeit in den Tod getrieben worden war, starb im Januar 1944 wie die Geschwister Scholl in München-Stadelheim unter der Guillotine. Heinz Kucharski gelang auf dem Weg zur Hinrichtungsstätte im April 1944 während eines Tieffliegerangriffs die Flucht. Er konnte sich bis Kriegsende versteckt halten. Insgesamt büßten acht Mitglieder der Hamburger Gruppe mit ihrem Leben. Sie wurden von einer Unrechts-Justiz zum Tode verurteilt oder in KZ und Gefängnis ermordet.

Die jungen Menschen, die sich unter dem Zeichen der «Weißen Rose» zusammentaten, wollten durch ihre Aktionen anderen, die ähnlich dachten, Mut zum Handeln machen und eine Bewegung gegen das Regime in Gang bringen. Sie wollten sichtbare Zeichen setzen und nicht nur einen Widerstand im Geheimen betreiben. Die Verschwörer dagegen, die Hans Scholl in Berlin kennenlernen sollte, führten ein Leben im Zwielicht. Sie nahmen Schuld und Doppelzüngigkeit auf sich, weil eine Verschwörung zum Sturz des Terror-Regimes nur bei gründlicher Planung und Absicherung auf Erfolg hoffen durfte. Es war nicht damit getan, den Diktator «abzuknallen wie einen räudigen Hund», weil viele viel zu tief in Verbrechen verstrickt waren und sich kampflos nicht ergeben würden. Aber selbst das «Abknallen» war leichter gesagt als getan. Je länger der Krieg dauerte, desto mehr igelte Hitler sich ein, wurde ein mißtrauischer, abgeschirmter Despot. Verließ er sein Hauptquartier, um an die Front zu fahren, war stets ein gepanzerter Mercedes zur Stelle. Die Männer vom Sicherheitsdienst umringten ihn. Vor dem Essen kostete zuerst sein Leibarzt. Nur strengstens ausgewählte Personen kamen überhaupt in seine Nähe. Trotzdem gaben die Verschwörer um Henning von Tresckow in der Heeresgruppe Mitte und um Hans Oster im Geheimdienst nicht auf. Das Frühjahr 1943 sollte die entscheidende Tat bringen.

Anfang März flog die gesamte Verschwörergruppe des militärischen Geheimdienstes von Berlin nach Smolensk ins Hauptquartier der Heeresgruppe Mitte, Abwehrchef Admiral Wilhelm

Canaris an der Spitze. Sie traf sich mit Henning von Tresckow, um die Vorbereitungen für den Umsturz abzuschließen. Der Jurist Hans von Dohnanyi, seit langem mit allen Plänen vertraut und von Canaris in die Abwehr geholt, bekräftigte, daß die Organisation in der Hauptstadt stehe und nur noch auf die «Initialzündung» warte, für die Henning von Tresckow die Verantwortung übernahm. Die Tötung Hitlers, die die Truppe von ihrem Eid auf den «Führer» und Oberbefehlshaber entband, sollte in Berlin den Staatsstreich auslösen.

Am 13. März 1943 stattete Hitler dem Hauptquartier in Smolensk einen Besuch ab, mit allen Sicherheitsvorkehrungen. Doch die Verschwörer waren vorbereitet. Tresckow bat einen von Hitlers Begleitern, beim Rückflug einem befreundeten General ein Päckchen mit zwei Flaschen Cognac mitzunehmen. Tatsächlich enthielt das Päckchen zwei Sprengköpfe, und die Verschwörer stellten den Zündmechanismus ein, als Hitler im Begriff war, das Flugzeug zu besteigen. Während die Maschine in Richtung Ostpreußen abhob, wurde den Berliner Mitwissern das Codewort für die «Initialzündung» durchtelefoniert. Der Zeitzünder war auf dreißig Minuten eingestellt. Kurz vor Minsk mußte Hitlers Maschine explodieren. Der Zünder versagte. Die Verschwörer hatten alle Mühe, die brisante Ladung unter einem Vorwand nach der Landung in Ostpreußen wieder in ihre Hand zu bekommen. Schon Ende März wurde der nächste Attentatsversuch geplant. Ein Offizier, der Zugang zum engsten Kreis um Hitler hatte, begleitete den Führer während des Gangs durch eine Ausstellung sowjetischer Beutestücke im Berliner Zeughaus, in der Uniform eine Sprengladung, die ihn mitsamt dem Staatschef in die Luft jagen sollte. Doch anders als geplant, eilte Hitler innerhalb von zwei Minuten durch die Räume. Der Zünder war auf eine längere Zeitspanne eingestellt.

Am 5. April 1943 traf die militärischen Verschwörer in Berlin ein schwerer Schlag. Oberkriegsgerichtsrat Manfred Roeder, der als Ankläger im Prozeß gegen die «Rote Kapelle» seine unerbittliche Gesinnung unter Beweis gestellt hatte, erschien im grauen Bau am Tirpitzufer. Admiral Canaris mußte mitansehen, wie Hans von Dohnanyi und Hans Oster verhaftet wurden. Oster wurde vom Dienst beurlaubt, Dohnanyi kam in Untersuchungshaft. Er hatte seine Frau auf Dienstreisen mitgenommen und von einem V-Mann der Abwehr Geschenke angenommen. Dieser, in Devisengeschäfte verwickelt, versuchte seinen Kopf zu retten, indem er seine Kenntnisse von verräterischen Umtrieben der Männer um Oster und Dohnanyi der Gestapo preisgab, die nur darauf wartete, der Abwehr um Admiral Canaris Prestige und Einfluß zu entziehen. Am selben Tag noch wurden Dohnanyis Frau und sein Schwager Dietrich Bonhoeffer festgenommen, der – als Agent der Abwehr getarnt – seine Auslandsreisen im Sinne der Verschwörer genutzt hatte.

Mit Hans Oster fiel das organisatorische Zentrum der Verschwörung aus. Jeder Kontakt mit ihm konnte für den ganzen Kreis bedrohlich werden. Oster waren für weitere geheime Tätigkeiten die Hände gebunden, denn natürlich wurde nun jeder seiner Schritte schärfstens bewacht. Doch Henning von Tresckow ließ sich nicht entmutigen und flog im April nach Berlin, um die Sache weiterzuführen. Bei einem Spaziergang durch den Park von Schloß Sanssouci in Potsdam eröffnete er seiner Frau, in welchem Ausmaß er in die Verschwörung verwickelt war und sagte ihr: «Ich möchte, daß meine Frau mit mir einiggeht. Sicher, später werden unsere sogenannten ‹Standesgenossen› die ersten sein, die Steine auf uns werfen, denn es wird vielen von ihnen an den Kragen gehen... Ich verstehe nicht, wie sich heute noch Menschen als Christen bezeichnen können, die nicht gleichzeitig wütende Gegner dieses Regimes sind.» Seinen beiden Söhnen, die im April in der Potsdamer Garnisonskirche konfirmiert wurden, gab der traditionsbewußte Berufsoffizier mit auf den Weg: «Vom wahren Preußentum ist der Begriff der Freiheit niemals zu trennen. Wahres Preußentum heißt Synthese zwischen Bindung und Freiheit...»

Es ist der gleiche Monat, in dem Claus von Stauffenberg, seit Februar ins ferne Afrikakorps versetzt, bei einem Tieffliegerangriff schwer verwundet wird, unter anderem verliert er die rechte Hand und das linke Auge. Den Sommer über erholt er sich in der Heimat. Währenddessen muß das Afrikakorps kapitulieren, im Juli landen Engländer und Amerikaner auf Sizilien. Für den September ist in München eine Operation geplant, um bei dem schwer Verwundeten eine optimale Prothese anbringen zu können. Doch Stauffenberg, der am 1. Oktober 1943 eine Stelle als Chef des Stabes im Allgemeinen Heeresamt in Berlin antreten soll, sagt kurzfristig den Krankenhaustermin ab und fährt in die Hauptstadt. Dort wartet schon Henning von Tresckow, der einige Wochen Urlaub genommen hat. Beide sind entschlossen, gemeinsam einen neuen Anfang zu wagen und alles zu tun, damit die befreiende Tat endlich gelingt.

Die beiden Männer prüfen militärische Pläne, mit deren Hilfe bei einem Staatsstreich die militärischen Ausbildungs- und Ersatzeinheiten überall im Reich ganz legal für die Ziele der Verschwörer eingesetzt werden könnten. Es sind Pläne für das Unternehmen «Walküre», von den Machthabern für den Fall innerer Unruhen ausgearbeitet und ständig erneuert. Stauffenberg und Tresckow mischen den ursprünglich neutralen und rein organisatorischen Maßnahmen nun hochpolitische Befehle bei, die nach dem Tod Hitlers die wichtigsten Machtzentren des Landes und die führenden Männer des Nationalsozialismus in ihre Gewalt bringen sollen. Es ist eine geniale Tarnung. Doch sie hatte eine Voraussetzung, die die Verschwörer bis zu diesem Augenblick nicht erfüllen konnten: Das Unternehmen «Walküre» mußte von einem obersten Befehlshaber der Frontheere ausgelöst werden, damit die Soldaten den angeordneten Ausnahmezustand guten Glaubens akzeptierten und alle Befehle der Verschwörer ausführten.

Die äußeren Umstände der Umsturzplaner sind denkbar primitiv. Weder Stauffenberg noch Tresckow hatten ein Büro, wo sie in Ruhe und Sicherheit ihre Pläne entwerfen konnten. So trafen sie sich mit Tresckows Frau und zwei Sekretärinnen, die eingeweiht waren, meist im Grunewald, machten Änderungen, redigierten geplante Ansprachen und Befehle, nicht selten von Luftangriffen unterbrochen. Die Frauen tippten nach jeder Zusammenkunft die neuesten Texte ins reine. Zum Problem wurde die Vernichtung der überholten Papiere, da in den Berliner Behörden nur noch Zentralheizungen installiert waren und das Verbrennen größerer Mengen von Papier Verdacht erregt hätte. Mühsam verbrannten die Verschwörer Blatt für Blatt in einer Amtstoilette, spülten die Asche hinunter und reinigten das Becken.

Überall im Land bereiteten sich unterdessen die Mitverschwörer auf den Tag X vor. In den Wehrkreiskommandos von Königsberg und Kassel, von Hamburg und Wiesbaden, von Stuttgart, Dresden und München, in Paris, Wien und Salzburg saßen die Vertrauten, die keine Einzelheiten, wohl aber den genialen Wurf kannten. Es waren einzelne, und sie wußten nicht, wie ihre Untergebenen auf das «Unternehmen Walküre» reagieren würden. Aber es sollte kein reiner Militärputsch sein, sondern ein Aufstand für Freiheit und Recht, der möglichst viele Deutsche überzeugen konnte; hinter dem alle Gruppen standen, die seit Jahren den Glauben an ein anderes, das bessere Deutschland wachhielten. Claus von Stauffenberg wurde zum Motor der Verschwörung und gönnte sich keine Atempause. Er saß nicht nur über Einsatzplänen und Zeittafeln. Er suchte im Herbst und Winter 1943 in Berlin Kontakt zu allen, die heimliche Bundesgenossen waren oder werden konnten und die Entscheidung nun erzwingen wollten.

Am Neujahrsmorgen 1943 predigt der Jesuitenpater Alfred Delp in der St. Georgsgemeinde von München-Bogenhausen: «Ernster und schweigsamer und gefaßter haben wir das neue Jahr betreten. Diejenigen, denen es gegeben war, über ihr persönliches Schicksal und ihre persönlichen Anliegen hinaus die Dinge zu sehen und zu ahnen, haben die Wende dieses Jahres wohl in einem inneren Schauer erlebt und zugebracht; denn dieses Jahr wird wohl entscheiden über das Schicksal des ganzen Geschlechts; man spürt die letzten Stunden und Dinge heranreifen.» Seine Zuhörer konnten diese Worte noch unterschiedlich deuten. Doch bald wurde Pater Delp eindeutig: «Träumen nicht viele den gefährlichen Traum vom eigenen Herrentum der Menschengruppen, des eigenen Herrenrechts des Blutes und des Geistes, des so gearteten Geistes? ... Das letzte Siegel, das letzte Maß, die letzte Norm sind ihnen längst am Horizont entschwunden.» Am Ende scheint es, als stelle der Prediger die eigene Person auf die Probe. Hätten seine Kreisauer Freunde zugehört, wäre es ihnen wie eine Ermutigung vorgekommen, «daß man sich selber klar und eindeutig zurückruft aus allen Erweichungen und allen Verharmlosungen und allen Kompromissen unter das ordnende Gesetz des Herrn und daß so die aufrechten und entschlossenen Herzen wirklich zu einem Rhythmus, zu einem Schlag sich vereinigen, der innerlich das Leben dieser Zeit und dieses Volkes anrührt und es zurückruft durch das Beispiel, durch das Wort und auch durch die Tat in das Gesetz Gottes.»

Zwischen den Preußen aus Berlin und den Jesuiten aus München kam es im Frühjahr 1943 zu einem regen Gedankenaustausch. Viermal fuhr Helmuth James von Moltke in die bayerische Hauptstadt, auch Carlo Mierendorff war dabei, um mit Alfred Delp und Augustin Rösch zu beraten und weitere Tagungen in Kreisau vorzubereiten. Im Januar, Juni und August traf sich der Vorbereitungskreis auf dem schlesischen Gut, um ungestört «Grundsätze für den Neuaufbau» und eine «Erste Weisung an die Landesverweser» zu diskutieren und zu verabschieden. Wieder nannte man als Fundament jeder neuen politischen Ordnung Deutschlands die «Selbstverwaltung der kleinen und überschaubaren Gemeinschaften». Als tragende Pfeiler der Gesellschaft sahen die Kreisauer «die freiheitlich gesonnene Arbeiterschaft» und «die christlichen Kirchen». Selbstverständlich war für sie auch, daß dieses neue Deutschland nur im Rahmen einer Neuordnung Europas entstehen konnte. Vor allen Veränderungen aber stand die zentrale Aufgabe: «Das zertretene Recht muß wieder aufgerichtet und zur Herrschaft über alle Ordnungen des menschlichen Lebens gebracht werden.»

Je länger sie diskutierten, desto deutlicher wurde ihnen, daß der Umsturz sich nicht nur auf elitäre Zirkel stützen durfte, sondern auch von breiten Schichten der Bevölkerung mitgetragen werden mußte. Umstritten blieb nur, wie weit man sich mit den traditionellen Kräften der Arbeiterbewegung verbünden sollte. Carlo Mierendorff unternahm Pfingsten 1943 eine eigene Anstrengung zu einer möglichst breiten Koalition der NS-Gegner und entwarf ein Programm für eine «Sozialistische Aktion»: «Die Sozialistische Aktion ist eine überparteiliche Volksbewegung zur Rettung Deutschlands... Den Aktionsausschuß bilden Vertreter der christlichen Kräfte, der sozialistischen Bewegung, der kommunistischen Bewegung und der liberalen Kräfte als Ausdruck der Geschlossenheit und Einheit.» Politische Ziele waren eine «sozialistische Ordnung der Wirtschaft» mit «Enteignung der Schlüsselbetriebe der Schwerindustrie» und «Selbstverwaltung der Wirtschaft», eine «aufrichtige Zusammenarbeit mit allen Völkern, insbesondere in Europa mit Großbritannien und Sowjetrußland». Die «Sozialistische Aktion» bestand allerdings nur auf dem Papier.

So offen Moltke für die Kräfte und Ideen der Arbeiterbewegung war, in einem Punkt fiel ihm und seinen Freunden ein Kompromiß schwer: Die Kreisauer wollten keine das ganze Land umfassenden zentralen Organisationen mehr und traten deshalb vehement für unabhängige Betriebsgewerkschaften ein. Wilhelm Leuschner und seine Kollegen aus den christlichen Gewerkschaften kämpften aber ebenso entschlossen für eine Einheitsgewerkschaft und konnten den liberalkonservativen Carl Goerdeler in dieser Frage sogar auf ihre Seite ziehen. Ob sie zu den Jüngeren zählten wie Moltke oder Yorck von Wartenburg, die Goerdeler und seine konservativen Freunde aus der Mittwochs-Gesellschaft als «Reaktionäre» ansahen – und von diesen mitunter als «Salonbolschewisten» verdächtigt wurden –, oder ob sie zu den praktisch-planenden Militärs um Stauffenberg gehörten: Alle hofften, daß die Forderung der «bedingungslosen Kapitulation», von den Alliierten im Januar 1943 aufgestellt, nicht das letzte Wort war. Der Diplomat Adam von Trott zu Solz, Legationsrat im Auswärtigen Amt, von Anbeginn ein Gegner der Nationalsozialisten, fühlte sich den Kreisauern verbunden. Ihnen mußte er nach einigen Auslandsreisen von seinem vergeblichen Bemühen berichten, Gespräche vor allem mit der britischen Regierung zu führen; die Engländer lehnten jeden Kontakt mit deutschen Oppositionsgruppen strikt ab. Trott hatte unbewußt das Mißtrauen seiner ausländischen Gesprächspartner geweckt, als er das befreite Deutschland als Bundesgenossen des Westens im Kampf gegen die Sowjetunion empfahl. Das war eine Illusion, an der Goerdeler, Moltke und Stauffenberg noch am Jahresende 1943 festhielten und die Trott ungeachtet seiner ernüchternden Erfahrungen nicht gänzlich zerstörte.

Johannes Popitz, die Seele der Mittwochs-Gesellschaft und immer noch preußischer Minister unter Hermann Göring, wollte nicht länger warten und setzte Ende August 1943 alles auf eine Karte. Durch Vermittlung wurde er vom Reichsführer SS Heinrich Himmler, soeben zum Reichsinnenminister ernannt und mit noch mehr Machtfülle ausgestattet, in dessen Büro empfangen. Unter vier Augen lobte Popitz den brutalen Menschenjäger als «wahren Gralshüter des Nationalsozialismus» und versuchte auszuloten, wie weit Himmler zu diesem Zeitpunkt des Krieges bereit war, sich von Hitler zu distanzieren. Da der Verschwörer auf Schweigen stieß, versuchte er sehr schnell auf ungefährliches Terrain auszuweichen. Doch von diesem Tag an war Popitz kompromittiert: bei Himmler, der vielleicht jetzt erst Verdacht über das Ausmaß des Widerstandes schöpfte, aber auch – von engen Freunden abgesehen – bei seinen Mitverschwörern, die den Neuanfang nicht im Bund mit den Hauptverbrechern beginnen wollten.

Die Verschwörer in Berlin und an der Front gingen davon aus, daß ein Umsturz von denen eingeleitet werden mußte, die an den Hebeln der Macht saßen. Das Volk sollte im nachhinein informiert und überzeugt werden. Jede vorherige illegale Aktivität hätte in ihren Augen nicht nur das ganze Unternehmen zum Scheitern verdammt, sie lag auch außerhalb der politischen und moralischen Vorstellungen jener Gruppen von Militärs, nationalkonservativen Beamten und fortschrittlichen Preußen. Auch wenn einige immer klarer erkannten, daß der Umsturzversuch scheitern würde, wenn nicht die große Mehrheit des Volkes ihn innerlich bejahte, blieb doch ihr Mißtrauen in die Urteilskraft der Massen. Genau andersherum argumentierte seit Beginn ihres illegalen Kampfes die Kommunistische Partei. Vom «Massenwiderstand» hatte sie die ersten Jahre gesprochen. Flugblätter und Aktionen aus dem Untergrund sollten die schlummernden Widerstandskräfte stärken, das Regime verunsichern und den Weg zum Volksaufstand bahnen. Jetzt, wo allen Einsichtigen deutlich wurde, daß der Krieg nicht mehr zu gewinnen war, setzte die KPD ihre Hoffnungen wieder verstärkt auf einen Widerhall in der breiten Bevölkerung.

Wilhelm Knöchel, schwerkrank und ohne konkrete Erfolge seines unermüdlichen Einsatzes, hatte im «Friedenskämpfer» vom Jahresende 1942 die «Volksrevolution» prophezeit, «die diesen verfluchten Hitlerkrieg beenden wird». Er wollte nicht nur heimlich ein Netz von Verbindungen für den Tag X knüpfen, sondern den Verächtern des Rechts demonstrieren, daß sie nicht alle Kämpfer für «Frieden und Freiheit» mundtot machen konnten. Knöchel wußte auch: ein Widerstand, der in die Öffentlichkeit wirkte, gab dem Feind Blößen, in die er unerbittlich hineinstoßen würde. Natürlich wollten er und alle, die mit Knöchel zusammen nun schon ein Jahr an Rhein und Ruhr Widerstand leisteten, überleben. Doch im Stillen wußten sie, der Satz aus dem Umbruchjahr 1918 hatte gerade jetzt nichts von seiner grausamen Wahrheit verloren: «Kommunisten sind Tote auf Urlaub.»

Ende 1942 hatte ein 15jähriger Hitlerjunge auf einem Düsseldorfer Polizeirevier zu Protokoll gegeben, sein Vater führe mit einem fremden Besucher verdächtige Reden und lese verbotene Literatur. Es war das entscheidende Steinchen im Mosaik der Verfolger. Am 11. und 12. Januar 1943 wurden die wichtigsten Düsseldorfer Mitarbeiter von Wilhelm Knöchel, ihre Quartiergeber und völlig Unbeteiligte verhaftet. Die Verhöre setzten sofort mit aller Brutalität ein. Eine Frau, unwissentlich mit einem KPD-Funktionär verlobt, unpolitisch, ohne jede Verbindung zur Partei, fragte ihren jungen Folterer, wie er sie so unmenschlich quälen könne. Sie und ihresgleichen seien keine Menschen, war die Antwort, deshalb müsse man sie ausrotten. In Wuppertal gingen Ende des Monats die Verhaftungen weiter. Wenige Tage später gab es in der Untersuchungshaft den ersten Toten. Die Gefangenen waren Tag und Nacht wehrlos ihren Peinigern ausgeliefert. Da kam der Augenblick, wo auch die Tapfersten Namen und Treffpunkte preisgaben. Immer weiter zog sich die blutige Spur. Im Februar waren 70 verhaftet, im Mai 120, dann 150 und am Ende des Sommers rund 200 Personen, die auf irgendeine Weise mit Wilhelm Knöchel und seinen Genossen in Kontakt gekommen waren – Ehepaare, Geschwister, Freunde, schwangere Frauen, ganze Familien.

Am 30. Januar 1943 hatte die Gestapo Knöchel in Berlin entdeckt und verhaftet. Nach wenigen Tagen gab er sich als Mitglied des Zentralkomitees der verbotenen KPD zu erkennen. Von nun an kämpfte er einen verzweifelten Kampf. Er versuchte, seine Verfolger in die Irre zu führen: gab Namen und Treffpunkte so spät wie möglich preis, damit seine Freunde noch entrinnen konnten. Nie wußte er, ob die Fragen und Behauptungen der Gestapomänner auf Erkenntnissen beruhten, ob sie ihn verunsichern oder seine Aussagen überprüfen sollten. Knöchel, schwerkrank, wurde immer wieder mißhandelt. Die Zeit arbeitete gegen ihn. Völlig isoliert, konnte er den Gang der Ermittlungen nicht mehr überblicken, wurde seine Hinhaltetaktik immer unglaubwürdiger.

Wilhelm Knöchel lag zeitweilig im Haftkrankenhaus Düsseldorf-Derendorf. Ende Mai 1944 wurde er mit einem Krankentransport ins Zuchthaus Brandenburg-Görden überführt. Um diese Zeit waren schon in ersten Prozessen gegen seine Mitstreiter die Todesurteile gefällt, hatten drei Genossen im Gefängnis Selbstmord verübt. Knöchel wurde im Juni 1944 vom Volksgerichtshof unter Roland Freisler nach zehn Minuten zum Tode verurteilt. Ende Juli schrieb er seiner Tochter, die keine Besuchserlaubnis mehr erhielt: «Mein liebes Kind! Wenn Du diesen Brief in Händen hältst, hast Du keinen Vater mehr. Ich bin dann tot... Viel schreiben kann ich nicht mehr. Weine nicht allzu sehr, aber vergesse mich nicht. Du hast viel in Deiner Kindheit nicht gehabt. Deine Mutter ist früh gestorben und ich mußte Dich als Kind schon verlassen. Verzeih mir, wenn Du von deinem Vater nicht das hattest, was vielleicht andere Kinder hatten... Mein lieber Stropp, so will ich Dich noch einmal nennen, wie ich es getan habe, als Du ein kleines Mädchen warst. Du warst mein ein und alles. Ich habe Dich lieb, wie nur ein Vater sein Kind liebhaben kann. Nur einen Wunsch habe ich noch, daß Du den Krieg gut überleben wirst, einen guten Mann findest und Dir eine glückliche Familie gründest. So lebe nun wohl, mein einziges Töchterchen. Sei nun zum letztenmal gegrüßt und geküßt. Dein Vater.»

Nicht alle Schicksale der rund 200 Verhafteten aus dem Kreis um Wilhelm Knöchel konnten nach 1945 geklärt werden. 23 von ihnen wurden zum Tode verurteilt und hingerichtet; 9 wurden während der Untersuchungshaft ermordet, in den Tod getrieben oder nahmen sich in letzter Freiheit das Leben; einer tötete sich im Augenblick der Verhaftung; 4 starben nach dem Urteil im Zuchthaus; 7 wurden ins KZ verschleppt und dort umgebracht; 4 wurden Mitte April 1945 bei Nacht und Nebel erschossen; 3 starben nach ihrer Befreiung an den Folgen der Haft.

Wilhelm Beuttel, Schneidermeister, KPD-Funktionär, als Knöchels alter Mitkämpfer illegal aus den Niederlanden eingereist, schrieb seiner Frau zum Abschied aus dem Kölner Klingelpütz: «Wenn ich daran denke, wie wir so oft gemeinsam der Matthäus-Passion gelauscht haben und wie unsere Blicke sich zuletzt begegneten, während auf der Tribüne des Konzertgebäudes der Schlußchor von Beethovens Neunter Symphonie losbrauste, dann wird mir doch ein wenig weh ums Herz... Ich hätte gern noch erlebt, daß die Menschheit und vor allem mein geliebtes deutsches Volk von den furchtbaren Leiden des Krieges erlöst werden würde. Nun, ich erlebe den ersehnten Frieden nicht mehr, sterbe aber in der Gewißheit, daß er bald, zum Segen aller, kommen wird.» Am Ende, den Tod vor Augen und die Qualen der Verhöre hinter sich, bleibt für die Gefangenen das, was wesentlich war. Überleben sollen die Ideale und Sehnsüchte, die dem politischen Tagesgeschäft, den vereinfachenden Parolen und dem bedingungslosen, lebenslangen Einsatz für die Partei zugrunde lagen.

Während Wilhelm Knöchel und seine Freunde in den Gefängnissen saßen, waren die Mitstreiter um Theodor Neubauer und Magnus Poser schon im zweiten Jahr in Thüringen und Sachsen unbehelligt aktiv. Sie nahmen im Laufe des Sommers sogar Kontakt auf zu zwei weiteren kommunistischen Gruppierungen, die in Berlin und Sachsen eine lebhafte illegale Tätigkeit entwickelt hatten. Die verbliebenen Leipziger Kommunisten hatten in den Kriegsjahren nach altem Parteimuster einen «Dreierkopf» als Führungsspitze im Untergrund gebildet. Auch hier hatten sich ältere Kommunisten mit Erfahrungen aus der Weimarer Republik und selbst nach langer KZ-Haft ungebrochen, zusammengetan. Georg Schumann, Jahrgang 1886, war Werkzeugschlosser bei Zeiss gewesen und hatte sich früh der SPD angeschlossen. Rosa Luxemburg und Karl Liebknecht überzeugten ihn, sich für die KPD zu engagieren. Schumann wurde Redakteur, Abgeordneter im Preußischen Landtag, seit 1928 im Reichstag. Von 1933 bis 1939 war er im KZ. Otto Engert, 1895 geboren, war ein Bauernsohn, der Zimmermann lernte und ebenfalls 1920 von der

SPD zur KPD hinüberwechselte. Auch er saß nach 1933 im Zuchthaus und im KZ. Kurt Kresse, Jahrgang 1904, hatte Buchdrucker gelernt und war Bergarbeiter geworden, die Nationalsozialisten warfen auch ihn ins KZ. Engert und Kresse gehörten Ende der zwanziger Jahre zu der Minderheit in der KPD, die sich dem bedingungslosen Kampf der Partei gegen die Sozialdemokraten nicht anschloß.

Fundament der Leipziger Gruppe waren illegale Zellen in etwa 17 Betrieben. Aber sie hatte auch Zugang zu ganz anderen Kreisen gefunden, die den kommunistischen Widerstand nach ihren Kräften unterstützten. Eine Ärztin auf dem Land und mehrere Mediziner in Leipzig stellten den Illegalen ihre ärztliche Kunst und ihre Praxen als Treffpunkte zur Verfügung, wo sie unauffällig Informationen weitergeben und Verabredungen treffen konnten. Die Ärzte fälschten Befunde, um die Einberufung zum Wehrdienst zu verhindern und schrieben Arbeiter krank über die Zeit hinaus. Der Grafiker Alfred Frank, Jahrgang 1884, ein Gärtnerssohn aus Baden, fertigte Stempel und Schablonen an, mit denen man unauffällig Kampfparolen anbringen konnte. Er hatte seit 1936 einen Kreis von Sympathisanten gebildet, die sich nun der Schumann-Engert-Kresse-Gruppe zur Verfügung stellten, obwohl sie keine KPD-Mitglieder waren. Der 32jährige Jurist Wolfgang Heinze, Betriebsleiter der Leipziger Köllmannwerke, die auch Rüstungsgüter herstellten, hatte Verbindung zu den illegalen Zellen in seinem Werk. Es gelang ihm, Leute vom Wehrdienst freistellen zu lassen, die für die Untergrundarbeit wichtig waren, und er gab Informationen über Rüstungsgüter an die KPD-Zellen weiter.

Die Leipziger Kommunisten versuchten durch Flüsterpropaganda und Flugblätter, die Arbeiter zum Krankfeiern, zu Sabotageakten und zum langsameren Arbeiten zu ermutigen. Aus einem Flugblatt vom Dezember 1943: «Bei einem Luftangriff müßt ihr zuerst euer Leben sichern... Im Falle eines Angriffs verlaßt die Rüstungsbetriebe und kümmert euch um eure Familien! ... Laßt euch nicht von Nazi-Betriebsbonzen oder Werkschutz im Betrieb festhalten! Bleibt nach einem Angriff der Arbeitsstelle fern! Entschuldigt euch mit Aufräumungsarbeiten oder schlechten Verkehrsverhältnissen! Langsamer arbeiten führt zur schnelleren Beendigung des Krieges.» Die andere selbstgestellte Aufgabe bestand darin, den in ständig wachsender Zahl überall eingesetzten Zwangsarbeitern aus den besetzten Ländern ihr elendes Dasein ein wenig zu erleichtern und deren Widerstandskräfte zu stärken. Man organisierte Lebensmittel, Kleider, Zigaretten für sie, übersetzte Flugblätter und informierte die Zwangsarbeiter über den wirklichen Frontverlauf.

Die führenden illegalen Funktionäre trafen sich abwechselnd in Thüringen, Leipzig und Berlin. Dort, in der Hauptstadt, war es Anton Saefkow gelungen, die Unentdeckten der zerschlagenen Robert-Uhrig-Gruppe neu zu sammeln und seit Mitte 1943 wieder eine Organisation aufzubauen. Saefkow, 1903 in Berlin geboren, kam aus einer Arbeiterfamilie und war schon zur Weimarer Zeit im kommunistischen Jugendverband aktiv gewesen. Als Funktionär wurde er 1933 in Hamburg verhaftet und erst 1939 aus dem KZ Dachau entlassen. Einer seiner engsten Mitarbeiter war Franz Jacob, im Herbst 1942 aus Hamburg geflohen, als dort der Kreis um ihn und Bernhard Bästlein aufgeflogen war. Theodor Neubauer war im Sommer 1943 mehrmals ins Ruhrgebiet gereist und hatte bei alten Freunden zustimmende Aufnahme gefunden. Anton Saefkow war es gelungen, in rund 30 Berliner Betrieben Verbindungsleute zu finden. Die Berliner hatten zudem einen besonders engen Kontakt zu illegalen KPD-Mitgliedern im Magdeburger Raum entwickelt.

Trotzdem: Bei denen, die im Land geblieben waren und nun seit zehn Jahren als ständig Verfolgte lebten, gab es keine Illusionen, wie schwach das neue Netz der illegalen Partei war. Die Verbindungslinien blieben brüchig und anfällig, in den meisten Fällen waren sie sehr locker und vom Zufall abhängig, dann wieder zeitweilig oder ganz unterbrochen. Die Kommunisten kämpften einsam auf ihrem winzigen Außenposten gegen einen übermächtigen Feind. Sie kämpften standhaft, aber bewiesen nicht die vielen Verhaftungen dieses Jahres, die abschreckenden Urteile, daß sie auf verlorenem Posten standen? Doch Ansätze zu einer übergreifenden Führung der illegalen Kommunistischen Partei schienen 1943 geschaffen, auch wenn eine Zentrale und die Massenbasis noch in weiter Ferne lagen.

Seit dem Frühjahr diskutierte man bei den Genossen in Berlin, Leipzig und Thüringen lebhaft die «Leitsätze über die Liquidierung des imperialistischen Krieges und der Naziherrschaft». Theodor Neubauer schrieb einen «Bericht zur Lage». Zentrale Themen waren das Bündnis mit anderen Hitler-Gegnern, die «antifaschistische Volksfront» und das Verhältnis zur Sowjetunion. Den Thüringern war es gelungen, in Jena eine illegale Druckerei einzurichten und heimlich in einer Klischeeanstalt Druckstöcke herzustellen. Das erste Flugblatt, in kleinem Format und auf extrem dünnem Papier, erschien im September 1943 in 1500 Exemplaren: «Hitlers Krieg ist verloren! Nur Kindsköpfe träumen noch vom Sieg.» Der Leser erfuhr, daß nicht nur die Kommunisten auf das Ende der Hitler-Herrschaft und einen Neuanfang hinarbeiteten: «Heute fragt jeder: was soll nach Hitlers Sturz werden? Schon ist ein großer Teil der deutschen Bourgeoisie bereit, um ihre Existenz als Ausbeuterklasse zu retten, ganz Deutschland an den englisch-amerikanischen Imperialismus zu verkaufen und einen Frieden in Kauf zu nehmen, der zehnmal schlimmer sein würde als Versailles... Deutschland würde jede politische und wirtschaftliche Selbständigkeit verlieren, zu einer Kolonie der kapitalistischen Ausbeuter werden und nicht einmal die Möglichkeit einer modernen industriellen Wirtschaft und damit einer modernen Kultur behalten! Das wäre ein Untergang in Barbarei!» Das Flugblatt warb für die «Errichtung einer Regierung des werktätigen Volkes» und für ein «Bündnis mit Sowjetrußland und den befreiten Völkern Europas im Rahmen einer Union sozialistischer Republiken».

In seinem internen «Bericht zur Lage» griff Theodor Neubauer, der auch das Flugblatt verfaßte, die Warnung vor einer «amerikanischen Lösung» auf. Er sprach von einer «starken Strömung», sich den Westmächten anzuschließen, «um sich vor dem drohenden Bolschewismus zu retten, in der Hoffnung, daß die ungeheure Macht besonders der USA imstande sein werde, den Bolschewismus von den Grenzen Deutschlands fernzuhalten». So isoliert sie arbeiteten, so verfemt sie bei anderen Widerstandskreisen waren, der Kommunist Neubauer war gut informiert, denn seine Diagnose traf auf etliche der konservativen Verschwörer zu.

Bedeutete diese Abgrenzung auch die Ablehnung der «Einheitsfront» mit allen demokratischen Kräften? Die erhalten gebliebenen Aussagen sind widersprüchlich. Die Teilnehmer der Diskussionen können nicht mehr befragt werden. Theodor Neubauer empfahl in seinem «Bericht», in den kleinbürgerlichen Schichten zu wirken und entwarf ein «demokratisches Minimalprogramm», in dem die «Wiederherstellung der demokratischen Rechte, wie die Freiheit der Person, der Meinung, der Presse, der Versammlung, der Koalition» gefordert wurden. Ähnlich wie Wilhelm Knöchel beschwor der Thüringer seine Genossen, sich nicht auf die Rote Armee zu verlassen, sondern die Befreiung vom Tyrannen als eine nationale Aufgabe der Deutschen zu begreifen: «Es gibt leider in der Arbeiterklasse Deutschlands eine weitverbreitete Strömung, die alles Heil von der ‹Roten Armee› erwartet und passiv zuschauen möchte, bis ‹die Russen kommen und uns befreien›. Diese schmachvolle Feigheit muß aufs schärfste bekämpft werden, und dies geschieht am wirkungsvollsten durch den Hinweis auf alle die sinnlosen Opfer, die jeder neue Tag von den werktätigen Massen Deutschlands verlangt.» Der ZK-Funktionär Wilhelm Knöchel und der ehemalige KPD-Reichstagsabgeordnete Theodor Neubauer ahnten nicht, daß sie beide in der gleichen Phase des illegalen Kampfes ähnliche politische Konsequenzen zogen und diese bei ihren Mitstreitern durchzusetzen suchten.

In Hamburg war im Sommer 1943 Ungewöhnliches geschehen. Nach schweren Luftangriffen, die auch die Gefängnisse der Hansestadt zerstörten, hatte der Staatsanwalt rund 70 Personen der ehemaligen Gruppe um Franz Jacob und Bernhard Bästlein Hafturlaub auf Ehrenwort gegeben. Etwa 20 von ihnen beschlossen, unterzutauchen und den illegalen Kampf wieder aufzunehmen. Einer war Walter Bohne, der nach längeren Diskussionen im Dezember 1943 das Rundschreiben «Lieber Freund» für die neuentstandene Gruppe verfaßte. Wieder geht es darum, wie andere politische Kräfte im Land reagieren, jetzt, wo das Ende in Sicht scheint: «Wird das Kapital einen Ausweg suchen, anstatt bis zuletzt mit Hitler zu kämpfen? Ja! Der Kommunismus würde die Folge sein, während andernfalls die Kapitulation ein Ausweg wäre, um auf dem Boden der Demokratie den Kapitalismus zu retten... Aus dem Angeführten muß man mit größter Wahrscheinlichkeit schließen, daß eine Übergangsregierung fünf Minuten vor voll unter dem Druck der Ereignisse, die zur Revolution treiben, Hitler den entscheidenden Stoß versetzt, um die Massen aufs neue zu betrügen...»

Die Konsequenz aus dieser «Wahrscheinlichkeit» mußte für Kommunisten bitter sein und unannehmbar: Umsonst die Jahre der Verfolgung. Umsonst das Leben in der Einsamkeit und Not der Illegalität. Umsonst die Opfer, die Toten und die Gequälten. Auch Walter Bohne beschwört – wie Knöchel und Neubauer – die Genossen, nicht abzuwarten, sondern einzugreifen: «Es geht um unser Leben und unsere Zukunft. Jeder Tag kostet unzählige Opfer an der Front und in der Heimat. Tatenlos zusehen bedeutet, sich selbst und andere den Henkern auszuliefern. Nicht als Objekte, sondern als Subjekte mit eigenem Denken und Handeln wollen wir der Geschichte die Richtung geben, die den Interessen der Arbeiterklasse entspricht.» Walter Bohne, der im Untergrund lebte, wurde im Januar 1944 am Klosterstern in Hamburg vor den Augen seiner Frau, die zu einem konspirativen Treffen kam, beim Fluchtversuch von der Gestapo erschossen.

«Nicht Amboß, sondern Hammer sein»: Die Statistiken der Verfolger scheinen auch 1943 solchen Ansprüchen und solchen Zielen Hohn zu sprechen. Mit jedem Monat, der verging, schien die Wahrheit endgültiger zu werden, daß alle Aktionen gegen den Unrechtsstaat am Ende doch im Blut erstickt würden. Mitte Juli 1943 beschloß der Freundeskreis um Georg Groscurth, den Oberarzt am Krankenhaus in Berlin-Moabit, und um seinen Freund, den Chemiker Robert Havemann, sich einen festen Rahmen zu geben. Bisher hatten sie vor allem Juden versteckt und Zwangsarbeitern geholfen, nun nannten sie sich «Europäische Union» und beschlossen ein politisches Manifest: «Unser Ziel ist: Sozialistische Wirtschaft, Freiheit des Individuums und soziale Gerechtigkeit... Sozialismus bedeutet nicht: Ausrottung der Bourgeoisie, Aufhebung des privaten Eigentums und Errichtung einer blutigen Diktatur dogmatischer Marxisten...»

Anfang September waren alle Pläne am Ende. Groscurth, Havemann und die anderen wurden verhaftet, die Räume von «Kunzes Kaffee-Salon» durchsucht, wo die eingeweihten Mitarbeiter des Krankenhauses sich jeden Mittag um zwölf Uhr dreißig getroffen hatten. Im Dezember 1943 standen die Angeklagten vor dem Volksgerichtshof. Eine Mitarbeiterin Groscurths schmuggelte sich in den Saal, der voll war von Uniformierten, erkannte ihre Freunde kaum wieder: «Die sahen alle sehr elend aus, die ahnten wohl, was auf sie zukommt. Dann legte der Freisler los, er grölte nur und beschimpfte sie als Defätisten. Als dann die Verteidiger sprachen, haben die praktisch um die Bestrafung ihrer Mandanten gebeten.» In der Urteilsbegründung stand: «Wie schamlos die Gesinnung der Angeklagten ist, ergibt sich daraus, daß sie geradezu systematisch illegal lebende Juden unterstützten, ja sogar mästeten.» Die vier Hauptangeklagten wurden zum Tode verurteilt.

Im Mai 1944 wurden Georg Groscurth, der Zahnarzt Paul Rentsch, der Architekt Herbert Richter-Luckian im Zuchthaus Brandenburg-Görden enthauptet. Am Morgen seines Todes schrieb der 40jährige Georg Groscurth seiner Frau: «In einer halben Stunde wird das Urteil vollstreckt. Ich bin ganz gefaßt, weil ich ja immer damit gerechnet habe. (Entschuldige die schlechte Schrift, ich schreibe mit Fesseln.) ... Bleibe so fest, wie Du immer warst. Du weißt ja, daß es kein Zufall war, sondern mein Schicksal. Ich habe nichts zu bereuen, nur den großen Schmerz, den einzigen, um den ich während der ganzen Zeit so getrauert habe, daß Du nun so alleine leben mußt... Die Kinder werden auch ohne mich aufwachsen... Sie rappeln schon mit den Schlüsseln... Laß Dich umarmen. Denke daran, daß wir für eine bessere Zukunft sterben, für ein Leben ohne Menschenhaß. Ich habe die Menschen sehr geliebt...» Robert Havemann überlebte. Es gelang einflußreichen Freunden, seine Experimente, die er im Zuchthaus weiterführte, als kriegswichtig einzustufen.

Im September 1943 entdeckte die Gestapo in Bielefeld einen lockeren Zusammenschluß von Kommunisten, Sozialdemokraten und Anhängern der längst verbotenen kleinen Sozialistischen Arbeiterpartei (SAP). Man traf sich am Alten Markt, man hörte zu Hause Feindsender, man sprach darüber. Mehr als hundert Menschen wurden verhaftet, gefoltert, zwölf zum Tode verurteilt und hingerichtet.

Im März war Franz Zielasko in der Nähe von Warschau mit dem Fallschirm aus einem sowjetischen Flugzeug gesprungen. Der Bergmann aus Gladbeck, 1932 in die Sowjetunion ausgewandert, schlug sich per Eisenbahn ins Ruhrgebiet durch und versuchte dort, seine alten Freunde aus dem Arbeiterradsportbund für die illegale Arbeit zu gewinnen. Bei dem einen bekam er zehn Mark zugesteckt, bei dem anderen durfte er eine Nacht verbringen, bevor er weitermußte. In diesen Wochen, als sich die Verhaftung der Knöchel-Gruppe herumsprach, wollte niemand mehr etwas riskieren. Doch schon diese wenigen Gesten der Solidarität unter alten Freunden hatten unmenschliche Konsequenzen. Zielasko wurde Anfang August verhaftet. Mühelos folgte die Polizei seinen Spuren zwischen Essen, Münster und Hamm. Über

40 Kontaktpersonen wurden verhaftet, gefoltert und 15 Todesurteile wegen «Feindbegünstigung» gefällt.

Immer schneller arbeitete die Mordjustiz. 1933 hatte es für drei Tatbestände die Todesstrafe gegeben. 1943 konnten die Gerichte unter 46 Gründen wählen. Seit Kriegsbeginn war die Zahl der von zivilen Gerichten verhängten und bestätigten Todesurteile dramatisch gestiegen. 1939: 220 Todesurteile; 1940: 926 Todesurteile; 1941: 2209 Todesurteile; 1942: 3002 Todesurteile; 1943: 4438 Todesurteile. Der Hüttenarbeiter Ludwig Krall, Sozialdemokrat, und seine Ehefrau Klara verhehlten auch während des Krieges ihre politischen Überzeugungen nicht. Im Oktober 1943 wurde Ludwig Krall vom Volksgerichtshof zum Tode verurteilt. Bevor er im November Selbstmord beging, schrieb der 55jährige an seine Familie: «Bin zu schwach, um so lange auf den Tod mit dem Beil zu warten. Verzeiht mir. Lebt wohl! Euer Vater... Mein letzter Wunsch: Laßt meine Frau leben.» Klara Krall wurde wenige Tage später enthauptet. Die Arbeiterin Therese Müller aus Nürnberg billigte es, daß ihre Söhne nach 1933 illegal im Kommunistischen Jugendverband arbeiteten. Einen Sohn, der an der Ostfront stand, ermunterte sie, zu den Russen überzulaufen. Im März 1943 wurde Therese Müller zum Tode verurteilt. Im September stand Wilhelm Weber, Zahnarzt in Hannover, vor einem Sondergericht: Todesurteil. Er hatte einer Patientin erklärt, daß niemand mehr an den Endsieg glaube und daß in den KZs gefoltert werde. Sie denunzierte ihn, die Gestapo erschien. Wilhelm Weber durfte nur noch seine Familie anrufen: «Die behalten mich hier. Lebend sehen wir uns wohl nicht wieder.»

Aus Bad Kissingen meldeten die Spitzel Ende August 1943: «Man habe den Eindruck, es werden jetzt überall ausländische Sender gehört, auch der Wortlaut der Flugblätter, Hitler habe den Krieg mit jedem Lande begonnen, werde bejaht und der Führer verwünscht und verflucht.» Doch das Regime wankte nicht. Die Mehrheit blieb stumm, ausgefüllt von der Sorge um die eigene Familie, das Dach über dem Kopf, die Söhne und Väter, die an der Front standen. Aber alle konnte der Terror nicht zum Schweigen bringen. Stalingrad blieb das große Fanal in diesem Jahr 1943, das deutlich machte, was Adolf Hitler – außer den Verbrechen an den Völkern Europas – den Deutschen antat. Mochten die Kampfgefährten auch eingekerkert, gefoltert und getötet werden, es fanden sich selbst nach zehn Jahren Diktatur und Verfolgung Menschen, die für ihre verfemten Ideale eintraten. Einer aus der Gruppe um die Kommunisten Franz Jacob und Bernhard Bästlein in Hamburg ging im Herbst 1942 in den Untergrund und wurde von Freunden versteckt. Nach Stalingrad wollten sie nicht mehr stillhalten und verschickten Flugblätter an die Front, als Feldpostbriefe getarnt: «Informationen holten wir uns vor allem durch den Moskauer Sender. Die Feldpostnummern besorgte uns Bruno, dessen Nachnamen ich leider vergessen habe; Bruno arbeitete beim Hauptpostamt am Hühnerposten. Diese Feldpostbriefaktion lief mit zeitweiligen Unterbrechungen in den Jahren 1943 und 1944.»

In München begann der Kommunist Robert Eisinger nach der vernichtenden Niederlage von Stalingrad Flugblätter zu schreiben und zu vervielfältigen, die sein Arbeitskamerad und Gesinnungsgenosse Emil Meier nachts verteilte. Eisinger, im Jahre 1919 Kurier für die Münchener Räterepublik, erinnert sich: «Wir haben das alles selber gemacht, das war für mich eine persönliche Motivation, die nicht von irgendwoher gesteuert war. Im nachhinein denke ich, daß es völlig witzlos war, denn sich irgendeine Wirkung davon zu versprechen, war eine Illusion. Aber ich habe das doch in diesem Moment gar nicht in Erwägung gezogen. Es war einfach ein Impuls, jetzt mußt du etwas tun und mußt die Leute aufrütteln oder wenigstens versuchen, sie aufzurütteln.» Die beiden Männer waren in der Weimarer Republik groß geworden, die Arbeiterkultur hatte sie geprägt und ihnen grundlegende Werte vermittelt. Diese Werte blieben, und es blieb das Bewußtsein, für sie eintreten zu müssen, auch nachdem die Kontakte zur Partei in den Jahren der Diktatur längst abgerissen waren. Die Kommunisten Meier und Eisinger hatten sich im KZ Dachau kennengelernt. Sie wußten, daß sie sich aufeinander verlassen konnten und daß sie beide das gleiche wollten: das sinnlose Sterben an der Front und in der Heimat um jeden Preis beenden.

Robert Eisingers Aufrufe wurden immer ausführlicher und entschiedener. Er hatte von der Hinrichtung der Gruppe um Hans Scholl gehört. Im Sommer knüpfte er an die Parole ihres letzten Flugblatts an, «Frisch auf, mein Volk, die Flammenzeichen rauchen». Er erinnerte an die Taten der Münchner Studenten und gab Hinweise für den kleinen, alltäglichen Widerstand: «Was hast Du heute für ein rasches Kriegsende getan? ... Es gibt viele Möglichkeiten, dazu beizutragen. Verringertes Arbeitstempo – Spendenverweigerung oder -kürzung – Mauerinschriften, Flugblätter usw. Hitler und der Nationalsozialismus haben uns in diesen Krieg gehetzt! Nur ihr Sturz kann ihn vorzeitig beenden! Zeigt Euch des Opfers der Geschwister Scholl und ihrer Mitkämpfer würdig und führt ihren Kampf verstärkt fort! Für den Frieden! Für die Freiheit!»

Sechs verschiedene Flugblätter wurden hergestellt und wahrscheinlich in 5000 bis 6000 Exemplaren pro Auflage bis zum Herbst 1943 in Münchens Innenstadt und Arbeitervierteln verteilt. Eisinger und Meier arbeiteten ganz allein, auch ihre nächsten Angehörigen waren nicht eingeweiht. Im September oder Oktober beschloß Eisinger, die Aktion abzubrechen. Die bittere Erkenntnis, selbst bei alten Parteigenossen, die er unverfänglich auf die Flugblätter ansprach, nur auf ängstliche Ablehnung zu stoßen, machte ihn mutlos.

Emil Meier jedoch gab nicht auf. Im Frühjahr 1944 fand er einen neuen Mitstreiter, und die beiden blieben ein Jahr lang unentdeckt. Im Januar 1945 wurde Meier verhaftet und bei den Verhören brutal gefoltert, weil die Polizei hinter ihm eine größere Organisation vermutete. Schließlich verriet er Eisingers Namen

– und machte anschließend einen Selbstmordversuch. Beide kamen ins KZ Dachau und wurden dann erneut nach München verlegt. Dort wurde Emil Meier wieder grausam gefoltert. Mit letzter Kraft ritzte er in seine Zelle im Gestapo-Gefängnis im Wittelsbacher Palais in die Wand: «Hier hat man mich zum Krüppel gemacht. Emil Meier, Flugblattverteiler.» Während die Amerikaner auf München marschierten, kam der Oberreichsanwalt des Volksgerichtshofs in die Stadt und hatte nichts Eiligeres zu tun, von den 76 Todeskandidaten, die in München-Stadelheim einsaßen, wenigstens Eisinger, Meier und dessen zweiten Komplizen zu Tode zu bringen. Doch das Erschießungskommando aus drei Wachtmeistern, das er zusammenstellte, weigerte sich, die Todesschüsse abzufeuern. Eine Woche später war der Krieg vorbei. Die drei Todeskandidaten hatten überlebt.

Aus freiem Entschluß war 1939 der Dachdecker Julius Engelhard untergetaucht, um aus der Illegalität für seinen Glauben Zeugnis abzulegen und einem diabolischen Staat zu widerstehen, der nicht nur den Leib, sondern auch die Seelen für sich forderte. Der Arbeiter aus Baden, Jahrgang 1899, hatte Familie, fünf Kinder und war 1930 den Zeugen Jehovas beigetreten. 1935 wurde diese Glaubensgemeinschaft, die Eid und Kriegsdienst verweigerte, endgültig im ganzen Reich verboten und als Wegbereiter der «jüdisch-bolschewistischen Weltrevolution» verfolgt. Ohne die Solidarität der großen christlichen Kirchen organisierten die Zeugen Jehovas nun ein illegales Netz von Kurieren und Mitarbeitern, um ihr religiöses Leben aufrechterhalten zu können. Die strenggläubigen Menschen verstanden sich nicht als politische Gegner des Nationalsozialismus. Doch die illegale Verbreitung ihrer Zeitschrift «Der Wachtturm» und vieler anderer Schriften, Bibelarbeit im verborgenen, Spendensammlungen für Verhaftete und das kompromißlose Festhalten an der eigenen Überzeugung wurden im totalitären Staat zum Widerstand, zur Bedrohung für die Herrschenden, die keine andere Macht neben sich duldeten. Für die standhaften Zeugen begann eine Zeit der Verfolgung.

Julius Engelhard konnte sich 1940 ein festes illegales Quartier in Oberhausen einrichten. Hier vervielfältigte er seine Druckschriften und schrieb selber Matrizen. Einmal im Monat reiste er nach Süddeutschland und verteilte sein Material an andere Kuriere. In größeren Orten organisierte er Stützpunkte, wo man sich heimlich versammelte und gegenseitig im Glauben stärkte. Im Frühjahr 1943 war eine kleine Gemeinde von Zeugen Jehovas in Essen entdeckt und verhaftet worden. Julius Engelhard war deshalb nicht überrascht, als Anfang April zwei Gestapoleute auf ihn warteten, als er am Abend sein Quartier betrat.

Über dreizehn lange Monate wurde Julius Engelhard quälenden Verhören unterworfen. Er versuchte, seinen religiösen Überzeugungen treuzubleiben und zugleich seine Glaubensgenossen so wenig wie möglich zu gefährden. Der Volksgerichtshof in Berlin verurteilte den 45jährigen mit sieben weiteren Zeugen Jehovas aus dem Ruhrgebiet zum Tode: «Der Inhalt der Schriften geht... öffentlich darauf aus, den Wehrwillen des deutschen Volkes zu zersetzen... und zugleich der Kriegsmacht des Reiches Schaden zuzufügen.» Von den rund 20000 deutschen Zeugen Jehovas, auch Internationale Bibelforscher-Vereinigung genannt, haben die Nationalsozialisten 5000 in Gefängnissen und KZs ermordet oder im Namen einer Justiz hingerichtet, die das Einstehen für ein religiöses Bekenntnis zum todeswürdigen Verbrechen erklärt hatte.

Niemand kennt den Todestag und das Grab von Julius Engelhard. Viele Einzelkämpfer für Menschenwürde und Menschenrechte werden wie er vergessen bleiben. Andere, die ebenfalls einen einsamen Kampf kämpften, leben in der Erinnerung fort, weil sie in den großen, allseits akzeptierten Organisationen zum Stein des Anstoßes wurden. Der katholische Priester Max Josef Metzger war 1939 nach Berlin gezogen, um in der Großstadt vor den Nachforschungen der Gestapo sicherer zu sein. Aber auch, weil er sich hier ein besseres Betätigungsfeld für seine in der Kirche umstrittenen Aktivitäten erhoffte. Metzger war seinem bisherigen Vorgesetzten, dem Bischof von Freiburg, unbequem. Daß ein Priester Pazifist war und sich für den Weltfriedensbund einsetzte, widersprach der Tradition des geistlichen Standes. Und nun hatte Metzger auch noch Una-Sancta gegründet, eine Bewegung, die die Einheit der getrennten Kirchen vorbereiten sollte. Dem Papst schrieb der unbequeme Mahner 1939, er solle ein allgemeines Friedenskonzil einberufen, um der Kirche «ein neues Gesicht zu geben».

Max Josef Metzger war nicht der weltfremde Idealist, als den ihn seine Oberen ansahen. Er machte sich im Frühjahr 1943 praktische politische Gedanken über die Zukunft Deutschlands, das er in seiner Aufzeichnung «Nordland» nannte: «Die Politik Nordlands ist nach innen und außen verfassungsmäßig festgelegt als eine redliche Friedenspolitik auf der Grundlage sittlicher Wahrheit und Treue sowie sozialer Gerechtigkeit... Verfassungsmäßig ist jedem Nordländer die Unantastbarkeit der persönlichen Würde und Rechtssicherheit, die Freiheit des Gewissens, der Sprache und Kultur sowie der Meinungsäußerung... gewährleistet. Alle Nordländer, die an dem nationalen Unglück und der Vergewaltigung ihres Volkes nachweisbare Mitschuld tragen, bleiben... für zwanzig Jahre von allen bürgerlichen Ehrenrechten (Wahlrecht, Recht auf Bekleidung öffentlicher Ämter) ausgeschlossen.» Der Querdenker plädierte in dieser Schrift für eine freiwillige nationale Abrüstung und für den Aufbau einer europäischen Streitmacht.

Im Juni 1943 übergab Metzger sein «Friedensmanifest» einer Bekannten, die es an einen schwedischen Geistlichen weiterleiten wollte. Er ahnte nicht, daß er sich einem weiblichen Spitzel anvertraut hatte. Noch während der Übergabe erschien die Gestapo. Im November 1943 stand Metzger vor dem Volksgerichtshof. Über den Prozeßverlauf machte er Aufzeichnungen, die er mit seiner Wäsche aus der Zelle schmuggelte: «Der Anwalt hatte mich darauf vorbereitet, daß ein ‹rauher Ton› herrsche beim Volksgericht und daß Freisler ein äußerst gewandter Verhandlungsführer sei... Die Verhandlung ließ mir schon nach der Einleitung keinen Zweifel mehr, daß hier nicht ‹Gericht› gehalten wurde, um ‹Recht› zu suchen, sondern um in einem Schauprozeß Eindruck auf das Volk zu machen. So war ich mir bald klar darüber, daß alle menschliche Hoffnung umsonst sei... Die Entscheidung war gefallen, bevor ich mich rechtfertigen konnte. Es raste die See und wollte ihr Opfer haben. Es überkam mich ein Gefühl stolzer Verachtung, als ich das Todesurteil hörte.» Kommentar von Roland Freisler, dem Präsidenten des Volksgerichtshofs: «Eine solche Pestbeule muß ausgemerzt werden.»

Der Freiburger Erzbischof Conrad Gröber versuchte den Todeskandidaten zu retten. In einem Brief an Freisler nennt er Metzgers politische Überzeugungen «ein Verbrechen aus Idealismus». Den Priestern seiner Diözese teilte der Erzbischof im November 1943 «den traurigen Fall» mit und fordert sie auf, «daß wir alles und jedes, was dem Vaterland in seiner schweren Zeit und damit auch uns selber irgendwie schaden könnte, peinlichst unterlassen, die ungeheuren Opfer und Erfolge unserer Soldaten im Feld dankbar und fürbittend würdigen, den Mut unserer Gläubigen in der Heimat stärken... an das furchtbare Unglück eines verlorenen Krieges mit bolschewistischen Folgen denken und Tag für Tag Gott bitten, daß er, der Lenker der Geschicke aller Völker, unsere Heimat schützen und mit einem ehrenvollen, inneren und äußeren Frieden segne». Fünf Monate mußte Max Josef Metzger auf seinen Tod warten, Tag und Nacht gefesselt. Mitte April 1944 wurde der Geistliche im Zuchthaus Brandenburg-Görden enthauptet. Die Reichsanwaltschaft beim Volksgerichtshof stellte – wie bei allen Hingerichteten – eine Rechnung auf: Als Hinrichtungsgebühr waren 300 Reichsmark zu zahlen und für 293 Tage Haft à 1,50 Reichsmark 439,50 RM, machte zusammen 739,50 RM.

Die Kraft ihres Glaubens und die Überzeugung, richtig gehandelt zu haben, bewahrten die Gefangenen nicht vor Stunden der Verzweiflung, in denen der Wunsch nach dem Ende aller Qual übermächtig wurde. Der evangelische Theologe Dietrich Bonhoeffer, April 1943 im Zusammenhang mit den Vorwürfen gegen Hans Oster und seinen Schwager Johannes von Dohnanyi festgenommen, schrieb im Dezember 1943 aus dem Gefängnis: «An die psychischen Belastungen gewöhnt man sich nicht, im Gegenteil; ich habe das Gefühl, ich werde durch das, was ich sehe und höre, um Jahre älter, und die Welt wird mir oft zum Ekel und zur Last.»

Nicht nachgeben, weitermachen, den Unmenschen jede Möglichkeit abtrotzen, Menschlichkeit zu praktizieren und sich nicht einschüchtern zu lassen: Es war für Deutsche riskant, an diesen Grundsätzen auch im Umgang mit denen festzuhalten, die die Nationalsozialisten in Friedenszeiten zu Menschen zweiter Klasse erklärt hatten und denen nun im Schatten des Krieges in ganz Europa die «Endlösung» zugedacht war. Im Herbst 1941 hatten die Deportationen der deutschen Juden in die Todeslager im Osten begonnen. Jizchak Schwersenz aus dem Führungskreis der jüdischen Jugendarbeit gehörte zu den ersten Entschlossenen, die sich ihren Mördern nicht willenlos ausliefern wollten, und tauchte im August 1942 unter. Seine Tat überzeugte die Freunde. Im Frühjahr 1943 bildeten sie unter der Leitung von Schwersenz im Berliner Untergrund die Gruppe Chug Chaluzi (Pionier-Kreis). Es waren bis zu 40 Jungen und Mädchen, die heimlich den Sabbat feierten, hebräische Lieder sangen, die hebräische Bibel und Palästinakunde studierten, wanderten und ins Theater gingen. Was nach Pfadfinder-Leben klingt, war ein Leben am Rande der Erschöpfung und in ständiger Todesgefahr. Chug Chaluzi konnte auf Dauer nur mit Hilfe von nicht-jüdischen Deutschen überleben. Wenn die Verfolgten nicht ständig im Versteck leben wollten – und auch das war ein großes Problem –, brauchten sie eine neue Existenz, gefälschte Papiere, Lebensmittelkarten, wenn möglich eine Arbeitsstelle.

Den größten Helferkreis für Berliner Juden baute der aus dem Dienst entlassene Oberregierungsrat Franz Kaufmann auf. Er schaffte Ausweise in großen Mengen heran, hatte einen Polizeibeamten bestochen, der abgestempelte Bescheinigungen besorgte. Das Geld für die Transaktionen wurde auf dem schwarzen Markt erhandelt. Im Herbst 1943 flog die Gruppe auf. Franz Kaufmann wurde noch in der Untersuchungshaft ermordet.

Den Mitgliedern von Chug Chaluzi gelang es von Zeit zu Zeit, Nachrichten ins Ausland zu schmuggeln. In einem Brief aus dem Untergrund heißt es im Herbst 1943: «Das letzte halbe Jahr verbrachten wir unter besonders schweren Bedingungen. Die Verpflegung war ungenügend, nicht alle hatten nachts eine Bleibe... Nach dem Osten schicken wir Pakete. Zur Zeit hat die Kasse RM 105... Wir werden standhalten, und wenn wir dazu gezwungen werden, werden wir uns verteidigen.» Auf Beschluß der Gruppe floh Schwersenz im Februar 1944 in die Schweiz und leitete von dort Gelder in den Berliner Untergrund. Die verschworene Gemeinschaft Chug Chaluzi konnte bis zur Befreiung 1945 überleben. Die Flucht von Schwersenz hatte eine Berliner Katholikin organisiert. Eine von wenigen Deutschen, deren risikoreicher Widerstand darin lag, die unmenschlichen Gesetze der Machthaber insgeheim zu boykottieren.

1944
Konservative und Kommunisten: Gescheitert

Im Laufe des Jahres 1943 hatten die alliierten Flugzeuge rund 206000 Tonnen Bomben über Deutschland abgeworfen. Aber die Luftangriffe steigerten sich noch. Im Februar 1944 versank die historische Innenstadt von Augsburg im Flammenmeer. Bis zum Ende des Jahres gingen 1,2 Millionen Tonnen Bomben auf das Reich und seine Bewohner nieder. Im April 1944 meldeten die Spitzel des Sicherheitsdienstes aus dem Gau Schwaben nach Berlin: «Soweit man überhaupt noch von Stimmung sprechen kann, ist diese in Stadt und Land ausgesprochen nervös und unruhig. Der letzte Terrorangriff auf Augsburg, der zwar im Berichtskreis keine Schäden verursachte, hat diese Unruhe gerade unter der ländlichen Bevölkerung noch mehr gesteigert. In der Stadt spricht man versteckt und auf dem flachen Land offen davon, daß von einer für uns glücklichen Beendigung dieses Krieges keine Rede mehr sein kann. Der größte Teil der Bevölkerung wünscht Frieden um jeden Preis. Die Wirkung der Feindpropaganda in Form von Flugblättern und Hetzsendungen ist bei der ländlichen Bevölkerung deutlich erkennbar.»

Es waren nicht nur die Kriegsgegner, die hofften, daß die steigende Wut der Deutschen über den Verlauf des Krieges und über die enttäuschten Hoffnungen sich gegen deren Urheber wenden würde. Doch alle im Land, die auch nur ein Wort des Widerstandes wagten, mußten zweierlei erfahren: Die Deutschen taten selbst im Unglück ihre Pflicht, sie standen nicht auf gegen eine verbrecherische Obrigkeit. Und das Terrorregime reagierte auf Kritik und abweichendes Verhalten mit noch mehr Brutalität, je näher es auf den Untergang zusteuerte. Aus dem Januar-Bericht des Regierungspräsidenten von Niederbayern und der Oberpfalz: «Wegen Beschimpfung des Führers und führender Persönlichkeiten wurde der frühere Kommunist Seiderer aus Eschlkam, Landkreis Kötzing, zum Tode... verurteilt...» Der Monatsbericht des Regierungspräsidenten von Schwaben meldete im Februar 1944, daß ein Strafverfahren eingeleitet wurde «gegen das ehemalige SPD-Mitglied, den Eisendreher Ferdinand Nardten, der nach dem angestellten Schriftvergleich dringend verdächtigt ist, in einer Abortanlage der MAN-Werke [in Augsburg] die Schmähschrift angebracht zu haben: ‹Nieder mit Hitler. Mit Hitler an den Galgen, den Massenmörder›... ein ehemaliger Kommunist, Andreas Munninger von Memmingen, der wegen staatsfeindlicher Bestrebungen verhaftet worden war, hat sich im Landgerichtsgefängnis erhängt...»

Die rapide Verschlechterung der Kriegslage hatte seit dem Sommer 1943 eine Gruppe in München zu erneutem Widerstand angespornt. Die treibende Kraft waren der Schlosser und Hausmeister Karl Zimmet, der auf eine einheitliche Front der Arbeiterbewegung gegen das NS-Regime hoffte, und das Ehepaar Emma und Hans Hutzelmann, deren Ideal eine radikal christliche Gesellschaft war. In geringem Umfang hatten die drei schon 1934 illegale Flugblätter verteilt. Dann waren die Kontakte abgerissen, Hitlers Erfolge schienen jeden Widerstand sinnlos zu machen. 1943 begannen die drei, Gleichgesinnte in einigen Münchner Betrieben anzusprechen, Zellen zu bilden und mit einer geheimen Organisation sowjetischer Kriegsgefangener und Fremdarbeiter zusammenzuarbeiten, die zu Tausenden in Lagern um München untergebracht waren. Für die Russen wurde ein Radiosender gebaut und Fluchthilfe geleistet. Die Gruppe um Zimmet und Hutzelmann nannte sich «Antinazistische Deutsche

Volksfront» und hoffte auf eine «mächtige Volksbewegung». Sie vergab an ihre Mitglieder rote Beitragsmarken, machte zusammen mit den Russen Pläne für einen Aufstand und sammelte Waffen. Anfang 1944 wurden die Aktivitäten der Russen entdeckt. Bis zum Sommer meldete die Gestapo 314 Verhaftungen, auch die deutsche Gruppe war ins Fahndungsnetz geraten. Anfang September wurden im KZ Dachau 92 sowjetische Offiziere, Soldaten und Fremdarbeiter erschossen. Der Volksgerichtshof verurteilte Hans Hutzelmann und zwei Gesinnungsgenossen im Dezember 1944 zum Tode. Karl Zimmet spielte so erfolgreich den Geisteskranken, daß seine Verhandlung ausgesetzt wurde. Emma Hutzelmann konnte aus dem Gefängnis fliehen, wurde aber bei einem Fliegerangriff getötet. Ein Mitkämpfer starb während der Haftzeit.

Die Niederlagen der deutschen Armeen machten den Gegnern des Regimes Mut und spornten immer dringlicher zum Handeln an, bevor die Zeit abgelaufen war und damit die Chance vertan, der Welt Zeugnis zu geben von einem anderen Deutschland. Während die militärischen Verschwörer Attentatspläne schmiedeten, versuchte Helmuth James von Moltke den Sozialdemokraten Julius Leber enger in seinen Kreis einzubeziehen. Leber sollte die Arbeiterbewegung innerhalb der Kreisauer Gruppe verstärken, nachdem Carlo Mierendorff im Dezember 1943 in den Trümmern eines Leipziger Hauses umgekommen war.

Im Januar 1944 traf sich Moltke mit Leber in Berlin bei Peter Yorck von Wartenburg in der Hortensienstraße 50. Marion Yorck von Wartenburg erinnert sich an eine Zusammenkunft der drei Männer in ihrer Wohnung: «Sie wollten kochen. Jeder sollte ein Gericht kochen, das er besonders gern aß. Peter machte eine Kräutersuppe... dann kam das Hauptgericht von Leber: Wildkarnickel auf elsässische Art; und Helmuth machte zum Nachtisch kleine Crêpes Suzette... Ich fand immer, man könne in Lebers Gesicht, in seinen vielen Falten, lesen wie in einem aufgeschlagenen Buch. Er war ein Skeptiker den Menschen gegenüber, aber er war nicht bitter. Er war älter als Helmuth und Peter, und die lange KZ-Zeit hat ihn natürlich sehr geprägt. Aber er hat fast gar nicht darüber gesprochen. Nur einmal hat er mir erzählt, daß er sich im KZ über einen solchen ledernen Bock legen mußte, wie man ihn zum Turnen benutzt, und er bekam von einem zwanzigjährigen SS-Mann Schläge auf das nackte Hinterteil. Alle andern Foltern, wie zum Beispiel stundenlanges Stehen in heißer Sonne, haben ihn nicht so verletzt wie diese Demütigung durch einen jungen Mann.»

Die Verschwörer in Berlin wußten, daß die Sicherheitsorgane sie mit Mißtrauen verfolgten. Trotzdem traf es sie unerwartet, als Moltke am 19. Januar 1944 verhaftet wurde. Die Gestapo hatte erfahren, daß er einen befreundeten Kollegen vor dessen Verhaftung gewarnt hatte. Doch Moltke war guten Mutes. Es würde nicht leicht sein, ihm etwas nachzuweisen. Anfang Februar wurde er in das KZ Ravensbrück verlegt, ursprünglich als Frauen-KZ geplant. Dorthin bekam er vorläufig sogar die Akten seiner Dienststelle zur Bearbeitung nachgeschickt.

Julius Leber blieb auch nach der Verhaftung von Moltke für die Verschwörer ein wichtiger Mann. Immer enger wurde seine Beziehung zu Claus von Stauffenberg, der ihn im November 1943 um ein Treffen gebeten hatte. Die beiden verstanden sich auf Anhieb. Für den 36jährigen adligen Offizier bot das Gespräch mit dem 52jährigen Sozialdemokraten eine seltene Gelegenheit, von einem Demokraten etwas über die untergegangene Weimarer Republik zu erfahren. So unterschiedlich ihre Herkunft war, so einig gingen die beiden in ihrem Sinn für Realismus und zupackendes Handeln. Beide wollten sich nicht durch zuviel Theorie schon im Voraus einengen lassen. Leber und Stauffenberg urteilten ähnlich drastisch über manche ihrer Mitverschwörer und wollten auf keinen Fall eine «Revolution der Greise» fördern.

Winter und Frühjahr 1944 waren für alle Widerstandsgruppen angefüllt mit Gesprächen, die im zerstörten Berlin nicht einfach zu organisieren waren. Spannungen und Nervosität nahmen zu, weil immer noch keine Gelegenheit für ein Attentat auf Hitler in Sicht kam. Carl Goerdeler verfolgte die Gespräche zwischen Stauffenberg und Leber mit wachsendem Mißtrauen. Gerüchte gingen um, daß nach dem Umsturz Julius Leber statt des ehemaligen Leipziger Oberbürgermeisters Reichskanzler werden sollte. Am 15. Mai kam es in der Wohnung von Rechtsanwalt Josef Wirmer, der stets um Vermittlung zwischen den Gruppierungen bemüht war, zu einem heftigen Streit zwischen Leber und Goerdeler. Der SPD-Mann warf dem Konservativen vor, er mache sich Illusionen über Deutschlands außenpolitische Lage. Auch nach einem erfolgreichen Putsch gebe es nichts mehr zu verhandeln, die Alliierten würden Deutschland auf jeden Fall besetzen.

Ende Mai traf sich Stauffenberg mit Goerdeler, der wieder darauf beharrte, man müsse mit der Feindseite über ein Weiterbestehen Deutschlands in den Grenzen von 1914 und die Einbehaltung Österreichs verhandeln. Der Offizier war für solche Gedanken empfänglich und hoffte sogar, direkt mit den militärischen Gegnern – unter Ausschaltung der Politiker – verhandeln zu können. Es war wohl im Mai, daß Stauffenberg sich entschied, nicht nur Organisator des Umsturzes zu sein, sondern auch der Täter, der die alles auslösende Bombe warf. Immer deutlicher wurde, daß niemand sonst aus dem Verschwörerkreis in Hitlers Nähe kam oder den Mut zur Tat hatte.

Da machte die militärische Lage alle derartigen Überlegungen zunichte. Am 6. Juni 1944 landeten Amerikaner und Engländer in der Normandie. Wenig später traten die Russen an der östlichen Front zum Großangriff an. Über 350 000 deutsche Soldaten wurden dort innerhalb von vierzehn Tagen getötet oder gefangengenommen. Das Argument, durch einen Umsturz die politische Katastrophe für Deutschland aufzuhalten und einen Frieden mit erträglichen Bedingungen auszuhandeln, hatte jede Bedeutung verloren. Warum sollte man nun noch das Risiko eines Putschversuches eingehen, der nur noch minimale Chancen hatte? War es nicht sinnvoller, sein Leben für die Zeit danach zu retten und die Verbrecher für die Katastrophe voll haftbar zu machen statt sie vorher zu beseitigen? Auch Claus von Stauffenberg kamen Zweifel: Er schickte einen Freund mit diesen Fragen zu seinem Mitverschwörer Henning von Tresckow an die östliche Front. Tresckow, dessen ganzes Trachten seit Jahren auf ein Ende des Terror-Regimes gerichtet war, gab eine eindeutige Antwort: «Das Attentat auf Hitler muß erfolgen, coûte que coûte. Sollte es nicht gelingen, so muß trotzdem in Berlin gehandelt werden. Denn es kommt nicht mehr auf den praktischen Zweck an, sondern darauf, daß die deutsche Widerstandsbewegung vor der Welt und vor der Geschichte unter Einsatz des Lebens den entscheidenden Wurf gewagt hat. Alles andere ist daneben gleichgültig.» Diese Worte waren von nun an die Richtschnur der engsten Verschwörer um Stauffenberg: Sie wollten Erfolg haben, um die Leiden der Menschen abzukürzen; aber entscheidend waren am Ende nicht mehr politische und praktische Überlegungen oder gesellschaftliche Interessen, sondern moralische Werte, letzte Fragen nach Gut und Böse.

Trotzdem stellte sich eine politische Überlegung immer dringlicher: Wie würde sich der kommunistische Widerstand bei einem Umsturz verhalten? Mußte man ihn überhaupt ernst nehmen? Julius Leber und der Sozialdemokrat Adolf Reichwein, der einst in der Weimarer Republik das Volkshochschulsystem mitbegründet hatte und nun zum Kreisauer Kreis gehörte, plädierten als einzige für eine Kontaktaufnahme mit den Kommunisten. Leber erklärte, er habe «mit ihnen fünf Jahre auf derselben Pritsche im KZ gelegen». Für den 22. Juni 1944 verabredeten sich die beiden Sozialdemokraten mit den Vertretern einer Partei, die während der Republikzeit zu ihren bittersten Feinden gezählt hatte und mit der es auch unter der Diktatur zu keiner Zusammenarbeit gekommen war. Man traf sich in der Wohnung eines Arztes. Anders als abgesprochen, erschienen die Kommunisten mit drei statt mit zwei Mann, und einer von ihnen sprach Leber, gegen alle Regeln der Konspiration, mit seinem richtigen Namen an. Während des Gesprächs waren die Kommunisten im Vergleich zum früheren Dogmatismus der Partei erstaunlich kompromißbereit. Sie erklärten, jedes Bündnis einzugehen, um Diktatur und Krieg zu beenden.

Trotz einigem Mißtrauen stimmte Julius Leber einem zweiten Treffen am 4. Juli zu. Als der Tag kam, ging er nicht hin, während Reichwein am Treffpunkt U-Bahnhof Reichskanzlerplatz verhaftet wurde. Tags darauf standen die Gestapoleute vor Lebers Kohlenhandlung und führten ihn ab. Bis heute ist nicht geklärt, ob bei der ersten Begegnung ein Spitzel dabei war oder die Beteiligten ohnehin schon unter Beobachtung gestanden hatten.

Claus von Stauffenberg war tief betroffen. «Wir brauchen Leber. Ich hole ihn raus, ich hole ihn raus», sagte er immer wieder zu den Mitverschwörern. Das Risiko der Aufdeckung war mit Lebers Verhaftung wesentlich gestiegen. Niemand konnte den Foltern der Gestapo auf längere Dauer standhalten. Schon am 6. Juli ergab sich eine Gelegenheit zum Handeln. Stauffenberg wurde zu Führerbesprechungen auf den Berghof bei Berchtesgaden beordert. Er steckte den Sprengstoff, den er sich im Mai besorgt hatte, in die Aktentasche. Doch an diesem Tag und am 11. Juli war nur Hitler anwesend. Die Anweisung der Freunde aber lautete, daß Himmler und Göring durch das Attentat auf jeden Fall mit ausgeschaltet werden sollten.

Schon am 15. Juli war Stauffenberg wieder mit dem Sprengstoff unterwegs. Hitler hatte den Standort gewechselt. Eine Besprechung im ostpreußischen Hauptquartier war anberaumt. Als Himmler wiederum fehlte, holte sich Stauffenberg bei den Verschwörern in Berlin über Telefon Rat. Handeln um jeden Preis, hieß die Devise. Doch als Stauffenberg in den Besprechungsraum zurückkehrte, hatte Hitler die Runde schon wieder verlassen. Unterdessen ging man in Berlin vom Vollzug der Aktion aus. Das insgeheim von den Verschwörern zu ihren Gunsten manipulierte Unternehmen «Walküre» wurde ausgelöst. Nur mit Mühe gelang es den Eingeweihten, die Befehle an die Ausbildungs- und Ersatzeinheiten des Heeres für den Fall eines Putsches wieder rückgängig zu machen und das Ganze als eine Übung auszugeben.

Am 16. Juli trafen sich die Freunde in Stauffenbergs Wohnung in Berlin-Wannsee in der Tristanstraße. Man ging mit dem gleichen Beschluß auseinander: die nächste Gelegenheit nutzen. Als sich Claus von Stauffenberg am Abend des 19. Juli von seinem Fahrer nach Hause bringen ließ, wußte er, daß der nächste Tag die Entscheidung bringen mußte. Er war erneut zum Vortrag bei Hitler bestellt worden. In der Annen-Kirche in Dahlem, wo Pfarrer Martin Niemöller, der immer noch im KZ einsaß, seine Gemeinde hatte, war noch Licht für eine späte Andacht. Stauffenberg verließ den Wagen und hielt für einige Minuten Einkehr. Für die Nacht kam sein Bruder Berthold ins Haus, der kurz zuvor seiner Frau gesagt hatte: «Das Furchtbarste ist, zu wissen, daß es nicht gelingen kann und daß man es dennoch für unser Land und unsere Kinder tun muß.»

Das Flugzeug mit Stauffenberg und seinem Freund und Adjutanten Werner von Haeften landete am 20. Juli 1944 um 10.15 Uhr auf dem ostpreußischen Flugplatz Rastenburg. Die beiden Männer wurden zur «Wolfsschanze» gefahren, wo sich in einem gesperrten Gebiet das Führerhauptquartier befand. Der Donnerstag war ein heißer Tag. Stauffenberg, seine Aktentasche mit dem Sprengstoff immer in Reichweite, setzte sich an den Frühstückstisch, den man unter einer Eiche gedeckt hatte. Die Besprechung bei Hitler war auf 12.30 Uhr vorverlegt worden, weil man den Besuch Mussolinis erwartete. Stauffenberg bat um einen Raum, wo er sein Hemd wechseln könne. Tatsächlich präparierte er in größter Eile eine Zwei-Kilo-Bombe. Die zweite Ladung tat er nicht dazu. Die steckte Haeften, der keinen Zugang zur Besprechung hatte, in die eigene Aktentasche.

Die Herren sind pünktlich. Hitler gibt Stauffenberg stumm die

Hand und wendet sich wieder dem laufenden Vortrag zu. Stauffenberg plaziert seine Aktentasche ungefähr zwei Meter von Hitler entfernt an der rechten Ecke des Kartentisches und verläßt nach einigen Minuten den Raum. Wenig später, es ist zwischen 12.40 und 12.50 Uhr, explodiert die Bombe. Draußen wartet ein im voraus bestellter Fahrer. Stauffenberg treibt ihn zur Eile an und läßt sich mit Haeften in schneller Fahrt zurück zum Flugplatz fahren. Mit herrischem Ton schüchtert er die Wachen ein, die den Sperrkreis abschließen. Auf die zerstörte Baracke kann der Attentäter im Vorbeifahren nur einen Blick werfen. Um 13.15 Uhr hebt seine Maschine in Richtung Berlin ab.

Um diese Zeit erfahren zwei Mitverschwörer im Kriegsministerium in der Bendlerstraße, daß die Bombe Hitler nicht getötet hatte. Statt nach der Maxime des Henning von Tresckow zu handeln und den Umsturz auf jeden Fall in Gang zu setzen, gleichgültig wie der Ausgang sein würde, taten sie nichts, sondern gingen zum Mittagessen. Um 15 Uhr landet das Flugzeug mit dem Attentäter in Berlin. Haeften telefoniert in die Bendlerstraße, Hitler sei tot. Weil Stauffenbergs Fahrer nicht am Flughafen ist, kommen er und Haeften erst gegen 16.30 Uhr im Ministerium an. Zwar gingen dort seit kurz vor 16 Uhr die ersten Befehle gemäß der Operation «Walküre» per Fernschreiber an die Wehrkreiskommandos im ganzen Land und man erfuhr draußen, daß Hitler tot sei, eine «gewissenlose Clique frontfremder Parteiführer» die Macht an sich reißen wolle und die Reichsregierung deshalb den militärischen Ausnahmezustand verhängt habe. Aber den Verschwörern waren kostbare Stunden verlorengegangen. Auf Grund eines Mißverständnisses als «geheim» deklariert, brauchten die verschlüsselten Fernschreiben außerdem sehr viel mehr Zeit als eingeplant. Die meisten erreichten die Amtsstuben erst nach 18 Uhr. Da hatten die wichtigsten Offiziere schon Feierabend und mußten für so weitreichende Anordnungen und Befehle erst mühsam gesucht werden.

Unterdessen war man in der «Wolfsschanze» nicht untätig geblieben. Hitler hatte nur ein paar Hautabschürfungen davongetragen. Durch die geöffneten Fenster war die Wucht der Druckwelle zu einem großen Teil verpufft. Vor allem der massive Eichentisch hatte Hitler geschützt. Vier Anwesende erlagen ihren Verletzungen. Der Versuch von Mitverschworenen in der «Wolfsschanze», die Leitungen nach draußen zu unterbrechen, konnte nur bis in den späten Nachmittag durchgehalten werden. Dann gingen hektisch Fernschreiben und Telefonate an die militärischen Schaltzentralen im Reich, um die Berliner Befehle der Putschisten außer Kraft zu setzen und die Außenwelt vom Überleben Hitlers zu überzeugen. Ab 18 Uhr häuften sich die widersprüchlichen Befehle in den Wehrkreiskommandos. Da meldete der Rundfunk gegen 18.28 Uhr: «Mordanschlag auf den Führer! – Der Führer unverletzt.» In Berlin hatte ein Trupp Soldaten, ohne zu ahnen, in wessen Auftrag sie handelten, zwar befehlsgemäß den Sender besetzt und alle Leitungen im Hauptraum sperren lassen. Sie wußten jedoch nicht, daß aus dem Bunker neben dem Funkhaus unbehelligt weitergesendet werden konnte.

Im Ministerium in der Bendlerstraße herrschten chaotische Zustände. Generaloberst Friedrich Fromm, Chef des Ersatzheeres und Stauffenbergs Vorgesetzter, hatte sich den Umstürzlern verweigert, weil er nicht an Hitlers Tod glaubte, und war in einem Zimmer gefangengesetzt worden. Claus von Stauffenberg hetzte von einem Telefon zum anderen, um die skeptischen Militärs im Land vom Erfolg des Attentats zu überzeugen. Wichtige Mitverschwörer warteten untätig, ob die Operation «Walküre» wirklich in ihrem Sinne greifen würde.

Das Berliner Wachbataillon hatte gemäß den Befehlen der Verschwörer das Regierungsviertel eingeschlossen. Ein Telefonat des Kommandanten mit Hitler ließ die Soldaten aber in Richtung Bendlerstraße marschieren. Als an diesem 20. Juli die Dunkelheit begann, war der Putschversuch gescheitert. Die verzweifelten Anstrengungen der wenigen in der Berliner Zentrale reichten nicht, um wichtige Entscheidungsträger mitzuziehen. Die einzelnen

Mitverschwörer im Land dachten nicht nur an das hohe moralische Ziel, für ein anderes Deutschland – um jeden Preis – alles zu riskieren. Sie trugen Verantwortung für ihre Untergebenen. Sie mochten sich die Frage nach dem Sinn eines erfolglosen Unternehmens stellen und entschieden sich gegen ein Opfer, das für sie und ihre Familie Tod und äußerste Schande bedeuten würde. Nur die wenigsten haben die Größe, in hoffnungsloser Situation weiterzukämpfen und vor der Sinnlosigkeit nicht zu kapitulieren. Die Katastrophe Deutschlands vor Augen, fühlten sich die führenden Militärs dennoch durch Tradition und Erziehung an eine Obrigkeit gebunden, deren Verbrechen am eigenen Volk und an anderen Völkern längst kein Geheimnis mehr war.

Es gab noch eine kurze Schießerei in den Fluren des Ministeriums. Kurz nach 22 Uhr war Generaloberst Fromm wieder Herr der Lage. Sein alter Kollege Ludwig Beck – von den Verschwörern als Staatsoberhaupt vorgesehen – bekam die Chance, sich mit einer Pistole selbst zu erschießen. Als auch der zweite Schuß nicht tödlich war, gab ihm ein Feldwebel den Gnadenschuß. Man schleifte Becks Leiche das Treppenhaus hinunter, wobei der Kopf auf jeder Stufe aufschlug und eine blutige Spur hinterließ. Bevor Claus von Stauffenberg mit seinen Freunden verhaftet wurde, sagte er zu einer Sekretärin: «Sie haben mich ja alle im Stich gelassen.» Fromm verurteilte vier Verschwörer – darunter Stauffenberg und dessen Adjutanten von Haeften – auf der Stelle «im Namen des Führers», aber ohne Befehl von oben, zum Tode und ließ sie in den Hof des Bendlerblocks abführen. Im Licht einiger Autoscheinwerfer wurden sie erschossen. Stauffenberg, den die dritte Salve tötete, rief: «Es lebe das heilige Deutschland!» Die Leichen vergrub man in derselben Nacht in ihren Uniformen mit Orden und Ehrenzeichen auf einem Berliner Friedhof. Himmler ließ sie am nächsten Tag wieder ausgraben, verbrennen und die Asche über das Land verstreuen. Ausgelöscht sein sollte ihre Erinnerung.

Eine Stunde nach Mitternacht hörten die Deutschen Hitlers

Stimme über alle Sender: «Eine ganz kleine Clique ehrgeiziger, gewissenloser und zugleich verbrecherischer, dummer Offiziere hat ein Komplott geschmiedet, um mich zu beseitigen... Ich selbst bin völlig unverletzt... Ich fasse es als weitere Bestätigung des Auftrages der Vorsehung auf, mein Lebensziel weiter zu verfolgen... Diesmal wird nun so abgerechnet, wie wir das als Nationalsozialisten gewohnt sind.» Nur wenige Tage zuvor hatte der 36jährige Claus von Stauffenberg seinen Mitverschwörern gesagt: «Es ist Zeit, daß jetzt etwas getan wird. Derjenige allerdings, der etwas zu tun wagt, muß sich bewußt sein, daß er wohl als Verräter in die deutsche Geschichte eingehen wird. Unterläßt er jedoch die Tat, dann wäre er ein Verräter vor seinem eigenen Gewissen.»

Im «Kirchlichen Amtsblatt für die Evangelisch-Lutherische Landeskirche Hannover» wurde den Pastoren am 21. Juli 1944 ein Gebet als Dank an Gott vorgedruckt: «... daß Du unserm Führer bei dem verbrecherischen Anschlag Leben und Gesundheit bewahrt und ihn unserem Volke in einer Stunde höchster Gefahr erhalten hast. In Deine Hände befehlen wir ihn... Walte in Gnade über den Männern, die in dieser für unser Volk so entscheidungsschweren Zeit an seiner Seite arbeiten. Sei mit unserem tapferen Heere. Laß unsere Soldaten im Aufblick zu Dir kämpfen; im Ansturm der Feinde sei ihr Schild, im tapferen Vordringen ihr Geleiter.» Die Kirche schien im Sinne ihrer Gläubigen zu handeln. Was der Kreisleiter von Augsburg Land meldete, klang aus vielen Berichten, die in Berlin eingingen: «Als am Donnerstag, den 20. Juli 1944, die Kunde von dem verbrecherischen Anschlag auf den Führer die Lande durcheilte, ergriff das Volk Angst und Schrecken und zugleich eine furchtbare Wut. Als dann bekannt wurde, daß der Führer nur leichtere Verletzungen erlitt und dem Volk erhalten blieb, atmete alles erleichtert auf... Auch Menschen, die die Größe der Persönlichkeit des Führers wirklich nicht zu erkennen vermögen, fühlten instinktiv, daß, wenn der Schlag gelungen wäre, für Deutschland schreckliche

Zeiten angebrochen wären. Das Vertrauen und die Liebe zum Führer wurden besonders durch dieses Attentat gestärkt...»

Die Verschwörer hatten sich keine Illusionen darüber gemacht, wie isoliert sie agierten und daß sie nach einem Scheitern des Putsches keine Gnade finden würden. Bevor Henning von Tresckow am 21. Juli an die äußerste Front fuhr, um seinen Selbstmord dort als Partisanenüberfall zu kaschieren – er wollte seine Familie vor der Rache der Verfolger schützen –, sagte er seinem Freund Fabian von Schlabrendorff: «Jetzt wird die ganze Welt über uns herfallen und uns beschimpfen. Aber ich bin nach wie vor felsenfest überzeugt, daß wir recht gehandelt haben. Ich halte Hitler nicht nur für den Erzfeind Deutschlands, sondern auch für den Erzfeind der Welt. Wenn ich in wenigen Stunden vor den Richterstuhl Gottes treten werde, um Rechenschaft abzulegen über mein Tun und mein Unterlassen, so glaube ich mit gutem Gewissen das vertreten zu können, was ich im Kampf gegen Hitler getan habe... Niemand von uns kann über seinen Tod Klage führen. Wer in unseren Kreis getreten ist, hat damit das Nessushemd angezogen. Der sittliche Wert eines Menschen beginnt erst dort, wo er bereit ist, für seine Überzeugung sein Leben hinzugeben.»

Doch das Entsetzen der Deutschen über dieses Attentat war weniger tief als die ersten eilfertigen Berichte vermuten lassen. Jeder wußte, daß eine ehrliche Diskussion über dieses Thema tödlich sein konnte. Und so ist in den Meldungen schon wenige Tage danach nicht mehr von Jubel oder Erleichterung der Bevölkerung die Rede, sondern vor allem von einer «unheimlichen Schweigsamkeit» und einer «bewußten Zurückhaltung». Der Bericht der Gendarmerie-Station im bayerischen Bad Aibling registriert am 25. Juli: «Die Bevölkerung zeigt auch an den kriegerischen Vorkommnissen an den Fronten keinerlei Interesse. Die Kriegsmüdigkeit macht sich bei allen Schichten stark bemerkbar. Im allgemeinen merkt man beim Verkehr mit der Bevölkerung in letzter Zeit eine große Zurückhaltung und Schweigsamkeit. Die Leute sind voller Angst und befinden sich über die in jüngster Zeit vorgefallenen Geschehnisse in großer Aufregung. Jede dem Publikum gegenüber fremde Persönlichkeit wird von demselben als sogenannter Spitzel bezeichnet, was ein unheimliches Schweigen zur Folge hat...» Der Regierungspräsident von Oberbayern gibt zu, daß «ein Teil der Bevölkerung das Gelingen des Attentates in erster Linie deshalb begrüßt hätte, weil er sich davon eine frühere Beendigung des Krieges erhoffte. Diese Volksgenossen sind nur von dem Gedanken beherrscht: Lieber ein Ende mit Schrecken, als ein Schrecken ohne Ende.»

Nach zwölf Jahren nationalsozialistischer Herrschaft wußten die Deutschen, wie grausam ihre Regierung handeln konnte und weshalb sie lieber schwiegen. In einer Verhandlung am 6. November 1944 urteilte der 1. Senat des Volksgerichtshofs in Berlin «im Namen des Volkes» über die 59jährige Ehrengard Frank-Schultz: «Frau Frank-Schultz bedauerte einer Rote-Kreuz-Schwester gegenüber, daß der Mordanschlag auf unseren Führer mißglückte, und erfrechte sich zu der Behauptung, einige Jahre unter angelsächsischer Herrschaft seien besser als die gegenwärtige Gewaltherrschaft. Sie hat also gemeinsame Sache mit den Verrätern vom 20. Juli gemacht. Dadurch ist sie für immer ehrlos geworden. Sie wird mit dem Tode bestraft.» Am Schluß der Akte steht ein Vermerk vom 8. Dezember: «Um 11.32 Uhr wurde die Verurteilte, die Hände auf dem Rücken gefesselt, durch zwei Gefängnisbeamte vorgeführt. Der Scharfrichter Röttger aus Berlin stand mit seinen drei Gehilfen bereit... Die Verurteilte, die ruhig und gefaßt war, ließ sich ohne Widerstreben auf das Fallbeilgerüst legen, worauf der Scharfrichter die Enthauptung mit dem Fallbeil ausführte und sodann meldete, daß das Urteil vollstreckt sei. Die Vollstreckung dauerte von der Vorführung bis zur Vollzugsmeldung 9 Sekunden.» Und wie immer in solchen Fällen hieß es: «Weil Frau Frank-Schultz verurteilt ist, muß sie auch die Kosten tragen.»

Das Urteil im November 1944 war für Roland Freisler längst

Routine. Anfang August standen die ersten prominenten Verschwörer vor seinem Richtertisch. Am 8. wurden die ersten Todesurteile verkündet und sofort vollstreckt. Auch Peter Yorck von Wartenburg wurde an diesem Tag an einem jener Fleischerhaken im Zuchthaus Plötzensee aufgehängt, die im Dezember 1942 für die Mitglieder der «Roten Kapelle» angebracht worden waren. Diesmal mußten Kameramänner auf Befehl Hitlers den letzten Gang der Verurteilten, ihre letzten Zuckungen am Strang filmen. Aus der Haft hatte der 39jährige Yorck von Wartenburg an seine Frau geschrieben: «Wir stehen wohl am Ende unseres schönen, reichen, gemeinsamen Lebens... Ich glaubte mich durch das Gefühl der alle niederbeugenden Schuld getrieben und reinen Herzens... Mein Tod, er wird hoffentlich angenommen als Sühne aller meiner Sünden und als Sühneopfer für das, was wir alle gemeinsam tragen... Auch für meinen Teil sterbe ich den Tod fürs Vaterland. Wenn der Anschein auch sehr ruhmlos, ja schmachvoll ist – ich gehe aufrecht und ungebeugt diesen letzten Gang, und ich hoffe nur, daß Du darin nicht Hochmut und Verblendung siehst. – Des Lebens Fackel wollten wir entzünden, ein Flammenmeer umgibt uns, welch ein Feuer!»

Die Sonderkommission «20. Juli» verhaftete im zweiten Halbjahr nach eigenen Angaben rund 600 Menschen. Wer in den Umsturz verwickelt war, mußte schon in der Nacht des Scheiterns mit dem Schlimmsten rechnen. Kaum einer entschied sich für die Flucht, weil dieses Eingeständnis der Schuld nur um so härtere Folgen für die Familie gehabt hätte. Nicht wenige wählten den Freitod, vor allem, weil sie sich nicht den Quälereien ihrer Verfolger ausliefern und die Namen der Mitverschwörer verraten wollten. Andere warteten gefaßt auf ihre Mörder, weil sie ein ehrenhaftes Verfahren erhofften, das ihnen die Möglichkeit gab, ihre Motive und Überzeugungen vor aller Welt zu bekennen. Denn dies war am Ende der tiefe Sinn der verzweifelten Tat geworden. So waren die Gestapo-Beamten erstaunt, wie offen vor allem hohe Offiziere von den Verschwörungsplänen berichteten, wenngleich immer bemüht, nur sich selbst oder tote Freunde zu belasten.

Die Verfolger jedoch ließen sich durch nichts beeindrucken. Ob preußischer Adliger mit traditionsreichem Namen, ob Geistlicher oder General, ob bürgerlicher Konservativer oder ehemaliger Minister – sie alle erfuhren ohne Ausnahme die Unmenschlichkeiten, die das NS-Regime seit Jahren den Widerstandskämpfern der Arbeiterbewegung zufügte. Ehefrauen, hochbetagte Eltern, Geschwister, Vettern, angeheiratete Verwandte der Verschwörer wurden in «Sippenhaft» genommen, ins Gefängnis gesteckt, von einem KZ zum andern transportiert. Ihre Kinder, sogar Säuglinge, wurden unter anderen Namen in NS-Heime gebracht, nichts sollte mehr an die Verräter erinnern. Als die Gestapo merkte, daß es sich keineswegs um eine «kleine Clique» handelte, wandte man noch brutalere Folterungen an, um das ganze Ausmaß der Verschwörung aufzudecken. Dem einen wurden die Schreie von Gefolterten auf Schallplatten vorgespielt, während er selber bis zur Bewußtlosigkeit geschlagen wurde. Bei anderen übertönten Kinderlieder aus dem Grammophon die eigenen Schreie. Geschlagen wurde mit Fäusten und nagelgespickten Stöcken.

Fabian von Schlabrendorff, der zwischen Henning von Tresckow und den Berliner Verschwörern den Kontakt aufrechtgehalten hatte, war entschlossen, sein Leben so teuer wie möglich zu verkaufen, als er am 18. August 1944 in das Gestapo-Gefängnis in der Berliner Prinz-Albrecht-Straße eingeliefert wurde. Sehr bald merkte er, daß seine Uniform ihn vor keinen Brutalitäten schützte. Als Schlabrendorff hartnäckig leugnete, in die Verschwörung verwickelt zu sein oder Namen zu kennen, machten die Beamten in einer Nacht das Vernehmungszimmer zur Folterkammer. Zuerst wurden die einzelnen Finger der gefesselten Hände in eine Vorrichtung gesteckt, mit der man über eine Schraube eiserne Dornen in seine Finger trieb. Dann wurde der Gefangene auf eine Art Bettgestell gefesselt und über seine nackten Beine Rohre gestülpt, die innen mit Nägeln besetzt waren. Diese Rohre konnte man zusammenpressen, so daß sich die Nägel tief ins Fleisch bohrten. In der dritten Folterstufe wurde das Gestell – und damit auch der Körper – ruckartig oder betont langsam auseinandergezogen. Zum Schluß wurde Schlabrendorff wie ein Paket verschnürt und von rückwärts so heftig geschlagen, daß er jedesmal mit dem Gesicht auf den Boden schlug. Jetzt verlor er die Besinnung und bekam am Tag darauf eine schwere Herzattacke. Kaum war er wieder vernehmungsfähig, wurden die Foltern in der gleichen Reihenfolge wiederholt.

Im Herbst fährt man Schlabrendorff in das nahegelegene KZ Sachsenhausen und führt ihn dort auf den Schießstand, um vorzuführen, was mit ihm geschehen wird. Vorher jedoch geht es noch ins Krematorium: «Dort stand der Sarg des Generals von Tresckow. Man hatte ihn wieder aus dem Grabe geholt und nach Sachsenhausen geschafft. Er wurde vor meinen Augen geöffnet. Angesichts der Leiche, die schon mehrere Monate in der Erde gelegen hatte, wurde ich mit halb drohender, halb beschwörender Stimme gefragt, ob ich nicht nunmehr ein umfassendes und endgültiges Geständnis ablegen wollte. Aber ich blieb bei meinem bisherigen Verhalten.» Henning von Tresckows Rolle in der Verschwörung war längst entdeckt worden, seine Frau verhaftet, sein Bruder, der sich nie an irgendwelchen Plänen beteiligt hatte, hingerichtet.

Schlabrendorff gehörte zu den wenigen, die überlebten. Die meisten wußten, daß sie keine Chance hatten, und boten dem schreienden Präsidenten Freisler vor dem Volksgerichtshof Paroli, sobald er ihnen eine Minute zum Sprechen ließ. Fritz-Dietlof von der Schulenburg wurde während des Prozesses von ihm gefragt, ob er nicht an seine Frau und seine sechs Kinder gedacht habe. Schulenburg, der «rote Graf», dessen Hoffnung einst in einer Verbindung von Preußentum und Nationalsozialismus gelegen hatte, antwortete: «Wir haben diese Tat auf uns genommen, um Deutschland vor einem namenlosen Elend zu bewahren. Ich bin mir klar, daß ich daraufhin gehängt werde, bereue meine Tat aber nicht und hoffe, daß sie ein anderer, in einem glücklicheren Augenblick, durchführen wird.» Fritz-Dietlof von der Schulenburg, 42 Jahre, wird am 10. August, zusammen mit Berthold von Stauffenberg, 39, dem Bruder des Attentäters, in Berlin-Plötzensee gehängt. Am 28. muß Adam von Trott zu Solz, 35 Jahre alt, sterben. Die Vollstreckung seines Todesurteils hatte man aufgeschoben, um durch «strenge Verhöre» noch Namen aus ihm herauszupressen. Josef Wirmer, Rechtsanwalt und den christlichen Gewerkschaftern um Jakob Kaiser verbunden, muß sich von Freisler anhören: «Bald werden Sie in der Hölle sein!» Wirmers Antwort: «Es wird mir ein Vergnügen sein, wenn Sie bald nachkommen, Herr Präsident!» Der 43jährige Wirmer wird am 8. September zusammen mit Ulrich von Hassell, 62, gehängt, einem der Freunde aus der Mittwochs-Gesellschaft.

Auch dieser kleine Zirkel war den Verfolgern mit dem längst verdächtigen Johannes Popitz sofort ins Visier geraten. Popitz, der ehemalige preußische Minister und Vertraute Görings, gehörte zu den vielen Regimegegnern, die man nach dem 20. Juli verhaftete, ohne Beweise für ihre Teilnahme an der Verschwörung zu haben. Das gleiche galt für den Jesuitenpater Alfred Delp, der in München-Bogenhausen nach der Messe verhaftet und Anfang August nach Berlin «überstellt» wurde, und für Hans Oster, der trotz der langen Gefangenschaft seines engen Mitarbeiters Hans von Dohnanyi bisher alle Angriffe seiner Verfolger hatte abwehren können. Nun muß Oster ebenso wie Helmuth James von Moltke, dem man bisher nichts nachweisen konnte, damit rechnen, daß sein Name bei den Verhören der direkt am Umsturz Beteiligten genannt wird.

Zu den wenigen, die die Flucht riskieren, gehört der Generalmajor Fritz Lindemann, ein enger Vertrauter Stauffenbergs. Am 20. August 1944 erscheint sein Steckbrief im «Völkischen Beobachter», 500000 Reichsmark Belohnung sind auf seinen Kopf gesetzt. Lindemann taucht bei Freunden in Dresden und in Berlin unter. Als Anfang September die Polizei in sein Versteck eindringt, wehrt er sich und wird angeschossen. Obwohl man alles tut, um sein Leben für den Prozeß und den Galgen zu retten, erliegt Fritz Lindemann zwei Wochen darauf seinen Verletzungen. Drei Freunde, die ihm Unterschlupf geboten haben, werden hingerichtet; seine Frau muß einen Leidensweg durch mehrere KZs antreten, seine zehnjährige Tochter kommt in ein NS-Internat; zwei erwachsene Söhne werden zu hohen Zuchthausstrafen verurteilt; ein Onkel stirbt kurz nach der Entlassung aus der Haft, dessen Frau begeht während der Haft Selbstmord.

Am 31. Juli feiert Carl Goerdeler, der nach einem geglückten Putsch Reichskanzler werden sollte, im Hinterzimmer einer Zigarrenhandlung in der Rosenthaler Straße mit seinen Berliner Freunden Kaiser, Leuschner und Wirmer mit Schweinekotelett und gutem Wein – eine Seltenheit in diesen Kriegstagen – seinen 60. Geburtstag. Nur Jakob Kaiser wird untertauchen und überleben. Bernhard Letterhaus, der Mitverschwörer aus der Katholischen Arbeiterbewegung, ist schon verhaftet; im November 1944 wird er gehängt werden. Seit dem 18. Juli wird Goerdeler mit Haftbefehl gesucht, eine Million Reichsmark ist für seine Ergreifung ausgesetzt. Die Anwesenden bei der Geburtstagsfeier wissen, daß Goerdelers Rolle den Rächern des 20. Juli längst klar sein muß. Zwölf Tage später, auf der Flucht in seine westpreußische Heimat, wird er erkannt und die Polizei alarmiert. Tief resigniert, des Umherirrens müde, sagt Goerdeler den Vernehmungsbeamten: «Die Umsturz- und Attentatspläne, die am 20. Juli zur Durchführung kamen, sind mir bekannt. Ich gebe zu, an diesen Plänen an führender Stelle beteiligt zu sein.» Doch er distanziert sich vom Attentat und auch von Stauffenberg, der angeblich «einen unklaren politischen Kurs mit Anlehnung an Linkssozialisten und Kommunisten» wollte.

Die Haftbedingungen sind für den 60jährigen entwürdigend, der Hunger quält ihn. Physisch gefoltert wird Goerdeler nicht. Er bekennt sich als Gegner dieses Staates, nennt aber viele Namen von Freunden. Andere deckt er bis zuletzt und verwischt ihre Spuren. Es ist nicht mehr möglich, Goerdelers Intentionen bei den Verhören nachzuvollziehen. Er ist isoliert von den anderen Gefangenen, manchmal schlägt sein alter Optimismus wieder durch, daß selbst die Führer des NS-Staates vernünftigen Argumenten zugänglich sein müßten. Anfang September wird er zusammen mit Wilhelm Leuschner, dem Gewerkschaftsführer, zum Tode verurteilt. Der 56jährige Leuschner geht am 29. September 1944 seinen letzten Gang. Goerdeler und Johannes Popitz, ebenfalls zum Tode verurteilt, bekommen Papier und Schreibzeug in die Zelle geliefert. Sie sollen nach dem Befehl ihrer Feinde Vorschläge für den Wiederaufbau liefern.

Nur ein Bruchteil derer, die auf elende Weise starben, die gefoltert wurden und deren Familien und Freunde unter der Tat zu leiden hatten, konnten in diesem Kapitel genannt werden. Nicht anders geht es mit den Männern und Frauen der Arbeiterbewegung und den kleinen Gruppen, die Widerstand leisteten. Die Männer des 20. Juli allerdings sind es, die in den Geschichts- und Schulbüchern der Bundesrepublik Deutschland allein einen prominenten Platz erhalten haben. Allerdings wäre es naiv und ungerecht, ihnen diese Sonderstellung anzulasten. Viele der Verschwörer haben sich von den Versprechungen der Nationalsozialisten verführen lassen, ihren Mördern den Weg geebnet, um die Macht der alten Eliten wiederherzustellen und die ungeliebte Demokratie zu vernichten. Lange war ihr Widerstand zwiespältig, allzu viele Verbrechen des Regimes haben sie schweigend oder sogar billigend hingenommen. Doch als nach vielen vergeblichen Anstrengungen die Bombe endlich zündete, ging es nicht mehr um die Interessen von Klassen oder Eliten, um Besitzansprüche oder persönlichen Ehrgeiz. Einsam und nur in Übereinstimmung mit ihrem Gewissen haben sie gehandelt, und sind sie gestorben.

Alle, die aktiv an der Verschwörung des 20. Juli teilnahmen oder die als heimliche Sympathisanten auf einen Erfolg hofften, wußten, wie gering die Chancen waren. Trotzdem handelten die Täter nicht leichtfertig, auch wenn sie – von den Umständen getrieben – ins politische Nichts planten. Sie wußten, daß sie einen Opfergang taten und wahrscheinlich nur blutig Zeugnis ablegten für ein anderes Deutschland, ohne die Machtverhältnisse ändern zu können. Und doch hatten sie eine konkrete Hoffnung, wenngleich alles dagegen sprach: den Krieg und die Verbrechen des Regimes im eigenen Land und in ganz Europa so schnell wie möglich zu beenden. Als sie unter dem Galgen standen, konnten die Widerstandskämpfer nicht ahnen, wieviel Unheil und Leiden sie tatsächlich verhindert hätten. Bis zum 20. Juli 1944 waren anderthalb Millionen deutsche Soldaten auf den Schlachtfeldern gefallen; in den folgenden neun Monaten bis zum Kriegsende starben noch einmal rund zweieinhalb Millionen Soldaten. Erst nach dem Attentat fielen Dresden und Freiburg, Heilbronn und Dessau, Würzburg und Magdeburg, Darmstadt und Potsdam den Bomberangriffen der Alliierten zum Opfer, insgesamt mehr als 60 Prozent aller Kriegsschäden. Am Ende haben Moral und politische Entwicklung die Tat des 20. Juli gerechtfertigt, unabhängig von den Illusionen, Differenzen und Fehlern aller Beteiligten.

Ohne direkten Zusammenhang mit dem 20. Juli, aber wohl in dem Vorsatz, nun mit allen Gegnern endgültig aufzuräumen, wurden in einer vorbereiteten Aktion am 22. August 1944 rund 5000 Funktionäre und Parteimitglieder von SPD, KPD und dem ehemaligen Zentrum verhaftet, «gleichgültig, ob diesen im Augenblick etwas nachgewiesen ist oder nicht». Sie wurden in Gefängnisse und KZs verschleppt, viele von ihnen haben die Strapazen und Quälereien nicht überlebt, andere wurden heimlich ermordet. In Köln entstand auf dem Messegelände ein provisorisches Lager für die Verhafteten aus dem Umkreis. Bei einem Luftangriff Ende Oktober verbrannten dort 21 Häftlinge.

Ein gewichtiges Motiv für Claus von Stauffenberg war die Befreiung seines Freundes Julius Leber, der nach einem Treffen mit

Kommunisten am 5. Juli verhaftet worden war. Das Drama um das Attentat vom 20. Juli und die blutige Rache des Regimes an den konservativen Eliten, an den Verschwörern aus den Reihen der SPD und der Gewerkschaften hat vergessen lassen, daß auch die illegalen Führer der KPD und viele ihrer geheimen Mitkämpfer in diesem Sommer 1944 in den Untergang mit hineingezogen worden sind.

Die Gruppe um Anton Saefkow und Franz Jacob in Berlin, die um Magnus Poser und Theodor Neubauer in Thüringen und die Genossen um Georg Schumann, Otto Engert und Kurt Kresse in Leipzig, die ständig Verbindung untereinander hatten, hielten sich schon im dritten Jahr. Immer dringlicher wurde ihre Aufforderung an alle Gegner des Nationalsozialismus, eine einheitliche Front zu bilden, immer seltener tauchten die Parolen des Klassenkampfes in den illegalen Flugblättern auf. In einem Text der Berliner Kommunisten vom 1. April 1944 wird zweierlei deutlich: Das Endziel war nicht aufgegeben, aber die Etappen auf dem Weg dorthin hatten sich verändert: «Die politische und militärische Entwicklung in Deutschland und in Europa verlangt gebieterisch die Schaffung der breitesten nationalen Front... Über die Sammlung aller antifaschistischen Kräfte, über das neue Deutschland, über das freie, unabhängige, demokratische Deutschland, über die antifaschistische Revolution zur proletarischen Diktatur, der Weg zum Sozialismus.» Demokratie war bisher ein verachtetes Wort für kommunistische Funktionäre gewesen. Was stand hinter der Kehrtwendung: bloßes Kalkül oder Überzeugung? Weil keiner der führenden kommunistischen Widerstandskämpfer überlebte, fehlt jeder Anhaltspunkt für die eine oder andere Interpretation. Sie bekamen keine Gelegenheit mehr, zu ihrem Wort zu stehen. Aber für die Konservativen des 20. Juli wie für deutsche Kommunisten müssen die gleichen Möglichkeiten gelten: aus Fehlern und Erfahrungen zu lernen und als deutsche Patrioten am Ende das Gewissen über die Interessen eines Standes oder einer Partei zu stellen.

Zur Führungstroika der Berliner Gruppe gehörte seit Februar 1944 neben Franz Jacob ein zweiter Hamburger Kommunist. Bernhard Bästlein war im Herbst 1942, als Franz Jacob fliehen konnte, mit vielen anderen Genossen von der Gestapo inhaftiert worden. Seitdem saß er in Untersuchungshaft, zuletzt in Berlin. Im Februar 1944 bekam seine Frau Hanna auf geheimen Wegen eine kurze Mitteilung von ihrem Mann: «Diesen Brief schreibe ich Dir in Freiheit. Am 30. Januar wurde Berlin mal wieder bombardiert. Es war alles drin. Während um mich herum alles in Trümmer ging, sah ich mich plötzlich im Freien stehen. Als ich die Situation begriffen hatte, war meines Bleibens nicht länger. Bei Freunden kam ich gut unter. Sie sorgen nach besten Kräften für mich, und ich tue weiter meine Pflicht. Der Krieg geht mit Riesenschritten seinem Ende entgegen, und ich will meinen Teil dazu beitragen. Ob ich das Ende erleben werde, vermag ich natürlich nicht zu sagen, aber schön wäre es. Halte Du den Kopf hoch und denke daran, daß wir doch die Sieger sind.» Bernhard Bästlein, dem sicheren Tod entronnen, tat weiter seine Pflicht: Er ging nicht nur in den Untergrund, sondern gehörte sehr bald zum Leitungsgremium der Saefkow-Jacob-Gruppe. Am 30. Mai 1944 wurde er bei einer Fahndungsaktion der Berliner Polizei wieder gefaßt.

Die Spur, die die Gestapo Adolf Reichwein und Julius Leber verhaften ließ, nachdem sie sich mit KPD-Leuten getroffen hatten, wurde auch den Kommunisten zum Verhängnis. Am 4. Juli noch wurden Saefkow und Jacob verhaftet, am 5. Käthe Jacob und ihre Freundin Charlotte Groß, die seit vielen Jahren illegale Kurierdienste zwischen den Hamburger und den Berliner Gruppen leistete. Am 9. Juli waren die illegalen Führer der Magdeburger Kommunisten an der Reihe, die besonders eng mit Berlin zusammengearbeitet hatten. Am 14. Juli begannen die Verhaftungen in Thüringen, Theodor Neubauer und Magnus Poser gehörten zu den Festgenommenen. Am 17. erschien die Gestapo bei Schumann, Engert und Kresse in Leipzig, und es kam zu weiteren

Verhaftungen von Verbindungsleuten in Hamburg. In der Nacht zum 21. Juli versuchte Poser aus dem Gefängnis in Weimar zu fliehen. Am nächsten Tag starb er an seinen schweren Schußwunden.

Käthe Jacob wird von Hamburg nach Berlin gebracht und in das Frauengefängnis in der Barnimstraße verlegt. Zu ihrem Mann hat sie keinerlei Verbindung. Eines Tages, Anfang September, hört sie, wie eine Mitgefangene aus ihrer Zelle ruft: «Ich hatte heute Prozeß. Franz Jacob, Bernhard Bästlein und Anton Saefkow sind zum Tode verurteilt.» Am 20. September ist der Prozeß von Käthe Jakob. Sie wird aus Mangel an Beweisen freigesprochen, Charlotte Groß erhält zehn Jahre Zuchthaus. Käthe Jacob führt man sofort in einen anderen Bau, wo sie auf ihre Entlassungspapiere wartet. Da wird ihr ein Brief ausgehändigt. Als sie ihn ergreift, fallen Fotos ihrer Kinder zu Boden. Franz Jacob hatte sie all die Jahre im Untergrund bei sich getragen. Nun erfährt seine Frau, daß er am 18. September 1944 zusammen mit Saefkow und Bästlein hingerichtet worden ist.

Die Mitgefangene im Frauengefängnis, die die Todesnachricht in die Zellen rief, gehörte selber zur Berliner KPD-Gruppe. Judith Vallentin, 39 Jahre als, war als Kurier nach Thüringen und Sachsen gereist und hatte die Gelder verwaltet. Zum Tode verurteilt, schrieb sie Ende Oktober 1944 an ihre Tochter: «Im Augenblick mußt Du ja einen großen Schmerz tragen. Vergrab Dich nicht darin... ‹Freude schöner Götterfunken› ist Beethovens schönstes Werk, und er schrieb es in seiner elendesten Zeit... Ich muß jetzt Schluß machen, bleib stark und tapfer... Ich ertrage alles mit innerer Ruhe und Gefaßtheit.»

Zu den kommunistischen Gefangenen in Leipzig gehörten der Grafiker Alfred Frank und seine Frau Gertrud. Eines Tages wird sie in einen Raum geführt, weiße Kacheln, Zementfußboden, an der Decke eine Stange. Nachdem man ihr einen Knebel in den Mund gesteckt hat, bindet man ihre Hände auf dem Rücken zusammen und zieht Gertrud Frank an einem Strick bis zur Decke: «Sie ließen mich hängen, machten den Raum finster und sagten mir, wenn ich reden wollte, ließen sie mich wieder herunter. Ich schwieg – mir war, als ob ich aus meiner menschlichen Hülle herausgekrochen sei.» Dann wird Gertrud Frank nackt mit dem Kopf nach unten aufgehängt und geschlagen. Plötzlich geht die Tür auf: ihr Mann muß die Folterung an seiner Frau mit ansehen. Beide schweigen: «Mich hat man dann noch öfter so gewechselt, Kopf unten, Beine oben und umgekehrt, dabei immer mit der Gerte auf mich losgeschlagen. Ich dachte an den Tod, wie schön er sein mußte, ich wünschte ihn sehnlichst herbei!» Sechs Stunden dauerte die Quälerei.

Ende November findet der Prozeß gegen die Leipziger Gruppe statt. Alfred Frank gehört zu den zehn, die zum Tode verurteilt werden. Seine Frau erhält sechs Jahre Zuchthaus. Tags zuvor sind Schumann, Engert und Kresse zum Tode verurteilt worden. Wie das Ehepaar Frank hatte der parteilose Wolfgang Heinze, Direktor der Leipziger Köllmann-Werke, sich den Leipziger Kommunisten angeschlossen und zahlte dafür mit dem Leben. In seinem letzten Brief schreibt er: «Ich glaube nach wie vor an die Mission der menschlichen Vernunft, gegen die Dummheit zu kämpfen und die Menschen aus der Barbarei zu führen.» Im Zuchthaus Brandenburg-Görden wird der Arzt Johannes Kreiselmeier hingerichtet. Der Mediziner, parteilos, hatte Saefkow und seinen Mitkämpfern ärztliche Hilfe geleistet, verfolgte Kommunisten in seiner Wohnung versteckt und Geld für die Berliner Gruppe gestiftet. Das Todesurteil an Theodor Neubauer wird im Februar 1945 vollstreckt. Nach eigenen Angaben verhaftete die Gestapo im Zusammenhang mit den kommunistischen Gruppen in Berlin, Sachsen und Thüringen im Sommer 1944 rund tausend Menschen, 400 davon wurden zum Tode verurteilt.

Fünf Jahre waren es her, da hatte das Zentralkomitee der KPD in Moskau in einer «Politischen Plattform» die Genossen im nationalsozialistischen Deutschland zu mehr Widerstand aufgefordert. Die alte Partei, durch die Verfolgung der Gestapo zerbrochen, sollte wieder aufgebaut, illegale Leitungsgremien sollten neu organisiert werden. Gemessen an diesen Zielen war die KPD 1944 zum zweitenmal gescheitert. Nach 1933 hatte sie die traditionelle zentralistische Struktur der Partei trotz todesmutigen Einsatzes vieler Funktionäre und Mitglieder im Untergrund nicht bewahren können. Nun waren nach fünf Jahren Krieg die erfolgversprechenden Ansätze für einen Wiederaufbau der KPD vernichtet worden. Die aktivsten Männer und Frauen, deren politische Vorstellungen unter den Erfahrungen einer menschenverachtenden Diktatur vielleicht wichtige Veränderungen erfahren hatten, standen für die Erprobung in einer neuen Wirklichkeit nicht mehr zur Verfügung. Auch für diese Opfer des kommunistischen Teils der Arbeiterbewegung muß gelten, was fraglos als Maßstab und Motivation für die Toten des 20. Juli und andere konservative und bürgerliche Widerstandskämpfer gilt: daß am Ende ihres Einsatzes ein besseres, ein menschliches, ein von den Völkern geachtetes und nicht gefürchtetes Deutschland stehen sollte, in dem jeder frei und ohne Angst leben konnte. Auch der Widerstand der Kommunisten sollte die Nation vor dem Verderben bewahren.

Ursprünglich eingeschworen auf einen internationalen Sozialismus, fühlten sich führende deutsche Kommunisten im Laufe des Krieges immer mehr verpflichtet, deutsche Interessen an die erste Stelle zu setzen. Wer ihre Absichten an ihren Erfolgen mißt, wird ihnen so wenig gerecht wie den Verschwörern aus Militär und Bürgertum. Nach solchen Kriterien sind Kommunisten wie Konservative gescheitert. Die einen konnten die Arbeiter nicht zum Aufstand bewegen, die andern nicht genug Mitstreiter unter ihresgleichen in den Machtzentralen gewinnen, um den Diktator zu stürzen.

So verschieden beide über die Zukunft dachten, Gesellschaften, wie sie nach 1945 im Osten und Westen des Reiches entstanden, konnten die beiden Widerstandsgruppen nicht vorhersehen. Wer nur die Fehler und Illusionen der Kommunisten sieht, verkennt, unter welchen Bedingungen sie sich über zwölf Jahre brutalster Verfolgung nicht von den Grundsätzen ihres Widerstandes abbringen ließen. Hat die Partei den Opfermut und die Leidensfähigkeit ihrer Mitglieder zu leichtfertig für irreale Ziele genutzt? Darüber läßt sich streiten. Unbestritten muß die Lauterkeit jedes einzelnen Kommunisten bleiben, sein Leben und die Existenz seiner Familie aufs Spiel zu setzen, um Werte vor der Vernichtung zu bewahren, die den besten Traditionen europäischer Geschichte entstammen.

1945
Die Zeugen des Unrechts sollen nicht überleben

Der Winter 1944/45 war bitterkalt. Die Menschen steckten alles, was nur irgendwie brennbar war, in die Öfen. Wer ein festes Dach über dem Kopf hatte, gehörte zu den Glücklichen. Immer größer wurde der Zug der Menschen aus den von Bombenangriffen bedrohten Städten. Ende Januar standen die Armeen der Sowjetunion an der Oder. In Eis und Schnee zog der Flüchtlingstreck von Ost nach West. Ende Februar wurde im Reichssender eine Proklamation Hitlers verlesen. Von der «historischen Wende» war die Rede, von der Hoffnung auf ein Auseinanderbrechen der Allianz zwischen Russen und Amerikanern. Die Spitzel des Sicherheitsdienstes, die penibel auch noch das Ende protokollierten, meldeten aus Berchtesgaden, daß «bei der überwiegenden Zahl der Volksgenossen der Inhalt der Proklamation vorbeirauschte wie der Wind in leerem Geäst». Anfang März 1945 forderte Propagandaminister Joseph Goebbels die Deutschen auf, für ein neues Europa bis zum letzten zu kämpfen, um in die Geschichte einzugehen. Dazu die Meldung aus Berchtesgaden: «Es ist der breiten Masse derzeit ganz einerlei, wie das künftige Europa aussieht. Aus allen Gesprächen ist zu entnehmen, daß sich die Volksgenossen aller Schattierungen sobald als möglich den Lebensstandard der Vorkriegszeit herbeiwünschen und gar keinen Wert darauf legen, in die Geschichte einzugehen.»

In den Gefängnissen, Zuchthäusern und Konzentrationslagern hungerten und froren die politischen Häftlinge, hörten den Schritt der Wachhabenden, die sie zu neuen, qualvollen Verhören, zur Guillotine oder unter den Galgen führen würden. «Tag und Nacht sind die Hände übereinandergefesselt, nur zu den Mahlzeiten frei. Durch das einfache Fenster weht die eiskalte Winterluft. Der Heizkörper in der Zelle wird nur stundenweise erwärmt. Temperatur am Tage höchstens 10 Grad Wärme. Der Körper sträubt sich mit aller Gewalt gegen die Kälte, doch es ist zwecklos, da die innere Wärme fehlt, der Hunger an den Därmen nagt. Ständig hungern, ständig frieren. Nachts, mit einer Decke auf dem Strohsack, ist es noch schlimmer... So vergeht ein Tag wie der andere. Du sitzt hier und wartest... Eines Tages, meist ist es ein Montag, geht die Zellentür auf, dein Name wird gerufen. Der Beamte fragt: ‹Haben Sie ein Testament gemacht?› Und wenig später lebst du nicht mehr... jeden Montag 25 Stück – ja Stück! Das ist die Amtssprache für Menschenleben.» Der Berliner Arbeiter Rudolf Seiffert, seit 1926 bei den Kommunisten, versteckte diese Schilderung in seiner Beinprothese, bevor er Ende Januar hingerichtet wurde. An seine Frau schrieb er: «Ein Stamm von zweihundert zum Tode Verurteilten füllt hier das Brandenburger Zuchthaus. Ein dauerndes Kommen und Gehen ins Nichts. Aber alle, einer wie der andere, aufrecht und entschlossen gehen sie zum Schafott, denn sie wissen, ihr Opfer war nicht umsonst. Die neue Zeit bahnt sich an.»

In Berlin-Plötzensee war am 5. Januar 1945 Julius Leber hingerichtet worden. Eine Woche später wurden Helmuth James von Moltke und Pater Alfred Delp zum Tode verurteilt. Am gleichen Tag spürte die Gestapo auf einem Bauernhof in Bayern den Jesuitenpater Augustin Rösch auf und verhaftete ihn mit der ganzen Familie seines Fluchthelfers. Mehr als zwei Jahre waren es her, daß der Jesuitenobere in der Berliner Wohnung des Grafen Moltke für den Kreisauer Kreis gewonnen wurde und seinen Ordensbruder Delp als ständigen Mitarbeiter und Mitverschwörer zu den Tagungen nach Kreisau schickte. Der Bauer, der Rösch versteckt hielt, starb im KZ Dachau. Rösch wurde nach Berlin überführt. Am 23. Januar schrieb Alfred Delp einen Kassiber: «Heute ist ein harter Tag. Nun sind alle meine Freunde und Gefährten tot, nur ich bin zurückgeblieben. Hier jetzt der Einzige im Eisen... Ich bin sehr müde vor Traurigkeit und Schrecken. Menschlich wäre es leichter, mitzugehen...» Zusammen mit dem 37jährigen Moltke wurde an diesem Tag Nikolaus Groß hingerichtet. Groß, Vater von sieben Kindern, ein Bergmann aus dem Ruhrgebiet, war Funktionär der Katholischen Arbeiterbewegung und hatte unter seinen Freunden alles für den Tag des Umsturzes organisiert.

Immer noch warteten Johannes Popitz und Carl Goerdeler auf die Vollstreckung ihres Urteils. Goerdeler lieferte im Januar 1945 die geforderte Denkschrift zum Thema «Preisüberwachung» ab, 82 Seiten. Aber hinter solchen Aktivitäten standen Angst um das Schicksal seiner Familie und furchtbare Einsamkeit. Seine Frau, seine Kinder, die Familien seiner zwei Brüder waren in Sippenhaft genommen, seine Enkel in ein NS-Heim gesteckt worden. Als sein Bruder Fritz hingerichtet wurde, brachten ihn Schuldgefühl und Verzweiflung fast um den Verstand. Der christliche Glaube, für viele Gefangene in den letzten Wochen und Tagen ein starker Trost, war Carl Goerdeler zerbrochen. Ein Gefängniswärter schmuggelte Notizen Goerdelers aus der Zelle: «Sehr hart, sehr bitter, aber wenigstens aufrichtig und für die Lebenden erzieherisch – so weit bin ich heute. Und doch suche ich noch durch Christus den barmherzigen Gott. Gefunden habe ich ihn nicht. – O Christus, wo ist die Wahrheit, wo ist der Trost? Was vermögen wir Menschen, um wenigstens den Saum des Seelenfriedens zu erfassen?» Am 2. Februar 1945 wurden der 60jährige Goerdeler und der gleichaltrige Johannes Popitz zur Hinrichtungsstätte geführt, und mit ihnen starb dort der Jesuitenpater Alfred Delp.

Mit demselben verlogenen Pathos, das es von Anfang an so

verführerisch beherrscht hatte, zelebrierte das «Tausendjährige Reich» nach zwölf Jahren seinen Untergang. Adolf Hitler erklärte seinen Mitarbeitern im Bunker der Reichskanzlei, das deutsche Volk habe sich seiner Führung nicht würdig erwiesen und deshalb das Recht auf Weiterleben verwirkt: «Es ist nicht nötig, auf die Grundlagen, die das deutsche Volk zu seinem primitivsten Weiterleben braucht, Rücksicht zu nehmen.» Am 19. März 1945 erging in den «Nero-Befehlen» Hitlers an die höchsten NS-Funktionäre im Reich die Anordnung, alle Verkehrs-, Nachrichten-, Industrie- und Versorgungsanlagen zu zerstören. Hitlers einzige Selbstkritik bestand darin, nicht brutal genug gewesen zu sein: «Wir haben die linken Klassenkämpfer liquidiert, aber leider haben wir dabei vergessen, auch den Schlag gegen rechts zu führen.»

Am 12. April 1945 trafen sich Generäle, Minister und Parteifunktionäre in der ungeheizten Berliner Philharmonie zu einem letzten Konzert. Die Klänge der «Götterdämmerung» von Richard Wagner verwehten über dem Trümmerfeld des Potsdamer Platzes. Es war eine makabre Inszenierung, während zur gleichen Zeit Deutsche, die die Katastrophe abkürzen wollten, mit dem Leben zahlten. In Berlin wie in anderen Städten sahen die Vorübergehenden an Laternenmasten, Bäumen oder Eisenträgern zerstörter Häuser Tote, denen ihre Mörder ein Schild um den Hals gehängt hatten: «Ich war feige vor dem Feind.» Der Vernichtungswille der Machthaber war hemmungslos. Jeder, der die weiße Fahne zeigte, war des Todes. Und das Chaos wurde genutzt, um mit allen Gegnern des Nationalsozialismus radikal Schluß zu machen.

Im KZ Sachsenhausen verurteilte ein Standgericht den schwerkranken Johannes von Dohnanyi am 6. April 1945 zum Tode. Auf der Bahre trug man den 43jährigen zum Galgen. In einem ähnlichen mörderischen Verfahren wurden im KZ Flossenbürg in der Oberpfalz unter anderen der Theologe Dietrich Bonhoeffer, Hans Oster und sein ehemaliger Chef Admiral Wilhelm Canaris abgeurteilt und dort in der Frühe des 9. April erhängt. In Berlin wurde der 55jährige Ewald von Kleist, der die Weimarer Republik wie den NS-Staat von Anfang an verabscheut hatte, enthauptet. Am 23. und 24. April 1945 brachten SS-Leute Häftlinge des 20. Juli im Gefängnis Berlin-Moabit in der Lehrter Straße mit Genickschuß um, darunter den Bruder und den Schwager von Dietrich Bonhoeffer.

Der Tötungsrausch wurde auch weniger prominenten Gefangenen zum Verhängnis. Die Mörder wußten, daß jeder, der überlebte, Zeuge ihrer verbrecherischen Taten sein würde. Im März wurden südlich von Dortmund in den Wäldern der Bittermark und im Rombergpark 230 bis 240 Gefangene durch Genickschuß ermordet. Der größte Teil von ihnen waren russische Fremdarbeiter und Kriegsgefangene, aber auch Kommunisten aus Dortmund und Umgebung. 71 politische Gefangene aus Wuppertal und Remscheid, darunter vier Ausländer, fanden auf gleiche Weise am 13. April am Wenzelnberg bei Solingen-Landwehr den Tod. Im KZ Neuengamme bei Hamburg wurden Ende April durch «Sonderbehandlung» 58 Männer und 13 Frauen umgebracht.

In Ansbach wird am 18. April 1945 der 20jährige Robert Limpert aufgehängt. Der Student, als Gegner der Nationalsozialisten bekannt, hatte in Flugblättern die Bürger der Stadt aufgefordert: «Beseitigt die Panzersperren. Verhindert die Verteidigung.» Limpert versuchte, den Bürgermeister zur kampflosen Übergabe der Stadt an die Amerikaner zu überreden. Das war sein Todesurteil. In München scheitert am 28. April der Versuch der «Freiheitsaktion Bayern», durch einen Aufruf über den Rundfunk den Krieg zu beenden. Die Gruppe, vor allem Militärs und einige Zivilisten, konnten den Sender nur kurzfristig besetzen, ihre militärischen Aktionen in München scheiterten, die Anführer wurden erschossen. Im bayerischen Penzberg zahlen 16 Gleichgesinnte mit ihrem Leben, als sie den Rundfunkaufruf der «Freiheitsaktion» als Startsignal zum Handeln nehmen, um sich von den Machthabern zu befreien, bevor es die Sieger tun. Sie werden von ihren Landsleuten erschossen und erhängt. In Altötting werden im gleichen Zusammenhang fünf Männer im Hof des Landratsamtes erschossen. In Düsseldorf werden vier Männer erschossen, weil sie die Stadt kampflos den Amerikanern übergeben wollen. Das gleiche geschieht in Mühlheim bei Offenbach zwei Kommunisten, einem Sozialdemokraten und einem Zentrumspolitiker. In Lübeck scheitert eine Gruppe aus Kommunisten, Fremdarbeitern und Kriegsgefangenen, die die Bürger mit Flugblättern auffordert, sich den Frieden zu erkämpfen.

Am 2. Mai 1945 kapituliert die Reichshauptstadt, am 9. tritt die Kapitulation für das gesamte ehemalige Reichsgebiet in Kraft. Als ob es sie nie gegeben hätte, verschwinden die Erinnerungszeichen an die nationalsozialistische Herrschaft, die Fahnen und Führerbilder, fast über Nacht. Der neue Landrat im fränkischen Gunzenhausen meldet in seinem Bericht vom August 1945: «Obwohl der Krieg erst seit einigen Monaten beendet ist, wird vom Nationalsozialismus fast nicht mehr und wenn schon, dann im nachteiligen Sinn gesprochen. Bei Leuten, die in ihren Heimen Zeichen des nationalsozialistischen Staates in jeglicher Form zeigten, ist keine Spur davon zu sehen.»

Die Nation hatte sich am Ende nach dem Frieden gesehnt, doch kämpfen wollten die wenigsten dafür. Die perfide Frage, mit der die «Peiner Zeitung» Anfang April 1945 ihre Leser zum Durchhalten aufforderte, traf die Deutschen ins Mark: «Wer möchte es verantworten, daß durch Widerstandslosigkeit, durch unwürdige Kapitulation alle schweren Opfer umsonst gewesen sein sollen?» Noch vierzig Jahre später ist die Antwort, die die Wahrhaftigkeit gebietet, umstritten: daß die Opfer, die das nationalsozialistische Regime von den Deutschen verlangte, umsonst gewesen sind; daß die Tugenden, die man so stolz übte, im Dienst der Verbrecher standen; daß Gleichgültigkeit und Abseitsstehen das Unrecht erst möglich machten.

Die Menschen, die sich nicht anpaßten und ihre Überzeugungen nicht aufgaben, waren keineswegs zu Märtyrern geboren. Wer in den Untergrund ging und in Hinterzimmern die Verschwörung plante, wußte bald nach 1933, was er sich und denen, die er liebte, zumutete – auch wenn erst die Erfahrung brutal deutlich machte, daß Folter und Todeseinsamkeit alle Vorstellungen übertrafen. Die Menschen, die Widerstand leisteten, wollten keine Helden sein. Sie hatten Erwartungen an das Leben, persönliche Pläne und Träume, aber auch Ziele, die allen galten und weit über den privaten Bereich hinausgingen. Je länger der Unrechtsstaat Bestand hatte, desto einfacher und elementarer wurden diese Ziele. Je aussichtsloser der Kampf schien, um so stärker waren die einzelnen auf die Treue zu sich selbst angewiesen, trafen sie die Entscheidung für den Widerstand in großer Einsamkeit.

Alle Toten und Gequälten haben Anspruch auf Gerechtigkeit und damit auf die Erinnerung der Nachwelt, trotz Irrungen, Illusionen und Scheitern. Wer sich diesem Teil der Vergangenheit stellt und die Schicksale, Aktionen und Visionen der Widerstandskämpfer nicht vergißt, weiß, daß auch der Tod diese Opfer den Tätern und den vielen, die zum Unrecht geschwiegen haben, nicht gleich macht.

Die Zukunft, für die die Menschen im Widerstand gestorben sind, ist unsere Gegenwart. Nach der Verkündung des Todesurteils schrieb der 37jährige Alfred Delp mit gefesselten Händen im Gefängnis Berlin-Tegel: «Ich hatte nicht daran gedacht, daß dies mein Weg sein könnte. Alle meine Segel wollten steif vor dem Wind stehen; mein Schiff wollte auf große Ausfahrt, die Fahnen und Wimpel sollten stolz und hoch in allen Stürmen gehißt bleiben... Ich will mich auch nicht trösten mit einer billigen Herabminderung des Irdischen und des Lebens. Ehrlich und gerade: ich würde gerne noch weiterleben und gern und jetzt erst recht weiter schaffen und viele neue Worte und Werte verkünden, die ich jetzt erst entdeckt habe... es sollen einmal andere besser und glücklicher leben dürfen, weil wir gestorben sind.»

Literaturverzeichnis

U.-D. Adam: Hochschule und Nationalsozialismus. Die Universität Tübingen im Dritten Reich, Tübingen 1977

W. Adolph: Geheime Aufzeichnungen aus dem Nationalsozialistischen Kirchenkampf 1935–1943, Mainz 1979

O. Aicher: Innenseiten des Krieges, Frankfurt 1985

D. Albrecht (Hg.): Katholische Kirche im Dritten Reich, Mainz 1976

E. Aleff u. a. (Hg.): Terror und Widerstand 1933–1945. Dokumente aus Deutschland und dem besetzten Europa, Berlin 1966

P. Altmann u. a.: Der deutsche antifaschistische Widerstand 1933–1945 in Bildern und Dokumenten, Frankfurt [2]1978

J. Améry: Jenseits von Schuld und Sühne. Bewältigungsversuche eines Überwältigten, Stuttgart [2]1977

R. Andreas-Friedrich: Der Schattenmann. Tagebuchaufzeichnungen 1938–1945, Neuausgabe Frankfurt 1986

K. O. v. Aretin u. a.: Darmstadt und der 20. Juli 1944, Darmstadt 1974

J. Aretz: Katholische Arbeiterbewegung und Nationalsozialismus, Mainz 1978

S. Asgodom (Hg.): «Halts Maul – sonst kommst nach Dachau!» Frauen und Männer aus der Arbeiterbewegung berichten über Widerstand und Verfolgung unter dem Nationalsozialismus, Köln 1983

R. Baumgärtner: Deutsche, die sich nicht beugten, Freiburg i. Br. 1982

D. Beck: Julius Leber. Sozialdemokrat zwischen Reform und Widerstand, Berlin 1983

Beck, J./Boehnke, H./Heinz, W./Vinnai, G.: Terror und Hoffnung in Deutschland 1933–1945, Reinbek 1980

J. Beckmann: Rheinische Bekenntnissynoden im Kirchenkampf. Eine Dokumentation aus den Jahren 1933–1945, Neukirchen-Vluyn 1975

H. Bednareck: Gewerkschafter im Kampf gegen die Todfeinde der Arbeiterklasse und des deutschen Volkes. Zur Geschichte der deutschen Gewerkschaftsbewegung von 1933 bis 1945, Berlin 1966

H. Beer: Widerstand gegen den Nationalsozialismus in Nürnberg 1933–1945, Nürnberg 1976

K. Behnken (Hg.): Deutschlandberichte der Sopade 1934–1940, 6 Bde., Frankfurt 1980

G. Beier: Die illegale Reichsleitung der Gewerkschaften 1933–1945, Köln 1981

L. Bembenek/F. Schumacher: Nicht alle sind tot, die begraben sind. Widerstand und Verfolgung in Wiesbaden 1933–1945, Frankfurt 1980

H. Benjamin: Georg Benjamin, Leipzig 1977

J. Bentley: Martin Niemöller, Oxford 1984

P. Berger: Gegen ein braunes Braunschweig. Skizzen zum Widerstand 1925–1945, Hannover 1980

E. Bethge: Dietrich Bonhoeffer, München ^{4}1978

E. u. R. Bethge (Hg.): Letzte Briefe im Widerstand. Aus dem Kreis der Familie Bonhoeffer, München 1984

G. Besier u. a.: Evangelische Kirche und Drittes Reich, Göttingen 1983

Bibliographie des deutschen Widerstandes, Hg. Forschungsgemeinschaft des 20. Juli, 3 Bde., Pullach 1984

Bibliographie «Widerstand», bearbeitet von U. Cartarius, Berlin 1984

Christabel Bielenberg: Als ich Deutsche war 1934–1945, Nachdruck München 1987

K. H. Biernat/L. Kraushaar: Die Schulze-Boysen/Harnack-Organisation im antifaschistischen Kampf, Berlin 1970

A. Billstein: Der eine fällt, die andern rücken nach ... Dokumente des Widerstandes und der Verfolgung in Krefeld 1933–1945, Frankfurt 1973

R. Billstein: Das andere Köln, Köln 1979

R. Bleistein (Hg.): Alfred Delp. Gesammelte Schriften I–IV, Frankfurt 1982–1984

ders. (Hg.): Augustin Rösch. Kampf gegen den Nationalsozialismus, Frankfurt 1985

K. Bludau: Gestapo – geheim. Widerstand und Verfolgung in Duisburg 1933–1945, Bonn-Bad Godesberg 1973

Ch. Blumenberg-Lampe: Das wirtschaftspolitische Programm der ‹Freiburger Kreise›. Nationalökonomen gegen den Nationalsozialismus, Berlin 1973

H. Boberach (Hg.): Meldungen aus dem Reich. Die geheimen Lageberichte des Sicherheitsdienstes der SS 1938–1945, Hersching 1985

H. Bock (Hg.): Sturz ins Dritte Reich, Berlin 1983

H. Böll: Was soll aus dem Jungen bloß werden? Oder: Irgendwas mit Büchern, Bornheim 1981

H. Bösch: Heeresrichter Dr. Karl Sack im Widerstand, München 1967

W. Bohn: Stuttgart: Geheim!, Frankfurt 1969

D. Bonhoeffer: Widerstand und Ergebung. Briefe und Aufzeichnungen aus der Haft, Neuauflage München 1977

L. de Boor: Tagebuchblätter aus den Jahren 1938–1945, München 1963

M. Bosch: Als die Freiheit unterging. Eine Dokumentation über Verweigerung, Widerstand und Verfolgung im Dritten Reich in Südbaden, Konstanz 1985

M. Bosch/W. Niess (Hg.): Der Widerstand im Deutschen Südwesten 1933–1945, Stuttgart 1984

A. Boyens: Kirchenkampf und Ökumene 1939–1945, 2 Bde., München 1973

K. D. Bracher: Die deutsche Diktatur. Entstehung, Struktur, Folgen des Nationalsozialismus, Köln [5]1976

ders. (Hg.): Das Gewissen steht auf. Lebensbilder aus dem deutschen Widerstand, Neuausgabe Mainz 1984

K. D. Bracher/M. Funke/H.-A. Jacobsen (Hg.): Nationalsozialistische Diktatur 1933–1945, Düsseldorf 1983

H. Brandt: Ein Traum der nicht entführbar ist. Mein Weg zwischen Ost und West, Berlin 1985

W. Brandt: Links und frei, Hamburg 1982

E. O. Bräunche u. a.: 1933. Machtergreifung in Freiburg und Südbaden, Freiburg i. Br. 1967

K. Brecht u. a. (Hg.): «Hier geht das Leben auf eine sehr merkwürdige Weise weiter...» Zur Geschichte der Psychoanalyse in Deutschland, Hamburg [2]1985

A. Breidenbach: Widerstand und Verfolgung in Remscheid 1933–1945, Wuppertal 1983

K. H. Breit/A. Ludwig/K. Schilde (Hg.): Alltag und Widerstand im Berlin der 30er Jahre, Berlin 1983

J. Bremer: Die Sozialistische Arbeiterpartei Deutschlands (SAP). Untergrund und Exil 1933–1945, Frankfurt 1978

F. Bringmann/H. Diercks: Die Freiheit lebt! Antifaschistischer Widerstand und Naziterror in Elmshorn und Umgebung, Frankfurt 1983

H. Bretschneider: Der Widerstand gegen den Nationalsozialismus in München 1933–1945, München 1968

M. Broszat/E. Fröhlich: Alltag und Widerstand. Bayern im Nationalsozialismus, München 1987

M. Broszat/E. Fröhlich/F. Wiesemann (Hg.): Bayern in der NS-Zeit. Soziale

Lage und politisches Verhalten der Bevölkerung im Spiegel vertraulicher Berichte, 6 Bde., München 1977–1983
P. Brückner: Das Abseits als sicherer Ort. Kindheit und Jugend zwischen 1933 und 1945, Berlin 1980
G. Buchstab/B. Kaff/H.-O. Kleinmann (Hg.): Verfolgung und Widerstand 1933–1945. Christliche Demokraten gegen Hitler, Düsseldorf 1986
H.-R. Buck: Der kommunistische Widerstand gegen den Nationalsozialismus in Hamburg 1933 bis 1945, Hamburg 1969
H. Bücheler: Hoepner. Ein Deutsches Soldatenschicksal des zwanzigsten Jahrhunderts, Herford 1980
H. Burkhardt/G. Erxleben/K. Nettball (Hg.): Die mit dem blauen Schein. Über den antifaschistischen Widerstand in den 999er Formationen der faschistischen deutschen Wehrmacht (1942 bis 1945) Berlin 1982
U. Cartarius: Opposition gegen Hitler, Berlin 1984
E. Christoffel: Der Weg durch die Nacht. Verfolgung und Widerstand im Trierer Land während der Zeit des Nationalsozialismus, Trier 1983
R. Dahrendorf: Gesellschaft und Demokratie in Deutschland, München ²1966
R. Degkwitz: Das alte und das neue Deutschland, Hamburg ²1947
A. Delp: Im Angesichte des Todes, Frankfurt ¹¹1982
G. Denzler: Widerstand oder Anpassung? Katholische Kirche und Drittes Reich, München 1984
G. Denzler/V. Fabricius: Die Kirchen im Dritten Reich. Christen und Nazis Hand in Hand? 2 Bde., Frankfurt 1984
Das Deutsche Volk klagt an. Hitlers Krieg gegen die Friedenskämpfer in Deutschland, Paris 1936
Deutsche Widerstandskämpfer 1933–1945, 2 Bde., Berlin 1970
K. Ditt: Sozialdemokraten im Widerstand. Hamburg in der Anfangsphase des Dritten Reiches, Hamburg 1984
W. J. Doetsch: Württembergs Katholiken unterm Hakenkreuz 1930–1935, Stuttgart 1969
W. Domarus: Nationalsozialismus, Krieg und Bevölkerung. Untersuchungen zur Lage, Volksstimmung und Struktur in Augsburg während des Dritten Reiches, München 1977
K. Drobisch/G. Fischer: Ihr Gewissen gebot es. Christen im Widerstand gegen den Hitlerfaschismus, Berlin 1980
K. Drobisch: Widerstand aus Glauben. Christen in der Auseinandersetzung mit dem Hitlerfaschismus, Berlin 1985
H. Duhnke: Die KPD von 1933 bis 1945, Köln 1972
H. Ebeling/D. Hespers (Hg.): Jugend contra Nationalsozialismus, «Rund

briefe» und «Sonderinformationen deutscher Jugend», Frechen 1968
Ehrenbuch der Opfer von Berlin-Plötzensee, Berlin 1974
L. Eiber: Arbeiter unter der NS-Herrschaft. Textil- und Porzellanarbeiter im nordöstlichen Oberfranken 1933–1939, München 1979
R. Eilers (Hg.): Löscht den Geist nicht aus. Der Bund Neudeutschland im Dritten Reich, Mainz 1985
E. Einbeck: Das Exempel Graf Sponeck, Bremen 1970
H. Elling: Frauen im deutschen Widerstand 1933–45, Frankfurt [2]1979
H. Engfer (Hg.): Das Bistum Hildesheim 1933–1945, Hildesheim 1971
Erkämpft das Menschenrecht. Lebensbilder und letzte Briefe antifaschistischer Widerstandskämpfer, Berlin 1958
E. Eschwege (Hg.): Kennzeichen. Bilder, Dokumente, Berichte zur Geschichte der Verbrechen des Hitlerfaschismus an den deutschen Juden 1933–1945, Frankfurt 1979
H. Esters/H. Pelger: Gewerkschafter im Widerstand, Hannover 1967
G. Fieberg: Justiz im Nationalsozialistischen Deutschland, Bonn 1984
U. Fink (Hg.): Stärker als die Angst. Den sechs Millionen, die keinen Retter fanden, Berlin 1968
K. Finker: Graf Moltke und der Kreisauer Kreis, Berlin [2]1980
ders.: Stauffenberg und der 20. Juli 1944, Berlin [3]1972
Ch. Fischer-Defoy: Arbeiterwiderstand in der Provinz. Arbeiterbewegung und Faschismus in Kassel und Nordhessen 1933–1945, Berlin 1982
J. Foitzik: Zwischen den Fronten – Zur Politik, Organisation und Funktion linker politischer Kleinorganisationen im Widerstand, Bonn 1986
Die Frauen von Ravensbrück, Berlin 1960
Frauen unterm Hakenkreuz, Berlin 1983
M. Frenzel/W. Thiele/A. Mannbar: Gesprengte Fesseln. Ein Bericht über den antifaschistischen Widerstand und die Geschichte der illegalen Parteiorganisation der KPD im Zuchthaus Brandenburg-Goerden von 1933 bis 1945, Berlin 1975
F. Friedensburg: Lebenserinnerungen, Frankfurt 1969
J. Friedrich: Freispruch für die Nazi-Justiz. Die Urteile gegen NS-Richter seit 1948, Reinbek 1983
W. Frühwald, H. Hürten (Hg.): Christliches Exil und christlicher Widerstand, Regensburg 1987
J. Fučík: Reportage, unter dem Strang geschrieben, Frankfurt 1976
D. Galinski/U. Herbert/U. Lachauer (Hg.): Nazis und Nachbarn. Schüler erforschen den Alltag im Nationalsozialismus, Reinbek 1982
M. Geis u. a.: Widerstand und Exil der deutschen Arbeiterbewegung 1933–1945. Grundlagen und Materialien, Bonn 1982

D. Gerhard: Antifaschisten. Proletarischer Widerstand 1933–45, Bln. 1976
R.-Ch. Frhr. v. Gersdorff: Soldat im Untergang, Berlin 1977
E. Gerstenmaier: Streit und Friede hat seine Zeit. Ein Lebensbericht, Frankfurt 1981
H. B. Gisevius: Bis zum bitteren Ende. Bericht eines Augenzeugen aus den Machtzentren des Dritten Reiches, München 1982
G. Glondajewski/H. Schumann: Die Neubauer-Poser-Gruppe. Dokumente und Materialien des illegalen antifaschistischen Kampfes (Thüringen 1939 bis 1945), Berlin 1957
H.-P. Görgen: Düsseldorf und der Nationalsozialismus, Düsseldorf 1969
H. Gollwitzer/K. Kuhn/R. Schneider (Hg.): Du hast mich heimgesucht bei Nacht. Abschiedsbriefe und Aufzeichnungen des Widerstandes 1933 bis 1945, München 1966
V. V. Gostomski/W. Loch: Der Tod von Plötzensee. Erinnerungen, Ereignisse, Dokumente 1942–1945, Freising 1969
K. Gotto/K. Repgen (Hg.): Kirche, Katholiken und Nationalsozialismus, Mainz 1980
H. Graml (Hg.): Widerstand im Dritten Reich, Frankfurt 1984
H. Graml u. a.: Der deutsche Widerstand gegen Hitler. Vier historisch-kritische Studien, Köln 1966
P. Grasmann: Sozialdemokraten gegen Hitler 1933–1945, München 1976
L. Gross: Versteckt. Wie Juden in Berlin die Nazi-Zeit überlebten, Reinbek 1983
K. R. Grossmann: Die unbesungenen Helden. Menschen in Deutschlands dunklen Tagen, Berlin ²1961
H. Grundig: Zwischen Karneval und Aschermittwoch, Berlin ¹²1973
L. Grundig: Gesichte und Geschichte, Berlin 1974
D. Güstrow: Tödlicher Alltag. Strafverteidiger im Dritten Reich, Berlin 1981
O. Hackl u. a. (Hg.): Aufstand des Gewissens. Der militärische Widerstand gegen Hitler und das NS-Regime 1933–1945, Herford/Bonn 1984
E. Hanke: Erinnerungen eines Illegalen, Berlin ²1976
R. Hanser: Deutschland zuliebe. Leben und Sterben der Geschwister Scholl. Die Geschichte der Weißen Rose, München 1982
A. v. Harnack: Ernst von Harnack (1888 bis 1945). Ein Kämpfer für Deutschlands Zukunft, Stuttgart 1951
K. A. Hartmann: Kleine Schriften, Mainz 1965
U. v. Hassell: Vom andern Deutschland. Aus den nachgelassenen Tagebüchern 1938–1944, Frankfurt 1964
H. Haumann (Hg.): Vom Hotzenwald bis Wyhl. Demokratische Traditionen in Baden, Köln 1977

U. v. Hehl: Katholische Kirche und Nationalsozialismus im Erzbistum Köln 1933–1945, Mainz 1977

ders.: Priester und Hitlers Terror, Mainz 1985

Heimatgeschichtlicher Wegweiser zu Stätten des Widerstandes und der Verfolgung 1933–1945. Niedersachsen I u. II, Hessen, 3 Bde., Köln 1986

G. Helmers/A. Kenkmann: «Wenn die Messer blitzen und die Nazis flitzen...» Der Widerstand von Arbeiterjugendcliquen und -banden in der Weimarer Republik und im ‹Dritten Reich›, Lippstadt 1984

E. Hennig (Hg.): Hessen unterm Hakenkreuz. Studien zur Durchsetzung der NSDAP in Hessen, Frankfurt 1983

E.-M. Herkt: Eva Schulze-Knabe, Dresden 1977

B. Herlemann: Auf verlorenem Posten. Kommunistischer Widerstand im Zweiten Weltkrieg. Die Knöchel-Organisation, Bonn 1986

A. Hermes: Und setzte ihr nicht das Leben ein. Andreas Hermes – Leben und Wirken, Stuttgart 1971

St. Hermlin: Die erste Reihe, Berlin 1952

Hessische Gewerkschafter im Widerstand 1933–1945, Gießen 1983

F. J. Heyen: Nationalsozialismus im Alltag. Quellen zur Geschichte des Nationalsozialismus vornehmlich im Raum Mainz–Koblenz–Trier, Boppard am Rhein 1967

L. Hill (Hg.): Die Weizsäcker-Papiere, Berlin 1974

A. Hillgruber: Zweierlei Untergang. Die Zerschlagung des Deutschen Reiches und das Ende des europäischen Judentums, Berlin 1986

O. Hippe: ... und unsere Fahn' ist rot. Erinnerungen an sechzig Jahre in der Arbeiterbewegung, Hamburg 1979

A. Hoch/L. Gruchmann: Georg Elser: Der Attentäter aus dem Volke. Der Anschlag auf Hitler im Münchner Bürgerbräu 1939, Frankfurt 1980

U. Hochmuth: Faschismus und Widerstand 1933–1945. Ein Verzeichnis deutschsprachiger Literatur, Frankfurt 1973

U. Hochmuth/G. Meyer: Streiflichter aus dem Hamburger Widerstand 1933–1945, Frankfurt 1969

U. Hochmuth/H.-P. d. Lorent (Hg.): Hamburg: Schule unterm Hakenkreuz, Hamburg 1985

H. Höhne: Canaris. Patriot im Zwielicht, Gütersloh 1976

ders.: Kennwort: Direktor. Die Geschichte der Roten Kapelle, Frankfurt 1970

F. Hoff: Erlebnis und Besinnung. Erinnerungen eines Arztes, Berlin 1971

P. Hoffmann: Widerstand, Staatsstreich, Attentat. Der Kampf der Opposition gegen Hitler, München ³1979

E. Honecker: From My Life, Oxford 1981

K.-H. Huber: Jugend unterm Hakenkreuz, Berlin 1982
I. Hübner: Unser Widerstand. Deutsche Frauen und Männer berichten über ihren Kampf gegen die Nazis. Frankfurt 1982
M. Hüsgen: Die Bistumsblätter in Niedersachsen während der nationalsozialistischen Zeit, Hildesheim 1975
D. Hüwel: Karl Arnold. Eine politische Biographie, Wuppertal 1980
O. Ihlau: Die Roten Kämpfer. Ein Beitrag zur Geschichte der Arbeiterbewegung in der Weimarer Republik und im Dritten Reich, Meisenheim am Glan 1969
H.-A. Jacobsen (Hg.): Spiegelbild einer Verschwörung. Geheime Dokumente aus dem ehemaligen Reichssicherheitshauptamt, 2 Bde., Herford 1987
K.-H. Jahnke: Entscheidungen. Jugend im Widerstand 1933–1945, Frankfurt 1970
ders.: Gegen den Mißbrauch der olympischen Idee 1936. Sportler im antifaschistischen Widerstand, Frankfurt 1972
I. Jens (Hg.): Hans Scholl, Sophie Scholl. Briefe und Aufzeichnungen, Frankfurt 1984
20. Juli 1944, Bonn ^{4}1961
Kirche im Nationalsozialismus. Hg. Geschichtsverein der Diözese Rottenburg-Stuttgart, Sigmaringen 1984
I. Kershaw: Der Hitler-Mythos, Volksmeinung und Propaganda im Dritten Reich, Stuttgart 1980
L. Kettenacker (Hg.): Das «Andere Deutschland» im Zweiten Weltkrieg. Emigration und Widerstand in internationaler Perspektive, Stuttgart 1977
Ch. Kleßmann/F. Pingel (Hg.): Gegner des Nationalsozialismus. Wissenschaftler und Widerstandskämpfer auf der Suche nach historischer Wirklichkeit, Frankfurt 1980
Ch. Klinger: Zum Anteil deutscher Frauen am antifaschistischen Widerstand unter Führung der KPD (1933–1945), Leipzig 1975
A. Klönne: Jugend im Dritten Reich. Die Hitler-Jugend und ihre Gegner, Köln 1982
K. Klotzbach: Gegen den Nationalsozialismus. Widerstand und Verfolgung in Dortmund 1930–1945, Hannover 1969
W. Koch: Heinemann im Dritten Reich. Ein Christ lebt für morgen, Wuppertal ^{2}1972
ders.: Sollen wir K. weiter beobachten? Ein Leben im Widerstand, Stuttgart 1982
B. Köhler: Gotha, Berlin, Dachau – Werner Sylten. Stationen seines Widerstandes im Dritten Reich, Stuttgart 1980

J. Köhler: Klettern in der Großstadt. Volkstümliche Geschichten vom Überleben in Berlin 1933–1945, mit einem Vorwort von Wolf Biermann, Berlin 1979

O. Kopp (Hg.): Widerstand und Erneuerung. Neue Berichte und Dokumente vom inneren Kampf gegen das Hitler-Regime, Stuttgart 1966

E. Kordt: Nicht aus den Akten... Die Wilhelmstraße in Frieden und Krieg, Stuttgart 1950

E. Kosthorst: Jakob Kaiser. Der Arbeiterführer, Stuttgart 1967

D. Kramer/Ch. Vanja (Hg.): Universität und demokratische Bewegung. Ein Lesebuch zur 450-Jahrfeier der Philipps-Universität Marburg, Marburg 1977

I. Krause: Die Schumann-Engert-Kresse-Gruppe. Dokumente und Materialien des illegalen antifaschistischen Kampfes (Leipzig 1943 bis 1945), Berlin 1960

L. Kraushaar: Berliner Kommunisten im Kampf gegen den Faschismus 1936 bis 1942. Robert Uhrig und Genossen, Berlin 1981

H. Krausnick/H. C. Deutsch (Hg.): Tagebuch eines Abwehroffiziers 1938–1940. Mit weiteren Dokumenten zur Militäropposition gegen Hitler, Stuttgart 1970

A. Krebs: Fritz-Dietlof Graf von der Schulenburg. Zwischen Staatsraison und Hochverrat, Hamburg 1964

E. Kretzschmar (Hg.): Widerstandskampf Görlitzer Antifaschisten 1933–1945. Erinnerungen. Dokumente. Kurzbiographien, Görlitz 1973

M. Kringels-Kemen/L. Lemhöfer (Hg.): Katholische Kirche und NS-Staat. Aus der Vergangenheit lernen?, Frankfurt 1981

H. Krüger: Das zerbrochene Haus. Eine Jugend in Deutschland, Hamburg ^{3}1976

M. Kubasch: Sterne über dem Abgrund. Das Leben von Maria Grollmuß, Berlin 1970

F. Kudlien: Ärzte im Nationalsozialismus, Köln 1985

H. Kühn: Widerstand und Emigration. Die Jahre 1928–1945, Hamburg 1980

K. Kühn (Hg.): Ärzte an der Seite der Arbeiterklasse, Berlin ^{2}1977

H. Kühnrich: Die KPD im Kampf gegen die faschistische Diktatur 1933 bis 1945, Berlin 1983

D. Kuessner (Hg.): Kirche und Nationalsozialismus in Braunschweig, Braunschweig 1980

A. Kuhn/V. Rothe: Frauen im deutschen Faschismus, 2. Bd., Düsseldorf 1982

J. Kuropka: Für Wahrheit, Recht und Freiheit – gegen den Nationalsozialismus, Vechta 1983

K. Kwiet/H. Eschwege: Selbstbehauptung und Widerstand. Deutsche Juden im Kampf um Existenz und Menschenwürde 1933–1945, Hamburg 1984

U. Laack-Michel: Albrecht Haushofer und der Nationalsozialismus, Stuttgart 1974

H. Langbein: ... nicht wie Schafe zur Schlachtbank. Widerstand in den nationalsozialistischen Konzentrationslagern, Frankfurt 1980

W. Laqueur/R. Breitmann: Der Mann, der das Schweigen brach – Wie die Welt vom Holocaust erfuhr, Berlin 1986

Lebendige Tradition. Lebensbilder deutscher Kommunisten und Antifaschisten, 2 Bde., Berlin 1974

Lehrer im antifaschistischen Widerstandskampf der Völker, Berlin 1974

J. G. Leithäuser: Wilhelm Leuschner. Ein Leben für die Republik, Köln 1962

H. D. Leuner: Gerettet vor dem Holocaust. Menschen, die halfen, München 1979

P. Levi: Wann, wenn nicht jetzt? München [2]1986

R. Lill/H. Oberreuther (Hg.): 20. Juli. Portraits des Widerstands, Düsseldorf 1984

R. Löwenthal/P. von zur Mühlen (Hg.): Widerstand und Verweigerung in Deutschland 1933 bis 1945, Berlin 1982

E. Loewy: Literatur unter dem Hakenkreuz. Das Dritte Reich und seine Dichtung, Frankfurt 1983

I. v. d. Lühe: Elisabeth von Thadden, Düsseldorf 1966

H. O. Malone: Adam von Trott zu Solz. Werdegang eines Verschwörers 1909–1939, Berlin 1985

M. v. Maltzan: Schlage die Trommel und fürchte dich nicht. Erinnerungen, Berlin 1986

K. Mammach: Die deutsche antifaschistische Widerstandsbewegung 1933–1939, Berlin 1974

ders.: Widerstand 1933–1939. Geschichte der deutschen antifaschistischen Widerstandsbewegung im Inland und in der Emigration, Berlin 1984

J. Marßolek/R. Ott: Bremen im 3. Reich. Anpassung – Widerstand – Verfolgung, Bremen 1986

E. Matthias/H. Weber: Widerstand gegen den Nationalsozialismus in Mannheim, Mannheim 1985

B. Mausbach-Bromberger: Arbeiterwiderstand in Frankfurt am Main. Gegen den Faschismus 1933–1945, Frankfurt 1976

F. Meyers: Die Baronin im Schutzmantel. Emilie von Loe im Widerstand gegen den Nationalsozialismus, Geldern [2]1980

A. Mirkes/K. Schild/H. C. Schneider: Mühlheim unter den Nazis 1933–1945, Frankfurt 1983
A. Mitscherlich: Ein Leben für die Psychoanalyse. Anmerkungen zu meiner Zeit, Frankfurt 1980
M. Möhring: Täter des Wortes. Max Josef Metzger – Leben und Wirken, Freising 1966
N. Molkenbur/K. Hörhold: Oda Schottmüller. Tänzerin. Bildhauerin. Antifaschistin, Berlin 1983
F. v. Moltke/M. Balfour/J. Frisby: Helmuth James von Moltke 1907–1945, Stuttgart 1975
Ch. Müller: Oberst i. G. Stauffenberg, Düsseldorf ²1971
H. Müller: Katholische Kirche und Nationalsozialismus, München 1965
H. Müller: Kampftage in Berlin, Berlin 1973
J. Müller: Furchtbare Juristen. Die unbewältigte Vergangenheit unserer Justiz, München 1987
J. Müller: Bis zur letzten Konsequenz, München 1975
K.-J. Müller: Armee, Politik und Gesellschaft in Deutschland 1933–1945, Paderborn ²1979
ders. (Hg.): Der deutsche Widerstand 1933–1945, Paderborn 1986
F. Muckermann: Im Kampf zwischen zwei Epochen. Lebenserinnerungen, Mainz 1973
U. Naumann (Hg.): Sammlung. Jahrbuch 1 für antifaschistische Literatur und Kunst, Frankfurt 1978
E. Nebgen: Jakob Kaiser. Der Widerstandskämpfer, Stuttgart ²1970
O. Neisinger: Flugblätter. Katholische Jugend im Widerstand gegen den Nationalsozialismus, Würzburg 1982
E. Nerdinger: Flamme unter Asche. Widerstand in Augsburg und Südbayern 1933/1942, Augsburg 1979
Nicht nur Medaillen zählen. Sportler im antifaschistischen Widerstandskampf, Berlin 1975
E. Niekisch: Gewagtes Leben. Begegnungen und Begebnisse, Köln 1958
L. Niethammer (Hg.): Arbeiterinitiative 1945, Wuppertal 1976
G. Nitzsche: Die Saefkow-Jacob-Bästlein-Gruppe. Dokumente und Materialien des illegalen antifaschistischen Kampfes (1942 bis 1945), Berlin 1957
W. Nowojoski (Hg.): In dunkler Zeit. Künstlerschicksale zwischen 1933 und 1945, Berlin 1963
W. Oehme: Märtyrer der evangelischen Christenheit 1933–1945, Berlin ²1980
R. Pechel: Deutscher Widerstand, Zürich 1947

Peine unter der NS-Gewaltherrschaft. Zeugnisse des Widerstandes und der Verfolgung im Dritten Reich, Peine 1970

J. Petersen: Unsere Straße. Eine Chronik. Geschrieben im Herzen des faschistischen Deutschlands 1933/34, Berlin 1950

D. Peukert: Ruhrarbeiter gegen den Faschismus. Dokumentation über den Widerstand im Ruhrgebiet 1933–1945, Frankfurt 1976

ders.: Die KPD im Widerstand. Verfolgung und Untergrundarbeit an Rhein und Ruhr 1933 bis 1945, Wuppertal 1980

ders.: Die Edelweißpiraten. Protestbewegungen jugendlicher Arbeiter im Dritten Reich, Köln 1980

ders.: Volksgenossen und Gemeinschaftsfremde. Anpassung, Ausmerze und Aufbegehren unter dem Nationalsozialismus, Köln 1982

D. Peukert/F. Bajohr: Spuren des Widerstands. Die Bergarbeiterbewegung im Dritten Reich und im Exil, München 1987

M. Pikarski: Jugend im Berliner Widerstand. Herbert Baum und Kampfgefährten, Berlin ²1984

A. v. Plato: Der Verlierer geht nicht leer aus, Bonn 1984

H. Poelchau: Die Ordnung der Bedrängten. Autobiographisches und Zeitgeschichtliches seit den zwanziger Jahren, Berlin 1963

O. Poppinga/H.-M. Barth/H. Roth: Ostfriesland. Biographien aus dem Widerstand, Frankfurt 1977

W. Prehn (Hg.): Zeit, den schmalen Weg zu gehen. Zeugen berichten vom Kirchenkampf in Schleswig-Holstein, Kiel 1985

T. Prittie: Deutsche gegen Hitler, Tübingen 1965

Ch. Pross/R. Winau: nicht mißhandeln, Berlin 1984

E. Raabe (Hg.): Einmal laß mich traurig sein – Briefe, Lieder, Kassiber 1942–1943, Zürich 1984

W. Radetz: Werner Seelenbinder. Leben, Haltung, Wirkung, Berlin 1969

A. Rathmann: Ein Arbeiterleben. Erinnerungen an Weimar und danach, Wuppertal 1983

D. Rebentisch/A. Raab (Hg.): Neu-Isenburg zwischen Anpassung und Widerstand. Dokumente über Lebensbedingungen und politisches Verhalten 1933–1945, Neu-Isenburg 1978

Redaktion Kritische Justiz (Hg.): Der Unrechts-Staat. Recht und Justiz im Nationalsozialismus, Stuttgart 1979

J. Reitz: Carlo Mierendorff 1897–1943, Darmstadt 1983

W. Ribhegge: August Winnig. Eine historische Persönlichkeitsanalyse, Bonn-Bad Godesberg 1973

H. Richardi: Schule der Gewalt. Die Anfänge des Konzentrationslagers Dachau 1933–1934, München 1983

L. Rinser: Den Wolf umarmen, Frankfurt 1981
G. Ritter: Carl Goerdeler und die Deutsche Widerstandsbewegung, Neuausgabe München 1964
A. Ritthaler: Karl Ludwig Freiherr von und zu Guttenberg, Würzburg 1970
E. Röhm/J. Thierfelder: Evangelische Kirche zwischen Kreuz und Hakenkreuz, Stuttgart ²1982
G. v. Roon: Neuordnung im Widerstand. Der Kreisauer Kreis innerhalb der deutschen Widerstandsbewegung, München 1967
ders.: Wilhelm Staehle. Ein Leben auf der Grenze 1877–1945, München 1969
ders.: Widerstand im Dritten Reich, Neuausgabe, München 1987
ders. (Hg.): Europäischer Widerstand im Vergleich. Die Internationalen Konferenzen Amsterdam, Berlin 1985
ders.: Helmuth James Graf von Moltke. Völkerrecht im Dienst der Menschen, Berlin 1986
H. Roskamp: Tiergarten 1933–1945. Verfolgung und Widerstand in einem Berliner Innenstadtbezirk, Berlin 1985
A. Rosmus-Wenninger: Widerstand und Verfolgung. Am Beispiel Passaus 1933–1939, o. O. 1983
J. C. Rossaint/M. Zimmermann: Widerstand gegen den Nazismus in Oberhausen, Frankfurt 1983
H. Rothfels: Die deutsche Opposition gegen Hitler, Frankfurt 1977
F. Salm: Im Schatten des Henkers. Vom Arbeiterwiderstand in Mannheim gegen faschistische Diktatur und Krieg, Frankfurt ²1979
H.-R. Sandvoß: Widerstand in Steglitz und Zehlendorf, Berlin 1986
ders.: Widerstand in einem Arbeiterbezirk, Berlin 1983
H. R. Sassin: Widerstand, Verfolgung und Emigration Liberaler 1933–1945, Bonn 1983
P. Sauer: Württemberg in der Zeit des Nationalsozialismus, Ulm 1975
I. Sbosny/K. Schabrod: Widerstand in Solingen. Aus dem Leben antifaschistischer Kämpfer, Frankfurt 1975
K. Schabrod: Widerstand gegen Flick und Florian. Düsseldorfer Antifaschisten über ihren Widerstand 1933–1945, Frankfurt 1978
J. Schadt (Hg.): Verfolgung und Widerstand unter dem Nationalsozialismus in Baden. Die Lageberichte der Gestapo und des Generalstaatsanwalts Karlsruhe 1933–1940, Stuttgart 1976
J. Schadt/M. Caroli (Hg.): Heidelberg unter dem Nationalsozialismus. Studien zu Verfolgung, Widerstand und Anpassung, Heidelberg 1985
B. Schellenberger: Katholische Jugend und Drittes Reich, Mainz 1975

B. Scheurig: Ewald von Kleist-Schmenzin. Ein Konservativer gegen Hitler, Oldenburg 1968
ders. (Hg.): Deutscher Widerstand 1938–1944. Fortschritt oder Reaktion?, München 1969
ders.: Henning von Tresckow, Neuauflage Frankfurt/Berlin 1987
K. Schilde: Jugendorganisationen und Jugendopposition in Berlin-Kreuzberg 1933–1945, Berlin
B. Schimmler: Recht ohne Gerechtigkeit. Zur Tätigkeit der Berliner Sondergerichte im Nationalsozialismus, Berlin 1984
H. Schirmer: Das andere Nürnberg. Antifaschistischer Widerstand in der Stadt der Reichsparteitage, Frankfurt 1974
F. v. Schlabrendorff: Offiziere gegen Hitler, Neuauflage, Berlin 1984
F. Schlotterbeck: Je dunkler die Nacht, desto heller die Sterne. Erinnerungen eines deutschen Arbeiters 1933 bis 1945, Berlin 1948
J. Schmädeke/P. Steinbach (Hg.): Der Widerstand gegen den Nationalsozialismus, München 1985
E. Schmidt: Lichter in der Finsternis. Widerstand und Verfolgung in Essen 1933–1945, Frankfurt 1980
W.A. Schmidt (Hg.): Damit Deutschland lebe. Ein Quellenwerk über den deutschen antifaschistischen Widerstand 1933–1945, Berlin 1958
D. Schmidt: Ich war ich bin ich werde sein! Selbstbildnisse deutscher Künstler des 20. Jahrhunderts, 1. Bd., Berlin 1968
R. Schneider: Gedenkwort zum 20. Juli, Stuttgart 1947
ders.: Verhüllter Tag, Köln 1958
U. Schneider: Marburg 1933–1945. Arbeiterbewegung und Bekennende Kirche gegen den Faschismus, Frankfurt 1980
R. Schnell: Literarische Innere Emigration 1933–1945, Stuttgart 1976
H. Schnorbach (Hg.): Lehrer und Schule unterm Hakenkreuz. Dokumente des Widerstands von 1930 bis 1945, Königstein i. T. 1983
K. Scholder: Die Kirchen und das Dritte Reich, 2 Bde., Berlin 1977–1985
ders.: Die Mittwochs-Gesellschaft. Protokolle aus dem geistigen Deutschland 1932–1944, Berlin 1982
I. Scholl: Die Weiße Rose, Neuausgabe Frankfurt ²1983
Ch. Schüddekopf (Hg.): Der Alltägliche Faschismus. Frauen im Dritten Reich, Bonn 1981
T. v. d. Schulenburg: Ich hab's gewagt. Bildhauerin und Ordensfrau – ein unkonventionelles Leben, Freiburg i. Br. 1981
U. Schulz (Hg.): Adolf Reichwein. Ein Lebensbild aus Briefen und Dokumenten, München 1974
H. Schulze (Hg.): Anpassung oder Widerstand? Aus den Akten des Partei-

vorstandes der deutschen Sozialdemokratie 1932/1933, Bonn-Bad Godesberg 1975
W. Schumann: Ihr seid den dunklen Weg für uns gegangen... Skizzen aus dem Widerstand in Hann. Münden 1933–1939, Frankfurt 1973
W. See, R. Weckerling: Frauen im Kirchenkampf, Berlin 1984
E. Spath: Deutsche Glaubenszeugen, Freiburg i. Br. 1980
Spuren der Ästhetik des Widerstands. Berliner Kunststudenten im Widerstand 1933–1945, Berlin 1984
J. Staff (Hg.): Justiz im Dritten Reich, Frankfurt ²1979
H.-J. Steinberg: Widerstand und Verfolgung in Essen 1933–1945, Bonn-Bad Godesberg ²1973
Th. Steltzer: Sechzig Jahre Zeitgenosse, München 1966
C. Stern: In den Netzen der Erinnerung. Lebensgeschichten zweier Menschen, Reinbek 1986
I. Struckmeier: Eine Dokumentation über Einzelschicksale der Verfolgung von Jehovas Zeugen aus Eickhorst und Umgebung während der NS-Zeit, München 1983
K. v. Stutterheim: Die Majestät des Gewissens. In Memoriam Albrecht Bernstorff, Hamburg 1962
Ch. Sykes: Adam von Trott. Eine deutsche Tragödie, Düsseldorf 1969
G. Szepansky: Frauen leisten Widerstand: 1933–1945. Lebensgeschichten nach Interviews und Dokumenten, Frankfurt 1983
H. Teich: Hildesheim und seine Antifaschisten. Widerstandskampf gegen den Hitlerfaschismus und demokratischer Neubeginn 1945 in Hildesheim, Hildesheim 1979
H.-U. Thamer: Verführung und Gewalt. Deutschland 1933–1945, Berlin 1986
R. Theissen/P. Walter/J. Wilhelms: Der Anarcho-Syndikalistische Widerstand an Rhein und Ruhr, Meppen 1980
M. Thielenhaus: Zwischen Anpassung und Widerstand: Deutsche Diplomaten 1938–1941, Paderborn 1984
R. G. Graf von Thun-Hohenstein: Der Verschwörer. General Oster und die Militäropposition, Berlin 1982
Johannes Tuchel/Reinold Schattenfroh: Zentrale des Terrors. Prinz-Albrecht-Straße 8. Das Hauptquartier der Gestapo, Berlin 1987
W. Uhlmann (Hg.): Sterben um zu leben. Politische Gefangene im Zuchthaus Brandenburg-Görden 1933–1945, Köln 1983
F. Usinger: Carlo Mierendorff, Wiesbaden 1965
W. Venohr: Stauffenberg. Symbol der deutschen Einheit. Eine politische Biographie, Frankfurt/Berlin 1986

I. Vermehren: Reise durch den letzten Akt. Ravensbrück, Buchenwald, Dachau, Reinbek 1984

H. O. Vetter (Hg.): Vom Sozialistengesetz zur Mitbestimmung, Köln 1975

C. Völkl (Hg.): Die dunklen Jahre. Das Dritte Reich im Ries, Nördlingen 1984

B. Vollmer: Volksopposition im Polizeistaat. Gestapo- und Regierungsberichte 1934–1936, Stuttgart 1957

R. v. Voss/G. Neske (Hg.): Der 20. Juli 1944. Annäherung an den geschichtlichen Augenblick, Pfuhlingen 1984

J. V. Wagner: ... nur Mut, sei Kämpfer! Heinrich König: Ein Leben für die Freiheit, Bochum 1976

H. Wehner: Zeugnis, Köln 1982

G. Weisenborn (Hg.): Der lautlose Aufstand. Bericht über die Widerstandsbewegung des deutschen Volkes 1933–1945, Frankfurt [4]1974

P. Weiss: Die Ästhetik des Widerstands, 3 Bde. Frankfurt 1975–1981

B. Wenke: Interviews mit Überlebenden. Verfolgung und Widerstand in Südwestdeutschland, Stuttgart 1980

R. Wentorf (Hg.): ... und sollst mein Prediger bleiben. Zeugnisse von Paul Schneider, Gießen 1966

K.-P. Werle: Formen des Widerstandes deutscher Ärzte 1933 bis 1945, Kiel 1974

E. Werner: Die Freiheit hat ihren Preis. Die bayerische Sozialdemokratie von ihren Anfängen bis zum Widerstand im NS-Staat, München

G. Werner: Aufmachen! Gestapo! Über den Widerstand in Wuppertal 1933–1945, Wuppertal 1974

Widerstand 1933–1945. Sozialdemokraten und Gewerkschaften gegen Hitler, Bonn 1980

Widerstand statt Anpassung. Deutsche Kunst im Widerstand gegen den Faschismus 1933–1945, Berlin 1980

Widerstand und Verfolgung in Köln 1933–1945, Köln 1974

Widerstand, Verfolgung und Emigration 1933–1945, Hg. Friedrich-Ebert-Stiftung, Bonn-Bad Godesberg 1967

M. C. Wiessing: Gertrud Meyer, das Mädchen mit den grünen Haaren 1898–1945, Hamburg 1977

M. Wilke (Hg.): Robert Havemann. Ein deutscher Kommunist, Reinbek 1978

W. E. Winterhager: Der Kreisauer Kreis. Porträt einer Widerstandsgruppe, Berlin 1985

W. Wippermann: Die Berliner Gruppe Baum und der jüdische Widerstand, Berlin 1981

Wir «Hoch- und Landesverräter», Antifaschistischer Widerstand in Oberhausen, Bochum 1980

L. Wolf: Ein Leben ist viel zuwenig, Frankfurt ²1981

M. Yorck von Wartenburg: Die Stärke der Stille. Erzählung eines Lebens aus dem Widerstand, Köln ²1985

H. Zassenhaus: Halt Wacht im Dunkel, Wedel 1947

E. Zeller: Geist der Freiheit. Der zwanzigste Juli. München ⁵1965

K. Zentner: Illustrierte Geschichte des Widerstandes in Deutschland und Europa 1933–1945, München ²1983

F. Zipfel: Kirchenkampf in Deutschland 1933–1945, Berlin 1965

G. Zorn: Widerstand in Hannover. Gegen Reaktion und Faschismus 1920–1946, Frankfurt 1977

G. Zorn/G. Meyer: Frauen gegen Hitler. Berichte aus dem Widerstand 1933–1945, Frankfurt 1974

C. Zuckmayer: Als wär's ein Stück von mir, Frankfurt 1969

Register

Personen- und Ortsnamen

Aachen 216, 282f, 289
Abshagen, Robert 467
Adenauer, Konrad 60
Adolph, Walter 358ff
Ahlbeck (Ostseebad) 278
Albert, Martin 71
Altenbochum 301
Altona 15, 86, 160
→ Hamburg
Altpocher 250
Amberg 159, 250
Améry, Jean 17, 23
Amsterdam 15, 191, 242, 296, 333, 395
Andersen, Lale 324
André, Edgar 22, 335, 367
Ansbach 189, 566
Apel, Paul 253
Aplerbeck (bei → Dortmund) 131
Ardenne, Ekkehard von 289
Arndt, Betty 101
Arndt, Konrad 101
Asmussen, Hans 229
Aufhäuser, Ludwig 199
Augsburg 36, 38, 41, 100, 114, 117, 137, 156, 254, 272, 313f, 392, 427, 461, 535
– Königsplatz 137
– Lechhausen-Süd 156
– Maria-Theresia-Schule 36
– Morellstraße 156
– Wertachvorstadt 131, 164f
– Volkhartstraße 36
Aurich 122
Auschwitz 17, 23, 295
(– Prozeß) 10

Bad Aibling 547
Baden 61, 128, 292
Baden-Pfalz 171
Bad Kissingen 526
Bad Salzungen (Kreis Meiningen, → Thüringen) 471
– Ratskeller 472
Bad Schwalbach (Hessen) 136
Baeck, Rabbiner Leo 288
Bästlein, Bernhard 364, 467, 468f, 520, 523, 527, 557f
Bamberg 189
Barlach, Ernst 123
Barmen
(→ Wuppertal) 96, 226, 228f
Barth, Karl 226
Basel 147, 197
Baum, Herbert 454, 489ff
Baumgarte, August 109
Bautzen (Oberlausitz) 245
Bayerischer Wald 188
Bayern 114, 292
Bebel, August 117
Beck, Ludwig 25, 75, 124, 382ff, 386f, 399, 414, 419ff, 486, 545
Beek, Cato Bontjes van 475
Beethoven, Ludwig van 16, 518

Beimler, Hans 108, 140f
Belgien 181, 401, 417, 428
Benjamin, Georg 44, 64
Benjamin, Hilde 64
Benn, Gottfried 56
Bennies, Albert 273f
Berchtesgaden → Berghof 541, 562
Berghof → Berchtesgaden 541
Beresina 503
Bergen-Belsen (KZ) 347
Bergengruen, Werner 21
Berlin 14, 16f, 19, 21, 23, 31, 33, 43f, 73, 84, 87, 96, 98, 102, 147, 153, 175, 194, 198, 200, 202, 205, 218, 226, 233, 239, 243, 292, 324, 348, 366f, 381, 386f, 398, 468
– Alexanderplatz 240, 381, 473
– Beethoven-Saal 77
– Bismarckstraße 106, 413
– Brandenburg 222
– Café Kranzler 145
– Dahlem: St. Annen-Gemeinde 122, 209, 230, 362, 420, 542
– Dreifaltigkeitskirche 104
– evangelischer Dom 103
– Frauengefängnis 367
– Friedrichshain 170
– Grunewald 161f
– Gselius, Buchhandlung 466
– Goethestraße 486
– Havel 195
– Hohenzollernplatz 222
– Hortensienstraße 446, 537f
– Kaiser Wilhelm-Gedächtniskirche 502f
– Kladow: Schloß Brüningslinden 205, 419
– Knesebeckstraße 275
– Köpenick 19, 147
– Kroll-Oper 133, 392, 411
– Krumme Lanke 162
– Lichterfelde 201
– Lustgarten 103, 489
– Moabit, Krankenhaus 409
– Kunzes Kaffee-Salon 469
– Palast-Hotel 74
– Plötzensee 23, 274, 277, 335, 380, 428, 435, 474, 490, 549, 552, 563
– Potsdamer Platz 74
– Prinz Albrecht-Straße 138, 424
– Reichstagsgebäude 95, 108
– Tempelhof 223
– Tirpitz-Ufer 388, 472
– Ullstein-Haus 78
– Wannsee: Tristanstraße 542
– Wedding 93
– Wilhelmstraße 400
– Wilmersdorf 396
– Wittelsbacher Straße 239, 413
– Zehlendorf 241
St. Bernward (→ Hildesheimer Bischofsstuhl) 233
Bertram, Kardinal Adolf 213, 449
Bethel 60, 423
→ Bodelschwinghsche Anstalten
Beuttel, Wilhelm 517f
Beyer, Anna 200
Bielefeld
– Alter Markt 525
→ Bethel
Bilk 96
Binder, Ernst 348f
Bismarck, Otto Fürst von 10, 98, 101, 134, 191
Blankenstein 333
Blencke, Erna 201
Bloch, Paul 157

Blomberg, Werner von 385
Blunck, Hans Friedrich 370
Bobzien, Franz 196, 246f
Bochow, Herbert 435ff
Bochum 31, 97, 111, 114, 119, 135, 333
– Schützenhof 71
Bodelschwingh, Friedrich von 424f
Bodelschwinghsche Anstalten, → Bethel (bei → Bielefeld) 423
Böhm, Karl 125
Böhme, Hermann 370
Böhmen, → Protektorat 393, 400
Böll, Alois 327
Böll, Familie 327f
Böll, Heinrich 111, 131f, 327
Bohn, Willi 36, 64
Bohne, Walter 523f
Bonhoeffer, Dietrich 89, 104, 210, 231f, 425ff, 481, 498, 502, 509, 533, 565f
Bonhoeffer, Klaus 50
Bonn 226, 494
Bornewasser, Bischof Franz Rudolf 374
Bosch, Robert 442
Bottendorf 274
Bottrop 78
Boulanger, Jakob 108
Brackel (bei → Dortmund) 131
Brandenburg 79, 226, 292
Brandenburg-Göhrden 343, 465f, 524, 532
Brandes, Alwin 240f
Brandt, Heinz 43
Brandt, Willy 196, 246f, 345f
Brass, Otto 368
Bratu, Artur Egon 113, 116, 132
Brauchitsch, Generaloberst Walther von 383f, 433
Braun, Otto 95
Braune, Paul Gerhard 423ff
Braunschweig 11, 79, 118
Bredt, Friedel 314
Breitinger, Anton 441
Breitscheid, Rudolf 98f
Breitzke, Auguste 343
Bremen 11, 112, 240, 348
Brennecke, Otto 343
Breslau 240, 272
→ Dürrgoy 115, 196
Brill, Hermann L. 368
Bruckner, Anton 399
Brückner, Peter 377
Brünen, Eberhard 248
Brüning, Heinrich 70, 81, 87
Brüssel 251
Brunnemer, Philipp 456
Buchenwald (KZ) 254, 321, 342, 361, 376, 409, 471
Bückeberg (bei → Hameln) 216
Bürger Moor (KZ) 269
Burggraf, Peter 183

Calw (Schwarzwald) 209
Cammens, Minna (geb. Hannen) 21f, 319
Canaris, Wilhelm 33, 288f, 327, 385, 388, 401, 426, 507ff, 565f
Carlebach, Emil 157, 199, 206
Chamberlain, Neville 388f
Chemnitz 272, 366
– Sächsischer Hof 494
Claus, Rudolf 293
Coburg 130
– Rathaus 114
– Schalmeienkapelle 130

Comedian Harmonists 125
Compiègne, Wald von 25
Coppi,
– Hans 438, 473, 475
– Hilde 473, 475
Corleis, Katharina 318
Crimmitschau (→ Sachsen) 224
ČSSR → Tschechoslowakei

Dachau 108, 114f, 140, 214, 255, 301, 321, 335, 408, 450, 520, 564
Daladier, Edouard 389
Dänemark 196, 428
Damkowski, Marta 381
Dangelmaier, Alois 234
Danzig 292
Darmstadt 28, 74f, 81, 142, 146, 159, 207f, 253, 482, 555
Degkwitz, Rudolf 44, 505f
Delp, Alfred 457, 484, 487, 511f, 552, 563f, 568
Dessau 366, 555
Deutschland:
– Bundesrepublik 9, 17
– *D*eutsche *D*emokratische *R*epublik (DDR) 10, 82
– Drittes Reich 16, 102f
– Großmacht 14
→ Weimarer Republik 13, 14, 26, 33, 52, 55, 61, 77
Diamant, Max 198
Dibelius, Dr. Otto 121
Dickenschied, Hunsrück 231, 409
Dietrich, Marlene 218
Dill, Hans 181, 183, 188f, 249, 259, 326, 368
Dohnanyi, Hans von 50, 387f, 401, 426, 508f, 533, 552, 565f
Donnershag 57f
Dortmund 86, 131, 270, 366
– Hansaplatz 96f
– Steinwache (Polizeigefängnis) 116
– Westfalenhalle 227
– Westfalenhütte 97
Dresden 23, 26, 95, 107, 162, 196, 292, 348, 395, 511, 555
Duisburg 11, 33, 86, 102, 143f, 153, 333, 348
– Backstube Krebs 292
– Friedrich Wilhelm-Straße 270
– Gewerkschaftshaus 143
– Hamborn: Brotfabrik «Germania» 252, 270, 302
– Hauptbahnhof 253
– Ruhrorter Straße 143
Dürrgoy (→ Breslau) 115, 196
Dürrheim 115
Düsseldorf 96, 102, 107, 125, 150, 168, 291, 333, 348f
– D.-Eller 173
– Gerresheim 156, 169, 496
– Grafenberger Wald 172
– Hauptpost 171
– Königsallee 269
– Oberbilk 290
– Rheinhafen 169
Düwer, Gerhard 453, 488

Eberhard, Fritz 201ff
Ebermannstadt (Oberfranken) 393, 499
Ebermayer, Erich 145
Ebert, Friedrich 25, 30, 31f
Eching 273
Eckers, Fritz 132
Eckstein, Ernst 196

Eger (Tschechoslowakei) 181, 249
Eggebrecht, Axel 63, 84
Ehrenteit, John 184
Eichenau 273
Eichmann, Adolf 490
Eichstätt 123, 212, 355
– Dom 123
Einstein, Albert 213
Eisenblätter, Charlotte 465
Eisinger, Robert 31, 527ff
Elberfeld
→ Wuppertal 96
– Café Noth 150
Elmshorn 285
Elser, Georg 408f
Elsner, Willi 245f
Emden 366
Emmerlich, Arthur 428, 434
Emsland (KZ) 269
Engelhard, Julius 529f
Engels, Friedrich 35, 43
Engert, Otto 518f, 556, 559
England 386, 400
Erfurt 471
Erlangen 50
– Universität 76
Erler, Fritz 203
Essen 11, 86, 110, 114, 119, 137, 168, 183, 270, 333, 348, 353
– Schinkelstraße 363
– Werden 237
– Zeche «Herkules» 114
Esterwegen (KZ) 115, 344
Ettenheim 212
Ettersberg (bei Weimar) 376

Faltner, Franz 187, 260, 301
Fanö 231
Faulhaber, Jakob 455, 463
Faulhaber, Kardinal Michael von 60, 329, 359
Fichte, Johann Gottlieb 504
Finckh, Renate 277
Firl, Wilhelm 334f
Flensburg 207, 243
Flitner, Wilhelm 505
Flossenbürg (KZ) 565
Forsthoff, Ernst 139
Frank,
– Alfred 519, 558f
– Gertrud 558f
Frank, Karl 465f
Franken 181
Frankfurt am Main 10, 49, 96, 101, 139, 146, 196, 208, 243, 253, 261, 272, 366
– Hotel Excelsior 146
– jüdisches Jugendheim 199
– Sachsenhausen 157
Frankreich 20, 181, 386, 400, 417, 425
Frank-Schultz, Ehrengard 548
Freiburg im Breisgau 85, 123, 147, 192, 555
Freidhof, Rudolf 132
Freisler, Oswald 357
Freisler, Roland 136, 357, 503, 517, 532, 548f, 551f
Frick, Wilhelm 76, 313
Frieb, Hermann 461
Fried, Hans 254f
Fried, Johann 186, 188
Fried, Mary 39f, 188, 255
Fritsch, Werner von 288, 385
Fromm, Friedrich 544f
Fučík, Julius 23f
Fuhlsbüttel (KZ)
→ Hamburg 161, 306, 318, 367

Funk, Albert 116
Funke, Ewald 334f
Furtwängler, Wilhelm 221, 399
Galen, Clemens August 358, 424, 449
Galilei, Galileo 213
Gall, Willi 405ff
Galm, Heinrich 142
Gasparitsch, Hans 320f
Geldern (Niederrhein) → Ingenraedt, Schloß 235, 357
Gelsenkirchen 270, 334
Gent 132
George, Stefan 46f, 66f, 78, 147, 261, 418
Gerdes, Johann 110
Gesche, Paul 466
Gladbeck 78, 525
Glücksburg 324
Goebbels, Joseph 68, 73, 76, 106, 141, 216, 326, 355, 393, 460, 500, 562
Göggingen (Schwaben) 128
Göhring, Ludwig 166f
Goerdeler, Carl 9, 16, 66, 134, 265f, 442f, 446, 486f, 513f, 539, 553f, 564
Goerdeler, Fritz 564
Göring, Hermann 109, 113, 119, 120, 138, 153, 222, 225, 238, 396, 419, 460f, 473, 514, 541, 552
Görlitz 366
Goethe, Johann Wolfgang von 17, 37, 56, 376, 463
Göttingen 122
– Universität 53
Goguel, Rudolf 269, 278ff, 290
Goliath 23
Goller, Ernst 267
Gollwitzer, Helmut 332
Gotha (Thüringen) 36, 59, 64
– Keksfabrik Trüller 64
Gottfurcht, Hans 239
Graeber, Friedrich 316
Graf, Willi 493f, 504
Grafenau 340
Graz
– Universität 51
Grafeneck 424
Griechenland 431
Grimm, Hans 432
Gröbenzell 273
Gröber, Conrad 123, 212, 532
Gröpler, Scharfrichter aus Magdeburg 336
Grollmuß, Maria 52, 244ff
Groscourth, Dr. Georg 409f, 469f, 524f
Groß, Charlotte 366f, 469, 557f
Groß, Nikolaus 564
Grünbaum, Konrad 189
Grundig,
– Hans 371
– Lea 95f, 107, 111, 371
Guddorf, Wilhelm 438, 466f, 473
Günther, Hanno 434f
Gunzenhausen (Franken) 567
Gurian, Waldemar 232
Guttenberg, Karl Ludwig von 447

Haeften, Werner von 542f, 545
Hagen 174
Hahn, Willi 343
Halder, General Franz 384, 386
Halem, Nikolaus von 439
Halle an der Saale 143, 145, 177, 292, 366
– Polizeigefängnis 143

Hallmeyer, Rudolf 428
Hamburg 14f, 18, 42, 82, 100, 115, 141, 158, 160, 175, 185, 196, 207, 273, 293, 296, 348, 366f, 392, 395, 453, 468f, 511
– Alkazar (Reeperbahn) 273f
– Altona 15, 86, 160
– Barmbek 142
– Eilbek 190
– Farmsen 243
– → Fuhlsbüttel 115, 161, 306, 318, 367
– Hafenstraße 243
Harburg: 37, 40, 102, 256
– Freie Weltliche Schule 40
– Klosterstern 523
– Neuengamme (KZ) 566
– Ohlsdorfer Friedhof 336
– Osterbekkanal 256
– Rahlstedt 242
– Rathausmarkt 468
– Tangenstedter Forst 184
– Universitätskrankenhaus Eppendorf 505
getarische Gaststätte an der Börsenbrücke 347
Hameln
→ Bückeberg) 216
Hamm 152
Hannover 109, 170
– Hardenbergstraße 109
– Hasenstraße 201
– Linden 171
Hannoversch-Münden 156
Hansmann, Cilly 478
Hansmann, Wilhelm 131
Harnack, Arvid 397, 399, 438, 466, 472f, 475f, 494
Harnack, Falk 494, 501f
Harnack, Mildred 397
Hartmann, Karl Amadeus 213f
Hartwimmer, Hans 439f, 464
Hassell, Ulrich von 419ff, 422, 429f, 443, 445, 486, 552
Haßfurt 193
Hattingen 333
Haubach, Theodor 184, 482
Hauptmann, Gerhart 49
Havemann, Robert 84, 106, 409ff, 470, 524f
Heeren, Heinrich 127
Heidegger, Martin 178
Heidelberg 48, 324
Heilbronn 555
Heilig, Hans 263, 304
Heimerich, Hermann 118
Heine, Heinrich 456
Heinemann, Gustav 211, 228f, 363
Heinemann, Hilda 363
Heins, Helmut 82, 86, 160
Heinze, Wolfgang 519, 559
Hellwig, Willi 151
Helsinki 63
Henderson 400
Henk, Emil 261ff
Henßler, Fritz 191
Herne 333
Herrmann, Lilo 380
Hessen 192, 292
Heß, Rudolf 410
Heuberg (bei → Stetten) 115, 140
Heuss, Theodor 133
Heydn, Werner 496
Heydrich, Reinhard 306, 327, 342
Hildesheim 165, 233, 344
– Staatspolizeistelle 343
Hilferding, Rudolf 65
Himmler, Heinrich 114, 138f, 219,

296, 306, 341, 383, 392, 408, 514, 541, 545
Hindenburg, Paul von 70, 87, 95, 96, 108, 109, 138, 215, 218f
Hirsch, Emanuel 122
Hirsch, Helmut 353f
Hitler, Adolf 12, 14, 17, 20, 29, 58, 67, 69, 73, 75f, 85, 88ff, 92, 94f, 96f, 99ff, 102, 104f, 106, 110, 135, 145, 154, 156, 177, 179, 191, 200, 208, 210, 218f, 225, 228, 230, 287, 312, 322f, 349f, 353f, 369f, 373, 376, 382f, 385f, 393f, 399f, 401f, 408, 432f, 437, 459, 474, 482, 486, 503f, 508, 514, 526f, 540, 543f, 546, 562, 565
– Diktator 14, 16, 430
– Führer 12, 19, 58, 68, 80, 89, 103, 122, 265, 321, 546, 562, 565
– Oberster Feldherr 392
– Reichskanzler 91, 100, 113, 126, 215, 265, 369f, 388f
Hölderlin, Friedrich 56
Hoevel,
– Andreas 206, 441
– Anneliese 206, 441
Hof 101, 108, 159f, 183
Hofacker, Caesar von 51
Hoff, Ferdinand 180
Holland 25, 185, 191
Hollywood 218
Holtz, Gottfried 231
Honecker, Erich 35, 40, 168
Honecker, Wilhelm 34
Hossenfelder (Pfarrer) 103
Huber, Georg 260
Huber, Kurt 502–504
Hübener, Helmuth 453, 488f
Hünxener Wald 144
Hüttig, Richard 274, 277, 284f
Hugenberg, Alfred 69
Humburg, Paul 227
Husemann, Fritz 301
Hutzelmann,
– Emma 536f
– Hans 536f
Hylton, Jack (Swing-Kapelle) 326

Ingenraedt, Schloß
→ Geldern (Niederrhein) 235, 357
Iserlohn 114

Jacob, Franz 467ff, 520, 523, 527, 556f
– Käthe 41, 469, 557f
Jahn, Hans 242f, 305
Jan, Julius von 391
Jena 471, 521
Jessen, Jens 419ff
Jochem, Else 317
Juchacz, Marie 120
Jugoslawien 431
Jurr, Gerhard 333

Kahrstedt, Ulrich 215
Kaiser, Jakob 91, 105, 134, 145, 239, 413, 487, 552f
Kaiser Wilhelm II. 27, 38, 42, 98
Kaiserswerth,
→ Kittelbach-Mündung in den Rhein 352
Kant, Immanuel 381
Kapp, Wolfgang 33
Karg, Carola 149f, 171f, 173ff, 356f
Karlsbad 182
Karlsruhe 235, 366
Kassel 85, 96, 132, 136, 183, 511

– Karlshospital 115
– Landrat 158
– Rathaus 136
Kaufmann, Franz 534
Kaufmann, Margarete 296
Kaul, Georg 142
Kempen 253
Kessel, Franziska 319
Kessler, Harry Graf 47f, 73
Ketteler, Wilhelm Emmanuel von 237f
Kiel 33, 93, 207, 243, 468
Kirchheim/Teck (Schwaben) 374
Kislau 115
Kitzingen 431
Kleist, Ewald von 26, 33, 66, 94, 222, 232, 566
Klepper, Jochen 337
Klingenbeck, Walter 452
Klinkhammer, Karl 234
Klopstock, Friedrich Gottlieb 17
Klug, Willi 159
Knaack, Ernst 466
Knab, Otto 112
Knöchel, Wilhelm 15, 22, 365f, 476–480, 496f, 515–518, 522f
Koblenz 362, 376, 441
Koch, Werner 331, 363f
Köln 11, 42, 81, 107, 111, 119, 137, 310, 348, 366, 494
– Braunkohlenrevier 110
– Dom 173, 309f
– Kalk 237
– Kasparstraße 42
– Messehalle 91, 105
– Mülheim: Rixdorfer Straße 251
– Neumarkt 96
König, Heinrich 31, 71, 119
König, Otto 252f, 303
Königsberg 207, 243, 511
– Universität 180
Königstein (im Fränkischen Jura) 166
Körne (bei → Dortmund) 131
Koestler, Arthur 78
Konrad, Paul 26
Konstanz 408
Kordass, August 252, 302
Krall,
– Klara 526
– Ludwig 526
Kraus, Dompfarrer Johannes 355f
Krause, Erich 280f, 290
Krebs, Georg 270f
Kreisau (Gut) 61, 400f, 417ff, 446, 483
Kreiselmeier, Johannes 559
Kresse, Kurt 519, 556f, 559
Krollmann, Maria 320
Kucharski, Heinz 505f
Küchenhoff, Günther 277
Kühn, Heinz 81, 87
Küstermeier, Rudolf 92, 194f
Kummernuß, Adolph 142, 242f, 305f
Kunze, Ilse 409f
Kurland 54

Laas, Paul 192
Lampersberger, Joseph 187, 260
Landshut 189
Langemarck 29
Langendorf, Rudolf 455
Larsch, Käthe 317f
Larsch, Rudolf 317
Laue, Max von 213
Lausitz 239
Leber, Annedore 411

Leber, Dr. Julius 42, 74f, 81, 89, 91, 133, 411f, 414, 537–541, 555ff
Lechleiter, Georg 455f, 462f
Lehmann, Albert 142
Leipelt, Hans 506
Leipzig 19, 52, 66, 145, 243, 292, 378f, 395, 556f
– Hauptbahnhof 240
– Reichsgericht 178
– Universitätsklinik 224
Leis, Adam 441
Leissle, Josef 234
Lenard, Philipp 48
Lenin, Wladimir Iljitsch 43
Leningrad 455
Letterhaus, Bernhard 487, 553
Leuschner, Wilhelm 74, 81, 145f, 239, 412ff, 513, 553f
Levi, Paul 65
Levi, Primo 23
Lichtenberg, Bernhard 450
Lichtenburg (KZ für Frauen) 115, 367
Lichterfelde (KZ für Frauen) 342
Liebknecht, Karl 30ff, 35, 518
Limpert, Robert 566
Lindemann, Fritz 552f
Linsenmeier, Josef 186, 188, 254f
Linsert,
– Bärbel 381
– Ludwig 380f
– Margot 381
Linz 392
Litzmannstadt 450
Loe, Baronin Emilie von 235, 357
Löbe, Paul 120
Lörcher, Albert 162
Lörcher, Ernst 162, 296f
Loerke, Oskar 21
Löscher, Ernst 165
Löwenberg 62
Löwenheim, Walter 92, 203f
Loewenstein, Siegfried 296
London 389f, 399
– Downing Street No. 10 386
Lubinsky, Dagobert 340
Lübeck 42, 74, 81, 89, 91, 101, 196, 207, 243, 468
Lüdenscheid (Westfalen) 250
Lünen 333
Luther, Martin 10, 27, 227
– Nachfahren des 222
Luxemburg 417, 428
Luxemburg, Rosa 30ff, 35, 65, 117, 518

aastricht 251
Madeira 326
Mähren → Protektorat 393
Magdeburg 14, 102, 201, 292, 336, 555
– Domgemeinde 103, 123
Mainz 80, 238
– Dom 238
Maislinger, Adolf 152
Mallorca 326
Mann, Golo 61
Mann, Klaus 77
Mann, Thomas 17, 49, 77, 92, 505
Mannheim 11, 118, 191, 194, 204, 209, 261, 300, 395, 455, 462
– Neckarstadt 153, 462
– Paradeplatz 118
– Schloß 462
Marburg 127
Mark → Brandenburg 79
Marx, Karl 35, 43

Mauthausen (KZ) 295
Mayer, Albert 142, 207
Mayer, Gertrud 42
Mayer, Karl 263f, 304
Mayr, Max 346
Mecklenburg 230
– Gut Tressow 53
Meier, Emil 527f
Meiser, Hans (bayerischer Landesbischof) 361
Memel (→ Ostpreußen) 425f
Memmingen 536
Mendelssohn-Bartholdy, Felix 442
Meusel, Marga 315f
Metzger, Max Josef (Kaplan) 61, 105, 212, 530ff
Mewes, Reinhold 441, 464
Mierendorff, Carlo 28f, 48f, 146, 261, 482f, 512, 537
Mies (Tschechoslowakei) 181
Minden 344
Minsk 508
Mitscherlich, Alexander 51f, 77, 92, 124f
Mittelrhein 150
Mönchengladbach 253, 333
Mörike, Otto 374
Moers 291f, 333
Mörtl, Josef 189
Mohr, Heinrich 56
Moltke, Freya von 483
Moltke, Helmuth James von 22, 61f, 400f, 415f, 417ff, 445f, 447–450, 458, 480–485, 512–514, 537f, 552, 563f
Moringen (KZ für Frauen) 110, 115, 141
Moskau 14, 62f, 140, 175, 455
– Kreml 398
Mozart, Wolfgang Amadeus 308
Mühlheim 267, 270
Müller, Alexander von 124
– David 216
– Hermann 65
– Ludwig 223
– Otto 328f
– Therese 526
München 14, 31, 40, 44, 114, 137, 165, 213, 260, 388, 392, 452, 461, 502, 511
– Asamhaus (Sendlingerstraße) 164
– Bogenhausen (St. Georgsgemeinde) 457
– Gewerkschaftshaus 118
– Hofbräukeller 408
– Obersendling 164
– Post 118
– Pupplinger Au 162
– Schäftlarn (Kloster) 162
– Stadelheim 452, 503, 507
– Universität 49, 51, 502
– Waldfriedhof 140
– Westend 164
– Zirkus Krone 108, 140
Münster 296, 449
– Dom 237
Müsken, Hermann 143
Munninger, Andreas 536
Murr, Wilhelm 137
Mussolini, Benito 76, 389, 542
Muth, Carl 492

Nardten, Ferdinand 536
Nause, Franz 343
Neisinger, Oskar 451f

Nelson, Leonard 200
Nerdinger, Eugen 36, 39, 41, 129, 187f, 255
Neubauer, Theodor 471f, 518, 520, 522f, 556f, 559
Neuengamme (KZ) → Hamburg 566
Neuhausen 186
Neu-Isenburg 312
– Wilhelmsplatz 216
New York
– Börse 61
Niederlande 401, 417, 428
Niederrhein 150, 154, 235, 292
Niedersachsen 292
Niekisch, Ernst 92f
Niemöller, Else 362
Niemöller, Martin 19, 60, 80, 122, 209f, 222, 225f, 228, 231, 330, 362, 375, 402, 542
Nolan, Anna 165
Nolde, Emil 221
Nordbayern 155
Norwegen 428
Noske, Gustav 32f
Nürnberg 69, 71, 90, 100, 114, 137, 155, 159f, 180, 188, 216, 250, 323, 325, 352, 392, 427
– Austraße 267
– N.-Fürth 189
– Gewerkschaftshaus 119
– Gostenhof 193
– Kornmarkt 167

Oberhausen 110, 114, 168, 173, 252
– Niebuhrstraße 317
– St. Josephs-Hospital 168
Oberlenningen (Württemberg) 391
Oberpfalz 132, 181
Obersalzberg 388
Oberschlesien 400
Österreich 386
Oeynhausen 330
Offenbach 80, 113, 132, 142f, 207, 253, 312
– Gewerkschaftshaus 116
– Hasenbachgasse 142
– O.-Dieburg 142
Olching 273
Oldenbroek 243
Oldenburg 110
Ollenhauer, Erich 130
Olschewski, Wilhelm 439, 464
Opitz, Alwin 260
Opitz, Rosa 259f
Oppeln 272
Oranienburg (KZ) 115, 144
Osche, Ulrich 270
Oslo 124, 127, 196
Osnabrück 149
Oster, Hans 220, 385ff, 399, 400ff, 414, 426f, 445, 486, 507, 509, 533, 552, 565
Ostermeier, Elisabeth 37, 41, 256, 258, 343
Osthofen (KZ) 146
Ostpreußen 54, 221, 292, 400, 425f, 468

Pacelli, Eugenio 233, 234
Palästina 315
Pankok, Otto 371
Papen, Franz von 88, 95
Paris 173, 200, 202, 296, 394, 511
Parrisius, Felix 342
Partschick, Herbert 268
Passau 340
Paul, Elfriede 396f, 473

Paulus 121
Peine (bei → Braunschweig) 216
Petersen, Jan 274ff, 284f
Pfeiffer, Hans 150
Pfeiffer, Samuel 223
Pfeilschifter, Georg 49f
Pflaumer, Oskar 167, 180
Pfülf, Toni 146
Philippson, Julius 201, 381
Pieck, Wilhelm 293, 394
Pinder, Wilhelm 178
Pinthus, Günther 199
Pius XI., Papst 311
Plate, Ludwig 56
Pleß, Christian 113
Plötzensee (→ Berlin) 23, 274, 277, 335, 380, 428, 435, 474, 490, 549, 552, 563
Pöhls, Walter 185
Poelchau, Harald 277
Polen 181, 393f, 398, 400f, 420f
– Masurische Seen 221
Pommern 14, 33, 53, 222, 292, 324, 400
Popall, Käthe 320
Popitz, Johannes 419ff, 422f, 427, 442, 514, 552, 554, 564
Poser, Magnus 471f, 518, 556f
Potsdam 25, 54f, 215, 220, 555
– Garnisonskirche 121
– Ravensbrück (KZ) 394
– Schloß Sanssouci 509
Prag 23, 145ff, 175, 182, 199, 203, 262, 393
Prawitt, Hans 347
Preußen 10, 82, 87, 110, 113, 324
Preysing, Bischof Konrad von 329, 359f
Probst, Christoph 503
Protektorat
→ Böhmen 393
→ Mähren 393
Pudor, Heinrich 58

Raabe, Wilhelm 56
Radibor (sorbisches Rundlingsdorf bei → Bautzen, Oberlausitz) 245
Raff, Gitta 240f
Rastenburg 542
Rathenau, Walther 47f, 49, 72
Rattai, Willi 97
Ravensbrück 246, 394, 538
Rechberg 263f
Recklinghausen 54, 78
– Polizeigefängnis 116
Regensburg 188, 250, 254
Reichwein, Adolf 27f, 483, 540, 557
Reinbold, Georg 182, 191, 193f, 261ff, 300, 304
Reinheim (Hessen) 127
Remscheid 172, 333
Rentmeister 143
Rentsch, Paul 470, 524
Rhein 114
Rheinland 23, 175
Rhein-Ruhrgebiet 156
Ribbentrop, Joachim von 418
Richter, Fritz 168f
Richter-Luckian, Herbert 470, 524
Rieke, Luise 478
Rittmeister, John 438, 473, 476
Rodenstock 143
Roeder, Manfred 473ff, 508
Röhm, Ernst 219, 266
Römer, Josef («Beppo») 439ff, 464

Rösch, Augustin 447–449, 457, 482, 484, 512, 563f
Rohe, Mies van der 221
Rom 234
Rosenberg, Eva Maria 268
Rosinke, Anton 348f
Roskilde 305
Rossaint, Kaplan Joseph 173f, 356f, 364
Rostock 175, 230, 468
Rottenburg (Schwaben) 123, 373
Rotterdam 253
Rühmann, Heinz 399
Ruer, Otto 136
Rüsselsheim 325
Ruhr 114, 150, 154
Ruhrgebiet 14, 33, 54, 83, 97, 107, 110, 163, 199, 235
Runge, Hermann 252f, 302f
Rußland 28, 43, 432, 444f

Saarbrücken 264, 494
Saargebiet 131, 292
Saarland 168, 296
Sachsen 14, 16, 175, 468
(→ Crimmitschau) 224
– Anhalt 239
Sachsenhausen (KZ) 115, 247, 331, 342, 363, 375, 387, 402, 551, 565
Saefkow, Anton 86, 469, 520, 556ff
Salzburg 511
Sauerbruch, Ferdinand 178
Sauerland 169, 234
Schär, Alfred 347
Schardt, Christoph 185f
Schehr, John 175
Scheinhardt, Willi 343
Scheurer, Hugo 164
Schiller, Friedrich 17, 37, 308
Schirrmacher, Wilhelm 250f, 252
Schlabrendorff, Fabian von 445, 486, 547, 550f
Schlageter, Albert Leo 60
Schlesien 292, 366
Schleswig-Holstein 196
Schmaus, Anton 147
Schmaus, Johann 147
Schmaus, Prof. Michael 122
Schmedemann, Walter 190
Schmenzin (→ Pommern) 26, 64, 94
Schmidt, Elli 336, 368
Schmidt, Fritz 196
Schmitt, Carl 219
Schmorell, Alexander 491, 493f, 504
Schneider, Gesa 256
Schneider, Paul 231, 361f, 375f, 409
Schneider, Reinhold 21, 371f, 391, 457
Schnibbe, Karl-Heinz 453
Schober, Sepp 118, 186f, 254f
Schönfelder, Adolf 184
Schönwald, Oberfranken 259f, 303
Scholl, Geschwister 18, 354
Scholl, Hans 179, 323f, 352f, 354f, 491–494, 497, 501–505, 507
Scholl, Inge (Aicher-Scholl, Inge) 179, 354
Scholl, Robert 179
Scholl, Sophie 179, 354, 492
Scholl, Werner 354
Scholz, Hans 172
Schottmüller, Oda 396, 439, 473, 475
Schulenburg, Elisabeth von der 53
Schulenburg, Fritz-Dietlof von der 53ff, 78f, 93, 221, 387, 444, 551f

Schulte, Kardinal Karl Joseph 235, 310, 328
Schulten, Adolf 50
Schulze, Eva-Maria 435
Schulze, Fiete 293
Schulze, Fritz 435, 437
Schulze-Boysen, Harro 93, 208, 395ff, 399, 438, 466, 472–476, 494
Schulze-Boysen, Libertas 396, 474
Schumacher, Elisabeth 396f
Schumacher, Kurt 100, 396
Schumann, Georg 518, 556, 559
Schwab, Alexander 347f
Schwab, Kunigunde 166f
Schwaben 46
Schwäbische Alp 47, 179
Schwandorf 250
Schwarzschild, Leopold 72, 90
Schweden 428
Schweinfurt 189
Schweiz 146
Schwelm (Westfalen) 217, 348
Schwerin 230
Schwersenz, Jizchak 491, 533f
Sedan 25
Seeberg, Reinhold 55
Seeckt, Hans von 75
Seelenbinder, Werner 63, 169f, 337, 464f
Seiffert, Rudolf 563
Seitz, Käthe 456, 462f
Selb 97, 111, 128, 326
Seltmann, Heinrich 224
Seltmann, Traute 224
Shirer, William 179
Sibirien 17
Simon, Erwin 295
Skandinavien 395
Smolensk 444, 450, 507f
Solingen 172, 252, 333
Sollmann, Wilhelm 119, 131
Solz → Trott zu
Sonnenburg 115
Sontra, Hessen → Donnershag 57
Spöker, Frieda 155
Sproll, Bischof Johann Baptist 234, 373f
Sowjetunion 14, 18, 63, 398, 468
Stadelheim (Untersuchungsgefängnis) 131, 141
Stalin, Jossif Wissarionowitsch Dschugaschwili 17, 18, 62, 82, 98, 399, 437, 442
Stalingrad 499f, 503, 527
Starnberg 112, 122
Staßfurt (Bezirk → Magdeburg) 102
Stauffenberg, Alexander von 47
Stauffenberg, Berthold von 485, 542, 552
Stauffenberg, Claus von 9, 16, 19, 46f, 51, 67, 78, 147f, 220, 403f, 417f, 422, 430, 485f, 510, 538–546, 555
Stauffer, Teddy 326
Steber, Franz 173
Steffelbauer, Kurt 429, 434
Stegmann, Traute 224
Steineberg, Siegfried 290f, 295
Steinhude 170
Stern, Carola («Eka») 277f
Stetten 140
Stettin 207, 240
Stingl, Max 334f
Stöcken (bei Hannover) 151
– Heidehaus 151
Störtebeker, Klaus 278

Stolper, Gustav 94
Stralsund 468
Straßburg 182, 198, 261
Strauss, Richard 221
Streicher, Julius 137
Sturm, Josef 234
Stuttgart 33, 46, 135, 140, 192, 234, 261, 348, 463, 511
– Hauptbahnhof 135
– Landtag 116
– Sondergericht 138
– Technische Hochschule 124
Sudetenland 386, 393
Südbayern 163, 292

Tabarz (→ Thüringen) 471
Taunus 279
Tell, Wilhelm 308
Tepelmann, Otto 242f
Tesch, Bruno 15, 86, 160f
Teßloff, Ernst 257
Thüringen 14, 16, 149, 239, 292
→ Bad Salzungen 471f
→ Kreis Meiningen 471
→ Tabarz 471
Tillich, Ernst 331
Todtmann, James 300f
Tresckow, Henning von 25, 69, 220, 444f, 486f, 497, 507–511, 540, 543, 547, 550f
Trier 234, 374
– Dom 178
– Karl Marx-Haus 117
Troll, Max 282, 292f
Trott zu Solz, Adam von 51, 68, 552
Tschechoslowakei 132, 159, 181

Uhlmann, Walter 241f
Uhrig, Charlotte 17, 466
Uhrig, Robert 16f, 395, 399, 428, 438ff, 464–466, 469, 477
Ukraine → Winniza 485
Ulbricht, Walter 17, 295, 405
Ulm 75, 179, 277, 352, 354
– Münster 228
Ulrich, Fritz 116
Undeloh 142
Unterfranken 114

Vallentin, Judith 16
Vatikan 211, 234, 312
Versailles 26, 60
Voutta, Franz 302

Wager, Josef (Bebo) 187, 255, 461
Wagner, Joseph 156
Waldenburg (Schlesien) 61
Walter, Margarete 319
Walz, Ernst 250, 254
Wanne-Eickel 333
Warschau 17, 525
Wartenburg → York von
Wattenscheid 348
Weber, Hans 188
Weber, Wilhelm 116
Weber, Willi 151, 526
Weickert, Eugen 175
Weiden (Oberpfalz) 132, 189
Weiher (bei Bruchsal) 235
Weimar 13, 25, 42, 50, 82, 471
Weimarer Republik
→ Deutschland 13f, 26, 33, 52, 55, 61, 77, 103
Weismantel, Georg 113
Weißler, Friedrich 331f, 363
Weizsäcker, Ernst von 124, 127, 178
Wels, Otto 120, 133f, 145, 251, 279
Wenzel, Hans 169

Werner, Hermann 259f
Wessel, Horst 231
Wetzingen (Württemberg) 234
Whitman, Walt 213f
Whyl (am Kaiserstuhl) 236
Wiebelskirchen an der Saar 35, 40
Wiechert, Ernst 21
Wiedemann, Michael 339
Wieland, Christoph Martin 17
Wien 511
Wiesbaden 96, 101, 207, 511
Wiesenfeld, Fanny 199
Willkomm, Kurt 171
Winnig, August 54f, 93
Winniza → Ukraine 485
Wirmer, Josef 413, 415, 487, 539, 552f
Wirth, Josef 48, 52, 72
Witten 333
Wittenberg, Kreis 324
Wittmoor 115
Witzleben, Erwin von 387
Wobbe, Rudolf 453
Wolf, Lore 318f
Wolfram, Adam 143, 145, 177, 239
Wolfsschanze 10, 542f
Wolker, Ludwig 211
Worms 261
Württemberg 140, 192, 292
Württemberg-Hohenzollern 327
Würzburg 159, 189, 213, 272, 451, 555
– Dom 451
Wuppertal 96, 107, 114, 172, 291, 495f
→ Elberfeld – Café Noth 150
→ Barmen 96, 226, 228f
Wurm, Theophil 390f, 425, 450f

York von Wartenburg,
– Marion 446, 537, 549
– Peter 446, 448, 483, 513, 537, 549

Zeil 193
Zielasko, Franz 525
Zimmet, Karl 536f
Zinner, Andreas 163, 164f
Zöger, Heinz 437
Zorn, Jakob 107
Zuckmayer, Carl 29, 49, 261, 482
Zürich 203
Zweig, Stefan 75
Zwickau 366

Barbara Beuys

Am Anfang war nur Verzweiflung

Wie Eltern behinderter Kinder neu leben lernen

160 Seiten. Gebunden

Schätzungsweise werden in der Bundesrepublik jährlich 40 000 behinderte Kinder geboren, ungezählte weitere werden durch Unfälle und chronische Krankheiten behindert. Die Behinderten sind die größte soziale Randgruppe – und die am heftigsten verdrängte. Barbara Beuys hat mit Eltern solcher Kinder Gespräche geführt und in Selbsthilfegruppen zugehört. Sie zeichnet nach, wie die Eltern auf einem mühsamen Weg lernen, daß sie ihrem Kind helfen können, glücklich zu sein, und daß sie für sich selbst neue positive Erfahrungen gewinnen.

Dieses Buch richtet sich an Eltern behinderter Kinder und ihre oft hilflosen Freunde und Verwandte und an Leser, die in ihrem eigenen Lebenskreis nicht unmittelbar mit diesen Problemen konfrontiert sind, deren Solidarität aber helfen kann, die Mauer aus Unwissenheit und Angst abzubauen, die «behinderte Familien» von ihrer Umwelt trennt.

Rowohlt

Carola Stern

In den Netzen der Erinnerung

Lebensgeschichten zweier Menschen

256 Seiten. Gebunden

Ein Ehepaar, aufgewachsen inmitten der totalitären Bewegungen des 20. Jahrhunderts, sie an Hitler, er an Stalin glaubend, Eka im NS-Gefolge, Heinz im Widerstand, erinnert sich der längst geschwundenen Begeisterung seiner Jugend, forscht nach den Ursachen und Folgen, sucht nach den Bruchstellen in beider Leben und erfährt dabei, daß es für beide keine Rückkehr an die Orte gibt, in denen sie einmal heimisch waren: Kindheit und Jugend bieten keine Heimstatt mehr, in die sie, alt geworden, zurückkehren können.